頂尖流行掃貨嘗鮮 Easy Go!®

2025年新版

潮物甜點刺身動漫　都會魅力

寺廟溫泉遊樂園　玩得盡興

極前衛麻布台 Hills、東京水岸街道、下北沢 Reload、橫濱 Uniqlo Park、東京哈利波特影城、魔法の文学館、teamLab Borderless 等購物玩樂聚焦點

- 集結 **537 個**景點食店、**119 個**購物熱點
- 囊括東京都內外 **52 個分區**
- 推介 **68 個**親子好去處
- 附送**東京都景點大地圖**、**美食大地圖**等**專業地圖 69 幅**

景點Info Box圖示說明

地址　營業時間　電話　前往交通

網址　收費　休息日　注意

地圖使用說明：

- 書內有介紹的景點
- 書內沒有介紹的景點

景點推介標誌

作者序

過去，我認為東京是一個只會前進，不會停下來的城市，甚至與京都、大阪形成很大的對比。

2007年與友人遊東京過後，發現東京郊外，例如鎌倉，有着一股傳統氣息，一直念念不忘，也發現城市裏愈來愈多景點，今次去不完，要留待下次。

2009年再來東京，花了一半時間在郊外，其中一天更登上富士山，我只有很基本的行山經驗，最後卻上到山頂了。東京周邊地區去也去不完。

2012年，我又再來了，「怎麼去也去不完」還是我對東京，以及周邊城市及地區的印象。東京，是一個高速巨輪，新的建築不斷落成，潮流也不斷變化中，怎樣追也追不到。不過，來到谷根千、兩國、神樂坂又是另一種面貌了。是這城市本身能容納新舊事物，還是人們多年來對城市發展反思的結果？

要是大家結伴同行到東京玩的話，除了一起玩，也建議大家分開一段短時間，例如一到兩天，到自己最喜歡的地方。最後一天舉辦一個分享會，利用平板電腦分享大家所到的地方，就自然看到東京的多個面貌。

在這裏我想感謝以下對我撰寫本書時提供協助的人士，包括朋友、借出相片的網友，還有軽井沢Highland Inn Ease荻原先生Yoshi介紹不少景點及餐廳。因為有他們，本書能得以順利出版。

最後，希望這本旅遊書能幫助你旅途中的計劃，帶給屬於你自己的回憶。倘若本書有不足之處，還請讀者們不吝賜教指正。

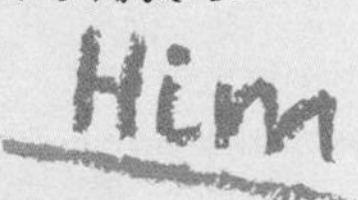

關於作者：Him

「八十後」、「七年級生」、「社會大學生」都是關於他的形容詞。旅行絕不是好吃懶做的事情，因為旅行帶來成長、獨立、建立國際視野的好處。歡迎大家來到他的Instagram：www.instagram.com/himalbum/

目錄

CONTENTS

5.4 鎌倉、江ノ島

5.5 三浦半島

5.6 箱根、御殿場

5.7 河口湖、西湖、富士山

附錄

PART 1

東京旅遊熱點、必買必吃攻略

6大全新焦點

1 東京哈利波特影城

P.343

2 HANA・BIYORI

P.15

3 麻布台Hills

P.156

4 宮下公園、澁谷橫丁

P.131

5 隅田川步道 Sumida River Walk

P.244

6 Reload

P.309

熱點推介 東京購物

P.176

東京駅：Gransta

東京車站經過大整修，於2020年8月開幕了JR東日本最大規模的車站內商業設施Gransta，內有150多家店，成為車站迷宮的另一部分。

P.210

台場：Diver City Tokyo

Diver City購物商場內有大量日本人氣品牌商店、雜貨店和餐廳，向來是台場遊客必到之處。

P.432

橫濱：Uniqlo Park 橫濱ベイサイド店

「Uniqlo Park 橫濱港灣店」是全球首座融合商舖和主題公園的購物中心，由日本建築師藤本壯介設計，提供最新、最齊全的服飾配件，還有為小朋友設計的遊樂設施。

代官山：Daikanyama T-site

P.139

代官山有不少購物商場，而且屬開放式空間。Daikanyama T-site為近年的話題露天商場，Tsutaya書店打造舒適閱讀空間，值得一遊。

P.161

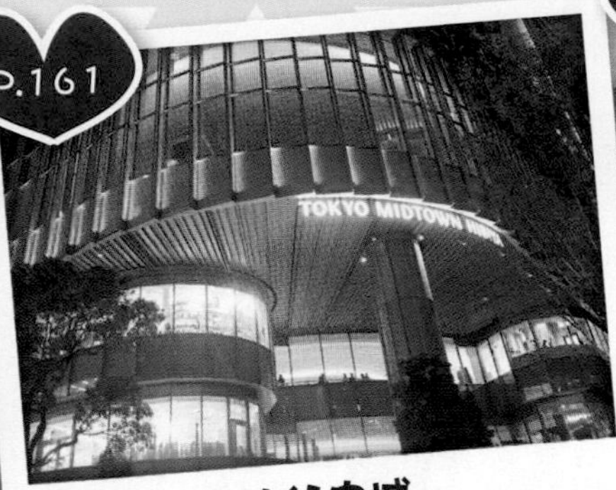

銀座：日比谷中城

日比谷中城富有品味，除了有生活百貨外，還不時舉行電影放映會等文化活動。

(攝影：Pak)

P.141

中目黒：中目黒高架下

在天橋下的商店街，開有很多書店和藝廊，適合文青一族！

P.82

新宿：百貨公司群

新宿車站附近有很多百貨公司，怎麼逛都逛不完。

P.126

渋谷：渋谷Scramble Square

近年東京最矚目的新地標非Scramble Square莫屬，這是2019年11月開幕的渋谷多層百貨公司，有200多間店舖，樓高47層，頂樓之上是著名的展望台Shibuya Sky。

淺草：東京水岸街道 Tokyo Mizumachi

P.244

隅田川步道向晴空塔方向走到對岸就來到東京水岸街道，這是小規模的購物中心，共有10多家店舖，包括咖啡廳和麵包店。

P.301

二子玉川：rise

新概念都市社區rise，內有大型購物中心和廣闊公共空間，逛街血拼之餘亦能欣賞美麗建築！

10件事東京必做！

1 到豐洲市場嚐鮮

豐洲市場水產仲卸賣場棟內有不少人氣食肆，新開幕的千客萬來有美味的餐點和溫泉。（攝影：Pak）

P.195

2 到Skytree看夜景

Skytree於2012年開幕後，便成為東京新地標。從這裏可看到更高、更遠的迷人東京景致。

P.237

3 到麻布台Hills看teamLab Borderless

以「認知中的存在」為主題的創作全新作品群。

P.157

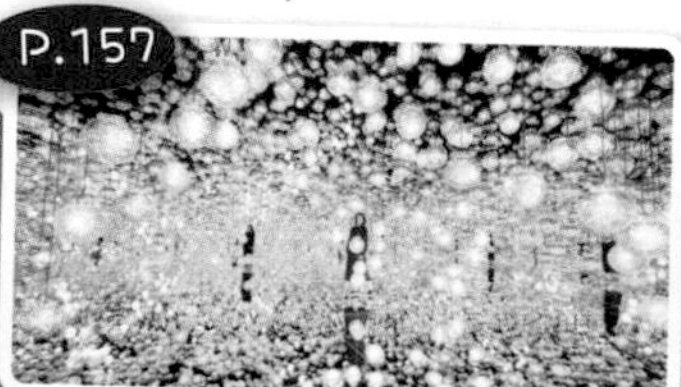

4 到Shibuya Sky看澀谷十字路口

Shibuya Sky位於Scramble Square，樓高度為230米，可俯視著名的澀谷十字路口，是東京最佳的觀景台之一。

P.126

5 到龜有尋找足球小將

找齊區內9個《足球小將》角色的銅像，回味當年的青春和熱血！（攝影：Tina & Fai）

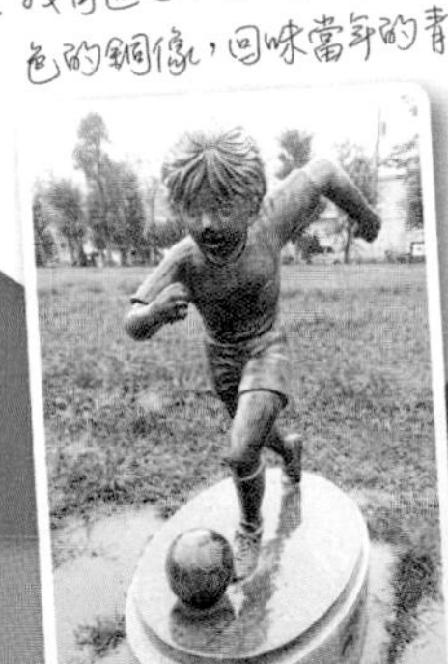

P.295

6
到HANA・BIYORI Starbucks 享用最優雅的咖啡

HANA・BIYORI是一個1,500平方米的溫室，一部分是被花木包圍的Starbucks，以出售飲品為主，可欣賞巨型水槽和花木吊飾，無疑是最美的Starbucks之一。

P.15

7
到伊豆大島 看三原山活火山

乘船到遙遠的伊豆大島，看看火山爆發遺留的痕跡，感受大自然的威力。

P.379

8
到遊戲迷天堂 GiGO 秋葉原1号館

秋葉原人氣遊戲中心GiGO 秋葉原1号館，包括地下1樓總共8層，聚集了多部夾公仔機、扭蛋機、動漫商品店，5至7樓還設有多部最新款的街機遊戲。

P.222

9
到橫濱製作杯麵

不要只顧吃，到即食麵博物館自製屬於自己的杯麵吧！

P.422

10
到奧多摩參觀日原鐘乳洞

P.373

鐘乳洞歷經數十萬年的光陰才形成，猶如一個地下大宮殿，值得來尋幽探秘！(攝影：Gigi)

10大美食 東京必吃！

1 Pancake 原宿

Marion Crepes可謂原宿的老店，提供多種口味的pancake，喜歡甜食的人絕不能錯過！(P.107)

2 紙片八爪魚 江ノ島

あさひ本店是江ノ島的名店，店鋪製作的紙片八爪魚極受遊客歡迎。(P.447)

3 迴轉壽司 上野

三浦三崎港的壽司用料新鮮，而且這裏的軍艦壽司配料會堆到像小山一樣高，口感相當豐厚！(P.252)(攝影：Pak)

4 海鮮丼 豐洲市場

豐洲市場每日供應大量新鮮海產，水產仲卸賣場棟內的餐廳經常大排長龍，不妨去試試鮮味十足的海鮮丼吧！(P.196)
(攝影：Pak)

5 高円寺

勝浦式擔擔麵

來自千葉縣的擔擔麵十分爽口，湯底極具特色，絕對值得一試！(P.334)

6 練馬

PIZZAとお酒 窯蔵

店家每天推薦兩款披薩，這白菜豬肉丸披薩，有大量新鮮的白菜，吃起來口感一流，價格也很實惠。(P.342)

7 三浦半島

海軍咖喱

咖喱飯可說是日本人的家常便飯，各餐廳更會設計不同款式的咖喱飯。你見識過按照海軍食譜改良而成的咖喱嗎？(P.455)

8

白飯魚 江ノ島

白飯魚是江ノ島的特產，不妨去嚐嚐那裏的白飯魚蓋飯，保證是絕妙的配搭！(P.450)

9

釜飯 奥多摩

加入山菜及松茸菇煮成的釜飯，令米飯的香氣四溢，冬天吃的話暖笠笠！(P.368)

(攝影：Gigi)

10

玉子燒 築地

除了海鮮外，築地場外市場還有不少玉子燒專門店，熱騰騰的玉子燒厚身之餘又滑又嫩，蘊含着甜甜的蛋香，難怪門外經常大排長龍！(P. 194)

(攝影：Pak)

11大親子同樂景點

1. 町田市：史努比博物館

東京觀景點大地圖

親子

家喻戶曉的史努比 Snoopy 是美國漫畫家查爾斯·舒茲《花生》漫畫裡的角色，在世界各地都受到孩子的歡迎，而東京史努比博物館則是首間海外分館，於 2019 年 12 月開幕。博物館位於東京都町田市，離東京市中心超過半小時的車程，但這裡是很值得帶孩子過來的，因不單有博物館，還有史努比相關的商場和食店，旁邊是適合小朋友放電的大公園，消磨一整天完全沒問題。

▲史努比博物館。

▲▶旁邊商場內有 Snoopy 夾公仔機可給你一試身手。

▲ PEANUTS Cafe Snoopy Museum Tokyo 就在博物館對面。環境一流之餘也提供 Snoopy 特色食物。

◀博物館對面的兒童遊樂場。

INFO

- 東京都町田市鶴間 3-1-4
- 在渋谷乘「東急電鐵 田園都市線」到「南町田グランベリーパーク」站下車，步行約 5 分鐘
- 10:00~18:00 (最後入館 17:30)，週末假期 10:00~19:00 (最後入館 18:30)
- 成人 ￥2,000(HK$118)，中學生 ￥1,000(HK$59)，小學生及以下 ￥600(HK$35)，預先購票可減 ￥200(HK$12)
- 042-812-2723　www.snoopymuseum.tokyo

(圖文：蘇飛)

2. 海老名市：浪漫特快博物館

親子

東京周邊地圖
(現場大地圖)

浪漫特快是小田急電鐵全車對號入座的特急列車的統稱，由新宿前往箱根湯本或片瀨江之島等地。浪漫特快博物館於 2021 年 4 月開幕，入口就在小田急電鐵、相模鐵道海老名站出口處。博物館雖然不算很大，但可讓鐵道迷近距離觀賞和觸摸列車，館內也有手作體驗區、咖啡廳和觀景台。

▲博物館在神奈川県海老名市。

▲咖啡廳在售票處旁。

(圖文：蘇飛)

INFO

- 神奈川県海老名市めぐみ町 1-1
- 小田急電鐵、相模鐵道海老名站出口處，沒有專用停車場
- 10:00~17:00　休 每月第 2、第 4 個週二
- 成人 ￥900(HK$53)，小學生 ￥400 (HK$24)，3 歲以上 ￥100(HK$6)
- 046-233-0909
- www.odakyu.jp/romancecarmuseum/

3. 稻城市：讀賣樂園

東京都景點大地圖

讀賣樂園近調布市，離東京市中心約 1 小時車程，是東京都除迪士尼外最大的遊樂園，於 1964 年已開始營業。園區內共分成 8 個區域，2016 年開業的全日本第一個遊樂手工體驗園區 Goodjoba!! 最具特色，可在裡面體驗汽車、紡織、文具和食品的製作過程，例如手工製作日清 UFO 炒麵等等。樂園內有 40 多種設施任玩，當然少不了刺激的過山車、跳樓機、大擺錘等，大人小孩都可樂而忘返。

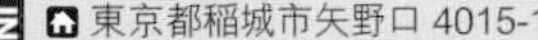

INFO
- 東京都稻城市矢野口 4015-1
- 京王電鐵京王線「新宿」站往「調布」站，在調布轉乘前往「橋本」方向的車，到達「京王讀賣樂園」車站，再轉乘空中纜車 Sky Shuttle 或巴士到達讀賣樂園
- 9:00/10:00~17:00/18:00/19:00/20:00
- (入園費) 18 歲 ~64 歲 ￥1,800 (HK$106)，12 歲 ~17 歲 ￥1,500 (HK$88)，兒童及長者 ￥1,000 (HK$59)；(空中纜車) 單程 ￥300 (HK$18)，來回 ￥500 (HK$29)
- 044-966-1111　yomiuriland.com/tw/

(圖文：蘇飛)

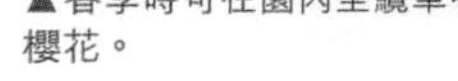

▲春季時可在園內坐纜車看櫻花。

▲長距離過山車 Bandit。

▲夏天的水上樂園 Water Amusement Island。

4. 稻城市：HANA・BIYORI

東京都景點大地圖

HANA・BIYORI 是 2021 年 3 月開幕的娛樂型植物園，就在讀賣樂園旁邊，但另有入園口。HANA・BIYORI 有一個 1,500 平方米的溫室，溫室內主要是三部分，近入口的是可作為大型數碼藝術投影表演的區域，中間種植了大量美麗的植物，可在這裡和孩子參加各種手工體驗，另一邊是被花木包圍的 Starbucks，以出售飲品為主，可欣賞巨型水槽和花木吊飾，無疑是最美的 Starbucks 之一。

▲室外花園的裝置很特別。

▲ Starbucks 室內環境。

▲溫室的另一面是 Starbucks。

▲不可錯過的藝術投影表演，每節約 10 分鐘，開演時間按季不同，如春天為 12:00, 13:30, 15:00, 16:30。

INFO
- 東京都稻城市矢野口 4015-1
- 京王電鐵京王線「新宿」站往「調布」站，在調布轉乘前往「橋本」方向的車，到達「京王讀賣樂園」車站，轉乘空中纜車 Sky Shuttle 或巴士到達讀賣樂園，再步行約 8 分鐘
- 10:00~21:00
- (入園費) 成人 ￥800(HK$47)，小學生以下 ￥500 (HK$29)，連同花景之湯 ￥2,300~2,800(HK$135~165)
- 044-966-8717　www.yomiuriland.com/hanabiyori/

(圖文：蘇飛)

5. 江戶川：葛西臨海公園

東京都景點大地圖

葛西臨海公園就在東京迪士尼渡假區附近，一樣是位於東京灣畔，在 JR 京葉線上只隔 1 個站。這是東京都內最大的公園，內有水族園、鳥類園和展望廣場等設施，其標誌性的摩天輪 (ダイヤと花の大観覧車) 高 117 米，僅次於大阪 EXPO CITY 的摩天輪，為日本第 2 大。公園內的展望廣場富有建築特色，整棟為全玻璃面，從地下 1 層走上 2 層時可飽覽東京灣的景色。

◀每年 2 月公園會舉行水仙花節，摩天輪下的水仙花叢既美麗又壯觀。

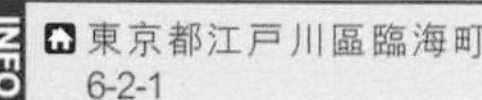

INFO
- 東京都江戶川區臨海町 6-2-1
- JR 京葉線「葛西臨海公園」站下車步行 1 分鐘
- 全日開放
- 035-696-1331
- 免費入場；停車場首 1 小時 ¥300(HK$18)，之後每 20 分鐘 ¥100(HK$6)
- www.tokyo-park.or.jp/park/format/index026.html

▲公園很大，可乘搭遊園小火車。

▲▶展望廣場內外。

葛西臨海水族園

公園內從遠處就可看到的玻璃圓頂建築就是水族園，裡面有日本最大規模的企鵝展示空間，以及一個 donut 造型的大水槽，養了大量黑鮪魚，絕對是親子好去處。

◀水族園設計出自擅用大片玻璃造型的著名建築師谷口吉生之手。

INFO
- 9:30~17:00　休 週三，年末年初
- 成人 ¥700(HK$41)，13~15 歲 ¥250 (HK$15)，長者 ¥350 (HK$21)，12 歲或以下免費
- 033-869-5152
- www.tokyo-zoo.net/zoo/kasai/

Parklife Cafe & Restaurant

這家公園內的咖啡廳有室內和戶外座位，最適合逛累了在這裡坐。餐廳是夏威夷風格，有各款午餐或茶點選擇，最不可錯過的是餐廳招牌 Hawaiian Pancake，首選口味是 Triple Berry，莓果的微酸解去甜點的膩，吃起來十分舒服可口，又一款難忘的東京甜品。

◀餐廳室外座位。

◀ Hawaiian Pancake (Triple Berry) ¥1,490 (HK$88)。

INFO
- 10:00~17:00　休 年末年初
- 03-6808-0070
- parklifecafe.zetton.co.jp

(圖文：蘇飛)

6. 葛西：東京地下鐵博物館

東京都景點大地圖

東京地下鐵博物館於 1986 年開幕，介紹了東京都私營鐵路 Tokyo Metro 自 1927 年以來的歷史、從古至今的列車種類，以及與鐵路相關的新科技等，家長可帶子女來了解東京地下鐵的過去、現在與未來，看看他們有沒有從事相關職業的志向。

◀昔日的自動售票機。

◀地下鐵博物館的入口。

INFO
- 東京都江戸川区東葛西 6-3-1
- 東京地下鐵東西線葛西站
- 10:00-17:00(最後入場時間為 16:30)
- ￥220(HK$13)，4 歲或以上小童及中學生 ￥100(HK$7)
- www.chikahaku.jp

▶除了歷史外，博物館也提供了很多鐵路運作的技術資訊。

▲▶日本早期的列車。

7. 江東：夢之島熱帶植物館

東京都景點大地圖

夢之島熱帶植物館在江東區夢之島公園內、JR 新木場站附近，在東京不算是熱門景點，卻很值得一看。植物館主題是「熱帶植物和生活的密切關係」，可順路走一圈，分別經過蕨類和水生植物區、椰子樹和食用植物區、東京和小笠原植物區，小小地方打理得井然有序、環境優美。

INFO
- 東京都江東区夢の島 2-1-2
- 東京 Metro 有楽町線、臨海線、JR 京葉線「新木場」站下車，步行約 15 分鐘；東京 Metro 東西線「東陽町」站搭乘往新木場方向的都營巴士「夢の島」站下車，步行約 7 分鐘
- 9:30-17:00 (最後入場 16:00)
- 成人 ￥250(HK$15)，長者 ￥120(HK$7)，中學生 ￥100 (HK$6)，小學生以下免費
- 03-3522-0281　休 週一，年末年始
- www.yumenoshima.jp/botanicalhall

(圖文：蘇飛)

▲植物館是大型溫室。

▲椰子樹和食用植物區。

▲在這裡飲食是一大享受。

8. 江戶川：魔法の文学館

東京都景點大地圖

2023 年 11 月開幕的魔法の文学館由日本知名建築師隈研吾親自設計，以純白外觀及花瓣屋頂配上角野榮子老師最愛的草莓色內裡，打造出夢幻的魔法世界。館內有以《魔女宅急便》的克里克町為藍本的遊玩空間，亦有圖書閱讀區，收集了角野老師從世界各地挑選而來的童書與繪本，2 樓有角野老師工作室的展示室，3 樓設有咖啡廳，十分適合一家大小前往遊玩。

INFO
- 江戶川区南葛西 7-3-1 なぎさ公園内
- 09:30-17:30(最後入館 16:30)
- 休 週二、年末年初
- 成人 (15 歲以上) ￥700(HK$41)，兒童 (4 歲至國中生) ￥300(HK$18)
- kikismuseum.jp

(撰文：HEI，相片提供：魔法の文学館)

▶以《魔女宅急便》克里克町為背景的草莓色世界。

▲文學館純白的外觀與山丘自然融為一體。

9. 舞浜：東京迪士尼樂園

地圖 P.19、東京都景點大地圖

東京迪士尼樂園是全亞洲第一個迪士尼度假區，於 1983 年開幕。雖然現時亞洲還有上海和香港迪士尼，但東京迪士尼樂園比香港大，分為 2 個區：迪士尼樂園及迪士尼海洋 (Tokyo Disney Sea)。即使去過香港迪士尼樂園，也可考慮去東京迪士尼，尤其是香港沒有的迪士尼海洋，建議遊覽半天至兩天的時間。

INFO
- 千葉県浦安市舞浜 1 番地 1
- 1. 從東京站乘坐 JR 京葉線或武蔵野線 (兩線月台及車站共用) 任何列車到舞浜站，車程 14 至 17 分鐘，收費為 ￥230(HK$14)；
  2. 由舞浜站到迪士尼樂園可以步行，但到迪士尼海洋，步行時間較長 (15 分鐘)，故建議乘搭列車。在舞浜站乘搭東京迪士尼內的單軌電車，單程收費為 ￥260(HK$19)，可使用 Suica 或 PASMO(詳見 P.65)
- 春、夏、秋天為早上 9 時至晚上 10 時，但冬天開放時間會縮短，詳見網頁列明每天的開放時間 www.tokyodisneyresort.jp/tdl/monthly/calendar.html

迪士尼樂園部分

東京迪士尼樂園有些地方與香港相似，例如在「夢幻樂園」裏，一樣有小小世界、米奇魔法交響樂 (米奇幻想曲)、愛麗斯的午茶派對 (瘋帽子旋轉杯)、小熊維尼獵蜜記 (小熊維尼歷險之旅) 等；明日樂園則是香港的「明日世界」，有香港沒有的設施，例如怪獸電力公司「迷藏巡遊車」；而探險樂園與香港的「探險世界」沒那麼相似，但還有河流之旅。其他的西部樂園、動物天地及卡通城是香港沒有的。如果去過香港迪士尼樂園而決定前往這個樂園，出發前必須留意兩者的異同。當然，2020 年 9 月開幕的「美女與野獸」新園區是這裡獨有的，相關遊樂設施在粉紅夢幻城堡內。

▲建築物充滿童話色彩。

▲夜間巡遊。

TIPS!

新園區「夢幻泉鄉 Fantasy Springs」

Fantasy Springs 於 2024 年 6 月 6 日正式開幕！新園區包括冰雪奇緣、魔髮奇緣、小飛俠彼得潘電影中的經典場景，可體驗到 3 個故事裡的奇幻之旅。另外，園區還設有東京迪士尼海洋夢幻泉鄉大飯店，以及少不了的夢幻泉鄉禮品店，令人賓至如歸。

迪士尼海洋部分

迪士尼海洋分為數個部分：「地中海港灣」、「美國海濱」、「發現港」、「失落河三角洲」、「阿拉伯海岸」、「美人魚礁湖」及「神秘島」。不論在場景佈置、活動和遊戲方面，都表現了迪士尼樂園的出色和用心。

▶就近出入口的廣場。

◀筆者覺得海洋區場景效果比樂園區好。

▲最多人玩的驚魂古塔 (High Tower)，樂園將近關門時仍有人在外排隊。

▲地中海港灣 (Mediterranean Harbor)。

迪士尼列車

東京迪士尼度假區內設有列車，以循環線的形式，逆時針途徑舞浜站 (度假區總站)、迪士尼樂園、酒店 (海浜站) 及東京迪士尼海洋。由舞浜站到迪士尼樂園可以步行，但前往迪士尼海洋的步行時間較長 (15 分鐘)，故建議乘搭列車。

▲迪士尼列車是單軌鐵路，一共有 3 卡。

▶車廂和香港迪士尼的差不多。

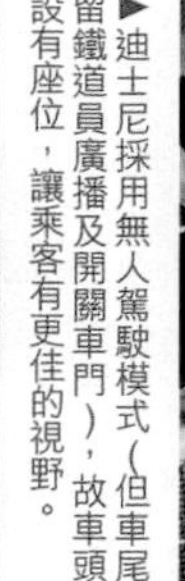

▶迪士尼採用無人駕駛模式 (但車尾保留鐵道員廣播及開關車門)，故車頭也設有座位，讓乘客有更佳的視野。

INFO
- 班次：4 至 13 分鐘一班
- 單程 ￥260(HK$19)；或全日任搭車票 (1/2/3/4 天)，由 ￥660-1,500 不等 (HK$39-88)

票價眾多，買哪款最適合？

東京迪士尼渡假區有 2 個樂園：迪士尼樂園和迪士尼海洋。兩者隔開並需分開進場。迪士尼設有 1-Day Passport 可指定入園日期、園區，且可自開園起暢遊園區 1 天，票價由 ￥7,900-10,900 (HK$465-641) 不等。樂園在部分遊戲設快速通行 (FAST PASS) 設施，只要把門票插入相關機器，便能免費換取快速通行票，於票上所示時間使用 FAST PASS 通道進場。有關票價可參閱網頁：www.tokyodisneyresort.jp/tc/ticket/

你也可以在網上預先購買門票：reserve.tokyodisneyresort.jp/en/top

更多抵玩票種選擇！

1. 星期一至五下午5時後入場的「Weeknight Passport」(￥4,500-6,200，HK$265-365)，是個不錯的選擇，雖然只有3至4小時的時間，但購票和遊戲的排隊時間基本上不算長，人流也較少，可以是一個舒舒服服去玩的好選擇！
2. 星期六、日及公眾假期下午3時後入場的「Early Evening Passport」(￥6,500-8,700，HK$382-512)也不錯。

東京迪士尼樂園地圖

10. 神奈川：藤子・F・不二雄博物館

東京都景點大地圖

博物館位於東京附近的川崎市，以紀念這位創作Q太郎、多啦A夢(叮噹)的著名漫畫家。雖然川崎市並不是藤子出生地，但是他下半生居住在川崎市。這間博物館在他死後10年開始籌劃，其妻子亦捐贈5萬幅原畫，5年後建成並開放予公眾參觀。在博物館，你會看到藤子·F·不二雄的手稿，明白漫畫家的工作以及他的理念。此外，具有心思設計的庭園、食物和手信也不能錯過！

博物館的7大必看!!

1. きこりの泉

根據漫畫情節，胖虎掉進一個叫「きこりの泉」的泉中，然後變出更帥的「胖虎」。參觀者需要一直壓拉桿才能把沉在泉中的胖虎浮上來。

2. 室內遊樂區

參觀人士可以在這裏取閱藤子·F·不二雄的作品，也可買扭蛋及玩互動遊戲，更可觀賞小電影。而展示室展示藤子·F·不二雄的生平、漫畫手稿，以及他拍攝過的錄像等。

▲多啦A夢扭蛋，一個¥200(HK$14)。

▼小電影放映室，電影播放完畢時，螢幕會打開，觀眾需要沿此離開到室外庭園。(註：入場時需出示門票)

TIPS!

博物館 Highlight

1. 不要遺失入場票，因為看小電影時需要出示並打孔，確保每人只能看一次。
2. 每位訪客可獲得導賞機一個，有英語、國語及韓語選擇。使用方法簡單：在博物館內輸入展品編號便可，離開展示室時必須退還。
3. 除展示室及電影院外，其他地方皆可攝影。

3. 室外庭園

庭園有3個多啦A夢的場景：大雄與恐龍、隨意門和空地水管，拍照的人比較多，可能需要排隊。其他地方也有藤子的其他卡通人物，例如神奇小子和Q太郎。

△隨意門。

▲大雄與恐龍。

▲Q太郎。

▲神奇小子。

△空地和水管。

4. 小賣部

3樓庭園樓層設有小賣部及Cafe，小賣部有多啦A夢的食物，其中包括豆沙包和記憶麵包。

▲豆沙包，￥1,560(HK$92)。

▲售賣記憶麵包，一袋8件￥1,100(HK$65)。

5. Cafe

到中午時間需要長時間輪候，可能長達1小時到1個半小時，建議上午11時來，然後才到庭園及其他博物館部分。食物包括拉麵、飯、沙律、蛋糕等，主要賣點是卡通人物賣相，詳情可見餐牌上的圖片及英文介紹。但大部分以多啦A夢為主。同樣，餐具亦加入這些元素。

▲筆者點的是「ラーメン大好き小池さん」(小池先生拉麵)，這個角色經常在吃拉麵，在多個動漫作品出現過，如多啦A夢、Q太郎等。

▲￥700(HK$41)的朱古力(ココア)，有胖虎的樣子。

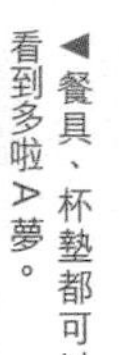
◀餐具、杯墊都可以看到多啦A夢。

6. 手信

◀胖虎 CD？送給朋友應該嚇一跳吧！其實裏面是朱古力，￥683(HK$49)，採訪時這是人氣商品之一！

◀多啦 A 夢、藤子‧F‧不二雄模型，￥3,990-4,725 不等 (HK$285-338)。

▲別以為這些是漫畫，其實也是朱古力！(￥1,050 一盒，HK$75)。

7. 博物館主題巴士

來往登戶站與博物館的巴士，全都印上藤子 ‧F‧ 不二雄的卡通人物，車內也有相關裝飾。其中兩輛巴士如下：

▲這款塗裝有 Q 太郎。

▲這輛則以奇天烈百科全書 (台譯奇天烈大百科)、神奇小子 (台譯小超人帕門) 卡通人物及多啦 A 夢為主。

◀ 車廂內相關裝飾，十分有心思。

INFO

藤子‧F‧不二雄博物館

- 神奈川県川崎市多摩区長尾 2-8-1
- 1. 由東京新宿出發，可乘坐以小田原或片瀬江ノ島為終站的小田急電鐵「急行」列車，到登戸站，車程約 20 分鐘；
  2. 到登戸站後，可選乘接駁巴士，約 10 分鐘一班，單程車費為￥220(HK$13，小童半價)，巴士沒有中途站。也可選擇步行，約需 15 至 20 分鐘
- 每天提供 7 個時段選擇：10:00、11:00、12:00、13:00、14:00、15:00、16:00，參觀時間為 1 小時
- 休 逢星期二及 1 月 16 日至 24 日
- 成人 ￥1,000 (HK$71)，中學生￥700 (HK$50)，4 歲或以上小童￥500 (HK$36)，3 歲以下免費
- fujiko-museum.com

備註：請盡量不要遲到，如預約了早上 10 時，10:30 後就不能進入。

預約購買門票

藤子 ‧F‧ 不二雄博物館採取預約制度。訪客需要前往博物館官方網站預約及購票，事後會發送確認電郵。如果使用信用卡或 d 払い (台灣旅客可通過 Happy Go 帳戶登入使用)，確認電郵中會附有 QR Code 門票和連結，以供查看門票，可列印門票或將其顯示在智慧型手機螢幕上來進入博物館。如果選擇 7-11 店內支付，必須在申請日期 2 天內的晚上 9:00 前，到日本全國任何一間 7-11，向店員出示確認電郵上的付款單付款。詳細購票內容可參閱官網：www.e-tix.jp/fujiko-museum/zh_tw/。

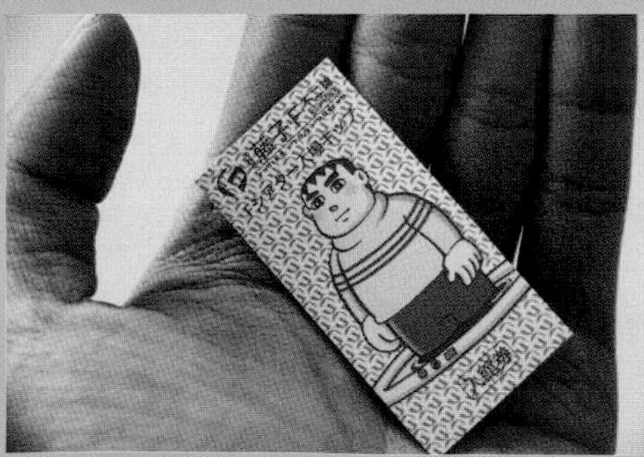

▲在博物館取得的入場票。

11. 多摩市：Sanrio Puroland

親子

以 Hello Kitty 為主題的 Sanrio Puroland，位於調布市不遠處的多摩市，是室內主題樂園，免卻日曬雨淋之苦。Sanrio Puroland 的廣場、影院及遊戲共 7 個，另有一些 Hello Kitty 場景供參觀者拍照，是 Hello Kitty 迷必去的景點。另外，於 2022 年 7 月樂園新增了樓高 3 層的「角色見面區」，不可錯過！

► Sanrio Puroland 是一個室內主題樂園。

▲室內佈置很有心思。

▲廣場有活動舉行，不少小朋友都玩得十分開心。

▲ Hello Kitty 場景：Bell of Happiness，適合情侶前往留念。

INFO

- 東京都多摩市落合 1-31
- 京王電鐵京王多摩センター站中央口步行 10 分鐘
- 視乎不同日子而定，請於官方網頁查詢 (最後入場時間為關閉前 1 小時 30 分鐘)
- 成人 ¥3,900-5,900(HK$229-347)，兒童 ¥2,800-3,500(HK$165-206) * 門票價格隨日子變動，詳細參閱網站。官網折扣券：www.puroland.jp/lang/tw/#coupon
- cn.puroland.jp

Sanrio Puroland位置地圖

羽田、成田機場篇

飛機迷、購物也適合

1. 羽田機場

去機場不再是為了通勤，機場也可以是一個值得遊覽的地方！羽田機場的國際線客運大樓加入江戶時期元素的購物街道、時下玩具及卡通人物手信店，以及觀景台欣賞鐵鳥升降。而以日本為基地的兩家航空公司，日航及全日空都開放維修中心予公眾參觀，其中全日空更讓遊客透過網上預約登記。單是參觀客運大樓的話，可花上半天。如果認為手信吸引，或本身預約參觀全日空維修中心，在羽田機場得花上一整天。

江戶風情 羽田機場國際線客運大樓

全新的國際線客運大樓為現代建築風格，但室內的購物商場，則仿江戶時期的面貌，成為「江戶小路」。

TIPS!

羽田機場投幣式儲物櫃

如於最後一天前來羽田機場，建議先在國際線客運大樓 2 樓或 3 樓將行李放置於儲物櫃，然後才逛機場甚至參觀全日空維修中心。

江戶小路

位於羽田機場國際線大樓 4 樓，如其名採江戶時期風格裝潢，售賣傳統日式產品。

◀你覺得江戶小路裝潢如何？像身處古代日本嗎？

Edo 食賓館

Edo 食賓館有來自不同傳統商店的手信，價格和市價一樣。包括：

▲ Edo 食賓館。

◀ Shiseido 一盒 9 件朱古力 ¥ 672 (HK$48)，一盒 24 件曲奇 ¥ 1,470 (HK$105)。

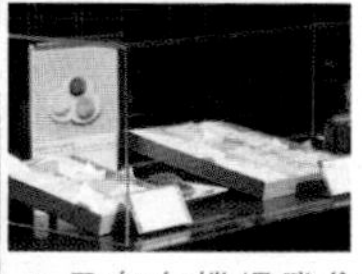

◀ 虎屋：「最中」指餅內含有紅豆餡料，「虎屋最中」有 3 種味道：弥栄 (紅豆餡)、梅ケ香 (腰豆餡)、桜織 (隱元豆餡)，6 件售 ¥1,470(HK$105)，12 件售 ¥2,730(HK$195)。

◀ 只有在機場發售的朱古力手信：一盒 16 件售 ¥1,050(HK$75)，32 件售 ¥2,100 (HK$150)。

INFO 07:00-22:00

伊東屋

伊東屋是百年老文具店，售賣高級文具及精品。在羽田機場分店裏，伊東屋被建為一間老房子。

◀ 文具店賣食物？我有眼花嗎？哦，原來上面賣蠟燭，下面賣模型！售價界乎 ¥500-700 不等 (約 HK$36-50)。

INFO 08:00-22:00

▲羽田機場觀景台。

羽田機場觀景台

羽田機場 5 樓設有室外觀景台，可望到飛機升降。觀景台設有望遠鏡，但拍照需要比較長的鏡頭，筆者那支 18-135mm 鏡頭只能近拍停機坪上的航機，而拍到跑道上的飛機則很小。

TOKYO POP TOWN

5 樓的 POP TOWN 裏售賣時下的玩具、手信及其他產品，商店有博品館、Haikara、Hello Kitty Japan 等。

博品館 TOY PARK

除了售賣玩具外，還有一個 Racing Park，把玩具車放在全長 50 米的跑道上玩，每 5 分鐘 ¥200(HK$14)。

▲博品館玩具店及 Racing Park。

►那裏也有 Skytree 相關產品，LED 電子鐘售 ¥2,205(HK$158)。

INFO
09:00-22:00

Haikara

售賣不同卡通人物相關的產品，如多啦 A 夢、鬆弛熊等。此外，也有土產食物。

▲左為 Airou 貓餅，售 ¥683 (HK$49)；右為 Skytree 與江戶為主題的餡餅，售 ¥840(HK$60)。

INFO
09:00-22:00

人氣美食集合　羽田機場花園 Haneda Airport Garden

在 2023 年 1 月才開幕的 Haneda Airport Garden 是綜合商業設施，包括兩間酒店和樓下的飲食購物店舖。由於連接着羽田機場以國際航線為主的第三航廈，是旅客方便到訪的地點。這裡的食店集合了日本最有人氣的美食品牌，例如鰻魚飯專門店「うなぎ四代目菊川」、味噌豬扒店「矢場とん」、和牛燒肉店「東京燒肉平城苑」等等。最上層 12 樓的「泉天空之湯」是可以看飛機升降的溫泉區，不可錯過。

▲入口處。

►「矢場とん」有趣的吉祥物。

INFO
- 東京都大田区羽田空港 2-7-1
- 和羽田機場第三航廈相連，自駕者可停機場停車場
- 約 10:00/11:00~20:00/21:00，各店不同
- 0570-033-577
- www.shopping-sumitomo-rd.com/haneda/shopping

(圖文：蘇飛)

▲商場有不少食店，另有美食廣場 OEDO FOOD HALL。

免費導賞　全日空羽田機場維修中心

全日空採取網上登記的做法，雖然網頁語言為日語，但外國遊客也可透過此渠道，參加航空公司舉辦的導賞團。導賞團分為兩個部分：室內講座和看短片及分組遊覽維修中心。

INFO
全日空機場維修中心導賞團
語言：日語(個別工作人員可作簡單英語交談)
JR 浜松町站換乘東京單軌電車的普通列車，到達新整備場站。該站只有一個出口，離開車站後右轉一直行大約 10 分鐘，過馬路即達
免費
逢星期一至五，設有 4 個時段：9:30-11:00、11:00-12:30、13:30-15:00、15:00 -16:30（每個時段最多容納 80 人）
備註：導賞團很快滿額，建議預早一至兩個月報名。

網上申請導賞團 EASY GO

網址：www.ana.co.jp/group/kengaku

STEP 1

▲ 進入下一頁後，選擇「予約状況 • 申込みへ」。

STEP 2

▲ 點開注意事項閱讀並勾選同意方格，選擇「予約する」。

STEP 3

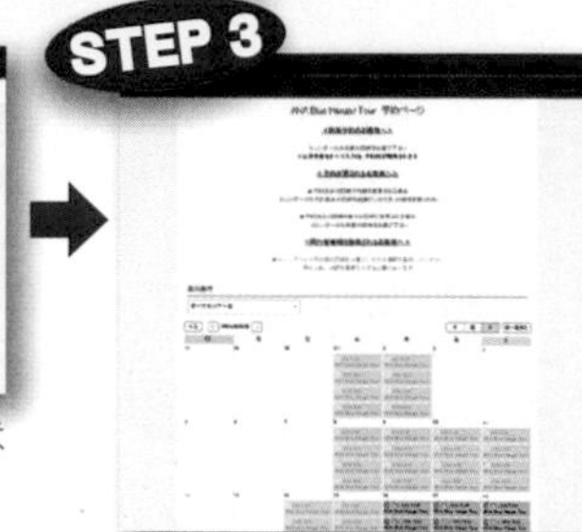

▲ 選擇想參觀的月份後，進入下一頁。見学人数填寫參觀人數，在日曆選擇你想參觀的日子，╳ 表示不可選擇，而數字則表示該場的剩餘人數。

STEP 4

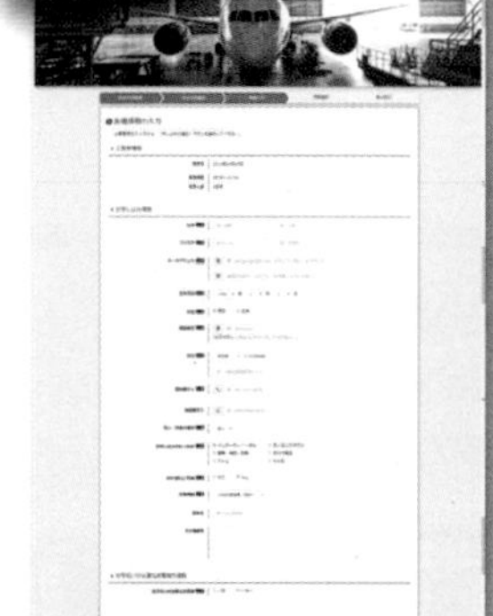

◀不論多少人同時參加，全日空只需要其中 1 人的資料，把該人的個人資料填在表格中：

お申し込み情報
- 氏名：你的漢字姓名
- フリガナ：你的平假名，可在 dokochina.com/katakana.php 網頁中輸入漢字轉換
- メールアドレス：e-mail，請輸入兩次作確認
- 郵便番号和住所：只要勾選 OverSea 方格並填寫海外住址即可
- 電話番号：可以填寫海外的手提電話，如 852-XXXX-XXXX
- お申し込みのきっかけ：申請原因
- ANA 便のご利用：有否乘搭過全日空的班機，あり(有)なし(沒有)
- 交通機関：選擇公共交通機関(徒步)

お手伝いが必要なお客様の情報
- お手伝いが必要なお客様：如果有特殊需要(例如是同行者中有輪椅使用者)，請勾選いる，並填寫具體情況

参加者情報
- 可以不填

STEP 5

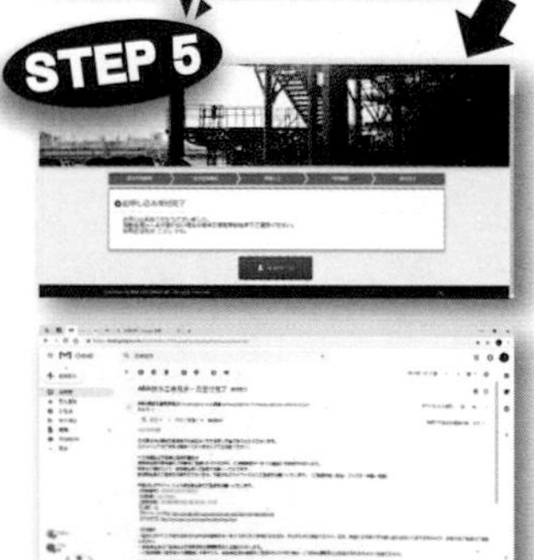

◀出現完成畫面，之後會收到兩封電郵，第二封是入館証，請列印並於當天連同護照攜帶。

如果需要更改參觀人數，可以在電郵內尋找予約番号，以電郵地址登入預約資訊頁面追加。全日空在電郵會提供到達維修中心的交通方法。進入中心後，請在櫃位向工作人員提供相關資料和文件核對，然後等候指示，進入房間聽講座和看短片。

▲全日空維修中心接待處。

▲筆者參觀時，全日空送所有訪客一份禮物：飛機模型。

室內講座和看短片

首先在室內觀看有關全日空的短片，內容包含飛機型號資料。工作人員可能帶來飛機物料，給大家觸摸，讓大家了解這些物料對客機的好處。

分組遊覽維修中心

之後，分組前往飛機維修的地方，所有訪客都要戴上安全帽，在不同角落近距離看飛機的機身、引擎等部分。

▲波音 777 機頭特寫。

▲波音 747-400 機尾。

參觀者不能在「室內講座和看短片」進行期間攝影，只可在分組遊覽維修中心時拍攝，惟上載照片到網上空間前，必須將有關照片電郵予全日空審查，達到「無人、無其他航空公司」等要求才能批准上載分享。

▲機底下。

▲引擎。

接待處

在接待處大堂外有模擬駕駛艙、休息區域和全日空手信店。

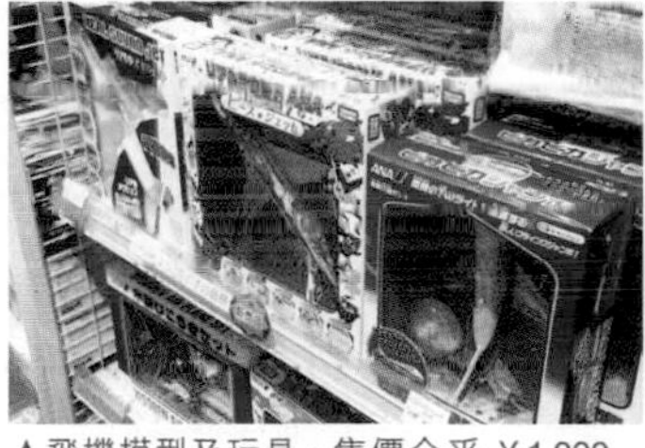

▲飛機模型及玩具，售價介乎 ¥1,000-1,500 左右 (HK$71-107)。

▲模擬駕駛艙。

INFO

羽田國際機場

東京都大田区羽田空港

在 JR 品川站乘搭京急電鐵到「羽田空港国際線ターミナル」，或 JR 浜松町站換乘東京單軌電車到「羽田空港国際線ビル」站

tokyo-haneda.com/zh-CHT/

全日空羽田機場維修中心

JR 浜松町站換乘東京單軌電車到「新整備場」站下車，步行 10 分鐘

▲貼紙 (¥571，HK$41)、鎖匙扣 (¥655，HK$47)、原子筆 (¥168，HK$12)。

結合傳統和科技　羽田創新城市 Haneda Innovation City

Haneda Innovation City 在天空橋站旁，離羽田空港第三航廈只是一站之隔，目標是打造成結合傳統文化和創新科技的綜合設施。現時雖有店鋪在營運中，但仍在擴建階段。值得一提的是這裡有機械人餐廳 Future Lab HANEDA，帶小朋友來吃一頓由機械人帶給顧客的美食定是有趣的體驗。

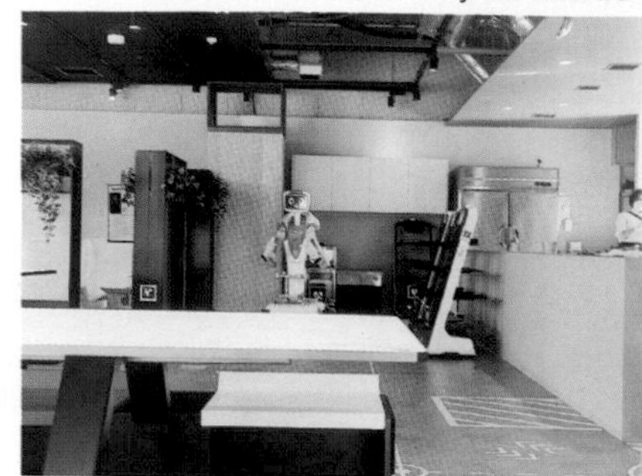

▲機械人餐廳 Future Lab HANEDA。

◀可遠望羽田機場的足湯展望台。

◀足湯是免費的，若需要毛巾可在旁邊的販賣機購買，用後也可留為紀念品。

INFO

- 東京都大田区羽田空港 1-1-4
- 京濱急行電鐵、東京單軌電車「天空橋」站旁
- (Future Lab HANEDA) 11:00-14:00、16:00-19:00
- haneda-innovation-city.com/tc/

(圖文：蘇飛)

2. 成田機場3號客運大樓

作為國際航空樞紐的成田機場，本來只有 1 號及 2 號客運大樓，但因應「低成本航空」(廉航) 的興起與流行，機場方認為有必要添加設施配合，故特意興建第 3 座客運大樓，並於 2015 年 4 月啟用。

3 號客運大樓出入境大廳分成兩樓層，2023 年 3 月啟用了新的公車候車處，離入境大廳入口更近，方便乘搭航廈接駁車。

來往客運大樓的交通

1. 往 3 號客運大樓

鐵路

乘搭 Narita Express 或京成電鐵，於「成田第2・第3ターミナル」(Narita Airport Terminal 2 • 3) 站下車，依指示步行前往 3 號客運大樓，步程約 6 分鐘。路線位於室外，但全程路段為有蓋通道，下小雨時也不會淋濕。

此外，你亦可於 2 號客運大樓下車，於 1 號候車處搭乘免費接駁巴士，所需時間約 3 分鐘，服務時間為 04:30-23:20，每 3 至 6 分鐘一班。

▲接駁各客運大樓的巴士。

▶連接 2 號及 3 號客運大樓的步行通道，像極讓飛機升降的跑道。

巴士

許多前往成田機場的高速巴士，現時都增設了 3 號客運大樓的車站，遊客不需在其他大樓換乘接駁巴士。

2. 往東京市區

因 3 號客運大樓沒有鐵路站，遊客需依指示步行或乘搭免費接駁巴士前往 2 號大樓，轉乘各大鐵路前往市區。由 2 號客運大樓往市區的交通可參考 P.69-71。若打算乘搭巴士，可到大樓內的售票處購買車票，並直接到登車處乘車。

大樓內有鐵路和巴士的售票處，那邊的職員懂英語，會友善解答遊客的交通問題。

▲ 3 號客運大樓內的巴士和鐵路售票處。

店鋪及美食精選

來醫醫肚吧！ 美食廣場

客運大樓內的美食廣場，這裏有咖啡品牌 caffe LAT.25°、Freshness Burger、宮一天門拉麵等。若乘搭凌晨機，抵埗後可先在此醫醫肚，乘夜機離開的話也可在此吃晚餐。剛到埗又遇着早餐時間，除了喝咖啡提神，也可選擇這裏的菜式，吃多點纖維幫助消化。

▲旅客可自由取水飲用。

▲美食廣場裝潢採木材風格，看起來十分舒適。

▲美食廣場面積不算小，共有 6 間食肆。

執齊小吃手信 東京食賓館

如果在日本沒有時間買手信，在客運大樓 2 樓的東京食賓館集合了不少日式和西式的小吃手信，讓遊客不用特地前往其他客運大樓，都能把手信帶給親人和朋友。

◀以白朱古力及蛋糕包着黑芝麻餡的「ごまたまご」十分特別。盒裝有分 8 個（¥720，HK$51）或 12 個（¥1,080，HK$77）。

▲在東京食賓館可找到很多小吃手信。

PART 2

計劃行程：航班住宿、行程示範

計劃遊東京行程

選擇遊東京日子的考慮因素

計劃旅行前，首要考慮是何時去，除了配合自己的上班和上課時間外，也要因應自己的旅行目的和需要，而選擇不同季節。以下是選擇前往日子的考慮因素：

1 想看自然風景，包括櫻花、紅葉

櫻花於 3 至 4 月左右盛開，9 月下旬部分山區已經有少許黃葉，10 至 11 月更有更多黃或紅葉，氣象網站已經提供相關的情報。由於全球氣候變化等因素影響，開花和紅葉的時間會有變化，但右方網址能幫你計劃出發時間。例如 3 月上旬留意櫻花情況，然後安排 3 至 4 月的住宿、機票和行程。

INFO
Weathernews
weathernews.jp
櫻前線情報
n-kishou.com/corp/news-contents/sakura/?lang=ct

2 想參與節日慶典、祭典活動

想看煙花 (花火) 的話，可選擇夏季，有不少人前往，場面比較熱鬧。詳見 P.55-57 的節日慶典。

3 參與年末年始

「年末年始」指日本的新年，約由 12 月 28 日至 1 月 6 日不等。這段期間，不少景點如博物館都會關閉。

4 你是否怕冷或怕熱？

東京四季分明，你可以選擇較暖和的日子前往，例如 4 至 5 月或 9 至 10 月。東京詳細天氣概況請見 P.55-57。

5 假期及旅遊旺季

日本法定假期對旅行也會產生不少影響，尤其多個假期或加上星期六日組成的連續數天假期或連休 (如 5 月 3 日至 5 日是由 3 個不同節日組成)，日本人會趁此時在國內旅遊，旅館價格會上漲，或趁機調整，而且很快爆滿。這些日子，旅遊景點會出現人潮、交通亦出現擠塞的情況。如果想省一點旅費，或不想在旅行時太過熱鬧，便需事前留意日本的法定假期了。(詳見 P.55)

日本入境措施

日本政府宣佈於2023年4月29日起放寬入境防疫措施，遊客入境時不用出示接種3劑疫苗證明或PCR病毒檢測陰性證明。但針對有發燒和咳嗽等症狀的入境人士可能需要進行傳染病基因監測。

Visit Japan Web 提交資料

現時入境日本雖也可在搭飛機時填寫入境表格，但要走快速通道要用 Visit Japan Web 網上提交入境審查表格、海關申報表，然後在過海關時出示 Visit Japan Web 的 QR Code 就可以快速通道過關。Visit Japan Web 使用步驟如下：

STEP 1

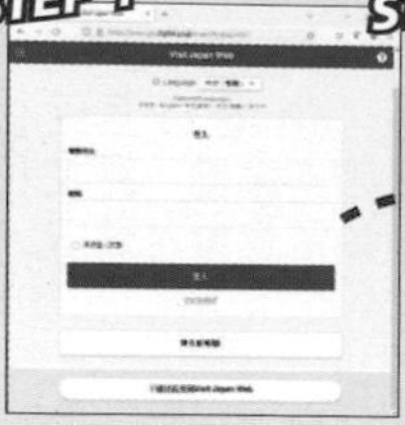

▲進入網頁後要先建立新帳號。

STEP 2

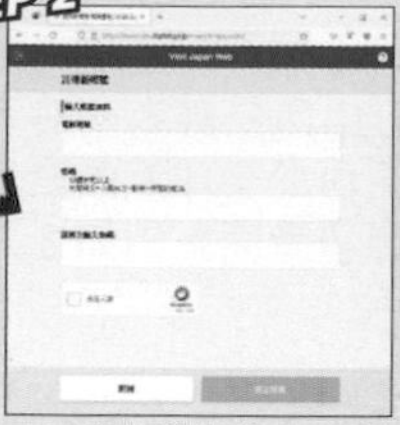

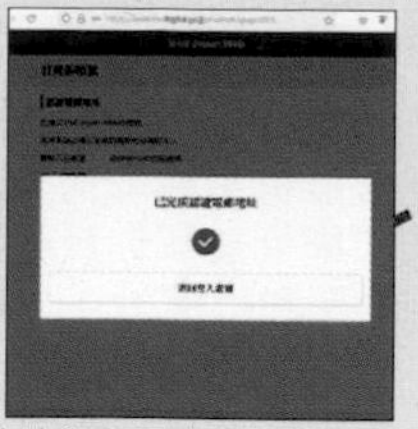

▲同意條款後輸入電郵地址和密碼建立新帳號。之後輸入電郵認證碼就完成登記。

STEP 3

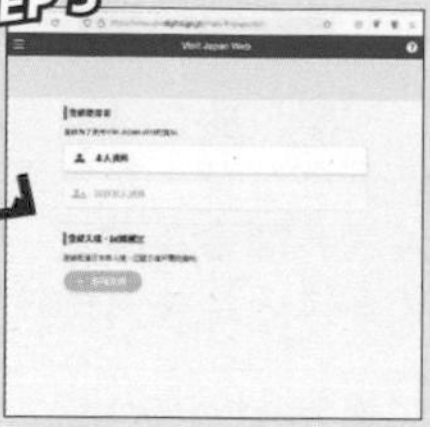

▲返回登入頁面，以新帳號資料登入並填寫個人和同行者資料。下方的「新增登錄」是填寫入境和離境時間及在日本的居住或酒店地址及電話號碼。

STEP 4

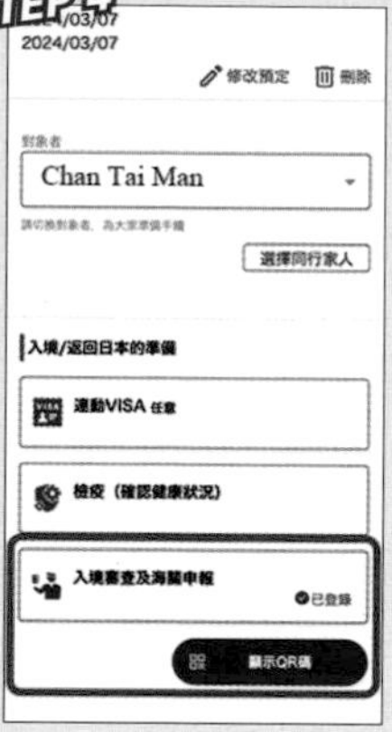

◀填好行程後按「返回入境、回國手續」填寫「外國人入境紀錄」，即以前入境卡填寫的資料。

STEP 5

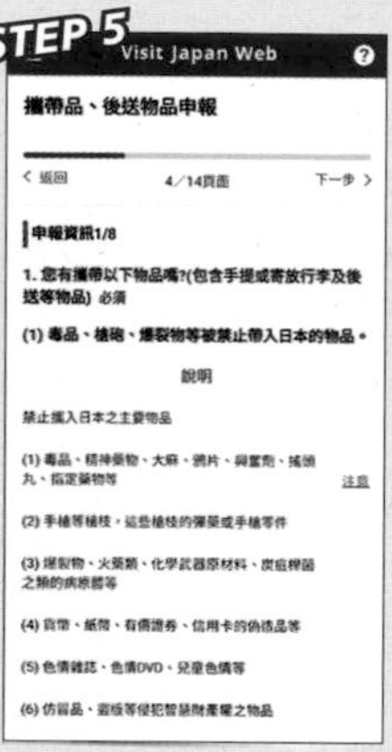

◀最後是填寫海關申報表並取得 1 個 QR 碼，入境時顯示給海關人員看就可以了。

入境表格：入境記錄卡及海關申告書樣本

外國旅客入境日本需填寫外國人入境記錄與海關申告書。其中外國人入境記錄於入境時與護照一起交給入境處職員便可，而海關申告書則於領取行李後離開時交給海關人員，每組旅客 (如一家人) 遞交一張便可。

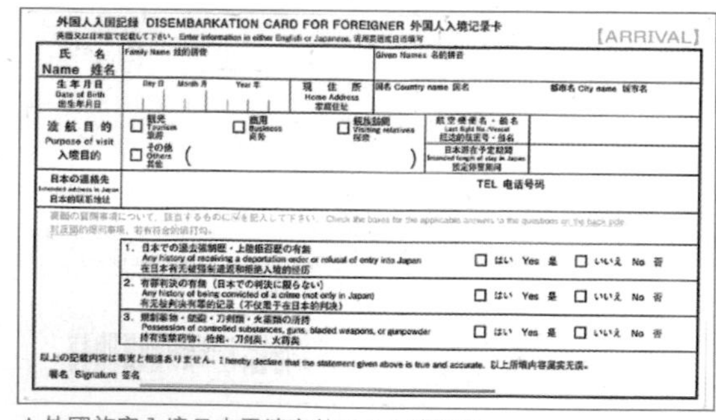
外国人入国記録 DISEMBARKATION CARD FOR FOREIGNER 外国人入境记录卡 【ARRIVAL】

氏名 Name 姓名	Family Name 姓的拼音	Given Names 名的拼音
生年月日 Date of Birth 出生年月日	Day 日 Month 月 Year 年	現住所 Home Address 家庭住址：国名 Country name 国名　都市名 City name 城市名
渡航目的 Purpose of visit 入境目的	□観光 Tourism 旅游　□商用 Business 商务　□親族訪問 Visiting relatives 探亲　□その他 Others 其他 (　　)	航空機便名・船名 Last flight No./Vessel 抵达航班号・船名／日本滞在予定期間 Intended length of stay in Japan 预定停留期间
日本の連絡先 Intended address in Japan 日本的联系地址	TEL 电话号码	

1. 日本での退去強制歴・上陸拒否歴の有無 Any history of receiving a deportation order or refusal of entry into Japan 在日本有无被强制遣返和拒绝入境的经历　□はい Yes 是　□いいえ No 否
2. 有罪判決の有無（日本での判決に限らない）Any history of being convicted of a crime (not only in Japan) 有无被判决有罪的记录（不仅限于在日本的判决）　□はい Yes 是　□いいえ No 否
3. 規制薬物・銃砲・刀剣類・火薬類の所持 Possession of controlled substances, guns, bladed weapons, or gunpowder 持有违禁药物、枪炮、刀剑类、火药类　□はい Yes 是　□いいえ No 否

以上の記載内容は事実と相違ありません。I hereby declare that the statement given above is true and accurate. 以上所填内容属实无误。
署名 Signature 签名

▲外國旅客入境日本需填寫外國人入境記錄。

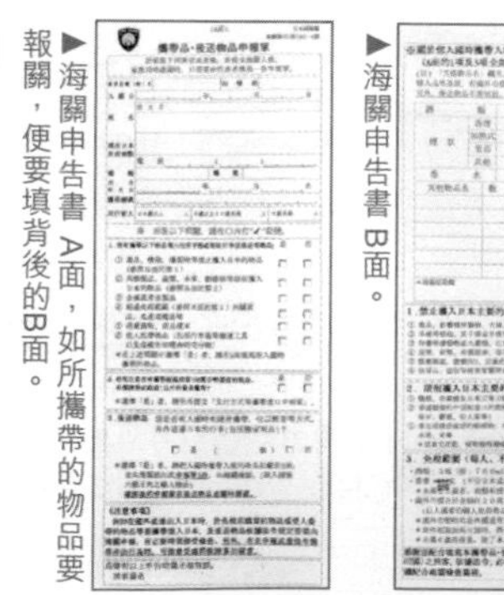

▶海關申告書 A 面，如所攜帶的物品要報關，便要填背後的 B 面。

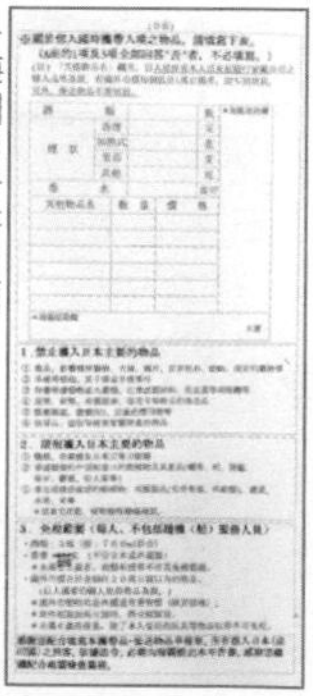

▶海關申告書 B 面。

主要來往東京航班時間表

每日，香港有多個航班前往東京的兩個機場，分別是成田國際機場及羽田國際機場，其中成田國際機場的班次較多，但遠離市區；羽田國際機場較成田接近市區。(有關成田及羽田前往市區的交通請參閱 P.69-72)

訂東京機票前注意事項

票價與條款

旅行社、旅遊網站、航空公司網頁等渠道提供不同價格，請先比較一下才去購買。除了留意價格外，還須留意機票條款，例如是否容許退票、更改航班、停留東京期限等。

成田國際機場還是羽田國際機場？

羽田國際機場 (下稱「羽田機場」) 比成田國際機場 (下稱「成田機場」) 近東京市區，現時有小部分航班前往羽田機場，其餘大部分前往成田機場。

國際觀光旅客税

2019 年 1 月 7 日起針對日本出境人士徵收「國際觀光旅客税」，乘船或飛機從日本出境的旅客，每次都要支付 ￥1,000 徵税，未滿 2 歲的小童毋需繳付。

由香港出發

國泰航空

www.cathaypacific.com/cx/zh_HK.html

成田機場			
香港出發	到達時間 *	東京出發 *	到達時間
01:20	06:45*	09:15*	13:15
08:15	13:40*	10:40*	14:40
09:05	14:30*	14:50*	18:50
10:40	16:05*	17:15*	21:05
15:10	20:35*	18:30*	22:20
羽田機場			
香港出發	到達時間 *	東京出發 *	到達時間
08:45	13:55*	10:05*	13:50
16:20	21:35*	16:25*	20:00

日本航空

成田機場			
香港出發	到達時間 *	東京出發 *	到達時間
10:40	16:05*	18:10*	22:00
羽田機場			
香港出發	到達時間 *	東京出發 *	到達時間
15:15	20:25*	09:55*	13:30

註：尚有其他與國泰航空聯營航班。

香港快運

成田機場			
香港出發	到達時間 *	東京出發 *	到達時間
09:15	14:45*	15:45*	19:40
10:35	16:05*	17:05*	21:00
13:00	18:25*	19:20*	23:15
14:15	19:45*	20:40*	00:35
15:00	20:30*	21:25*	01:15
羽田機場			
香港出發	到達時間 *	東京出發 *	到達時間
17:35	22:55*	06:35*	10:15
20:05	01:20*	01:00*	04:40
23:40	05:00*	02:20*	06:00

全日空

羽田機場			
香港出發	到達時間 *	東京出發 *	到達時間
14:45	20:00*	08:50*	12:30

* 日本時間。

註：以上航班資料只供參考，計劃旅程前宜先瀏覽航空公司網站。

由台北出發

重要資訊！桃園機場和松山機場

大部分來往東京成田機場的台北航班，都是使用桃園機場。若旅客需要到羽田機場，則須使用松山機場。

全日空

成田機場			
台北出發	到達時間 *	東京出發 *	到達時間
07:55	12:25*	13:25*	16:05
09:00	13:25*	14:25*	17:05
15:20	19:40*	20:40*	23:20
羽田機場			
台北出發	到達時間 *	東京出發 *	到達時間
13:35	17:45*	09:40*	12:10
16:50	20:50*	13:20*	15:50

長榮航空

成田機場			
台北出發	到達時間 *	東京出發 *	到達時間
07:55	12:25*	13:25*	16:05
09:00	13:25*	14:15*	17:05
15:20	19:40*	20:40*	23:20
羽田機場			
台北出發	到達時間 *	東京出發 *	到達時間
07:20	11:35*	10:50*	13:30
16:20	20:20*	12:40*	15:05

日本航空

成田機場			
台北出發	到達時間 *	東京出發 *	到達時間
10:00	14:25*	11:45*	14:30
15:40	20:05*	18:10*	20:55
羽田機場			
台北出發	到達時間 *	東京出發 *	到達時間
09:10	13:20*	08:55*	11:35
14:20	18:45*	18:20*	20:50

中華航空

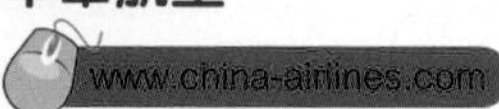

成田機場			
台北出發	到達時間 *	東京出發 *	到達時間
08:55	13:15*	09:25*	12:05
12:40	16:55*	14:30*	17:10
14:35	18:55*	17:55*	20:35
16:20	20:35*	20:05*	22:45
羽田機場			
台北出發	到達時間 *	東京出發 *	到達時間
09:00	13:10*	07:55*	10:35
18:05	22:05*	14:30*	16:55

樂桃航空

成田機場			
台北出發	到達時間 *	東京出發 *	到達時間
02:15	06:40*	16:50*	19:40
09:30	14:00*	22:10*	01:00
羽田機場			
台北（桃園）出發	到達時間 *	東京出發 *	到達時間
20:25	12:45*	05:55*	08:35

由高雄出發

中華航空

成田機場			
高雄出發	到達時間 *	東京出發 *	到達時間
08:00	12:30*	13:30*	16:30
12:45	17:15*	18:40*	21:40

長榮航空

成田機場			
高雄出發	到達時間 *	東京出發 *	到達時間
07:00	11:45*	12:45*	15:40

台灣虎航

成田機場			
高雄出發	到達時間 *	東京出發 *	到達時間
08:05	12:40*	11:50*	15:00

* 日本時間。

註：以上航班資料只供參考，計劃旅程前宜先瀏覽航空公司網站。

預訂住宿程序及方法

預訂住宿考慮因素

A 住在一個還是多個城市？

視乎你的行程規劃，如只到東京、橫浜及鎌倉，由於這 3 個地區較集中，車程只需一小時至一小時半左右，所以可考慮全程住東京或橫浜 (如大部分時間留在東京，則選東京)。另一個考慮因素是體驗，如鎌倉是古都，而當地步伐相對較東京慢，沒東京的熱鬧。住鎌倉一至兩晚，可能比即日來回更能體驗鎌倉的風情。

箱根、軽井沢、河口湖則比較遠，來回車費也較昂貴，亦需花時間於區內交通，建議住在當地兩三晚。

B 一般因素

1. **交通便利程度：**你所住的地方是否就近鐵路車站？到預計常去的景點 (如新宿、浅草) 的交通是否方便？需時多久？在東京或橫浜，JR、地下鐵及其他私營鐵路覆蓋率廣泛；其他地區可能以巴士或單車為主。
2. **門禁：**有些住宿註明晚上若干時分會關閉，不得進出。雖然日本很多景點和店鋪到晚上 10 時後才關門，但也要考慮門禁，有時候來到外地可能有晚上迷路、交通不能預計的時候，晚了回來也說不定。沒有門禁的住宿較好。
3. **廁所及沐浴：**住宿的廁所分為共用和私人，酒店一般都是私人浴室，商務旅館、民宿或青年旅舍多是公共浴室和廁所。商務旅館有大浴場，由於不能異性共浴，所以分開男女時段。可事先留意住宿的沐浴設施是否設有獨立沐浴空間。一般為了吸引外國遊客入住，大都設有獨立沐浴間。
4. **上網：**大部分住宿設有 Wi-Fi，讓住客可以在房內或在大堂免費上網。

住宿類型

假如你不是訂套票的話，訂機票後就可以計劃住宿了，當然你也可以嘗試 walk-in (不預訂而即晚入住)，但對某些人來說，這很沒安全感，而且很費時。計劃住宿可以是省旅費和省時的重要步驟，但慳錢是否一定代表不舒適？若你留意到東京，甚至日本有以下住宿種類時，就會知道各類住宿都有好處。

1. 一般酒店

酒店一般較貴，熟悉的人可能透過網站獲得各種優惠，但當中最簡單的方法就是透過套票。日本的酒店比較細小，價錢亦未必包括早餐。除非住這類具時尚設計的酒店，基本上大部分酒店都差不多。

◀酒店房間。

2. 商務旅館

在東京，商務旅館和青年旅舍一樣，是便宜的選擇。商務旅館一人一晚的價錢大概由 ￥2,500-3,500(HK$179-250) 不等，有一般西式床或日式榻榻米選擇，集中在南千住 (在浅草、上野北面，即東京東北部分，JR 和東京地下鐵都能抵達)。商務旅館和酒店一樣會提供毛巾、牙刷用品，只是不及酒店豪華而已。部分商務旅館設有英文網站，職員甚至會說英語，是背包客入住青年旅舍外的選擇。

③連鎖酒店

連鎖酒店與一般酒店的差別在於它遍及日本各地，價錢也較一般酒店便宜，每人一晚 ¥3,000-6,000 (HK$214-429)，視乎地點及人數，若一人入住，單人房一般為 ¥6,000(HK$429) 左右。雖然連鎖酒店較便宜，但肯定不是以降低質素或減少服務換取減價空間。一般酒店能提供的它們都有，交通也方便。以東橫 INN 為例，標準化的裝潢無損酒店的舒適度，而房間的空間不算很狹窄。

東橫 INN 免費自助早餐

www.toyoko-inn.com/china/

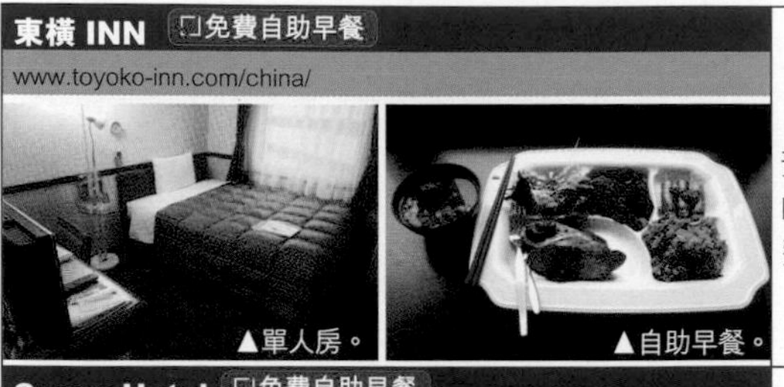

▲單人房。 ▲自助早餐。

為人熟悉，分店很多。設中文網頁，預訂房間較容易。想有折扣可申請東橫 INN 俱樂部，繳付 ¥1,500 (HK$107) 入會費，可即場申請兼即享會員價及其他優惠。

Super Hotel 免費自助早餐

www.superhotel.co.jp

▲單人房。

▲自助早餐。

分店數目不及東橫 INN 多，但甚有特色：針對女性、環保和樂活 (LOHAS) 三方面提供全面設施，如設有女性樓層及女性專用房間、提供安全及照顧女性所需的用品 (如負離子風筒、適合女性的洗髮乳、護髮素等)；並透過提供溫泉、健康早餐及環保措施，希望旅客入住後，精神充沛，適合一個女生入住。

④民宿

在日本，有些民宿由台灣人開辦，也有些由本地人經營。無論如何，他們都會悉心照顧入住的顧客，這是酒店不能提供的安全感 (酒店的是保安)。民宿是家庭式經營，不是大集團，也不是連鎖式，大小事務均由他們一手包辦。

由於民宿房間不多，需預早半至一個月預訂。部分民宿不收訂金，如果訂了房間卻沒有前來的話，對民宿的生意影響很大，所以決定住才好預訂。假若真的有要事不能來也要盡早通知，有所交代。在東京及近郊，民宿的例子包括池袋之家、Log Cabin(P.42)。

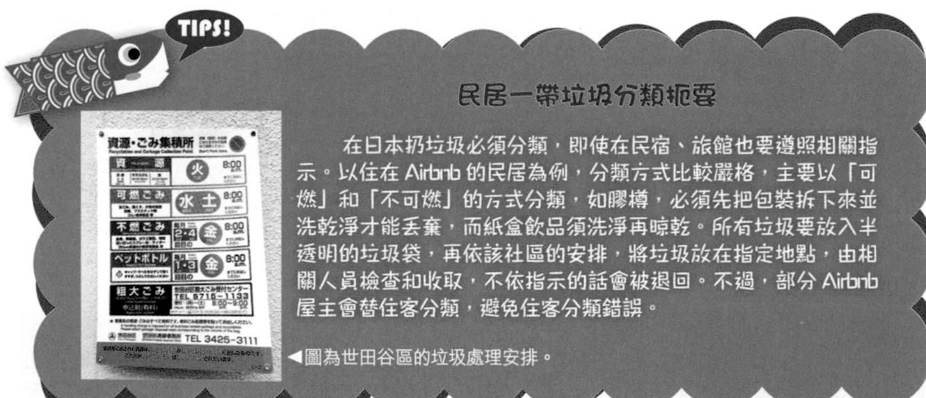

TIPS!

民居一帶垃圾分類扼要

在日本扔垃圾必須分類，即使在民宿、旅館也要遵照相關指示。以住在 Airbnb 的民居為例，分類方式比較嚴格，主要以「可燃」和「不可燃」的方式分類，如膠樽，必須先把包裝拆下來並洗乾淨才能丟棄，而紙盒飲品須洗淨再晾乾。所有垃圾要放入半透明的垃圾袋，再依該社區的安排，將垃圾放在指定地點，由相關人員檢查和收取，不依指示的話會被退回。不過，部分 Airbnb 屋主會替住客分類，避免住客分類錯誤。

◀圖為世田谷區的垃圾處理安排。

5 青年旅舍 (backpackers hostel)

選擇青年旅舍前，可考慮以下問題：

- 該青年旅舍的保安設施如何？有儲物櫃嗎？
- 其聯誼廳大嗎？舒適嗎？
- 該青年旅舍本身有沒有自己特色？
- 有沒有洗衣機和乾衣機？
- 有否單車租借？
- 清潔程度？
- 你接受青年旅舍所訂立的一些規則 (如浴室使用時間) 嗎？
- 你接受與其他人睡在同一房間嗎？
- 每張床是否有枱燈和充電設施？

以上問題，可以在本書、網誌、預訂旅舍的網站 (例如 Hostelworld.com) 背包客對旅舍的評價找到答案。

一般青年旅舍沒有年齡及國籍限制，所以有不同國家、日本不同城市的旅客入住。青年旅舍有一個共通點，就是設有共用房間 (dormitory)，即需要與人住同一房間，使用同一個浴室或洗手間；設有聯誼設施 (common room)、廚房及廚具。東京的青年旅舍集中在淺草及秋葉原，部分則在上野及淺草，就近主要景點及車站，十分方便。不同的青年旅舍各有特色，詳見 P.38-45 的介紹。

TIPS!

選擇商務旅館，或是青年旅舍？

商務旅館比起青年旅舍的好處，也許是以差不多價錢入住獨立房，對於重視隱私性的遊客很重要。不過，商務旅館一般不設個人浴室，廁所和浴室都是公用，有些更以公眾浴池為主，分男女時段使用，雖然很不方便，但也可作為特色。在東京，青年旅舍大都座落於比較便利的區域，如上野、淺草、秋葉原等，住在旅舍可以認識來自不同地方的遊客。因此，在隱私度而言，商務旅館比青年旅舍的優勝；而位置便利度和氣氛，是遊覽東京住青年旅舍的理由。

訂房方法

主要有以下 3 種方法：

1. 官方網站：

在住宿官網，透過表格或電郵查詢，直接向負責人訂房，並等待工作人員回覆確認。

2. 酒店或套票訂購網站：

現時多個流行的酒店或套票訂購網站如 Agoda、Expedia、hutchgo.com 等可提供更多的酒店選擇，方便比較價格，訂購後一段時間內可免費取消，當然也因此在不同時段提供給用戶的房價會有所區別。(文字：蘇飛)

3. Jalan、樂天訂房網站：

對於尋找便宜住宿的遊客而言較為方便。不論是日本還是外國人，都可以申請成為會員，然後預訂住宿。當中有些住宿是不需要預先支付訂金，有些更提供折扣優惠。

訂房注意事項

1. 訂房前需留意是否需要繳付訂金或全數，以及萬一需要取消預訂時，訂金的安排 (如退還或留待下次使用)。
2. 每間酒店或旅館都有其取消訂房的政策 (英文稱 Cancellation policy)，即在入住日前多少天取消，就會收取指定金額。例如：入住前七天收取房租 30%，一至兩天前為 50%，當天取消或無通知下不入住 (no-show) 收取全數。

東京都內外住宿精選

東京有不少酒店、民宿、青年旅館，由於東京地價高，所以整體來說，住宿費比其他地區稍貴。不過，找到交通方便而不高昂的住宿還是有可能。筆者以下將會介紹東京都內外的住宿，它們有些價格便宜，有些有其特色，但大部分都有共同點，就是交通方便。更多住宿推介請見附錄 (P.499-502)。**注意：所有住宿價錢只供參考，一切以官方公佈為準。**

東京都內

淺草、上野

不少背包旅館和連鎖酒店分佈在此。這裏接近淺草寺、上野動物園、アメ横商店街等景點，離銀座、東京站十分近，也比新宿和池袋就近成田和羽田機場。由機場到這一帶最快 40 分鐘。

Toco

東京地鐵景點大地圖

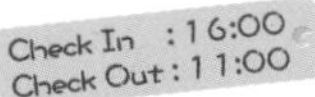

接近 100 年歷史的傳統日式房屋背包旅館，就近東京地下鐵及 JR 山手線，深受日本人和外國遊客的歡迎，需要很早預訂才能入住。旅館分為共用房間和私人房間，也設有日式房間，若是兩人或以上來的，不妨預約入住。工作人員都是會說英語的日本年輕人，十分親切。

▲接待處。晚上變身為酒吧，十分熱鬧。

▲共用房間是兩層西式床，簾是考慮住客的私隱度，而床下的抽屜可用來放行李箱和重要財物，但需要自備鎖。

►日式庭園，種了不少樹木。

►¥300(HK$21) 的早餐。

INFO

地址：東京都台東区下谷 2-13-21　　電話：03-6458-1686
交通：東京地下鐵日比谷線入谷站 4 號出口；或 JR 山手線鶯谷站南口
房間種類：8 人及 6 人共用房間 (其中一間為女性專用 6 人房)、雙人日式或西式私人房
價錢：一人一晚 ¥6,400 - 25,000(HK$376 - 1,471)
浴室 / 廁所：公共獨立浴室 (附洗頭水和皂液)，洗手盆旁有風筒
早餐：須提前一天預約，一份 ¥300(HK$21)
網址：backpackersjapan.co.jp/toco/

ホテル雷門

酒店

提供可容納 1 至 3 人的日式房間，或只限單人入住的西式房間。部分房間設浴室，否則可用公共大浴場。另有單車租借、按摩等特色服務。

INFO

地址：東京都台東区浅草 1-18-2　　電話：03-3844-1873
交通：東京地下鐵銀座線或都營地下鐵淺草線淺草站 1 號出口、東武鐵道淺草站 (仲見世通旁)
價錢：一人一晚 ¥20,800 - 74,000(HK$1,224 - 4,353)
預訂：官方網頁　　網址：www.kaminarimon.co.jp

淺草多米快捷旅館

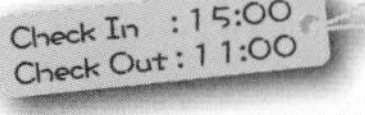

Check In ：15:00
Check Out：11:00

☐早餐、晚餐(須另付)

大家試過一邊看着鬧市的景象，一邊浸溫泉嗎？這間旅館設有室內浴場、露天風呂和足湯，當中的露天風呂和足湯都是面向浅草區，夜晚浸泡的時候就能看到五光十色的鬧市夜景。此外，旅館部分房間是面向 Skytree(P.237) 的，住客可以隨時觀賞到這個東京都地標，晚上更能看着它的燈光變化！

▲位於 10 樓的天望足湯。

▲房內可以見到 Skytree 和隅田川的美景。

►酒店提供的自助早餐很豐富。

INFO

地址：東京都台東区花川戸 1-3-4
電話：03-3845-1122
交通：東京地下鐵銀座線浅草站 5 號出口步行約 2 分鐘，或都營地下鐵浅草線浅草站步行約 5 分鐘
價錢：一人一晚 ¥13,590(HK$799) 起
預訂：官方網頁
網址：www.hotespa.net/hotels/asakusa

(撰文：Pak，攝影：蘇飛)

涉谷

如果想感受東京都的繁華鬧市生活，選擇涉谷區的酒店就最好不過了。這裏近年開設了幾間富有現代感的特色酒店，裝潢和設計都別出心裁，讓遊客享受到嶄新的體驗。

Shibuya Stream Excel Hotel Tokyu

Check In ：14:00
Check Out：11:00

☐早餐、晚餐(須另付)　地圖 P.123

酒店位於 2018 年開幕的 Shibuya Stream(P.124) 內，設施簇新，而且連接地下鐵涉谷站，交通十分便利。此外，這裏的保安嚴密，住客需要先搭乘商場升降機到 4 樓接待處，才可以轉乘酒店升降機到 9 至 13 樓各層房間，轉乘前還必須先用匙卡觸碰感應器。設計方面，酒店各樓層皆有不同主題，例如 9 樓以 Active 為主題，擺放了各種健身器材，而酒店整體則採用了工業風的裝潢，房內的家具以皮革啡色為主。

◄▲酒店大堂的設計極具時尚感。

▲ 9 樓放置了健身器材。

►雙人房的空間偌大。

INFO

地址：東京都涉谷区涉谷 3-21-3
電話：03-3406-1090
交通：東急東横線、田園都市線及東京地下鐵半蔵門線、副都心線涉谷站 16B 出口步行約 5 分鐘
價錢：一人一晚 ¥43,500(HK$2,559) 起
預訂：官方網頁
網址：www.tokyuhotels.co.jp/stream-e

(圖文：Pak)

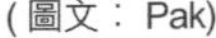

APA 飯店 渋谷道玄坂上

Check In：15:00
Check Out：10:00

早餐（須另付）

這家飯店步行到渋谷駅約需 10 分鐘，不算太近，但難得的是酒店有自家的停車場，雖然只有 4 個車位，每晚收費達 ￥3,000 (HK$166)，但對於又要方便自駕遊周邊地區，同時又會進入渋谷區的旅客來說確是多了一個選擇。

▲酒店正門口。

▲樓下是渋谷鬧市區，飲食娛樂應有盡有。

▲旺區酒店的房間都比較小。

▲房內電視會顯示旅客需要知道的資訊。

▲早餐在酒店二樓的咖啡店吃多士和沙律套餐。

INFO
地址：東京都渋谷区円山町 20-1
電話：03-6416-7111
交通：JR 渋谷站ハチ公口步行約 10 分鐘
價錢：雙人房 ￥32,000(HK$1,882)
預訂：官方網頁或各大酒店預訂網
網址： www.apahotel.com/hotel/syutoken/tokyo/shibuya-dougenzakaue/

(圖文：蘇飛)

南千住

平民區南千住附近沒有景點，但商務旅館林立，其單人或雙人房的價格可媲美背包旅館的床位價，想確保私隱及保安度的，南千住是一個不錯的選擇。由機場到南千住，一般乘搭京成電鐵特急或 Skyliner 到日暮里站，然後轉乘 JR 常磐線到南千住站。若要由南千住到市區，需要乘坐東京地下鐵日比谷線，或 JR 常磐線到日暮里換乘山手線。

丸忠 CLASSICO

東京都景點大地圖

大浴場

Check In：13:00
Check Out：10:00

丸忠 CLASSICO 是南千住較豪華的商務旅館，提供單人日式及西房客房、雙人日式房間，可以使用 Wi-Fi 上網。要沐浴的話，需要到 1 樓的大浴場，分開男女時段，若不適應的話，可使用獨立淋浴間，10 分鐘內免費。另有女性樓層，可要求入住。

◀單人日式房間，十分清潔，設施很新。

INFO
地址：東京都台東区清川 2-37-7
電話：03-5808-2211
交通：東京地下鐵日比谷線南千住站南口，JR 常磐線南千住站東口
價錢：一人一晚 ￥5,000 - 13,000 (HK$294-765，超過 3 晚，每晚有折扣)
特別設施：沐浴用品、毛巾、微波爐
預訂：官方網頁
網址：www.hotelmaruchu.com

奥多摩

奧多摩的住宿只有民宿和旅館，主要是傳統日式和室，全部包早餐和晚餐，並附有溫泉設施。大部分民宿和旅館只接受電話預約，如要取消預約，最少提前 1 日通知對方。以下介紹的旅館可網上預約，方便不會日文的旅客。

観光荘 地圖 P.367

Check In：15:00
Check Out：10:00

早餐、晚餐(須另付)

観光荘沿日原川而建，房間按風景分為溪澗、山邊兩種，前者可眺望清流，後者則比較恬靜，視乎住客喜好。

▲旅館門口。

▲溪澗房的窗外景色，還可聆聽潺潺流水聲。

▲大堂的擺設充滿日本風情。

▲早、晚餐都是旅館太太手作的家庭料理。

▲房間內部是和室。

INFO
地址：東京都西多摩郡奥多摩町氷川 1765
電話：0428-83-2122
交通：JR 青梅線奧多摩站步行 3 分鐘
價錢：一人一晚 ￥9,950-10,450 (HK$585-615)，最少 2 人入住，最多住 2 晚，另收每人 ￥150(HK$11) 入湯税
預訂：官方網頁或電話
網址：www.okutama-kankousou.jp

(圖文：Gigi)

伊豆大島

伊豆大島的住宿選擇不算多，能夠上網訂房的更是寥寥可數。這裏介紹一間可網上預訂的民宿，價錢上雖不算便宜，但能感受傳統日式房屋的氛圍。

島京梵天 地圖 P.370

Check In：15:00
Check Out：10:00

早餐

島京梵天民宿位於波浮港，經營咖啡店的老闆將整棟房屋租予旅客，讓他們能獨自享用屋內的所有設施。民宿設施包括客廳、電視室、廚房、廁所、可供浸浴的浴室，以及屋外空間，咖啡店位於民宿前方，早餐時住客可進去用餐。此外，屋主會很用心為住客提供旅遊提議，介紹地道的食物，盡力幫忙解決問題。

▲民宿由房屋和花園組成。

▲睡房。

▶客廳。

▲浴室，可浸浴。

▶早餐。

INFO
地址：東京都大島町波浮港 6 番地
電話：04992-4-1567
交通：大島巴士波浮港線上の山站
價錢：一人一晚 ￥24,000(HK$1,412，視乎日期和季節)
預訂：官方網頁或 Booking.com
網址：www.tokyovoneten.com

東京都外

鎌倉

亀時間

Check In ：15:00
Check Out：10:00

地圖 P.436

背包旅館

早餐（須另付）

這間旅館於 2011 年開始經營，改建自 85 年歷史的住宅。除了有共用房間外，還有 3 間私人房間。共用房間的床是分層的。到這間旅館在鎌倉站需轉巴士，位置近海邊，所以應預留晚上，走到海邊吹吹海風，不要把行程堆得滿滿啊！

INFO

地址：神奈川県鎌倉市材木座 3-17-21
電話：04-6725-1166
交通：從 JR 鎌倉站 7 號停車處轉乘鎌 12、鎌 40、鎌 41 巴士到九品寺（くほんじ）站下車
房間種類：共用房間、私人房間
價錢：一人一晚 ￥3,500- 9,900(HK$206-582)，視乎房間種類，連住 3 天有 9 折，連住 5 晚或以上有 85 折）
特色：單車租借、附近有溫泉設施
預訂：官方網頁
網址：kamejikan.com

Log Cabin

地圖 P.397

Check In ：15:00
Check Out：10:00

早餐、晚餐

Log Cabin 有 6 間木屋，每間屋約有兩間房。每間木屋都有雪櫃和微波爐，而家庭屋更有廚房。另外，也有溫泉供客人專享。客人更可以在旁邊的ろぐ亭享用晚餐和早餐。民宿有時會提供優惠，1 人 1 晚一般以 ￥3,300-7,700(約 HK$194-453) 便能享用晚餐，自助早餐則加 ￥1,650(約 HK$97)。若有興趣，可事先在網上問價 (民宿經理懂英文)，或到 Jalan 留意價格。

▲吃早餐的ろぐ亭。

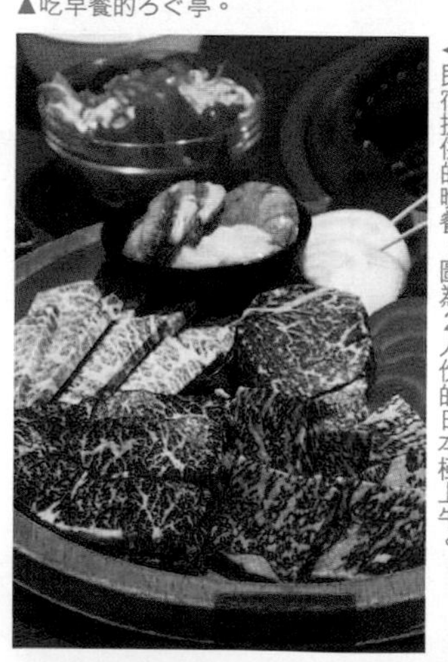

◀民宿提供的晚餐，圖為 2 人份的日本極上牛。

▲ 2 人房。

▲ 1 間木屋有兩間房間。

INFO

地址：長野県北佐久郡軽井沢町長倉 3148-1
電話：02-6745-6007
交通：町内循環バス (東・南廻り線) 中軽井沢站步行 6 分鐘，或於 JR 軽井沢站由民宿接送
房間種類：2 至 3 人房、3 至 4 人房、4 至 8 人房、10 至 23 人房
價錢：兩人房 ￥17,600-168,000(HK$1,035-9,882)(視乎淡 / 旺季房間種類，是否包早晚餐等)
浴室 / 廁所：在房間內，有毛巾和盥洗用具
特色：免費車站接送服務
預訂：log-cabin.co.jp 或 Jalan

橫浜最便宜住宿集中在石川町一帶，價格由 ￥2,300-3,000(約 HK$164-214) 不等，有部分是背包旅舍，一般租借部分樓層作為旅館的一部分。由於橫浜就近東京，一般旅客都傾向不住在橫浜，所以這些住宿房間實在不多，甚至可以出現一人獨佔共用房間的情況。石川町除了房租便宜外，位置也十分方便，就近 JR 石川町站，還可以步行到中華街、元町、山手地區等觀光景點，到みなとみらい線元町・中華街站需要 15 分鐘步程。如果想住酒店，沿海地區都有不錯的選擇。

Yokohama Hostel Village

地圖 P.417

Yokohama Hostel Village 是石川町內其中一家便宜旅館，一晚只要 ￥3,400(HK$200) 即可。此外，它有日式榻榻米私人房間，也設有供長期居住 (4 晚或以上) 的大小單位 LB Flat 和 Room ASIA，當中設有廚房，近似日本當地人的居住環境。

► Yokohama Hostel Village 入口。

INFO

地址：神奈川県橫浜市中区松影町 3-11-2 三和ビル 1 階
電話：045-663-3696
交通：JR 石川町站步行 4 分鐘
房間種類：日式單人房、雙人房、共用房間、供長期居住的大小單位 (4 晚或以上)
價錢：￥ 3,400-4,300(HK$200-252)
預訂：官方網站
網址：yokohama.hostelvillage.com/en/

Hotel Livemax Yokohama Kannai

地圖 P.417

這間經濟型酒店位於橫浜的関內，鄰近車站包括 JR 関內站、地下鐵伊勢佐木長者町站和京急本線日ノ出町站。酒店附近有巴士站直達桜新町站 (就近橫浜港)，步行至橫浜港需約 20-25 分鐘。附近有吉野家、7-11 等，十分便利。

▲單人房。

INFO

地址：神奈川県橫浜市中区伊勢佐木町 4-117
電話：045-250-1510
交通：JR 関內站北口步行 13 分鐘；或京急本線日ノ出町站中央口步行 8 分鐘；或地下鐵伊勢佐木長者町站 6A 出口步行 5 分鐘
房間種類：單人房、雙人 (一床或兩床) 房、三人 (三床) 房　價錢：￥8,000-12,800(HK$471-753)
預訂：官方網站或 Jalan　網址：www.hotel-livemax.com/kanagawa/kannai/

三浦半島

計劃行程時，可選擇在橫須賀或橫浜出發，來個三浦半島 1 日遊。若有時間，可住在三崎港 (即京急電鐵終點站「三崎口」南下的港口) 感受一下漁港的寧靜。三浦半島有天然溫泉酒店，但價格比較昂貴，想浸溫泉的話，未必一定要住溫泉酒店，因為酒店也會招待非住宿客人。以下介紹一間沒有提供溫泉，但價格較相宜的民宿供參考。

Bed & Breakfast Ichi

地圖 P.454 有早餐

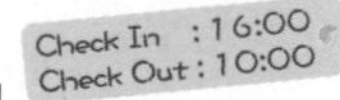

如果想在三浦半島留宿，可以選擇在位於三崎港巴士站附近的 Bed & Breakfast Ichi 下榻。這是一間小型的民宿，由有 80 多年歷史的建築改建而成，設有 4 間不同設計的 2-3 人房間，供 1-3 人居住。民宿老闆非常注重和房客的交流和服務質素，所以一般不會接待超過 5 位客人。

▶民宿是一座有 80 多年歷史的小房屋。

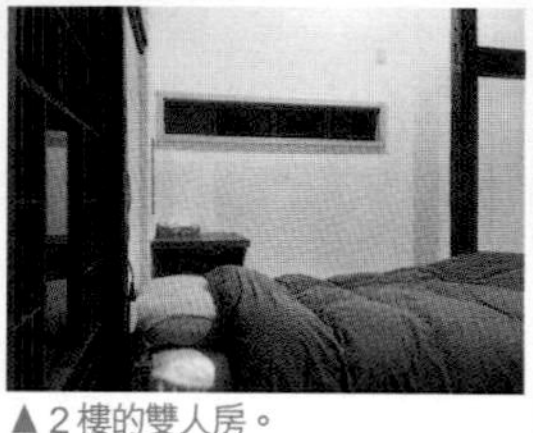
▲ 2 樓的雙人房。

民宿亦有舉辦不同的自然體驗活動，例如是三崎港著名的海釣、徒步參觀或者採集海鮮等，欲參加的話須於預訂房間同時預約。

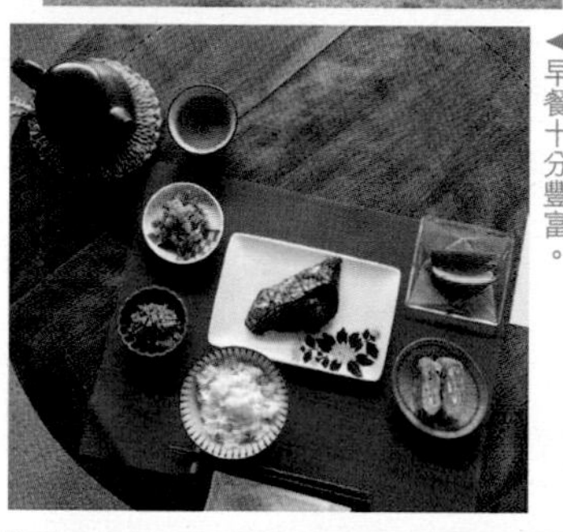
◀早餐十分豐富。

INFO

地址：神奈川県三浦市三崎 1-15-4
電話：0468-87-0574
交通：京急電鐵三崎口站 2 號巴士月台，轉乘任何京急巴士路線到日の出站
價錢：一人一晚 ¥9,000(HK$529)
預訂：電郵 miurabase@gmail.com 或官方網頁
網址：miurabase.com

河口湖

河口湖站是交通交匯處，所以住在車站附近會比較好。如果在車站附近不能找適合的住宿，可接受步程 10 至 15 分鐘的範圍。

河口湖ステーションイン

地圖 P.476

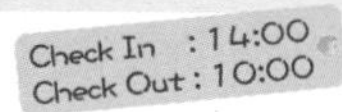

這間住宿提供日式房間，可望到河口湖車站及富士山，4 樓設有溫泉，也可以觀賞同樣的風景。民宿就在車站對面，交通十分方便。

INFO

地址：山梨県河口湖町船津 3639-2
電話：05-5572-0015
交通：河口湖站對面
房間種類：私人日式房 (容納 1 至 5 人)、共用房間 (dormitory，西式，最多容納 7 人)
價錢：一人一晚 ¥5,200(HK$306)
浴室 / 廁所：共用獨立浴室 / 廁所
特色：部分房間景觀為富士山，四樓設溫泉，可以邊泡邊欣賞富士山。
預訂：官方網頁 www.st-inn.com 或 Jalan

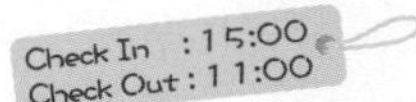

K's House

地圖 P.478

K's House 集團曾獲得訂房網站 Hostelworld 十大旅館獎項之一。河口湖的旅館附近較多食肆、便利店和超級市場，也就近 Retro Bus 的巴士站，到湖邊可以租用單車。行走 5-10 分鐘的時間，便可到附近景點，如河口湖ハーブ館。K's House 員工會説英語。部分房間沒有廁所，但公共獨立浴室是十分清潔的。廚房的設施十分齊全，可以在便利店買食物回來吃。

◀ K's House 深受背包客歡迎。

◀旅館有單車租借。

▲聯誼廳日式部分。

▲ 9 人共用房間，不難見到香港人和台灣人入住。

INFO

地址：都留郡富士河口湖町船津 6713-108
電話：05-5583-5556
交通：河口湖站步行 15 至 20 分鐘、Retro Bus 大木站
房間種類：私人日式房(容納 1 至 6 人)、共用房間 (dormitory，西式，可容納 6 至 9 人)
價錢：一人一晚 ¥3,990-6,500(HK$235-382，視乎房間種類及旺淡季)
浴室 / 廁所：共用獨立浴室 / 廁所
特色：電腦、洗衣、單車租借、儲物櫃、休息及交流室、河口湖站免費接送
預訂：官方網頁 kshouse.jp/fuji-e(不用按金，但需先提供信用卡號碼)、Trip.com 或 Booking.com

如果你來到河口湖還不知道去甚麼地方才好，可以優惠價報他們的一日團。

勝浦

要即日來回距離東京都超過 1 個半小時車程的勝浦，實在有點趕。選擇住宿時，可以留意一些近海的酒店和民宿，以下這間民宿的主人能為旅人提供不同的旅遊建議，以及地道美味的膳食。

Check In :15:00
Check Out : 10:00

お茶の間ゲストハウス

早餐、晚餐(須另付)

與守谷海水浴場只有「一軌之隔」的お茶の間ゲストハウス，是一間家庭式民宿，由兩夫婦和一隻可愛的小狗主理。男主人熱愛日本的小型電車、也喜歡攝影，而女主人的廚藝了得，與他們交流會獲得不少樂趣。這裏提供早晚餐、單車租借和景點接送服務，可令行程的安排更順利。

▲民宿的入口在火車軌旁邊。

▶晚餐須另付 ¥1,000(HK$71)，十分好吃。

◀個人閱讀空間。

◀可選擇預訂共用房間，床鋪是榻榻米。

INFO

地址：千葉県勝浦市守谷 804
電話：0470-62-5290
交通：JR 外房線上総興津站步行 7 分鐘
房租：¥4,000(HK$286) 起(視乎房間種類)
預訂：官方網頁 www.ochanomagh.com

東京自駕小提示

東京周邊地區幅員遼闊，很適合自駕遊，但若你去周邊地區的同時，也會去東京市中心，就要小心安排自駕事宜，以下是一些小提示：

租車時

東京及周邊地區有很多收費公路，租車時可要求一併租用ETC卡以便走可自動付款的通道，使用ETC卡也會有優惠收費。

▲租車櫃位都有直通電話。

取車

若在成田機場取車，現時機場內租車櫃位很多時候是沒有職員駐守的，遊客需要使用櫃面的免費直通電話和租車公司職員聯絡，安排接駁巴士乘往附近取車處，部分職員可以英文交流。

東京湾横断道路

▲東京灣跨海大橋。

東京灣跨海公路(東京湾アクアライン)連接川崎市和千葉縣木更津市，是一條由海底隧道與跨海大橋結合成的高速公路，中間還有觀景台，對自駕者來説是有趣的體驗，不妨走一次看看。(跨海公路收費：普通車單程￥3,140 (HK$185)，ETC優惠收費平日￥800(HK$47)，周末及假日￥1,200 (HK$70))

山手隧道

▲隧道內要看出口指示以免錯過。

山手隧道全線位於東京都地底，來往豐島區和品川區，全長18.2公里，從羽田空港往北就有機會進入這條隧道。要留意隧道內會因無法上網而導航失靈，要靠隧道內的指示找出口，錯過出口的話要走冤枉路。

停車場

東京周邊地區的旅遊點大多有附設的停車場，但東京市中心則是停車位很少而且收費貴，還好東京有很多小型自助收費停車場，找到停車位不太難，但收費確是要留意是每隔1小時還是20分鐘的。一般來説，一兩小時的收費大約是￥300-￥600 (HK$17-35)，24小時(包括酒店停車場)大約是￥1,000-￥3,000 (HK$59-174)。

◀自助停車場的收費和使用方法一般在自動販賣機上都有清楚指示如何操作，不會日文問題也不大。

行程規劃示範

行程1 5天4夜 卡通之旅

Day1

機場 ➡ 東京 ➡ 購買美術館門票 ➡ 台場 Diver City Tokyo 看高達

乘坐早機到東京①成田機場，由於到達時間已是下午，所以時間不多，可先到 Lawson 便利店預約三鷹の森ジブリ美術館及藤子·F·不二雄博物館門票及時間，然後往台場的② Diver City Tokyo 體驗趣怪的 Poop Museum Tokyo。

▲藤子·F·不二雄博物館。

Day2

Sanrio Puroland ➡ Gundam Cafe

第二天全日前往多摩市的① Sanrio Puroland 與 Hello Kitty 玩足一天，晚上可前往秋葉原的② Final Fantasy Eorzea Cafe 晚飯。

▼ Sanrio Puroland。

Day3

藤子·F·不二雄博物館 ➡ Yokohama Anpanman Children's Museum

早上 10 時到川崎市的①藤子 · F · 不二雄博物館，並在裏面的餐廳午膳，下午乘搭鐵路前往橫浜的② Anpanman Children's Museum 探望麵包超人。

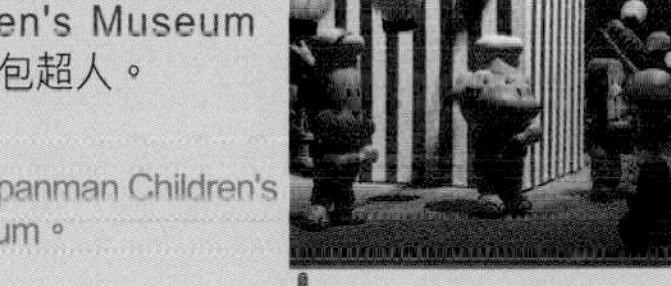
► Anpanman Children's Museum。

Day4

三鷹の森ジブリ美術館物館 ➡ 調布鬼太郎

早上乘搭京王電鐵井之頭線前往①三鷹の森ジブリ美術館欣賞宮崎駿動漫製作。之後乘巴士到②調布站附近的天神通り商店街看《鬼太郎》景點。

Day5

Animate ➡ 東京站買手信 ➡ 機場

最後一天前往池袋① Animate 本店購買動漫產品，然後再到東京站的②東京駅一番街購買電視台卡通人物手信，之後乘車到③成田機場搭機回港。

行程2 5天4夜 寺院及追尋歷史之旅

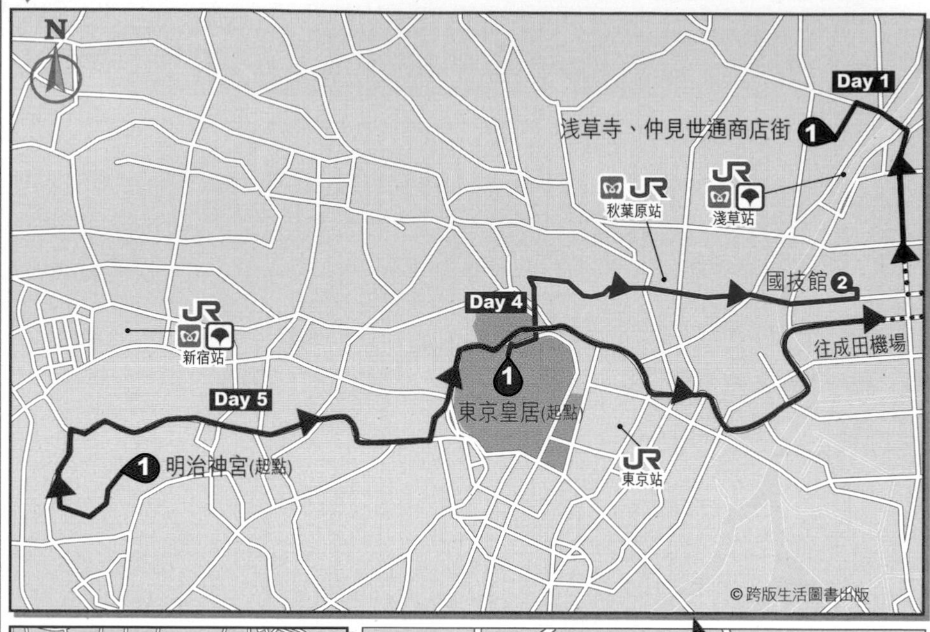

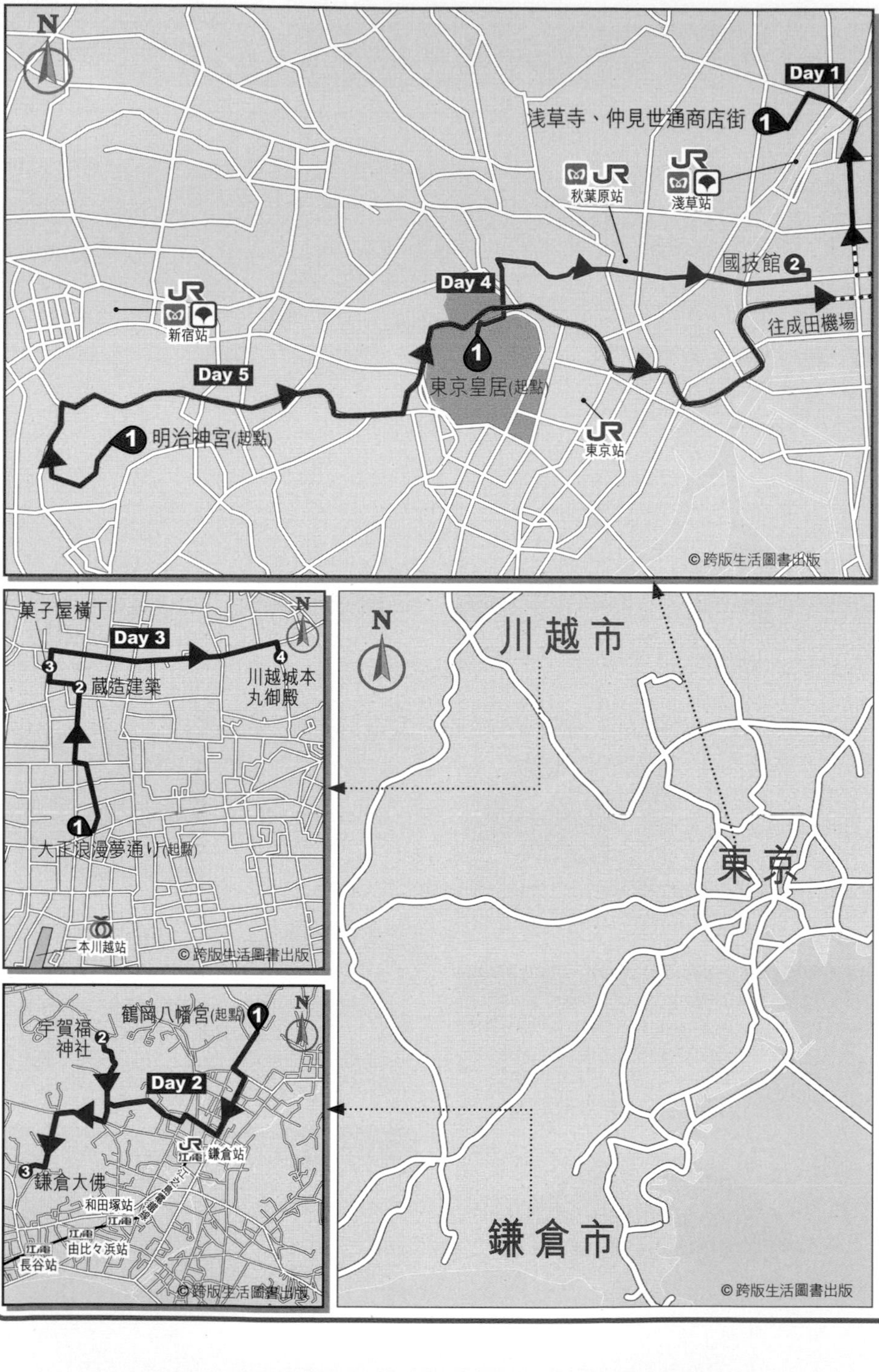

N
菓子屋橫丁
Day 3
3
4 川越城本丸御殿
2 蔵造建築
1 大正浪漫夢通り(起點)
本川越站
© 跨版生活圖書出版

N
川越市
東京
鎌倉市
© 跨版生活圖書出版

鶴岡八幡宮(起點) 1
N
2 宇賀福神社
Day 2
JR 江電 鎌倉站
3 鎌倉大佛
和田塚站
由比ヶ浜站
長谷站
© 跨版生活圖書出版

Day1

機場 東京 淺草寺

乘飛機到東京，在酒店安頓好了後，參觀①**淺草寺及仲見世通商店街**。

▲淺草寺。

Day2

鎌倉 ➡ 鶴岡八幡宮 ➡ 宇賀福神社 ➡ 鎌倉大佛 ➡ 東京

第二天一早乘鐵路，開展即日來回的鎌倉之旅。先參觀在鎌倉時期十分重要的①**鶴岡八幡宮**，再到附近的②**宇賀福神社**體驗「洗錢」儀式，最後乘搭江ノ電到長谷站，參觀歷史悠久的③**鎌倉大佛**。

▲鎌倉大佛。

Day3

川越 ➡ 大正浪漫夢通り ➡ 川越市蔵造老街及川越市蔵造り資料館 ➡ 菓子屋横丁 ➡ 川越城本丸御殿 ➡ 東京

這天到有「小江戶」之稱的川越，先看看大正年代建築的街道：①**大正浪漫夢通り**，然後參觀江戶時代建造的②**蔵造建築**(川越市蔵造老街)，並看看由江戶時代經營至今的③**菓子屋橫丁**。待參觀④**川越城本丸御殿**後，才返回東京。

Day4

東京皇居導賞團 ➡ 江戶東京博物館

首先到①**東京皇居**報到，參加出發前在電郵報名的導賞團。然後，到②**國技館或江戶東京博物館(休業中)**，了解東京的歷史。

▲東京皇居。

▲江戶東京博物館。

Day5

明治神宮 機場

最後一天到供奉明治天皇的①**明治神宮**，順道了解明治時期對東京的影響。在明治神宮也可順道參觀明治神宮御苑，看看菖蒲花和人氣井。之後乘車到成田機場搭機回港。

▲明治神宮。

行程3 5天4夜

東京、箱根及河口湖郊外之旅

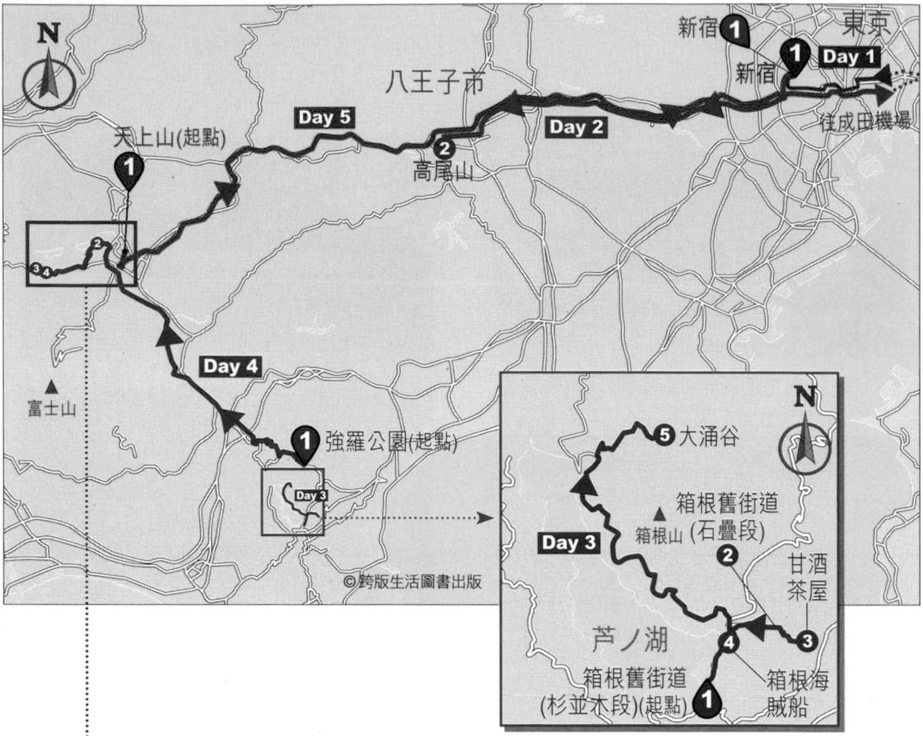

N
新宿 1
東京
1 新宿
Day 1
往成田機場
八王子市
Day 5
Day 2
2 高尾山
天上山(起點) 1
Day 4
富士山
1 強羅公園(起點)
Day 3
©跨版生活圖書出版

N
5 大涌谷
箱根山
箱根舊街道(石疊段) 2
Day 3
甘酒茶屋 3
芦ノ湖
4 箱根海賊船
箱根舊街道(杉並木段)(起點) 1

Day1

機場 ⇒ 東京

這天乘搭航機到東京，晚上在**①新宿**附近逛逛及吃晚餐，並早點休息預備翌日的郊遊活動。

Day2

新宿 ⇒ 高尾山

早上從**①新宿**乘搭京王電鐵前往**②高尾山**，依指示慢慢步行走上高尾山，參觀寺院並欣賞山下東京都的景色。晚上返回東京新宿。

◀高尾山。

Day3

箱根 ⇒ 箱根舊街道 ⇒ 甘酒茶屋 ⇒ 大涌谷

展開 3 天箱根與河口湖之旅，先在新宿車站購買富士箱根周遊票，然後利用箱根交通工具，前往箱根舊街道，經過江戶時代建造的**①杉並木道**及**②石疊道**，然後在多年歷史的**③甘酒茶屋**稍作休息，並試試招牌甘酒，補充體力。最後乘坐巴士換乘**④箱根海賊船**和吊車到**⑥大涌谷**看溫泉源。

◀甘酒茶屋。

◀箱根海賊船。

Day4

強羅公園 ⇒河口湖 ⇒富岳風穴 ⇒ 鳴沢冰穴

早上去**①強羅公園**一趟，欣賞盛放的花草。然後乘搭箱根登山巴士到御殿場，再轉乘富士急行巴士到**②河口湖**。安頓好後，於下午乘搭巴士到**③富岳風穴**與**④鳴沢冰穴**，看看富士山爆發後的神奇洞穴。

▲鳴沢冰穴。

▲強羅公園。

Day5

天上山公園 ⇒ 東京 ⇒ 機場

早上到**①天上山公園**，眺望富士山及其下的景色。然後乘搭巴士返回東京，再換乘鐵路到機場，結束東京的行程。

▲天上山公園。

行程4 5天4夜東京下町之旅

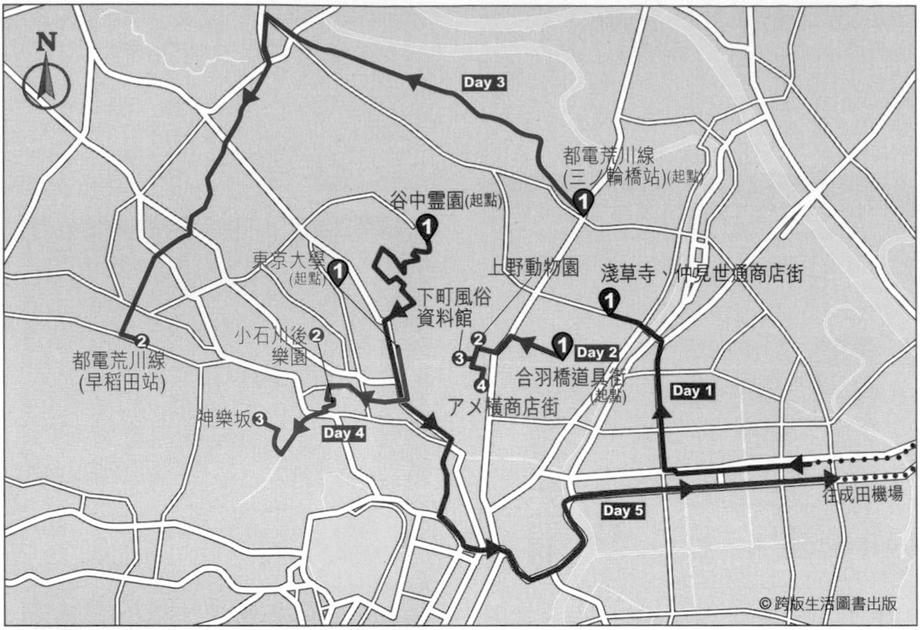

N
Day 3
都電荒川線
(三ノ輪橋站)(起點)
谷中靈園(起點)
東京大學
(起點)
上野動物園
淺草寺、仲見世通商店街
下町風俗
資料館
小石川後
樂園
都電荒川線
(早稻田站)
Day 2
合羽橋道具街
(起點)
Day 1
アメ横商店街
神樂坂
Day 4
往成田機場
Day 5
©跨版生活圖書出版

Day1

機場 ➡ 東京 ➡ 淺草寺及仲見世通商店街

東京下町行全程住在淺草或上野一帶，在酒店或旅館安頓以後，參觀**①淺草寺及仲見世通商店街**。

Day2

合羽橋道具街 ➡ 上野動物園 ➡ 下町資料館 ➡ アメ横商店街

如住在淺草，可先步行到**①合羽橋道具街**購買食具或廚具，然後到**②上野動物園**參觀，並到**③下町風俗資料館**了解下町區生活形態。行程最後一個景點，就是到**④アメ横商店街**購物。

◀上野動物園。

Day3

都電荒川線一日遊

預留一整天乘搭①至②**都電荒川線**，可選擇沿線部分景點，深入下町其他地區。建議購買全天乘車票，以hop on and off形式遊覽。

▶都電荒川線。

Day4

東京大學 ➡ 小石川後樂園 ➡ 神樂坂

這天到**①東京大學**參觀，然後到**②小石川後樂園**欣賞庭園內的花草，最後到**③神樂坂**，走進小巷及到咖啡店，這3個地方之間可以散步而不用公共交通工具。

Day5

谷中 ➡ 機場

行程最後一天來到谷中，**①谷中靈園**和商店街都是值得一到的地方，附近有不少貓出沒，不妨和牠們打招呼。之後乘車到成田機場，結束東京之旅。

PART 3

東京基本及交通資訊

認識東京及旅遊須知

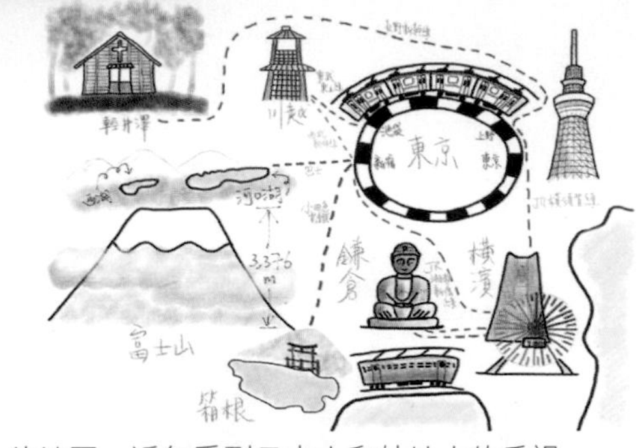

東京是日本的首都，以前叫江戶。其歷史可追遡至 15 世紀後半期開始，江戶城及幕府時期的統治。19 世紀下半期的明治年代，江戶改稱東京，並成為日本首都，其後更高速發展。

一般人眼中的東京，是一個十分現代化的城市。想起東京，便會想起購物。事實上，東京一方面在急速發展中，不少新的景點如 Skytree、Legoland 等相繼落成；另一方面，東京還有平民區，例如浅草、上野、谷根千等稱為「下町」的地區，近年受到日本人和外地人的重視。

嚴格來説，東京指東京都，包括 23 區如新宿、台場，也包括多摩地區如調布、吉祥寺。然而，人們一般在東京遊覽，都不會局限在都內範圍，受交通工具便利所賜，他們也會到横浜、鎌倉、箱根、河口湖、川越等地。當中鎌倉的歷史，比東京更早。

在東京及周邊地區，你可以看到城市發展巨輪正在高速前進的同時，也看到自然和舊事物的另外一面。沒有人會知道東京將來會變得怎樣，但遊覽東京，總會有想下一次再去的衝動，景點愈掘愈多。

東京都基本資料

面積	2,187.65 平方公里
人口	約 1,300 多萬
離香港有多遠	2,879 公里
離台北距離	2,095 公里
語言	日語
時差	比香港及台灣快一小時

日元

日本硬幣包括 ¥1、¥5、¥10、¥50、¥100 及 ¥500；紙幣主要包括 ¥1,000、¥5,000、¥10,000，還有極為罕見的 ¥2,000。

建議先在香港銀行兑換，或到中環的百年找換有限公司，較便宜而且不收手續費。

入境簽證及須知

香港	持有效期超過 6 個月的香港特區護照或 BNO，可免簽證入境逗留 90 天
台灣	持有效中華民國護照可免簽證逗留 90 天

退税錦囊

在日本購物要加 10% 消費税，但在個別大型電器及百貨公司均設遊客退税優惠。遊客在同一天同一間店鋪內購物滿 ¥5,000(HK$357)(含税為 ¥5,400，HK$386) 即可退税，並要承諾不拆封物品，及在購買後 30 天內把物品帶離日本。免税店只限有“Japan．Tax-Free shop”這標示的店鋪。

充電器及轉腳插

日本的電壓是 100V，用兩平腳插，和香港的 220V 不同。由於不像香港有開關掣，所以壓力變化較大，連接手提電腦時，火牛和插頭可能出現火花（相機和手提電話情況較少）。由於是兩平腳插，出現火花是正常現象，不必過慮。若擔心火花問題，除建議插電過程要較快速外，還建議使用手提電腦的話，火牛先接駁插頭，另一條電線則接駁電腦，然後才把火牛和電線相連接。

2025-26 年日本公眾假期

2025 年	2026 年	假期	備註
1 月 1 日	1 月 1 日	元旦	
1 月 13 日	1 月 12 日	成人節	為滿 20 歲的男女舉辦成人儀式
2 月 11 日	2 月 11 日	建國紀念日	
2 月 23 日	2 月 23 日	天皇誕辰	
2 月 24 日	/	休日	天皇誕辰補假
3 月 21 日	3 月 20 日	春分節	
4 月 29 日	4 月 29 日	昭和日	昭和天皇的生日
5 月 3 日	5 月 3 日	憲法紀念日	
5 月 4 日	5 月 4 日	綠之日	感謝大自然賜予豐富資源（這天很多公園都免費入場）
5 月 5 日	5 月 5 日	兒童之日	這天可看到很多飄揚的鯉魚旗
7 月 21 日	7 月 20 日	海洋節	感謝海洋的恩澤，祝願國家繁榮
8 月 11 日	8 月 11 日	山節	
9 月 15 日	9 月 21 日	敬老節	
9 月 23 日	9 月 23 日	秋分節	
10 月 13 日	10 月 12 日	健康體育節	
11 月 3 日	11 月 3 日	文化節	紀念對日本文化作出貢獻的人（不少博物館免費入場）
11 月 23 日	11 月 23 日	勤勞感謝節	感謝國民的辛勤工作
11 月 24 日	/	休日	勤勞感謝節補假

INFO 內閣府：www8.cao.go.jp/chosei/shukujitsu/gaiyou.html

日本與香港、台灣旅遊旺季

日本三大旅遊旺季

- 4 月下旬至 5 月初 (黃金周)
- 7 月下旬至 8 月下旬 (尤其 8 月中旬時的中元節，或稱盂蘭盆節)
- 12 月下旬及過年 (平安夜開始、過年至翌年 1 月 6 日)

香港及台灣旅遊旺季

新年、復活節、暑假、聖誕節期間，機票多會上漲。如果可以避免，就趁淡季時看看航空公司或旅行社有沒有機票和酒店的推廣了。

東京的天氣及節慶

冬天：12 月至 2 月

- 12 月時氣溫只有 5℃至 10℃不等，有機會下雪；
- 12 月聖誕氣氛濃厚；
- 1 月至 2 月氣溫只有 2℃至 10℃不等，有機會下雪。

12 月節慶

義士節
日期：12 月 14 日
地點：在泉岳寺院舉行，紀念 47 名忠臣義士

羽毛板子集市
日期：12 月 17-19 日
地點：浅草寺 (P.229)

除夕之夜
日期：12 月 31 日
地點：到了深夜，寺廟撞響 108 次鐘聲

1 月節慶

新年祈禱
日期：1 月 1 日
地點：各神社

皇宮一般參拜祝賀
日期：1 月 2 日
地點：皇宮

出初儀式
日期：1 月 6 日
活動：消防隊員穿着傳統服飾，舉行大型遊行文藝演出
地點：東京大型展覽廳

1 月節慶

大島 山茶節
日期：1 月下旬 -3 月中旬
地點：伊豆大島

2 月節慶

節分
日期：2 月 3 日
地點：全國神社及寺院

梅花節
日期：2 月底 -3 月初
地點：在湯島天神神社舉辦

春天：3月至5月

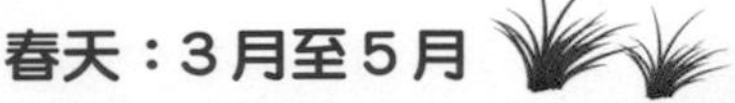

- 氣溫由 3 月開始慢慢上升，但初時氣溫仍有機會低於 10℃；5 月天氣和香港的春天差不多暖；
- 3 月下旬至 4 月中旬為櫻花盛放的日子，有商店還會推出與櫻花有關的限量紀念品；
- 5 月上旬有數天為日本的黃金周，在當地簡稱 GW，不少日本人都會在國內玩，房租會上漲，房間會爆滿；
- 日夜溫差較大，所以需要帶外套於晚間穿上，避免着涼。

3 月節慶

女兒節
日期：3 月 3 日
地點：一般在家裏擺設娃娃和特別裝飾品慶祝

達磨（圓頭像集市）
日期：3 月 3 日
地點：在東京的一些神社裏出售好運大達磨。最大的要數深大寺 (P.341)

金龍舞
日期：3 月 18 日
地點：在浅草寺 (P.229)

觀賞櫻花
日期：3 月底 -4 月初
地點：賞花大會在櫻花樹下到處可見
賞櫻名所 100 選：
hanami.walkerplus.com/list/ss0001/

4 月節慶

上野東照宮神社大節
日期：4 月 17 日
地點：上野東照宮神社

藤節
日期：4 月下旬 -5 月上旬
地點：龜戶天神社

黑暗節
日期：4 月 30 日 -5 月 6 日
地點：大國魂神社

高円寺びっくり大道芸
日期：4 月下旬 -5 月上旬
地點：高円寺車站一帶 (P.333)

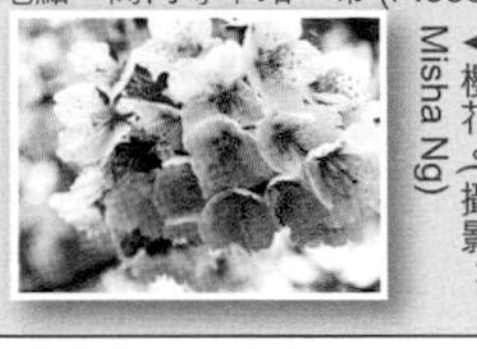

▼櫻花。(攝影：Misha Ng)

5 月節慶

兒童節
日期：5 月 5 日
活動：兒童節是正式節日，但傳統上來說，是男孩子的節日。每家在門外掛起鯉魚旗飄揚，全家人吃橡樹葉子包着的甜米餅乾

水天宮大節
日期：5 月 5 日
地點：水天宮

神田節
日期：5 月中旬
地點：神田明神社

三社節
日期：5 月中旬
地點：淺草神社

夏天：6月至8月

- 濕度為全年最高，但仍較香港乾爽；
- 6 月為梅雨季，下雨的機會較高，但日照時間和其他月份相差不太遠；
- 6 月為紫陽花盛放的季節，在很多地方見到藍或紫色的花，在鎌倉 (P.433) 更為常見。
- 7 至 8 月為全年最熱的時候，氣溫約 25℃至 30℃
- 富士山於 7 至 8 月開山，遊人可以爬上其山頂看日出；
- 7 月下旬到 8 月上旬放煙花，十分熱鬧。

6 月節慶

鳥越神社大節
日期：6 月
地點：鳥越神社

山王節
日期：6 月 10-16 日
地點：日枝神社

7 月節慶

水上節
日期：7 月 1 日
地點：隅田川上傳統的行船儀式

入谷鬼子母神 牽牛花節
日期：7 月 6-8 日
地點：真願寺

七夕節
日期：7 月 7 日
地點：全國各地都有慶祝活動

浅草寺 四萬六千日（酸漿市）
日期：7 月 9-10 日
地點：浅草寺 (P.229)

上野夏季納涼會
日期：7 月 17 日 -8 月上旬
活動：上野的不忍池 (P.254)

隅田川焰火大會
日期：7 月的最後一個星期六
活動：隅田川河畔及浅草

隅田川花火大會
日期：7 月底
活動：東京最大的花火大會。從 7 月底到 8 月中旬，在東京大約有 12 個大花火晚會

8 月節慶

神宮外苑焰火大會
日期：8 月上旬
地點：神宮球場

東京灣焰火盛會
日期：8 月第 2 個星期六
活動：晴海埠

住吉神社節
日期：8 月
地點：住吉神社

富崗八幡宮深川節
日期：8 月
地點：富崗八幡宮

神楽坂阿波舞
日期：8 月
地點：神楽坂

麻布十番納涼節
日期：8 月中旬的星期五、六、日
地點：麻布十番

浅草桑巴舞狂歡節
日期：8 月 25 日
地點：浅草

東京阿波舞節（高円寺）
日期：8 月 26-28 日
地點：高円寺

秋天：9月至11月

- 9 月的溫度較 7 至 8 月略低，但仍然炎熱和雨量多，天氣仍受颱風影響；
- 11 月中旬開始，紅葉盛放。

9 月節慶	10 月節慶	11 月節慶
袋節（池袋站西口附近） 日期：9 月中旬 活動：得名於池袋的「袋」字的當地節日。從早到晚都有大型活動舉行以及露天設攤，熱鬧非常	**御會式** 日期：10 月 11-13 日 地點：上池本門寺	**文京菊花節（湯島神社）** 日期：11 月 1-23 日 地點：湯島神社
根津權現節 日期：9 月 21 日 地點：根津神社 (P.263)	**東京都觀賞菊花大會** 日期：10 月中旬 -11 月上旬 地點：日比谷公園	**白鷺之舞（浅草寺）** 日期：11 月 3 日 地點：浅草寺 (P.229)
	浅草菊花展 日期：10 月中旬 -11 月下旬 地點：浅草寺 (P.229)	**酉集市** 日期：11 月 地點：酉集市
	菊花節 日期：10 月中旬 -11 月下旬 地點：在許多神社、寺院或者公園舉行	**七五三** 日期：11 月 15 日 地點：大部分神社

查詢天氣的網頁及 Apps

行程途中可能有下雨的時候，建議出發前在當地上網察看天氣情況。日本氣象協會推出了2款手機App「tenki.jp」和「tenki.jp 登山天氣」，前者提供日本各地的天氣資訊，後者則提供山頂和登山路徑的天氣狀況，Apple 手機可透過 App Store 下載，而 Android 用戶需在日本下載，或透過手機版網頁查詢。另外，日本旅行少不了賞櫻，「櫻のきもち」由日本氣象株式會社推出，手機 App 內包括日本各地賞櫻熱點和開花情報，雖然是日語，但操作簡單，十分推薦下載。

►「櫻のきもち」版面。

►「tenki.jp」版面。

INFO
日本氣象協會
tenki.jp

TIPS!

日本的禮儀和尊重之道

每個地方的文化核心主要都是講求信任和禮貌，外遊時，遊客的行為都可能影響當地人的印象。日本人比較講究禮貌、守時及清潔，因此如獲得當地人幫助時，應該向對方表示感謝；在預訂民宿時，必須向屋主清楚交代入住的時間並準時出現，有任何改動的話也必須即時向對方說明，以免成為「失格的旅人」，給對方帶來麻煩；用餐後必須把餐盤餐具放在指定的收集點，保持地方清潔。

此外，請遵守規則，保持儀態，例如不要在公共場所大聲講話，列車上也不能通電話，使用手機播歌或看電影時請戴上耳機。當地人大多對旅客都很友善，但切忌不能因為對方的寬容，而作出過分的行為。若不肯定自己應否作出某些行為，可向當地人請教，相信他們十分樂意解答。

在當地上網

不少朋友到外地旅遊都會機不離手，事實上旅行期間上網除了可隨時隨地與朋友聯絡外，更重要的是可隨時找到身處地及目的地所在，省卻不少迷路的時間！

1. b-mobile 數據卡

現時日本多個地區都設置了免費Wi-Fi上網區域，不過，若想無時無刻都可上網，則可嘗試使用以下介紹的b-mobile上網卡。b-mobile為一家日本電訊公司，為遊客提供名為"b-mobile Visitor SIM "的上網卡，分為有效期10日5GB數據流量及有效期21日7GB數據流量兩種卡。前者售價￥1,980(HK$142)，後者為￥2,980(HK$214)。有LTE或3G速度，Size有普通尺寸、Micro SIM及Nano SIM。遊客只需於出發前在網上訂購所需的上網卡，便可於機場或酒店取得，隨即就可在日本各處安心上網了！

上網訂購 Visitor SIM 卡流程

各機場郵政署位置及時間可瀏覽：www.bmobile.ne.jp/english/aps_top.html

STEP 1

▲先到 b-mobile 的英文網站，在網頁中間的表格選擇 Visitor SIM Official site 下面的 "Online store"，即可透過 b-mobile 官網購買。

STEP 2

▲選擇需要 10 日 5GB 或 21 日 7GB 的 SIM 卡，並選擇於酒店或機場取卡。雖然大部分酒店都願意為客人收取包裹，但若選擇直接寄往酒店的話，最好先通知酒店比較安心。另外若選擇在機場郵政署 (Post Office) 取卡需要另付 ￥216(HK$16) 手續費，並要留意郵政署在不同機場的營業時間。

STEP 3

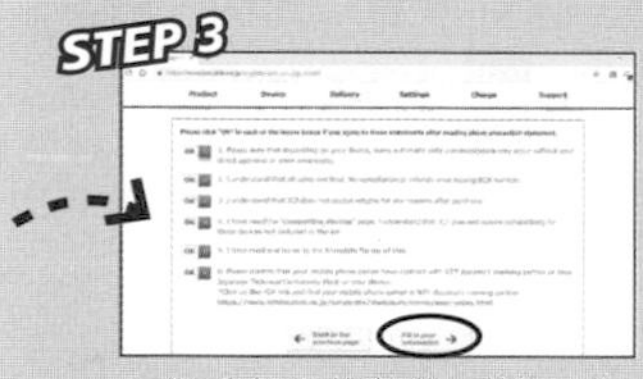

▲細看各項條款後，按"OK"，並按下方的"Fill in your information"。

STEP 4

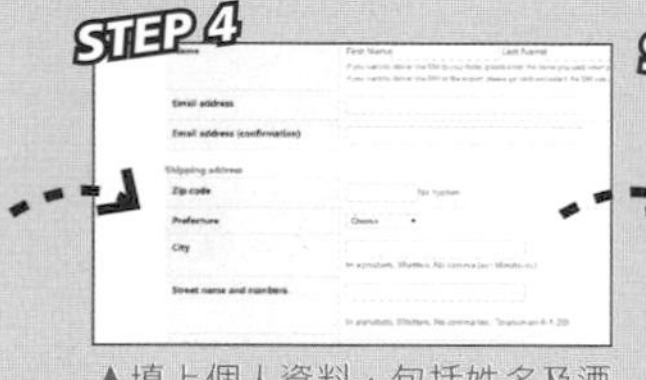

▲填上個人資料，包括姓名及酒店地址等，然後以信用卡付款。完成後便會收到電郵通知，最後到酒店登記入住時，酒店職員就會把卡轉交給你，或可在機場郵政署取卡。

STEP 5

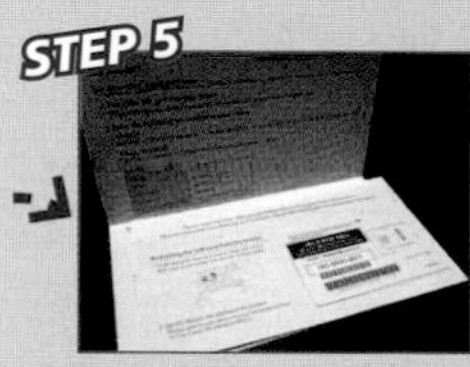

▲每張 SIM 卡均有一個獨立編號，以供客人隨時到 b-mobile 的網站查詢剩餘用量，有需要的話可於數據用完後於網站充值再繼續使用。

TIPS!

SIM 卡自動販賣機

成田和羽田機場內都有 24 小時運作的 SIM 卡自動販賣機，就算忘記事前購買 SIM 卡或租 Wifi 蛋，到步後都可隨時購買。例如 JAL ABC (jalabc.com/en/data-sim-mobile/sim-cards.html)。SIM 卡有 3 款以供選擇，分別是 7 天 ￥4,500(HK$265)、15 天 ￥6,000(HK$353) 和 30 天 ￥7,000(HK$412)。

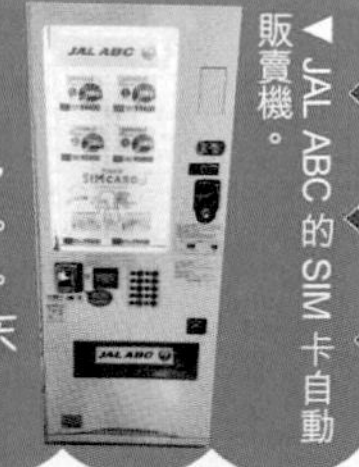

▲JAL ABC 的 SIM 卡自動販賣機。

2. Wi-Fi Router

若同時有多個朋友遊日，租借Wi-Fi Router可能更為划算，而租用Wi-Fi Router最方便及便宜的方法，就是直接從日本租借。以下以Japan Wireless為例。

Japan Wireless提供英文版本供海外人士租借Wi-Fi Router，以租借最便宜的95Mbps Router來計算，5日4夜的方案只需￥4,100(HK$295)，連同￥500(HK$38)運費也不過￥4,600(HK$341)，最多可同時連接5部裝置。預約方法亦非常簡單，只需填上收取Wi-Fi Router的日本地址(建議租借前先知會酒店麻煩代收取郵包)，到酒店Check-in時酒店職員便會轉交郵包給你。

▲先到 Japan Wireless 的網站，按"Products & Rates"。

▲網站會列出相關的 Wi-Fi Router，選取想要租借的型號後按下方"Order"。

▲網站會列出可供租借的 Wi-Fi Router 型號。填妥下方表格，記住要輸入正確的電郵地址及入住酒店代表人的姓名。

▲輸入完畢後，網站會轉至 Paypal 讓你輸入信用卡資料付款，付款後只需等待確認電郵即可。

▲抵達酒店後，酒店職員便會把郵包轉交給你。

▲郵包內包括 Wi-Fi Router、USB 充電線、充電插座及備用電池，並附有一個藍色公文袋，待歸還時把所有配件放進去，再放入就近郵箱即可。

◄開啟 Wi-Fi Router 後，在手機搜尋 Router 並輸入貼在 Router 的密碼，即可在日本隨時隨地上網。

3. 香港購買數據漫遊服務

除了啟用電訊公司提供的漫遊服務，還可以按個人需要選購漫遊數據，只需到電訊公司的手機app或網站即可購買，十分方便快捷。以3HK為例，其所提供的「自遊數據王 7日PASS」可於7日內以HK$98在多個國家地區使用4G或5G數據服務，無需更換SIM卡，可保留原本電話號碼，還能將數據分享給朋友。其他電訊公司亦提供類似計劃，詳細及各家公司的優惠可到其網站閱覽。

INFO

3 香港 自遊數據王
web.three.com.hk/roaming/ric/index.html
csl. 數據漫遊日費
www.hkcsl.com/tc/data-roaming-day-pass/
smartone 漫遊數據全日通
www.smartone.com/tc/mobile_and_price_plans/roaming_idd/data_roaming_day_pass/charges.jsp

4. 免費 Wi-Fi

如果對上網需求不太高 (如只用來查詢地圖，不需即時分享相片)，且本身擁有智能手機或平板電話的話，可使用市內的免費 Wi-Fi 服務。以下簡單介紹東京提供免費 Wi-Fi 服務的地方：

a. 地下鐵、都營巴士、Skyliner

東京地下鐵車站、都營巴士都可以使用免費 Wi-Fi 上網服務，但需要預先在智能手機內安裝一個名為「Japan Connected-free Wi-Fi」的 app(iOS 或 Android 裝置均可)，即可於東京市內主要車站，以及都營巴士車廂內自動連線免費上網，雖然每次限用 3 小時，但連線次數無限！而京成電鐵 Skyliner(成田機場直達東京) 亦於 2015 年起在車廂內提供免費 Wi-Fi，只要在手機設定選擇 SSID「KEISEI_FREE_Wi-Fi」，同意其使用條款並登記電郵地址，便可獲得每節 30 分鐘的免費 Wi-Fi，可以無限次登入。

b. 大型景點及連鎖店

以上提及的「Japan Connected-free Wi-Fi」app，除了可供地下鐵及都營巴士內免費上網外，也可透過這個 app 於部分東京的景點及連鎖店免費使用 Wi-Fi 上網，包括：部分 7-11 便利店、Roppongi Hills(P.148)、Tokyo Midtown(P.146)、松屋銀座本店(P.163)、東京駅一番街 (P.179)、BIC CAMERA(P.98) 等。

www.ntt-bp.net/jcfw/tw.html

c. JR 車站

JR 東日本的車站及 JR 東日本旅行服務中心設有免費 WiFi。在智能電話或手提電腦內選擇 SSID「JR-EAST_FREE_WI-FI」，首次使用時需輸入你的電子郵件地址，密碼無須輸入，就可以每次享用最多 3 小時的免費 Wi-Fi 了，每日可無限次登入。

www.jreast.co.jp/e/pdf/free_wifi_02_e.pdf

d. Starbucks

在 Starbucks 門外及室內範圍均可使用其免費 Wi-Fi服務，但需以電郵登記，登入次數和使用時間沒有限制。

日本防災小知識

1. 地震須知

日本處於地震帶，隨時都可能發生地震。為了減低地震帶來的影響，日本的樓宇都設有防震設備，居民也會進行災難演習，事先預備救援物資。當遊客在日本，遇上地震可以怎做呢？在投宿的地方，可留意有沒有椅子或桌子，一旦地震發生可躲進那裏，以免天花板或其他物件跌下來撞傷頭部。亦可留意緊急逃生路線，待地震後盡快離開危險的地方。

如在街上的話，盡量不要靠近大廈稠密的地方，應盡快到達空地，或到達註明「広域避難場所」的地方避難。在海邊時，亦應及早遠離，尤其註有「地震 / 津波 (海嘯)」告示牌的地方。要詳細了解應對災害的方式，可參考東京都政府出版的《東京防災》，書中透過圖解、文字和待辦清單等，向讀者闡述防災方法，並設有中文版，可在網站下載。

▲告示牌：應遠離海邊，因為地震後可能會引發海嘯。

◀在街上能看見避難所的地圖，可事先留意位置。

◀《東京防災》。

如何獲取即時地震資訊？

日本的電視台在地震發生後，會於畫面上公佈相關資訊，如在投宿的地方遇上地震，欲查詢地震強度，其中一個方法可以是看電視。此外，前面提及的 tenki.jp 都有相關地震資訊，也有震前預報，但需要開設戶口，很不方便。

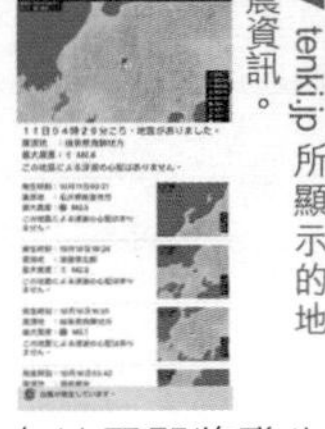

▲tenki.jp 所顯示的地震資訊。

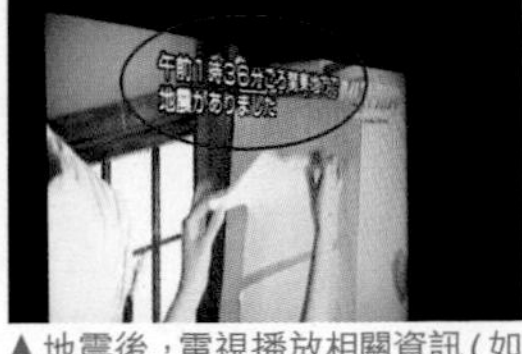

▲地震後，電視播放相關資訊(如紅圈所示)，包括地震發生地點，以及震度。

現在有一個叫 yurekuru call 的免費 app，在地震即將發生時會發出提示，還可以設定地震警報。雖然現時的科技，地震在發生前半至 1 分鐘才能發出預報，但這短短的時間卻可以避免重大的人命傷亡。

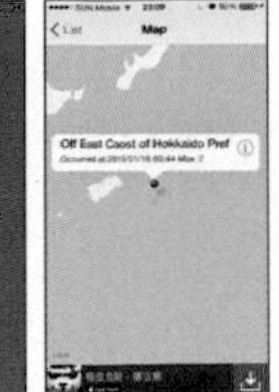

▲稱為「yurekuru call」的 app。

何謂震度？

在日本，地震嚴重程度往往以一個叫「震度」的指標顯示，卻鮮少出現我們所熟悉的「黎克特制」或「芮氏」。「震度」是地震的「烈度」，地震所釋放出的能量，傳到不同地點有不同的影響。「震度」這個指標在各地會有不同，日本有自己的制度，分為 10 個，包括 0、1、2、3、4、5 弱、5 強、6 弱、6 強、7。7 為最嚴重，4 級起屬強以至烈震。例如筆者在東京感受過 5.2 級地震，震央來自千葉縣附近，最大震度為 4 級，東京離千葉有一段距離，故我所處的位置為 3，那時感覺地板左右少許搖動，但天花板的燈等物件沒有移動。

2. 輻射

日本東北地區於 2011 年 3 月 11 日發生大地震，令福島核電廠泄漏核輻射。 日本在各個地方設置輻射監察，並把每天的結果公佈於互聯網。出發前，可預先查詢其輻射是否超出水平。

INFO **日本各縣輻射水平：**
www.kankyo-hoshano.go.jp/data/radioactivity-concentration/

3. 緊急求助熱線一覽

緊急熱線
警局：110 (日語) / 3501-0110 (英語)
火警及救護：119
日本救助熱線：0120-461997
其他查詢熱線
日常生活諮詢服務：045-671-7209 (日語 / 英語)
成田機場航班查詢：0476-34-8000 (日語 / 英語)

4. 領事館求助

若旅客遇上事故必須尋求政府協助，可參考以下方法：

	旅客持有之護照		
	香港特區護照	BNO	中華民國護照
相關部門	中國駐日大使館	英國駐日大使館	台北駐日經濟文化代表處
地址	東京都港区元麻布 3-4-33	東京都千代田区一番町 1	東京都港区白金台 5-20-2
交通	地下鐵日比谷線、都營地下鐵大江戶線六本木站 3 號出口步行約 10 分鐘	東京地下鐵半藏門站步行約 5 分鐘	JR 山手線目黑站步行約 10 分鐘
辦公時間	09:00-12:00	09:30-16:30	09:00-11:30、13:00-16:00
網址	jp.china-embassy.gov.cn	www.gov.uk/world/organisations/british-embassy-tokyo	www.roc-taiwan.org/jp/

註：星期六、日及公眾假期休館。

TIPS!

注意！公共電話都提供緊急熱線

撥打 110 或 119 時，第一句表明自己的身份，如：Watashi wa hongkongjin de su (我是香港人) / Watashi wa tai wan jin de su (我是台灣人)，對方便會轉駁至翻譯中心處理。

認識及查詢當地交通

鐵路為東京的最主要交通工具，不過其鐵路特色有點不像大家平時所乘搭的鐵路，所以在這裏簡單介紹其特色、車票種類及查詢當地交通方法。

乘搭東京鐵路指南

1. 一區可以有很多個車站

首先，一個區域都會有一個或以上的車站。因為日本有不少鐵路公司，其中最大的是 Japan Railway(簡稱 JR)，從前是國營，現在則私營化，仍維持龐大網絡。關東各個城市既有市營的地下鐵 (交通局經營)，同時亦有集團經營的鐵路 (如東京地下鐵、小田急電鐵等)。

由於不同集團經營不同路線，所以從起點和目的地可能會有兩間或以上的鐵路公司可以選擇 (好像新宿到池袋可選擇 JR 或東京地下鐵)，而中間途經的車站會不同。當然也有些地區 (如河口湖) 只有一間公司的鐵路才能抵達。

2. 不同公司路線可以互通

除了多間公司經營不同路線的鐵路外，兩間公司的鐵路是可以直通。例如京急電鐵與都營地下鐵及京成電鐵打通。因此，你可以由京急電鐵的車站 (如羽田機場)，直接坐車到京成電鐵的網絡 (如成田機場) 而不用轉車。

一般購買單程車票會包括另一家公司的範圍，要是沒包括，就在出閘前透過「精算機」或向站務人員補車費差額。

3. 要注意行車方向，更要注意終點站和列車種類

在香港或台灣，不論乘坐港鐵還是捷運，終點站基本都不變，都是走畢整條路線，而且每站停。但在日本，基於網絡覆蓋廣泛和複雜，不同列車所經的站也不同，終點站也會不同。

所經車站不同，造成列車速度也不同，停每個站叫「普通」列車，其次還有途中不停某些車站的快車：快慢程度以「準急」、「急行」、「快速急行」、「特急」之類的字眼表示，在月台可以查詢不同類列車停站的資料和時間表。

有些車站只有「普通」列車，為了縮短交通時間，乘客先乘「普通」列車到一個快車和慢車都停的站，然後到對面月台轉乘快車，至於快車轉慢車的道理也差不多。

▲鐵路的路線顯示。

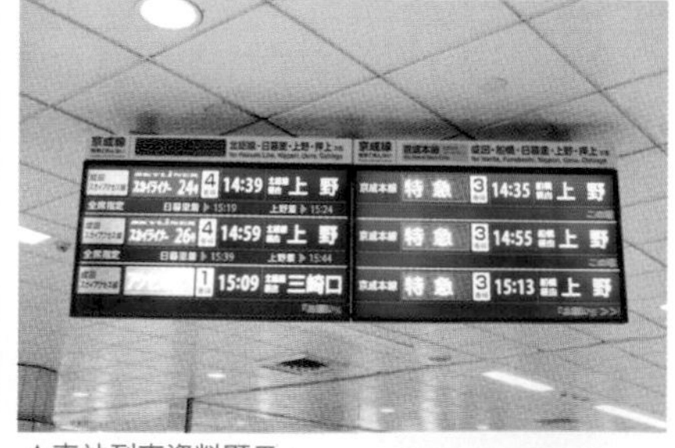

▲車站列車資料顯示。

4. 優先座席

一般在車廂的兩端位置都會將座位設為「優先座席」，讓傷健、年老、孕婦等可以優先坐下，乘客見到這些人士都必須讓坐。

◀見到有需要的人士便要讓座。

5. 不能講手提電話

列車上不容許講電話，也不可以開鈴聲。只能傳送 SMS 或 MMS(當地一般統稱為 mail)。部分座位 (如優先座席) 或車廂甚至要求關上電話，盡量不影響其他乘客。

◀記得不准講電話。

6. 女性專用車廂

日本的鐵路設有女性專用車廂，避免遭受同車廂男乘客性騷擾。這些專用車廂，有些只在繁忙時間設定為女性專用，有些全日都是女性專用。

◀香港沒有的女性專用車廂。

7. 弱冷車廂

有車廂的空調溫度較高，如果怕冷的乘客，可以往「弱冷車廂」。即使沒有這類車廂，日本大多室內的空調都不會比香港的冷。

8. 入閘及出閘旁有人的通道

在車站不論是入閘還是出閘都會有一個較闊的閘機，旁邊還有工作人員。如果出入閘有問題的話，可向他們查詢。

►圖中左邊為車站工作人員。

9. 車廂屏幕

新鐵路車廂每個車門均有兩個顯示屏，左邊的通常播放廣告和新聞資訊，右邊的是列車位置、鐵路服務消息，甚至是途經車站及到各站所需時間等，以日語和英語顯示。兩個顯示屏均不會發聲。

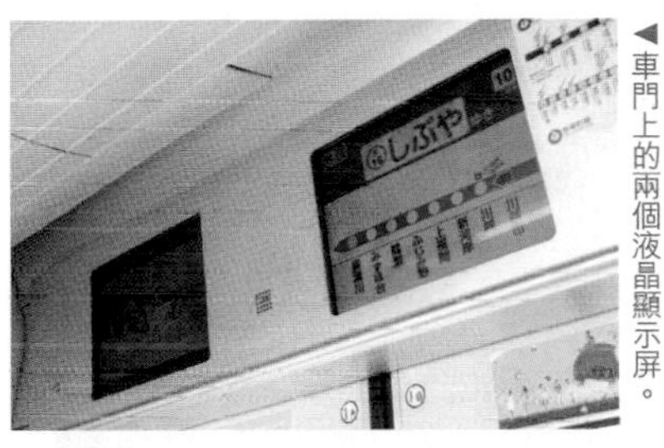

◀車門上的兩個液晶顯示屏。

車上可否飲食？

日本的鐵路沒有指明可否飲食，而長途列車較多乘客飲食，短途的地下鐵較少見。無論如何，大前提是顧慮身邊的乘客，不要弄髒車廂，吃的時候也要盡量安靜（不要有太大的咀嚼聲音）。人太擁擠、像上班時的話，最好不要飲食，就算你覺得自己可以小心翼翼地吃喝，別人未必會放心。

車票種類及優惠套票

東京的鐵路有 3 大類車票，分別是單程票、輕觸儲值卡和優惠套票。

WeChat Pay 購票

遊客可透過 WeChat 小程序「Triplabo 旅日」購買 Tokyo Subway Ticket 或京成 Skyliner 成田機場特快列車車票，然後以 QR Code 兑換券，在東京地鐵站售票機上掃碼取票。

1. 購買單程車票的方法

日本的單程車票是一張細的背磁式車票，根據乘客購買車票的時間和票價而列出相關資料，這些車票在出閘時被收回，不能再重用。

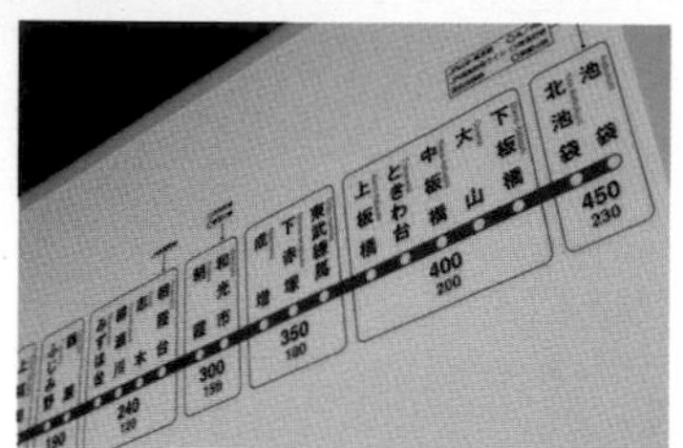

1. 每個車站都有一個路線圖，包含由該站至目的地的資料，所以第一步是查詢你所到車站的車資，例如想到池袋，車資是 ￥450(HK$32)。

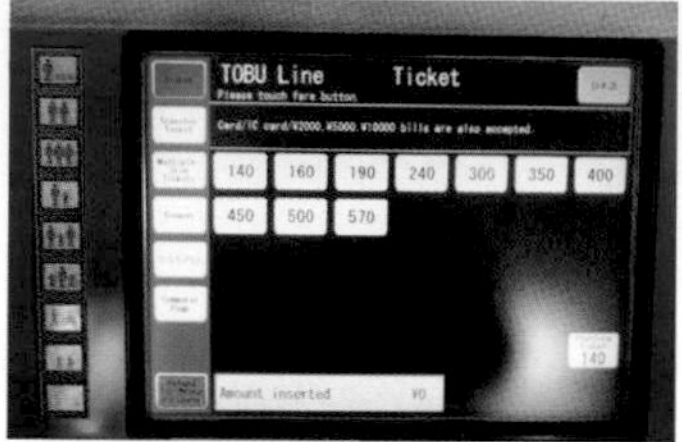

2. 現時絕大部分車站的自動購票機都設有英文畫面，所以可以先按入英文畫面，跟隨指示購買單程票。然後，選擇你要到該站的車資，即 ￥450(HK$32)。

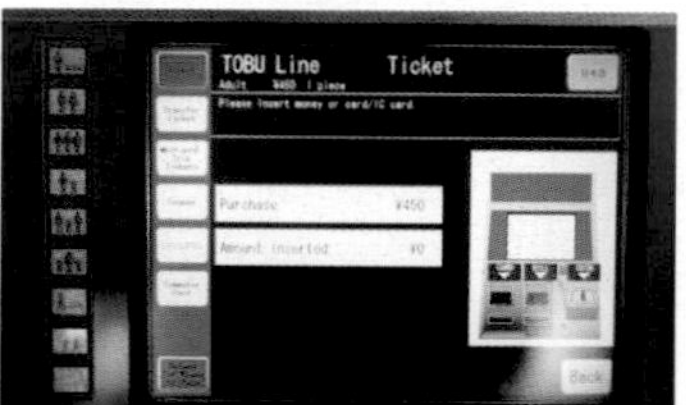

3. 依指示付錢，一般紙鈔、硬幣都可以，除了 ￥1 和 ￥5。

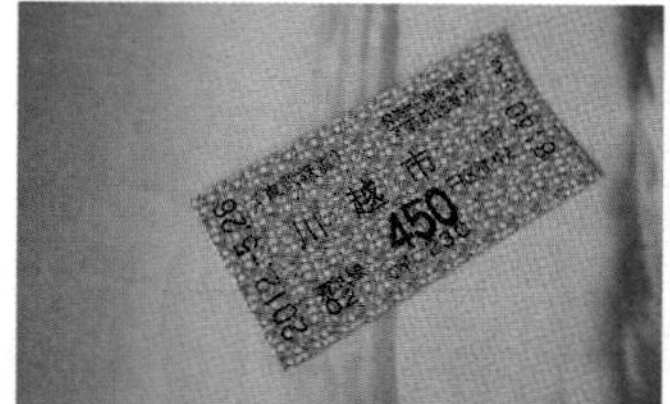

4. 單程票的樣子。

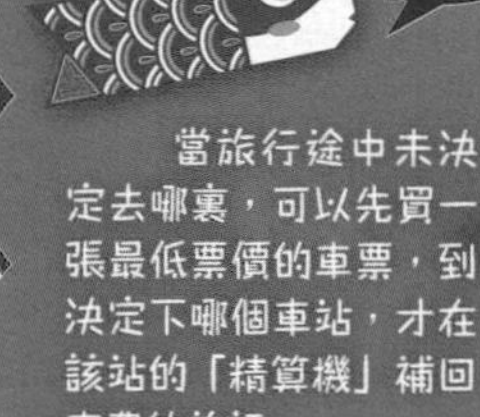

補車費差額：精算機

當旅行途中未決定去哪裏，可以先買一張最低票價的車票，到決定下哪個車站，才在該站的「精算機」補回車費的差額。

當買錯了車票，出閘時也可以補差額，但要注意的是，多付了車費，精算機是不會退還多付的車資！

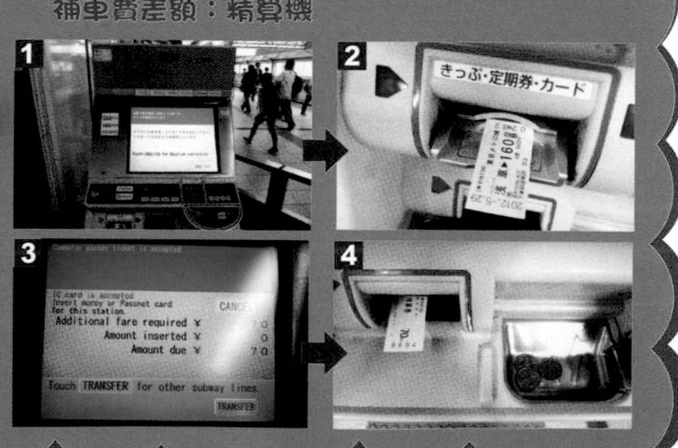

2. 輕觸儲值卡

東京主要有兩種輕觸儲值卡，包括SUICA和PASMO，兩種儲值卡都適合遊客使用。SUICA是由JR發行，吉祥物是企鵝，車票可在JR車站售票機購買。PASMO由另一間公司開發，卡上有電車和巴士圖案。SUICA和PASMO的覆蓋範圍完全一樣，絕大部分的交通工具都能使用。不能使用兩卡的情況很少，例子包括鎌倉的湘南單軌電車、河口湖的富士急行線。更適用於部分商店、自動販賣機及儲物櫃。

SUICA曾一時停售實體卡，令不少到日本旅行的遊客擔心無法使用方便的交通卡，現時雖已重新發售，但除了使用實體卡，SUICA和PASMO亦因應時代推出在手機使用的交通卡app。下載SUICA app後，在app內購買交通卡就可直接以手機在全國範圍內貼有IC標誌的火車、公共汽車、商店上使用，亦可在app內增值及購買新幹線和Suica綠色車票。另外，SUICA將於2025年推出「Welcome Suica Mobile」app，提供有效期180日的電子交通卡，如果不想一直在手機存有SUICA app，亦可考慮使用此app。PASMO app的使用方法大致相若，兩者亦同樣可在Android和Apple手機中使用。詳細可以參閱官網。

INFO
SUICA：www.jreast.co.jp/mobilesuica/
PASMO：www.pasmo.co.jp/applepay-cp/

▲Pasmo。

▲SUICA。

3. 優惠套票

日本單程車費比較貴，但日本鐵路公司推出不同優惠車票，在指定的日期於指定範圍無限次乘搭。由於票價琳琅滿目，加上各票種使用範圍比較複雜，所以以下先介紹在東京及郊外大部分地區都能適用的車票：JR 東京廣域周遊券，然後在個別地區介紹個別地區適用的票種。

a. JR 東京廣域周遊券

JR 推出的東京廣域周遊券，可在 3 天內於關東地區無限次乘搭 JR 東日本列車，適合前往離東京較遠的地區，如日光、富士山、軽井沢的旅客。

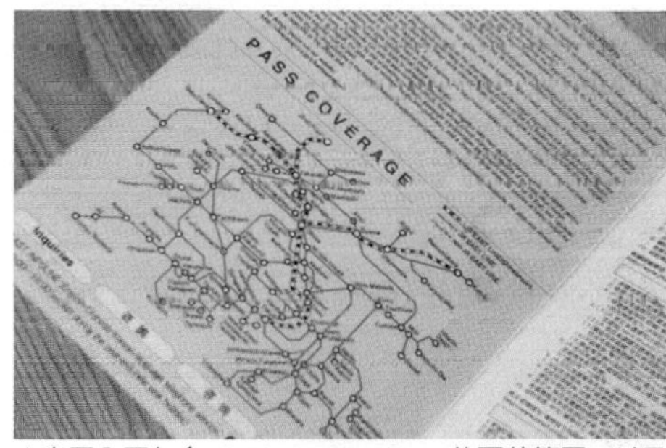

▲車票內頁包含 JR Kanto Area Pass 的覆蓋範圍，以及以英語、繁體和簡體中文、韓語的條款。

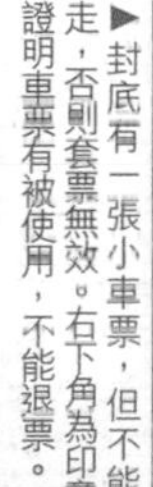
▶封底有一張小車票，但不能取走，否則套票無效。右下角為印章，證明車票有被使用，不能退票。

INFO
票價：￥15,000(HK$882，小童半價)
可使用日數：連續 3 天
購買地點：成田及羽田國際機場、東京、上野、渋谷、品川、新宿、池袋及橫濱(横浜)站的旅遊服務中心 (JR EAST Travel Service Center)
網頁：www.jreast.co.jp/tc/tokyowidepass/index.html#category04

適用鐵路及範圍

- JR 東日本，包括東京都、日光、鎌倉都能適用。其中包括長野新幹線：可到大宮的鐵路博物館及軽井沢，但不包括到伊豆、小田原等地的東海道新幹線，到有關地方須乘坐非新幹線(即「在來線」)列車。
- 東京單軌電車：可前往羽田機場
- 伊豆急行線全線：伊豆地區
- 富士急行線全線：富士山下的河口湖
- 上信電鐵全線：群馬縣一帶
- 埼玉新都市交通，即 New Shuttle，乘新幹線到大宮站後，可轉乘此小型鐵路到鉄道博物館
- 東京臨海高速鐵道全線

注意事項

- 購買時須出示護照，並決定使用日期，決定後不能更改，並須於票上所示日期開始，連續 3 天內使用。
- 每次使用時，不要通過入閘機，而是把車票給入閘機旁的站務人員檢查，如果是第一次使用，站務人員會在車票上蓋印。不過，非 JR 網絡未必有相關印章，所以在第一次使用時，有關人員可能會直接讓乘客通過，而不會在車票上蓋印。
- 未經使用的車票可退票，但須支付手續費。

b. JR 東日本鐵路周遊券 (長野、新潟地區)

持有 JR 東日本鐵路周遊券 (JR East Pass) 的遊客，可從發票日起計 14 天內任選 5 天，覆蓋範圍內的新幹線和特快列車 (只限普通車廂的指定座席)，可乘搭的列車包括：

- JR東日本線全線
- 伊豆急行線全線
- 北越急行線全線
- 越後TOKImeki鐵道(直江津~新井區)
- 東京單軌電車全線
- 東武鐵道線下今市(下今市~東武日光、鬼怒川溫泉的普通線)

INFO

票價：日本境內售價成人 ￥27,000(HK$1,588)，兒童 ￥13,500(HK$794)
網頁：www.jreast.co.jp/tc/eastpass_n

使用周遊券注意事項

- 只有持外國護照的遊客才可購買周遊券。
- 火車證僅限登記人使用，不得轉讓。
- 預購及兌換方法：先於海外旅行社或在日本 JR 站 (購票地點可瀏覽：www.jreast.co.jp/multi/pass/purchase.html) 購買周遊券，然後在 3 個月內前往當地指定的 JR 車站兌換 (如在 JR 站購票便可直接兌換)，並在 14 天內任擇 5 天使用。兌換點包括成田機場、羽田機場、東京站等的 JR EAST Travel Service Center(JR 東日本旅行服務中心) 兌換。
- 持 JR 東日本鐵路周遊券不能免費乘搭東海道新幹線及 JR 巴士。
- 兌換好周遊券，可在綠色窗口 (みどりの窓口) 或售票處預約指定席。

▲一些較大型的車站內都可找到綠色窗口，較小的車站直接在售票處也可預約座位。

乘車過了 PASS 的範圍怎辦？

由於 Pass 覆蓋指定範圍而非全部，如超出了範圍，你可以先嘗試將票放入「精算機」補差額 (詳見 P.64)。可是，有時候精算機未能計算差額，就要去出閘口的有人通道，將車票給職員看看，職員會叫你補差額的。記着補過的差額數目。

回程時，購買差額的單程車票，然後出閘時經過有人出閘通道，把單程車票和 Pass 交給職員，職員便會讓你出閘了。

有用網頁及 Apps

Yahoo! Japan：查詢交通時間及到達方法

計劃行程時，我們需要預計車程所需的時間及交通方法，日本有不少網站提供這類資料。以下網站介紹 Yahoo! Japan 的路線使用方法，讓大家可以搜尋交通方法和時間：transit.yahoo.co.jp。以下是該網站的日語翻譯，方便大家使用網站：

日語	中文
出発	出發地點或車站
到着	到達地或車站
経由	途中經過的車站
日時	日期及時間
運賃種別	付費方式，可選擇用 IC 卡或現金
座席	希望座位，可選擇指定席、自由席和 GREEN 車廂
歩く速度	步行速度，可選擇急いで (急速)、標準、少しゆっくり (有點緩慢)、ゆっくり (緩慢)
表示順序	排列方式，可選擇「到着が早い順」(到埗時間較早)、「乗り換え回数順」(轉車次數較少)、「料金が安い順」(車費較便宜)

搜尋結果的日語翻譯：

日語	中文
運賃	車費
片道	單程
往復	來回

其他都可以從漢字看出意思。

至於車站名稱，留意本書內的寫法。如遇日語字可用電腦操作系統 (如 Windows) 內置的日語拼音輸入法，有關拼音在附錄 (P.492-493) 可找到。

Apps 推介：Y! 乘換案内

這個網頁也設有手機版本，iPhone 使用者可以先開啓一個日本 iTunes 戶口，然後下載「Y! 乘換案內」，以備在旅行途中查詢。

至於 Android 手機用戶就更簡單！只需在 play store 輸入「乘換案內」，即可搜尋並下載。

▲圖為 Android 手機 app，可以透過 GPS 定位現時出發的地點。

▲▶網頁列出了不同交通方法，包括最短交通時間、轉車最少的，以及最便宜的交通方法。

▲按「地図」可連結到該車站的 Yahoo 地圖。

▲查詢「運行情報」，可得悉最新交通消息，如列車服務受阻。

Apps推介：Google Maps

隨着 Google Maps 功能日趨完善，我們可以在 app 內查詢點到點交通、街景地圖、步行路線和時間等。

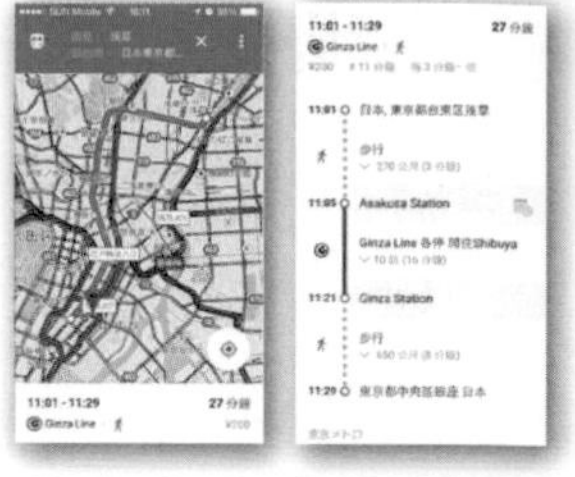

►日本的 Google Maps 資料十分齊全，可查詢交通及步行時間。

Apps推介：Google 翻譯

因人工智能的發展，現時的即時翻譯軟件越來越準確，也可以對着圖片直接翻譯其中的文字，其表表者便是 Google 翻譯。唯一缺點是離線時無法即時翻譯，要拍下圖片有網絡時才可翻譯。

►按「相機」可即時整篇日譯中。

Apps推介：Tokyo Subway Navigation

東京地下鐵本來設有應用程式，但後來更設有專為外國旅客的多語言工具，包括中文及英文版面，讓旅客毋須懂日語都可以輕易查詢地鐵及景點資訊！

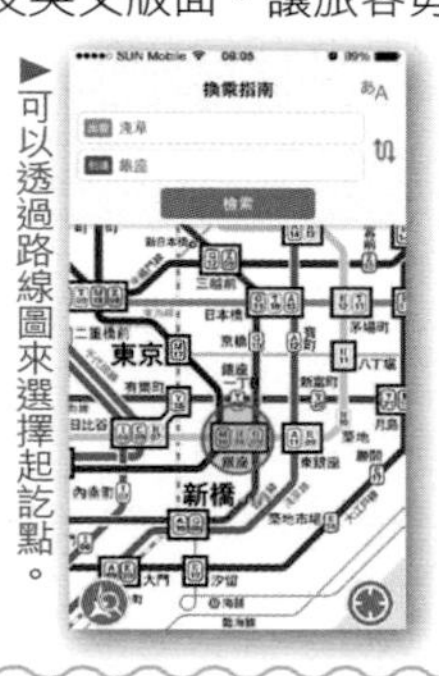

►可以透過路線圖來選擇起訖點。

►搜尋結果。

►顯示車站附近景點。

►景點詳細資料。

Apps推介：SmartEX

由新幹線推出的 App，遊客可透過程式訂購車票，更可指定座位，如行程有變的話，也可使用 App 更改乘搭日期，十分方便！

Apps推介：Jspeak

Jspeak 由日本電信公司 NTT DOCOMO 開發，是一款集合景點介紹、優惠券下載與翻譯功能於一身的 App，在 App 的主畫面點選右下角的『あ』就可以以語音輸入想翻譯的字句，如果不準確的也可以文字輸入，非常方便且準確。

機場往東京交通

由於東京有兩個機場，分別是成田國際機場 (下稱「成田機場」) 及羽田國際機場 (下稱「羽田機場」)，本文分別介紹兩個機場進入東京市區的交通。

A. 成田國際機場

成田國際機場是海外前往東京最主要的國際機場，位於成田市，離市區較遠。鐵路 (Narita Express、京成電鐵) 和巴士是兩種主要前往市區的交通工具。

1. Narita Express

Narita Express 為 JR 東日本的機場鐵路，直達東京都及近郊不同區域，包括東京、新宿、品川、池袋、渋谷、横浜等地。抵達新宿、池袋、品川、渋谷，單程車費為 ¥3,250(HK$191)；東京車站為 ¥3,070(HK$181)；橫浜為 ¥4,370(HK$257)。

不同班次的 Narita Express，目的地都會不同，所以上車前請先留意列車的終點站，以免上錯車。

N'EX 東京來回車票

遊客乘搭 Narita Express，可以購買「N'EX 東京來回車票」而不用按原價付車資。這個來回車票為 ¥5,000(HK$294)，平均每程為 ¥2,500(HK$147)，每程節省至少約 ¥570(HK$34)。對於在東京成田機場降落和離開的遊客來說，十分方便和划算！車票可在機場的 JREAST Travel Service Center 購買，須出示護照。

INFO
N'EX 東京來回車票
www.jreast.co.jp/multi/en/pass/nex.html
網上時間表載於：
www.jreast-timetable.jp

▲ JR EAST Travel Service Center。

Narita Express路線圖

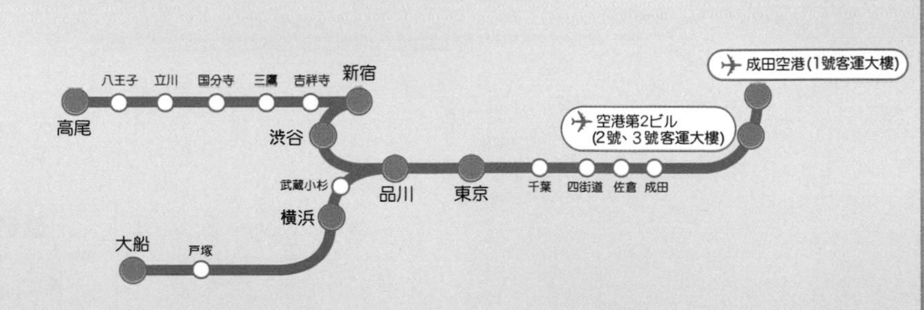

基本資訊 東京交通指南 機場交通 市區交通 省錢方法

2. 京成電鐵

京成電鐵為東京至成田的私營鐵路公司，來往成田機場和東京上野和日暮里，為居住在南千住和浅草一帶的交通選擇。京成電鐵往返機場的鐵路有以下三條：

a. Skyliner

簡介	車費 / 套票優惠
Skyliner 於 2010 年通車，為三條線中最快且車費最昂貴：36 分鐘直達日暮里，41 分鐘抵達上野。 全線只有成田機場 1 號及 2 號大樓站、日暮里站及上野站，沒有中途站。每小時 2 班。   ►套票包括車票套，一張 Skyliner 單程車票，及 Tokyo Subway Ticket 車票。	單程成人 ￥2,580(HK$151)，兒童 ￥1,290(HK$76) **Keisei Skyliner Tokyo Subway Ticket** Skyliner 與東京地下鐵及都營地下鐵設套票優惠，在 B1F 車站之售票處可以較便宜的價格購買 Skyliner 車票及 Tokyo Subway Ticket 車票，價格視乎 Skyliner 單程還是來回，以及 Tokyo Subway Ticket 的有效期天數： • Skyliner 單程 +Tokyo Subway Ticket 一天：￥2,900，HK$171 (小童 ￥1,450，HK$85) • Skyliner 單程 +Tokyo Subway Ticket 兩天：￥3,300，HK$194 (小童 ￥1,650，HK$97) • Skyliner 單程 +Tokyo Subway Ticket 三天：￥3,600，HK$212 (小童 ￥1,800，HK$106) • Skyliner 來回 +Tokyo Subway Ticket 一天：￥4,900，HK$288 (小童 ￥2,440，HK$144) • Skyliner 來回 +Tokyo Subway Ticket 兩天：￥5,300，HK$312 (小童 ￥2,640，HK$155) • Skyliner 來回 +Tokyo Subway Ticket 三天：￥5,600，HK$329 (小童 ￥2,790，HK$164)

b. ACCESS 特快

簡介	車費 / 套票優惠
羽田機場國際大樓開放後，京成電鐵網絡與**都營地下鐵及京急電鐵**往羽田的範圍互相**打通**，令「ACCESS 特快」能夠**由成田機場直通羽田機場**，途中**經過東京東部地區**如淺草、日本橋、新橋(銀座)和品川。 留意「ACCESS 特快」有兩個不同的目的地：上野及羽田機場，若前往東京東部地區，須選擇羽田機場的班次，這些班次在日間(平日下午 3 時之前，星期六、日及公眾假期下午 5 時前)**每小時只有 1 至 2 班**，晚上只以上野為目的地。	「ACCESS 特快」由成田機場到以下區域車程及車資如下： • 由成田到淺草約 1 小時，單程 ￥1,380(HK$81) • 日本橋約 1 小時 10 分，單程 ￥1,420(HK$84) • 東銀座約 1 小時 15 分，單程 ￥1,420(HK$84) • 羽田機場約 1 小時 40 分，單程 ￥1,650(HK$97)  ◄依筆者所見，班次遠比京成本線少，所以如果要等一段長時間，可改乘 Skyliner 或京成本線。

c. 京成本線

簡介	車費
京成本線為連接機場至市區的一般列車，乘搭京成本線時，請選擇最快的「特急」列車，其他列車會停更多的車站。「特急」列車全程需 1 小時 15 分鐘，每小時約 3 班。	單程 ￥160-1,820 (HK$9-107)

京成電鐵路線圖

大宮
池袋
新宿
渋谷
JR山手線
日暮里
京成上野
上野
秋葉原
東京
品川
押上
浅草
日本橋
東日本橋
新橋(銀座或轉車去台場)
大門
三田
泉岳寺
羽田空港国際線ターミナル
羽田空港国内線ターミナル
青砥
京成高砂
東松戸
新鎌ケ谷
ACCESS 特快
千葉ニュータウン中央
印旛日本医大
成田湯川
Skyliner
空港第2ビル
成田空港
八幡
船橋
京成津田沼
八千代台
勝田台
佐倉
大佐倉
酒々井
宗吾参道
公津の杜
成田
京城本線特急

圖例
Skyliner
ACCESS 特快
京城本線特急

3. 機場巴士

www.narita-airport.jp/ch2/access/bus

成田機場也有巴士前往東京多個區域、橫浜、千葉等地，單程車費約 ￥ 1,300- 3,700(約 HK$76-218) 不等。

▲機場巴士。

以上成田機場往市區眾多交通工具中，最便宜的莫過於京成本線，不過所需時間長。如要同時衡量時間和價格，建議搭乘 Skyliner，購買其套票版；如需前往東京以外的地區如橫濱，機場巴士或 Narita Express 比較適合。

B. 羽田國際機場

在成田機場落成前，羽田機場是東京唯一一個國際機場。成田機場曾取代羽田機場作為國際樞紐的地位。不過，自從羽田興建新國際線客運大樓後，國際航線航機再次降落羽田。要前往市區，可乘搭鐵路 (東京單軌電車、京急電鐵) 和機場巴士。

1. 東京單軌電車

東京單軌電車的浜松町站可轉乘 JR 或都營地下鐵前往東京不同區域。單軌電車 (依停站數目多至少) 設有三種列車：「空港快速」、「区間快速」、「普通」，其中空港快速列車停站數目最少，由機場 (羽田空港国際線ビル站) 前往浜松町只需要 13 分鐘。由浜松町到羽田機場，單程車資為 ￥ 520(HK$31)。

▲東京單軌電車。

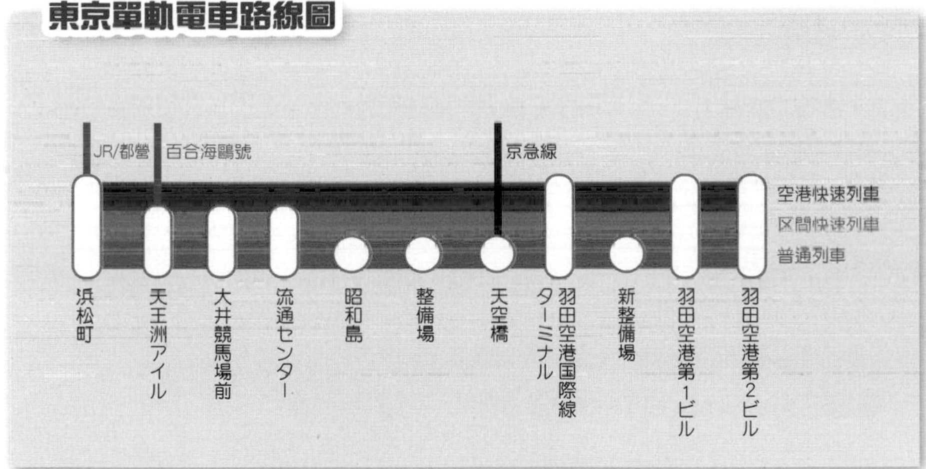

單軌電車的優惠車票

www.tokyo-monorail.co.jp/tickets/value/yamanote.html

在星期六、日、公眾假期及特定日子，於羽田機場購買「モノレール & 山手線內割引きつぷ」，便可以 ￥540(HK$32) 搭乘單軌電車並轉乘 JR 山手線到東京市中心，最高可節省 ￥270(HK$18)，適合羽田機場降落，並下榻於新宿、池袋等山手線沿線的旅客。

2. 京急電鐵

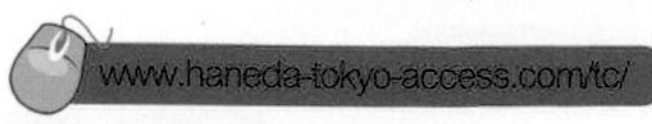

因為京急電鐵和都營地下鐵、京成電鐵網絡打通，所以京急電鐵能直達的地區比東京單軌電車更廣泛，包括橫浜、品川、新橋、銀座、浅草、成田。要從機場(羽田空港国際線ターミナル站)前往東京或橫浜，須在2號月台候車。上車前請留意列車目的地，凡以「印旛日本医大」、「印西牧の原」、「京成高砂」、「京成佐倉」、「成田空港」、「青砥」為目的地的列車都能直達品川(可轉乘JR山手線)、新橋、東銀座和浅草站；凡以「京急久里浜」、「金沢文庫」、「新逗子」為終站的列車均直達橫浜站。

由機場到橫浜約需23分鐘，到東京市內大概45至50分鐘不等。京急電鐵由機場到品川單程車資為￥330(HK$19)，轉乘山手線、都營大江戶線(品川或大門站轉車)￥700(HK$51)起，直達橫浜則為￥400(HK$24)。

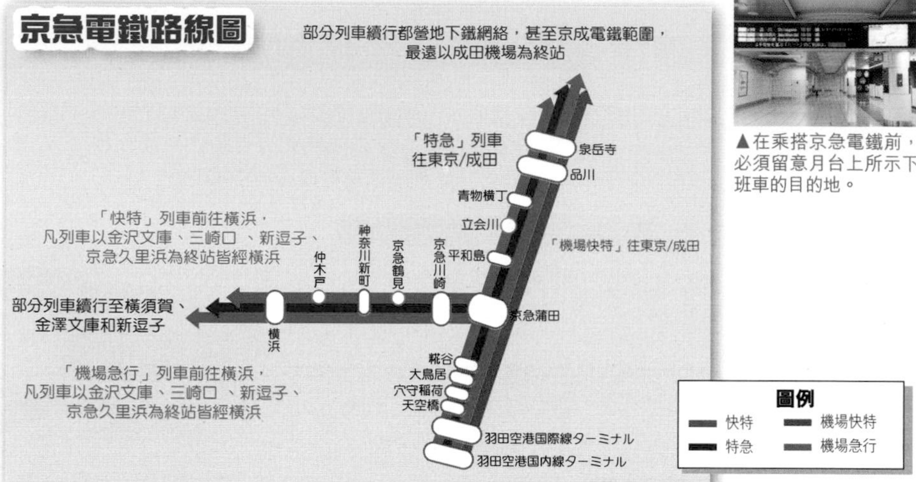

▲在乘搭京急電鐵前，必須留意月台上所示下班車的目的地。

京急電鐵的優惠車票

1. **KEIKYU Hanetoku Ticket & Tokyo Subway Ticket**：包括京急電鐵羽田機場國際大樓站到泉岳寺站單程票，以及Tokyo Subway Ticket 1/2/3日車票，單程票價由￥1,400-2,100(HK$82-124)不等。只限遊客購買。

2. **東京一日遊通票**：此套票包括京急電鐵羽田機場國際大樓站到泉岳寺站單程票，以及都營地下鐵1日任乘車票，票價為￥910-1,190(HK$54-70)。

3. **Greater Tokyo Pass**：5天內無限次搭乘關東圈13家私鐵、東京和周邊3縣的31家巴士公司的公車。成人￥7,200(HK$424)，兒童￥3,600(HK$212)，可在機場、京急線橫濱站及品川站或其他地鐵站購買，詳細參閱：greater-tokyo-pass.jp/tch/ticket/

以上優惠車票可於京急旅遊服務中心購買。

3. 機場巴士 (Airport Limousine)

機場巴士能到達不同目的地，包括東京站/日本橋、池袋、新宿、浅草、銀座、橫浜、迪士尼樂園等。來回車票連同Tokyo Subway Ticket，成田機場出發￥4,000-￥7,500 (HK$235-441)，羽田機場出發￥2,100-￥4,100 (HK$124-241)。

www.limousinebus.co.jp/ch2/bus_services/narita/index

TIPS!

羽田機場往市區交通的比較

從羽田機場往橫浜或東京，交通費約￥440-600(HK$31-43)，所以鐵路是往市區最快捷和最便宜的方法。如果考慮行李問題，巴士也不失為一個選擇。

東京市區交通

鐵路是東京主要的交通工具，以下介紹最常用的路線，給大家基本概念：

1. JR 東日本

JR 覆蓋廣泛，遍及日本全國 (沖繩除外)。在東京，最常用路線的有兩條：

a. 山手線

循環線，它覆蓋了大部分重要地區，如秋葉原、有楽町、恵比寿、渋谷、原宿、新宿、池袋，它沒有起訖點，只有順時針 (外回り) 和逆時針 (内回り) 方向行駛。

b. 中央線 (快速)

由東京出發，經新宿前往吉祥寺、三鷹，以高尾為總站。由東京站前往新宿站，車程只需 15 分鐘，比山手線的 30 分鐘還要快。

▲ JR 山手線列車，車身為淺綠色。

JR 都市地區通票 (都区内パス)

JR 設有無限次乘搭車票，這個「都区内パス」覆蓋東京都內 JR 範圍，包括了最重要的山手線及中央線，但不包括吉祥寺、三鷹範圍 (需補車資)。車費為成人 ¥ 760(HK$45)，小童 ¥ 380(HK$22)。車票在車站售票機發售。

▲ JR 都內地區通票車票。

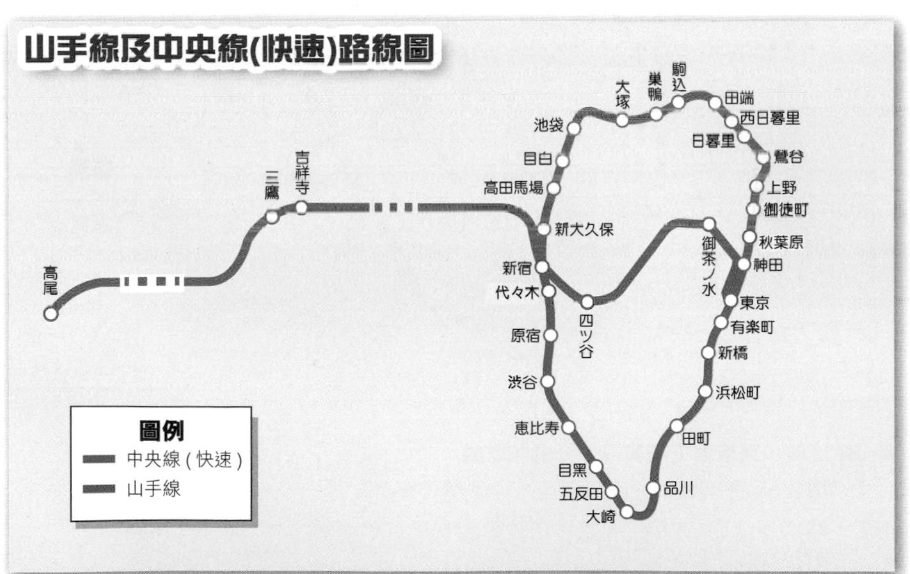

2. 東京地下鐵

東京地下鐵是全亞洲第一條地下鐵路，於 1927 年通車，至今有近 100 年的歷史。東京地下鐵在東京都內所覆蓋的地區比 JR 更廣，例如浅草是 JR 不能到達的。東京地下鐵單程車費視乎距離而定，在 ¥178(HK$10) 起。以下是東京地下鐵的常用鐵路及覆蓋的主要區域：

▲東京地下鐵日比谷線。

▲在浅草站內有一張海報，説明 1927 年東京地下鐵浅草至上野段通車，並宣稱「東洋唯一的地下鐵路」，對當時的日本人來説，是十分驕傲的事情。

日比谷線：中目黑、恵比寿、六本木、銀座、秋葉原、上野、南千住
銀座線：渋谷、表参道、新橋、銀座、日本橋、上野、浅草
丸ノ内線：新宿、東京、池袋
副都心線：渋谷、明治神宮前、新宿三丁目、池袋、雑司が谷

JR山手線及主要東京地下鐵路線圖

圖例
車站
換乘站
山手線
日比谷線
銀座線
丸ノ内線
副都心線

與 JR 比較，東京地下鐵有以下好處和壞處：

好處：覆蓋地區比 JR 廣，而且優惠車票選擇較多；

壞處：路線不比 JR 直接，沒有像中央線較快的列車選擇，轉車機會比較多，車程可能比較長。

東京地下鐵的無限次乘搭車票(東京メトロ24小時乘車券)

東京地下鐵設有一天不限次數車票，在地下鐵車站內購買，成人為 ¥600(HK$35)，小童為 ¥300(HK$18)。對於以東京地下鐵為主要交通的乘客，十分划算。

此外，東京地下鐵有與其他交通工具合作，推出以下的優惠車票：

車票名稱(日語)	車費	覆蓋範圍
東京フリーきっぷ	成人 ¥1,600(HK$94) 小童 ¥800(HK$47)	東京地下鐵全線、都營地下鐵全線、都電荒川線、都營巴士、日暮里舍人線、JR東京都內範圍

由於同一天很難乘坐很多種交通工具，所以上述兩種車票可能未必很划算。東京地下鐵本身覆蓋多個觀光景點，所以東京地下鐵與都營地下鐵一日任乘套票會比較適合，搭乘3至4次便能回本，售價也只是成人 ¥900(HK$53)，兒童 ¥450(HK$26)。

博物館 X 地下鐵：メトロ&ぐるっとパス

如果到東京的主要目的是為了參觀不同的博物館，東京地下鐵與東京都歷史文化財團推出「メトロ&ぐるっとパス」(東京地下鐵及 Grutt Pass)，¥3,130(HK$184)，包括**2張東京地下鐵一日任乘券(東京メトロ24小時乘車券)+1本原價 ¥3,130(HK$184)的博物館通行證(ぐるっとパス)**。憑此通行證，可獲78個博物館及景點免入場費或折扣優惠，有效期為兩個月。

免費的博物館及景點包括：下町風俗資料館、上野動物園、北区飛鳥山博物館、紙の博物館等。

東京地下鐵 X 都營地下鐵的套票：Tokyo Subway Ticket

東京地下鐵及都營地下鐵合作推出套票予海外遊客，方便他們任乘東京都內全線鐵路網絡，並節省車資。每日平均車資最低可為 ¥500(HK$36)；可於羽田機場國際線觀光情報中心、成田機場及 BIC Camera 部份分店購買此套票，東京地下鐵及都營地下鐵全線適用。

套票價格(購票後不須當天即時使用)：

- 1天 ¥800(HK$57)
- 連續2天 ¥1,200，HK$86(平均每天 ¥600，HK$43)
- 連續3天 ¥1,500，HK$107(平均每天 ¥500，HK$36)

TIPS!

持有優惠套票的乘客，參觀兩鐵沿線大部分的美術館、博物館及遊樂設施，均有享有入場折扣優惠，甚至免費入場的待遇。詳情可參考網頁：chikatoku.enjoytokyo.jp。

3. 都營地下鐵

都營地下鐵為東京都政府的鐵路，設有四條路線：大江戶線、浅草線、三田線和新宿線。一般來說，都營地下鐵所覆蓋的範圍，東京地下鐵都能抵達。不過，**單程車資一般較貴**，由 ¥180-430(HK$13-31) 不等；且**覆蓋範圍不夠東京地下鐵的廣**。

都營地下鐵與其他交通工具一樣，設有**全日無限搭優惠車票(都営まるごときっぷ)**。憑這張車票，一天內可任乘都營地下鐵全線、都營巴士、都電荒川線及日暮里舍人線，票價為 ¥700(HK$50)，小童半價。

4. 自行車租借服務

COGICOGI SMART!

▲位於代官山的自行車站。

COGICOGI SMART! 可使用的地區包括官山、渋谷、原宿、表參道、六本木、赤坂。遊客必須先下載 App 登記作會員，然後透過 App 借車及付款。連續 24 小時租金 ￥2,200(HK$129)。

江東区コミュニティサイクル

docomo-cycle.jp/koto/

▲電動單車。

◀ 依收據上的 Bicycle number 領取指定自行車，PassCode 則為自行車密碼。使用自行車時請妥善保管收據。

以豐州及台場為根據地，￥1,650 (HK$107) 可租借一天 (翌日午夜 00:00 前還車)，可於不同自行車站還車。可以使用信用卡，在 App 或便利店購買一日通行證，以信用卡或現金付款。

▲開啟電動模式，令自行車可自動加速。

自行車設有電動模式，開啟電動系統後按照一般騎車方法便可以加速，方便上斜。另設有倒後鏡、晚間車頭燈、自行車鎖，十分安全，解鎖時只要依收據所示的密碼解開即可。

▲車尾位置的車牌及開鎖密碼器。

食、住、行省錢方法

雖然日本物價貴，但日本仍有不少途徑可以省旅費，包括交通費、住宿費、食宿費以至博物館入場費等。這並不是叫大家像去歐洲般每餐都吃麵包，或以步行取代交通費用，日本本身就有方法以便宜的價錢花費，節省旅費。

1. 省交通費，任乘車票省最多

日本很早已推出多種任乘車票 (或叫通行證、pass)，使用得宜可以省下很多錢 (指的是 HK$ 200-400，而且不是為了乘車而乘車才能省下的)。例如某天的行程逗留在市區，要乘地下鐵或 JR 穿梭各區，單程車費至少 ￥160(HK$11)，一天幾個地方的話也不便宜，而且走得累時，為了省錢而走路實在很辛苦。因此，一張地下鐵任乘車票就可以幫得上，如果按一程 ￥170(HK$12) 計，第 5 程已經回本。

Pass 的「遊戲規則」有很多種，簡單而言有以下幾種分法：

1. 時限：(a) 一天；(b) 多天 (連續日子 / 由旅客選其中日子)
2. 範圍：(a) 指定範圍；(b) 交通種類 (一種 / 多種)
3. 內容：(a) 只限搭乘交通工具；(b) 出示 pass 獲折扣優惠；(c) 附贈券免費參觀景點
4. 資格：(a) 國內人士和旅客適用；(b) 只限旅客，需出示護照證明方可購買

為了省錢而令一張 pass 主導了行程計劃，實在得不償失。一般來說，可以有以下的編排方法，兼顧省錢和旅遊樂趣：

1. 透過旅遊書和互聯網找出自己想去的景點；
2. 了解有甚麼 pass 可配合自己的景點：
   (a) 有些景點設有 pass，有些則沒有；
   (b) 可能你想去的幾個地方，一張 pass 就可以；
   (c) 亦有可能需要多張 pass；
   (d) 更有可能一個地方有兩個或以上的選擇，到時要看看買哪個才划算。
3. 再調配參觀景點的先後次序，例如把幾個東京景點放在同一天，然後用東京地鐵 pass。

另外要提醒的是：每張 pass 都有「銷售期限」，一般來説先定下一年發售期，一年後多會再繼續發售。買了 pass 後，車票有使用期限 (通常這個期限不影響大家旅遊，大約一個月左右)，在期限內選擇使用車票，而車票通過入閘機或站務人員後，票的背面會有記錄。

2. 省錢住宿

便宜住宿種類包括青年旅舍 (Youth Hostel) 或是單人或雙人房間的商務旅館，一人一晚約 ￥3,000-5,000(HK$176-294)，部分旅館做外國人生意，因此會有説英語的職員，2 人以上可選連鎖酒店如東橫 inn。

3. 省錢餐飲

在郊外、熱鬧景點、商業區用膳，價錢在 ￥1,500-2,000(HK$107-143) 之間，當然也有介乎 ￥800-1,200(HK$57-86)。至於約 ￥500(HK$36) 以下的餐飲也不是不可能，部分店鋪更 24 小時開放，包括以下數間：

松屋、吉野家

早餐： ￥380-590(HK$22-35)，有納豆、腸蛋、燒魚定食日式早餐連飯和味噌湯。

其他餐飲：

(1) 牛肉飯、咖喱飯：￥400-1,060(HK$24-62) 不等，有普通和大份量選擇。

(2) 定食：￥680-1,130(HK$44-66)，包括主菜、沙律、飯和味噌湯。

不夠的話可以再散叫沙律、燒魚、生蛋、味噌湯等等。

▲松屋。

すき家

早餐： ￥360-520(HK$21-31)，主要提供納豆、鮭魚定食日式早餐連飯和味噌湯，但選擇比松屋和吉野家多，最貴的是牛肉、納豆、鮭魚定食，份量較大。

▲款式較多的すき家。

其他餐飲：

(1) 牛肉飯、咖喱飯：￥530-1,060(HK$31-62) 不等，有普通和大份量選擇，甚至有牛肉加咖喱。

(2) 牛肉、納豆、鮭定食：￥620-1,000 (HK$36-59)，價格一樣按大小份量而定，但分類方法是根據普通份量的 1.5、2、3 倍。

不夠的話可以再散叫沙律、納豆、燒魚、生蛋、味噌湯等等。

Denny's

這並非美國的 Denny's，而是 7-11 旗下、24 小時開放的。主要是西式，亦有小部分日式。最早在橫浜開店，現在日本不少地方都有。

餐飲： 扒餐、定食等，有時在餐廳外還會有人派傳單推出優惠，例如 2009 年為橫浜開港 150 周年，Denny's 推出過 ￥777 (HK$45) 扒餐。

價格： ￥800-2,000(HK$47-118)

另外，平民區如南千住，小型餐廳會比一般的便宜，有機會可以留意一下。

便利店早餐

如果想「多、快、好、省」的，可以去便利店「自製」早餐！除了買麵包，更有飯糰、杯麵、沙律等選擇，飲品方面包括牛奶、豆奶、果汁等。視乎自己的配搭，早餐費用由 ￥200-300(HK$14-21) 不等。便利店分佈密度比上述連鎖快餐高，如果要趕行程的話，可以先買一個，然後在車上慢慢吃。

◀便利店早餐。

TIPS! 11 月 3 日免費入場！

每年 11 月 3 日為日本法定假期「文化之日」，不少博物館當天免費入場。

PART 4

東京都内

4.1 購物住宿集中地

新宿、新大久保

新宿和新大久保都在東京的西面，其中新宿最為人熟悉，是熱門購物地區，大型百貨及商場林立。不少酒店都在新宿，加上不少鐵路都會途徑新宿，人流十分多，出口多得很，所以住在新宿的話，購物、前往其他地方都十分方便。在繁華的背後，新宿也有夜景和賞櫻的地方，甚至傳統寺院。

在新宿北面不遠處是「小韓國」新大久保。兩地距離很接近，只需10分鐘內的步程。過去，新大久保有不少外國人居住，例如中國人、韓國人等，到了1970年代起，逐漸成為韓國區，現時的新大久保，有不少韓流店、時裝店、餐廳，而一向以廉價發售產品的激安の殿堂，更加入韓國產品。

● 建議遊覽需要時間

預計半天至一天的時間，視乎你對區內景點的喜好。若住在新宿，在新宿的行程可以很彈性，晚上隨性的走走，甚至吃個宵夜。商店的營業時間較晚，部分食店更會營業至凌晨、甚至 24 小時營業。

● 適合遊覽的天氣

基本上晴天還是雨天都可以，反正除了新宿御苑和花園神社，新宿及新大久保的景點都在室內。

前往新宿的交通

新宿可說是東京的交通交匯處，不少鐵路都會經過這裏：

- 1. JR：山手線、中央本線、埼京線新宿站；山手線新大久保站；
- 2. 東京地下鐵：丸ノ內線新宿站*；丸ノ內線、副都心線新宿三丁目站*；
- 3. 都營地下鐵：大江戶線新宿站*、都庁前站、新宿西口站；新宿線新線新宿站、新宿三丁目*；
- 4. 西武鐵道：新宿線西武新宿站；
- 5. 京王電鐵：京王線新宿站；
- 6. 小田急電鐵：小田原線新宿站；

* 新宿站與新宿三丁目站相連

前往新大久保的交通

- 1. JR：山手線新大久保站；
- 2. 西武鐵道：西武新宿線西武新宿站；
- 3. 東京地下鐵 / 都營地下鐵：

你也可選擇乘坐東京地下鐵副都心線或都營地下鐵大江戶線到東新宿站，或乘鐵路到新宿站，然後步行前往。

3D 三花貓登場

地圖 P.81

JR 新宿站東口站前廣場

推介

大家都知道涉谷站前有 3D 秋田犬 (P.124)，其實新宿站前也有 3D 三花貓，比秋田犬更早登場，首次出現時間為 2021 年 7 月。這隻巨大的貓在每天早上 7 點到晚上 8 點之間每小時會出現幾次，等一等就可看到。

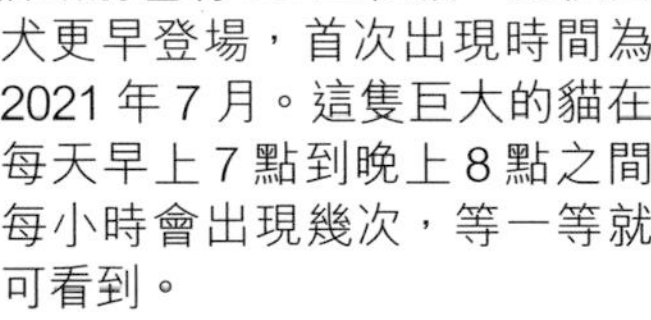

▲▶新宿站也是非常繁忙的車站。

▲▶新宿站前的三花貓。

（圖文：蘇飛）

新宿景點地圖

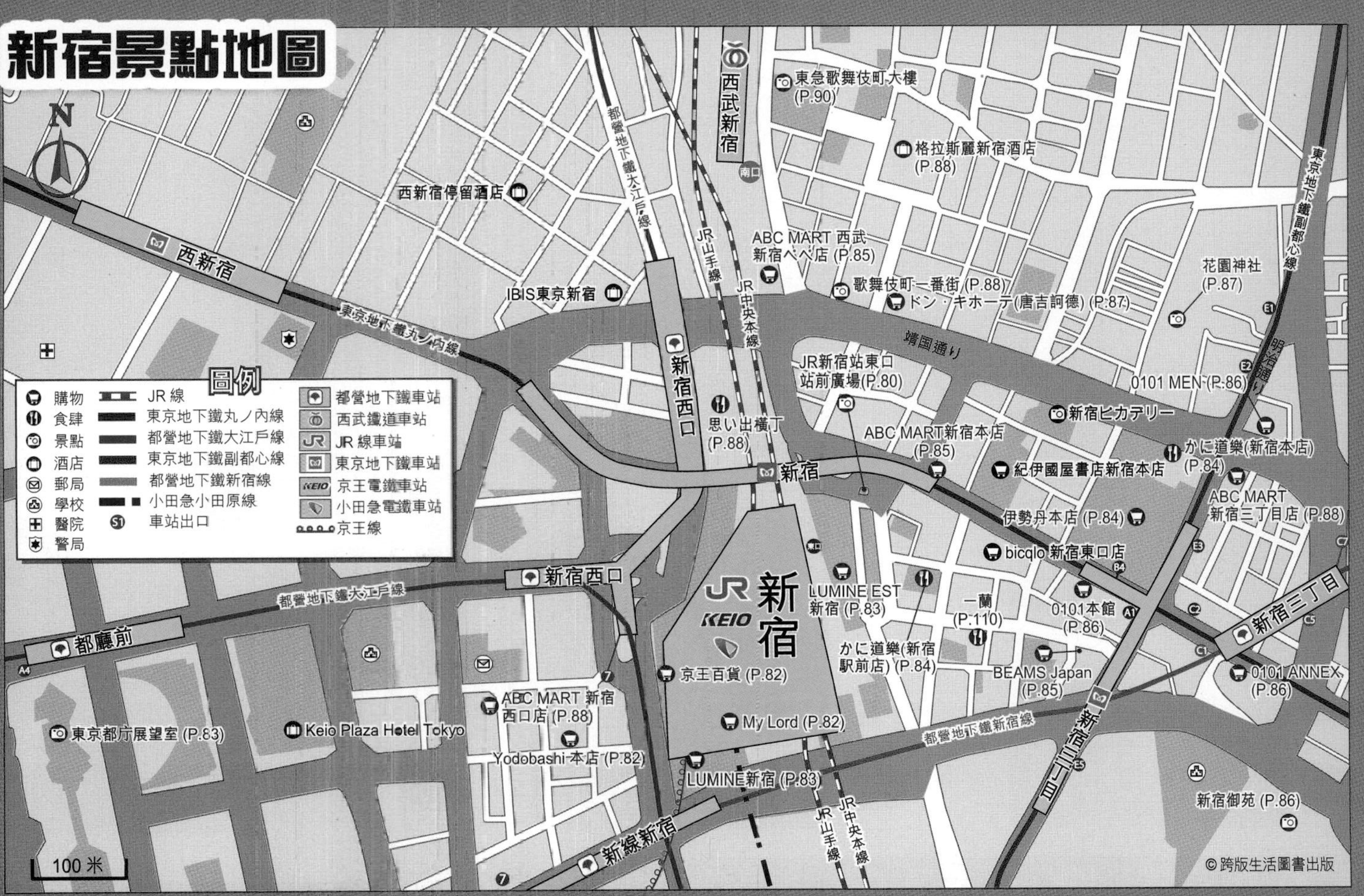

圖例
購物
食肆
景點
酒店
郵局
學校
醫院
警局
JR線
東京地下鐵丸ノ內線
都營地下鐵大江戶線
東京地下鐵副都心線
都營地下鐵新宿線
小田急小田原線
車站出口
都營地下鐵車站
西武鐵道車站
JR線車站
東京地下鐵車站
京王電鐵車站
小田急電鐵車站
京王線
西武新宿
東急歌舞伎町大樓 (P.90)
格拉斯麗新宿酒店 (P.88)
西新宿停留酒店
ABC MART 西武新宿ペペ店 (P.85)
歌舞伎町一番街 (P.88)
ドン・キホーテ(唐吉訶德) (P.87)
花園神社 (P.87)
西新宿
IBIS東京新宿
東京地下鐵丸ノ內線
都營地下鐵大江戶線
JR山手線
JR中央本線
東京地下鐵副都心線
靖国通り
明治通り
JR新宿站東口站前廣場(P.80)
0101 MEN (P.86)
新宿ピカデリー
思い出横丁 (P.88)
ABC MART新宿本店 (P.85)
かに道樂(新宿本店) (P.84)
紀伊國屋書店新宿本店
新宿西口
新宿
伊勢丹本店 (P.84)
ABC MART 新宿三丁目店 (P.88)
bicqlo 新宿東口店
LUMINE EST 新宿 (P.83)
一蘭 (P.110)
0101本館 (P.86)
新宿三丁目
都廳前
京王百貨 (P.82)
かに道樂(新宿駅前店) (P.84)
BEAMS Japan (P.85)
0101 ANNEX (P.86)
ABC MART 新宿西口店 (P.88)
My Lord (P.82)
都營地下鐵新宿線
東京都庁展望室 (P.83)
Keio Plaza Hotel Tokyo
Yodobashi 本店 (P.82)
LUMINE新宿 (P.83)
新宿御苑 (P.86)
新線新宿
100 米
© 跨版生活圖書出版

購買阪神虎隊精品

京王百貨

地圖 P.81

▲京王百貨在京王電鐵車站之上。

由京王電鐵集團營運的京王百貨，除了針對不同顧客群售賣各式各樣的貨品外，還在 7 樓設有阪神虎隊官方商店：阪神虎隊為關西阪神電車旗下的棒球隊，深受大眾歡迎。此外，商場頂層是空中花園，有一個空中遊樂場。

INFO
- 東京都新宿区西新宿 1-1-4
- 京王電鐵新宿站依指示進入
- 地庫 1 樓到地上 2 樓 10:00-20:30(星期日及公眾假期至 20:00)；3 樓或以上 10:00-20:00；餐廳 11:00-22:00
- www.keionet.com/info/shinjuku/

女性潮流熱賣地

My Lord

地圖 P.81

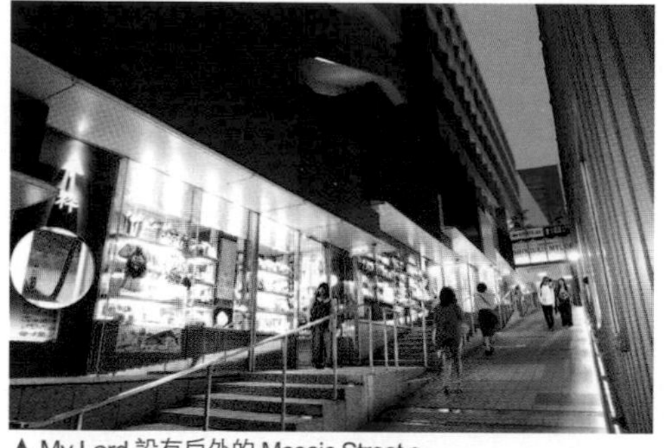

▲ My Lord 設有戶外的 Mosaic Street。

小田急集團旗下的 My Lord 以售賣女裝為主，同時還有禮品、花店、鞋店、精品等。除了有 9 層的室內商場外，還設有一條戶外的 Mosaic Street 購物街道，帶領新宿街頭的行人，經過小斜路上 My Lord 這個時尚商場。

INFO
- 東京都新宿区西新宿 1-1-3
- JR、小田急電鐵、京王電鐵新宿站南口
- Mosaic Street 10:00-21:00；室內商場 11:00-21:00；餐廳 11:00-22:00
- www.shinjuku-mylord.com

8 層大型連鎖電器店

Yodobashi 本店

地圖 P.81

除了 BIC Camera(詳見 P.98)，Yodobashi 也是日本的大型連鎖電器店。作為新宿本店，店鋪面積龐大，共有 8 層之多，售賣的產品種類及服務亦十分完善：除設有北館、南館、東館外，更開設多個專門店，如售賣旅行電子用品及配件的「トラベル館」、相機的「カメラ館」、打印服務的「プリント館」、修理電器的「修理・フィルム館」、手提電話配件的「携帯アクセサリー館」、電子遊戲的「ゲーム・ホビー館」等。

▲本店的東館。

INFO
- 東京都新宿区西新宿 1-11-1
- 東京地下鐵丸ノ內線或都營地下鐵大江戶線新宿站 7 號出口步行 2 分鐘 (乘 JR 者可先到東京地下鐵範圍再到相關出口)；或都營地下鐵新宿線新線新宿站 7 號出口步行 3 分鐘
- 09:30-22:00
- www.yodobashi.com

貨品種類多 地圖 P.81

LUMINE 新宿、LUMINE EST 新宿

以 JR 東日本為主要股東的 LUMINE，在新宿一帶設有兩間分店：LUMINE 新宿及 LUMINE EST 新宿。在京王電鐵車站附近的 LUMINE 新宿，分為 LUMINE 1 和 LUMINE 2 新宿，售賣女裝、男裝、書籍和日用品等，LUMINE 1 品牌包括 Prank Project、United Arrows、Tommorrowland；而無印良品、FANCL、Urban Research Door、靴下屋則位於 LUMINE 2。LUMINE EST 新宿則在 JR 新宿站東口，只是單棟百貨店。

▲LUMINE EST 新宿。品牌包括有售 CD 及 DVD 的 HMV、以 ¥315(HK$20) 便宜價格招徠的雜貨店 3COINS、家具雜貨的 salut! 等。

INFO

LUMINE 新宿 1
- 東京都新宿区西新宿 1-1-5
- 小田急電鐵新宿站有通道相連
- 時裝、雜貨商店 11:00-21:00；餐廳 11:00-22:30

LUMINE EST 新宿
- 東京都新宿区西新宿 3-38-1
- JR 新宿站東口
- 時裝、雜貨商店 11:00-21:00 (星期六、日及公眾假期 10:30-21:00)；餐廳 11:00-22:00
- www.lumine.ne.jp

▼LUMINE 新宿的 LUMINE 1。

免費眺望東京全景 地圖 P.81

東京都庁展望室

東京有很多觀賞城市全景的好地方，但免費入場的，只有這裏。東京都廳是東京都政府的辦公大樓，設有南座和北座，各設觀景室，同在 202 米的高度上，不過由於南展望室於日落前關閉，所以一般都是到北展望室看黃昏和夜景。一般東京觀景台都聲稱可以遠眺富士山，惟富士山離東京有一段距離，需要很高的能見度才能看到。由於這裏的景色媲美付費的觀景台，所以來這裏是值得的！

▲東京都庁展望室分為北座和南座。

▲在北展望室看日落。

◀在觀景室，你可看到西面的大廈密度高但矮小。

INFO
- 東京都新宿区西新宿 2-8-1
- 都營地下鐵大江戶線都庁前站 A4 出口 (若乘鐵路到新宿站，請依站內指示牌，經地下隧道到都庁)
- 南展望室 09:30-22:00(最後入場時間為 21:30)；北展望室暫時關閉
- 休 北展望室每月第 2 及第 4 個星期一；南展望室每月第 1 及第 3 個星期二；年尾年初
- 免費　www.yokoso.metro.tokyo.jp/tenbou

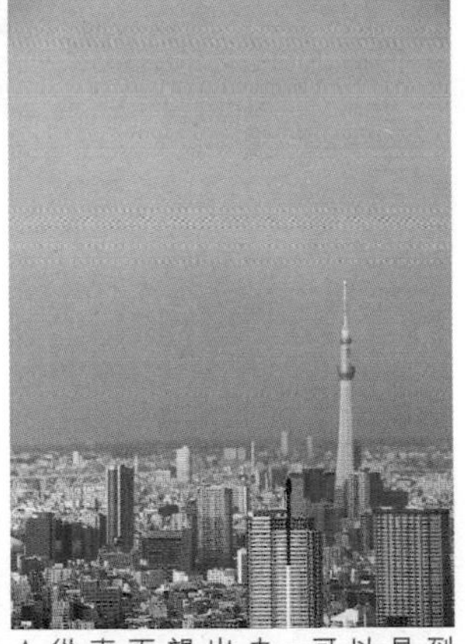

▲從東面望出去，可以見到 Skytree(詳見 P.237)。

豐富蟹宴

かに道楽

地圖 P.81

以蟹為主題的かに道楽在新宿有兩間分店，其中新宿駅前店從車站步行只需 1 至 2 分鐘便到達。かに道楽提供午餐 (下午 4 時前供應) 及晚餐，午餐的價錢也不便宜，提供的食品種類及份量十分多，就像這個「錦の舞」午餐 (￥ 4,200，HK$300)，提供了 10 款食物，包括蟹肉沙律、熟蟹肉及刺身、蟹天婦羅、芝士焗蟹肉、石鍋蟹肉飯等，十分好吃。餐牌只有日語，但附有圖片，可向侍應指着圖片點單。總店在大阪道頓堀。

▲各かに道楽分店一般有很大隻蟹。

◀桌上的小桶是讓大家把蟹殼放進去。

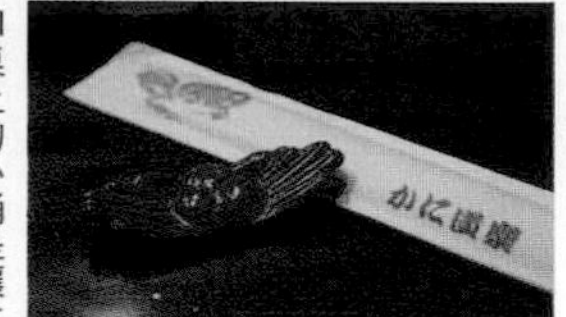
◀筷子架設計有心思，呈蟹的形狀。

◀蟹肉沙律。

◀好吃的蟹肉刺身。

◀蟹肉茶碗蒸。

▲芝士焗蟹肉，看到會流口水啊！

INFO

新宿本店

- 東京都新宿区新宿 3-14-20 テアトルビル 8F
- 東京地下鐵丸ノ內線、副都心線，都營地下鐵新宿線新宿三丁目站 B3 出口；或 JR 新宿站東口步行 6 分鐘
- 11:30-22:00(最後點單時間 21:30)

新宿駅前店

- 東京都新宿区新宿 3-27-10 武蔵野ビル 4F
- 東京地下鐵丸ノ內線、副都心線，都營地下鐵新宿線新宿三丁目站 A6 出口；或 JR 新宿站中央東口步行 1-2 分鐘
- 11:30-22:00(最後點單時間 21:30)
- douraku.co.jp

(攝影：Misha Ng)

歷史悠久百貨

伊勢丹本店

地圖 P.81

位於新宿三丁目附近的伊勢丹，在 1933 年開業，是老牌百貨店，它分為本館及以男裝為主的 ISETAN MEN'S。本館主要售女裝、童裝，品牌例子包括 Urban Closet、ANNA SUI、ReStyle、Isetan Girl 等。ISETAN MEN'S 則有 Dolce & Gabbana、Gucci、Levi's 等多個品牌。

◀本館。

INFO

- 東京都新宿区新宿 3-14-1
- 東京地下鐵丸ノ內線、副都心線、都營地下鐵新宿線新宿三丁目站，徒步約 2 分鐘
- 10:00-20:00
- www.mistore.jp.t.az.hp.transer.com/store/shinjuku.html

早上 Café 晚上酒吧

高田馬場 KFC

▲餐廳正門。

KFC(肯德基) 有甚麼值得介紹？位於高田馬場的 KFC 並非普通的快餐店，而是全球唯一一間 KFC+Café & Bar：早上是咖啡店，晚上就會搖身一變成為酒吧！這裏的餐飲有別於一般 KFC，除了炸雞外，還會提供沙律、烤番茄和漢堡排等特別菜式，以及多種精釀頂級啤酒。美酒佳餚，加上餐廳的裝潢舒適之餘不失型格，吸引了很多年輕人和上班族在這裏紓解悶氣。

INFO
- 東京都新宿区高田馬場 1-28-10
- JR 高田馬場站步行約 2 分鐘
- 10:00-22:00　03-5286-7807
- www.kfc.co.jp/map/30

(圖文： Pak)

▲店內還有裝滿樽裝啤酒的雪櫃。

▲能想像肯德基內會有吧枱嗎？

人氣服裝雜貨品牌

地圖 P.81

BEAMS Japan

▶店外牆掛了幾排燈籠，十分矚目。

熱鬧的新宿街頭匯集了各路潮流店鋪，當中的 BEAMS Japan 由日本著名的服裝品牌 BEAMS 開設，樓高 5 層，分別以日本的食物、咖啡、工藝、潮流和洋服等為主題，售賣各種雜貨、時裝和家具，讓顧客購物時也能認識日本文化，適合喜愛日本潮流和風格的遊客前來逛逛。

▶一樓咖啡店。

INFO
- 東京都新宿区新宿 3-32-6
- JR 新宿站中央東口步行約 3 分鐘
- 11:00-20:00；星期六、日及公眾假期 11:30-23:00
- 03-5368-7300
- www.beams.co.jp/shop/j

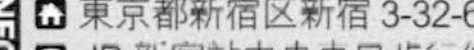

(圖文： Pak)

▲當然不少得自家品牌 BEAMS 的產品。

▲也有以音樂為主題。

▲以歷史文物為主題的區域。

比專門店便宜的連鎖鞋店

地圖 P.81

ABC MART

ABC MART 是日本大型連鎖鞋店，種類包括運動、上班、休閒、童裝等等，分店範圍遍及日本各地，單在新宿站附近有 5 間之多。來 ABC MART 購買鞋子，是因為眾多新款式和品牌集中在一起，而且比專門店的略便宜，還不時有減價優惠。大家可以比較一下這裏與香港的價格，考慮款式是否日本才有，然後才決定下手啊！

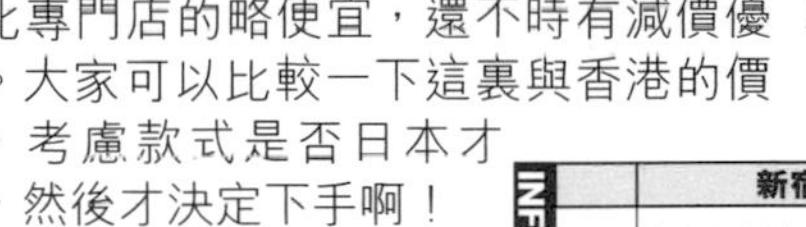
▶新宿西口店。

▲新宿本店。

INFO
新宿三丁目店
- 東京都新宿区新宿 3-13-5
- 東京地下鐵丸ノ內線、副都心線，都營地下鐵新宿線新宿三丁目站 E3 出口
- 11:00-21:00
- www.abc-mart.com

INFO

	新宿本店	西武新宿ぺぺ店	新宿西口店
地址	東京都新宿区新宿 3-18-2	東京都新宿区歌舞伎町 1-30-1 西武新宿ぺぺ 7 樓	東京都新宿区西新宿 1-13-2
時間	11:00-21:00	11:00-21:30	11:00-20:00

交通	
1. 東京地下鐵丸ノ內線及都營地下鐵大江戶線新宿站 * 乘 JR 者可先到東京地下鐵範圍再到相關出口	**新宿本店：**B10 出口 **西武新宿ぺぺ店：**B13 出口步行 6 分鐘 **新宿西口店：**7 號出口步行 2 分鐘 * (或都營地下鐵新宿線新宿站)
2.JR、小田急電鐵、京王電鐵新宿站	**新宿本店：**東口步行 2 分鐘 **西武新宿ぺぺ店：**東口步行 7 分鐘

日本時裝百貨聖地

地圖 P.81

0101

◀本館。

0101 是日本知名時裝百貨公司，遍及日本各地，在新宿站一帶共有 3 間分店。每間分店各有主題，分別是本館、ANNEX 和 MEN。本館以女裝及護膚品為主，內有著名品牌如 Wacoal、FANCL、Cath Kidston 等；ANNEX 和 MEN 以男士為主要銷售目標。

◀ ANNEX。

◀ Men。

INFO

- 11:00-20:00
- www.0101.co.jp

本館
- 東京都新宿区新宿 3-30-13
- 東京地下鐵丸ノ內線、副都心線、都營地下鐵新宿線新宿三丁目站 A1 出口；或 JR 新宿站東口步行 5 分鐘

MEN
- 東京都新宿区新宿 5-16-4
- 新宿三丁目站下車，東京メトロ副都心線從 E2 出口步行約 3 分鐘；都營新宿線從 C6 出口步行約 3 分鐘；東京メトロ丸ノ內線從 B2 出口步行約 4 分鐘

ANNEX
- 東京都新宿区新宿 3-1-26
- 新宿三丁目站 C1 出口；或 JR 新宿站東南口步行 6 分鐘

在皇室庭園賞櫻

地圖 P.81

新宿御苑

賞櫻 親子

新宿附近有一塊很大的綠地，在江戶時代為信州高遠藩藩主內藤家的宅邸，到 1906 年 (即明治時期)，改作皇室庭園之一。直至戰後才開放予公眾，由於裏面種了不少枝垂櫻，成為賞櫻勝地之一。

▲在新宿御苑內可以賞櫻！ (攝影：Misha Ng)

◀前來賞櫻的人多不勝數。(攝影：Li)

▲日本的櫻花是淺粉紅至白色，十分漂亮！ (攝影：Misha Ng)

INFO

- 東京都新宿区內藤町 11 番地
- 東京地下鐵丸ノ內線、副都心線、都營地下鐵新宿線新宿三丁目站 C1、C5 或 E5 出口步行 5 分鐘；或 JR 新宿站南口步行 10 分鐘
- 09:00-16:00(最後入場時間 15:30)(賞櫻季節需提前預約)
- 休 星期一 (如遇假期則順延翌日，3 月 25 日至 4 月 24 日、11 月 1 日至 15 日除外)、12 月 29 日至 1 月 3 日
- $ 成人 ￥500(HK$29) 初、高中生 ￥250(HK$15) 小學生以下免費
- www.env.go.jp/garden/shinjukugyoen/

新宿信仰中心及熱鬧節慶市集

地圖 P.81

花園神社

新宿大部分地方都是商場，不過在新宿三丁目車站附近，卻有一座歷史達數百年的花園神社，每年都會舉辦一些節慶，例如例大祭、大酉祭等。部分節慶當日設百多個攤位作為市集，主要售賣章魚、大阪燒等地道小吃。如果住在新宿又剛好遇到祭典日子，晚上可以到那裏吃宵夜，感受一下新宿的另一種熱鬧氣氛。花園神社每逢星期日早上還會有骨董市，售賣各式各樣的古董。

▲花園神社是新宿碩果僅存歷史悠久的景點。

◀每年舉行祭典的日子，大多都設有小吃攤位，晚上更為熱鬧。

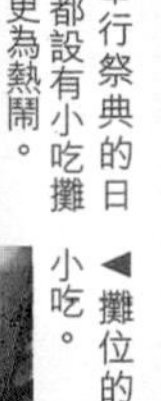

◀攤位的師傅正在預備小吃。

◀還有遊戲。

▲神社內的拝殿。

INFO
- 東京都新宿区新宿 5-17-3
- 都營地下鐵新宿線新宿站步行 3 分鐘；或 JR 新宿站東口或東南口步行 7 分鐘
- www.kanko-shinjuku.jp.t.xm.hp.transer.com/spot/-/article_369.html

包羅萬有便宜百貨店

ドン・キホーテ(唐吉訶德)

聽到人們說「唐吉訶德」，有機會是提及日本便宜物品連鎖店：「ドン・キホーテ」，或「驚安の殿堂」。唐吉訶德為這個品牌的官方中文名稱。它的便宜產品包羅萬有，包括電器、玩具、日用品、美容等等。部份分店 24 小時營業，這間歌舞伎町店是其中之一。

◀新宿東口本店十分大！

INFO
- 東京都新宿区歌舞伎町 1-16-5
- 東京地下鐵丸ノ內線及都營地下鐵大江戶線新宿站步行 4 分鐘；或 JR 新宿站東口步行 4 分鐘

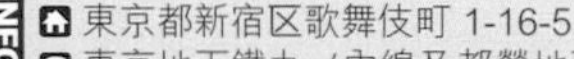

- 24 小時　www.donki.com

昔日傳統藝能名勝地

歌舞伎町一番街

地圖 P.81

歌舞伎為日本傳統藝能，分別被日本及聯合國列為重要無形文化財產及非物質文化遺產。過去，歌舞伎場地集中在這一條街，後來發展為酒吧、情侶酒店的集中地，黑幫、非法居留及犯罪問題嚴重，經過日本警方多次的拘捕、取締行動，歌舞伎町的治安有了顯著改善，但無論如何，在這條街道還是要提高警覺。

▲出入歌舞伎町一番街必須小心。

◀▲在日間這裡還算安全和熱鬧。

（攝影：蘇飛）

INFO
- 東京地下鐵丸ノ內線及都營地下鐵大江戶線新宿站 B13 出口步行 2 分鐘；或 JR 新宿站東口步行 3 分鐘

80 間食肆的平民食街

思い出横丁

地圖 P.81

新宿有一條名為「思い出横丁」的小巷弄，十分熱鬧，油煙味也很重，因為內有不少居酒屋，很多日本人擠在小店裏吃晚飯，點串燒。短短的思い出横丁，共有 80 間食肆，包括串燒、居酒屋、燒肉、壽司、酒吧等。

▲思い出横丁的入口。

▲裏面的窄巷。

INFO
- 東京地下鐵丸ノ內線及都營地下鐵大江戶線新宿站 D1 出口（乘 JR 者可先到東京地下鐵範圍再到相關出口）
- 每間食肆營業時間不同，詳情請瀏覽官方網頁
- www.shinjuku-omoide.com

哥斯拉出沒！

格拉斯麗新宿酒店

地圖 P.81

新宿歌舞伎町人氣打卡地點格拉斯麗新宿酒店，從正面就可看到哥斯拉在牆內露出頭來。作為住客進入酒店 8 樓的露台，可近距離看到哥斯拉的巨頭和爪子，栩栩如生真的像穿越到電影中一樣。酒店內隨處可見有關哥斯拉的裝飾，還有以哥斯拉為主題房間，是粉絲就一定要去體驗一下喔！

INFO
- 東京都新宿区歌舞伎町 1-19-1
- 從 JR 新宿站東口步行約 5 分鐘、從西武新宿站步行約 3 分鐘

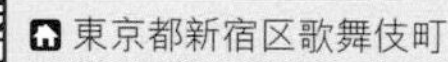

- Check-in/Check-out 時間：14:00/ 11:00
- 03-6833-2489(住宿預約）　shinjuku.gracery.com/zh-hans/
- 哥斯拉主題房預約：bit.ly/3Q9XZ5g

▲▶可以看到哥斯拉探頭出來。

（撰文：HEI，攝影：蘇飛）

新大久保景點地圖

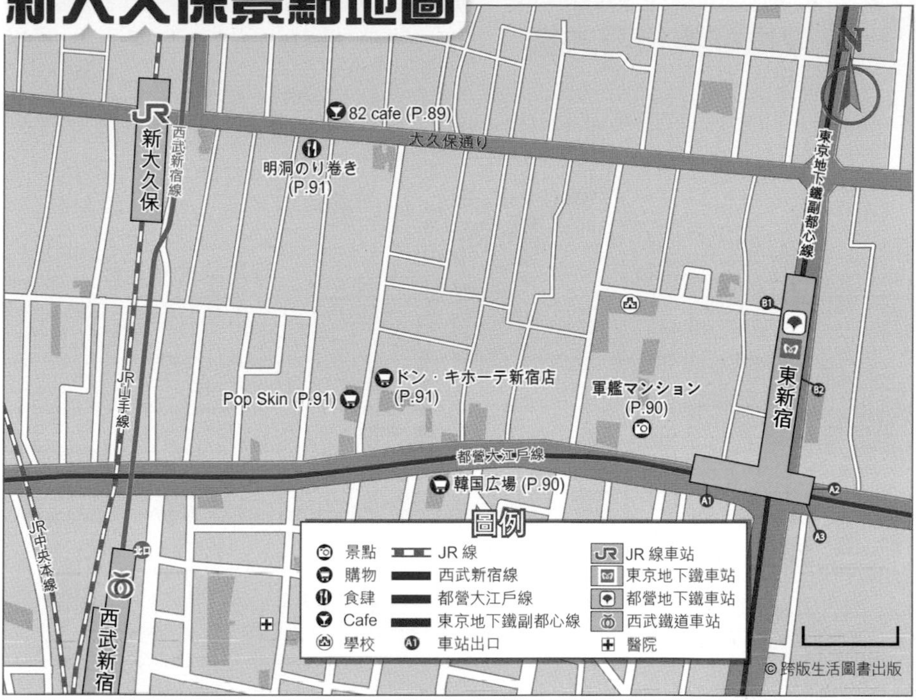

82 cafe (P.89)
大久保通り
明洞のり巻き (P.91)
JR 新大久保
西武新宿線
JR山手線
JR中央本線
東京地下鐵副都心線
東新宿
B1 B2 A1 A2 A3
ドン・キホーテ新宿店 (P.91)
Pop Skin (P.91)
軍艦マンション (P.90)
都營大江戶線
韓国広場 (P.90)
北口
西武新宿

圖例

景點	JR 線	JR 線車站
購物	西武新宿線	東京地下鐵車站
食肆	都營大江戶線	都營地下鐵車站
Cafe	東京地下鐵副都心線	西武鐵道車站
學校	車站出口	醫院

韓式咖啡店 地圖 P.89

82 cafe

又稱 Honey Cafe 的 82 cafe，是不少女生喜歡來聊天的咖啡店，店內不時播放韓國音樂及有關錄像，像身處在當地般。Cafe 提供熱飲、凍飲及雪糕，顧客需在櫃位點單，餐牌只有日語，卻沒有圖片，不懂日語的話只有事先瀏覽官方網頁內附英語的餐牌了。

▲ 82 cafe 裏面播放着韓語流行曲。

▲裝潢設計別具心思，不少女生都愛來光顧和聊天。

▲抹茶芭菲(抹茶パフェ)，¥680(HK$49)。雪糕以外還有威化餅、香蕉奇異果整齊排列，賣相用心，份量也十足，吃了甜在心頭。

INFO
- 東京都新宿区大久保 2-32-4 貴志ビル 2F
- JR 山手線新大久保站步行 3 分鐘
- 11:00-23:00(最後點單時間為 22:10)
- 82cafe.jp

新式遊樂與體驗 地圖 P.81

東急歌舞伎町大樓

東急歌舞伎町大樓於 2023 年 4 月開幕，內有酒店、電影院、餐廳和各種娛樂設施，可以讓你流連大半天。大樓高 48 層，地下還有 5 層樓，外形獨特，到現場可看到如在雲霧中的效果。6 樓至 10 樓是多家電影院和劇場，4 樓是大型的地下城攻略體驗設施 THE TOKYO MATRIX，3 樓 namco TOKYO 是大型遊樂機中心和夾公仔機，2 樓「歌舞伎横丁」是以日本各地為主題的 10 多家餐廳，地下 1-4 樓則是表演場地。

◀▲外形獨特的大樓。

INFO
- 東京都新宿区歌舞伎町 1-29-1
- 西武新宿站步行 1 分鐘，JR 新宿站步行 7 分鐘；成田或羽田機場的機場巴士均可直達歌舞伎町大樓 1 樓乘車處
- 各店不同，詳見官網　070-5575-8741
- www.tokyu-kabukicho-tower.jp

（圖文：蘇飛）

原來新宿有艘軍艦 地圖 P.89

軍艦マンション

新宿給人的印象就是一個購物熱門區域，但其實只要遠離最熱鬧的地方，這裏還是有特色的建築可看。例如走約 10 分鐘的路，就可以看到一艘「軍艦」：軍艦マンション，於 1970 年建造，建築師渡邊洋治透過建築呈現了對未來的想像，將建築物的天台和外形設計成軍艦的模樣，使人猶如置身於軍艦上，在繁忙的鬧市中「航行」，把軍艦的概念發揮得淋漓盡致！

▲近看軍艦マンション。

▲箭咀指着那幢綠色大廈就是軍艦マンション。

INFO
- 東京都新宿区大久保 1-1-10
- 東京地下鐵副都心線、都營地下鐵大江戸線東新宿站 A1 出口
- www.realrole.jp/gunkan/

韓國超級市場 地圖 P.89

韓国広場

在「小韓國」新大久保裏，當然不能沒有超級市場。這間名叫「韓国広場」的超市，有不少新鮮蔬果，以及韓國品牌飲品和食品。想看看近來韓國流行甚麼零食，以及飲食習慣如何，逛超級市場是其中一個選擇。

INFO
- 東京都新宿区歌舞伎町 2-31-11
- 西武鐵道新宿線西武新宿站北口步行 3 分鐘；或 JR 山手線新大久保站步行 7 分鐘，由新宿站範圍步行一般需 10 分鐘；或都營地下鐵大江戶線、東京地下鐵副都心線東新宿站 A1 出口步行約 6 至 7 分鐘
- 08:00-22:45　www.ehiroba.jp

女士必到

地圖 P.89

Pop Skin

新大久保區內也有一些售賣韓國化粧品或護膚品的商店，Pop Skin 便是其中一間。店鋪除了提供自家的產品，還會有不同品牌的產品，女士們不妨去選購一番。

INFO
- 東京都新宿区大久保 1-17-3
- JR 山手線新大久保站步行 6 分鐘
- 10:00-20:00
- www.instagram.com/popskin_cosme/

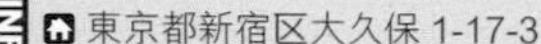

▲有自家產品同時，亦提供不同品牌產品。

韓國廉價貨品

地圖 P.89

ドン・キホーテ新宿店

一向以「價廉」作招徠的ドン・キホーテ(驚安の殿堂或唐吉訶德)，在新大久保亦「入鄉隨俗」，引入一些韓國品牌的食物，吸引附近的居民，甚至遊客來購買。在新大久保的分店雖只有 1 層，面積卻很大，你需要花點時間尋寶，商店有時候會把韓國食品擺放到出口。

INFO
- 東京都新宿区大久保 1-12-6
- 西武鐵道新宿線西武新宿站北口步行 3 分鐘；或 JR 山手線新大久保站步行 6 分鐘，由新宿站範圍步行一般需 11 分鐘；或都營地下鐵大江戶線、東京地下鐵副都心線及大江戶線東新宿站 A1 出口步行約 6 至 7 分鐘
- 24 小時營業
- www.donki.com

◀在新大久保的ドン・キホーテ，部分產品為韓國食品。

日本明星都捧場！

明洞のり巻き

◀不少日本明星都光顧過這間店。

這店有不少明星光顧過，主打的是明洞紫菜卷(韓式壽司)，韓語叫 Gim Bap，賣相與日式壽司差不多，主要分別是日式壽司的飯加醋，而韓式的則加入麻油和鹽甚至是芝麻；另外，配料多是菠菜、蘿蔔、蛋等，加入海鮮的情況不多。所以，明洞紫菜卷比較鹹，沒帶酸味，可以一試看看究竟自己喜歡韓式還是日式壽司。

◀明洞のり巻，¥500(HK$36)。典型的韓式壽司，14 個壽司的份量算多，而且喜歡吃肉或海鮮的人，這款壽司可能較清淡。

INFO
- 東京都新宿区百人町 1-3-17 1F
- 見 82 cafe(P.89) 交通方法
- 24 小時營業
- myeongdongnorimaki.com

4.2 西北大型熱鬧購物地

池袋

池袋位於東京的西北部，也是山手線的其中一個車站。池袋與新宿一樣，有繁忙車站及大型購物百貨群。即使如此，你可以來到這一帶與可愛的貓玩，也可以看車展，更可到日本第一個大型都市開發的規劃：太陽城 (Sunshine City)，欣賞東京美景！

適合遊覽的天氣

不論是晴天還是下雨天都適合，因為景點都在室內。

建議遊覽需要時間

半天至一天的時間。

前往池袋的交通

1. 池袋站：搭乘 JR 山手線、東武東上線、西武池袋線或東京地下鐵丸ノ内線、副都心線、有楽町線

2. 東池袋站：搭乘東京地下鐵有楽町線

池袋景點地圖

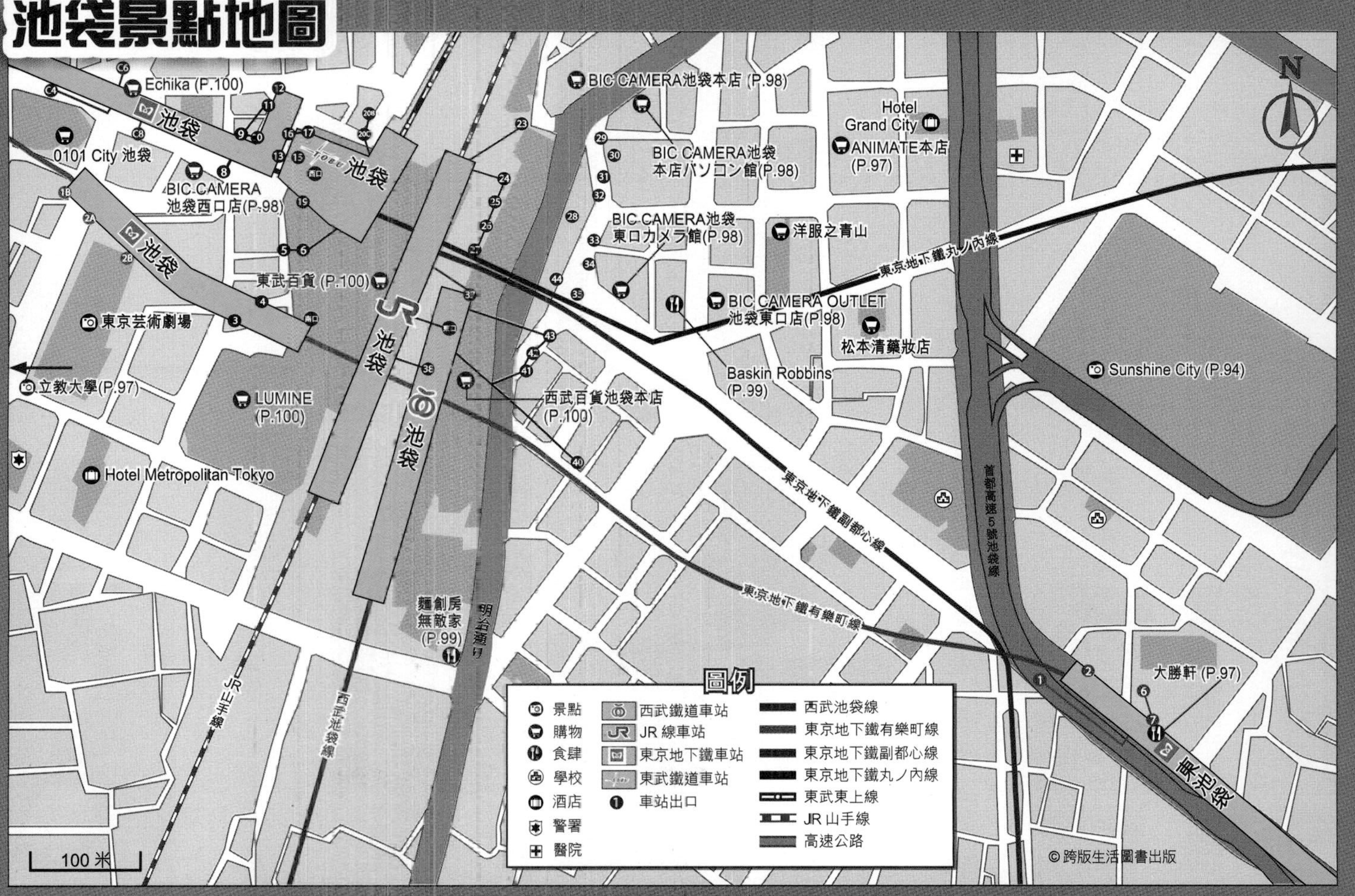
Echika (P.100)
池袋
0101 City 池袋
BIC CAMERA
池袋西口店(P.98)
池袋
東武百貨 (P.100)
東京芸術劇場
立教大學(P.97)
LUMINE
(P.100)
Hotel Metropolitan Tokyo
池袋
池袋
池袋
BIC CAMERA池袋本店 (P.98)
BIC CAMERA池袋
本店パソコン館(P.98)
BIC CAMERA池袋
東口カメラ館(P.98)
洋服之青山
BIC CAMERA OUTLET
池袋東口店(P.98)
松本清藥妝店
Baskin Robbins
(P.99)
西武百貨池袋本店
(P.100)
Hotel
Grand City
ANIMATE本店
(P.97)
Sunshine City (P.94)
東京地下鐵丸ノ內線
東京地下鐵副都心線
東京地下鐵有樂町線
首都高速5號池袋線
明治通り
麵創房
無敵家
(P.99)
JR山手線
西武池袋線
大勝軒 (P.97)
東池袋
圖例
景點
購物
食肆
學校
酒店
警署
醫院
西武鐵道車站
JR 線車站
東京地下鐵車站
東武鐵道車站
車站出口
西武池袋線
東京地下鐵有樂町線
東京地下鐵副都心線
東京地下鐵丸ノ內線
東武東上線
JR 山手線
高速公路
100 米

池袋大型都市規劃地標

Sunshine City(太陽城) 親子

Sunshine City 集商場、辦公及娛樂於一身，於 1978 年開幕，是日本第一座 60 層摩天大廈，在當時來說已經很高。Sunshine City 裏還有其他觀光設施，遊客可到水族館看看海洋生物，到 60 樓展望台欣賞東京美麗景致，或到 Namja Town 遊玩一番。

◀ Sunshine City 門外。(相片由 Sunshine Enterprise 提供)

INFO
- 東京都豊島区東池袋 3-1-1
- 從新宿出發，搭乘 JR 埼京線約 5 分鐘，搭乘 JR 山手線約 9 分鐘，詳細交通資訊可參考：bit.ly/45Cw1E3
- sunshinecity.jp/zh-tw/

以下是 Sunshine City 內值得參觀的地方：

看魚、企鵝、穿山甲 Sunshine Aquarium

兩層室內外的水族館，在 Sunshine City 開幕時已營業，已有 30 多年的歷史，為東京較早期的水族館之一。水族館以「大海之旅」、「水邊之旅」及「天空之旅」為主題，讓參觀者認識海洋生物的多樣性。

▲水族館入口。

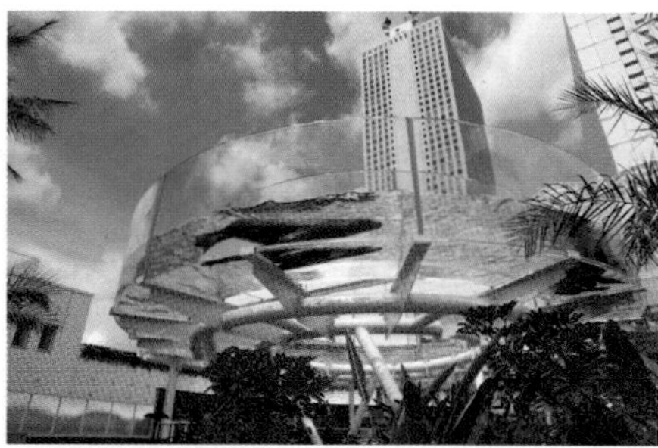

▲水族館的環型水槽位於離地 40 公尺的大樓頂樓，海獅在大廈林立之中自由暢泳，神奇非常。(相片由 Sunshine Enterprise 提供)

◀▲水族館還飼養了不少可愛的水濱動物。(相片由 Sunshine Enterprise 提供)

◀每日會有不同的動物表演，千萬別錯過。(相片由 Sunshine Enterprise 提供)

INFO
- Sunshine City ワールドインポートマートビル屋上
- 09:30-21:00(因應時節，營業時間不同)
- 成人(包括高中生)¥2,800(HK$165)，小學生及中學生 ¥1,400(HK$82)，4 歲或以上小童 ¥900(HK$53)
- sunshinecity.jp/zh-tw/aquarium/

甘香脆口！ 和幸炸豬排

關東有名炸豬排店和幸，分店很多，其炸豬排名不虛傳！只要試試其招牌菜「ロースかつ御飯」，採用豬背肉作為食材，豬排外皮炸得甘香脆口，肉質很軟、很可口，不會太油膩。和幸的餸菜份量頗大的，生菜沙律可以任吃。

▲ロースかつ御飯，¥ 1,480(HK$87)。

◀吃豬排時，請記得使用酸甜的柚子醬，吃起來更加可口啊！

INFO
- Sunshine City 3 樓
- 11:00-22:00 (最後點菜時間為 21:30)
- www.wako-group.co.jp

親身「體驗」東京景色 Sky Circus 60 展望台

逛過水族館和商場後，不如到 60 樓的展望台看夜景吧。雖然這裏不算很高，但附近沒有大廈遮擋，還可以望到 Skytree(詳見 P.237)。觀景台晚上只開啟少量的燈，所以拍攝時夜景受到反光的影響也會大大減低。

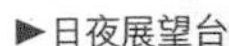

►日夜展望台。

▲貼近大廈玻璃，景色一覽無遺。(相片由 Sunshine Enterprise 提供)

▲可以望到 Skytree。

▲晴朗時可見富士山，極為壯觀。(相片由 Sunshine Enterprise 提供)

晚上在展望台，沒有腳架就不能拍攝夜景嗎？

由於夜間光線不足，拍攝時需要慢快門（長時間曝光），所以須長時間固定相機位置，例如利用腳架。如沒有腳架，你可利用展望台的欄杆、平面等令相機固定，或透過以下方法：

1. 稍為提升感光度 (ISO 值)：雖然相片雜訊會增加，但快門速度相應提升。回家在電腦才減低雜訊吧！
2. 使用連拍：按下快門那一刹會令相機移位，結果還是有震動問題。你可以買一個快門線，或開啟連拍功能。
3. 延時拍攝：把按下快門和曝光兩個工序分開，避免曝光時相機偏移所帶來的震動問題。

INFO

- 11:00-21:00(最後入場時間為 20:00)
- 大人 (高中生以上) 平日 ¥700 (HK$41) 六日假期 ¥900 (HK$53) 繁忙時節 ¥1,200 (HK$71)，初中、小學生 平日 ¥500 (HK$29) 六日假期 ¥600 (HK$35) 繁忙時節 ¥800 (HK$47)
- www.skycircus.jp

有機動遊戲的美食天地 Namja Town

由 Bandai Namco Group 開發的 Namja Town，內有多個機動遊戲，包括釣魚、射擊遊戲、尋找幽靈體驗及大戰喪屍等；這裏還有 3 個飲食廣場，包括餃子、雪糕及甜品為主題。總的來説，還是以美食為主要，尤其喜愛這些食物的你，絕不能錯過！

INFO

- Sunshine City ワールドインポートマートビル 2、3 樓 (2 樓入場)
- 10:00-21:00(最後入場時間為 20:00)
- **基本入場費：** 成人 (包括中學生) ¥1,000(HK$59)，4 歲或以上小童 (包括小學生) ¥600(HK$35)；**全日任玩費：** 成人 (包括中學生) ¥4,000(HK$235)，小童 ¥3,200 (HK$188)
- bandainamco-am.co.jp/tp/namja/

▼Namja Town 入口。

驚喜意式海鮮

地圖 P.275

Ottimo Kitchen 巢鴨店

推介

Ottimo Kitchen 是意式餐廳，在東京現有 5 家分店，這家店位於 JR 巢鴨站 Atrevie SUGAMO 五樓。餐廳雖是主打意粉和薄餅，其海鮮料理也十分出色，如意式水煮鮮魚和海鮮燴飯均味道鮮美。意式水煮鮮魚雖列明為 2-3 人份，其實份量不多，可考慮吃魚後請廚師將湯汁用來煮飯，也是不錯的吃法。

▲意式餐廳 Ottimo Kitchen。

▲海鮮燴飯，¥1,430 (HK$84)。

▲意式水煮鮮魚 (Acqua Pazza)，¥2,680 (HK$157)，主要材料是鮮魚、番茄、貝類和橄欖。

◀將水煮鮮魚的湯汁用來煮飯，每一滴都不放過。

INFO
- 東京都豊島区巣鴨 1-16-8 Atrevie 巣鴨 5 樓
- JR 巢鴨站步行 1 分鐘
- 11:00~16:00，17:00~22:00
- 050-5597-1139　www.matsuo-trading.jp

(圖文：蘇飛)

日本漫畫家的原起點

東京都景點大地圖

常盤莊漫畫博物館

常盤莊原建於豐島區椎名町 (現為南長崎)，是日本多位漫畫大師年輕時的租住處，在 1982 年清拆並於 2020 年重建及啟用為漫畫博物館，館中展出手塚治蟲、藤子不二雄Ⓐ、藤子‧F‧不二雄和石之森章太郎等殿堂級漫畫家的生活細節，連上樓梯的嘎吱嘎吱聲和玻璃上的污垢都鉅細無遺重現出來。現在不時會舉辦漫畫家的原畫展，有興趣可以留意官網公告。

▲利用老化做舊技術重現樓齡十年的古樸風貌。

▲常盤莊漫畫博物館位於距離常盤莊遺址約 300 公尺的常盤莊公園。

TIPS!

當時漫畫家們經常叫拉麵外賣，館中重現「吃到一半的拉麵」是在附近的中華料理松葉，參觀完博物館可到那裡嚐嚐那碗拉麵的味道。

INFO
- 東京都豊島区南長崎 3-9-22 南長崎花咲公園內
- 都營大江戶線落合南長崎站 A2 出口步行 5 分鐘，或西武池袋線東長崎站南口步行 10 分鐘
- 10:00~18:00(最後入場 17:30)
- 休 星期一、年尾年頭及展覽交替期間
- 免費 (特別展覽期間整座建築需付費入場)
- 03-6912-7706　tokiwasomm.jp

(撰文：HEI，攝影：蘇飛)

浪漫日劇場景

地圖 P.93

立教大學

立教大學建於 1874 年，大家可能未聽過它的名字，但一看到以紅磚疊成的校舍，以及被藤蔓圍繞住的牆身，就會有種似曾相識的感覺，因為它是幾齣經典日劇 (如《悠長假期》、《愛情白皮書》) 的拍攝地點。即使沒有看過日劇都不要緊，因為校舍充滿西方的建築特色，加上到處都有樹木和藤蔓形成的蔥蔥綠意，適合在這裏悠閒散步和拍照。

INFO
- 東京都豊島区西池袋 3-34-1
- JR 池袋站西口步行約 7 分鐘，或東京地下鐵丸ノ内線、有楽町線或副都心線池袋站西口步行約 7 分鐘
- 03-3985-2202　www.rikkyo.ac.jp

▶校舍外牆全都披上了藤蔓。

▶大學正門。

(圖文：Pak)

發明沾麵第一人

地圖 P.93

大勝軒

日本的拉麵款式有很多，有一種是湯與麵條分開的，稱為「つけ麺」，或叫沾麵、沾醬麵 (hot soup with cold noodle)，湯底是熱的，但麵條是冷的，而且比平時吃的拉麵粗，份量較多。始創人山岸一雄於 1950 年代開辦大勝軒，曾兩度結業，後來在支持者要求下再度復業。吃此麵時要沾沾湯底，你也可以把部分麵浸在湯中。要好好品嚐這種麵，最好吃快一點，湯底始終會冷卻下來，要熱湯才好吃。若不習慣這種麵，店家也提供一般的拉麵 (hot soup with hot noodle)。

▶餐廳內有發明人山岸一雄的照片 (圖上方)。

▲大勝軒採用食券制度，須先在機器購票，機器左側有簡單英文説明。

▶「つけ麺」(在大勝軒稱為もりそば)，¥900(HK$53)。麵條彈牙，湯底則運用多種食材如豬骨、豬腳、雞骨、青花魚乾等，味道濃香但不鹹。

INFO
- 東池袋本店：東京都豊島区南池袋 2-42-8
- 東京地下鐵有楽町線東池袋站 7 號出口；或都電荒川線東池袋四丁目站步行 2 分鐘；或 JR 山手線、東武東上線、西武池袋線池袋站東口步行 15 分鐘；或東京地下鐵丸ノ内線、副都心線、有楽町線池袋站 35 號出口步行 15 分鐘
- 11:00-21:50　休 星期三
- 03-3981-9360　tai-sho-ken.net

動漫迷朝聖地

地圖 P.93

ANIMATE 本店

ANIMATE 是日本最著名的動漫連鎖店之一，很多動漫愛好者到日本都會專程前往。原本的本店外形像牛奶盒，但後來搬至現址，外形也更換了，共有 9 層，售賣不同動漫的周邊商品。

INFO
- 東京都豊島区東池袋 1-20-7
- JR 山手線、東武東上線、西武池袋線池袋站東口步行 5 分鐘；或東京地下鐵丸ノ内線、副都心線、有楽町線池袋站 29 號出口步行 3 分鐘
- 平日 11:00-21:00，六、日、假期 10:00-20:00
- www.animate.co.jp

▶ ANIMATE 池袋本店。
(攝影 :Li)

電器集中營 BIC Camera

地圖 P.93

▲池袋本店。

BIC Camera 是電腦、通訊設備、消費電子產品連鎖店，主打硬件和配件。單在池袋就有 5 間 BIC Camera，除了池袋本店外，還有以下 4 間各有特色的店。

INFO
池袋本店
東京都豊島区東池袋 1-41-5
JR 山手線、東武東上線、西武池袋線池袋站東口步行 3 分鐘；或東京地下鐵丸ノ內線、副都心線、有楽町線池袋站 23 號出口步行 1 分鐘
10:00-22:00

池袋本店パソコン館

建築物像手提電話，但其實是賣個人電腦的。

INFO
東京都豊島区東池袋 1-6-7
JR 山手線、東武東上線、西武池袋線池袋站東口步行 3 分鐘；或東京地下鐵丸ノ內線、副都心線、有楽町線池袋站 23 號出口步行 1 分鐘
10:00-22:00

アウトレット池袋東口店

售賣過季產品的 Outlet，售賣的家電甚至比市面或網上都要便宜，有時間的不妨來尋寶。

INFO
東京都豊島区東池袋 1-11-7
JR 山手線、東武東上線、西武池袋線池袋站東口步行 3 分鐘，東京地下鐵丸ノ內線、副都心線、有楽町線池袋站 35 號出口步行 3 分鐘
10:00-21:00

池袋東京寫真館

東京寫真館可拍攝證件相和紀念相，還有服裝道具可借用。

◀前身以售賣相機為主。

INFO
東京都豊島区東池袋 1-11-6
JR 山手線、東武東上線、西武池袋線池袋站東口步行 1 分鐘，東京地下鐵丸ノ內線、副都心線、有楽町線池袋站 35 號出口步行 3 分鐘
10:00-20:00

池袋西口店

池袋西口店除了電子設備外，也有售賣美容家電、眼鏡和隱形眼鏡、助聽器、酒、藥妝等。

►池袋西口店。

INFO
東京都豊島区西池袋 1-16-3
JR 山手線、東武東上線、西武池袋線池袋站西口；或東京地下鐵丸ノ內線、副都心線、有楽町線池袋站 8 號出口
10:00-21:00
www.biccamera.co.jp

超過 30 種口味的雪糕店

地圖 P.98

Baskin Robbins

來自美國的 Baskin Robbins 又稱 31 雪糕，在日本、台灣、香港等地都有分店。日本的分店數量及銷量都僅次於美國。31 雪糕並非浪得虛名，店內會有一些與 31 相關的事物，例如共有 31 款味道選擇 (包括季節限定味道)；在有 31 天的月份當中，於 31 日以杯或甜筒選擇兩種味道的可獲 31% 折扣優惠。

▲ Baskin Robbins 雪糕店。

▲筆者採訪時剛好遇到「Challenge the Triple」活動，3 種雪糕選擇的價錢和 Double Cone or Cup 的一樣。筆者選了綠茶、朱古力及夏天才有的雪糕梳打。遇到這般好康優惠，加上好吃的雪糕，十分開心！

TIPS!

Baskin Robbins 的雪糕選擇

1. Single Cone or Cup 提供 3 種大小，由小到大依次為：キッズ (¥280，HK$20)、レギュラー (¥380，HK$27)、キング (¥520，HK$37)
2. Double Cone or Cup 只有兩種雪糕球尺寸：
   スモールダブル (small，¥ 400，HK$29)
   レギュラーダブル (regular，¥ 580，HK$41)
3. 你可以選擇闸小甜筒 (コーン)、紙或膠杯 (カップコー) 或窩夫甜筒 (ワッフルコーン) 盛載雪糕

INFO
- 東京都豊島区東池袋 1-2-11
- JR 山手線、東武東上線、西武池袋線池袋站東口步行 5 分鐘；或東京地下鐵丸ノ内線、副都心線、有楽町線池袋站 35 號出口步行 5 分鐘
- 10:00-23:00
- www.31ice.co.jp

晚上 10 時仍排長龍的拉麵店

地圖 P.98

麵創房無敵家

麵創房無敵家在池袋非常受歡迎，晚上 10、11 時店外仍可能出現大排長龍的情況。職員為了讓顧客能盡快享用餐飲，都會先提供餐單予排隊的顧客看看 (只有附圖而沒提供其他語言，或瀏覽簡體中文網頁)，並點下菜單，待有位子，店員便會短時間內送上拉麵。麵條來自北海道，爽滑彈牙，湯底是豬骨湯，濃度適中，整體表現不錯，值得一試。

▲晚上 11 時的無敵家，排隊的人仍不少。

▲筆者點了最便宜的「げんこつ麵」(¥900，HK$53)，基本配搭，內有叉燒和紫菜。

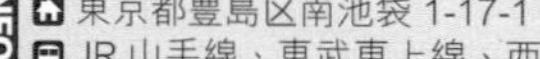

INFO
- 東京都豊島区南池袋 1-17-1
- JR 山手線、東武東上線、西武池袋線池袋站東口步行 5 分鐘；或東京地下鐵丸ノ内線、副都心線、有楽町線池袋站 38 號出口步行 5 分鐘
- 10:30- 凌晨 04:00
- 休 12 月 31 日至 1 月 3 日
- www.mutekiya.com

全關東最大

東武百貨

地圖 P.93

在池袋站附近的東武百貨，面積達 83,000 平方米，連地庫共 17 層，單是餐廳已經有 5 層，女裝及化粧美容佔 3 層，UNIQLO 也有兩層。東武百貨曾一度是全日本最大的百貨公司，可是後來被名古屋松坂屋取代，但仍是全關東最大的百貨公司。

◀東武百貨店。

INFO
池袋本店
- 東京都豊島区西池袋 1-1-25
- JR山手線、東武東上線、西武池袋線池袋站西口，或東京地下鐵丸ノ内線、副都心線、有楽町線池袋站 6 號出口
- 10:00-20:00(樓層各不同)
- www.tobu-dept.jp/ikebukuro/index.html

池袋地下街

Echika

地圖 P.93

◀地下街 Echika 是一個集購物和飲食的空間。

Echika 是由東京地下鐵開發的地下街，連接鐵路車站，美容、商店及餐廳有近 30 間，是上班族及學生購物、飲食的空間。

INFO
- 東京地下鐵池袋站依指示前往
- 視乎各店鋪而異
- www.echika-echikafit.com/ikebukuro

池袋更多購物選擇

西武百貨池袋本店

地圖 P.93

INFO
- 東京都豊島区南池袋 1-28-1
- JR山手線、東武東上線、西武池袋線池袋站東口；或東京地下鐵丸ノ内線、副都心線、有楽町線池袋站 37 號出口
- 10:00-21:00(星期日及公眾假期提早至 20:00 關門)
- www.sogo-seibu.jp/ikebukuro/

LUMINE

地圖 P.93

INFO
- 東京都豊島区西池袋 1-11-1
- JR山手線、東武東上線、西武池袋線池袋站南口；或東京地下鐵丸ノ内線、副都心線、有楽町線池袋站 5 號出口
- 商店 11:00-21:00；餐廳 11:00-22:00
- www.lumine.ne.jp/ikebukuro

4.3 購物、藝術、書香之地

原宿、表参道青山

原宿、表参道、青山三者距離相近，因此自成一篇。原宿是青年人愛聚集的地方，那裏有不少適合他們的店鋪，如流行時裝，同時亦有傳統的一面：明治神宮。從原宿步行到表参道，商品傾向高貴，還有一些美術館和咖啡店。再到青山，如果春天前來，可到青山靈園賞櫻，那邊雖然還有商業大廈，但青山算是三個地區之中，人較少的一個地方，逛書店、咖啡店都感到寫意。

建議遊覽需要時間

半天至一天的時間，視乎區內景點的喜好。

適合遊覽的天氣

由於各景點都在室內，所以如果晴天的話，景點間可以步行，如遇下雨天，可乘搭東京地下鐵，並使用套票。

前往原宿、表参道、青山的交通

不同景點就近不同車站，詳見各景點資料。能到這一帶的車站如下：

- 1. 原宿站：JR 山手線
- 2. 明治神宮前站：東京地下鐵副都心線、千代田線
- 3. 表参道站：東京地下鐵千代田線、半蔵門線、銀座線
- 4. 外苑前站：東京地下鐵銀座線
- 5. 青山一丁目站：東京地下鐵半蔵門線、銀座線、都營地下鐵大江戶線

原宿、表参道、青山景點地圖

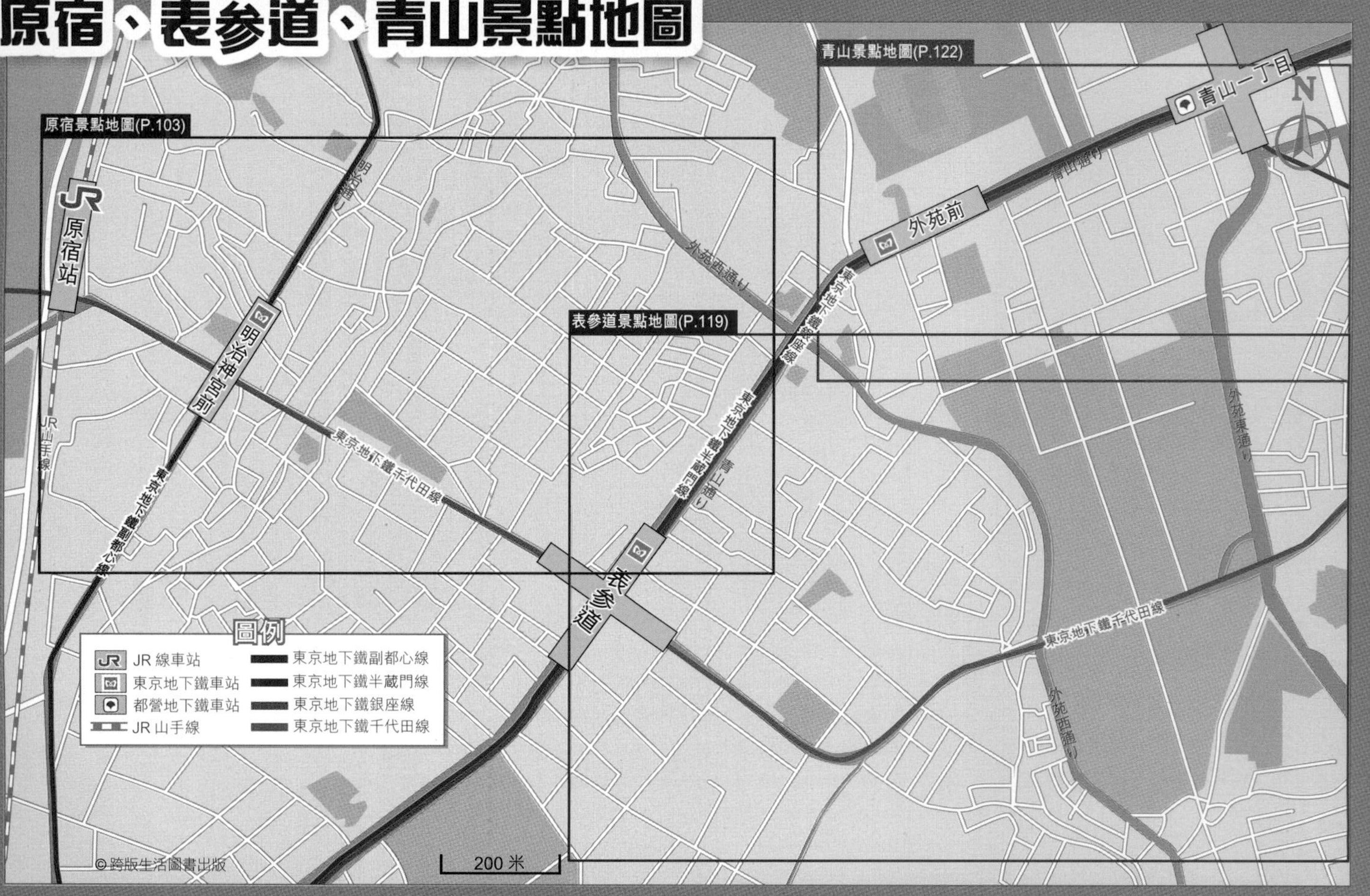

原宿景點地圖

明治神宮御苑 (P.105)
Daiso原宿店 (P.106)
原宿東鄉記念館
原宿ALTA (P.108)
Marion Crepes (P.107)
JR原宿站 (P.107)
代代木公園 (P.105)
竹下通り (P.106)
Design Festa Gallery (P.109)
裏原宿(P.108)
Head Porter
明治神宮入口 (P.104)
原宿站
WITH原宿 (P.108)
SoLaDo 竹下通り (P.106)
Laforet 原宿 (P.109)
明治神宮前
神宮前4
Watari Museum of Contemporary Art (P.116)
Tokyu Plaza (P.109)
Bread, Espresso & (P.117)
WEGO原宿本店 (P.307)
表参道 (P.113)
まい泉 (P.116)
Birkenstock
Kiddy Land (P.112)
Alice on Wednesday (P.111)
表参道Hills (P.113)
一蘭 (P.110)
Flying Tiger Copenhagen (P.117)
Q plaza Harajuku (P.115)
GYRE (P.112)
niko and ...TOKYO (P.114)
東京地下鐵千代田線
東京地下鐵銀座線
東京地下鐵半蔵門線
東京地下鐵副都心線
JR山手線
表参道
Six Harajuku Terrace (P.116)
神宮前5
Streamer Coffee Company 原宿店 (P.111)
Farmer's Market@UNU (P.115)
200米
圖例
景點
購物
食肆
Cafe
公園
警署
JR 線車站
東京地下鐵車站
JR 山手線
東京地下鐵副都心線
東京地下鐵半蔵門線
東京地下鐵銀座線
東京地下鐵千代田線
竹下通り
表参道
車站出口

供奉明治天皇的「森林」

地圖 P.103

明治神宮

明治神宮是東京繁華市區地段中的一片綠地，供奉着明治天皇和昭憲皇太后。供奉明治天皇的原因，莫過於明治當年功不可沒的政績，例如推動日本現代化的改革（稱為「明治維新」）。日本政府移植超過 300 種樹木到神宮，並栽種約 120,000 棵樹，所以走入明治神宮，好像走入森林。不論你對天皇事蹟是否感到興趣，明治神宮很值得一遊！例如看看日本人的結婚儀式、初夏時明治神宮御苑的菖蒲花、為自己及朋友祈願等。

▲入口位置的大鳥居。

▲入神宮前要洗手。

▲神宮內綠意盎然。

▲明治神宮興建之時，日本政府栽種不少樹木。現時，有些樹木長得很高大，正如圖中的大樹，顯得繪馬祈願角落十分渺小。

▲日本人的結婚儀式。

盛放菖蒲花與人氣井 明治神宮御苑

來到明治神宮，別忘記參觀御苑！御苑原是江戶時期地主的庭園，到了明治年代，天皇與太后經常參觀當時由宮內省管理的代代木御苑。現時則開放予公眾，6月時最適宜參觀御苑，因為紫色和粉紅的菖蒲花盛放。不過，最多人留意的是清正井，這個湧泉即使在冬天仍是熱水，為南池提供清澈的水源。有保安人員長駐這裏，避免人們喝下清泉。

▲人氣清正井。

帶來好運？

據說不少日本藝人相信將清正井拍照並設為手機畫面，會帶來好的事業運。這傳聞令不少人慕名而來，結果有時候會出現大排長龍的場面，剛好筆者那時不需要排隊。

▶盛放的菖蒲花。

INFO

明治神宮
- 🏠 東京都渋谷区代々木神園町 1-1
- 🚉 JR山手線原宿站；或東京地下鐵千代田線、副都心線明治神宮前2號出口
- 🕘 **明治神宮：** 視乎月份而定，見官方網頁
  御苑： 3月至10月 9:00-16:30；11月至2月 9:00-16:00；6月中 8:00-17:00（星期六、日延至 18:00）
- $ 明治神宮免費，御苑¥500(HK$36)
- 🖱 www.meijijingu.or.jp

拍攝花朵的要點

拍攝花朵並不容易，因為礙於背景問題、攝影距離以及花本身狀況的問題，如果要從構圖和器材解決，要點一般如下：

＊花的背景愈簡單愈好；
＊需要近距離鏡頭，因為很多時不能近攝，或近攝會阻礙其他人；
＊相片中的花不能枯萎或圖中包含了爛花，除非本身欲以拍攝那些花為目標；
＊光圈可以調大一些（即光圈值最小）。

▲菖蒲花本身有不同種類。

城中森林

代代木公園

在明治神宮旁的代代木公園，為人煙稠密的購物區提供了喘息的空間！雖然星期日下午的公園仍是人山人海，但要找個空地坐下休息不是沒可能。這裏也是賞櫻的其中一個好去處，不時見到一大群人在公園一邊賞花一邊喝酒。

◀園內隨處可見三五成群的人。

◀環境優美的公園。

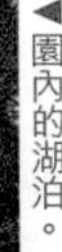
◀園內的湖泊。

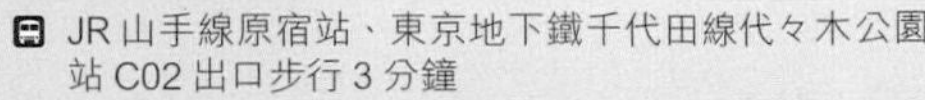

INFO
- 🚉 JR山手線原宿站、東京地下鐵千代田線代々木公園站C02出口步行3分鐘
- 🖱 www.tokyo-park.or.jp/park/format/index039.html

原宿人山人海潮流街道
竹下通り

親子

地圖 P.103

◀街道上人山人海。

JR 原宿車站對面是行人專區竹下通り，街道雖只有 150 米長，但有不少潮流服飾、首飾、玩具、時尚用品、小吃店等，不少學生和年輕人都會來到這裏逛街。

INFO
JR 山手線原宿站；或東京地下鐵千代田線、副都心線明治神宮前站 2 號出口
www.takeshita-street.com

▼竹下通牌坊。

以下是竹下通り內較特別的商店及食店：

女潮流服飾 SoLaDo 竹下通り

SoLaDo 以年輕少女為對象，連同地庫共 4 層的商場，地庫及 1 樓專門售賣女裝服飾及鞋子，品牌包括 Lovetoxic、WEGO(P.307)、PINK-Latte 等。2 樓 及 3 樓是餐廳，例如 Sweets Paradise、甜品店 Pearl Lady 等。女生可以盡情逛這座商場，然後在餐廳享用餐飲。

地圖 P.103

◀ SoLaDo 以女生作為目標客源，提供相關服飾及餐飲。

INFO
東京都渋谷区神宮前 1-8-2
10:30-20:30
(星期六、日及公眾假期 10:30-21:00)
solado.jp

100 商店 Daiso 原宿店

日本有很多￥100(HK$7) 商店的集團，Daiso 是其中之一。位於原宿的分店面積比一般店鋪大，所以找到便宜的心頭好機會比較大喔，不妨花點時間去尋寶。

地圖 P.103

▲ DAISO 原宿站比一般店大。

INFO
東京都渋谷区神宮前 1-19-24, 2F
09:30-21:00
www.daiso-sangyo.co.jp

超人氣 Pancake！Marion Crepes

必吃 地圖 P.103

Marion Crepes 自 1976 年於原宿起家，在韓國和香港亦設有分店，不過 pancake 款式不及這裏多。這間店比較細心的是，把各種 pancake 製成模型展示在店前，並附以編號給不懂日語的客人選擇他們想買的 pancake。

▲ Marion Crepes 有超過 30 年的歷史，留意鋪旁邊擺放不少 pancake 的模型，方便顧客點單。

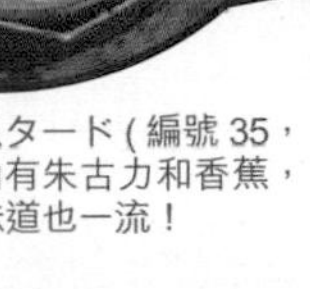

►バナナチヨコカスタード（編號 35，¥680，HK$40），內有朱古力和香蕉，兩者的份量十足，味道也一流！

◄它們的 pancake 份量很大！

INFO
東京都谷区神宮前 1-6-15 ジユネスビル 1F
11:00-20:00 www.marion.co.jp

百年車站換新面貌
JR 原宿站

地圖 P.103

原宿站本是東京都內最古老的木造車站，因消防條例及客流量等的各種因素於 2016 年拆卸重建，2020 年 3 月以新面貌投入服務。新車站採用大面積落地玻璃窗，外型時尚簡約，室內亦寬敞明亮。原本面向表參道的票口擴建，更名為「東口」，從原宿站出來便是「神宮前」。

▲原有的 JR 原宿站也有歷史價值，大正年代建造的車站多傾向西方風格。

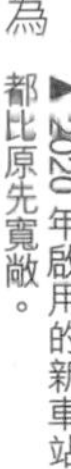

▲ 2020 年啟用的新車站，站內各配套都比原先寬敞。

►站前有很多銀杏樹。

INFO
JR 山手線原宿站；或東京地下鐵千代田線、副都心線明治神宮前 2 號出口

原宿新地標

地圖 P.103

WITH 原宿

2020 年 6 月開幕的 WITH 原宿共 13 層，其中包括商店、辦公室及住宅。地下 B2 至地上 2 樓的商店網羅生活雜貨、運動用品、時尚服飾、美妝品牌，當中最令人注目的自然是充滿原宿風格的 Uniqlo 以及日本首間都市型的 IKEA。逛街逛累了可到 3 樓的餐廳和咖啡店休息一下，或可到 8 樓的資生堂洋食餐廳「Shiseido Parlour the Harajuku」品嚐日式洋餐。

▲外型時尚。

▲正面就能看到 Uniqlo 和 IKEA。

INFO
- 東京都渋谷区神宮前 1-14-30
- 從 JR 山手線原宿站（東口）步行 1 分鐘
- 07:30-23:30
- withharajuku.jp

（撰文：HEI，攝影：蘇飛）

年輕人潮流服飾品牌

地圖 P.103

裏原宿

穿過竹下通り，再過馬路，就是表參道以北的裏原宿。這裏有些大大小小的品牌服飾店，為潮流參考之地。

INFO
- JR 山手線原宿站步行 8 分鐘；或東京地下鐵千代田線、副都心線明治神宮前 5 號出口步行 4 分鐘
- www.urahara.org

原宿潮流地標

地圖 P.103

原宿 ALTA

▲原宿 ALTA。

原宿 ALTA 屬該區較新的商場，以雜貨店及服飾店為主，人氣品牌包括 C.A.P 原宿和 INGNI，當中更有各種類型的扭蛋玩具專門店ガチャガチャの森！

INFO
- 東京都渋谷区神宮前 1-16-4
- JR 原宿站竹下口步行 5 分鐘
- 10:30-20:00
- www.altastyle.com/harajuku

裏原宿的藝術創意地

地圖 P.103

Design Festa Gallery

原宿除了是潮流集中地，更是喜歡藝術和創作者聚集地！ Design Festa Gallery 於 1988 年在原宿成立，只需每天 ￥550(HK$39) 便可展出及販賣自己的作品，為財政有困難的創意者帶來了新的出路。即使沒有從事藝術創作的人也不會被拒諸門外，相反，他們可以自由免費參觀裏面的展品，甚至與藝術家交流。

▲ Design Festa Gallery 現換粉紅底色、色彩繽紛外型。

INFO
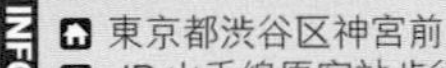

- 東京都渋谷区神宮前 3-20-18
- JR 山手線原宿站步行 10 分鐘；或東京地下鐵千代田線、副都心線明治神宮前 5 號出口步行 6 分鐘
- 11:00-20:00 www.designfestagallery.com

(相片由 Design Festa Gallery 提供)

男女血拼潮鋪！

地圖 P.103

Laforet 原宿

Laforet 是一座龐大的時裝百貨公司，品牌數目多達 140 個，例如 chelsea、AS KNOW AS PINKY、KONVINI 等。女裝和男裝都有，但以前者為主，佔了三分二左右。

► Laforet。

INFO

- 東京都渋谷区神宮前 1-11-6
- JR 山手線原宿站步行 5 分鐘；或東京地下鐵千代田線、副都心線明治神宮前 5 號出口；或東京地下鐵千代田線、半蔵門線、銀座線表参道站 A2 出口步行 7 分鐘
- 11:00-20:00 www.laforet.ne.jp

2012 年重建的地標

地圖 P.103

Tokyu Plaza

東急集團早在 1958 年於原宿明治通一帶開設廣場，主力提供時裝品牌外，亦不忘引入小部分與生活有關的商店。Tokyu Plaza 建築原本與一般廣場分別不大，但後來重建，由建築師中村拓志設計，加入空中庭園，綠化商場，成為原宿及表参道其中一個地標！

INFO

- 東京都渋谷区神宮前 4-30-3
- JR 山手線原宿站步行 6 分鐘；或東京地下鐵千代田線、副都心線明治神宮前 5 號出口；或東京地下鐵千代田線、半蔵門線、銀座線表参道站 A2 出口步行 7 分鐘
- 11:00-20:00(6 樓、7 樓餐廳 08:30-22:00)
- omohara.tokyu-plaza.com

▲內設空中花園的 Tokyu Plaza。

日本十大拉麵店之首
一蘭

在充滿時尚氣息的表参道，有一間連鎖傳統日式拉麵店「一蘭」，曾被日本旅遊雜誌選為十大拉麵的第一名，這裏只有豚肉拉麵 (￥890，HK$64)，但重點是可以選擇湯的濃度、油膩的程度、酸味、是否有叉燒、麵的粗幼程度、辣度等。一蘭的另一特色是私隱度高，座位間以木板相隔，而在侍應上菜後會關上座位前的窗簾，所以這裏較適合一個人多於結伴而來。一蘭拉麵的味道較重，但不會過鹹。叉燒也不錯，不會有很多脂肪。

▲一蘭是人氣拉麵店之一。

▲餐廳內座椅分隔，提高客人私隱度。

▲放在桌上的拉麵問卷，可向侍應要求中文版本，但沒有繁體版。

▲桌子上有兩個按鈕，右邊紅色的是請侍應過來。而綠色按鈕是暫時離開座位，如果不按的話，座位會留給其他客人。

◀餐飲會在前面窗簾位置奉上，之後侍應會把窗簾關上。

▲ ￥980 (HK$58) 的豚肉拉麵。

TIPS!

如何下單？

在店外的售票機購票後，挑選位子坐下，再填上桌面上的拉麵喜好選擇問卷，問題如下：

- 味道濃度 (淡、基本、濃)；
- 油膩程度 (無、清淡、基本、油膩、很油膩)；
- 是否加大蒜 (無、少許、基本、半片、一片)；
- 是否加葱 (無、大葱、細葱)；
- 是否要叉燒 (無、有)；
- 秘傳調味汁 (無、1/2倍、基本、2倍、自訂份量)；
- 麵的粗幼程度 (特硬、稍硬、基本、稍軟、特軟)

不懂日語的話，可按桌子上的按鈕，請侍應提供中文版本 (只有簡體版本)，填好後連同票券，再按掣並交予侍應處理。

- 東京都渋谷区神宮前 6-5-6 サンポウ綜合ビル 2F
- JR 山手線原宿站步行 5 分鐘；或東京地下鐵千代田線、副都心線明治神宮前 7 號出口步行 1 分鐘
- 10:00-22:00
- www.ichiran.co.jp

主打拉花咖啡

地圖 P.103

Streamer Coffee Company 原宿店

這間咖啡店的最大特色就是非常精湛的拉花藝術，店主曾在外國拉花比賽奪得世界冠軍，是名副其實的拉花達人。這裏供應冷咖啡和兩種不同大小的熱 Latte(拿鐵)，筆者點的大 Latte 不會太苦，亦不會因奶太多而把咖啡風味蓋過。

▶ 1 樓發售店家自家設計的各種精品。

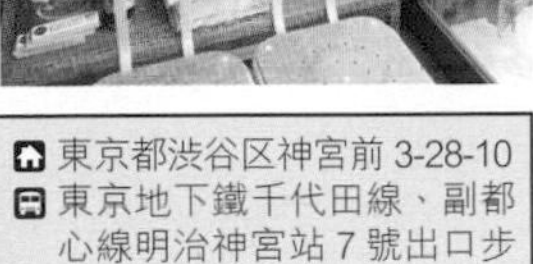

INFO
- 東京都渋谷区神宮前 3-28-10
- 東京地下鐵千代田線、副都心線明治神宮站 7 號出口步行 10 分鐘
- 09:00-18:00(星期六、日及公眾假期 11:00-18:00)
- streamer.coffee

▲大 latte(￥520，HK$37)。

▲ Streamer Coffee Company 原宿店外形像數個疊高的貨倉。

▲ 2 樓空間。

進入愛麗絲的童話世界

地圖 P.103

Alice on Wednesday

有《愛麗絲夢遊仙境》的粉絲嗎？有的話一定要來這裏！這間 3 層高的店鋪以愛麗絲的冒險故事為主題，售賣各種精緻可愛的首飾、擺設和日用品，很受女生歡迎。此外，店鋪的裝潢很有心思，不但仿照愛麗絲的奇遇，把店門設計得又矮又小，還在店內的牆壁繪畫了故事的場景，令人彷彿置身於童話故事之中。

▶店內的佈置華麗。

▶牆上繪畫了故事中的角色和場景。

▶店鋪的門很小，必須彎下身才能通過，還一直有守衛看守呢！

▶各款限定的商品。

▲一進入店鋪，就有掛着「Drink Me」標籤的梳打汽水，喝完之後身體可能會像愛麗絲一樣縮小 (一樽￥324，HK$23)。

INFO
- 東京都渋谷区神宮前 6-28-3 カノンビル
- 東京地下鐵明治神宮前站步行約 3 分鐘
- 11:00-20:00　03-6427-9868
- www.aliceonwednesday.jp

(圖文： Pak)

小朋友最愛玩具百貨 Kiddy Land

地圖 P.103

Kiddy Land 是一間連地庫共 5 層的玩具百貨，內有 9 個品牌，包括為人熟悉的 Rilakkuma、Hello Kitty、Disney 和 Snoopy Town，還有人氣的 Chiikawah 和 mofusand。Kiddy Land 之前位處明治通以東的小街道上，現在搬到表参道人流較多的位置上。

◀玩具百貨 Kiddy Land 最受小朋友歡迎！

INFO
- 東京都渋谷区神宮前 6-1-9
- JR 山手線原宿站步行 6 分鐘；或東京地下鐵千代田線、副都心線明治神宮前 5 號出口步行 2 分鐘；或東京地下鐵千代田線、半蔵門線、銀座線表参道站 A1 出口步行 5 分鐘
- 11:00-20:00
- www.kiddyland.co.jp/harajuku

生活品味廣場 GYRE

地圖 P.103

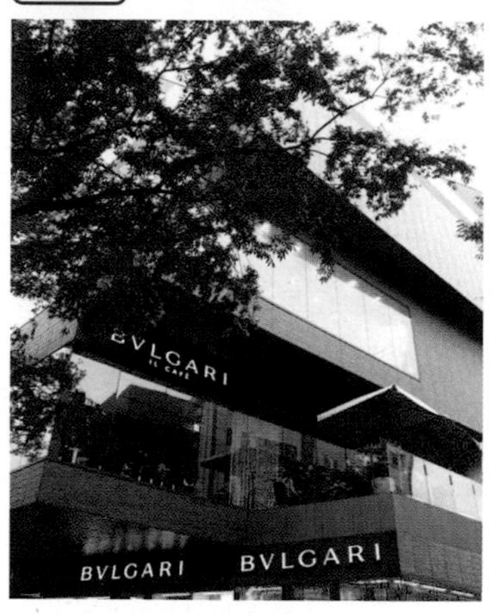

GYRE 是一間具時尚風格的商場，除了有著名品牌如 Chanel、Comme des Garcons、MoMA 外，更不定期舉行美術展覽，適合有生活品味的人前往參觀及購物。

◀ GYRE 商場。

INFO
- 東京渋谷区神宮前 5-10-1
- JR 山手線原宿站步行 7 分鐘；或東京地下鐵千代田線、半蔵門線、銀座線表参道站 A1 出口步行 4 分鐘
- 商店 11:00-20:00；餐廳 11:30-00:00
- gyre-omotesando.com

以下是廣場內的特色商店：

MoMA Design Store 表参道

◀在紐約設有博物館，展示近代藝術家作品。在日本和韓國設有精品店。

INFO
- GYRE 3 樓
- 11:00-20:00
- www.momastore.jp

大熱打卡位 Stand By 美術館

離 GYRE 約 3 分鐘步程的 StandBy 美術館 2020 年才開幕就成為了打卡熱點，獨特的外觀引了不少人專程到來，其清水模外牆沒有招牌，也沒有標誌，你想試試能否找到嗎？(地址：渋谷区神宮前 5-11-1)(StandBy 官網：instagram.com/s_tandby/)

名建築師設計的高檔商場

地圖 P.108

表参道 Hills

▲表参道 Hills 由安藤忠雄設計。

Hills 是以時裝為主的商場，商品遍及女裝、男裝、童裝，還有手袋、鞋子、鐘錶等，十分齊全。不過風格較高檔，價錢較貴。商場由著名建築師安藤忠雄設計，所以用了他常用的清水混凝土作為建築材料。

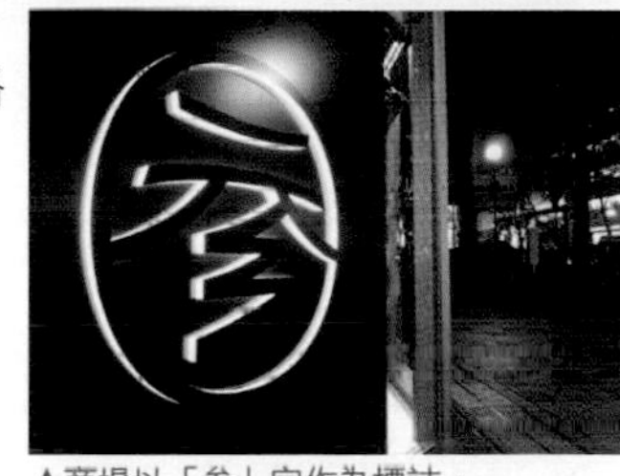
▲商場以「参」字作為標誌。

INFO

- 東京都渋谷区神宮前 4-12-10
- JR 山手線原宿站步行 9 分鐘；或東京地下鐵千代田線、副都心線明治神宮前 5 號出口步行 4 分鐘；或東京地下鐵千代田線、半蔵門線、銀座線表参道站 A2 出口步行 3 分鐘
- 商場 11:00-20:00，餐廳 11:00-22:30，咖啡店 11:00-20:00（星期日餐廳 11:00-23:00)
- www.omotesandohills.com

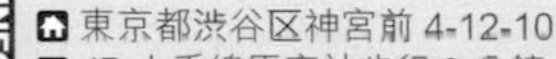

拍攝熱點——表参道

地圖 P.108、119

表参道是東京地下鐵明治神宮前站與表参道站之間的大馬路，沿途有一些購物商場和店鋪，路兩旁更種滿樹木。筆者分別於明治神宮附近，以及表参道 Hills 附近的行人天橋上，透過長焦距拍攝這條街道，整條街道像是一條綠隧道，由高大茂密的樹林組成。

▲在表参道行人天橋上拍攝表参道。

◀從明治神宮前站的行人天橋所拍出來表参道的景像。

品牌最大旗艦店

地圖 P.103

niko and…TOKYO

▲ niko and…TOKYO 的外觀非常搶眼。

日本品牌「niko and…」雖然在香港也有分店，但當然是逛日本當地的才能買盡最新最潮款式。位於原宿的這家「niko and…TOKYO」是品牌最大旗艦店，除了時裝、書籍、文具，還有咖啡店，更可找到品牌的獨家產品！

►坐在地面層的咖啡店內，買一杯咖啡閒坐一整天也不錯！

▲店內空間就是一個寬敞的家具展示室。

▲有一些是本店獨家發售的貨品。

niko and…COFFEE(1F)

▲ niko and… COFFEE。

甫進店，左邊就是咖啡店 niko and…COFFEE。這裏提供的精品咖啡 (Speciality Coffee，￥400，HK$29)，店員會讓客人從 4 至 5 種咖啡豆中選擇，可參考櫃檯的圖表：味道、口感、甜度、烘焙度等一目了然。

◄朱古力鬆餅 (￥240，HK$17)，旁邊的為手沖咖啡 (￥400，HK$29)。

◄挑一本喜歡的書，邊嘆咖啡邊閱讀吧。

INFO

niko and…TOKYO
- 東京都渋谷区神宮前 6-12-20
- 東京地下鐵副都心線、千代田線明治神宮站 7 號出口步行 5 分鐘
- 11:00-21:00(Café 最後點菜時間為 20:00)
- www.instagram.com/nikoandtokyo/
- www.nikoand.jp/tokyo/

女士購物勝地

Q plaza Harajuku

地圖 P.103

Q plaza 是一棟共有 12 層的綜合商場，在這裏可找到美容院、婚紗店、花店、餐廳及酒吧，較適合女生前往。2 樓和 3 樓設露天花園，逛到累了可在此休息一下，再戰下個血拼熱點！

▲2 樓和 3 樓的露天花園。

▲► Q plaza Harajuku。

INFO
- 東京都渋谷区神宮前 6-28-6
- 東京地下鐵千代田線、副都心線明治神宮前站 7 號出口步行 1 分鐘
- 視乎各店鋪而異　www.q-plaza.jp/harajuku

周末農夫市集

Farmer's Market@UNU

地圖 P.103

Farmer's Market@UNU 是一個周末市集，位於表參道與原宿之間。市集內可買到由日本各地農夫種植的新鮮農產品，並即場在小型美食廣場品嚐一下！農夫來到這裏，都喜歡聚首交流心得及向遊客推介，讓更多人認識本土種植農產品。

►除了農產品，也有小量手作攤檔。

▲在 Farmer's Market@UNU 市集內，可買到來自日本各地的新鮮農產品。

►遊人都趁着周末到市場逛逛，及向農夫討教種植心得。

►這裏有一個小型美食廣場，逛到累可停下來吃點小吃。

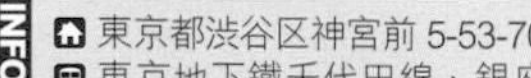

INFO
- 東京都渋谷区神宮前 5-53-70
- 東京地下鐵千代田線、銀座線、半蔵門線表参道 B5 出口步行 5 分鐘
- 星期六及日 10:00-16:00
- farmersmarkets.jp

小型室外商場

地圖 P.103

Six Harajuku Terrace

◀ Six Harajuku Terrace 共 8 間分店。

Six Harajuku Terrace 是一個小型室外商場，於 2015 年 4 月開始營業，由幾座兩層房屋所構成，有時裝店、餐廳、咖啡店、酒吧共 8 間，劃分為 6 個區，所以稱為「Six」。

INFO
- 東京都渋谷区神宮前 5-16-13
- 東京地下鐵副都心線、千代田線明治神宮站 5 號出口步行 5 分鐘
- 視乎各店鋪而異

炸豬排小吃及便當

地圖 P.103

まい泉

まい泉是炸豬排連鎖店，除經營餐廳外，也有售賣便當，你更可以在店外購買小吃，試試炸豬排，例如最便宜的炸豬排 (メンチかつ，¥210，HK$12)，炸得均勻，肉質不錯。

◀まい泉小賣店(青山本店)。

▲炸豬排小吃 (メンチかつ，¥ 210，HK$12)。

INFO
- 東京都渋谷区神宮前 4-8-5
- JR 山手線原宿站步行 13 分鐘；或東京地下鐵千代田線、副都心線明治神宮前 5 號出口步行 10 分鐘；或東京地下鐵千代田線、半蔵門線、銀座線表参道站 A2 出口步行 3 分鐘
- 10:00-18:00　mai-sen.com

近代藝術展

地圖 P.103

Watari Museum of Contemporary Art

若想看看近代藝術，可來到這個於 1990 年開幕的美術館。這裏沒有常設展覽，只有不定期展出日本等各地的藝術創作。此外，美術館更不時舉辦課程和工作坊，就連小學生都有份兒參與。

◀美術館請來瑞士建築師 Mario Botta 設計。

INFO
- 東京都渋谷区神宮前 3-7-6
- JR 山手線原宿站步行 16 分鐘；或東京地下鐵千代田線、半蔵門線、銀座線表参道站 A2 出口步行 9 分鐘；或東京地下鐵銀座線外苑前站 3 號出口步行 5 分鐘
- 11:00-19:00(星期三延長開放時間至 21:00)
- 休 星期一 (假期除外)、12 月 31 日至翌年 1 月 4 日
- 成人 ¥1,500(HK$88)，25 歲以下學生 ¥1,300(HK$76)，中學生及小學生 ¥500(HK$36)，70 歲以上長者 ¥1,300(HK$76)，2 位成人 ¥2,600(HK$153)
- www.watarium.co.jp

從美味麵包出發

地圖 P.103

Bread, Espresso &

「Bread, Espresso &」是一間連麵包工場的餐廳，提供正餐、咖啡。午餐時段提供的 Panini lunch(パニーニランチ) 可選 Panini(烤三文治)、Ciabatta(拖鞋麵包，扁長的意大利麵包)、Kasukuto(法式三文治)，連一杯飲品。筆者所選的 Panini 麵包很鬆脆，餡料有芝麻菜、番茄、生菜等，加上蒜蓉和牛油，味道豐富。

▲ Bread, Espresso &，餐廳提供英語菜單。

▲客人可選室外或室內座位。

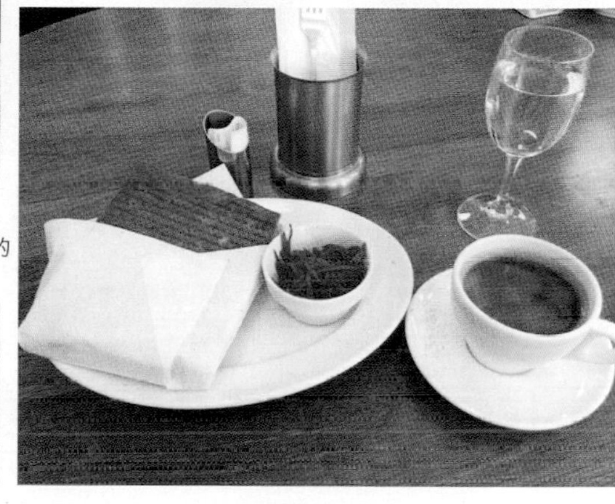
► Panini lunch(￥900，HK$64)，旁邊的美式咖啡味道甜甜的，很好喝。

INFO
- 東京都渋谷区神宮前 3-4-9
- 東京地下鐵千代田線、半蔵門線、銀座線表参道站 A2 出口步行 5 分鐘
- 08:00-18:00(L.O.17:30)
- 不定休
- bread-espresso.jp

價廉物美的丹麥日用品

地圖 P.103

Flying Tiger Copenhagen

來自丹麥哥本哈根的 Flying Tiger，主打價廉物美的日用品，產品設計精緻、種類廣泛，包括衣飾、手機配件、餐具、文具等，全部都是￥100-700(HK$7-50)！

►產品色彩鮮豔，風格活潑年輕！

►由哥本哈根而來的 Flying Tiger 以價廉物美為主打。現已換上白色的招牌。

INFO
- 東京都渋谷区神宮前 4-3-2
- 東京地下鐵千代田線、半蔵門線、銀座線表参道站 A2 出口步行 2 分鐘
- 11:00-20:00
- www.flyingtiger.jp

大頭兒童創作者的咖啡店

地圖 P.119

A to Z Cafe

▲咖啡室座位十分舒適。幾乎每一角落都有奈良美智的作品。

奈良美智最令人印象深刻的，也許是你都看過的大頭兒童畫。事實上，他的畫不但在日本知名，而且還會在美國參展，例如紐約著名近代美術館 Museum of Modern Art。他除了從事藝術工作外，還在青山開設這間 A to Z Cafe。店內擺放了他的美術作品，中央更劃分為一間小木屋，打造成他的繪畫工作室，擺放了他的手繪稿。

▲香草茶 (ハーブティ，¥550，HK$39) 喝了精神為之一振。

▲黑蜜糖大雪糕 (黒蜜ときなこのパフェ，¥800，HK$57) 價錢不便宜，但份量十分大。

◀店內小木屋的工作室。

INFO

- 東京都港区南青山 5-8-3 equbo ビル 5 樓
- 東京地下鐵千代田線、半蔵門線、銀座線表参道站 B1 出口步行 3 分鐘
- 12:00-23:30 (最後點餐時間 22:30，點飲品時間 23:00)
- www.instagram.com/atoz.cafe_omotesando/

太陽之塔藝術家故居暨工作室

地圖 P.119

岡本太郎記念館

◀庭園。

▲博物館外。

日本藝術家岡本太郎最為人所知的藝術作品為大阪萬國公園的太陽之塔，在銀座你也可以看到其縮小版本－若い時計台 (P.163)。岡本太郎思想前衛，藝術風格以大膽見稱，採用鮮豔的顏色，勇於實踐他所認為的「藝術是魔法」、「藝術是爆炸」，他生前在東京居住，工作室也在他的家。死後，他的居所改成為博物館，在庭園、工作室、房間等公開他的雕塑、畫作等予公眾參觀。

◀岡本太郎的工作室。

◀2 樓的藝廊。

INFO

- 東京都港区南青山 6-1-19
- 東京地下鐵千代田線、半蔵門線、銀座線表参道站 A5 出口步行 8 分鐘
- 10:00-18:00(最後入場時間為 17:30)
- 休 星期二 (假日除外)、12 月 28 日至 1 月 4 日，個別休館日請參考官網
- $ 成人 ¥650(HK$44)，小學生 ¥300(HK$22)
- taro-okamoto.or.jp

表参道景點地圖

N
東京地下鐵銀座線
東京地下鐵半藏門線
青山通り
表参道(P.113)
表参道
B5
B4
A4
A5
B3
B1
外苑西通り
南青山4
乃木坂
5
6
青山霊園
(P.121)
東京地下鐵千代田線
国立新美術館
都立青山公園
南青山5
A to Z Cafe (P.118)
根津美術館 (P.120)
西麻布2
岡本太郎記念館 (P.118)
100米
© 跨版生活圖書出版
圖例
景點
Cafe
公園
學校
車站出口
東京地下鐵車站
東京地下鐵半藏門線
東京地下鐵銀座線
東京地下鐵千代田線
青山霊園
表参道

金黃色的步道

明治神宮外苑銀杏並木 必到

地圖 P.121

11 月底至 12 月上旬到日本旅遊，除了看紅葉之外，賞銀杏也是不錯的選擇！明治神宮外苑有一條銀杏大道，串連青山通及聖德記念繪畫館，約 300 米長，兩旁都分別種了兩排銀杏樹，置身其中會彷如進入了一個金黃色的森林，吸引了大批遊客前來一睹這童話故事般的風采。

▲通往明治神宮外苑的道路兩旁滿佈銀杏樹。

▶一片金黃的行人道。

◀有不少人對着銀杏並木寫生。

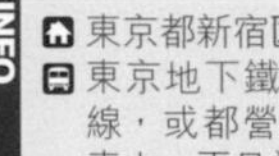

▲餐廳 Shake Shack 位於銀杏林中，顧客可以一邊觀賞銀杏，一邊用餐。

INFO
- 東京都新宿区霞ケ丘町 1-1
- 東京地下鐵銀座線或半蔵門線，或都營地下鐵大江戸線青山一丁目站步行約 5 分鐘
- www.meijijingugaien.jp

（撰文：Pak，攝影：蘇飛）

名人故居及藝術品

根津美術館

地圖 P.119

美術館前身為 20 世紀初東武鐵道集團主席的居所。在他死後翌年 (1941 年)，居所改為美術館，並對外開放，展示他收藏的日本及亞洲藝術品，及保留其日式庭園。美術館於 2006 年改建，由著名建築師隈研吾設計現在的室內展館部分，籌備 3 年後重新開放。整體建築設計簡約，庭園則綠意盎然，當中有一些石雕像如佛像，整體環境沒有受到市區所干擾。

▲根津美術館入口，其新標誌由德國藝術家 Peter Schmidt 設計，曾獲得 Red Dot 設計獎項。標誌上黑色和啡色部分分別代表 N 和 M，即美術館英語 Nezu Museum 的簡稱，直線也可理解為在街道或進入館內沿途所見的竹林。

◀新的美術館外面，使用竹樹與青山街道分隔開。即使不付錢參觀美術館，行人都會因綠化而受益。

◀美術館內展覽範圍不得拍攝，休息地方除外。在休息室，陽光通過玻璃射進來。

▲湖和假船。

▲庭園內的鳥居和佛像。

INFO
- 東京都港区南青山 6-5-1
- 東京地下鐵千代田線、半蔵門線、銀座線表参道站 A5 出口步行 8 分鐘
- 10:00-17:00 (最後入場時間為 16:30)
- 休 星期一 (如遇假日則順延翌日)、年尾年初
- 常設展為成人 ￥1,400(HK$79)，高中生或大學生 ￥1,100 (HK$57)；特別展為成人 ￥1,600 (HK$93)，高中生或大學生 ￥1,300(HK$71)
- www.nezu-muse.or.jp

兩旁滿是櫻花樹 賞櫻
青山霊園

地圖 P.119、P.121

「霊園」意即墓地，青山霊園有不少 19 到 20 世紀前來日本的外國人墳墓。霊園中間的單行車線及行人路，兩旁種了很多超過 50 年的櫻花樹，是其中一個賞花的好地方。如果不是春天來的話，即使經過這裏，都會感到輕鬆愉快！在筆者心目中，它是表参道外另一條「綠隧道」。

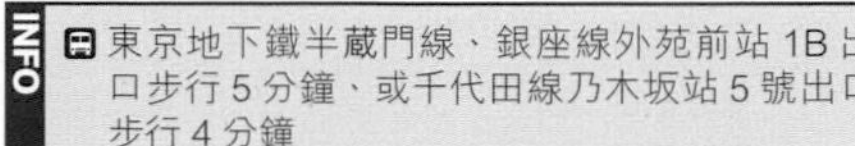

INFO
- 東京地下鐵半蔵門線、銀座線外苑前站 1B 出口步行 5 分鐘、或千代田線乃木坂站 5 號出口步行 4 分鐘
- www.tokyo-park.or.jp/reien/park/index072.html

▲青山霊園的「綠隧道」。

模擬體驗駕車
Honda 陳列室

地圖 P.120

日本品牌汽車 Honda 的陳列室，室內外都展示着其不同型號的私家車和電單車。Honda 亦設有體驗活動，讓公眾透過電腦和軚盤嘗試駕駛 Honda 汽車，但這方面的規模不算大。

INFO
- 東京都港区南青山 2-1-1 1 樓
- 東京地下鐵半蔵門線、銀座線、都營地下鐵大江戶線青山一丁目站 5 號出口；或東京地下鐵銀座線、半蔵門線外苑前站 1B 出口步行 7 分鐘
- 10:00-18:00(黃金週、年尾年初休息)
- www.honda.co.jp/welcome-plaza

◀ Honda 陳列室室外展示部分。

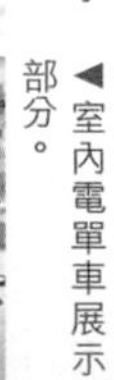

◀ 室內電單車展示部分。

4.4 潮流時尚指標

渋谷如原宿、新宿等地，都是熱鬧的區域，區內有不少購物商場、百貨，包括近年落成的 Scramble Square 和 Shibuya Stream。不過，渋谷站並不是完全追趕潮流的一個地方，車站旁總會找到這一區昔日的故事。

建議遊覽需要時間

半天至一天的時間，視乎你對區內景點的喜好。

適合遊覽的天氣

雖然景點主要在室內，如果晴天的話，可以步行來往各景點，但下雨天會比較麻煩。

前往渋谷的交通

1. 東京地下鐵：渋谷站（副都心線、半蔵門線、銀座線）
2. JR：渋谷站（山手線）
3. 東急電鐵：渋谷站（東横線、田園都市線）

● 渋谷區內巴士

▶▶▶ハチ公巴士

忠犬ハチ公是渋谷的象徵 (其事蹟詳見 P.125)，渋谷區政府在設立其市營巴士時，都以ハチ公作為標誌，吸引市民注意並方便乘客。3 種不同顏色的塗裝行走 4 條不同路線，包括恵比寿、代官山、表参道等。巴士的單程收費均為 ￥100(HK$7，大小同價)。

◀藍色巴士由 JR 渋谷站出發，前往表参道、原宿等地。

◀紅色巴士由渋谷區內前往恵比寿。

www.city.shibuya.tokyo.jp/kurashi/kotsu/hachiko_bus/index.html

渋谷景點地圖

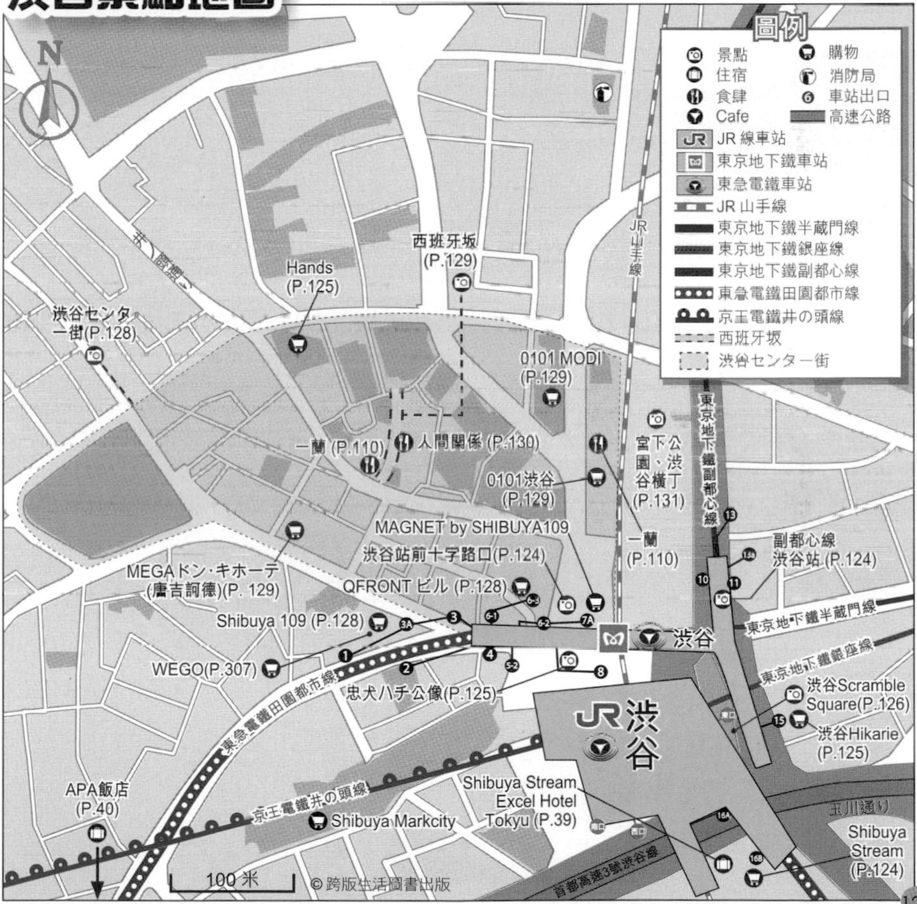

圖例
景點
購物
住宿
消防局
食肆
車站出口
Cafe
高速公路
JR 線車站
東京地下鐵車站
東急電鐵車站
JR 山手線
東京地下鐵半蔵門線
東京地下鐵銀座線
東京地下鐵副都心線
東急電鐵田園都市線
京王電鐵井の頭線
西班牙坂
渋谷センター街

N
井ノ頭通
西班牙坂 (P.129)
Hands (P.125)
渋谷センタ一街(P.128)
0101 MODI (P.129)
一蘭 (P.110)
人間関係 (P.130)
宮下公園、渋谷横丁 (P.131)
0101渋谷 (P.129)
MAGNET by SHIBUYA109
一蘭 (P.110)
渋谷站前十字路口(P.124)
MEGAドン·キホーテ (唐吉訶德)(P. 129)
QFRONT ビル (P.128)
Shibuya 109 (P.128)
WEGO(P.307)
忠犬ハチ公像(P.125)
JR 山手線
東京地下鐵副都心線
副都心線 渋谷站 (P.124)
東京地下鐵半蔵門線
東京地下鐵銀座線
渋谷
JR 渋谷
渋谷Scramble Square(P.126)
渋谷Hikarie (P.125)
東急電鐵田園都市線
京王電鐵井の頭線
APA飯店 (P.40)
Shibuya Markcity
Shibuya Stream Excel Hotel Tokyu (P.39)
玉川通り
Shibuya Stream (P.124)
首都高速3號渋谷線
100 米

在舉世聞名繁忙路口看 3D 秋田犬

地圖 P.123

涉谷站前十字路口

人氣

　　涉谷站前十字路口是舉世聞名的繁忙路口，純因人潮眾多成為打卡熱點，也是東京的代表地點之一。遊客會在行人轉綠燈的短暫時間走出馬路照相，當然此舉應以安全為上。 在 Scramble Square 開幕後，上觀景台看十字路口行人如蟻的景象更令人印象深刻。

▲在等轉燈過馬路的行人。　（圖文：蘇飛）

◄▲ 2022 年 7 月起，可愛的 3D 秋田犬每天早上 7 點至晚上 12 點 (晚上 7 點除外)，在每小時的整點會出現在幾面大屏幕上，並會穿梭其中，成為遊人駐足的另一理由。

藏着一艘「地宙船」

地圖 P.123

副都心線涉谷站

　　東京地下鐵連接涉谷與池袋的副都心線於 2008 年開通，兩地車程最快只需 15 分鐘。這個涉谷站由名建築師安藤忠雄設計，除了有清水混凝土的影子外，位處地底的車站是一艘「地宙船」，在車站裏可以看到「船」的外殼啊！

▲充滿空間感。

◄副都心線部分的涉谷站內，可看到「地宙船」的外殼。

屹立河邊的地標

地圖 P.123

Shibuya Stream

　　Shibuya Stream 於 2018 年開幕，集購物、酒店、餐飲、表演廣場、運動中心和辦公室於一身，並連接東京地下鐵涉谷站，是該區的地標。Stream 這個名字源於商場旁邊的河流涉谷川，商場有幾間餐廳也沿河岸而設，成為了新的打卡熱點，商場內的店鋪都以餐飲為主，提供各國特色美食，是最新最潮的飲食集中地。

▲ Shibuya Stream。

►場內設計主要以寬敞的空間為理念。

◄到了晚上，河岸的餐廳氣氛就會變得熱鬧。

◄還會有音樂表演。

INFO

- 東京都涉谷区涉谷三丁目 21-3
- 東急東橫線、田園都市線及東京地下鐵半蔵門線、副都心線涉谷站 C2 出口步行約 5 分鐘
- 05:00-01:00(個別商店時間不一)
- 0570-050-428
- shibuyastream.jp

（圖文： Pak)

時尚、甜點新名所

地圖 P.123

渋谷 Hikarie

▲地庫商場入口。

於 2012 年開幕的渋谷 Hikarie(Shibuya Hikarie)，是一座 30 多層的複合式大樓，設施包括以生活用品雜貨、時裝、美容和食材為主的 ShinQs 購物廣場、結合餐廳和設計意念的 Creative Space 8/，以及展覽廳、大劇院和寫字樓。

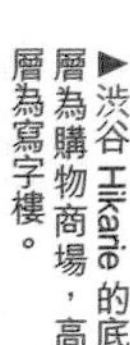
▶渋谷 Hikarie 的底層為購物商場，高層為寫字樓。

INFO
- 東京都渋谷区渋谷 2-21-1
- JR 山手線、東急東横線渋谷站東口步行 2 分鐘；或東京地下鐵副都心線、半蔵門線、銀座線、東急田園都市線渋谷站 B5 出口
- ShinQs 11:00-21:00(六日至 20:00)；6 樓餐廳 11:00-23:00；Creative Space 8/ 11:00-20:00，11 樓 11:00-23:00
- www.hikarie.jp

渋谷站感人故事

地圖 P.123

忠犬ハチ公像

在舊列車附近擺放的「忠犬ハチ公像」，背後有一段感人的真人真事！ハチ公是東京大學上野英三郎教授飼養的狗隻，對主人忠心耿耿，每天送主人到車站，傍晚又在車站等候主人下班。主人病逝後，牠都會每天等候，直至 1935 年逝世。它的忠心事蹟得到大眾和傳媒的關注，在ハチ公去逝前一年已建立「忠犬ハチ公像」。牠死後更被製成標本，並成為上野恩賜公園 (P.254) 內國立科學博物館的展品之一。

◀ハチ公受到人們的景仰。

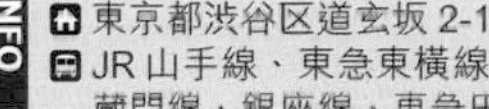

INFO
- 東京都渋谷区道玄坂 2-1
- JR 山手線、東急東横線渋谷站南口；或東京地下鐵副都心線、半蔵門線、銀座線、東急田園都市線渋谷站 8 號出口

貼心的免費生活小貼士

地圖 P.123

Hands

凡與「生活」有關的事物，都可以在 Hands 找到，包括文具、單車、盆栽、地震用品等。此外， Hands 不時提供生活小貼士單張「Hint File」，例如雨傘斷了該如何修理、收納技巧等，放在一角給顧客免費取閱，這些單張還可放入有孔的記事本裏好好保存，設計非常貼心。

▲ Hands 出售的產品都能解決生活上的難題。

◀ Hint File 免費取閱，也可放在記事本保存，設計十分貼心。

INFO
- 東京都渋谷区宇田川町 12-18
- JR 山手線、東急東横線渋谷站ハチ公口步行 6 分鐘；東京地下鐵副都心線、半蔵門線、銀座線、東急田園都市線渋谷站 6-2 號出口步行 5 分鐘
- 10:00-21:00　休 1 月 1 日
- info.hands.net/ch2/list/shibuya/

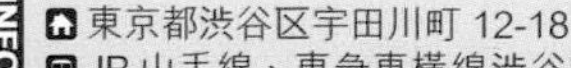

矚目新地標

地圖 P.123

渋谷 Scramble Square

近年東京最矚目的新地標非 Scramble Square 莫屬，這是 2019 年 11 月開幕的渋谷多層百貨公司，有兩百多間店舖，樓高 47 層，頂樓之上是著名的展望台 Shibuya Sky。Scramble Square 的 B2 至 1 樓以甜點和麵包店為主，是遊客買手信的好地方；2 至 9 樓是流行服飾和精品區；10 樓有 Hands 東急手創；蔦屋書店、Starbucks 和中川政七商店在 11 樓；餐廳主要在 12 及 13 樓。

▲ Scramble Square。

▲人流如鯽。

INFO
- 東京都渋谷區渋谷 2-24-12
- 與渋谷站直接連結
- 10:00-21:00
- 03-4221-4280
- www.shibuya-scramble-square.com

最佳觀景台 Shibuya Sky 人氣

Shibuya Sky 是 Scramble Square 頂層的展望設施，高度為 230 米，可俯視著名的渋谷十字路口，現已成為東京最佳的觀景台之一，無論的日間或夜景都很出色，不少人會在展望台從下午待到晚間，以盡享日夜和黃昏的景觀，因此黃昏前的時段是最難購票的，建議盡早網上預先購票。

▲可遠望東京鐵塔。

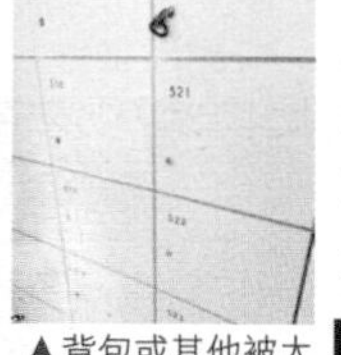
▲背包或其他被大風吹起的東西要放在置物櫃。

◀俯視渋谷站前十字路口。

◀每隔一段時間會射出激光以增加氣氛。

INFO
- Scramble Square 45 樓、46 樓
- 10:00-22:30，最遲入場 21:20
- 成人 ￥2,500(HK$147)，中學生 ￥2,000(HK$118)，小學生 ￥1,200(HK$71)，3~5 歲 ￥700(HK$41)
- 03-4221-0229
- www.shibuya-scramble-square.com/SKY/

（圖文：蘇飛）

輕食靚景之選 神樂坂 茶寮

Scramble Square 在 12 及 13 樓受歡迎的餐廳常會大排長龍，若只需要輕食的話可選擇位於 14 樓的神樂坂茶寮，就在 Shibuya Sky 購票入口處附近。這是著名的傳統日式甜點店，其招牌玄米抹茶甜點「Saryo パフエ」是必試的。

▶餐廳有一排靠窗的位置可看城市景色，是上展望台前的最佳等候地點。

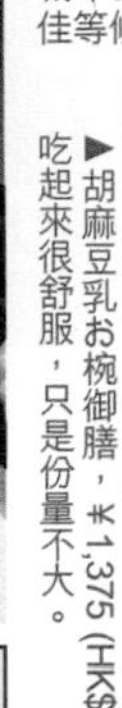
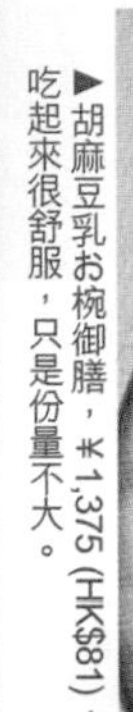

▶Saryo パフエ，¥1,540(HK$90)。

▶胡麻豆乳お椀御膳，¥1,375 (HK$81)，味道吃起來很舒服，只是份量不大。

INFO
- Scramble Square 14 樓
- 10:00-23:00 03-6433-5751
- saryo.jp

(圖文：蘇飛)

所有產品都可以試(體驗型商店) まるごと試せる 中川政七商店

中川政七是一個擁有 300 年歷史的老品牌，主要以日本工藝製作不同產品。這間商店是品牌的突破，以體驗為原則，提倡店內所有產品都可以先讓客人試用，例如店員會向雨衣噴水測試其防水度、沖茶讓客人品嘗各種茶葉的味道，確保每位客人都能夠選購到適合自己的產品。

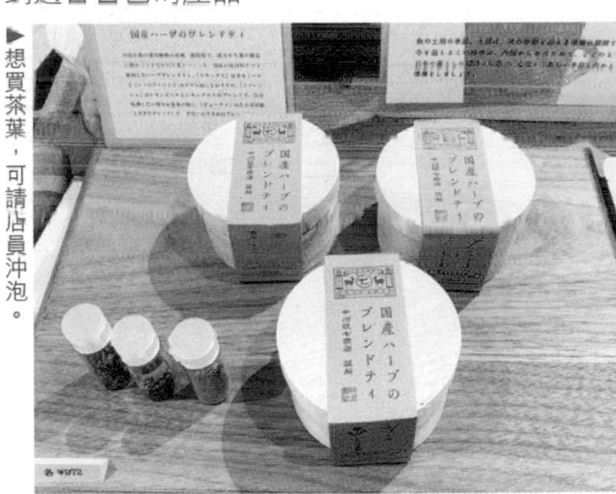
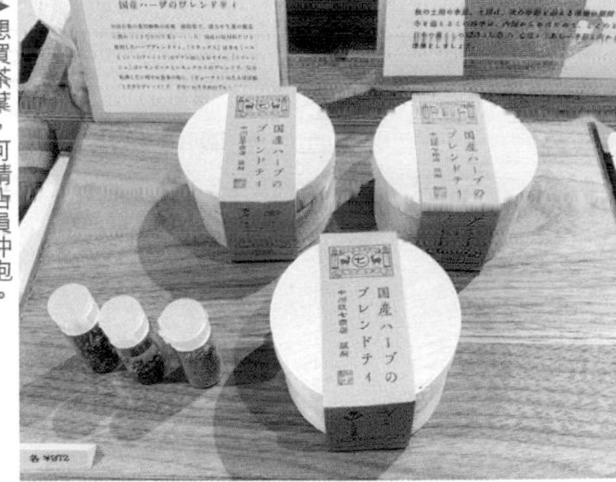

▶想買茶葉，可請店員沖泡。

▲店內的設計令人感到放鬆。

▶連梳都可以試。

INFO
- Scramble Square 11 樓
- 10:00-21:00 休 不定休
- 03-6712-6148
- www.nakagawa-masashichi.jp/company/

(圖文：Pak)

渋谷購物地帶

地圖 P.123

渋谷センター街

「渋谷センター街」是一個商圈，也是一個促進其繁榮的組織。東面由 QFRONT 作為入口，一直延伸至西面的東急百貨本店，凡是「渋谷センター街」範圍的，在街上都會掛上相關街燈。商圈內有不同的百貨公司和購物商店，包括西武百貨店。

▲「渋谷センター街」QFRONT 入口。

▲人山人海的街道。

INFO
center-gai.jp

大型書店及連鎖咖啡店

地圖 P.123

QFront Shibuya

▲ QFRONT 大樓裏面只有 TSUTAYA 書店及 Starbucks 咖啡。

QFRONT 是一座複合商業大廈，就在渋谷站斜對面，裏面基本上只租予 TSUTAYA 書店，共有 7 層及地庫 2 層，售賣 CD、書籍等，還有咖啡店如 Starbucks。6 樓 IP 書店需預約才能進入。

INFO
- 東京都渋谷区宇田川町 21-6
- JR 山手線、東急東橫線渋谷站ハチ公口步行 2 分鐘；東京地下鐵副都心線、半蔵門線、銀座線、東急田園都市線渋谷站 6-3 號出口
- 10:00- 凌晨 22:00
- shibuyatsutaya.tsite.jp

每位少女都愛逛的時裝地

地圖 P.123

Shibuya 109

▲ Shibuya 109 是圓柱形大廈。

Shibuya 109 可能是少女來到渋谷時必須朝聖的地方，也是附近的女高中生最愛逛的地方。地下 2 層連同地上 8 層包括多個時裝品牌，例如 Bubbles、dazzlin、WEGO、LIZ LISA…… 選擇多不勝數，照顧不同女生的需要。

INFO
- 東京都渋谷区道玄坂 2-29-1
- JR 山手線、東急東橫線渋谷站ハチ公口步行 3 分鐘；東京地下鐵副都心線、半蔵門線、銀座線、東急田園都市線渋谷站 3a 出口
- 10:00-21:00　休 1 月 1 日
- www.shibuya109.jp/SHIBUYA

年輕人時裝百貨

地圖 P.123

0101

大型連鎖百貨公司 0101 在日本各地設有分店，目標顧客對象主要是年輕人。渋谷設有 1 間分店，0101 MODI 更像商場，店鋪和餐廳走較高級路線。

▲ 0101 渋谷 (原為 0101 JAM)。

INFO
- 11:00-20:00
- 東京都渋谷区神南 1-21-3
- JR 山手線、東急東横線渋谷站ハチ公口步行 4 分鐘；東京地下鐵副都心線、半蔵門線、銀座線、東急田園都市線渋谷站 6-2 號出口步行 3 分鐘
- www.0101.co.jp

南歐風情的小石坂路

地圖 P.124

西班牙坂

西班牙坂 (スペイン坂) 是一條稍斜的石坂行人路，短短 100 米的斜路及階梯級有一些咖啡室、時裝及雜貨小店等等，充滿南歐風格。

▲短短的西班牙坂。

INFO
- JR 山手線、東急東横線渋谷站ハチ公口步行 4 分鐘；東京地下鐵副都心線、半蔵門線、銀座線、東急田園都市線渋谷站 6-1 號出口步行 3 分鐘

全東京最大

地圖 P.123

MEGA ドン・キホーテ (唐吉訶德)

香港人對驚安の殿堂不會陌生，而這間唐吉訶德就是驚安の殿堂旗艦店，樓高 7 層，總貨量是全東京最多的。除了常見的藥妝、日用品和零食外，最特別的是這裏還提供熟食便當、新鮮蔬果和電器，可說是超級市場和百貨公司的混合體，即使預半天時間都可能逛不完！

▲各個人氣品牌的衣物。

▲這裏的零食種類包羅萬有。

▲還有熟食提供。

▲樓高 7 層的 MEGA ドン・キホーテ。

INFO
- 東京都渋谷区宇田川町 28-6
- JR 渋谷站ハチ公口步行約 5 分鐘
- 24 小時
- www.donki.com

(圖文： Pak)

30多年歷史西餐廳

地圖 P.123

人間関係

「人間関係」是西班牙坂上的餐廳之一，自1979年開業。店內是懷舊的西式裝潢，上午9時至下午5時提供咖啡、茶類飲品，下午5時後提供酒類飲品。餐廳也提供西式食物，例如下午(早上11時至下午5時)提供￥780(HK$56)意粉附飲品套餐。

▶餐廳裝潢，留意有些座位較高，晚上可作酒吧用途。

▲番茄肉醬意粉(焼トマトボロネーゼパスタ，￥780/ HK$56)，最大特色是中間的大番茄，如果肉醬多些就更好了，不過已經好吃。

▲套餐附送的飲品，筆者選了紅茶，旁為等候牌。

▲超過30年歷史的西餐廳「人間関係」。

INFO
- 東京都渋谷区宇田川町16-12
- JR山手線、東急東横線渋谷站ハチ公口步行4分鐘；東京地下鐵副都心線、半蔵門線、銀座線、東急田園都市線渋谷站6-1號出口步行5分鐘
- 09:00-23:15，最後點單時間22:45
- www.kumagaicorp.jp/brand/ningenkankei

拉麵小店

東京市中心美食大地圖

ラーメン凪 豚王

ラーメン凪 豚王開業10多年，雖然分店數目不多，但已遍佈名古屋、台灣、香港和菲律賓等地。涉谷店是一間細小得容納不到20人的小店，採用自動售賣機點餐，招牌菜是「凪とん」(￥1,000，HK$59)，加上辣椒令整碗拉麵味道更香，可選硬或軟麵條。

◀涉谷站附近的ラーメン凪 豚王，店鋪空間不大。

▶招牌菜凪とん，￥1,000 (HK$59)。

INFO
- 東京都渋谷区東1-3-1 カミニート 1F
- 03-3499-0390
- JR、東京地下鐵、東急東横線渋谷站東口步行8分鐘
- 星期一至六10:00-22:30，星期日及公眾假期10:00-20:00
- www.n-nagi.com

立體都市公園

宮下公園、渋谷横丁 推介

在渋谷站附近的宮下公園本來是在停車場頂樓的空中公園，2020 年東京奧運後，宮下公園以立體都市公園的概念大幅改建，升高到三層樓之上，底下一到三樓則建了商場和餐廳區域「Rayard Miyashita Park」，於 2020 年 7 月重新開幕，成為了當地人的聚腳點，不少人三三兩兩地將外賣帶到這裡吃。公園內還有沙灘排球、滑板場和攀爬牆等運動設施，需預約及付費。

▲公園有很多休息的地方。

▲公園可直接由此樓梯上去，下面就是渋谷横丁。

▲商場內有天狼院書店。

▲還有攀爬牆。

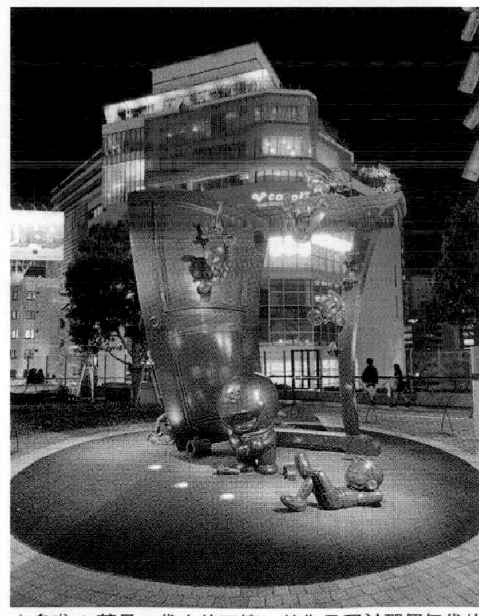

▲公園在三層樓之上。

▲多啦 A 夢是一代人的回憶，若你是屬於那個年代的話就要來打卡了。

INFO

- 東京都渋谷区神宮前 6-20-10
- JR「渋谷站」宮益坂或八公出口，走約 4 分鐘；東京地下鐵「渋谷站」B1 出口步行約 3 分鐘
- 購物及餐廳 11:00~21:00/23:00，公園 8:00~23:00
- 03-6712-5630
- www.miyashita-park.tokyo

(圖文：蘇飛)

就是一個盒子 星巴克 宮下公園店

2020 年 8 月開張的宮下公園星巴克咖啡店，以一個白色盒子的外觀作為特色，出自名設計師藤原浩的企劃，看起來也像是個貨櫃，但有一整排的落地窗讓陽光進入，感覺如和外在的公園連成一體。

◀咖啡店晚間另有一番景觀。

INFO
- 宮下公園 4 樓
- 8:00~22:00
- 03-6712-5207
- store.starbucks.co.jp/detail-1790/

（圖文：蘇飛）

各地美食代表 渋谷横丁

宮下公園重開的同時，在南棟一樓開設了匯聚日本各地如近畿、東海、中國、四國、九州、北海道、東北、關東、橫濱中華街、北陸和沖繩等美食餐廳的「渋谷横丁」，成為遊客另一尋食熱點。

▲渋谷横丁內有全國各地的代表性美食，但規模不大。

◀渋谷横丁內部。

▲東北和關東的美食代表。

▲北海道名物。

◀沖繩食市。

INFO
- 宮下公園地下 1 樓
- 11:00~23:00 或凌晨 5:00，各店不同
- shibuya-yokocho.com

（圖文：蘇飛）

惠比寿、代官山、中目黑景點地圖

Log Road Daikanyama (P.136)
東急東橫線
JR山手線
明治通り
代官山町
17dixsept (P.137)
MR.FRIENDLY Cafe (P.137)
DaikanyamaT-site (P.139)
Hillside Terrace (P.138)
sarugaku(猿楽) (P.138)
代官山
東京地下鐵日比谷線
惠比寿西
Cow-Books (P.142)
猿楽塚 (P.138)
猿楽町
旧朝倉家住宅 (P.140)
惠比寿
目黑川 (P.140)
東急東橫線
東京地下鐵日比谷線
駒沢通り
惠比寿南3
Traveler's Factory (P.142)
中目黑
中目黑高架下 (P.141)
天橋接駁車站及Yebisu Garden Place
JR山手線
Yebisu Garden Place (P.135)
東京都写真美術館 (P.135)
Joël Robuchon (P.135)

圖例

景點	Cafe	購物	食肆
JR 線車站	東京地下鐵車站	東急電鐵車站	
JR 山手線	東京地下鐵日比谷線	東急東橫線	車站出口
代官山可步行至惠比壽，只需 5 至 10 分鐘	天橋接駁		

100 米

4.5 寧靜清幽的購物地

惠比寿、代官山 中目黒

惠比寿、代官山、中目黒三者地理位置相近，都在東京的西南面。惠比寿那邊有一個大型企劃 Yebisu Garden Place，內有博物館和購物商場。至於代官山，是一個住宅區，環境比較清靜，購物商場與東京旺區如渋谷、銀座不同，大多是採用戶外式露天設計。中目黒有一些不錯的餐廳，附近的目黑川被兩旁的樹木包圍，春天更能賞櫻。

最佳遊覽天氣

各景點都在室內，所以如果晴天的話，景點間可以步行，下雨天會比較麻煩。

建議遊覽需要時間

半天至一天的時間，視乎區內景點的喜好。

前往交通

惠比寿

1. 東京地下鐵日比谷線惠比寿站
2. JR 山手線惠比寿站

代官山

東急東橫線代官山站
(總站渋谷下一個站)

中目黒

東急東橫線 / 東京地下鐵日比谷線中目黒站 *

* 此站為兩鐵路共用車站，日比谷線會以此站為終點。

▲中目黒站為東急東橫線及東京地下鐵共用車站。

走一整天也看不完 Yebisu Garden Place

地圖 P.133

▼ Yebisu Garden Place 的西式建築。

INFO
- 東京都渋谷区恵比寿 4-20、目黒区三田 1-4 及 1-13
- JR 山手線恵比寿站依指示經天橋前往；或東京地下鐵日比谷線恵比寿站 1 號出口後經 JR 站及接駁天橋
- gardenplace.jp

從 JR 恵比寿站沿着長長的天橋走，就會看到一個大型企劃 Yebisu Garden Place，包括了商場、三越百貨、商業大廈、博物館、劇場等，售賣書籍、文具、時裝、雜貨等多種商品。以下介紹大型企劃內的東京都写真美術館、Joël Robuchon 和 Beer Museum Yebisu。

攝影師攝影展 東京都写真美術館

地圖 P.133

「写真」指相片。地下 1 層連同地上 4 層的美術館，不定期展示日本及海外攝影師的作品，對攝影有興趣的，可先瀏覽一下官方網頁最新資訊，然後才決定是否參觀美術館。

◀東京都写真美術館展示不同攝影師的相片。

INFO
- 東京都目黒区三田 1-13-3
- 10:00-18:00(星期四、五開放時間延至 20:00)
- 星期一（如遇假日則延至星期二）
- 視乎各展覽而定
- topmuseum.jp

米芝蓮餐廳 Joël Robuchon

地圖 P.133

Joël Robuchon 是法國名廚。他以自己的名字於巴黎、東京、香港等地經營餐廳，其廚藝得到不少肯定。其中，他在 38 歲取得米芝蓮（台譯：米其林）三星名廚，而他的大部分餐廳得到這個指標的認同，東京也不例外。

◀ Joël Robuchon 得到米芝蓮的認同。

INFO
- 東京都目黒区三田 1-13-1
- 午餐只限星期六、日及公眾假期 11:30-15:00(L.O. 13:00)；晚餐 17:30-22:00(L.O. 20:00)
- www.robuchon.jp

鐵路軌活化購物飲食區 Log Road Daikanyama

地圖 P.133

Log Road Daikanyama 是由已停用的東急電鐵涉谷站改建而成的商場，佔地 3,200 平方米，共有 5 棟獨立店鋪，全以木材建築設計。除了標誌是路軌，基本上不會再在這裏找到昔日東橫線的影子，唯一的線索就是這依照當時路段而建成的商場。你可以説這是商業化的表現，但區內種植的樹不少，亦有不少座位，其實也可理解為「還路於樹和民」吧！

►商場建於鐵道路軌上，但現在已幾乎找不到昔日東橫線的影子。

TIPS!

東急電鐵的東橫線是往返東京涉谷和橫濱的鐵路，而由涉谷站至代官山站之間的路段為路面列車，其後鐵路公司將此路段改為在地底行駛，乘客乘搭副都心線不需再轉車，所以原有的涉谷站在 2013 年停用。

INFO
- 東京都渋谷区代官山町 13-1
- 東急東橫線代官山站步行 4 分鐘；或 JR 山手線 / 東京地下鐵日比谷線恵比寿站步行 9 分鐘
- www.instagram.com/logroaddaikanyama

以下是 Log Road Daikanyama 的特色餐廳：

視飲食為工藝 Garden House Crafts

很多人都會説食物最重要的是好味道，但如何才能煮出好味道，可能就不是很多人的焦點。從 Garden House Crafts 的名字可看出餐廳視烹飪為一種手工藝，着重精心挑選食材、設計菜式配搭、烹調過程細節。餐點以西餐為主，提供麵包、蛋糕、咖啡等，坐下來細心品嚐，或會感受到那份對手工藝的執着。

▲ Garden House Crafts。

▲豬腩肉沙律配麵包 (¥1,200，HK$86)，沙律甜甜酸酸，很可口。右上為有酒香味的手沖咖啡 (¥530，HK$31)。

◄環境明亮舒適，在這裏渡過一個放鬆的下午吧！

INFO
- 東京都渋谷区代官山町 13-1
- 東急東橫線代官山站步行 4 分鐘；或 JR 山手線 / 東京地下鐵日比谷線恵比寿站步行 9 分鐘
- 08:30-18:00
- ghghgh.jp/blogs/shoplist/garden-house-crafts-daikanyama

代官山小型時裝商場及地標

地圖 P.133

17dixsept

17dixsept 是代官山的一個小商場，命名為「17」是因為它位於代官山的 17 番地。3 層商場中，2 樓和 3 樓以時裝為主，品牌有 13 個；1 樓則是超市、麵包店和藥房，方便附近的居民。商場附近有一個被視為代官山的地標：一棵大幸運草，是該區的公共藝術。

► 17dixsept 除了服務遊客，也服務代官山的居民。

► 商場附近的幸運草，是代官山的地標。

INFO
- 東京都渋谷区代官山町 17-6
- 東急東横線代官山正面口步行 2 分鐘
- 1 樓 10:00-22:00；2、3 樓 11:00-20:00
- 休 1 月 1 日及 2 日
- www.17dixsept.jp

關注愛與和平的餐廳

地圖 P.133

MR.FRIENDLY Cafe

MR.FRIENDLY 在笑臉迎人的背後，還有一項重要的訊息：愛與和平 (LOVE & PEACE)，而其笑哈哈的友善態度，告訴你並不孤獨，就是愛與和平的表現。不同種類的小吃，都會附有笑哈哈的 hot cake 啊！小吃包括 hot cake 與飲品 (7 件 ￥352/HK$21、18 件 ￥ 715/HK$42)、雪糕和三文治。雪糕份量十分大，hot cake 甜甜的，令人吃得快樂！順帶一提，MR.FRIENDLY Cafe 選用有機食材，注重顧客的健康。

► 朱古力雪糕，￥539(HK$32)。吃過雪糕及上面的 hot cake 令人感覺愉快。

▲店內有很多哈哈笑的佈置。店外現換上白色外牆。

▲餐廳裝潢，裏面有 You're not alone, I'll be with you 等訊息。

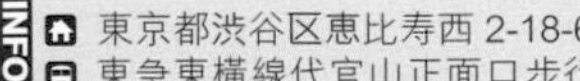

INFO
- 東京都渋谷区恵比寿西 2-18-6
- 東急東横線代官山正面口步行 4 分鐘
- 11:00-20:00
- mrfriendly.jp/zh

6 棟房屋組成的商場

地圖 P.133

sarugaku（猿楽）

「猿楽」是一個室外商場，由 6 座雙層建築物組成，每座有 2 至 3 間服裝店鋪。這個設計出自新進建築師平田晃久，與一般室外商場有很大的出入，相信他認為代官山環境不錯，希望人們購物時不忘沉浸在這氛圍吧！

◀猿楽是一個露天商場。

INFO
- 東京都渋谷区猿楽町 26-2
- 東急東横線代官山正面口步行 3 分鐘
- 視乎各店而定
- www.sarugaku.jp

古代圓墳

地圖 P.133

猿楽塚

代官山位於猿楽町，而猿楽町是一個重要的歷史地方，因為在 6 至 7 世紀建立了圓墳，現在稱之為「猿楽塚」，成為區內指定的歷史史跡，不能被拆除。該範圍種滿茂密的草，外面有個小木鳥居，裏面有座細小的木造神社。

◀猿楽塚入口的細小鳥居。

▶沿樓梯上就會見到小神社。

INFO
- 東京都渋谷区猿楽町 29
- 東急東横線代官山正面口步行 3 分鐘

30 年才完成興建

地圖 P.133

Hillside Terrace

◀ Hillside Terrace 是早期代官山地標，建造時間十分長。

以多棟獨立建築組成的 Hillside Terrace，由著名建築師槇文彥設計，每棟建築只有數間商店，包括餐廳、時裝、藝術、雜貨等。Hillside Terrace 內更會不定期舉辦藝術作品展，讓藝術愛好者交流一番。值得一提的是，這個商場由 1967 年開始，分階段至 1992 年才能完成，用了接近 30 年的長時間。

INFO
- 東京都渋谷区猿楽町 18-8
- 東急東横線代官山正面口步行 4 分鐘
- 視乎各店鋪而定
- hillsideterrace.com

代官山露天花園商場

地圖P.193

Daikanyama T-site

Daikanyama T-site 為另一露天商場，最大的特色是連鎖書店 Tsutaya 蔦屋書店，以及綠意盎然的購物環境和公共藝術。如果不打算購物，也可以途經這裏看看，戶外地方有不少桌椅，方便遊人休息。

▲這個戶外商場綠意盎然。

INFO
- 東京都渋谷区猿楽町 16-15
- 東急東横線代官山站正面口步行 5 分鐘
- 視乎各店鋪而定
- real.tsite.jp/daikanyama/

以下是 Daikanyama T-site 值得遊覽的景點：

適閱讀環境 蔦屋書店

連鎖書店蔦屋書店在代官山開有分店，分為 3 個館，共通點都是售賣書籍，但不同處在於 1 號館售電影 DVD 及設有 FamilyMart 便利店；2 號館設有 Anjin 高檔餐廳，給客人點西餐並取閱餐廳書櫃上的書籍；3 號館售文具、CD、旅行相關書籍及精品，另設有 Starbucks 咖啡店。這書店非常着重閱讀環境，店內設有不少座位，像圖書館。店內放了不少 iPad，提供書店相關資訊給客人查閱；還擺放 Sony 平板，讓客人試聽音樂。

▲蔦屋書店內外，有良好的閱讀環境。

INFO
- 渋谷区猿楽町 17-5
- 書店 09:00-22:00 星巴克 07:00-22:00
- 03-3770-2525
- store.tsite.jp/daikanyama/

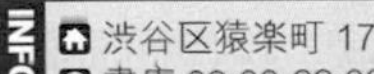

狗隻來商場 Dog Garden

T-site 的貼心之處在於考慮部分代官山的居民有養狗的習慣，讓他們帶狗隻來這個商場。不過，客人須成為 Green Dog Club 會員。雖然免費入場，但只能使用最多 30 分鐘。Dog Garden 很容易記認，因為商場擺了一件公共藝術作品，是一頭很大的狗。

▲ Dog Garden 讓客人的狗隻在裏面玩耍。

INFO
- 代官山 T-SITE GARDEN 1 号棟
- 09:00-20:00(動物醫院 9:00-19:30)
- (動物醫院)03-6427-8051
- www.green-dog.com/store/dky/

舊議員豪宅 地圖 P.133

旧朝倉家住宅

在猿楽町附近有一座 1919 年興建的傳統日式建築：旧朝倉家住宅。這棟住宅原本屬於前議員朝倉虎治郎，為木造兩層樓宇，外有庭園，直至 2008 年起向公眾開放，現成為日本重要文化財產。旧朝倉家住宅是東京都內少數保留了大正時期建設風格的歷史文化遺產，外觀上洋溢濃厚的日式風情，就像到了京都一樣。

▲作為議員豪宅，其家居面積很大。

INFO
- 東京都渋谷区猿楽町 29-20
- 東急東橫線代官山正面口步行 3 分鐘
- 10:00-18:00(11 月至 2 月開放至 16:30，最後入場時間為關閉前半小時）
- 休 星期一及年尾年初
- 成人 ￥100(HK$7)
  小學生及中學生 ￥50(HK$4)
- bit.ly/3UOWcEn

賞櫻勝地 地圖 P.133

目黑川

賞櫻

中目黑有條目黑川，兩旁種滿樹木，本身已十分美，而在春天時更會綻放櫻花。不過，這裏沒有座位，只能站着看。晚上時賞櫻，更排滿了燈籠，周邊會有很多小販聚集，還有不少小食攤檔，非常熱鬧，另有一番風味。

◀目黑川被兩旁櫻樹所包圍。

目黑川的賞櫻段長達一公里，延伸至池尻大橋站，如果人潮太多，不妨向上流（池尻大橋站）前行，這邊的人流會較少。

INFO
- 東京地下鐵目比谷線、東急東橫線中目黑站步行 10 分鐘

天橋下的 lifestyle

中目黑高架下

▲天橋下的商店。

秋葉原的 mAAch ecute 神田萬世橋最先利用天橋底下的空間，把它設計成有活力的商店街，而東急電鐵、東京地下鐵日比谷線的中目黑站也緊隨其後，在月台下開設餐廳、藝廊等。中目黑高架下雖然不像 mAAch 般設有多間咖啡店和文創商品，但還是有些店鋪值得一去。

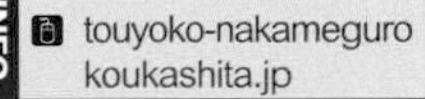

INFO
touyoko-nakameguro koukashita.jp

以下是中目黑高架下的一些特色店鋪和餐廳：

日式咖喱 Soup Stock Tokyo

Soup Stock Tokyo 是遍及關東、關西及九州的咖喱連鎖店，中目黑的分店設有室外用餐空間。餐廳提供不同種類的套餐，最貴的是 Curry and soup set(￥1,180，HK$84)，顧客可選擇麵包加配飲品，或咖喱飯配湯或飲品。由於食物的份量頗切合女生的食量，所以吸引了不少女性顧客。

▲餐廳門外。

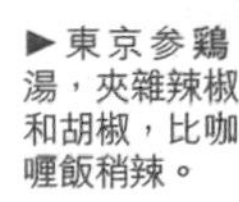

►東京参鷄湯，夾雜辣椒和胡椒，比咖喱飯稍辣。

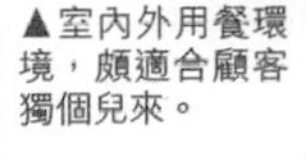

▲室內外用餐環境，頗適合顧客獨個兒來。

► Curry and soup set，有點辣，不油膩且香。

INFO
- 東京都目黒区上目黒 1-22-12
- 東急東横線、東京地下鐵日比谷線中目黒站
- 10:00-21:00(星期六、日及公眾假期 10:00-21:30)
- 年尾及年初
- 03-6303-3909
- www.soup-stock-tokyo.com

等朋友邊逛書店 蔦屋書店

▼ Starbucks 為書店顧客提供咖啡。

相比其他分店，中目黑的蔦屋書店規模比較小，但裏面仍設有 Starbucks。這間分店作為鬧市的精神補給，有別於代官山 (P.139)、二子玉川 (P.302) 和湘南分店 (P.444)。若然看到咖啡店有空位，不妨坐下來看看街景。

▲雖然書店的規模較小，但從車站看過去還是頗令人注目。

INFO
- 東京都目黒区上目黒 1-22-10
- 東急東横線、東京地下鐵日比谷線中目黒站
- 10:00-22:00
- real.tsite.jp/nakameguro/

外國人可獲贈咖啡

地圖 P.133

Cow Books

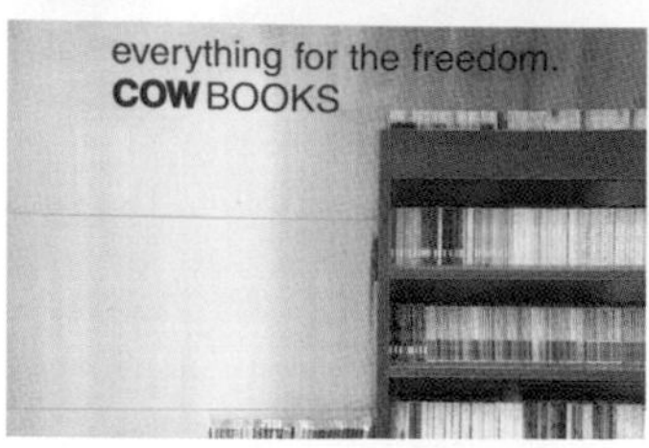

▲ Everything for the freedom 是 Cow Books 的名言。

Cow Books 由松浦彌太郎經營，是一間二手書店，中目黑分店像是一個小小的書室，客人可以隨意閱讀書櫃上的書籍，覺得適合才去買。雖然南青山站都可以這樣做，但沒有桌子和椅子。中目黑分店另一個特色，就是有咖啡及茶供應，外國人 (不論有否購買書籍) 更可獲免費咖啡一杯，以答謝來訪。

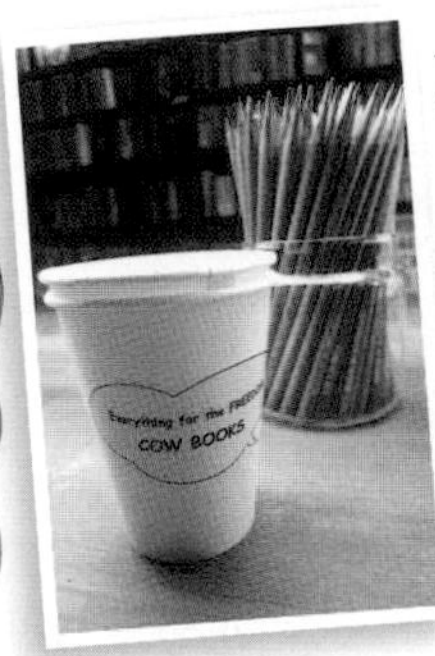

◀ 外國人可以獲得免費咖啡一杯。

TIPS!

這裏的書籍十分珍貴，所以賣的價錢很高，看的時候要小心保護，更不要讓咖啡倒在書本上啊！

INFO
- 東京都目黒区青葉台 1-14-11
- 東京地下鐵日比谷線 / 東急東橫線中目黑站步行 6 分鐘 (只有一個出口，出口左轉)
- 12:00-20:00
- 休 星期一 (公眾假期除外)
- www.cowbooks.jp

收集旅途中動人一刻

地圖 P.133

Traveler's Factory

在現今手機電腦成為大趨勢的情況下，為何紙本筆記仍然有價值？為何仍要用紙？也許透過參觀這間店你會得到答案。Traveler's Factory 售賣各款精美及高價位的文具，其中以 Traveler's Notebook 最受歡迎，品牌委託泰國清邁生產真皮套，用家可依自己需要購買不同尺寸，尋找適合的收納方式，收集旅途上的門票和車票，妥善保存專屬你的旅遊回憶，筆者的已使用差不多兩年。在這裏更可找到品牌推出的主題筆記本，當中有以香港天星小輪創作的紀念版本，非常吸引！

▲ Traveler's Factory。

▲ 2 樓有讓客人休息的敞大空間。

▲產品種類豐富，熱愛旅遊的你必不可錯過。

◀ 2 樓提供咖啡，相片中為 Blend Coffee(￥500，HK$29)。逛到累了不妨在 2 樓歇歇，使用剛買來的筆記本記下美好一刻。

INFO
- 東京都目黒区上目黒 3-13-10
- 東京地下鐵日比谷線、東急東橫線中目黑站步行 5 分鐘
- 12:00-20:00
- 休 星期二
- www.travelers-factory.com

4.6 藝術、設計之地

六本木、赤坂
東京鐵塔

「六本木」這個名稱的由來，是江戶時期有六戶姓氏含「木」的家族居住。六本木原是夜間消遣的地方，酒吧和夜總會、disco 林立，治安本身不算好。不過，自六本木的 Roppongi Hills、國立新美術館及 Tokyo Midtown 相繼落成後，六本木改頭換面，成為藝術及設計之地。

六本木就近東京電視台總部的赤坂、國會議事堂和東京鐵塔，部分地方步行前往便可，即使要乘搭地下鐵，也只需 1 個車站。不妨花時間來到這一區，欣賞藝術、建築，甚至俯覽東京五光十色的市區！

● 建議遊覽需要時間

有些景點需時較多，例如博物館及展望台，遇到有興趣的主題得花上大半天，而六本木、赤坂及東京鐵塔景點有點分散，不一定一次過能參觀完畢，也許要分兩次。

● 最佳遊覽天氣

六本木的景點雖在室內，但景點之間、地下鐵車站是室外，而東京鐵塔、六本木展望台是觀望景色的，所以比較好的日子是晴天。

前往交通

▶▶▶ 六本木
1. 都營地下鐵大江戶線六本木站；
2. 東京地下鐵日比谷線六本木站。

▶▶▶ 赤坂
1. 東京地下鐵千代田線赤坂站已到達大部分赤坂景點；
2. 如要到國會議事堂，可由赤坂站乘地鐵到国会議事堂前站(下一個站)，或步行 10 分鐘；
3. 由六本木 Roppongi Hills 可步行至赤坂，步程只需 10 分鐘。

▶▶▶ 東京鐵塔
1. 都營地下鐵大江戶線赤羽橋站較近東京鐵塔，只需步行 5 分鐘；
2. 如要乘搭東京地下鐵，則選擇日比谷線於神谷町下車(與六本木站只有一站距離)，下車後步行 7 分鐘；
3. 如欲由六本木步行至東京鐵塔，時間需時 20 分鐘。

六本木、赤坂、東京鐵塔景點地圖

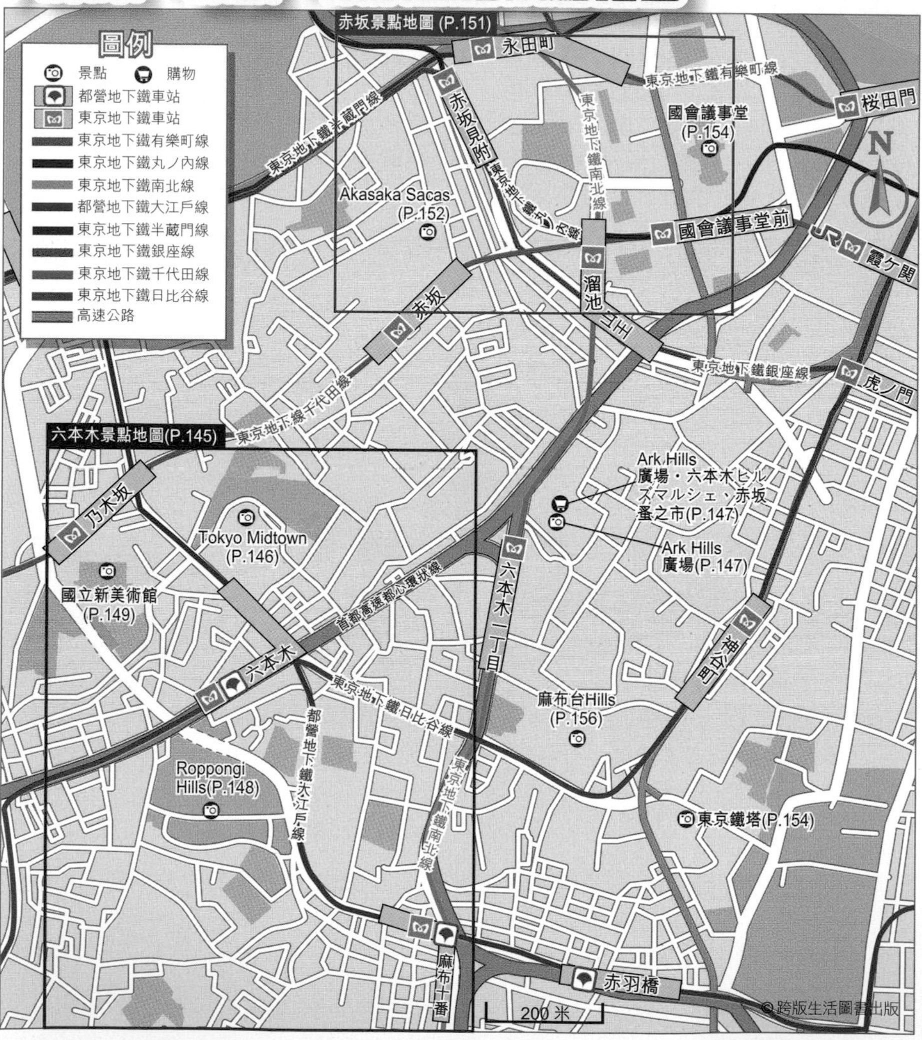

六本木景點地圖

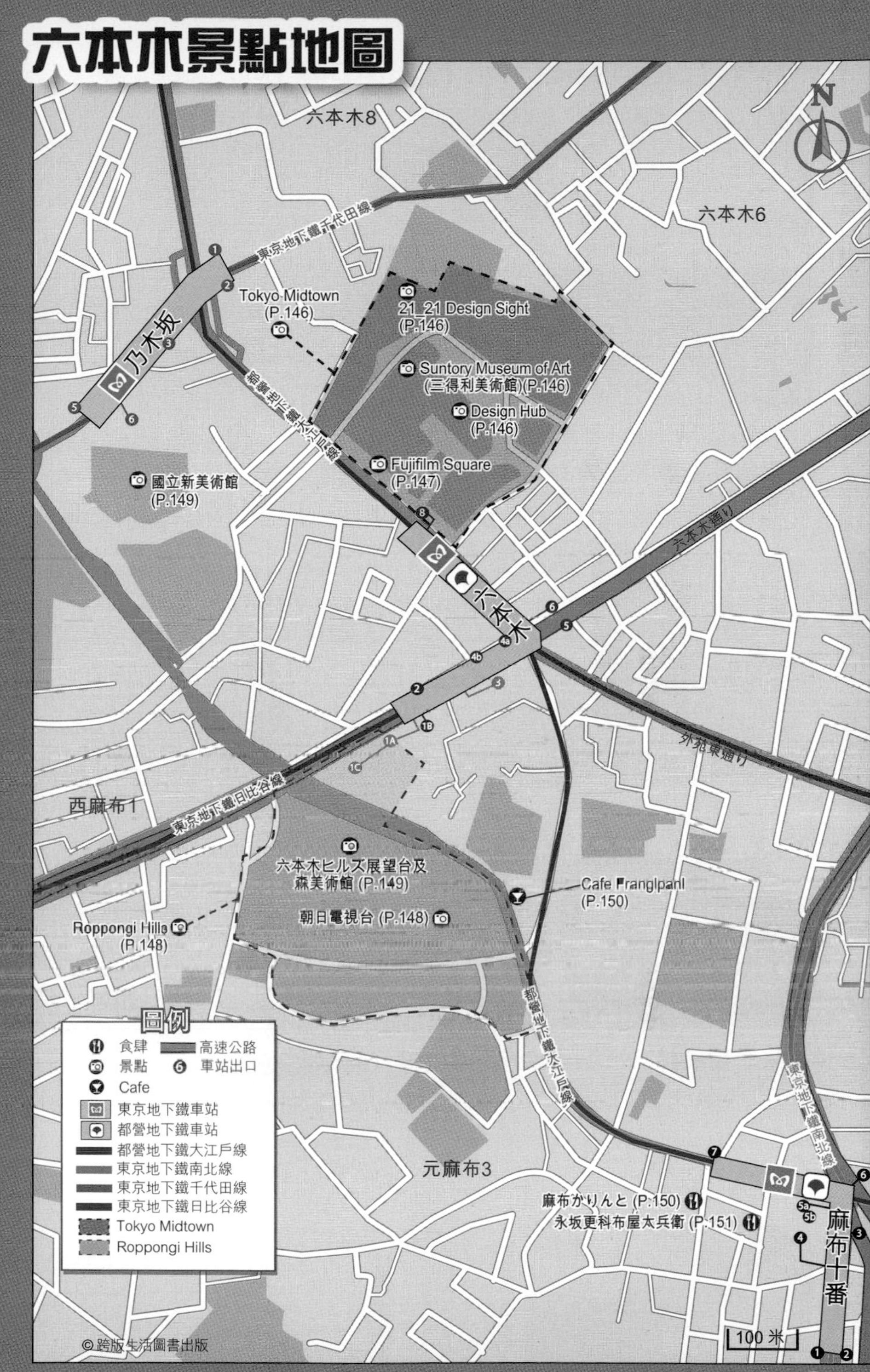

N
六本木8
六本木6
東京地下鐵千代田線
乃木坂
Tokyo Midtown
(P.146)
21_21 Design Sight
(P.146)
Suntory Museum of Art
(三得利美術館)(P.146)
Design Hub
(P.146)
Fujifilm Square
(P.147)
都營地下鐵大江戶線
國立新美術館
(P.149)
六本木
六本木通り
外苑東通り
西麻布1
東京地下鐵日比谷線
六本木ヒルズ展望台及
森美術館 (P.149)
Cafe Frangipani
(P.150)
朝日電視台 (P.148)
Roppongi Hills
(P.148)
都營地下鐵大江戶線
東京地下鐵南北線
元麻布3
麻布かりんと (P.150)
永坂更科布屋太兵衛 (P.151)
麻布十番
100米
圖例
食肆
高速公路
景點
車站出口
Cafe
東京地下鐵車站
都營地下鐵車站
都營地下鐵大江戶線
東京地下鐵南北線
東京地下鐵千代田線
東京地下鐵日比谷線
Tokyo Midtown
Roppongi Hills

綠都市

Tokyo Midtown (東京中城)

地圖 P.144、145

▲ Tokyo Midtown 及其辦公大樓。

▲室外空間的公共藝術。

Tokyo Midtown 內有辦公室、商場，還有與藝術及設計相關的博物館。中城內有公園供遊人散步，在寫字樓外的公共空間也種了不少樹木，可見發展項目十分重視社區綠化。

◀公共空間的綠化設施。

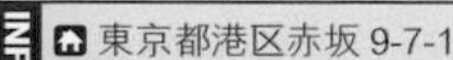

INFO
- 東京都港区赤坂 9-7-1
- 都營地下鐵大江戶線及東京地下鐵日比谷線六本木站 8 號出口 (東京地下鐵與都營地下鐵打通)
- 商店 11:00-20:00，餐廳 11:00~23:00
- www.tokyo-midtown.com

以下是東京中城內值得參觀的地方：

免費看藝術設計展覽 Design Hub

地圖 P.145

4 個日本設計組織及大學美術學系，在東京中城 5 樓設立研究室，合作籌劃同層 Design Hub 的展覽及研討會，並不定期更換主題，希望吸引公眾前來增加對這方面的認識和興趣。這些展覽和研討會都是免費的，在他們的辦公空間，不時見到大學美術或設計系的入學資料。展覽內有英語單張，幫助外國人了解展覽的內容和目的。

◀ Design Hub。

INFO
- Tokyo Midtown 5 樓
- 營業時間因展覽會及活動而異
- www.designhub.jp/en

認識傳統日本藝術 Suntory Museum of Art (三得利美術館)

地圖 P.145

這個美術館由三得利 (Suntory) 集團經營，三得利主要生產飲品，但也會推行藝術文化事業，以履行企業責任。六本木的三得利美術館在中城商場內，以大型商店形式運作，沒有常設展覽，但不定期更換展覽主題，介紹日本傳統藝術。

◀美術館外。

INFO
- Tokyo Midtown Galleria 3 樓
- www.suntory.com/sma
- 10:00-18:00(11 時前請由 1 樓 Galleria 並乘搭升降機進入，星期五、六延至 20:00 關門，最後入場時間於閉館前 30 分鐘)
- 星期二、更換展覽期間、年尾年初
- 視乎展覽而異，設網上 ¥100(HK$7) 折扣優惠，請瀏覽 www.suntory.co.jp/sma/basicinfo/

從生活看設計 21_21 Design Sight

地圖 P.145

2003 年，時裝設計師三宅一生與安藤忠雄等人於報章發表評論，指出日本的設計有相當成就，卻沒有相關的博物館。為了提升城市甚至國家的活力，激發年輕人創意，所以在 4 年後，博物館落成，而 21_21 Design Sight 意思是 21 世紀的設計視野。多年來，設計展覽以生活或身邊事物為主，例如朱古力、水、布、紙張等等。

◀只有一層的清水混凝土建築物，是安藤忠雄的設計。博物館其實向地底發展，裏面空間感很大。

INFO
- Tokyo Midtown 內
- 10:00-19:00(最後入館時間為閉館前 30 分鐘)
- 星期二、更換展覽期間、12 月 27 日至 1 月 3 日
- 成人 ¥1,400(HK$82)，大學生 ¥800(HK$57)，高中生 ¥500(HK$36)，中學生或以下免費
- www.2121designsight.jp/en

相機博物館 Fujifilm Square

地圖 P.145

在富士相機店裏，你可以看到富士歷年來的產品，也可試用它們的新產品，更可欣賞不定期舉辦的相片展覽，説不定對你的攝影技術有所啟發。

INFO
- Tokyo Midtown 內西區 1F
- 10:00-19:00(最後入場時間為 18:50)
- 休 年尾年初
- fujifilmsquare.jp

▶ Fujifilm Square。

來自日本各地的食材

地圖 P.144

Ark Hills 廣場 • 六本木ヒルズマルシェ

這是一個設於六本木 Ark Hills 廣場、逢星期六舉行的小型市集，有產自日本不同地方的食材和特產，例如蔬菜、番茄和里芋等，吸引了不少當地人到這裏購買食材做菜。如果想享受不同食材的美味，不妨先從美食車購買小吃和飲料，再在廣場內找個位置坐下品嚐。

▲玄米と野菜たっぷりモグライス(份量最小為 ¥500，HK$35)。

▲在 Ark Hills 廣場舉辦的市集。

▶現場售賣不少特產。

▲可以買到飲品、水果和麵粉類小吃。

INFO
- 東京都港区赤坂 1-12-32 アーク • カラヤン広場
- 東京地下鐵南北線六本木一丁目站 3 號出口
- 星期六 10:00-14:00，雨天關閉
- www.facebook.com/hillsmarche/

每月一次的古董集中地

地圖 P.144

赤坂蚤之市

赤坂蚤之市自 2014 年 4 月開始，於每月的第 4 個星期日在 Ark Hills 的大廣場舉行。屆時約有 50 個攤位售賣各式各樣的古董，包括家具、玩具、二手服飾、圖書等，懷舊的設計好像電影中的道具，即使不買，也可以感受古老的氛圍。

◀市集會場。

◀▲説不定會有意外收穫！

INFO
- 東京都港区赤坂 1-12-32 アーク • カラヤン広場
- 東京地下鐵南北線六本木一丁目站 3 號出口
- 每月第 4 個星期日 11:00-16:00
- www.arkhills.com/zh-CHT/akasaka-nominoichi/

▶擺賣家具的攤檔。

令六本木成為旅遊熱點 地圖 P.144、145

Roppongi Hills

Roppongi Hills 是第一座改變人們對六本木印象並引起話題的規劃。森大廈株式會社在那裏興建商場、寫字樓、美術館、展望台、住宅等設施，改造了六本木，成為熱門旅遊熱點之一。

▲ Roppongi Hills 標誌建築 Mori Tower 的正門。

◀地面的大「蜘蛛」。

◀其中一座公共藝術：巨型電子時鐘。

▲ Mori Tower 有 54 層。

INFO
- 東京都港区六本木 6-10-1
- 都營地下鐵大江戶線 3 出口及東京地下鐵日比谷線六本木站 1C 號出口 (東京地下鐵與都營地下鐵打通)
- 商店 11:00-21:00，餐廳 11:00-23:00
- www.tbs.co.jp/sacas/

以下介紹的電視台、展望台，是旅客參觀 Roppongi Hills 時較常前往的地方：

1. 叮噹嚟啦！ 朝日電視台

地圖 P.145 親子

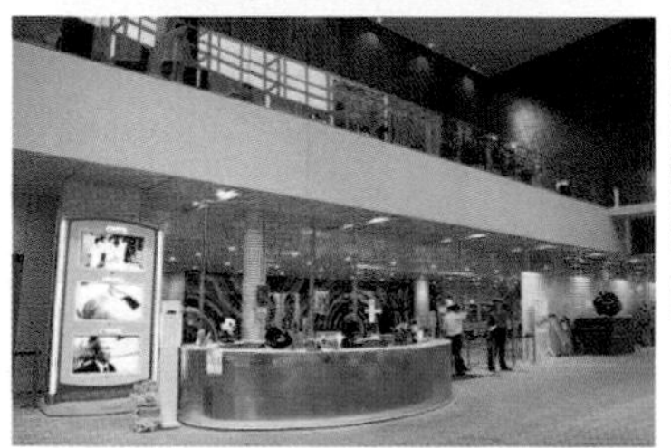

◀朝日電視台的玻璃建築。

不少人都看過朝日電視台的節目，為甚麼？因為《多啦 A 夢》的動畫，就是這家電視台的長壽節目。如果你經常看警匪片，那麼你和朝日有一定的緣份。朝日電視台的地面大堂開放予公眾，你可以看到多啦 A 夢、幪面超人及其他節目的海報及展品。

◀電視台辦公室入口。

▲電視台內有關多啦 A 夢的展品。

◀朝日電視台的吉祥物。

INFO
朝日電視台
- 東京都港区六本木 6-9-1
- 都營地下鐵大江戶線及東京地下鐵日比谷線六本木站 1C 號出口 (東京地下鐵與都營地下鐵打通)
- www.tv-asahi.co.jp/hq/

美景！六本木ヒルズ展望台 Tokyo City View

地圖 P.145

登上 Mori Tower 52 樓，在海拔 250 米高的位置觀賞東京的美景。其中，你可以看到不遠處的東京鐵塔 (P.154)，還隱約望到台場 (P.198)。由 2008 年起，開設頂樓摩天台，遊客能從 270 米高以更佳的角度欣賞東京這都市。不過，摩天台不能拍照，實在可惜，天氣稍欠佳更不開放。

▶在六本木展望台內，人們都專心看風景。

▼在展望台所見到的景象。

▶東京鐵塔。

INFO

Tokyo City View 展望台
- 10:00-23:00，最後入場時間為關閉前 30 分鐘 (星期五、六、公眾假期前一天延長至凌晨 01:00，最後入場時間為關閉前 1 小時)，摩天台 11:00-20:00(最後入場時間為 19:30)
- 成人 ￥2,000(HK$118)，65 歲以上長者 ￥1,700(HK$100)，高中生及大學生 ￥1,400(HK$82)，4 歲以上小童及中學生 ￥800(HK$47)，登上摩天台成人需加 ￥500(HK$36)，4 歲以上小童及中學生加 ￥300(HK$21)
- tcv.roppongihills.com/jp/

TIPS!

53 樓的森美術館

位於 Mori Tower 53 樓的森美術館，不定期有新展覽，展示當代藝術作品。這個藝術館開放時間比較長，所以很適合平日上班一族，下班再吃個晚飯才看也不遲。上展望台的價格是包括美術館的入場費，所以就順道看看，也許會喜歡上藝術作品呢！

INFO

森美術館
- 10:00-22:00，最後入場時間為關閉前 30 分鐘 (星期二提早至 17:00 關閉，最後入場時間為關閉前 30 分鐘)
- www.mori.art.museum/en/index.html

展館歷久常新

國立新美術館

地圖 P.144、145

國立新美術館於 2007 年開幕，建築物由著名建築師黑川紀章設計 (之前曾設計過馬來西亞吉隆坡國際機場)，室內空間十分大。建築物正面是波浪形狀，背面則是一般的方形。

這美術館沒有常設展覽，只有特設展覽。「新」是美術館的標誌，每次來參觀都有新展覽、新發現。

▲美術館建築。這座建築是黑川紀章最後的作品。

INFO

- 東京都港区六本木 7-22-2
- 都營地下鐵大江戶線 7 出口及東京地下鐵日比谷線六本木站 4a 號出口 (東京地下鐵與都營地下鐵打通)，東京地下鐵千代田線乃木坂站 6 號出口
- 10:00-18:00(展覽期間的星期五、六延長開放時間至 20:00，最後入場時間為閉館前 30 分鐘)
- 休 星期二、年尾年初
- www.nact.jp

◀室內空間十分大。

汽車闖入餐廳！

地圖 P.145

Cafe Frangipani

▲ Cafe Frangipani 以車作為標誌，點出它的最大特色！

Cafe Frangipani 裏面有一輛 20 世紀 50 至 60 年代德國製的 VW Combi 車，客人可以在車內進食，像去郊外旅行野餐般。餐單日英對照，你可以選擇意粉、咖喱飯、蛋糕或雪糕。餐廳有設計雜誌和藝術單張，也有免費 Wi-Fi，不妨先慢慢閱讀，讓胃消化好以後才離去也不遲。

◀ VW Combi 車內。

▲餐廳的德國製 VW Combi 車。

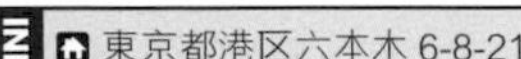

INFO

- 東京都港区六本木 6-8-21
- 都營地下鐵大江戶線及東京地下鐵日比谷線六本木站 3 號出口 (東京地下鐵與都營地下鐵打通)
- 11:30-22:30(最後下單時間為 21:30)
- tabelog.com/tokyo/A1307/A130701/13012612/

▼エスプレッソ (Espresso，¥400，HK$29)。

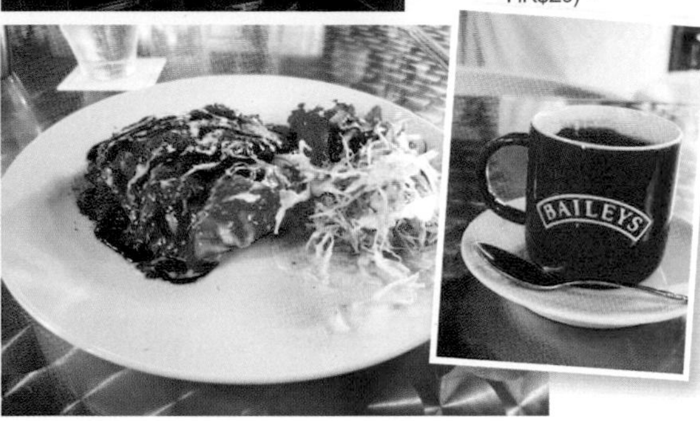

▲若鶏のチーズオムライス (Cheese omiette-rice with young chicken，雞肉蛋包炒飯，¥1,000，HK$59)。蛋包飯的蛋炒得很滑。

又甜又香的黑糖饅頭

地圖 P.145

麻布かりんと

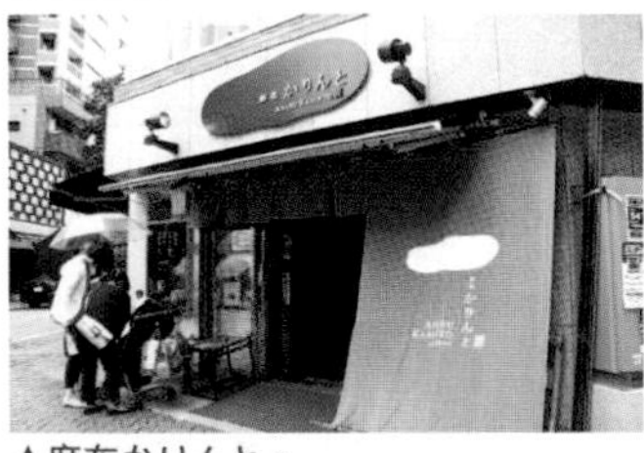

▲麻布かりんと。

在這店內，你會見到一堆像「便便」的東西，它可不是臭的，而是既香且甜的，叫「かりんと」，你可以先叫一個熱烘烘的「かりんとまん」(¥90，HK$6) 來吃，是黑糖香餡料。店家還提供多達 50 種的口味供客人選擇。

INFO

- 東京都港区麻布十番 1-7-9
- 都營地下鐵大江戶線及東京地下鐵南北線麻布十番站 4 號出口步行 5 分鐘；或都營地下鐵大江戶線及東京地下鐵日比谷線六本木站步行 15 分鐘 (東京地下鐵與都營地下鐵車站打通)
- 11:00-18:00
- 每月第 2 個星期二
- www.azabukarinto.com

▲裏面有超多餡料！

▲很大粒的「かりんとまん」(¥90，HK$6)。

歷史悠久的更科蕎麥麵

地圖 P.145

永坂更科布屋太兵衛

更科蕎麥麵的歷史可追遡至 1790 年，一位來自信州更級的旅行商人清右衛門，逗留在麻布區的保科家中時，保科建議他在當地開店，於是取「信州更級」的「更」，以及保科家的「科」，更科蕎麥麵因此誕生。這間麵店提供的配搭不少。點餐前，記得請侍應提供英文餐單。

永坂更科
布屋太兵衛

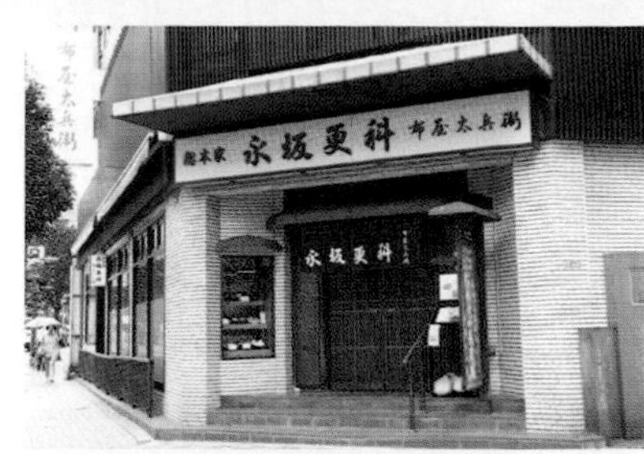

▲永坂更科布屋太兵衛的更科蕎麥麵有多年歷史。

あま汁
から汁

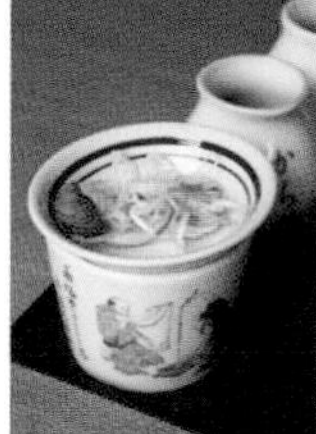

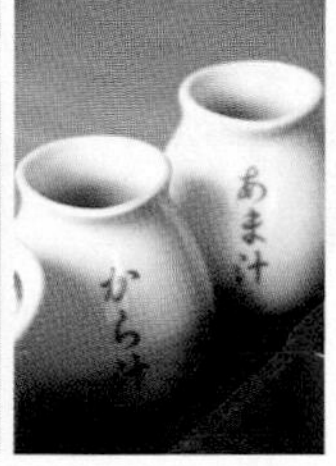

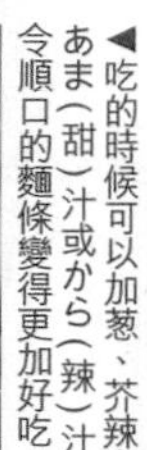

◀吃的時候可以加葱、芥辣和あま(甜)汁或から(辣)汁。令順口的麵條變得更加好吃！

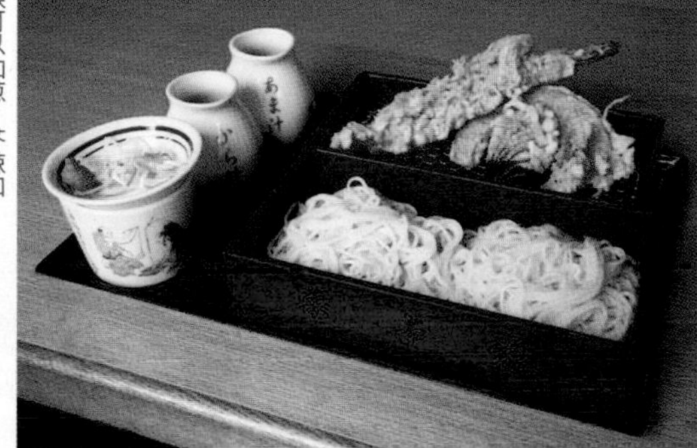

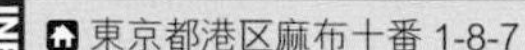

INFO

- 東京都港区麻布十番 1-8-7
- 都營地下鐵大江戶線及東京地下鐵南北線麻布十番站 4 號出口步行 5 分鐘；或都營地下鐵大江戶線及東京地下鐵日比谷線六本木站步行 15 分鐘 (東京地下鐵與都營地下鐵車站打通)
- 11:00-20:00
- www.nagasakasarasina.co.jp

▲二色天せいろ (即天婦羅蕎麥麵)，￥2,482(HK$177)。

赤坂景點地圖

圖例
景點
入口
購物
車站出口
食肆
住宿
Akasaka Sacas
東京地下鐵車站
東京地下鐵半蔵門線
東京地下鐵銀座線
東京地下鐵千代田線
東京地下鐵有樂町線
東京地下鐵丸ノ內線
東京地下鐵南北線
永田町
東京地下鐵有樂町線
赤坂見附
東京地下鐵半蔵門線
國會議事堂參觀入口
東京地下鐵南北線
眾議院第二議員會館
國會議事堂 (P.154)
東京地下鐵丸ノ內線
東京地下鐵銀座線
外堀通
The Capitol Hotel Tokyu
眾議院第一議員會館
TAKAZAWA
國會議事堂前
赤坂Blitz演唱會 (P.153)
Akasaka Sacas (P.152)
東京地下鐵千代田線
Akasaka Biz Tower (P.153)
總理大臣官邸
赤坂ACTシアター (P.153)
赤坂
溜池山王
Hotel Avanshell Akasaka
TBS放送センター (P.152)
100 米
© 跨版生活圖書出版

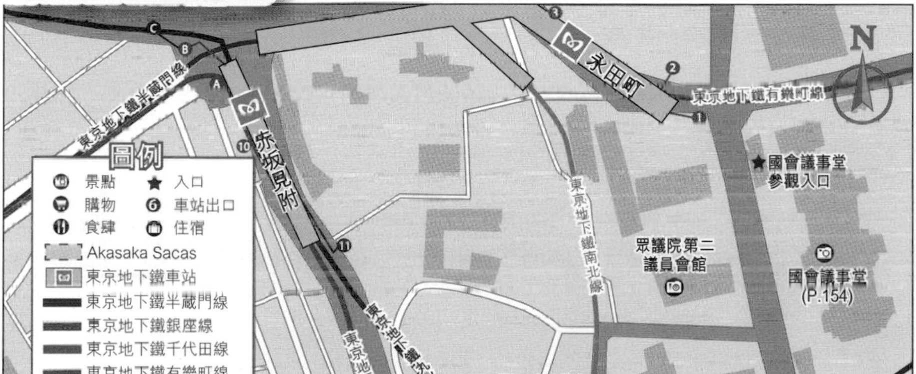

東京電視台都市規劃 Akasaka Sacas

地圖 P.151

▲東京電視台吉祥物坐在座椅上。

Akasaka Sacas 的面積約有 1800 平方米，是東京電視台 (TBS) 規劃的大型電項目，這裏除了是東京電視台總部外，還包括劇場、商廈、演唱會場地等。TBS 電視台在 Akasaka Sacas 廣場不時有節目相關的活動 (例如是 Live、競賽節目和藝人、歌手表演等)，吸引不少 TBS 粉絲到來碰碰運氣，就算沒有碰上喜歡的藝人，也可以購買到很多 TBS 電視劇的周邊呢！

◄ Akasaka Sacas 內的街道。

INFO
- 東京都港区赤坂 5-3-6
- 東京地下鐵千代田線赤坂站 3B 出口
- www.tbs.co.jp/sacas/

以下介紹 Akasaka Sacas 內的特色景點：

東京電視台總部 TBS 放送センター

地圖 P.151

電視台總部的地面大堂是開放給公眾的，裏面展示正在播放中的節目劇照及海報。電視台總部及周邊區內種有 11 個品種的櫻花，每逢 3 月下旬上百櫻花樹盛放，吸引不少遊客前來賞櫻。

▲東京電視台總部大樓。

▲在一個角落裏，還有一張大型的節目時間表，圖文並茂表達出電視台的節目豐富程度。

INFO
- www.tbs.co.jp

欣賞日本戲劇 赤坂 ACT シアター

地圖 P.151

這劇場能容納最多 1,300 名觀眾，適合音樂劇和舞台劇的演出，大部分舞台劇為日本原創，部分劇還來自西方，如 CHICAGO。觀眾可以先從網上瀏覽近來演出的節目，再於網站透過日語甚至英語售票，簡單和方便。

INFO
www.tbs.co.jp/act

▲赤坂 ACT シアター。

看日本偶像演出 赤坂 Blitz 演唱會

地圖 P.151

東京電視台更為歌手演出提供專用場地，赤坂 Blitz 於 2008 年落成，座位可以根據各演唱會的需要而拆除作為企位之用，讓逾千名觀眾可以全情投入。

INFO
www.tbs.co.jp/blitz/

▼赤坂 Blitz。

購買各國商品 Akasaka Biz Tower

地圖 P.151

都市規劃少不了商場，連地庫合共 3 層的 Biz Tower 以室內外作為購物空間，設有來自不同國家的飲食、書店、便利店等等，其中當然也包括售賣東京電視台周邊產品的 TBS Store。商場亦為這一帶提升生活機能。

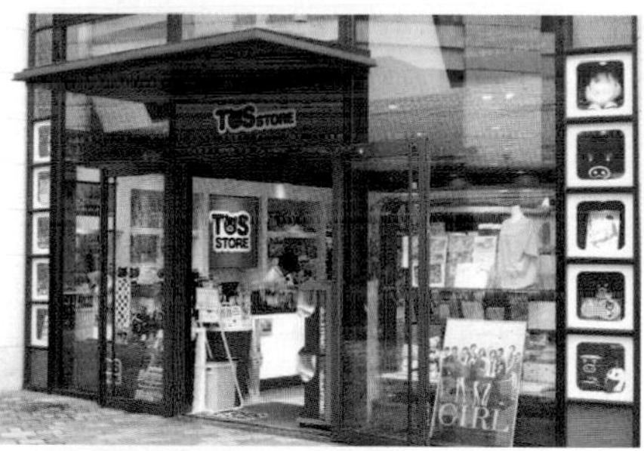

▲ TBS Store。

INFO
11:00-21:00(餐廳延至 23:30 關閉)
mitsui-shopping-park.com/urban/akasakabiztower-sd/index.html

▲ Akasaka Biz Tower 舊稱 Biz Tower Atrium。

了解議會運作

地圖 P.144、P.151

國會議事堂

▲國會議事堂的歷史悠久建築。

日本實行三權分立制度，即立法、司法和行政。其中立法權為國會，在國會議事堂內舉行會議。離開 Akasaka Sacas(P.152) 並步行 15 分鐘左右，你會看到這座 1936 年建成的西式建築，入內參觀時必須攜帶護照，填寫申請表，進行保安檢查，等候每小時 1 次的導賞團 (有懂英語的導賞員，需時 1 小時)。除了等候室和室外範圍，室內範圍一律不得攝影。

▲訪客在這裏等候導賞，是唯一可攝影的地方。

▲訪客還可以一嘗做議員的滋味，拍拍照。

INFO
- 東京都千代田区永田町 1-7-1
- 東京地下鐵千代田或丸ノ內線国会議事堂站 1 號出口步行 6 分鐘；或千代田線赤坂站 2 號出口步行 13 分鐘；或有楽町線、南北線、半蔵門線永田町站 1 號出口步行 1 至 2 分鐘
- 星期一至五 08:00-17:00(16:00 停止入場，請到參議院西通用門，你會見到有個指示牌：Tours of the House of Councillors: Entrance)
- www.sangiin.go.jp/eng/index.htm

東京象徵

地圖 P.144

東京鐵塔

必到

▲東京鐵塔的日與夜。

東京鐵塔於 1958 年建成，負責傳送無線電波。雖然日本已全面推行數碼廣播，電視訊號發射的重任交予新地標 Skytree(P.237)，但東京鐵塔對很多人來說仍然有很重要的象徵意義。東京鐵塔分為 Main Deck (150 米) 和 Top Deck (250 米)。遊客可以望到六本木 Mori Tower、彩虹橋、國會議事堂。理論上還可以望到 Skytree，但是採訪當天能見度很低，拍出來的效果不太理想。東京鐵塔近年完成重建，遊客可直上 Top Deck 俯瞰東京全景。

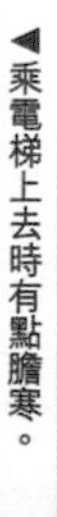
◀乘電梯上去時有點膽寒。

◀從東京鐵塔望向六本木。

▲ Main Deck 展望台。

▲這個透明地板是考驗膽量的地方。

▲在 Top Deck 展望台可以看得更遠。

▲天氣晴朗時上去可看到晴空塔。

▲ 2023 年 11 月開幕的麻布台 Hills 進駐了 teamLab。

INFO

東京鐵塔
- 東京都港区 4-2-8
- 都營地下鐵大江戶線赤羽橋站赤羽橋口出口步行 5 分鐘；或東京地下鐵日比谷線神谷町站 1 號出口步行 8 分鐘
- 09:00-22:30(最後入場時間為 22:00)
- **Main Deck：** 成人 1,200(HK$71)，高中生 1,000(HK$59)，初中、小學生 700(HK$41)，4 歲以上幼童 500 (HK$29)；**同時購買兩個展望台的門票：** 成人 3,000 (HK$176)，高中生 2,800 (HK$165)，初中、小學生 2,000 (HK$118)，4 歲以上幼童 1,400 (HK$82)
- www.tokyotower.co.jp

▲二樓有 Food Court 可醫肚。

買「東京鐵塔」回家！

遊客可在展望台，或 3 樓的 Tokyo Tower Official Shop Galaxy 購買手信。

▲或用 ¥300(HK$21) 買一支蒸餾水，然後插花。

▲便宜一點的話，不妨用 ¥500 (HK$36) 買糖果，然後保留瓶子。

▲東京鐵塔有不少模型，價格由 ¥1,800-5,500 (HK$71-250) 不等。

高空上的小吃 Cafe La Tour

逛累了可以在這家位於觀景台的咖啡店休息一下，座位很舒服，雪糕也很有特色，吃完再離開特別滿足。

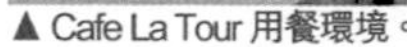

▲ Cafe La Tour 用餐環境。

▲熱狗連飲品 ¥900(HK$53)。

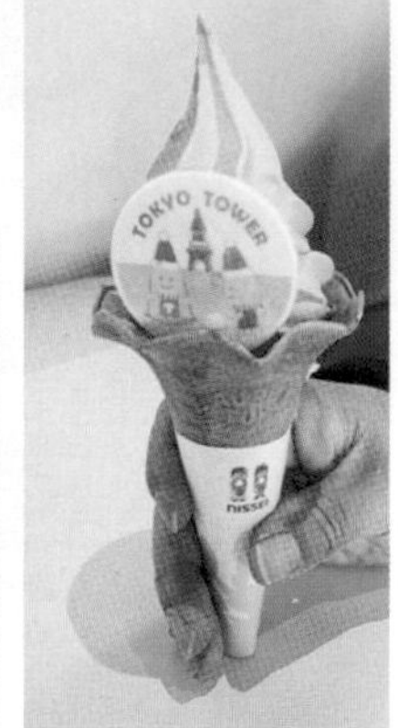

▲ Premium Tower Soft，¥550 (HK$32)，有三種口味。

INFO
東京鐵塔
- Main Deck
- 09:30~22:45
- 70-4080-9810

現代都市村

地圖 P.144

麻布台 Hills

麻布台 Hills 於 2023 年 11 月開幕，由多位著名建築師設計，整個建築群包括住宅、酒店、辦公室、商場、果園、藝廊、醫療、學校等，儼如一丘小國。當中 Tower Plaza 聚集 60 多間商店餐廳，而 Garden Plaza 則有 Azabudai Hills Gallery、集英社漫畫藝術遺產等藝術館，地下有 Azabudai Hills Market 雲集食品雜貨專賣店，而日本第一高樓森 JP Tower 的 33 樓展望台更可與東京鐵塔對望！

▲ Tower Plaza。

◀桜麻通り兩旁種植櫻花樹，將會是一個新的賞櫻景點。

▲中央廣場有奈良美智的作品《東京の森の子》。

▲富有藝術氣息的建築。

▲內裡裝潢設計也十分時尚。

INFO
- 東京都港区麻布台 1-3-1
- 東京メトロ日比谷線「神谷町駅」5 號出口直接相連
- 店鋪 11:00-20:00，餐廳 11:00-23:00，市場 10:00-20:00(營業時間因店鋪而異)
- 03-6433-8100
- www.azabudai-hills.com

（撰文：HEI，相片提供：© DBOX for Mori Building Co., Ltd. - Azabudai Hills）

品酒店 Janu TOKYO

Aman 新品牌酒店 Janu TOKYO 在 2024 年 3 月開幕，由 Jean-Michel Gathy 設計，房間既有現代歐洲的簡約，亦有日本傳統的色調，大部分房間有落地玻璃窗，可將東京鐵塔和麻布台 Hills 的中央廣場一覽無遺。

►部份房間可看到東京鐵塔。

INFO
- 麻布台 Hills Residence A
- 一人一晚約 140,000(HK$8,235) 起
- www.janu.com/janu-tokyo/ja/

(撰文：HEI，相片提供：© DBOX for Mori Building Co., Ltd. - Azabudai Hills)

邊界藝術 teamLab Borderless

teamLab Borderless 於 2024 年 2 月進駐麻布台 Hills，以「認知中的存在」為主題創作全新作品群。在無邊界空間，藝術作品會走出房間，與其他的作品互相影響，入場者可用身體去探索，與他人共同創造。另外，teamLab Sketch Factory 可以把自己畫的魚印在徽章、手巾、T 恤和手提袋等成品上帶回家。

► teamLab「泡泡宇宙：實體光，光之肥皂泡，晃動之光，環境產生的光——一筆」。© teamLab

►「森ビル デジタルアート ミュージアム：エプソン チームラボボーダレス」東京。© teamLab

▲把自己畫的魚印在徽章、手巾、T 恤和手提袋。© teamLab

INFO
- 麻布台 Hills Garden Plaza B B1
- 9:00-21:00 休 週二
- ￥4,000-￥4,800(HK$235-282)(因應日子變動)
- 03-6230-9666
- www.teamlab.art/jp/e/tokyo/

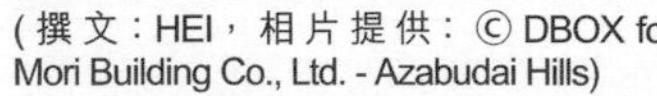

(撰文：HEI，相片提供：© DBOX for Mori Building Co., Ltd. - Azabudai Hills)

▲ teamLab「花と人 - Megalith Crystal Formation(work in progress)」。© teamLab

4.7 名店、百貨林立

銀座

銀座是東京的購物區之一，這一帶有不少名牌旗艦店、百貨公司，也有主題性質的店鋪，如資訊科技、文具、汽車、美容等。「銀座」這名字，是江戶時代因為銀幣鑄造所搬到那裏而來，及後19世紀的一場大火，銀座開始發展，不少商店設立，成為現時的著名購物區之一。

最佳遊覽天氣

銀座景點雖然在室內，但來往景點間需要利用室外的行人路，所以如果不是下雨的日子前往比較好。

建議遊覽需要時間

即使不打算購物，也可以花個半天去逛逛商店及百貨公司。如果各人的喜好不同，可以分道揚鑣，約好一個時間再集合。

前往銀座的交通

1. 東京地下鐵

- 丸ノ內線、日比谷線、銀座線到銀座站，東京地下鐵的車站最接近銀座大部分景點；
- 或乘搭有楽町線到有楽町站 D8 或 D9 出口然後步行。

2. JR

山手線或京浜東北線（往返橫浜、鎌倉大船及大宮）到有楽町站或新橋站的「銀座口」出口，並步行至銀座。

銀座景點地圖

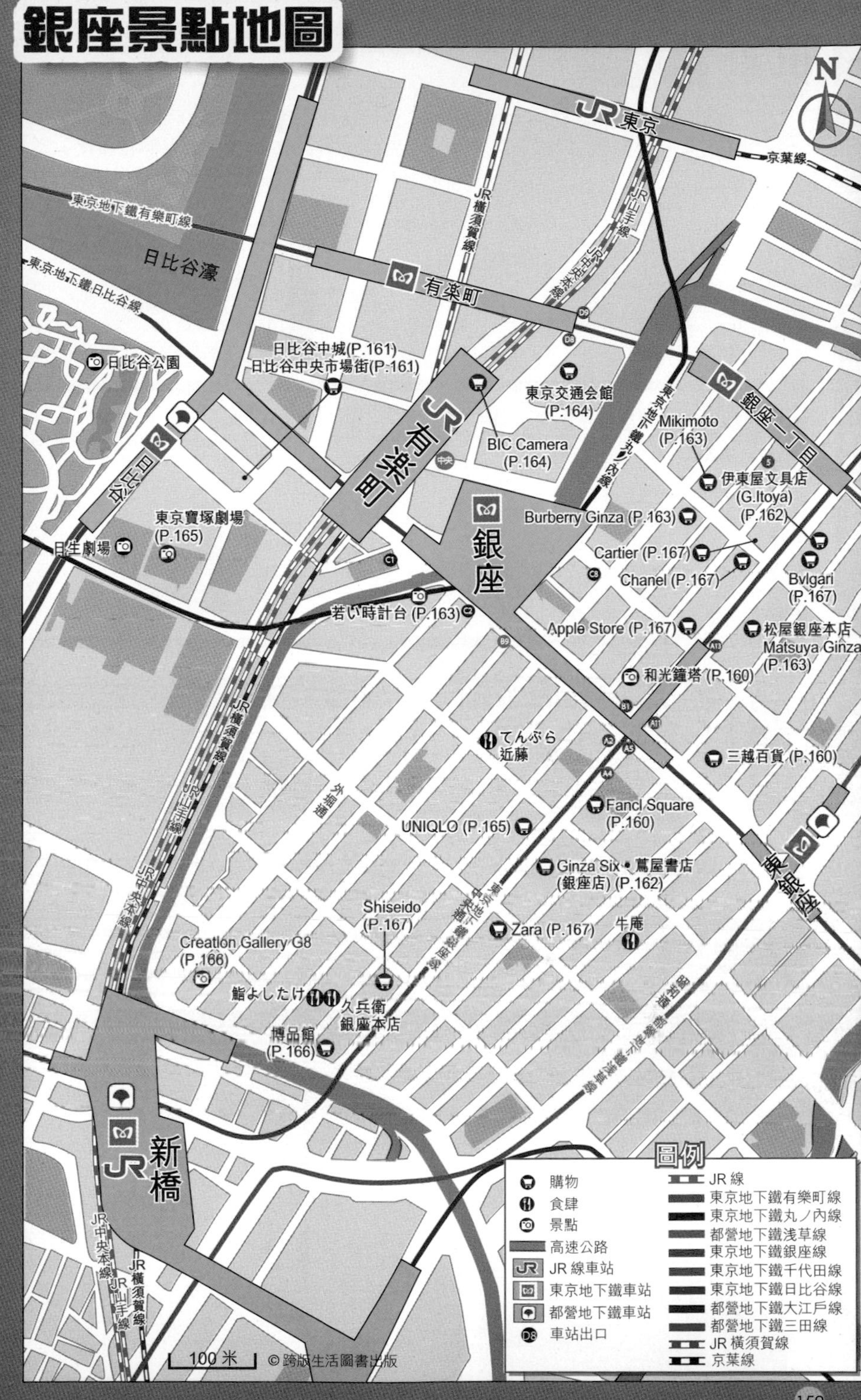

東京
京葉線
東京地下鐵有樂町線
日比谷濠
東京地下鐵日比谷線
有楽町
JR橫須賀線
JR山手線
JR中央本線
日比谷中城(P.161)
日比谷中央市場街(P.161)
日比谷公園
日比谷
東京交通会館
(P.164)
BIC Camera
(P.164)
有楽町
銀座
東京地下鐵丸ノ內線
Mikimoto
(P.163)
銀座一丁目
伊東屋文具店
(G.Itoya)
(P.162)
Burberry Ginza (P.163)
Cartier (P.167)
Chanel (P.167)
Bvlgari
(P.167)
東京寶塚劇場
(P.165)
日生劇場
若い時計台 (P.163)
Apple Store (P.167)
松屋銀座本店
Matsuya Ginza
(P.163)
和光鐘塔 (P.160)
てんぷら
近藤
三越百貨 (P.160)
外堀通
Fancl Square
(P.160)
UNIQLO (P.165)
東銀座
Ginza Six・蔦屋書店
(銀座店) (P.162)
東京地下鐵銀座線
Shiseido
(P.167)
Zara (P.167)
牛庵
Creation Gallery G8
(P.166)
鮨よしたけ
久兵衛
銀座本店
博品館
(P.166)
昭和通
都營淺草線
新橋
圖例
購物
食肆
景點
高速公路
JR 線車站
東京地下鐵車站
都營地下鐵車站
車站出口
JR 線
東京地下鐵有樂町線
東京地下鐵丸ノ內線
都營地下鐵浅草線
東京地下鐵銀座線
東京地下鐵千代田線
東京地下鐵日比谷線
都營地下鐵大江戶線
都營地下鐵三田線
JR 橫須賀線
京葉線
100 米
© 跨版生活圖書出版

銀座地標

地圖 P.159

和光鐘塔

和光鐘塔可謂銀座的標誌，建於 1932 年，採用石英鐘，每小時就會響起鐘聲。鐘塔下是和光百貨 (WAKO)，連地庫共有 6 層，售賣高貴紳士服、女士服飾、珠寶手飾、鐘錶以及室內裝飾品。鐘樓其實還可追遡至 1894 年，但最原始的鐘樓早於 1921 年被拆掉，由於 1923 年發生關東大地震，所以延至 1932 年才重建。

▲和光百貨與鐘塔。

INFO
- 東京都中央区銀座 4-5-11
- 東京地下鐵丸ノ內線、日比谷線、銀座線銀座站 B1 出口可直入和光百貨，如欲拍攝建築物外貌，請到 A5 出口
- 11:00-19:00(年尾年初休息)
- www.seiko.co.jp/seiko_house_ginza/

「借助」街上的物件說明相片位置

如想表達和光鐘塔的地理位置，你可借助附近的物件。幸運地，和光鐘塔在地下鐵出口不遠處，於是可以把車站印有「東京メトロ」和「銀座駅」的站牌，與鐘塔攝入鏡頭。

當然，不是每個地方、每個事物附近都有適用的標誌或物件，能清楚指出訊息或資訊。不過你也可以「借助」街上的路人、招牌等，與主體同時攝入鏡頭中，也許至少能提供一些線索，令看相片的人有一些思考。

◀利用附近車站站牌，就可以透過相片告訴人們銀座站附近有鐘樓這個訊息。

來旗艦店「血拼」及吃天然美食！

地圖 P.159

Fancl Square

◀ Fancl Square 門外。

女士們到日本，除了 Burberry 之外，另一個熱門店鋪就是 Fancl。因為 Fancl 在日本的價錢較香港便宜兩成左右，所以，不少 Fancl fans 到日本，必定會搜購各式 Fancl 產品。而 Fancl Square 就是 Fancl House 的旗艦店，整幢大廈共 10 層，包括餐廳和健康食堂，還有提供皮膚護理服務。

INFO
- 東京都中央区銀座 5-8-16
- 東京地下鐵丸ノ內線、日比谷線、銀座線銀座站 A3 出口步行 1 分鐘
- 11:00-20:00　休 1 月 1 日　www.fancl.jp/ginza-square/

15 層環保百貨

地圖 P.159

三越百貨

三越是日本傳統百貨公司，也在外國開設分店，例如台灣以新光三越形式出現，亦曾於香港經營。銀座三越百貨連地庫共有 15 層，9 樓設有花園，有一大片草地，顧客可以在百貨公司購買食物，然後在此進餐。

此外，花園有一部分位置用作種植農作物，百貨公司指出，他們利用廚餘，透過機器將之循環再造成肥料，十分環保。

▶銀座三越。

INFO
- 東京都中央区銀座 4-6-16
- 東京地下鐵丸ノ內線、日比谷線、銀座線銀座站 A11 出口
- 10:00-20:00(9、11、12 樓餐廳 11:00-22:00)
- www.mistore.jp/store/ginza.html

銀座文化、商業新地標

日比谷中城 (Tokyo MidTown HIBYA)

日比谷中城於 2018 年開幕，建築物的設計以曲線為主，極具時尚感。中城地庫 1 樓為美食廣場，也有藥妝、麵包和便利店；而 1 樓至 3 樓為商店，售賣生活雜貨、時裝、家居佈置等產品，應有盡有之餘也富有品味；中城外的廣場還會不時舉行電影放映會等文化活動，為東京打造了藝術、文化與商業融合的形象。

▲還有主打細味生活的雜貨店 Today's Special。

▲日比谷中城。

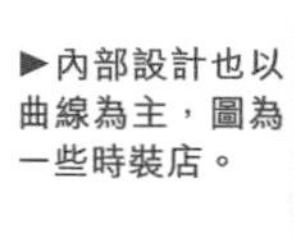
►內部設計也以曲線為主，圖為一些時裝店。

▲專賣文具和精品的名店 Smith。

INFO
- 東京都千代田区有楽町 1-1-2
- 東京地下鐵千代田線、日比谷線日比谷站出口直接連結；或東京地下鐵日比谷線、丸ノ内線及銀座線銀座站步行約 5 分鐘
- 商店 11:00-20:00，美食廣場 11:00-23:00 (個別商店時間不一)
- 03-5157-1251　www.hibiya.tokyo-midtown.com/jp

(圖文： Pak)

日比谷中央市場街

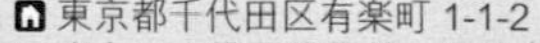

來到日比谷中城的 3 樓，會見到一條神祕的小巷。這條小巷由日本老牌書店有鄰堂打造而成，是一個以懷舊為主題的市集。市集內的店鋪極具特色，例如有售賣傳統文具的咖啡店、舊式理髮店、以閱讀為主題的時裝店，以及一個開放式的大牌檔。即使對購物沒有興趣，來感受一下懷舊的氣氛也不錯！

▲開放式大牌檔。

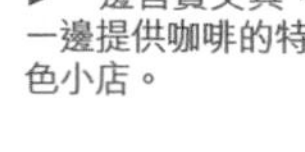
►一邊售賣文具，一邊提供咖啡的特色小店。

▲懷舊設計的理髮店。

INFO
- 日比谷中城 3F
- hibiya-central-market.jp

(圖文： Pak)

銀座最大的商場

地圖 P.159

Ginza Six • 蔦屋書店 (銀座店)

Ginza Six 於 2017 年開幕，連地庫共 18 層，設有餐廳、能樂堂、屋頂庭園商鋪 (包括時裝、生活風格及書店)，為銀座最大的商場。蔦屋書店也以 Art in Life 為主題，在這裏開設分店，提供 60,000 本藝術相關的書籍，包括一些超巨型書籍，以及與日本藝術、東京古今未來相關的書籍，還會定期舉辦藝術展覽。

▲銀座最大的商場 Ginza Six。

▲售賣不同雜貨的中川政七商店。

◀▲蔦屋書店銀座店以藝術為主題，相關藏書十分多。

◀開幕初期，商場展出了藝術家草間彌生的紅點南瓜作品。

INFO
- 東京都中央区銀座 6-10-1
- 東京地下鐵銀座線、丸ノ內線、日比谷線銀座站 B2F 出口
- 店鋪 10:30-20:30；餐廳 / 咖啡店 11:00-23:00
- ginza6.tokyo

11 層文具超級廣場

地圖 P.159

伊東屋文具店 (G.Itoya)

伊東屋是一間歷史悠久的文具店，現時旗下共有 10 多間分店。銀座本店規模是眾多店鋪中最大，每層分為不同的有趣主題，如旅遊、農場、學習等。文具品牌有知名的 Midori、Rhodia 等。另外，在 G.Itoya 後面有另一間伊東屋分店 (K.Itoya) 同樣售賣各款人氣文具。

◀伊東屋很容易辨認，門外有一個巨大的萬字夾。

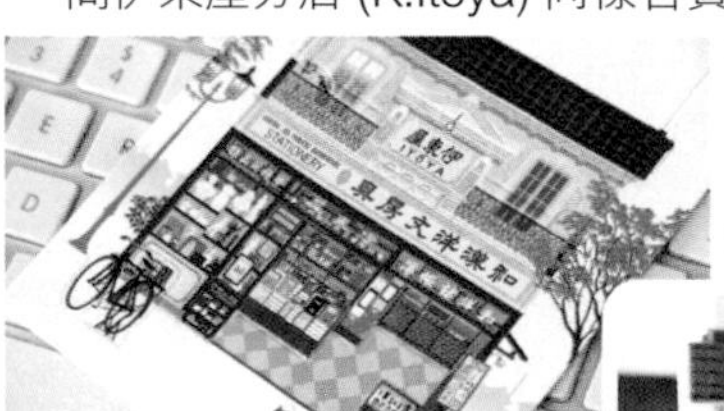

▲要看看伊東屋原貌，可以！店內有其立體明信片，¥315(HK$23) 一張，可寄給朋友。

▼依指示摺出後的伊東屋模型。

INFO
G.Itoya
- 東京都中央区銀座 2-7-15
- 東京地下鐵丸ノ內線、日比谷線、銀座線銀座站 A13 出口步行 2 分鐘或有楽町線銀座一丁目站 8 號出口步行 1 分鐘
- 星期一至六 10:00-20:00，星期日及公眾假期 10:00-19:00
- www.ito-ya.co.jp

名設計師的亮眼建築

地圖 P.159

松屋銀座本店 Matsuya Ginza

在筆者眼中，松屋百貨是全銀座最簡潔明亮的建築，連帶一塵不染的銀座，感覺這一帶的路和建築都好像是近來興建的。這座松屋於 2001 年作外部重新裝潢，2006 年更加在牆身加入 LED，晚上看起來更美！松屋除了有男女服裝、食品等貨品，還有一些美術與設計展覽，每年更會舉辦鐵路模型展，至今舉辦了超過 30 年。如要感受傳統的松屋，可到浅草分店(見 P.242)。

▲簡潔明亮的松屋，出自著名平面設計師原研哉的手筆。你不會見到大大座建築寫着「松屋」，而是日語拼音 Matsuya Ginza。

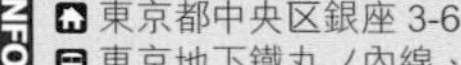

INFO
- 東京都中央区銀座 3-6-1
- 東京地下鐵丸ノ內線、日比谷線、銀座線銀座站 A12 出口
- 11:00-20:00，餐廳 11:00-22:00　www.matsuya.com

售賣珍珠

地圖 P.159

Mikimoto

Mikimoto 是一間售賣珍珠的公司，銀座的旗艦店建築由伊東豐雄設計，外牆是淺粉紅色，連地庫共有 10 層高。外形雖然是方形，但窗口形狀不規則，像寶石。

▲ Mikimoto 特別的建築。

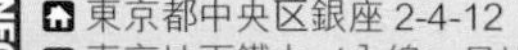

INFO
- 東京都中央区銀座 2-4-12
- 東京地下鐵丸ノ內線、日比谷線、銀座線銀座站 C8 出口
- 11:00-19:00　www.mikimoto.com/jp_jp/ginza2-store

日本首家旗艦店

地圖 P.159

Burberry Ginza

Burberry 的日本旗艦店位於博品館 (P.166) 的附近，除了售賣 London 版的時裝服飾之外，更有非常受香港女士歡迎的 Blue Label 和 Black Label 日本版。日本版集中在地下幾層，樓上則為 London 版，售價亦比香港稍貴。提提大家，購買後如超過 ￥5,000(HK$357，包税)，可出示護照辦理即場退税手續。

▲ Burberry 外及其櫥窗。

INFO
- 東京都中央区銀座 2-5-14
- 東京地下鐵丸ノ內線、日比谷線、銀座線銀座站 A13 出口步行 3 分鐘、有楽町線銀座一丁目站 5 號出口步行 2 分鐘
- 11:00-20:00　jp.burberry.com

縮小版太陽之塔

地圖 P.159

若い時計台

在銀座中央通附近的数寄屋橋公園，可以見到縮小版的太陽之塔。一般人所認識的太陽之塔，是 1970 年大阪舉行世博時的那座巨大建築物。不過，這個縮小版本其實比大阪的早 4 年前出現。為了與太陽之塔區別，這個作品稱為「若い時計台」，同由岡本太郎所設計。要了解岡本太郎的創作風格，可以到青山的岡本太郎紀念館(見 P.118)。

► 若い時計台，在筆者眼中是縮小版太陽之塔。

INFO
- 東京都中央区銀座 5-1(数寄屋橋公園內)
- 東京地下鐵丸ノ內線、日比谷線、銀座線銀座站 C2 出口

電器應有盡有

地圖 P.159

BIC Camera

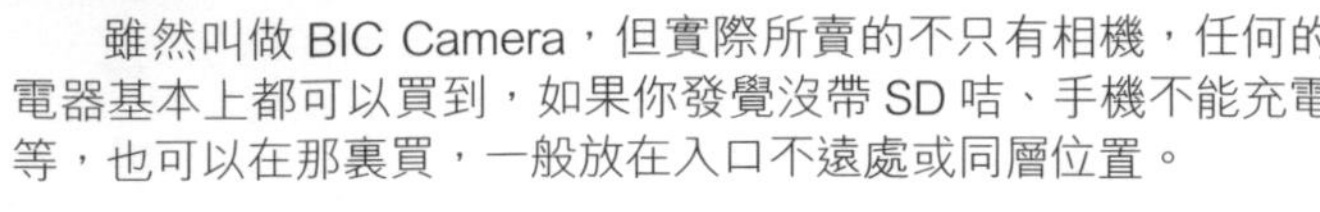

雖然叫做 BIC Camera，但實際所賣的不只有相機，任何的電器基本上都可以買到，如果你發覺沒帶 SD 咭、手機不能充電等，也可以在那裏買，一般放在入口不遠處或同層位置。

◀ Bic Camera。

INFO
- 東京都千代田区有楽町 1-11-1
- JR 山手線有楽町站 D4 出口
- 10:00-22:00
- www.biccamera.com/bc/i/shop/shoplist/shop014.jsp

買盡各地名產

地圖 P.159

東京交通会館

來到日本，一定會被各地出產的土產名物吸引。若擔心找不到土產店逛，不妨來東京交通会館。這裏是結合了辦公室和商業中心的綜合大樓，1 樓是交通会館市場，整層都是物產店，而且囊括多個縣市的土產，例如有北海道、香川縣和大阪等，適合大家來掃貨！

▲東京交通会館。

◀▲有新鮮食材。

▲館內有多間食肆。

▲會館內還有多間物產店。

▲有不同產地的土產。

▲產自和歌山的柿。

INFO
- 東京都千代田区有楽町 2-10-1
- 東京地下鐵有楽町線有楽町站 D8 出口步行約 1 分鐘；或日比谷線、丸ノ内線及銀座線銀座站 C9 出口步行約 3 分鐘
- 07:00-23:30(個別商店時間不一)
- 03-3212-2931　www.kotsukaikan.co.jp

(撰文： Pak，攝影：蘇飛)

全女班劇團 地圖 P.159

東京寶塚劇場

寶塚歌劇團由阪急集團成立，成員全是女性，即使話劇有男性的角色，都由她們來扮演，所以常有女扮男的情況。在寶塚劇場外，有機會見到擁躉們在外，等候女演員的出現。當然，人數沒大明星的多，但寶塚劇團的吸引力算是不小。

▶場外很多支持者等待偶像。

▲東京寶塚劇場。

INFO

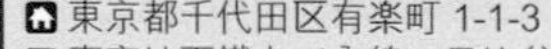

- 東京都千代田区有楽町 1-1-3
- 東京地下鐵丸ノ內線、日比谷線、銀座線銀座站 C1 出口步行 3 分鐘，或 JR 山手線有楽町站銀座口步行 4 分鐘
- 10:00-18:00(週一休息)
- kageki.hankyu.co.jp/theater/tokyo/

全世界最大分店 地圖 P.159

UNIQLO

這間 UNIQLO 為全球面積最大的分店，有 12 層這麼多，單是女裝佔了 3 層，男裝佔兩層，其餘是童裝、旗下品牌 UT、Ines de la Fressange Paris 等。員工也很多，超過 500 人。UNIQLO 考慮到外國遊客前來購物消費的語言問題，因此安排 100 名懂外語的員工，包括普通話和英文，所以在 UNIQLO 購物遇到問題時，放心向工作人員提出疑問。

▲櫥窗特寫。

▲銀座的 UNIQLO 是一座共 12 層大廈。

INFO

- 東京都中央区銀座 6-9-5
- 東京地下鐵丸ノ內線、日比谷線、銀座線銀座站 A2 出口步行約 3 分鐘
- 11:00-21:00
- www.uniqlo.com/ginza

玩具大本營
博品館

地圖 P.159

售賣日本最新玩具的博品館，總公司在明治 32 年，即 1899 年已創業。位於銀座的總店，於 1982 年正式開業，初時樓高只有 4 層，現時已擴展到 8 層。地下售賣最新玩具及精品，2 至 4 樓售賣各式各樣玩具。特別是 4 樓設有玩具醫院，專為兒童維修玩具，5 及 6 樓為餐飲樓層，7 樓是辦公室，8 樓則是博品館劇場。

▲博品館是一座大廈，可想像裏面的玩具真的不少。

▲博品館可說是玩具百貨公司。

INFO
- 東京都中央区銀座 8-8-11
- 東京地下鐵銀座線、都營地下鐵浅草線新橋站、JR 山手線新橋站銀座口步行 3 分鐘
- 11:00-20:00
- www.hakuhinkan.co.jp

免費看好設計
Creation Gallery G8

地圖 P.159

東京有一些免費的藝術、攝影及設計展覽，Creation Gallery G8 是其中一個，這個藝廊由經營求職網站、日本訂房網站 Jalan.net 的 Recruit 公司策劃，不定期更換展覽，展覽多是平面設計。

◀設計展覽就在 Creation Gallery G8 的第 1 層。

INFO
- 東京都中央区銀座 8-4-17 リクルート GINZA8 ビル 1 樓
- 東京地下鐵銀座線、都營地下鐵浅草線新橋站、JR 山手線新橋站銀座口步行 3 分鐘
- 11:00-19:00 (星期日及公眾假期休息)
- rcc.recruit.co.jp/g8/

銀座街道上的花

雖然銀座有很多名店，看也看不完，但原來銀座街上種了很多花朵，而且開得十分燦爛。每年五、六月梅雨季期間，開了不少紫陽花。提示大家，可以把街道商店及花朵攝入鏡頭，也可以對個別花朵進行特寫，請開 MACRO 微距模式。

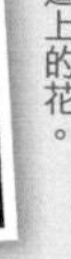

◀街道上的花。

◀盛放的紫陽花。

銀座名店一覽

地圖 P.159

Zara

INFO
- 東京都中央区銀座 7-9-19
- 10:30-21:00，星期五、六及假期前一天 10:00 - 21:00

Apple Store

INFO
- 東京都中央区銀座 8-9-7
- 10:00-21:00

Chanel

INFO
- 東京都中央区銀座 3-5-3
- 12:00-19:30

Bvlgari

INFO
- 東京都中央区銀座 2-7-12
- 12:00-20:00，星期六、日 11:00-20:00

Cartier

INFO
- 東京都中央区銀座 2-6-12
- 12:00-19:00

Shiseido

INFO
- 東京都中央区銀座 8-8-3
- 11:00-20:30

4.8「山之手銀座」神楽坂

▲神楽坂巷子內的石板小路。

神楽坂位於新宿區，在關東大地震後十分興旺，因為震災後主要區域如銀座都受到影響，所以神楽坂成為了人稱「山之手銀座」，也開了不少夜店。神楽坂還有不少老店，小部分建築沿用傳統日式風格，巷弄間的石板地是該區特色，所以有人稱那裏為「小京都」，不過極其量只是存在一些京都影子罷了。無論如何，神楽坂的步伐相對新宿、銀座的慢，你可以安排一個下午天，吃傳統日式下午茶，好好享受。

近年來，這一帶多了連鎖商店，舊商店正逐步減少，原有特色問題開始引起人們的廣泛關注。究竟神楽坂將來變成怎樣，就真的不得而知了。

● 建議遊覽需要時間

找一個下午前往，並享受下午茶吧！沿着早稻田通前行，可選擇由飯田橋或神楽坂車站為起點，然後以另一端作為終點，期間在大街裏進入小巷弄，短短的時間應該足夠。

● 前往神楽坂的交通

神楽坂就近飯田橋站、牛込神楽坂站及神楽坂站：

▶▶▶ 1. 飯田橋站：搭乘都營地下鐵大江戶線，東京地下鐵南北線、東西線及有楽町線，或 JR 中央．總武線

▶▶▶ 2. 牛込神楽坂站：搭乘都營地下鐵大江戶線

▶▶▶ 3. 神楽坂站：搭乘東京地下鐵東西線

神樂坂景點地圖

赤城神社 (P.174)
かもめブツクス (P.174)
Saryo本店 (P.173)
まかないこすめ (P.172)
飯田橋站通風塔 (P.169)
神樂坂
la Kagu (P.171)
梅花亭本店 (P.171)
兵庫橫丁 (P.172)
神樂小路 (P.170)
牛込神樂坂
善國寺 (P.171)
梅花亭分店 (P.173)
飯田橋
Canal Cafe (P.170)
Starbucks Reserve (P.171)
東京地下鐵東西線
都營地下鐵大江戶線
東京地下鐵有樂町線
目白通り
JR中央本線

圖例

景點	JR 中央本線	購物	東京地下鐵有樂町線
食肆	東京地下鐵南北線	Cafe	東京地下鐵東西線
JR 線車站	都營地下鐵大江戶線	東京地下鐵車站	兵庫橫丁
都營地下鐵車站	神樂小路		車站出口

200 米

曾獲建築大獎

地圖 P.169

飯田橋站通風塔

如果你在飯田橋站 C3 出口前進，乘電梯時會發現天花板均由綠色網狀而成，就像鐵路網連接每一個地方，也可理解為地底下的樹根，一直延伸到地面。你也會發現車站造型十分特別，像是牆身樹根或樹幹支撐着幾片巨大樹葉，其實那是通風口。車站內外均由日本著名建築師渡邊誠所設計，作品獲得日本建築會賞。

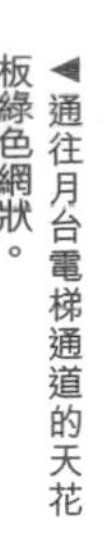
◀通往月台電梯通道的天花板綠色網狀。

INFO 都營地下鐵大江戶線飯田橋站 C3 出口

▲就近出入口的廣場。

在河邊嘆下午茶

地圖 P.169

Canal Cafe

神楽坂的位置接近河川，河邊有間 Canal Cafe，同時設有室內外範圍。天氣好的時候，你可以前來吃點下午茶，欣賞河川美景，甚至與朋友或情侶划船。

▲ Canal Cafe 入口。

►在河邊可以很寫意。

▲也可以划船。

INFO

- 東京都新宿区神楽坂 1-9
- 都營地下鐵大江戶線、東京地下鐵南北線、東西線及有楽町線飯田橋站 B2a 出口 (兩鐵路公司車站相通)；或 JR 中央線、總武線飯田橋站西口步行 4 分鐘；或都營地下鐵大江戶線牛込神楽坂 A3 出口、東京地下鐵東西線神楽坂站 1 號出口步行 7 至 9 分鐘
- 11:30-22:00(星期日及公眾假期 11:30-21:30)
- 休 不定休
- www.canalcafe.jp

江戶武士居所及花街

地圖 P.169

神楽小路

神楽坂有一些小巷，其中一條是神楽小路，短短的路就多達 30 間商店。早在江戶時代，這裏是武士居住的地方，後來成為一條花街，不少藝伎都在那裏。這條小巷道是 2007 年日劇《拜啟，父上樣》的拍攝場景之一。

▲神樂小路。

▲雖然街道看起來沒有特別，但歷史悠久。

INFO

- 入口：東京都新宿区神楽坂 1-12

享受單品咖啡風味

地圖 P.169

Starbucks Reserve

Starbucks Reserve 是 Starbucks 另一品牌，擺脱一般人認為連鎖咖啡店無法提供單品咖啡 (Single Origin) 的印象。Starbucks Reserve 的店內會有身穿黑圍裙的 Coffee Master 當值，他們擁有較高資歷，完成相關課程後獲得認證。點選咖啡後，客人可和咖啡師直接溝通，咖啡師會讓客人聞一下剛磨出來的咖啡粉，更會奉上一張咖啡豆資訊卡，簡介其地理資訊 (位置和海拔)、味道、處理方法 (水洗或日曬) 等，很有收藏價值！單品咖啡沖泡方式有兩種：Clover Coffee Machine 和 French Press，不同分店有不同處理方式，這家店則用前者。

▲ Starbucks Reserve。

►資訊卡背面寫着咖啡豆的地理資訊、味道、處理方法等，只限 Starbucks Reserve 才有的紀念品。

►此店靠近商業區，方便一眾打工仔品嚐優質咖啡。

INFO
- 東京都千代田区富士見 2-10-2 飯田橋グラン・ブルーム サクラテラス 1F
- 都營地下鐵大江戶線、東京地下鐵南北線、東西線及有楽町線飯田橋站步行 6 分鐘 (兩鐵路車站相通)；或 JR 中央線、總武線飯田橋站步行 6 分鐘
- 07:00-22:00(星期六、日及公眾假期 08:00-21:00)
- www.starbucks.co.jp/store/search/detail.php?id=1225

▲店內環境舒適，牆上還畫着咖啡豆原產地地圖。

►咖啡豆以水洗形式處理的 Peru Amazons(¥550，HK$39)，旁邊的咖啡豆資訊卡很精美！

感受法國慢活氛圍

地圖 P.169

la kagu

「la kagu」是法文，即「The Kagurazaka(神樂坂)」，看來它有意成為神樂坂區內的地標或人們對神樂坂的第一印象。為甚麼以法語命名？原來與過去有不少法國機構進駐該區有關。店原本是一棟倉庫，之後由日本名建築師隈研吾所屬的事務所設計改建，利用甲板作延伸，拉近地標與街道，在此逛逛可感受到神樂坂一帶的慢活氛圍。la kagu 以「衣食住＋知」為概念，所出售的生活雜貨和家具都是由店員嚴格挑選，另還有食堂，提供各種日式料理。

INFO
- 東京都新宿区矢来町 67
- 東京地下鐵東西線神楽坂站 2 號出口
- 商店 11:00-20:00；餐廳 11:00-20:00(最後點餐時間 19:30)
- www.akomoya.jp/shop/default.aspx

▲建築外的甲板階梯。

神楽坂重要寺院

地圖 P.169

善國寺

善國寺於 1595 年創立，有超過 400 年的歷史，供奉毘沙門天。作為重要的信仰中心，講述神楽坂一帶的日劇《拝啟，父上様》經常在這裏取景。

INFO
- 東京都新宿区神楽坂 5-36
- 都營地下鐵大江戶線、東京地下鐵南北線、東西線及有楽町線飯田橋站 B3 出口步行約 4 分鐘 (兩鐵路車站相通)；或 JR 中央線、總武線飯田橋站西口步行 8 分鐘；或都營地下鐵大江戶線牛込神楽坂 A3 出口、東京地下鐵東西線神楽坂站 1 號出口步行 3 至 5 分鐘
- www.kagurazaka-bishamonten.com

▲善國寺。

新垣結衣廣告拍攝場景

兵庫橫丁

地圖 P.163

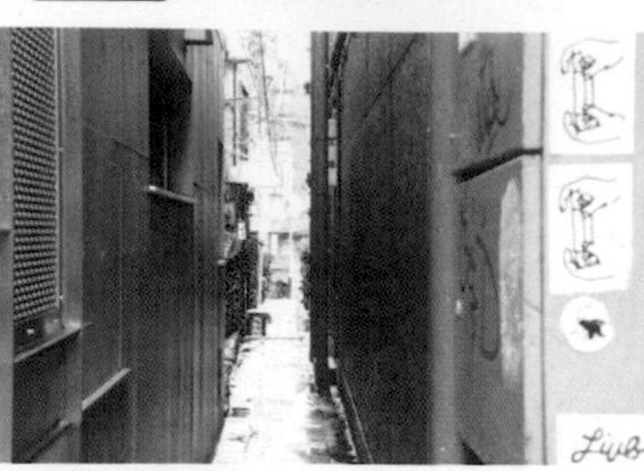

▲從早稻田通進入兵庫橫丁，是一條闊度只能容納一個人的巷弄。

▶一直走，就見到新垣結衣拍攝地下鐵廣告的和可菜旅館，筆者特意像廣告近一點拍攝，可惜巷弄一個人影也沒有，始終差了點什麼。

家人、老師可能經常教導小孩子，別走進小巷，因為很危險！不過，小巷弄是神樂坂的遊覽重點，不遊不可。兵庫橫丁就在善國寺 (P.171) 對面，它可能是整個神樂坂最窄的巷弄，闊度只能容納一個人。不過一直走，道路會變得闊起來，走到旅館「和可菜」，是 2009 年新垣結衣為東京地下鐵拍攝廣告推介沿線精彩景點時，其中一個取景的角落。「和可菜」是 1954 年創業的傳統日式旅館。

在巷弄拍攝

在人煙稀少的巷弄，把路過的人攝入鏡頭是一個點綴，但相片中的人物只佔一個很小的部分。

巷弄間一帶有不少居所，私隱度很高，有些人可能是居民，當發現他們時，只能見到背影，於是把這個情景捕捉。在外面看來，巷弄是神秘的，走進巷弄，怎樣都找不到答案，但巷弄也是安全的。

INFO

都營地下鐵大江戶線、東京地下鐵南北線、東西線及有楽町線飯田橋站 B3 出口步行約 4 分鐘 (兩鐵路車站相通)；或 JR 中央線、總武線飯田橋站西口步行 8 分鐘；或都營地下鐵大江戶線牛込神楽坂 A3 出口、東京地下鐵東西線神楽坂站 1 號出口步行 3 至 5 分鐘

女士天然護膚品

まかないこすめ

地圖 P.169

▶まかないこすめ的兔子商標。

百多年前，一群在金箔店工作的女士成立了這個品牌，以兔子作為商標，研發及生產護膚品，應付高溫及乾燥的工作環境所帶來的皮膚問題，產品成份天然。產品包括洗臉或洗手乳、化妝水等，部分加入綠茶、蜂蜜、竹炭等味道和元素。店內還有出售和菓子如餡餅，內有豐富餡料，提供抹茶和黑豆味選擇，包裝簡約而精美。

▶店鋪裝潢採傳統日式風格。

▲除了女士護膚品，還有餡餅，如「エレガントな最中」。

INFO

東京都新宿区神楽坂 3-1

都營地下鐵大江戶線、東京地下鐵南北線、東西線及有楽町線飯田橋站 B4b 出口步行約 2 分鐘 (兩鐵路公司車站相通)；或 JR 中央線、總武線飯田橋站西口步行 6 分鐘；或都營地下鐵大江戶線牛込神楽坂 A3 出口、東京地下鐵東西線神楽坂站 1 號出口步行 8 分鐘

10:30-20:00 (星期日及公眾假期 11:00-19:00)

makanaibeauty.jp

魚形餡餅

地圖 P.169

梅花亭

梅花亭在飯田橋站及神楽坂站附近分別設店，品牌至今已有超過 70 年的歷史。最地道的菓子為「鮎の天ぷら最中」，紅色包裝的是北海道紅豆所製的黑餡味，而黃色的為手芒與大福製成的白豆餡。筆者所選的黑餡味，甜度適中。

▶就近飯田橋站的梅花亭商店。

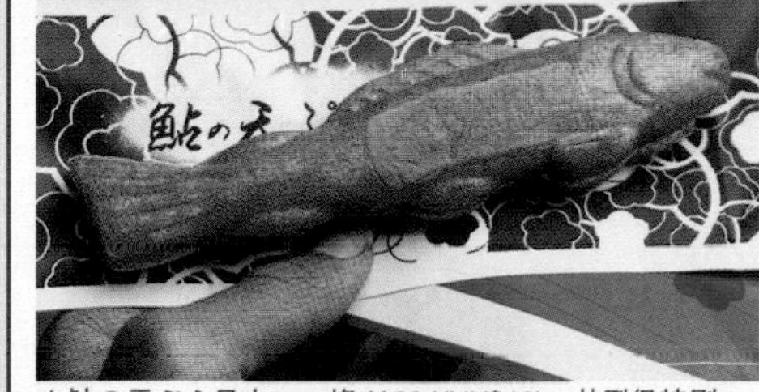

▲鮎の天ぷら最中，一條 ¥324(HK$19)。外型很特別。

INFO

本店

- 東京都新宿区神楽坂 6-15
- 都營地下鐵大江戶線、東京地下鐵南北線、東西線及有楽町線飯田橋站 B3 出口步行約 7 分鐘(兩鐵路公司車站打通)；或 JR 中央線、總武線飯田橋站西口步行 9 分鐘；或都營地下鐵大江戶線牛込神楽坂 A3 出口、東京地下鐵東西線神楽坂站 1a 號出口步行 3 分鐘
- 10:00 - 19:00

分店

- 東京都新宿区神楽坂 2-6
- 都營地下鐵大江戶線、東京地下鐵南北線、東西線及有楽町線飯田橋站 B3 出口步行約 1 分鐘(兩鐵路公司車站相通)；或 JR 中央線、總武線飯田橋站西口步行約 5 分鐘；或都營地下鐵大江戶線牛込神楽坂 A3 出口、東京地下鐵東西線神楽坂站 1 號出口步行 8 分鐘
- 10:00-19:00　www.baikatei.co.jp

溫暖的日本五穀雞粥

地圖 P.169

Saryo 本店

在小巷弄的一個角落裏，有一間充滿暖意的茶房，尤其在刮大風下大雨的時候。Saryo 茶寮有暖和的燈光、木啡色的座椅和桌子，氣氛對比外面的大雨平靜很多。在那個時候，感到身處屋簷下是種幸福。就叫一個五穀粥吧。侍應表示可以試試「塩麹」，在日本很流行，可代替一般食鹽，而且具健康及美容功效，例如抗老、減壓、整腸及紓緩疲勞。想健康或覺得粥味道太淡的可以一試。

▶推介的五穀雞粥，¥760(HK$54)。粥內有三塊雞片和豆腐。可能因為食材本身不油膩，或是分開烹調，有別於在香港吃到的雞粥般把白粥、雞味和油混在一起，所以筆者仍能嘗到新鮮白粥的味道！

◀餐廳的暖意氛圍。

◀具美容健康功效也可代替一般食鹽的塩麹(即是鹽和穀物發酵而成的調味料)。

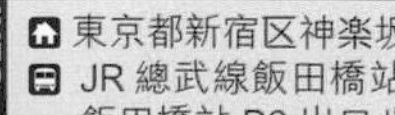

INFO

- 東京都新宿区神楽坂 3-1
- JR 總武線飯田橋站西口步行 5 分鐘，地鐵飯田橋站 B3 出口步行 5 分鐘，地鐵都營大江戶線牛込神樂坂站 A3 出口步行 7 分鐘，地鐵東西線神樂坂站 1 號出口步行 10 分鐘
- 11:30-22:00　休 不定休　www.saryo.jp

書與咖啡的組合

地圖 P.169

かもめブツクス

在 la kagu 附近有一間細小的書店，麻雀雖小、五臟俱全。かもめブツクス內有書店、咖啡店和細小的畫廊，所有區域沒有明顯的界線區分。靠近門口的咖啡店來自京都的 Weekenders Coffee，當陽光照進店內，邊嘆咖啡邊看書，非常愜意舒服。

▲かもめブツクス是一家結合書店、咖啡店和畫廊的小店。

◀在店內可用舊書換舊書，懂日語的朋友不妨挑一本帶回家吧！

▲咖啡店旁邊就是書店。

▲吐司和布甸套餐 (￥800，HK$56)，右邊的熱 Latte (￥500，HK$35) 也不錯。

INFO
- 東京都新宿区矢来町 123 第一矢来ビル 1F
- 東京地下鐵東西線神楽坂站 2 號出口
- 11:00-20:00　休 星期三
- kamomebooks.jp

富現代感的神社

地圖 P.169

赤城神社

按道理，赤城神社應比善國寺 (P.171) 歷史悠久，但建築仍很簇新，全因為 2010 年才完成重建。雖然仍沿日式風格，但是感覺卻不像善國寺甚至其他有百多年歷史的建築，赤城神社在傳統風格中夾着現代化，尤其是地板。

▲神社內的鳥居。

INFO
- 東京都新宿区赤城元町 1-10
- 都營地下鐵大江戶線、東京地下鐵南北線、東西線及有楽町線飯田橋站 B3 出口步行約 10 分鐘 (兩鐵路車站相通)；或 JR 中央線、總武線飯田橋站西口步行 13 分鐘；或都營地下鐵大江戶線牛込神楽坂 A3 出口；或東京地下鐵東西線神楽坂站 1 號出口步行 2 至 4 分鐘
- www.akagi-jinja.jp

▲神社雖然還是採用傳統風格，但因為材質不同，看起來具現代感。

4.9 重要交通交匯處

東京站

東京站是重要的交通交匯處，不少鐵路都會經過此地，也是轉車到近郊及其他城市的重要車站。同時也是商業、購物、政治中心，很多白領人士在這裏上班、逛街，天皇住在附近的皇居。也許你是其中一個在這個站轉車的人，不妨順道在車站附近走走，你會發現東京站不只是一個車站這麼簡單。

下雨也適合遊覽嗎？

大部分景點都處於室內，且有地下通道接駁，小部分地方(如皇居、明治生命館)除外。所以遇到下大雨，則可以選擇逛這一帶。

建議遊覽需要時間

如果只在 JR 東京站一帶，預留半天左右的時間便可以，參觀皇居須額外預留半天的時間。

前往東京站的交通

1. JR 東京站：山手線、中央及總武線、橫須賀線、京葉線、新幹線

2. 東京地下鐵東京站：丸ノ內線

備註：JR 車站及東京地下鐵車站之間有通道相連，不用日曬雨淋。

最大規模站內商場 GRANSTA

地圖 P.178

東京車站經過大整修，於 2020 年 8 月開幕了 JR 東日本最大規模的車站內商業設施 GRANSTA，內有 150 多家店，成為車站迷宮的另一部分。GRANSTA 有 60 多家餐廳，及大量的買手信名店，把這些店一一逛過可能沒這麼多時間，但你一定有時間買個便當回酒店吃，這也是遊客的指定動作之一。

◀▲ GRANSTA 由「GRANSTA Tokyo」、「GRANSTA 丸之內」和「GRANSTA 八重北」3 個區域組成。

▲羽田市場是迴轉壽司連鎖店，在東京有多家分店，以超快速運送新鮮海鮮到店馳名。

▲► TOKYO!!! (TOKYO3) 精品雜貨店的手信很有特色。

▲ COCORIS 是榛果甜點專賣店，常見到排隊人龍。

美味大匯集 Gransta Tokyo 便當博覽

在東京站內地下一樓，GRANSTA 齊集了來自日本各地的特色便當在同一個舖位內，方便大家選購。這裡的便當普遍價格實惠，買回酒店享受很適合，吸引了大量的遊客和本地人。

▲入口在這裡。

▲柿葉壽司是奈良的名物。

▲單是近出口的這家 eashion 熟食店已有很多選擇。

▲愛知縣的鰻魚便當，¥1,080 (HK$64)。

▲季節限定的紅楚蟹肉便當，¥1,100(HK$65)。

INFO
- 東京站內 B1 樓
- 星期一至六 8:00~22:00，星期日及假期 8:00~21:00
- www.gransta.jp

但馬牛 美方 Mikata

但馬是日本兵庫縣北部的名稱，但馬牛是黑毛和牛的一種。Mikata 是日式燒肉店，若只是吃個午餐的話，也可以試試很多顧客都會點的和牛漢堡套餐，味道不太濃，配以柚子汁，是容易入口的選擇。

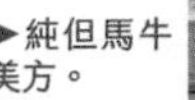
▶純但馬牛美方。

▶柚子時菜漢堡牛扒定食，¥2,450 (HK$144)。

▲濃厚白湯牛吸椀定食，¥1,950 (HK$115)。

INFO
- 東京站內 B1 樓
- 星期一至六 10:00~22:30，星期日及假期 10:00~21:30
- 03-6269-9908　mikatatokyo.jp

(圖文：蘇飛)

華麗登場！東京中城八重洲

地圖 P.178

東京ミッドタウン八重洲

東京矚目的新地標東京中城八重洲於 2023 年開幕，設計融合傳統與現代，1 至 3 樓購物商城匯集 57 家品牌商店，4 至 38 樓是商務及辦公樓層，40 至 45 樓是首次進軍日本的寶格麗飯店。另外，2 樓的「Yaesu Public」是如東京小巷的立食式美食區，更有知名拉麵店限定開業的「POPUP 拉麵」，充滿日本飲食文化。

▲地下 2 樓是巴士轉運站，地下 1 樓則直通東京車站，交通十分方便，遊客可寄放行李後盡情購物。

▲東京全新地標。

▲日本立食壽司店根室花まる。

INFO
- 東京都中央区八重洲二丁目 2 番 1 号
- JR 東京站經八重洲地下街連接
- B1F 10:00 ~ 21:00，1F ~ 3F 11:00 ~ 21:00，4F‧5F 9:00 ~ 22:00
- 03-6225-2234(11:00 ~ 19:00)
- www.yaesu.tokyo-midtown.com

(撰文：HEI，攝影：蘇飛)

▲商場內有多間著名品牌。

東京站景點地圖

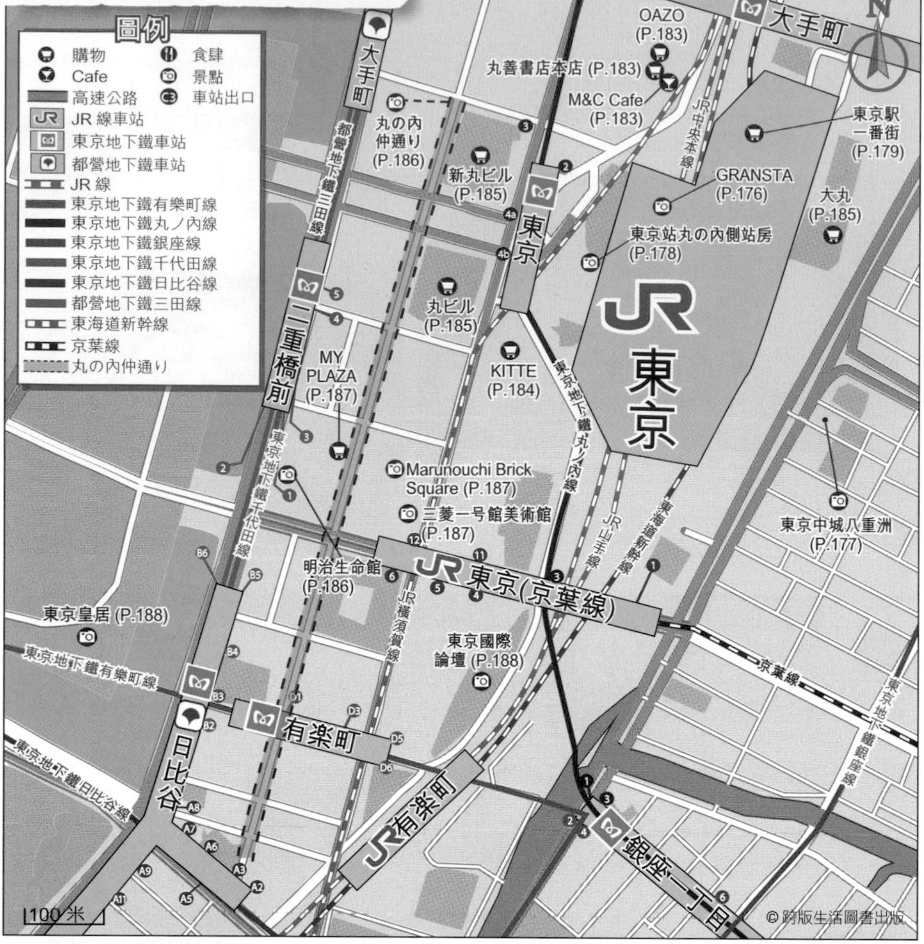

圖例
- 購物
- 食肆
- Cafe
- 景點
- 高速公路
- 車站出口
- JR 線車站
- 東京地下鐵車站
- 都營地下鐵車站
- JR 線
- 東京地下鐵有樂町線
- 東京地下鐵丸ノ內線
- 東京地下鐵銀座線
- 東京地下鐵千代田線
- 東京地下鐵日比谷線
- 都營地下鐵三田線
- 東海道新幹線
- 京葉線
- 丸の內仲通り

OAZO (P.183)
丸善書店本店 (P.183)
M&C Cafe (P.183)
東京駅一番街 (P.179)
GRANSTA (P.176)
大丸 (P.185)
東京站丸の內側站房 (P.178)
丸の內仲通り (P.186)
新丸ビル (P.185)
丸ビル (P.185)
MY PLAZA (P.187)
KITTE (P.184)
Marunouchi Brick Square (P.187)
三菱一号館美術館 (P.187)
明治生命館 (P.186)
東京中城八重洲 (P.177)
東京皇居 (P.188)
東京國際論壇 (P.188)
大手町
二重橋前
日比谷
有楽町
東京
東京(京葉線)
銀座一丁目
100 米

歷史建築 地圖 P.178

東京站丸の內側站房

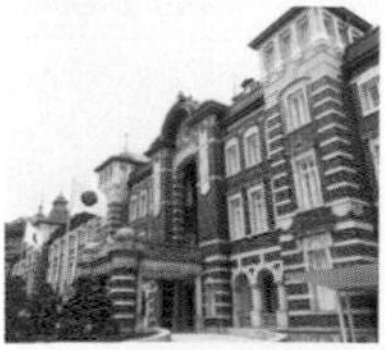

◀▲ 復修工程在 2012 年完工，建築物由 2 層變成 3 層。

► 站內的出入閘口及等候區，樓底挑高，很氣派！

在 1914 年興建的丸の內側站房，曾於第二次世界大戰遭到損毀。可是戰後資源匱乏，這建築只能作簡單修復，由 3 層改為 2 層，外貌亦不復當年。之後，日本政府決定再重修，回復最初樣貌 (其中變回 3 層)，並加入酒店及車站設施，於 2012 年底完成。現在，東京站由丸の內側站房外擴展至地底、八重洲一帶，月台亦因為新鐵路的建成而增至超過 20 個。

INFO
前往東京站的交通方法詳見 P.177

從地底挖出寶藏

東京駅一番街

東京站有一個很大的地下街(不，稱之為地下商場較恰當)，這個地下街不是一般百貨公司或商場，主要售賣零食、玩具或動漫周邊商品，還有主題拉麵街。不妨花半天走走，買自己和家人摯愛的商品作為伴手禮吧！

INFO
- 東京站內
- JR 東京站或東京地下鐵丸ノ內線東京站
- www.tokyoeki-1bangai.co.jp

1. 零食集中營 東京おかしランド

這裏主要有「Calbee+」、「ぐりこ・や Kitchen」和「森永のおかしなおかし屋さん」3 間零食店。

▶東京おかしランド。

INFO
- 09:00-21:00
- www.tokyoeki-1bangai.co.jp/street/okashi

Calbee+

香港稱「卡樂 B」的零食店。

▲ 使用沖繩石垣島的鹽和海水而製的 SUPERBIG 薯片，¥630(HK$45) 一包，可與同事分享。

▲薯片 ¥190-370 (HK$14-26) 不等，公仔為 ¥3,675 (HK$263)。

◀ Calbee+ 外的公仔十分巨大，有錢都不能買！

森永のおかしなおかし屋さん

未必為日本海外所熟悉，但在香港零食店有發售旗下的產品，筆者較有印象的是傳統復古包裝的沖繩黑糖。

▲ 店前的啄木鳥。

▲ 不同味道的夾心朱古力 5 盒共 ¥350(HK$25)。

▲東京キャラクターストリート外的櫥窗。

卡通人物世界 東京キャラクターストリート

有 33 間店，主要售賣卡通人物相關手信或玩具，最為人熟悉的包括 LEGO、SNOOPY、TOMICA、ONE PIECE，日本 4 大電視台的卡通人物都有進駐啊。

INFO
10:00-20:30
www.tokyoeki-1bangai.co.jp/street/character

SNOOPY TOWN

▲店面。

▼Skytree 版 Belle 恤衫，¥2,625 (HK$188)。

TOMICA SHOP

在日本購買 TOMICA 汽車雖然較香港貴，一輛車售 ¥378(HK$27)，但每款車貨源充足，找到想要車子的機會比較高。

▲ 店面。

▲ 東京 TOMICA 專門店有一個特別的地方，就是可以夾車仔。

其他商店

◀富士電視台的店面。

▼ 朝日電視台 TBS Store。

▲ 有賣 ONE PIECE 產品的 JUMP SHOP。

▲ Rilakkuma Store。

▲鹹蛋超人專門店。

3. 拉麵街 東京ラーメンストリート

拉麵是日本重要美食和文化之一，也隨時代變遷誕生無數種拉麵。拉麵街一共引入了 8 間拉麵店，種類包括つけ麵、醬油拉麵等。

▲東京ラーメンストリート。

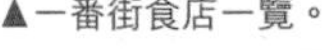
▲一番街食店一覽。

▲味噌拉麵專門店「辻田 味噌之章」。

▲人氣拉麵店「斑鳩」午餐時分要等。

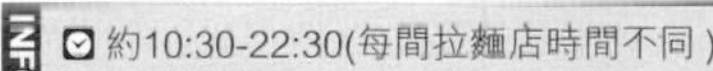
▲拉麵街裡的店家都要顧客先買食券再排隊。

▲鹽味拉麵「ひるがお」。

INFO
- 約10:30-22:30(每間拉麵店時間不同)
- www.tokyoeki-1bangai.co.jp/street/ramen

4. 手信中心 東京みやげセンター

如果你從東京站離開，乘坐 Narita Express 往成田機場，但又發覺有手信要買，可以前往這間 Gift Center，購買食物甚至 Skytree的手信。

◀裏面有個 Skytree 專櫃，圖上是バウムクーヘン(年輪蛋糕)，一個¥1,050(HK$75)；中間是かんたんめん媽咪麵，¥250 (HK$18)；最下面是 Skytree Cheese Crepe Roll，12條共¥680(HK$49)。

INFO
- 09:00-21:00(全年無休)

▲東京みやげセンター舊店面。

日本橋高島屋 S.C.

日本橋高島屋本館早於 1933 年創立，是首座獲認定為國家重要文化財的百貨公司。2018 年，高島屋於本館旁邊全新打造了一座 7 層高的新館，結合原有的本館、東館和 Watch Maison，合稱高島屋 S.C.。此後，新館及其與本館之間的步行空間 Galleria 便進駐了多達 115 間店鋪，類型包括時裝、雜貨和餐飲等，是體驗時尚生活的新基地。

◀日本橋高島屋 S.C. 新館。

◀還有著名麵包店 Rituel。

◀位於新館 1 樓的日本市，專賣日本各地的手信。

◀ Galleria 兩旁設有不少店鋪，也有行人天橋連接新館與本館。

INFO
- 東京都中央区日本橋 2-5-1　03-3211-4111
- 東京地下鐵銀座線或東西線相連、都營地下鐵淺草線日本橋站 B2 出口步行約 3 分鐘
- 新館 10:30-20:00，本館 10:30-19:30，東館 10:30-21:00 (個別商店時間不一)
- www.takashimaya.co.jp/nihombashi/

(圖文： Pak)

寵物小精靈迷必到 Pokemon Center Tokyo DX & Pokemon Café

人氣

位於高島屋東館的 Pokemon Café 是全世界第一間常設寵物小精靈 café，提供的餐飲都依照各種小精靈的造型設計，店員還會帶着一隻由人裝扮而成的比卡超跳舞，逗得場內的顧客都大叫 Kawaii，氣氛十分熱鬧。Café 外的 Pokemon Center Tokyo DX 則售賣各種限定的周邊商品，還有寵物小精靈圖鑑和遊戲機等設施，一眾粉絲絕對不能錯過！**注意，café 採用預約制，有興趣的旅客必須先於官網預約才可進店內用餐。**

◀店員會帶比卡超出來陪伴顧客用餐。

◀比卡超甜咖喱飯 (¥1,480，HK$106) 及耿鬼沙冰 (¥800，HK$57)。

▲ Café 內放了不少寵物小精靈的擺設。

▲ Pokemon Center Tokyo DX 有很多限定的小精靈玩偶。

TIPS!

凡點一杯飲品，就會收到一張紙，把紙放在桌上，店員稍後就會來到你的座位，拿着平板電腦讓你玩抽獎遊戲，能抽到各種小精靈杯墊。

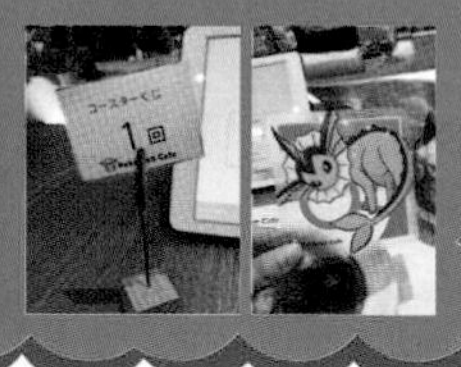

INFO
- 日本橋高島屋 S.C. 東館 5F
- 10:30-22:00(Café 需預約用餐，時間限時 90 分鐘)
- 03-6262-3439
- www.pokemoncenter-online.com/cafe/tw/

(圖文： Pak)

多功能大樓

OAZO

地圖 P.178

就近東京站的 OAZO 是一座綜合大樓，低層為商場，高層為辦公室。這裏主要介紹丸善書店，以及吃咖喱飯的 M&C Cafe。

▲ OAZO。

INFO
- 東京都千代田区丸の内 1-6-4
- 東京地下鐵丸の內線東京站相連
- 約 10:00-21:00，個別商店時間不一
- www.marunouchi.com/building/oazo/

1. 全日本最大書店　丸善書店本店

地圖 P.178

丸善書店本店設在 OAZO 這間商場內，是全日本最大的書店，已有 140 多年歷史，由早矢仕有的創立，他也同時設立咖喱餐廳 (詳見下文)。書店共有 4 層：1 樓為商業書籍；2 樓為雜誌、文學書本；3 樓為一般、專門書籍；4 樓為英文書及文具。每層有一半的空間都是這間書店。

▲丸善書店。

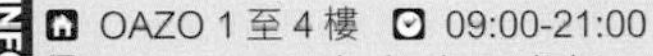

INFO
- OAZO 1 至 4 樓　09:00-21:00
- www.maruzenjunkudo.co.jp/maruzen/top.html

2. 書香旁的咖喱香　M&C Cafe

地圖 P.178

4 樓的丸善書店除了有書香，還有飯香和咖喱香。M&C Cafe 是百年老店，以日式咖喱飯為主。顧客主要是白領人士及銀髮族。咖喱牛肉飯的牛肉雖然不多，但有很多咖喱汁，很香甜，每粒飯也能與咖喱汁拌勻，不算很辣和很鹹。餐單附有英文版，還有主要餸菜附圖，所以不怕點菜問題。你可以先在書店買一本心愛的書，帶到咖喱飯店，同時享受書香和咖喱香吧！

► 牛肉咖喱飯 (早矢仕ライス) 連沙律，¥1,720(HK$101)。日文名稱採用了丸善創辦人「早矢仕有的」的名字而成。

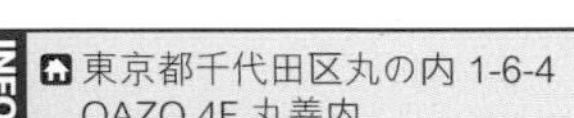

INFO
- 東京都千代田区丸の内 1-6-4 OAZO 4F 丸善内
- 09:00-21:00
- 野菜咖喱 (彩り野菜カレー，¥1,580，HK$93)、蛋包咖喱飯 (早矢仕オムライス，¥1,580，HK$93)
- clea.co.jp/shop/mc-cafe

▲ M&C Cafe 採用白色和啡色的簡約風格，貼近咖喱顏色之餘，又能代表高貴的風格。每張桌旁都放了一個籃子供客人放手袋，實在貼心。

▲餐廳有 4 個窗口位，單獨前來的，可以觀賞外面風景。

郵局升級變設計商場！ 地圖 P.178

KITTE

「KITTE」乃是日語「郵票」的發音，商場本為中央郵局，其後在原有建築上加以整修，擴建成為集郵政、商店、食肆、辦公室於一身的綜合商廈，為建築物賦予新的生命和引入更多功能。商場兼具傳統及時尚風格，且講究設計品味，店鋪包括中川政七商店、Muji to Go、書店 Reading Style、文具店 Angers、木製品店 Hacoa 等。如果要掌握日本的傳統文化和現代趨勢，相信 KITTE 是東京其中一個切入點。

▲ KITTE 的 1 至 5 樓原為歷史悠久的中央郵局。

▲商場內一側保留郵局風格，另一側則是全新加建的建築。

▲郵局限定的手信！有紙膠帶、明信片、文件夾等。

▲仍在營業的郵局，內部都經過重新裝潢。

▲商場設空中花園，可飽覽東京站。

INFO
- 東京都千代田区丸の内 2-7-2
- JR 東京站或東京地下鐵丸ノ內東京站，依指示沿地下通道前往
- 11:00-20:00；餐廳 11:00-22:00
- jptower-kitte.jp

以下為 KITTE 內精選店鋪：

自然耐看的木製品 Hacoa

Hacoa 很會利用木材做出多種多樣有質感的生活用品，如時鐘、廚具、文具，甚至有男裝木煲呔！這些木製商品低調耐看，適宜配搭衣物和家居。

▲ Hacoa。

◀店內有許多木製商品，慢慢逛一定找到合心意的。

INFO
- KITTE 4F
- 11:00-20:00
- 休 1 月 1 日、2 月第四個星期日
- www.hacoa.com

合傳統與新潮的生活雜貨　中川政七商店

來自奈良的中川政七商店，於 1716 年創業，社長已是第 13 代，主要生產具傳統特色的生活雜貨，但它並沒有隨社會變遷而變得守舊，反而不斷推陳出新，商品變得更好看、更實用、也更有活力。

►產品以傳統文化為題材，仍保留着獨特的活力。

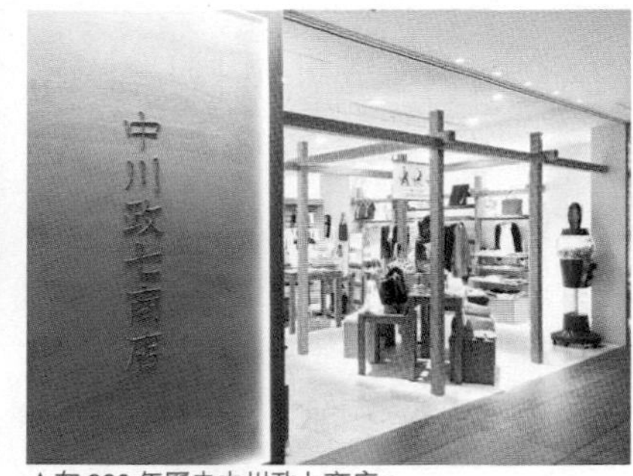

▲有 300 年歷史中川政七商店。

INFO
- KITTE 4F
- 11:00-20:00
- www.nakagawa-masashichi.jp

港人集體回憶

地圖 P.178

大丸

大丸曾在香港和台灣開設分店，但皆結束營業。在日本，其百貨公司集中在關西的大阪、京都、神戶和新長田，其餘兩間分別設在北海道札幌和東京。東京分店本身很大，連地庫共 14 層，2012 年再進行擴建工程，並引入更多國際品牌如 LV、Prada、Chloe 等，還有生活百貨店 Hands。

INFO
- 東京都千代田区丸の内 1-9-1
- JR 東京站日本橋口
- 10:00-20:00
- www.daimaru.co.jp/tokyo/

►大丸。

日本與國際品牌齊集

地圖 P.178

丸ビル、新丸ビル

「丸ビル」是丸の內大樓的意思，區內分別有「丸ビル」和「新丸ビル」，「丸ビル」可追遡至 1923 年的 8 層大廈，後來 2002 年完成重建，現為 37 層的新大廈；而「新丸ビル」在 1952 年落成，2007 年完成改建。兩座商場都有不少國際及日本名牌，如「新丸ビル」4 樓的 Urban Research、私の部屋 (P.315)；「丸ビル」3 樓的 L'OCCITANE en Provence 等。

▲丸ビル。

INFO

丸ビル
- 東京都千代田区丸の内 2-4-1
- 東京地下鐵丸の內線東京站相連
- 11:00-21:00 (星期日及公眾假期 11:00-20:00)
- www.marunouchi.com

新丸ビル
- 東京都千代田区丸の内 1-5-1
- 東京地下鐵丸の內線東京站相連
- 11:00-21:00 (星期日及公眾假期 11:00-20:00)

◄新丸ビル。

綠意盎然

地圖 P.178

丸の内仲通り

▲綠意盎然的丸の内仲通り。

丸の内仲通り是一條由有楽町到東京站的街道，兩旁栽種了樹木，茂密的樹木足以遮蓋天空和陽光，還有不少公共藝術為街道增添一點生氣。街道於平日中午 12 點至下午 1 點實施行人專區，屆時會見到不少白領人士在大街上。筆者想，這個安排除能應付大量要吃午飯的人潮外，上班一族在飯後如有時間的話，可以在這條綠油油的街道上漫步，放鬆一下心情才繼續努力工作。

▲中午行人專區時段。

◀行人通道旁的公共藝術。

INFO
www.marunouchi.com

昭和古典建築

地圖 P.185

明治生命館

▲平面攝影也好。

▶明治生命館整座建築。

明治生命館是明治安田生命保險公司的總部。這座大樓現為日本重要文化財產，於 1934 年興建，曾在二戰後被美軍佔用。公眾可參觀 1 樓和 2 樓，室內亦設展覽予市民及遊客了解這座建築的設計及其過去。

攝影技巧：拍攝整座建築

▲或這樣拍。

有時拍攝整座建築很困難。首先你需要一部鏡頭焦距為 24 - 28mm 的相機或手機，然後過馬路到建築物對面，花數分鐘時間等待無車就拍攝。如果路面繁忙，可考慮調慢快門拍攝，這樣馬路上車子就會有動感，而主體建築就是靜態，突出主體。不過，與其花時間拍攝整座建築，倒不如近距離拍攝，效果可能會比拍攝整座建築更好。

INFO

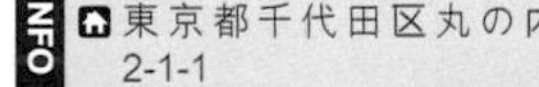

- 東京都千代田区丸の内 2-1-1
- JR東京站丸の內南口步行 5 分鐘；或東京地下鐵丸ノ內線東京站 D1 出口步行 5 分鐘
- 09:30-19:00
- 休 12 月 31 日至 1 月 3 日
- www.meijiyasuda.co.jp/profile/meiji-seimeikan/

提升生活品味 MY PLAZA

地圖 P.178

商場 MY PLAZA 與明治生命館 (P.186) 一樣，皆屬明治安田生命保險。MY PLAZA 連地庫共 5 層，內有咖啡店 (在室內種了草木的 My Cafe)、珠寶店 (TIFFANY&CO.)、家具店 (如超過 75 年歷史、講求人工體學及環境可持續性的 Herman Miller)、花店、美容店、餐廳等，針對東京站一帶上班一族的需求，也為他們提升生活品味和質素。

▲ MY PLAZA 門外。

INFO
- 東京都千代田区丸の内 2-1-1 明治安田生命ビル
- JR 東京站丸の內南口步行 5 分鐘；或東京地下鐵丸ノ內線東京站 D1 出口步行 5 分鐘
- 商店 11:00-20:00，餐廳 11:00-23:00

在喧鬧城市中轉換心情 Marunouchi Brick Square

地圖 P.178

在東京的繁忙街頭上，聽到喧鬧人車聲感到煩厭，突然發現一個很大的入口，上面掛着一個金色的鐘。穿過入口，發現一個小小的花園，彷如走入另一個世界。你可以先坐下來，休息夠了再進餐廳或咖啡店，記錄旅行一事一物，一洗煩厭的心情，盡情購物和逛藝術館：三菱一号館美術館 (詳見下文)。強調有質素的餐廳和名店、講求購物環境，是日本商場的標準，Marunouchi Brick Square 是其中的典範。

INFO
- 東京都千代田区丸の内 2-6-1
- JR 東京站丸の內南口出口，或丸之內線東京站相連
- 11:00-21:00 (星期日及公眾假期 11:00-20:00)
- www.marunouchi.com/building/bricksquare/

▲小花園，背後是三菱一号館美術館。

▲商場門外不是一道門，而是一個特別的入口，與一般商場已經很不同。

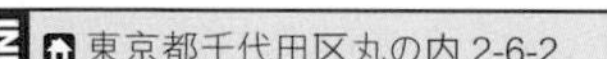

了解近代西方藝術　三菱一号館美術館

三菱一号館美術館前身為三菱一號館，於 1894 年建成，由英國建築師 Josiah Conder 設計，可是建築於 1968 年被拆毀。其後，三菱公司決定重建原建築物，於 2009 年完成復原舊貌工程，並於翌年開始經營藝術館，展出 19 世紀西方藝術作品，讓參觀者對近代藝術有更多認識。展覽不定期替換，收費也會有所不同。**因內部維修，休館至 2024 年秋。**

INFO
- 東京都千代田区丸の内 2-6-2
- 10:00-18:00，星期五 10:00-21:00(公眾假期除外)(最後入場時間為關閉前 30 分鐘)
- 根據不同展覽而定　休 星期一，年尾年初
- mimt.jp/english/

▲三菱一号館美術館。

龐然巨物 地圖 P.178

東京國際論壇

1997 年落成的東京國際論壇，是一所會議展覽中心，室內空間感大，不時舉行展覽和活動，此外也放置了太田道灌像 (太田道灌曾建造當時的江戶城，即現今的皇居)。室外設有廣場，沒有活動時是供市民休憩的地方，不定期舉辦活動，例如古董市集。

▲論壇室內空間很大。

▲室外廣場採用了園林設計。

▲太田道灌像。

INFO
- 東京都千代田区丸の内 3-5-1
- JR 東京站丸の內南口出口；丸之內線銀座站步行 5 分鐘
- www.t-i-forum.co.jp

參觀皇室重地 地圖 P.178

東京皇居

筆者五年前，曾與朋友們到過皇居外面，覺得東京密度這麼高的城市，居然有這麼大的土地。當然，皇室有很大的權力和威望，而且早在明治時期開始便興建這座皇居。所以筆者再訪東京時，便把握機會參加皇居導賞團。第一站是休息大廳，先看關於皇居的片段。之後便參觀皇居內部，最後返回休息大廳，2.2 公里的步程需時 1 小時 30 分鐘。皇居的另一部份：東御苑也是開放給公眾，且不用申請便可免費參觀，是個賞櫻花的好地方。唯一不開放的地方，是皇室成員所居住的內苑：吹上御苑。

參觀流程

1

◀桔梗門。

◀皇居觀導賞團第一站：休息大廳。

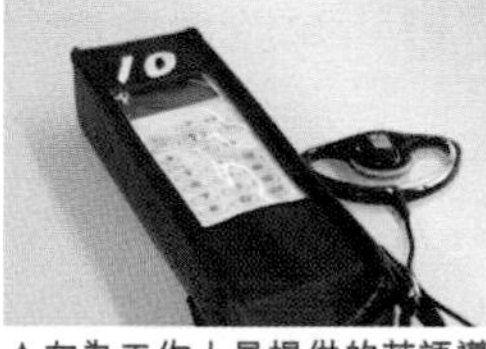

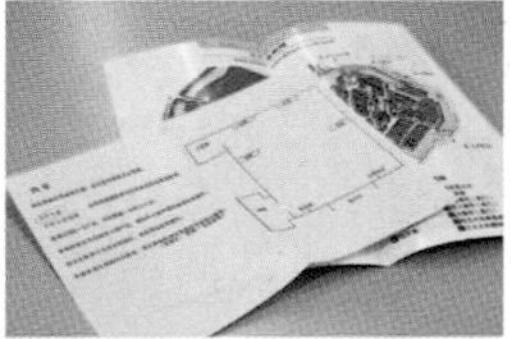

▲左為工作人員提供的英語導賞機，依照他們的指示按相關編號，聽取每個地方的介紹；右為簡體中文的小冊子及參觀流程表。

◀在休息大廳內可以買手信，包括只能在皇居才可以買的手信：菊紋カステラ (Castella)。

▲看完關於皇居的片段後，由導遊帶領參觀皇居內部，依次序第一個地方是：富士見櫓。

▲宮內廳廳舍。

▲長和殿。

▲豐明殿。

▲伏見櫓。

▲二重橋。

▲蓮池濠。

拍攝倒影

當你到達河或湖，水面清澈得倒影很清楚時，不妨把倒影連同主體一併攝入鏡頭，製造平衡的效果。

▲皇居外的護城河。

INFO

皇居外苑

東京地下鐵丸ノ內線東京站 D2 出口步行約 4 分鐘內

皇居東御苑

東京地下鐵丸ノ內線東京站 D2 出口步行約 6 分鐘

www.kunaicho.go.jp/event/higashigyoen/higashigyoen.html

TIPS!

報名參加導賞團的注意事項

1. 先到以下網頁，依指示選擇參觀日期和時間、個人資料報名參觀導賞團：
   www.kunaicho.go.jp/event/sankan/sankaninfo.html
2. 列印確認信，至導賞日前不時檢查電郵信箱，因為皇居可能隨時因為活動，或天氣狀況而取消導賞，若發生這種情況，請自行再申請其他日子。
3. 若當天如期成行，請帶備護照及確認信到桔梗門集合，讓工作人員能核對你的身份。
4. 參觀期間沒有公共洗手間，請預先在休息大廳如廁。
5. 請依照導遊或工作人員指示，不要離開大隊太遠。
6. 工作人員能說簡單英語，有問題時可以英語交談。

4.10 吃刺身、買海鮮

築地場外市場、豐洲市場

從江戶時代起，築地市場已經扮演着大型魚市場的角色，主要販賣海產。之後，這裏逐漸熱鬧起來，並進駐了大量雜貨、餐廳和小吃店，市場亦分為場內市場（只供業界批發海產）和場外市場（開放給公眾的餐廳和商店區域）。至 2018 年 10 月場內市場搬遷至豐洲市場，築地只剩下場外市場，儘管如此，這裏仍然是遊客必到之地。

豐洲市場是「東京都中央卸売市場」，是東京都內最大的海鮮和蔬果批發市場，而且場內還有多間廣受遊客歡迎的餐廳、小吃店和雜貨店。由於市場在 2018 年 10 月才正式開幕，因此場內的設備簇新而潔淨，有別於一般的魚市場。此外，豐洲市場還有各種見學活動和展覽，讓遊客認識日本的魚市場及水產批發的歷史發展。

最佳遊覽日子

市場很早便開始營業，人們到築地和豐洲市場都會品嚐新鮮的海鮮食材，所以吃早餐可說是參觀市場的一部分，而那份早餐是很貴和很大份量的，因為有很大碗飯和海鮮。出發前要有這方面的心理準備。

兩個市場不是天天開市，一般來說，星期日及部分星期三休市，大部分店鋪都不營業，所以請先登入市場的網頁，留意實際休市日期。

 豐洲市場休市日期 www.shijou.metro.tokyo.lg.jp/calendar/2023/

 築地場外市場官網 www.tsukiji.or.jp

前往築地場外市場的交通

乘搭大江戶線到築地市場站下車，出口編號A1。出站後左轉，在第二個街口轉右。

前往豐洲市場的交通

乘搭百合海鷗號：市場前站下車，沿天橋步行約 5 分鐘。

築地市場景點地圖

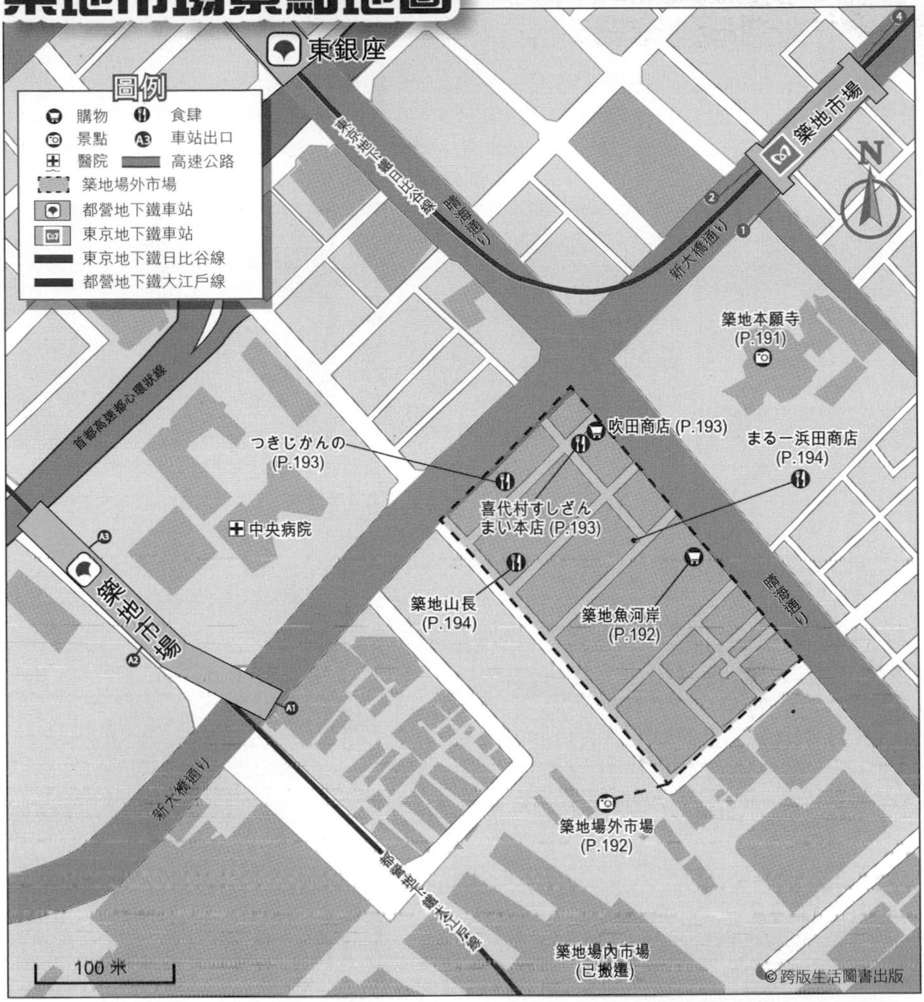

東銀座
圖例
購物 食肆
景點 車站出口
醫院 高速公路
築地場外市場
都營地下鐵車站
東京地下鐵車站
東京地下鐵日比谷線
都營地下鐵大江戶線
築地市場
東京地下鐵日比谷線
晴海通り
新大橋通り
首都高速都心環狀線
築地本願寺 (P.191)
吹田商店 (P.193)
まるー浜田商店 (P.194)
つきじかんの (P.193)
喜代村すしざんまい本店 (P.193)
中央病院
築地市場
築地山長 (P.194)
築地魚河岸 (P.192)
晴海通り
新大橋通り
築地場外市場 (P.192)
都營地下鐵大江戶線
築地場內市場 (已搬遷)
100 米

築地寺院

地圖 P.191

築地本願寺

如果你從東京地下鐵車站出口步行到場外市場時，你會見到左手邊有座既像西式又包含日式風格的建築，其實是寺院。現時這座建築於 1934 年完成，之前的建築都分別因為關東大地震和大火而遭到嚴重損毀。

INFO

- 東京都中央区築地 3-15-1
- 都營地下鐵大江戶線築地市場站 A1 出口；或東京地下鐵日比谷線築地站 1 號出口
- tsukijihongwanji.jp

▲築地本願寺建築，感覺是日式和西式風格的混合。

東京都內的廚房 地圖 P.191

築地場外市場

雖然築地場內市場已經遷至豐洲 (P.195)，場外市場仍會留在築地原址。即使經歷了大變遷，場外市場仍不減熱鬧，每天的人流仍是源源不絕。這裏有超過 300 間餐廳、小吃店、蔬果及海鮮零售店，想體驗日本的市場文化，品嘗最新鮮的海鮮，來這裏就最適合不過！

▲場外市場的入口。

▲市場內有很多售賣新鮮海產的店鋪。

▲售賣串燒的攤檔也很受遊客歡迎。

▲販賣新鮮海膽的店鋪。

INFO
- 東京都中央区築地 4-16-2
- 東京地下鐵日比谷線築地站 1 號出口步行約 4 分鐘；或都營地下鐵大江戶線築地市場站 A1 出口步行約 5 分鐘
- www.tsukiji.or.jp

以下是築地場外市場的精選美食：

魚市場 築地魚河岸

地圖 P.191

築地魚河岸是築地場外市場的最新設施，在 2016 年開業，分小田原橋棟和海幸橋棟兩棟大樓，樓高 3 層。遊客既可在小型的美食廣場享受早餐和午餐，也可先在 1 樓的魚市場購買壽司和刺身，再往 3 樓的屋上廣場吃。屋上廣場是連接兩棟大樓的天橋，可俯瞰築地室外市場的繁華景致，適合遊人休憩。

▲築地魚河岸的小田原橋棟。

◀▲▶ 1 樓魚市場售賣不同種類的海產，還可以試食海產零食。

▲魚河岸海鮮餐廳提供的鉄火丼，¥900 (HK$64)。

▲小型美食廣場的座位舒適。

INFO
- 東京都中央区築地 6-26-1
- 東京地下鐵日比谷線築地站 1 號出口步行 1 分鐘
- 05:00-15:00
- www.tsukiji.or.jp

昆布專賣店 吹田商店

地圖 P.191

這間家族經營的百年商店，售賣超過 100 種來自日本日高和利尻等地的昆布 (海帶)。昆布是日本特產，不少日式料理都會加入這食材，例如可用來煮湯。最便宜的昆布都放在店外面，例如 3 包共 ￥1,155(HK$83) 的日高昆布。若對昆布有任何疑問，店員是十分樂意解答的，而且可以説簡單的英語。

▲吹田商店。

◀店外擺放不少日高昆布，3 包共￥1,155(HK$83)，較厚身，可以用來煮湯。

INFO
- 東京都中央区築地 4-11-1
- 都營地下鐵大江戶線築地市場站 A1 出口或東京地下鐵日比谷線築地站 1 號出口
- 06:00-14:00　休 星期日、假日及市場休市日
- www.tukijisuitakonbu.com

24 小時年中無休壽司店 喜代村すしざんまい本店

地圖 P.191

連鎖壽司店すしざんまい全國有 40 多間分店，你可以點單件壽司，壽司款式超過 40 種，由 ￥107-880(約 HK$10-52) 不等；你也可以點魚生定食，像筆者點的上ちらし丼，種類和份量十分豐富，食材也十分新鮮。假若你在築地休市日前來，別以為沒魚生吃，喜代村すしざんまい本店還是營業的！店內餐單大部分食物圖文並茂，可以向店員指着餐單圖畫來點菜。

◀本店門外，左邊有很大張海報，顯示不同種類的壽司。

▶海鮮ちらし丼（大名椀付き），￥3,190 (HK$188)。有魚子、魚生、蝦等，吃飽後真的不用吃午餐了。

INFO
- 東京都中央区築地 4-11-9
- 都營地下鐵大江戶線築地市場站 A1 出口或東京地下鐵日比谷線築地站 1 號出口
- 24 小時　www.kiyomura.co.jp

丼飯專門店 つきじかんの

地圖 P.191

這間餐廳雖然細小，但位置十分方便，往返場內市場及地鐵站時可以順道前來。筆者點了三文魚蓋飯，熱烘烘的飯配上新鮮的三文魚，份量較「喜代村すしざんまい」可能少一點，但仍然豐富，味道不錯！店內提供英語餐單，但菜式與牆上顯示的菜式會有少許不同，所以筆者認為看日語餐單較好，不但選擇較多，而且每道菜都附圖的，向店員指出圖片便可。

▶慢慢品嚐菜式的同時，街上的路人總是比較繁忙。

◀三文魚蓋飯（サーモンいくら丼，￥2,000，HK$188）。這份早餐為筆者的旅程帶來好開始。不過，當天是筆者在東京的最後一天，之後要坐飛機到台灣繼續行程。

INFO
- 東京都中央区築地 4-9-5
- 都營地下鐵大江戶線築地市場站 A1 出口或東京地下鐵日比谷線築地站 1 號出口
- 04:30-16:30
- www.tsukiji-kanno.com/jp/

人氣玉子燒 築地山長

地圖 P.191

相信大家出發前往築地市場前，都已經聽聞過市場內有幾間玉子燒專門店：山長、松露、丸武 (P.197) 和大定，當中的山長似乎最受遊客歡迎，門外經常大排長龍。熱騰騰的玉子燒十分厚身，不但口感富有層次，而且又滑又嫩，蘊含着甜甜的蛋香。

▲山長玉子燒。

▲可以見到師傅即製玉子燒。

▲店鋪還發售可以冷藏的玉子燒。

▲玉子燒一串 ¥150(HK$7)。

INFO
- 東京都中央区築地 4-16-2
- 06:00-15:30
- 03-3248-6002
- www.yamachou-matue.jp

(圖文： Pak)

珍貴竹炭海膽饅頭 まるー浜田商店

地圖 P.191

推介

你吃過最特別的饅頭是怎樣的？是非白色的，還是夾雜了獨特內餡的？這間小店就售賣兩種極其珍貴的饅頭——紅雪蟹饅頭和竹炭海膽饅頭，前者以新鮮的紅雪蟹蟹肉和蟹粉作為饅頭餡料，而後者則仿照海膽的外形，以竹炭製成黑色的饅頭表皮，並在裏面加入海膽醬，做成流心效果，最後再在表面上加入一堆新鮮海膽，暖暖的海膽吃起來軟綿綿的，絕對能滿足味蕾。

◀小店在熱鬧的市場內毫不起眼，但其實已經接受過多次電視訪問。

◀竹炭海膽饅頭 (¥1,000，HK$60)。

◀饅頭內的海膽真材實料，吃起來口感豐富。

INFO
- 東京都中央区築地 4-13-3
- 05:00-12:00
- 星期日、假期
- 03-3541-7667

(圖文： Pak)

新式批發總部

豐洲市場

地圖 P.200

2018 年 10 月，築地場內市場正式搬遷至豐洲，豐洲市場成為了新的蔬果和海產批發市場，原本設於築地場內市場的餐廳和商店，大部分也隨着這次大規模搬遷，進駐了新的市場。豐洲市場主要由 3 棟建築物組成，分別是水產卸賣場棟 (與管理設施棟相連)、水產仲卸賣場棟和青果棟，裏面的設施比較新簇整潔，除了商店和食肆外，還有各種見學，讓參觀者了解批發市場的歷史和運作。另外，2024 年 2 月 1 日豐洲千客萬來正式開幕，分為「豐洲場外 江戶前市場」和「東京豐洲 萬葉俱樂部」，可在江戶風情的市場中同時享受新鮮海鮮和溫泉桑拿。

INFO
- 東京都江東区豊洲 6-3-1
- 百合海鷗號市場前站沿天橋步行約 5 分鐘
- 03-5320-5720
- www.toyosu-market.or.jp
- (千客萬來)www.toyosu-senkyakubanrai.jp/languages/tw/

以下是豐洲市場各棟建築的介紹：

1. 水產卸賣場棟、管理設施棟

地圖 P.200

進入水產卸賣場棟前，必須先經過管理設施棟，後者可以説是這棟建築的重點，因為裏面有十多間食肆，包括多間壽司店、人氣炸豬排店八千代、著名甜點店茂助等，吸引很多人在此停留。水產卸賣場棟則主要是見學範圍，以各種形式向參觀者講解水產拍賣的知識。

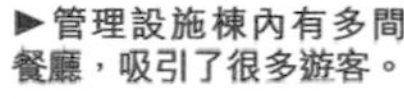

▶管理設施棟內有多間餐廳，吸引了很多遊客。

▲水產卸賣場棟。

金槍魚拍賣

自 2019 年 1 月 15 日起，遊客便可以進行金槍魚拍賣見學，在展望台上觀看樓下金槍魚拍賣的情況，感受水產拍賣的熱鬧氣氛，詳情請留意官方消息。

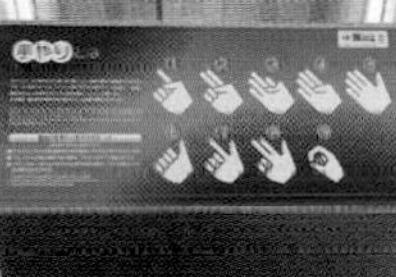

▲還有展板介紹拍賣水產的手勢。

▲水產卸賣的情況。

(圖文： Pak)

日本丸子甜品 茂助だんご

地圖 P.200

茂助だんご製作的丸子是人氣甜點，分別有醬油燒和紅豆餡兩種口味，後者與一般紅豆丸子不同，因為其紅豆餡是包在丸子外面的，咬下去會先嘗到較為柔軟的香甜紅豆蓉，然後才能吃到有嚼勁的丸子，質感具層次之餘又創新。店鋪還提供寒天白玉、包點等甜品，除了外賣，顧客還可以坐在店內用餐。

INFO
- 豊洲市場管理施設棟 302
- 05:00-15:00
- 03-6633-0873
- www.instagram.com/mosukedango.tokyo/

(圖文： Pak)

▲自家製寒天。

▶茂助だんご。

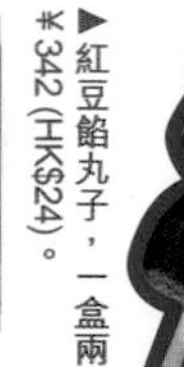

▶紅豆餡丸子，一盒兩串 ¥342 (HK$24)。

2. 水產仲卸賣場棟

地圖 P.200

水產仲卸賣場棟是豐洲市場內最多遊客聚集的大樓，大樓的 3 樓是関連飲食店舖，集合了超過 20 間食店，包括廣為港人熟悉的大江戶、壽司大和吉野家等，還有各種見學，介紹水產批發的知識；4 樓則是魚がし横丁，設有各種小店，售賣一些小食、刀具、乾貨和日用品；而 5 樓天台是屋上緑化広場，有一大片草地，可以遠眺東京灣和東京鐵塔。

▲関連飲食店舖內的餐廳門外總是聚集了大量顧客。

▲見學範圍內有輛水產運輸車給遊客拍照打卡。

▲ 4 樓的魚がし横丁。

▲魚がし横丁內有店鋪售賣各種乾貨、漬物。

▲也有各種切魚的刀具。

▲屋上緑化広場，注意這裏是禁止飲食的。

（圖文： Pak）

以下是水產仲卸賣場棟內的推介食店：

築地海鮮丼 大江戶

地圖 P.200

來到水產仲卸賣場棟，會見到每間餐廳門外都排滿人龍，而當中最受歡迎的海鮮丼店，就要數大江戶了。大江戶提供的海鮮丼有多種配搭，令人看餐牌已經看得眼花繚亂。餐廳提供的魚生新鮮已經不在話下，而且每一款都是厚厚的，口感豐富，當中魚籽的爆醬口感更令人回味無窮。

▶うに盛り北海丼（¥3,500，HK$206），附送湯和熱茶。

▲大江戶是場內較受歡迎的海鮮丼店。

INFO

- 豐洲市場水產仲卸賣場棟 3F
- 08:00-14:00
- 星期日及公眾假期
- 03-6633-8012
- www.tsukiji-ooedo.com

（圖文： Pak）

樣魚類菜式 粋のや

地圖 P.200

如果不喜歡去魚生，但又想在豐洲市場吃一頓豐富的鮮魚宴，可以考慮來粋のや。這間店在市場內別樹一幟，除了提供刺身和海鮮丼外，還有更多以汁煮、西京燒和鹽燒等方法烹調而成的魚。煮過的魚肉質更為鮮嫩多汁，燒的話更是外脆內軟，實在值得一試。

▲粋のや。

▲牡丹御膳 (¥2,800，HK$165)，可以一次過嘗到多種肥美的刺身。

▲鹽燒金目鯛御膳 (¥2,500，HK$179)。

INFO
- 豐洲市場水產仲卸賣場棟 3F
- 08:00-14:30
- 休 星期日及公眾假期
- 03-6633-8011
- www.ikinoya.com

(撰文：Pak，攝影：蘇飛)

子燒 丸武

地圖 P.200

築地市場享負盛名的玉子燒丸武，在豐洲市場內也開設了分店，但這裏的玉子燒不是即燒，而是冷藏的。不要以為冷藏的會不及新鮮熱辣的好吃，這裏的玉子燒味道一樣鮮甜，最特別的冷藏玉子燒會比即燒的多汁，吃下去蛋香滿溢。店鋪還提供各種玉子燒製品，例如玉子燒三文治等，實在值得一試，還可以買來當手信！

▲很多人慕名而來，想品嘗丸武出品的玉子燒。

▲玉子燒三文治 (¥230，HK$16)。

▲玉子燒小卷 (¥400，HK$24)。

▲不同口味、不同製作方法的玉子燒。

INFO
- 豐洲市場水產仲卸賣場棟 4F
- 03-6633-0019
- www.tsukiji-marutake.com

(圖文：Pak)

3. 青果棟

地圖 P.200

顧名思義，豐洲市場內的青果棟是蔬果批發市場，裏面與水產卸賣場棟一樣，同樣設有見學範圍，遊客可透過走廊旁的窗戶參觀蔬果批發和買賣的情況。此外，青果棟地下 (即 1 階) 設有 3 間餐廳，當中包括廣為人知的大和壽司。

INFO
- 東京都中央卸売市場豊洲市場 (5 街区)
- 百合海鷗號市場前站沿天橋依指示前行
- 03-6633-9100

(圖文：Pak)

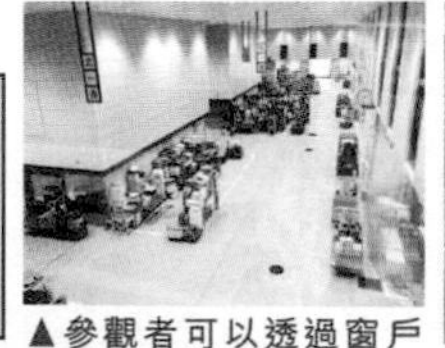
▲參觀者可以透過窗戶觀看蔬果批發的情況。

▲青果棟入口。

▲青果棟地下設有 3 間食店。

4.11 觸目旅遊玩樂區

台場

於江戶時代為抵禦外敵而建成的人工島台場如今已搖身一變成為集購物、娛樂於一體的熱門景點，有著名地標彩虹橋、台場海濱公園；頂級的購物商場Aqua City、DiverCity Tokyo，亦有多個娛樂景點展示出日本現代科技與傳統文化的並存，包括teamLab Planets、Small Worlds Tokyo、LEGOLAND Discovery Center、日本科學未來館，以及東京幻視藝術館、大阪章魚博物館、船の科學館等。

適合遊覽的天氣

不下雨比較好，因為台場有一些室外景點如台場海濱公園，而且很多地方(包括天橋，景點與百合海鷗號之間的路段)都沒有上蓋，在下雨時很不方便。

建議遊覽需要時間

半天至一天，如果純粹到台場一看的話，至少要半天來乘坐鐵路，並選擇一至兩個景點。不過，如果你既喜歡購物，又喜歡到主題娛樂設施甚至博物館，台場可以花你一整天的時間。如果你要到大江戶溫泉物語浸溫泉，你可能需要預留下午至晚上的時間：浸溫泉、用膳和休息。

前往台場的交通

1. JR 山手線、都營地下鐵浅草線或東京地下鐵銀座線到新橋站，再轉乘百合海鷗號 (詳見 P.199)
2. 東京地下鐵有楽町線到豊洲站，再轉乘百合海鷗號 (詳見 P.199)
3. 與 JR 網絡相連的臨海線 (詳見 P.199)「東京テレポート」及「国際展示場」兩站

● 台場區內交通

1. 百合海鷗號 (ゆりかもめ)

無人駕駛的小型鐵路列車，是台場最主要的交通工具，覆蓋範圍廣，大部分景點在車站附近 (一般約 5 分鐘步程)。此外，百合海鷗號在橋上行走，沿途風景很美，可望到彩虹橋及其他主要景點。如果打算一日乘搭 4、5 次百合海鷗號，購買一日乘車券 (￥820，HK$59) 最划算 (只限在百合海鷗號一天內無限次乘搭)，在車站內的自動售票機可購買。

►一日乘車券是一張磁票，印有這種列車的吉祥物，具收藏價值。

INFO
- 乘 JR 山手線、都營地下鐵浅草線或東京地下鐵銀座線到新橋站，或乘東京地下鐵有楽町線到豊洲站從另一邊出發
- 單程 ￥190-390(HK$14-27) 不等；或購買一日乘車券 ￥820 (HK$59)
- www.yurikamome.co.jp

▲百合海鷗號。

2. 臨海線 (りんかい線)

以大崎至新木場作為起訖點，與 JR 網絡相連，所以乘客不用換乘便可往返池袋、新宿、渋谷、恵比寿等地區，比百合海鷗號更為方便。到渋谷、恵比寿約 15 至 17 分鐘；到池袋、新宿約 25 至 30 分鐘。不過，臨海線在台場只有「東京テレポート」及「国際展示場」兩站，到台場大部分地區就需要步行 (約 10 至 15 分鐘步程)。

INFO
- 由東京出發到台場，涉及兩個鐵路範圍，車資必須包括 JR 線和臨海線，以新宿為例，到台場「東京テレポート」站的車資為：￥180 + ￥340 = ￥520(HK$31)
- www.twr.co.jp

3. 台場 Rainbow Bus (お台場レインボーバス)

台場 Rainbow Bus 是從品川到台場的循環巴士，由品川駅港南口出發，途經「お台場海浜公園駅前」、「フジテレビ前」、「グランドニッコー東京 台場」，可到達 Aqua City Odaiba、富士電視台等景點，成人車費 ￥220(HK$13)，兒童 ￥110(HK$6)。

INFO
- 07:00-21:40
  班次：每 12 分鐘一班
- www.km-bus.tokyo/route/odaiba/timetable-shinagawa.php

4. 水上巴士 Tokyo Cruise 或 Tokyo Mizube Line

若你厭倦透過鐵路方式前往不同景點，你可選擇乘坐觀光船到台場，最長的路途是由浅草出發。Tokyo Cruise 的船種類很多，由傳統的「安宅丸」號到宇宙船「ホタルナ」不等，而 Tokyo Mizube Line 只有一種船，上層供旅客在室外拍照和觀光。

INFO
- 由淺草至台場單程車資約 ￥1,200 (HK$71)
- **Tokyo Cruise(需預約)：** www.suijobus.co.jp
- **Tokyo Mizube Line：** www.tokyo-park.or.jp/waterbus

▲超現代設計的船隻：ホタルナ。

▲另一艘名為「道灌」的船隻。

台場景點地圖

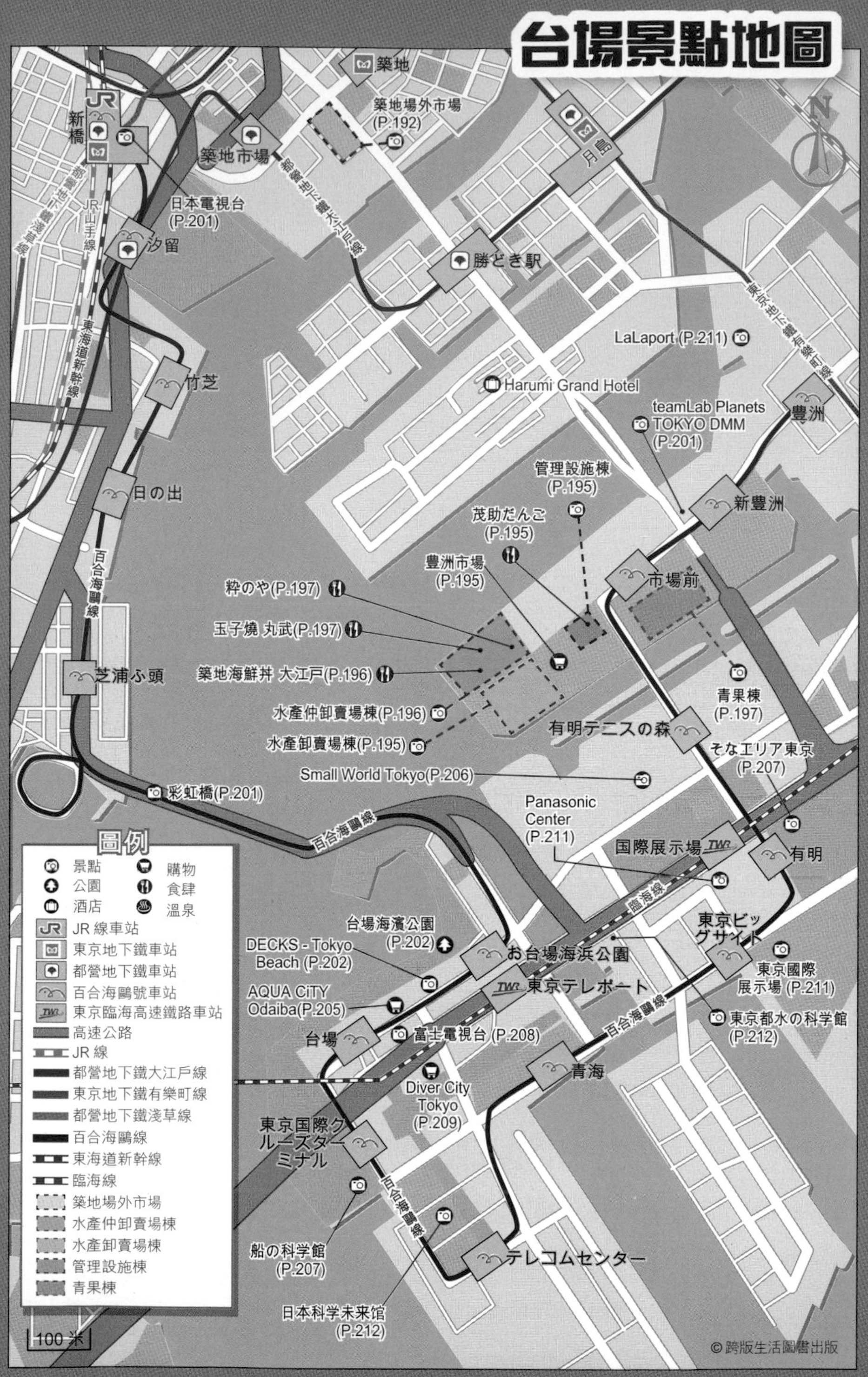
築地
築地場外市場
(P.192)
新橋
築地市場
月島
日本電視台
(P.201)
汐留
勝どき駅
竹芝
LaLaport (P.211)
Harumi Grand Hotel
teamLab Planets
TOKYO DMM
(P.201)
豊洲
日の出
管理設施棟
(P.195)
新豊洲
茂助だんご
(P.195)
豊洲市場
(P.195)
市場前
粋のや(P.197)
玉子燒 丸武(P.197)
築地海鮮丼 大江戸(P.196)
芝浦ふ頭
青果棟
(P.197)
水產仲卸賣場棟(P.196)
有明テニスの森
水產卸賣場棟(P.195)
そなエリア東京
(P.207)
Small World Tokyo(P.206)
彩虹橋(P.201)
Panasonic
Center
(P.211)
国際展示場
有明
百合海鷗線
臨海線
台場海濱公園
(P.202)
東京ビッグサイト
DECKS - Tokyo
Beach (P.202)
お台場海浜公園
東京國際
展示場 (P.211)
AQUA CiTY
Odaiba(P.205)
東京テレポート
東京都水の科学館
(P.212)
台場
富士電視台 (P.208)
青海
Diver City
Tokyo
(P.209)
東京国際クルーズターミナル
船の科学館
(P.207)
テレコムセンター
日本科学未来馆
(P.212)
圖例
景點
購物
公園
食肆
酒店
溫泉
JR 線車站
東京地下鐵車站
都營地下鐵車站
百合海鷗號車站
東京臨海高速鐵路車站
高速公路
JR 線
都營地下鐵大江戶線
東京地下鐵有樂町線
都營地下鐵淺草線
百合海鷗線
東海道新幹線
臨海線
築地場外市場
水產仲卸賣場棟
水產卸賣場棟
管理設施棟
青果棟
100 米
© 跨版生活圖書出版

宮崎駿大時計

地圖 P.200

日本電視台 (NTV)

▲宮崎駿所設計的機械大時計。

日本電視台 NTV 是日本三大電視台之一，門外放置一個由宮崎駿設計的機械大時計，於 2007 年設置，每天 10:00、12:00、15:00、18:00、20:00，機械零件和人物都會隨着音樂移動。電視台的參觀範圍只局限大堂內，可以看到日劇及節目宣傳大海報，還有相關的報章報道。參觀時可順道前往地庫 B1 及 B2 層的手信店。如沒時間參觀的話，可選擇東京站的「東京駅一番街」分店 (詳見 P.179)。

▲ NTV 大樓大堂。

INFO

- 🏠 東京港区東新橋 1-6-1 日テレタワー B1 B2
- 🚉 百合海鷗號汐留站
- 🕘 10:00-19:00
- 📱 www.ntv.co.jp/shiodome/

有「彩虹」但不容易看到

地圖 P.200

彩虹橋

如果你乘坐百合海鷗號，由新橋上車，經過竹芝或日の出站時，不妨看看左邊車窗，那條就是彩虹橋。彩虹橋的「彩虹」是晚上可能出現五顏六色的燈光，不過一般情況都是白燈光，要看見「彩虹」並不容易。若在車上錯過了，不打緊，可以在接下來的芝浦ふ頭站下車，慢慢拍個夠，甚至在橋上漫步！全橋全長約 1.7 公里，30 分鐘內應該可以走完，如果連拍照、看風景等，就預計 1 小時吧。

INFO

- 🏠 東京都港区海岸 3-33-19
- 🚉 百合海鷗號芝浦ふ頭站下車步行 5 分鐘，見到 Entrance to Rainbow Promenade 指示牌上大橋遊步道 (最後入遊步道時間為關閉前半小時)
- 🕘 09:00-21:00 (11 月 1 日至翌年 3 月 31 日 10:00-18:00)
- 休 每月第三個星期一，如遇上公眾假期，休息日順延至翌日，天氣欠佳時可能關閉
- 📱 www.shutoko.jp/fun/lightup/rainbowbridge/

沉浸於光影虛幻的世界裡

地圖 P.200

teamLab Planets TOKYO DMM

teamLab 由跨學界專業人士組成，通過藝術與科技結合，探索人與自然的新關係。於東京開設的沉浸式體驗博物館 teamLab Planets TOKYO DMM 延期至 2027 年尾，館內展出作品亦再次更新，並推出新作品「Ephemeral Solidified Light 生命は結晶化した儚い光」，為來訪的客人帶來全新的感官刺激。有去過或沒去過都別錯過，趕緊去體驗一下！

INFO

- 🏠 東京都江東区豊洲 6-1-16 teamLab Planets TOKYO
- 🚉 乘百合鷗號東京臨海新交通臨海線到新豐洲車站，步行 1 分鐘
- 🕘 9:00-22:00(最後入場時間為閉館前 1 小時)，11 月 3 日 10:00-22:00，12 月 31 日 9:00-21:00(展出期間)2018 年 7 月 7 日 ~2027 年尾
- 休 10 月 4 日、11 月 8 日、12 月 7 日
- 📱 www.teamlab.art/jp/e/planets/
- $ 成人 (18 歲以上) ¥3,800(HK$224)，初中及高中生 ¥2,800(HK$165)，4-12 歲 ¥1,500(HK$88)，3 歲以下免費

▲ teamLab Planets TOKYO DMM。

(撰文：HEI，攝影：蘇飛)

在沙灘欣賞黃昏時的彩虹橋
台場海濱公園

親子

地圖 P.200

這個海濱公園除了設有散步路道外，還有沙灘，但禁止游泳。如果天氣好的話，在附近的商場 (如 DECKS、AQUA CiTY) 參觀過後，可以前來沙灘走走和坐坐，並欣賞彩虹橋的黃昏景色。

▲自由神像與彩虹橋之合照。

◀公園內的沙灘。

INFO
- 東京都港区台場 1-4-1
- 百合海鷗號お台場海浜公園站或台場站步行 5 分鐘
- www.tptc.co.jp/park/01_02

多元化娛樂
DECKS — Tokyo Beach

親子

地圖 P.200

DECKS 擁有不少娛樂設施：要懷舊的可以到台場一丁目商店街；要品嚐大阪美食可以到大阪章魚燒博物館；喜歡 LEGO 的可以到 LEGOLAND；要參觀得意的，可以到結合東京江戶時代和錯覺藝術的東京幻視藝術館；2012 年世嘉更開 Joypolis。若喜歡上述每個景點，在 DECKS 裏必會花個一整天！

◀DECKS 商場之建築。

INFO
- 東京都港区台場 1-6-1
- www.odaiba-decks.com
- 1 至 5 樓商店及咖啡店 11:00-20:00 ，餐廳 11:00-23:00，章魚燒博物館 11:00-20:00
- 百合海鷗號お台場海浜公園站步行 2 分鐘，或臨海線東京テレポート站沿天橋步行 5 至 10 分鐘

人氣電動遊樂場 Joypolis

Joypolis 是世嘉 (Sega) 於 2006 年開設的數碼體驗中心，揉合電子遊戲及視覺體驗元素，並於 2012 年 7 月完成改裝，遊戲包括頭文字 D 賽車、超音鼠立體影像館、貞子 3D 等。

INFO
- 10:00-22:00(最遲入場時間為 21:15，8 月部分日子可能提早開放時間為 9:00)
- 成人 ￥1,200(HK$71)，高初中、小學生 ￥900 (HK$53)；全日 PASS 成人 ￥5,000 (HK$294)，高初中、小學生 ￥4,000 (HK$235)； 16:00 後入場 成人 ￥4,000 (HK$235)，高初中、小學生 ￥3,000 (HK$176)
- tokyo-joypolis.com

重返昭和年代 台場一丁目商店街

▶台場一丁目商店街道。

主要售賣雜貨、小食、衣物等，街內的擺設，如汽車、子彈火車、招牌等等，都是昭和年代的擺設。其中有家商店「お宝市場」，售賣不同大小的 LUCKY BOX(小 ￥300/HK$21、大 ￥1,000/HK$71)，幸運的話可能收到 iPod，甚至有電器或相機呢。買之前可以搖搖盒子，甚至看看盒子是否很重，增加購買心水貨品的機會啊！

▲子彈火車也是當年的產物。

▲昭和時期的招牌設計。

▲電話亭。

▲筆者買了￥300(HK$21) 的盒子，結果獲得小積木。

▲お宝市場及售賣的 Lucky Box。

INFO
台場一丁目商店街
11:00-21:00
www.odaiba-decks.com/tw/daiba1chome/

阪章魚燒博物館 お台場たこ焼きミュージアム

章魚燒是大阪關西料理，起源於 1930 年代，由會津屋老闆遠藤留吉所研發，成為受歡迎的小食。博物館內共有 6 家來自大阪的店鋪，包括由遠藤家族所經營的會津屋。這家博物館與大阪環球影城分館分別不大，一樣有章魚燒吉祥物和神社，章魚燒一樣不錯吃！

▲章魚燒吉祥物。

▲美食廣場。

▲從道頓堀くくる所購得的章魚燒 (5 個，￥420，HK$30)。

▲神社。

INFO
11:00-20:00
www.odaiba-decks.com/news/event/takoyaki.html

真的嗎？ 東京幻視藝術館

▶東京幻視藝術館門外設有自動售賣機，購票後透過左圖門口進入，屆時可能會有職員向你介紹首幾個展品，好讓你對藝術館有初步概念後才自由參觀。

幻視藝術館展示近年很流行的錯覺美術，在軽井沢也有一間 (P.403)。這藝術館更加入江戶風情的元素。如果參觀時沒有帶相機拍攝的話，便不能了解這些藝術的趣味。這些藝術品顯得立體，是因為透過指定角度拍攝，從相片突顯其錯覺。館內還有其他有關錯覺的藝術，例如透過移動，屋子的大小和角色會有所改變；一幅畫隱藏了多種動物等等。

◀▲館內展品(上圖)及以江戶時代為主題的畫(左圖)。

▲在參觀過程中，人們需要動腦筋，例如要找尋畫中所隱藏的動物。

INFO
東京幻視藝術館
11:00-21:00(最遲入場時間為 20:30)
成人 ￥1,200 (HK$71)，4 歲至 14 歲 ￥800 (HK$43)，3 歲以下免費
www.trickart.info/

在錯覺藝術館拍照注意事項

1. 嘗試不同角度，使原本平面的作品變得立體，然後叫朋友做一些(搞笑)動作，在該展品拍攝，甚至旋轉相片，看看有甚麼效果出現。
2. 細心參與、投入和享受每個展品，不能像在其他藝術館般只以肉眼欣賞和用腦思考！參與就是展品的背後意義。
3. 只要一部相機，不一定是專業相機，因為在乎角度和自己的創意。但沒有相機，參觀便失去意義。
4. 參觀前先練習：你知道應該如何安排你的朋友或家人拍出好照片呢？(位置、動作)

亞洲第一間 LEGOLAND Discovery Center

不少歐美國家都有 LEGOLAND Discovery Center。2012 年在東京開幕的 LEGO 室內主題樂園是亞洲第一間，設有播放 LEGO 電影的 4D 影院；砌 LEGO 的體驗，例如砌跑車、比試賽車速度等。東京的 LEGOLAND 有一個以 LEGO 砌成的東京都市，包括多個東京著名熱點。總的來說，LEGOLAND 大部分設施比較適合兒童，沒有很刺激的遊戲(只有 Kingdom Quest，每人或每單位坐一輛車射擊對手)，所以不時見到一家大小來這裏玩。

▲以 LEGO 砌成的東京都市，配合室內燈光模擬日間和晚間的效果。左圖為東京鐵塔、皇居等地，右圖為淺草寺。

◀砌完跑車，就要測試速度啊！

▶給兒童玩的遊樂設施，還有 LEGO 作為裝飾。

▲手信店，有建築物發售，但只是西方國家的地標，期望有天能有日本特色的產品如東京鐵塔的積木。

INFO
星期一至五 10:00-20:00，星期六、日及公眾假期 10:00-21:00(最遲入場時間為關閉前 2 小時)
成人 ￥3,280(HK$176)，預早網上購票最多 20% 折扣，3 歲以下小童免費
tokyo.legolanddiscoverycenter.jp/en/

奇特視覺體驗 地圖 P.200

AQUA CiTY Odaiba

親子

在 DECKS 旁、富士電視台對面的 AQUA CiTY 是一座 5 層高的大商場，特色店鋪包括有不少可樂手信的 Coca-Cola Store；迪士尼專買店「Disney store」；以鬼滅之刃、海賊王等眾多人氣角色為獎品的遊戲中心「東京レジャーランド」，還有日本最初三面螢幕電影院「ユナイテツド·シネマ アクアシティお台場」，為觀眾帶來視覺的極致享受。

▲ AQUA CiTY 外。

提提大家，商場外就近自由女神像，並可看到彩虹大橋全景，在逛商場的同時也不要忘了到外面拍照啊！

▲ Coca-Cola Store。

INFO
- 東京都港区台場 1-7-1
- 百合海鷗號台場站步行 2 分鐘，或台場 Rainbow Bus 於「フジテレビ前」下車
- 平日 11:00-20:00，週末假期 11:00-21:00
- www.aquacity.jp

術水族館 UWS Aquarium GA ☆ KYO

如果說這只是一家金魚水族館，大家可能興趣不大。但其實這是一家結合光影效果、帶強烈日式風格的藝術水族館，地方不大卻有顛覆想像的效果。アク和リウム GA ☆ KYO 2022 年 7 月才開幕，內有約 80 種淡水魚類，以金魚為主。

▲入口及售票處。

INFO
- Aqua City Odaiba 3 樓
- 平日 11:00-20:00，週末及假期 11:00-21:00
- 不定休
- 成人 ¥1,500(HK$88)，小學生 ¥800(HK$47)，幼童免費
- 080-7068-6684
- uws-gakyo.com

▲ YURAKU 遊樂區內可讓你用雙手撈起投影出來的金魚，然後占卜吉凶。

(圖文：蘇飛)

◀眼花繚亂的萬花筒。

▲仿如龍宮的效果。

麵名店集結！ 東京ラーメン国技館 舞

東京拉麵國技館舞店如其名聚集了 6 家日本各地代表的人氣拉麵店，從北海道到九州，也有 Aqua City 台場限定餐單，可以在同一空間隨意挑選合自己口味的拉麵，絕對是拉麵愛好者必去的地方。另外，亦可以從各店自帶拉麵到露台座位，一邊享受美味拉麵一邊看台場絕美景色。

INFO
- Aqua City Odaiba 5 樓
- 11:00-23:00 休 不定休
- www.aquacity.jp/trk_mai/index.html

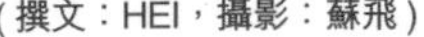
(撰文：HEI，攝影：蘇飛)

▲每間店用玻璃屏風隔開。

▲ 6 間拉麵名店各居其位，準備決勝負。

▲東京ラーメン国技館舞。

價廉物美海鮮料理 築地食堂源ちゃん アクアシティお台場店

築地食堂源ちゃん是連鎖居酒屋餐廳，在東京有十多間分店，以築地為名，海鮮料理確實是價廉物美，餐廳不但裝潢出色，圖文並茂餐牌也方便不會日文的遊客。值得一提的是，可以 ¥308 (HK$18) 單點廣島炸蠔加餸很不錯。

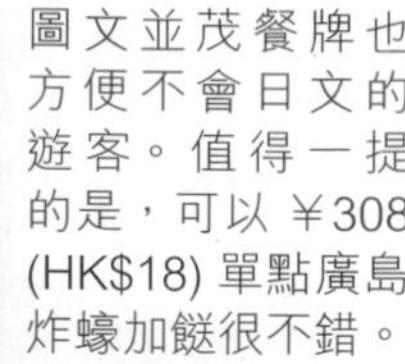

▲築地食堂源ちゃん。

▲餐廳內部環境。

▲鰤魚大根煮定食，加單點廣島炸蠔，¥1,562(HK$92)，魚肉肥美，吸了魚汁的大根更是好吃。

▲炸蠔刺身定食，¥1,350(HK$79)。

INFO
- Aqua City Odaiba 5 樓
- 11:00~22:00　03-6457-1297
- genchan.jp

（圖文：蘇飛）

世界最大的迷你世界

地圖 P.200

Small Worlds Tokyo

Small Worlds Tokyo 面積約 8,000 平方米，2020 年 6 月開幕，是全球最大室內微型模型主題樂園，3 樓以不同主題展出 6 個迷你小世界，《超時空要塞》的未來風宇宙機場「宇宙中心」、歐亞洲五國幻想之地「世界之街」、「關西機場」，還有《美少女戰士》專區和 2 個《新世紀福音戰士》專區。另外，2 樓設有 Museum Café，可享用精美的餐飲，當然少不了紀念品店！

▲門前可見《新世紀福音戰士》EVA 初號機。

▲入內就可看到縮小模型。

TIPS!

Pickup Contents

定期會有特別專題展覽，遊客可即場以 3D 打印技術製作自己的小公仔，放到模型裡拍照。專題展覽和 3D 打印公仔需要另付費用和預約，詳情請參閱網站。

INFO
- 東京都江東区有明 1 丁目 3-33 有明物流センター
- 乘百合鷗線到有明網球森林站步行 3 分鐘，或乘臨海線到國際展示場站步行 9 分鐘
- 09:00 ~ 19:00(最後入場 18:00)
- 入場 Passport：成人 (18 歲以上) ¥2,700(HK$159)，初中及高中生 (12-17 歲) ¥1,900(HK$112)，兒童 (4-11 歲) ¥1,500(HK$88)，3 歲以下免費
- smallworlds.jp/#enjoy

（撰文：HEI，攝影：蘇飛）

南極觀測船

地圖 P.200

船の科学館

科學館展示着日本的重要船隻及其相關資料。現時分為兩部分：南極考察船「宗谷」號及別館展廳。宗谷號建造於 1938 年，原本是冰型貨船（可在冰河上航行的貨船），後來成為第一艘到南極考察的船隻，以及海上保安廳巡邏船，1978 年退役後於翌年對外開放參觀。**科學館將於 2025 年 4 月 -10 月「拆除」，目前尚未決定重建計劃。**

▶科學館的船形建築。

▲「宗谷」號曾作為貨船，其後成為日本初代南極觀測船。

◀別館展廳正門。

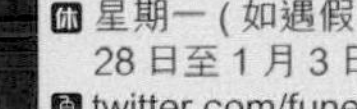

INFO
- 東京都品川区東八潮 3-1
- 10:00-17:00　免費
- 百合海鷗號東京国際クルーズターミナル站
- 星期一（如遇假日則順延至星期二）、12 月 28 日至 1 月 3 日
- twitter.com/funenokagakukan

▲各部分保留完整，更有人形模型重現當年水手生活。

體驗地震真正威力

地圖 P.200

そなエリア東京（東京臨海広域防災公園）

日本處於地震帶，要知道地震的實際情況，就要到台場的一個防災體驗中心，你可以在此體驗震度達「6 強」的大地震，然後再透過影像、模型等方式感受東京大地震 72 小時後的情況，最後再到避難場所。這個設施固然對東京甚至日本人有作用，尤其近年不斷推測東京發生大地震的可能性，而對於遊客，可以學習地震的應變，在出國旅行時始終有一點用處。

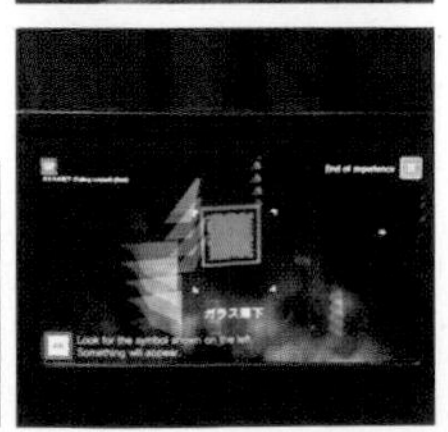

◀館內模擬地震後的環境，為加強效果更可利用獲派的平板電腦的虛擬情景 (Argument Reality) 功能，從螢幕中看到地震效果。

▲そなエリア東京正門。

▲這區域模擬了避難所的場景。

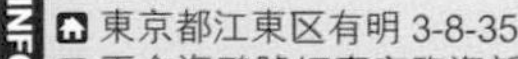

INFO
- 東京都江東区有明 3-8-35
- 百合海鷗號經東京臨海新交通りんかい線有明站下車，步行約 2 分鐘
- 09:30-17:00(最後入場時間為 16:30)
- 免費　www.tokyorinkai-koen.jp

觀看節目拍攝實況

富士電視台

▲在愈近的地方拍攝，愈能呈視富士電視台建築物金字塔形狀、崇高地位的感覺。

日本四大電視台之一的富士電視台，總部設於台場，建築物上有一個球體，非常易認，由知名建築師丹下健三所設計。相比日本電視台，富士電視台開放公眾參觀範圍較多，主要包括地面室外、展示室和球體部分。地面室外空間有時會用作節目宣傳活動，沿電梯上是電視台的展示室，設有窗口讓人們觀看攝影棚裏節目實況，不過不得拍照。而「球體展望室」可觀賞彩虹橋的景致。但可惜只開放至晚上6時，不能看到彩虹橋的夜景。

▲球體展望室所見的彩虹橋。

◀富士電視台大樓的地面公共空間，有攤位和活動時可謂人山人海。

◀遠處拍攝下的建築物。

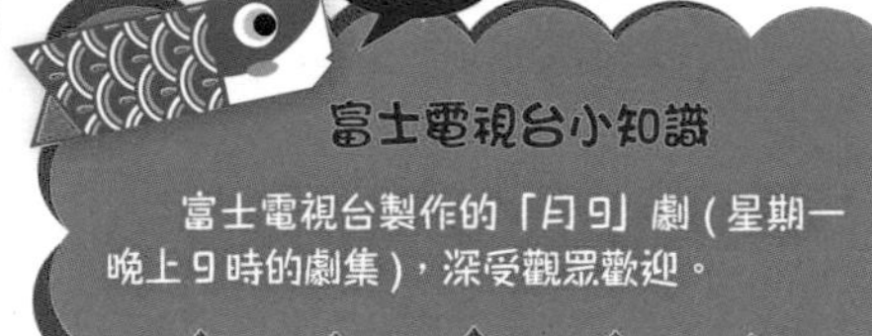

富士電視台小知識

富士電視台製作的「月9」劇（星期一晚上9時的劇集），深受觀眾歡迎。

▶電視台的展示室。

INFO

- 東京都港区台場 2-4-8
- 百合海鷗號台場站步行 2 分鐘，或台場 Rainbow Bus 於「フジテレビ前」下車
- 10:00-18:00(球體展望室於 17:30 停止入場)
- (球體展望室) 成人 ¥ 800(HK$47)，小學生及中學生 ¥ 500(HK$29)
- 星期一(如遇假期則延至星期二)以及部分日子(須留意網站公佈)
- www.fujitv.co.jp/gotofujitv/index.html

攝影構圖技巧：建築物的近攝與遠攝

究竟近攝還是遠攝好沒有一個標準，你必須問自己：你對那座建築物的觀感如何？哪一種方式才能表現出這座建築物的美感？

近攝建築物的話，要由低處向高處拍攝，得出來的效果是透視（高小低大）和廣角的金字塔效果，受限於距離和相機鏡頭，有機會不能拍攝整個建築物；遠攝的話，如果沒有其他建築物遮擋，就可以拍出整座建築物，但城市裏建築物一般比較多，很難有空間遠攝整座建築物。

以富士電視台為例，在台場車站的 AQUA CiTY 或電視大樓下可以作近攝，但如要遠攝的話，可以再乘百合海鷗號到東京国際クルーズターミナル站，車站有一個可以遠觀富士電視台的角落（即出口附近），有長焦距鏡頭的話，可以在那裏一攝。

台場必逛 地圖 P.200

Diver City Tokyo

Diver City 購物商場內有大量日本人氣品牌商店、雜貨店和餐廳，向來是台場遊客必到之處。門口有一台 1:1 獨角獸高達，近年亦新加入了哆啦 A 夢未來百貨公司和 Poop Museum Tokyo 等人氣遊點，使商場的吸引力依然不減。

▶ 1：1 獨角獸高達，在商場 2F 有專門店「The Gundam Base Tokyo」。(攝影：Anthony Kwong)

▲ Diver City Tokyo 內有不少名店。(攝影：蘇飛)

INFO
- 東京都江東区青海 1-1-10
- 百合海鷗號台場站步行 5 分鐘，臨海線東京テレポート站步行 3 分鐘
- 平日 10:00-20:00，週末假期 10:00-21:00
- mitsui-shopping-park.com/divercity-tokyo/

日本少女為之瘋狂 Poop Museum Tokyo

提供新奇體驗的便便博物館趣怪又可愛，全館分為「便便拍照區」、「便便接觸區」、「便便智育區」、「便便動物」、「便便工廠」、「便便遊戲中心」、「UNBERTO 之間」7 大區域。館內除了可以打卡拍照、玩不同電子遊戲，還可以帶自己的彩色便便回家。另外，便便商店有各種以便便做主題的手信，最適合愛搞怪的朋友。

▲右邊就是便便商店。

INFO
- ダイバーシティ東京 プラザ 2F
- 乘百合鷗線到台場站徒步約 5 分鐘，或乘臨海線東京電訊站徒步約 3 分鐘
- 平日 10:00-20:00(最後入場 19:00)，星期六日假期 9:00-21:00 (最終入場 20:00)
- 成人 ¥2,000(HK$118)，初中及高中生 ¥1,500(HK$88)，4 歲以上兒童 ¥1,100(HK$65) *價錢因日子而變動，請查閱官方網站：unkomuseum.com/tokyo/#TICKET
- unkomuseum.com/tokyo/

▶便便守護神的庇佑保你排便暢順，這是收錄便便秘密的書。

(撰文：HEI，攝影：蘇飛)

Kawaii 的小天地 Hello Kitty Japan

位於台場 Diver City Tokyo Plaza 2 樓的「Hello Kitty Japan」專賣店除了有很多人令眼花撩亂周邊精品，店內左邊一側還有售賣以 Hello Kitty 為主題的甜點，像是招牌 Hello Kitty 人形燒、各種口味的甜甜圈，真的可愛到少女心爆發。另外，還推出了附帶 Hello Kitty 人形燒的軟雪糕，有牛奶和抹茶味選擇，如果真的選不到也可以揀混合口味。

INFO
- ダイバーシティ東京 プラザ 2F
- 乘百合鷗線到台場站徒步約 5 分鐘，或乘臨海線東京電訊站徒步約 3 分鐘
- 平日 11:00-20:00，星期六日假期 10:00-21:00
- 03-3527-6118
- www.sanrio.co.jp

(撰文：HEI，攝影：蘇飛)

▶ Hello Kitty 軟雪糕一杯 ¥400(HK$24)。

▲店內還有台場特售的商品喔。

手信集中地 glico

glico 是日本大型零食製造商，相信大家就算沒有聽過這名字也有吃過它出品的 Pocky 吧。台場 Diver City Tokyo Plaza 內的專賣店匯集多款糖果零食之外，還有可愛精品和售賣各款 glico 雪糕的自動售賣機。旁邊 THE‧DAIBA 還有各家品牌的糕點禮盒，絕對能找到一款合心水的手信。

◀紅色奪目的店面中可以看到 glico 的招牌跑跑人。

◀各款手信任君選擇。

▶可愛的掛飾。

INFO
- ダイバーシティ東京 プラザ 2F
- 乘百合鷗線到台場站徒步約 5 分鐘，或乘臨海線東京電訊站徒步約 3 分鐘
- 平日 11:00-20:00，星期六日假期 10:00-21:00
- 03-6457-2675　www.glico.com/jp/

（撰文：HEI，攝影：蘇飛）

秘密道具體驗區 哆啦 A 夢未來百貨公司

多啦 A 夢未來百貨公司曾於 2023 年 4 月來到香港銅鑼灣時代廣場開設海外期間限定店，若你錯過了只好來這裡。這是 2019 年開幕的專門店，在 Diver City 2 樓，特別之處是不但有別處買不到的多啦 A 夢商品，還有一個頗大的秘密道具體驗區和你玩遊戲。

▲多啦 A 夢未來百貨公司。

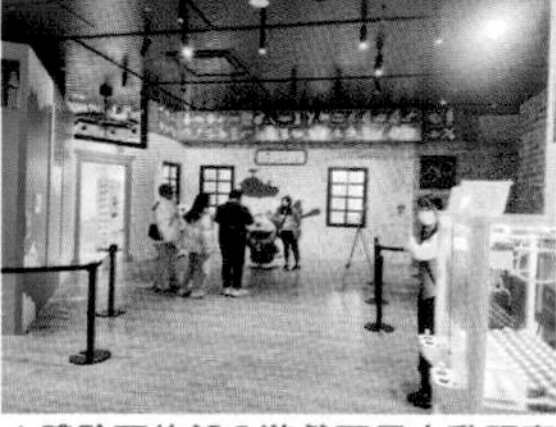
▲體驗區的部分遊戲要用自動販賣機買硬幣才可以玩。

▲用「空氣砲」在限定時間內射擊 10 個目標。

◀琳琅滿目的精品。

INFO
- Diver City 2 樓
- 10:00/11:00~20:00/21:00
- 03-6380-7272
- mirai.dora-world.com

（圖文：蘇飛）

造船廠變成大商場

地圖 P.200

LaLaport

LaLaport 原本是多達 60 年的造船廠，2002 年因應日本政府推行豊洲開發計劃，船廠已遷移 (招牌上的「Urban Dock」就有其意思)，原址則成為一個大商場，內有多間 185 間商店，包括 KidZania。

▲室外設有長椅，讓遊客坐下來靜心看海景。

INFO

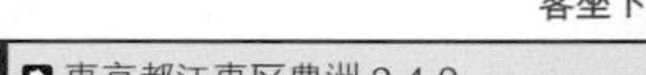

- 東京都江東区豊洲 2-4-9
- 東京地下鐵有楽町線豊洲站 2 號出口步行 2 分鐘，或百合海鷗號豊洲站北口步行 5 分鐘
- 商店 10:00-21:00，餐廳 11:00-23:00
- mitsui-shopping-park.com/lalaport/toyosu

▲龐大的 LaLaport 商場。

KidZania Tokyo

來自墨西哥的 KidZania，讓小朋友體驗一下各種不同的職業，例如護士、演員、設計師等等。要留意，成人必須攜同小童入場，不能單獨入場。另外需於網上預約才能進場 (網頁設有英文版本)。

INFO

- LaLaport 3 樓 33200
- 09:00-15:00、16:00-21:00
- 成人 ¥2,900-2,300 (HK$171-135)，中小學生 ¥6,900-3,800 (HK$406-223)，3 歲以上幼童 ¥6,400-3,300 (HK$376 -194)，視乎入場時段而定
- www.kidzania.jp/tokyo/

倒三角的大型展覽場地

地圖 P.200

東京國際展示場

東京國際展示場的建築很特別，是舉辦展覽和演唱會的重要場地。舉行過的重要展覽包括東京玩具節、Good Design 賞、Comic Market 等。

INFO

- 東京都江東区有明 3-11-1
- 百合海鷗號東京ビッグサイト站步行 6 分鐘，或臨海線国際展示場站步行 10 分鐘
- 視乎不同設施而定　免費　www.bigsight.jp

▲國際展示場的三角建築。

科學與生活融合

地圖 P.200

Panasonic Center

來自大阪的松下電器 Panasonic 為日本大型電器集團之一，他們在台場設立免費展館，向訪客宣揚「A Better Life, A Better World」的理念。在 1 樓展示廳可試用各種電器，包括按摩椅、電視、音響等；2 樓則會講解電器的科學原理。

INFO

- 東京都江東区有明 3-5-1
- 臨海線国際展示場站下車步行 2 分鐘
- 10:00-17:00　休 星期一、年尾年初
- holdings.panasonic/jp/corporate/center-tokyo.html

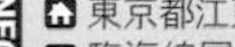

► Panasonic Center。

體驗水的由來和形態

地圖 P.200

東京都水の科学館

你家的小孩喜歡玩水嗎？喜歡的話就一定要來這裏。東京都水の科学館是一間體驗型博物館，設有實驗室、模仿森林的場景、電影院和玩樂區等設施，讓大人和小朋友一邊玩水，一邊學習水的來源和形態，以及各種節約用水的知識。有很多學校都安排學生來這裏修業，大家都玩得不亦樂乎！

◀水の科学館。

▲小朋友被婆婆用水槍射得很開心！

▲合力拉起肥皂圈。

▲在森林場景互動學習。

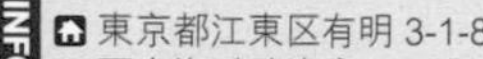

INFO

- 東京都江東区有明 3-1-8
- 百合海鷗號東京ビッグサイト站步行約 8 分鐘，或臨海線国際展示場站步行約 8 分鐘
- 09:30-17:00
- 03-3528-2366
- 星期一 (如遇假期則延至翌日)、12 月 28 日至 1 月 4 日
- www.mizunokagaku.jp

(圖文： Pak)

見識最新科技

地圖 P.200

日本科学未来馆

親子

日本的科研發展迅速，這個科学未来馆一方面展示創新的科技產物，另一方面以展覽、遊戲互動、電影及座談會等方式，從科學角度探討日常生活以至整個世界上發生的事，介紹現今的科學技術、人類生命的形成和宇宙的誕生。

▲日本科学未来馆。

▲家長可以帶小朋友來認識生命的形成。

▲館內的手信店，裏面也有很多高科技產品，例如太空食品和太陽能模型車等。

◀投影地球。

INFO

- 東京都江東区青海 2-3-6
- 百合海鷗號東京国際クルーズターミナル站步行約 5 分鐘，或テレコムセンター站步行約 4 分鐘
- 10:00-17:00
- 星期二 (如遇假期則延至翌日)、12 月 28 日至 1 月 1 日
- 成人 ¥630(HK$44)，18 歲或以下 ¥210 (HK$15)
- 03-3570-9151
- www.miraikan.jst.go.jp

(圖文： Pak)

4.12 到處都是「相撲」

両国

與秋葉原相距兩站之隔的両国，是相撲比賽場地。除此之外，江戶東京博物館也在附近。若想多了解傳統日本文化及東京歷史，這裏就最適合不過。

最佳遊覽天氣及日子

任何天氣皆可，星期一為博物館關閉日子，建議不安排這天前往。

建議遊覽需要時間

約半天。如需同時參觀江戶東京博物館內的常設及特別展，可能花足一整天。

前往両国的交通

▶▶▶ 1. JR：総武線両国站

▶▶▶ 2. 都營地下鐵：大江戶線両国站

▶▶▶ 3. 東京水辺ライン：(Tokyo Mizube Cruising Line) 両国停泊處，參考：www.tokyo-park.or.jp/waterbus/index.html 或浅草篇章 P.227。

両国景點地圖

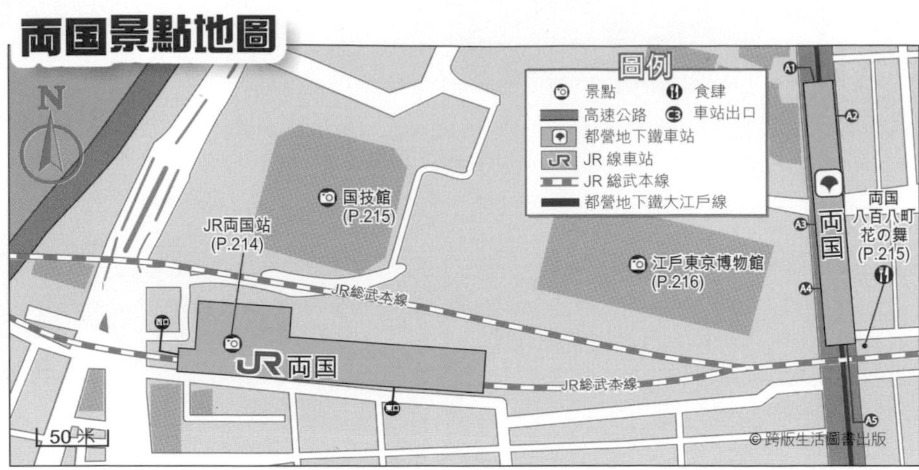

相撲主題車站

地圖 P.214

JR 両国站

JR 両国站是関東の駅百選認定駅之一，於 1929 年建造。由於在相撲比賽場地附近，所以車站內外都有與相撲相關的設施和佈置，例如車站外的相撲佈置餐廳大江戸八百八町花の舞、相撲雕塑，以及車站內的掛牆相撲繪畫。

◀ JR 両国站車站建築於 1929 年興建，歷史悠久。

INFO

JR 総武線両国站

▲車站內的相撲畫。

▲相撲雕塑。

在「相撲比賽擂台」吃日式餐飲？

地圖 P.214

両国八百八町花の舞

在両国站旁邊、江戶東京博物館對面，有一間以相撲為佈置的餐廳：由牆身貼滿了有關相撲的畫，到餐廳中間的擂台。餐廳提供常見的日式餐飲如壽司、定食，午飯部分價格比較便宜。

TIPS!

買相撲手信

▼這是「相撲あられ」，一包售￥380(HK$27)。「あられ」是日本零食的一種。

▲餐廳旁附近的手信店。

◀想試試￥1,200 (HK$86) 的相撲手人形燒嗎？

▲筆者點的午餐「オツカサン定食」，￥900(HK$64)，有燒鯖魚、味噌湯和飯，很不錯了。

▲在餐廳中間的相撲比賽擂台(日語稱為「土俵」)。

INFO
- 東京都墨田区亀沢 1-1-15
- JR總武線両国站東口步行 3 分鐘；或都營地下鐵大江戶線両国站 A4 出口步行 1 分鐘
- 11:30-15:00/16:00-23:00
- izakaya-hananomai.com/hakubutukan-mae/

看相撲比賽

地圖 P.214

国技館

▲國技館為觀看相撲比賽的場所。

國技館為日本相撲比賽的其中一個場所，容納超過 1 萬名觀眾，每年 1 月、5 月和 9 月在該地舉行比賽。欲看賽事，可預先登入英文版網頁，查詢詳情及購票。如果不在這 3 個月份前來，可參觀位於 1 樓的相撲博物館，對這方面的日本傳統文化有更深入的了解。

INFO
- 東京都墨田区橫網 1-3-28
- JR総武線両国站西口步行 1 分鐘；或都營地下鐵大江戶線両国站 A4 出口步行 5 分鐘
- 博物館 12:30-16:00(最後入場 15:30)
- 星期六、日及公眾假期、年尾年初
- 博物館：免費
- www.sumo.or.jp/en

回到昔日東京的場景

地圖 P.214

江戶東京博物館

▲江戶東京博物館是一座龐大的建築物。

想看看以前的東京、即江戶的場景嗎？想看看今日東京的歷史演變嗎？來江戶東京博物館是最適合不過。館內不只透過小模型來展示昔日的江戶面貌，更把過去的日本橋、19 世紀的歌舞伎劇場中村座、朝野新聞社等建築重建，比例當然不及實物，但已充滿視覺上的震撼。館內更展示昔日東京人居所內的面貌，也有日本製造的電視和汽車實物，更有提供當地的一些歷史資料，如關東大地震、1964 年東京奧運會等。**目前維修休館中，預計 2025 年重開。**

昔日江戶

▲重現昔日歌舞伎劇場中村座的建築。

◀仿造的日本橋，訪客可以過橋。

◀人物和其表情造得栩栩如生。

▲模型重現江戶繁華景象。

▼昔日在銀座的朝野新聞社。

◀1964年東京主辦奧運會海報。

◀昔日日本製造的電視機。

▲過去日本人的居住環境。

▲過去在街上行駛的汽車。

TIPS!

特別展的收費

博物館還不時舉行特別展，但特別展需另外進場及額外收費。其收費可能比常設展更貴，例如曾舉行的達文西特別展覽，成人收費為￥1,450(HK$104)，比常設的￥600(HK$43)更貴，而兩個展覽套票則可以省約￥410(HK$29)。建議上網可先留意當時所舉行的特別展，從而決定是參加一個，或兩個展覽都參觀。

INFO

- 東京都墨田区横網 1-4-1
- JR総武線両国站東口步行 3 分鐘；或都營地下鐵大江戶線両国站 A4 出口步行 1 分鐘
- 09:30-17:30 (星期六延至 19:30，最後入場時間為關閉前半小時)
- 星期一 (如遇假日，則順延至翌日)
- 常設展 ￥600(HK$43)，高中生、都外國中生、65 歲或以上長者 ￥300(HK$21)，大學生 ￥480 (HK$34)，都內中學生、小學生、未就學兒童免費 (特別展視各展情況而定，請留意官方網站消息)
- www.edo-tokyo-museum.or.jp

4.13 電腦動漫集中地

秋葉原

秋葉原是電腦及動漫賣場集中地，每間專賣電腦、電器或動漫的商場或百貨店規模龐大，在同一區可能有多達數間分店。此外，也有以女僕、AKB48、鐵路和高達為主題的咖啡店。近年亦將鐵路天橋底下的空間改造成工藝品商場，令秋葉原的電器動漫特色不再專美。

建議遊覽需要時間

半天至一天的時間，視乎對區內景點的喜好。

適合遊覽的天氣

由於各景點都在室內，所以在任何天氣都能參觀，但下雨天時，景點間步行比較麻煩。

前往秋葉原的交通

一般來説，JR 山手線或總武線秋葉原站，或東京地下鐵秋葉原站是該區的兩個車站，從兩個車站到各景點之間的步行時間一般不過 10 分鐘。當然，你也可以選擇搭乘都營地下鐵新宿線到岩本町站、東京地下鐵銀座線到末広町站，甚至 JR 山手線御徒町站。

秋葉原景點地圖

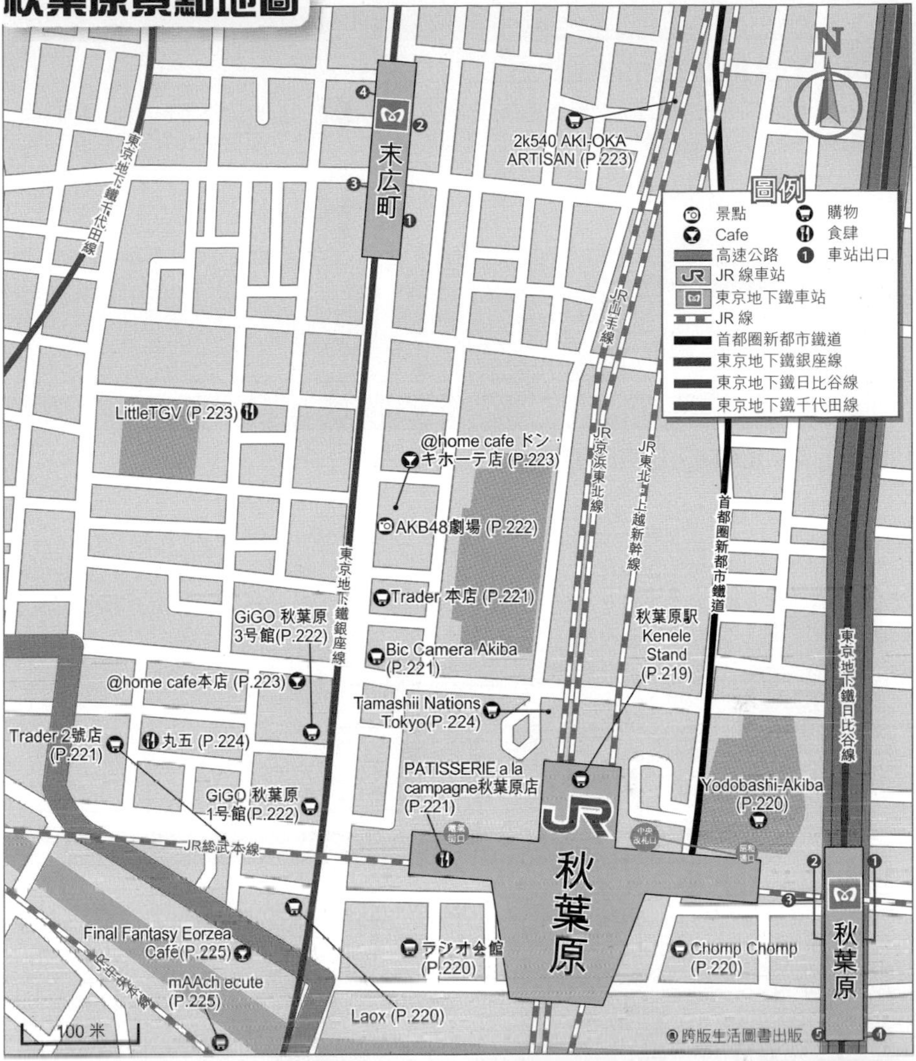

末広町
2k540 AKI-OKA ARTISAN (P.223)
東京地下鐵千代田線
圖例
景點
購物
Cafe
食肆
高速公路
車站出口
JR 線車站
東京地下鐵車站
JR 線
首都圈新都市鐵道
東京地下鐵銀座線
東京地下鐵日比谷線
東京地下鐵千代田線
JR山手線
LittleTGV (P.223)
@home cafe ドン・キホーテ店 (P.223)
JR京浜東北線
JR東北・上越新幹線
首都圏新都市鐵道
AKB48劇場 (P.222)
東京地下鐵銀座線
Trader 本店 (P.221)
GiGO 秋葉原 3号館(P.222)
Bic Camera Akiba (P.221)
秋葉原駅 Kenele Stand (P.219)
東京地下鐵日比谷線
@home cafe本店 (P.223)
Tamashii Nations Tokyo(P.224)
Trader 2號店 (P.221)
丸五 (P.224)
PATISSERIE a la campagne秋葉原店 (P.221)
Yodobashi-Akiba (P.220)
GiGO 秋葉原 1号館(P.222)
JR總武本線
JR 秋葉原
Final Fantasy Eorzea Café(P.225)
ラジオ会館 (P.220)
Chomp Chomp (P.220)
秋葉原
mAAch ecute (P.225)
Laox (P.220)
100 米

有趣的扭蛋

秋葉原駅 Kenele Stand

KENELE STAND 就在秋葉原駅出閘口處，可以扭到很多有趣的蛋，大人小孩都適合。沒有硬幣的話，扭蛋機旁邊就是自助找換機。

▶這是你想要的嗎？

▶自助找換機。

▲ KENELE STAND。

(圖文：蘇飛)

電器與電子產品連鎖店

地圖 P.219

Yodobashi-Akiba

作為大型家庭電器及科技產品連鎖店的 Yodobashi，在秋葉原定位為一間電器百貨並附有商場及娛樂場所，9 樓是高爾夫球用品賣場及練習場，8 樓為餐廳，7 樓為音樂店、書店、時裝店，地庫 1 樓為咖啡店，其餘樓層則保留為原 Yodobashi Camera 範圍。

▲位於秋葉原的 Yodobashi-Akiba，除了本身的電器賣場範圍，還有商場及娛樂場所。

INFO
- 東京都千代田区神田花岡町 1-1
- 東京地下鐵日比谷線秋葉原站 3 號出口；或 JR 秋葉原站昭和通り口
- Yodobashi Camera 範圍 09:30-22:00；9 樓高爾夫球賣場 11:00-22:00、練習場 10:30-23:00；8 樓餐廳 11:00-23:00；7 樓 09:30-22:00
- www.yodobashi-akiba.com

晚上發光發亮的美食購物大樓

地圖 P.219

Chomp Chomp

根據官方網站的解釋，Chomp Chomp 意思是進食時所發出的聲響，尤其當吃到美食時。Chomp Chomp 有地庫 1 層連同地上 10 層，各層有 1 至 2 間食肆及商店。Chomp 會於晚上發出 1,200 個 LED 燈光，顯示綠、藍等顏色。此外，門口有一個稱為 O-clock 的電子時鐘，顯示當天的日期和時間，由日本藝術家長谷川踏太設計。

▲門口的電子時鐘。

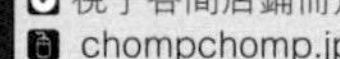

▲Chomp Chomp 內共有 16 間餐廳及商店。

INFO
- 東京都千代田区神田佐久間町 1-13
- JR 秋葉原站中央改札口步行 1 分鐘；或東京地下鐵日比谷線秋葉原站 3 號出口步行 1 分鐘
- 視乎各間店鋪而定
- chompchomp.jp

秋葉原動漫百貨店

地圖 P.219

Laox

▲Laox 本店。

除了售賣一般家庭電器產品外，Laox 還有一半空間售賣動漫產品、健康食品、鐘錶、化粧品和日本傳統產品 (如和服、浴衣等)。

INFO

本店
- 東京都千代田区外神田 1-2-9
- JR 秋葉原站電気街口步行 2 分鐘；或東京地下鐵日比谷線秋葉原站 3 號或 5 號出口步行 4 分鐘
- 11:00-19:00
- laox-globalretailing.co.jp/laox_store/stores/akihabara/

秋葉原獨有電玩動漫連鎖商場

地圖 P.219

ラジオ会館 (秋葉原無線電會館)

ラジオ会館其實是商場，在秋葉原以外是找不到「ラジオ」的。裏面的商店售賣動漫、電玩、影音等。本館有 10 層高，另設地庫 1 層。

▲內有大量動漫周邊商品。

INFO
- 東京都千代田区外神田 1-15-16
- JR秋葉原站電気街口步行 1 分鐘；或東京地下鐵日比谷線秋葉原站 3 號出口步行 4 分鐘
- 約 12:00-22:00(視乎各店鋪而定)
- www.akihabara-radiokaikan.co.jp

(攝影：蘇飛)

高人氣花式撻

地圖 P.219

PATISSERIE a la campagne 秋葉原店

A la campagne 是來自神戶的花式撻甜點店，在東京有幾家分店，這家就在秋葉原駅 4 樓 (Atre 秋葉原 1)，並同時在 1 樓售賣外帶甜點。店內有多種高人氣的水果塔，無論是賣相和口味都是一流的，最適合逛街後來個下午茶。

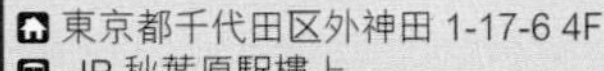

▲有多款口味可供選擇。 （圖文：蘇飛）

▲香橙撻(前)，¥770(HK$45) 和士多啤梨撻(後)，¥935 (HK$55)，都是較多人點的甜點。

▲該店很受歡迎，要排隊等候。

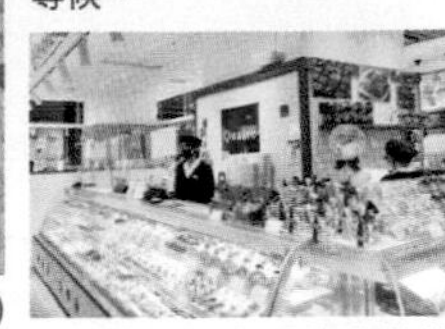

▲ 1 樓售賣大量款式的外帶甜點。

INFO
- 東京都千代田区外神田 1-17-6 4F
- JR 秋葉原駅樓上
- 10:00~21:00 　03-5289-3811
- www.alacampagne.jp/patisserie/

二手電玩專門店

地圖 P.219

Trader

售賣電腦與電視遊戲軟件和 DVD 的 Trader，主要發售和收購二手產品，貨品十分齊全，舊至紅白機到較新款的 PS4 遊戲都有。在秋葉原除了本店，還有 1 間分店。2024 年 5 月 23 日本店搬至舊 3 號店位置，重新開業。

▲ 2 號店，店的另一面有眾多高價收購電玩的資訊。

INFO

本店
- 東京都千代田区外神田 4-2-1
- JR 秋葉原站電気街口步行 4 分鐘；或東京地下鐵日比谷線秋葉原站 3 號出口步行 8 分鐘
- 11:00-20:00(星期五 11:00-20:30、六 10:00-20:30、星期日及公眾假期 10:00-20:00)

2 號店
- 東京都千代田区外神田 1-4-9
- JR 秋葉原站電気街口步行 2 分鐘；或東京地下鐵日比谷線秋葉原站 3 號出口步行 6 分鐘
- 11:00-20:00(星期五 11:00-20:30，六 10:00-20:30、星期日及公眾假期 10:00-20:00)
- www.e-trader.jp

意想不到的電器店

地圖 P.219

Bic Camera Akiba

Bic Camera 秋葉原店全棟 7 層，從化妝品、日用品、家用電器到 3C 產品一應俱全，有你想不到的，沒有你買不到的，就算沒有特別想買，也可以進去逛逛喔。

INFO
- 東京都千代田區外神田 4-1-1
- 從 JR 秋葉原站電器街口沿中央大道步行 5 分鐘
- 10:00-21:00
- 03-6260-8111
- www.biccamera.com.t.lj.hp.transer.com/bc/i/shop/shoplist/shop121.jsp

（撰文：HEI，攝影：蘇飛）

▲各式各樣的產品。

▶就在 GiGO 3号館斜對面。

現場看 AKB48 演出 地圖 P.219

AKB48 劇場

▲ AKB48 劇場在激安の殿堂 8 樓。

AKB48 是現時日本最流行的組合之一，在日本不但有她們的精品店、咖啡店，還有 AKB48 劇場，每天都可現場看到她們的演出，每次都有一個主題。劇場只有 250 個座位，門票在公演前兩小時到半小時間發售，男女收費有別。位置就在便宜價格店ドン・キホーテ (激安の殿堂) 8 樓，AKB48 劇場帶動了這百貨店的人流。

INFO
- 東京都千代田区外神田 4-3-3 ドン・キホーテ秋葉原 8F
- JR 秋葉原站電気街口步行 4 分鐘；或東京地下鐵日比谷線秋葉原站 3 號出口步行 7 分鐘
- 17:00-21:00 (星期六、日及公眾假期 12:00-20:00)；ドン・キホーテ為 10:00 - 05:00
- 男性成人 ¥4,200(HK$247)，女性成人及高中生 ¥3,200(HK$188)，小學生及初中生 (不論任何性別) ¥ 1,600(HK$94)，未就學的幼兒免費
- www.akb48.co.jp/theater/

遊戲迷天堂 地圖 P.219

GiGO 秋葉原 1 号館

秋葉原人氣遊戲中心 GiGO 秋葉原 1 号館，包括地下 1 樓總共 8 層，聚集了多部夾公仔機、扭蛋機、動漫商品店，5 至 7 樓還設有多部最新款的街機遊戲。

▲極具地標性的紅色外型。

▲ BIGMAGIC 內販賣的卡片。

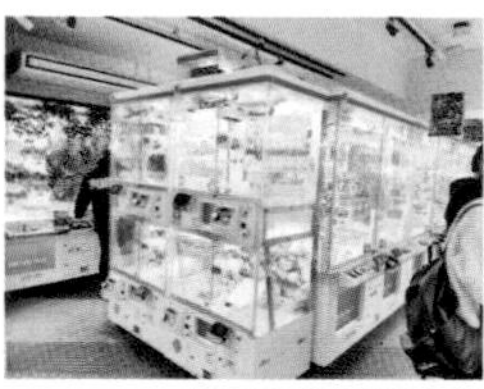

▲那麼多夾公仔機總能夾到一隻！

▲機動戰士高達兵工廠基地專區裡還展示了多款高達模型。

INFO
- 東京都千代田区外神田 1-10-9
- 從 JR 秋葉原站電氣街口步行 1 分鐘
- 10:00-23:30 070-1458-1930
- tempo.gendagigo.jp

(撰文：HEI，攝影：蘇飛)

童年時的經典遊戲 地圖 P.219

GiGO 秋葉原 3 号館

1 分鐘步距之遙便是 GiGO 秋葉原 3 号館，同樣是齊集夾公仔機和各款街機遊戲，但多出了一份童年回憶，3 號館內還有從前曾經讓孩童們樂而忘返的彈玻子機、令少年流連難返的賽車和射擊遊戲，以及佔據少女青春一隅的拍大頭照機。另外，7 樓還有 Collaboration Café 和周邊商店。

▲ 3 号館。

▲馬利奧賽車遊戲。

▲發洩用最佳遊戲。

INFO
- 東京都千代田区外神田 1-11-11 外神田 1 丁目ビルディング
- 從 JR 秋葉原站電器街口沿中央大道步行 3 分鐘
- 10:00 ~ 23:30
- 070-1458-2284
- tempo.gendagigo.jp

(撰文：HEI，攝影：蘇飛)

鐵路主題餐廳

地圖 P.219

LittleTGV

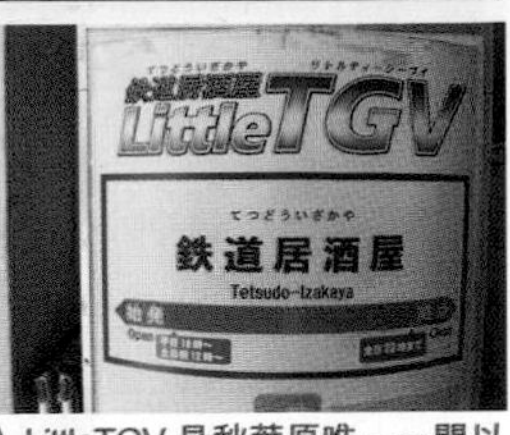

▲ LittleTGV 是秋葉原唯一一間以鐵路為主題的餐廳。

日本有不少鐵路迷，喜歡在車站拍攝列車，留意各鐵路的最新動態，收集鐵路模型等。在秋葉原，有一家以鐵路為主題的餐廳，由女性擔當侍應，穿上鐵路職員的制服，提供雞、牛、沙律等小吃，以及一系列的甜品，其中的「NAER お子様プレート」(￥1,200，HK$71)，是小食拼盤，以新幹線等高速列車作為餐盤，賣相甚為特別。

INFO
- 東京都千代田区外神田 3-10-5 イサミヤ第 3 ビル 4F
- littletgv.com
- JR 秋葉原站電気街口步行 5 分鐘；或東京地下鐵日比谷線秋葉原站 3 號出口步行 9 分鐘
- 18:00-23:00 (星期六及公眾假期 16:00-23:00，星期日 12:00-23:00)
- 休 星期一

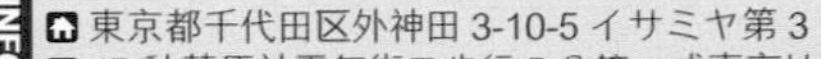

女僕主題咖啡店

地圖 P.219

@home cafe

▲ @home cafe 有本地及外籍女僕。

@home cafe 在秋葉原有本店和兩間分店，各分店的裝潢都會不同。本店共有 3 層，而一間名為「華」的分店，邀請日本以外的女生來當女僕。店內提供西式餐飲，可上官方網頁瀏覽中文餐單。店內還會有女僕與客人玩遊戲、拍照及慶祝生日等付費服務。客人來到餐廳，需繳付入場費 。另一間分店在ドン・キホーテ (驚安の殿堂) 的 5 樓。

INFO

本店 4、6、7 樓及華
- 東京都千代田区外神田 1-11-4 ミツワビル 4F 至 7F
- JR 秋葉原站電気街口步行 3 分鐘；或東京地下鐵日比谷線秋葉原站 3 號出口步行 6 分鐘
- 星期一至五 11:00-22:00，星期六、日 10:00-22:00 (最後點餐時間 : 食物 20:50，飲品 21:20)

ドン・キホーテ (驚安の殿堂) 店
- 東京都千代田区外神田 4-3-3 ドン・キホーテ秋葉原店 5F
- JR 秋葉原站電気街口步行 4 分鐘；或東京地下鐵日比谷線秋葉原站 3 號出口步行 7 分鐘
- 星期一至五 11:00-22:00，星期六、日 10:00-22:00 (最後點食物時間 20:50，飲品為 21:20)
- www.cafe-athome.com

餐廳內不得拍照。

天橋底的手藝商場

地圖 P.219

2k540 AKI-OKA ARTISAN(職人商場)

在 JR 秋葉原站與御徒町站之間的天橋底下，是近年開幕、以手藝為主的商場 2k540 AKI-OKA ARTISAN，有不少店鋪及咖啡店，在裏面可以購買由職人創作的雜貨，如銀包、帽子、其他傳統工藝等，有時更會舉辦作品展、工作坊等活動。

INFO
- 東京都台東区上野 5-9
- JR秋葉原站中央改札口步行 6 分鐘，或御徒町站南口 1 或南口 2 步行 4 分鐘；或東京地下鐵日比谷線秋葉原站 3 號出口步行 6 分鐘，或銀座線末広町站 2 號出口步行 3 分鐘
- 11:00-19:00
- 休 星期三
- www.jrtk.jp/2k540/

◀▲ 在職人商場內，可找到用心製作的工藝品。

動漫迷必去！

地圖 P.218

Tamashii Nations Tokyo

旗艦店內分為 Shop、Event、New Item 三個區域，在 Event Zone 會定期展出不同動漫作品的模型，例如《聖鬥士星矢》、《美少女戰士》等；New Item Zone 就會展出限時銷售的新產品和近期大熱的作品模型，例如《咒術迴戰》、《水星的魔女》等，最後，來店客人可以到 Shop Zone 購買心儀的模型。不過就算買不到這些貴價收藏品，單是進去參觀也夠令人心滿意足。

▲旗艦店外型也很帥氣！

◀店內展示多款模型，這是昭和怪獸們。

◀聖鬥士星矢和高達人物模型。

▲鬼滅之刃人物模型。

▲ Tiger & Bunny 人物模型。

INFO

- 東京都千代田区神田花岡町 1-1
- 從 JR 秋葉原站電器街口步行 1 分鐘
- 10:00 ~ 20:00
- 098-993-6093 (諮詢 10:00-17:00)
- tamashiiweb.com/store/

(撰文：HEI，攝影：蘇飛)

米芝蓮認證炸豬扒飯

人氣

地圖 P.219

丸五

秋葉原除了是御宅族的天堂外，還隱藏了不少美食，例如距離車站 5 分鐘路程的丸五就以炸豬扒飯聞名，更榮獲米芝蓮認證推介。丸五自 1975 年開業，在日本食評網站 Tabelog 一直位列前茅，店家的豬扒分為里肌定食及特里肌豬扒等，配以獨家製作的醬汁，令不少顧客一試難忘。建議遊客提早前往排隊，否則就會錯過美味的炸豬扒了！

►特ロースかつ入口柔軟，單點 ¥2,150 (HK$126)，轉為定食則另加 ¥550 (HK$32)。

◄特製醬汁可說是丸五最大的特色。

INFO

- 東京都千代田区外神田 1-8-14
- JR 秋葉原站電器街口步行約 4 分鐘
- 11:30-15:00(最後點餐時間 14:00)、17:00-21:00(最後點餐時間 20:00)
- 星期一、每月第 1 及第 3 個星期二
- tabelog.com/tw/tokyo/A1310/A131001/13000379/

(圖文：Li)

舊火車橋下的生活設計基地

地圖 P.219

mAAch ecute

在中央線神田站至御茶ノ水站之間，原本有一座於 1912 年興建的萬世橋站，列車會行駛在紅磚高架橋上。車站廢除後，這座橋得以保留，成為交通博物館一部分，而當博物館遷到大宮後，萬世橋被活化為設計商場，售賣具時尚氣質的時裝、文具、食品等。商場內還有兩間別緻的咖啡廳值得一試。

▲ mAAch ecute 位於紅磚火車橋下。

▲在這裏可找到許多具創意且有質感的實用家品。

▶走廊。

INFO
- 東京都千代田区神田須田町 1-25-4
- JR 秋葉原站電気街口步行 8 分鐘；或東京地下鐵日比谷線秋葉原站 3 號出口步行 6 分鐘
- 11:00-22:00(星期日及公眾假期 11:00-20:30)
- www.ecute.jp/maach

最終幻想 XIV 主題餐廳

地圖 P.219

Final Fantasy Eorzea Café

Final Fantasy Eorzea Café 以電腦遊戲《最終幻想 XIV》作為背景主題，於關東與關西各有一間分店。餐廳除了展出許多與《最終幻想 XIV》相關的物品如地圖、劍等，亦設有多部電腦，讓顧客即時連線玩遊戲。此外，餐廳會提供出現在遊戲中的食物，例如「龍肉」等，價錢亦以ギル (Gold) 來顯示，極富現場感！

▲餐廳的設計參考遊戲場景。

INFO
- 東京都千代田区外神田 1-1-10 2F
- JR 秋葉原站電氣街口出口步行約 4 分鐘
- 11:00-22:30(預約時段 11:00-12:30、13:00-14:30、15:00-16:30、17:00-18:30、19:00-20:30、21:00-22:30，預約遲到 15 分鐘將不予受理)
- 01-2019-2759
- www.pasela.co.jp/paselabo_shop/ff_eorzea/

(圖文：Li)

▲赤魔導士的飲品以劍為裝飾，每杯 746Gold(HK$48)。

▲餐廳不時設計限定餐牌，這次與紅蓮之解放者合作，提供豪神スサノオー刀兩斷漢堡炒飯，同樣以劍作為裝飾，1,200Gold (HK$85)。

4.14 東京地標就在此！

浅草

一般人提起浅草，就會想起浅草寺。在過去人們把焦點集中在購物潮流，並未留意這裏傳統和樸素的一面。但 2012 年開始，Skytree 不但成為東京地標，也帶動附近浅草，還有上野及谷根千這些貼近平民生活的「下町」地區。來到浅草，除了看浅草寺，還可拍攝 Skytree、遊船河。不少便宜舒適的背包旅館都集中在這一帶。如果你想感受較平民的東京，浅草無疑是個起點，令你對東京印象改觀！

● 建議遊覽需要時間

如果主要把焦點集中在浅草寺及 Skytree，基本上預留下午及晚間便可。不過，由於沿途散步都可以找到拍 Skytree 的景色，所以以上時間可能還不夠喔！

● 最佳遊覽天氣及時間

浅草並不是以購物為主的地區，室外空間較多，故不建議下雨的日子前來。此外，浅草晚上很多店鋪都會關閉，故宜日間前來。不過，晚上的浅草寺有另一番風情，而且有一些拍攝 Skytree 的地方，所以看需要而決定日間還是晚間來喔！

• 前往浅草的交通

▶▶1. **東京地下鐵**：浅草站（銀座線、都營地下鐵大江戶線）、田原町站（銀座線）、押上站（半藏門線、都營地下鐵浅草線）

▶▶2. **東武鐵道**：浅草站或とうきょうスカイツリー站

• 浅草區內交通

在浅草內遊走，**基本上步行便可**，但浅草區內具有觀光價值的交通工具，增加遊覽區內及隅田川的趣味性。

▶▶1. 觀光船

觀光船遊覽浅草的隅田川，欣賞東京內河川的風光。提供觀光遊覽的船公司主要有兩間：Tokyo Cruise 及 Tokyo Mizube Line，兩者都是由浅草出發，以台場為終點站，但中途站有別，可按需求選擇其中一間公司。

▲ Tokyo Mizube Line (www.tokyo-park.or.jp/waterbus/)

▲ Tokyo Cruise (www.suijobus.co.jp)

▶▶2. 人力車

在浅草街上，不少車夫都會鼓勵人們乘搭他們的人力車。不過，人力車車費很高昂，以每 10 分鐘計每人都至少收費 ￥4,000(HK$235)。人力車公司都有好幾間，包括時代屋及えびす屋。

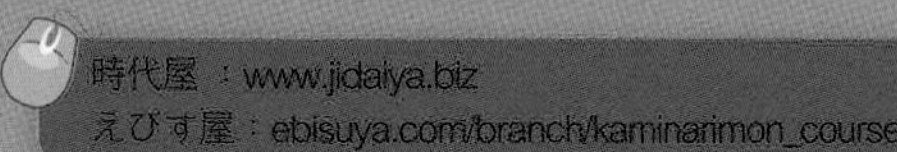
時代屋：www.jidaiya.biz
えびす屋：ebisuya.com/branch/kaminarimon_course/

浅草景點地圖

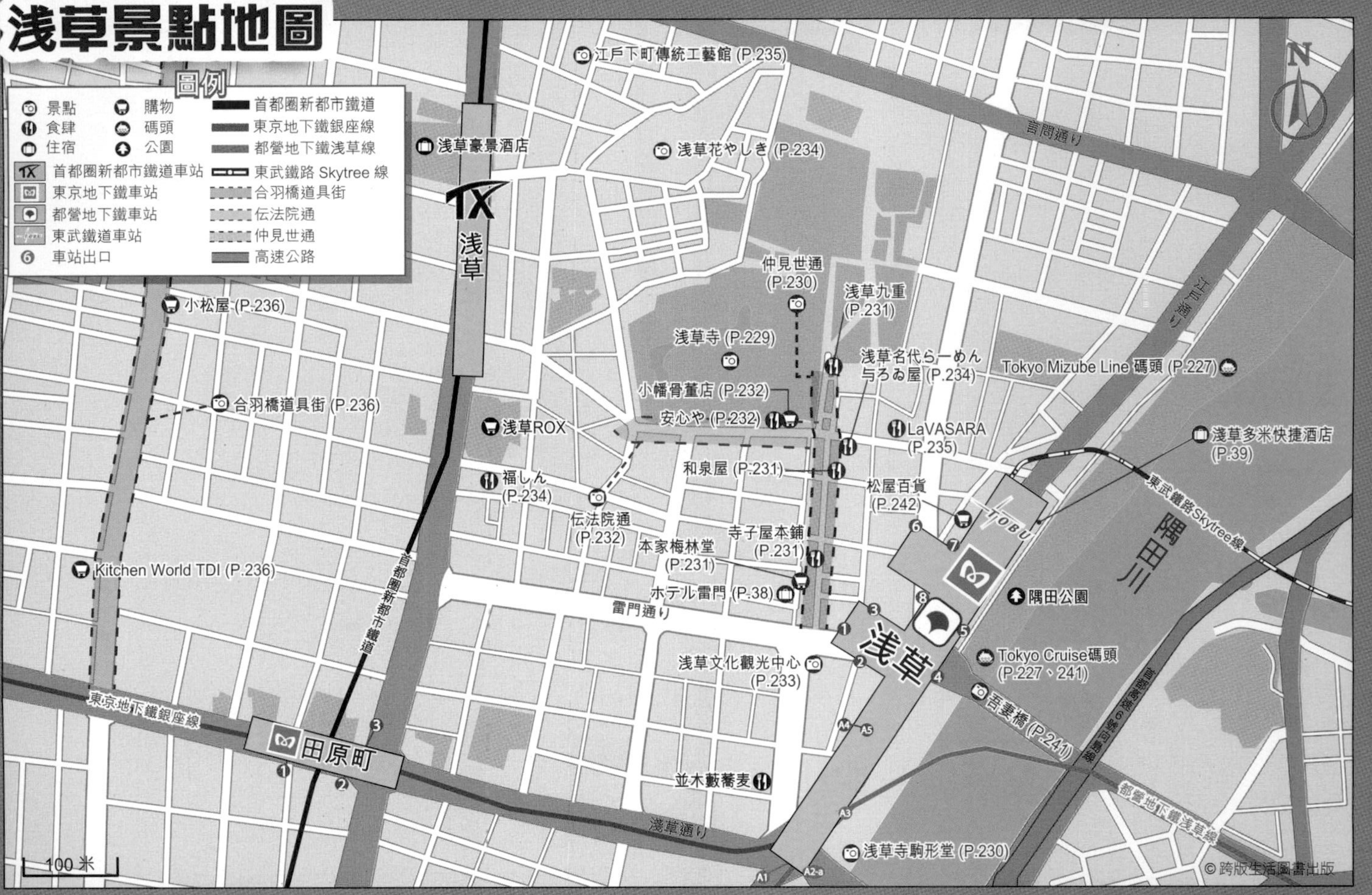
圖例
景點
購物
食肆
碼頭
住宿
公園
首都圏新都市鐵道車站
東京地下鐵車站
都營地下鐵車站
東武鐵道車站
車站出口
首都圏新都市鐵道
東京地下鐵銀座線
都營地下鐵浅草線
東武鐵路 Skytree 線
合羽橋道具街
伝法院通
仲見世通
高速公路
江戸下町傳統工藝館 (P.235)
浅草豪景酒店
浅草花やしき (P.234)
言問通り
浅草
小松屋 (P.236)
仲見世通 (P.230)
浅草九重 (P.231)
浅草寺 (P.229)
浅草名代らーめん 与ろゐ屋 (P.234)
Tokyo Mizube Line 碼頭 (P.227)
江戸通り
小幡骨董店 (P.232)
合羽橋道具街 (P.236)
安心や (P.232)
浅草ROX
LaVASARA (P.235)
浅草多米快捷酒店 (P.39)
和泉屋 (P.231)
福しん (P.234)
伝法院通 (P.232)
松屋百貨 (P.242)
東武鐵路Skytree線
隅田川
寺子屋本鋪 (P.231)
本家梅林堂 (P.231)
Kitchen World TDI (P.236)
ホテル雷門 (P.38)
雷門通り
隅田公園
首都圏新都市鐵道
浅草文化觀光中心 (P.233)
Tokyo Cruise碼頭 (P.227、241)
吾妻橋 (P.241)
首都高速6號向島線
東京地下鐵銀座線
田原町
並木藪蕎麦
浅草通り
都營地下鐵浅草線
浅草寺駒形堂 (P.230)
100 米
© 跨版生活圖書出版

地圖 P.228、242

浅草寺

浅草寺的歷史可追溯至日本立國以奈良為首都時期，有兩位兄弟在附近的隅田川捕魚時，因為受到啟示而撈出觀音像，地方官見狀後下令把自己住所改為寺院。這寺院一直以來都十分重要，曾是重要人物祈願的地方，尤其鎌倉時代及江戶時代，是有地位人物的信仰地。時至今日，浅草寺已成為海外遊客幾乎必定到訪的景點，再加上附近的商店街及 Skytree 落成，浅草寺的繁華與人山人海必定延續一段十分長的時間！

可惜的是，寺院內多個具歷史價值的建築，大都因為種種原因而被燒毀。現時大家所看到的，是 20 世紀 50、60 年代重建的古蹟。

1. 雷門

雷門是寺院入口，為 942 年興建，但原本位置在現時的駒形堂，至鎌倉時代才搬到現址，卻在 1865 年燒毀，直至 1960 年重建保留至今。

2. 寶藏門 / 仁王門

本應與雷門同年興建，可惜最後因為 1945 年東京大空襲時燒毀。現時的大門是 1964 年重建的。

3. 本堂

本堂於江戶時期為德川家光將軍所建，本被視為國寶，惜也因為東京大空襲而在 1950 年代末重建。裏面有每年 12 月 13 日開放予公眾參拜的佛像。

4. 五重塔

五重塔共有 5 層高，與其他建築一樣，受到戰火焚燒而重建，頂層有舍利子。

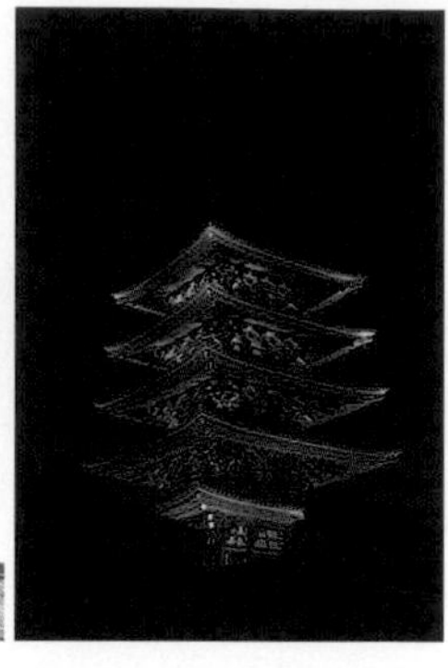

5. 駒形堂

地圖 P.228

駒形堂是唯一一座不在寺院範圍內的建築物，它位於隅田川旁的浅草通上，是兩兄弟打撈觀音的地點。裏面有馬頭觀音菩薩像，每月 19 日會對外開放。駒形堂是眾多重建建築中，最年輕的一座，2003 年末建成。

浅草寺的日與夜

浅草寺日間和晚上的氣氛和景色都很不同，日間有不少人來到這裏祈福、購物，拍照很多時會被人們阻擋而影響構圖；晚上很平靜、燈火通明，想怎樣拍也可以。所以可以日間來一次，晚上又來一次，把其日與夜拍下來，成為一輯照片。同一景點去超過一次，不代表浪費時間，每次再去，都可以有新的發現，或不同的體會。

INFO

- 東京都台東区浅草 2-3-1
- 東京地下鐵銀座線浅草站步行 5 分鐘、都營地下鐵大江戶線浅草站 A4 號出口，搭乘東武鐵道可先依指示進入地下鐵範圍；駒形堂就近 A2-a 出口
- www.senso-ji.jp

浅草寺內的歷史商店街

仲見世通

地圖 P.228

在浅草寺內，雷門與寶藏門之間是仲見世通商店街。長 250 米，共有 89 間店鋪，有不少手信、小吃售賣。店鋪集中在日間營業，故日間人山人海，晚間人煙稀少。這條街道的形成，是因為隨江戶時期人口增加，附近居民被授予特權在內進行商業活動。仲見世通曾經歷被政府拆除的局面，直至 1925 年成功復建。

◀▲仲見世通的日與夜。

以下是仲見世通內的推介店鋪：

本家梅林堂 地圖 P.228

雷門人形燒 1 個 ￥50 (HK$4)，也有送禮用的盒裝。價錢視包裝而定，買得愈多價格愈便宜。

INFO
- 08:30-18:00

浅草九重 地圖 P.228

售賣炸饅頭，有多種味道選擇，如紅豆、抹茶、蕃薯、南瓜等，每個售價由 ￥160-280(HK$9-16) 不等。

INFO
- 約 09:30-19:00
- agemanju.jp

和泉屋 地圖 P.228

包裝精美的零食袋，內有 8 種「あられ」霰餅，此外還有其他種類的燒餅發售。

INFO
- 10:30-19:30
- 休 星期四

INFO

仲見世通
- 東京地下鐵銀座線浅草站步行 5 分鐘、都營地下鐵大江戶線浅草站 A4 號出口步行 1 分鐘，搭乘東武鐵道可先依指示進入地下鐵範圍
- www.asakusa-nakamise.jp

傳統氣息商店街

地圖 P.228

伝法院通

在見通仲世 (P.230) 近寶藏門那邊，有一條充滿傳統氣息的橫街，這就是另一條商店街伝法院通，有洋服店、生活用品、鞋店、書店、小食等。雖然晚上不少商店已關門，但關上的大閘上，各間分店都有自己的手繪畫，畫得十分用心。

▲伝法院通很有傳統氣息。

◀店鋪大閘關上時，就會看到其手繪畫。

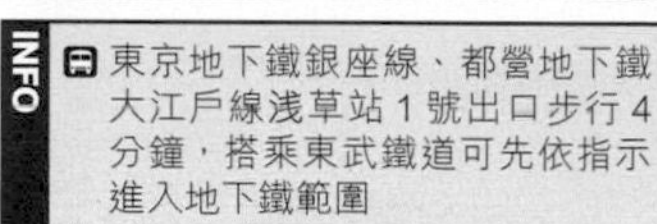

INFO

- 東京地下鐵銀座線、都營地下鐵大江戶線浅草站 1 號出口步行 4 分鐘，搭乘東武鐵道可先依指示進入地下鐵範圍
- denbouin-dori.com

▲伝法院通的牌匾。

▲部分店上有小偷隱藏啊！

以下是伝法院通內的推介商店：

小幡骨董店

地圖 P.228

售賣日式古董，還可看到多年前的日本廣告海報，不買看看也好。

INFO

- 10:30-18:00

安心や

地圖 P.228

售賣台灣炸雞排。

INFO

- 11:00-16:30

特別建築物頂部俯瞰浅草街景

地圖 P.228

浅草文化觀光中心

2009 年前，浅草文化觀光中心只能算是普通設施，稱不上值得遊覽的地方。直至 2012 年建築物重建，由著名建築師隈研吾設計的特別建築物外型，才絕對吸引人們的目光。觀光中心連地庫共有 9 層，地面 1 樓為詢問處、票務處及外幣找換處，提供多種語言旅遊小冊子；若想沖印照片，可以利用 2 樓的自助機器；7 樓有關於這一帶的歷史和文化展覽。

▲全新興建的浅草文化觀光中心，採用層層疊方式設計，木條不均勻的鋪排在玻璃窗外，結合傳統和現代，引人注目。

▲ 1 樓是詢問處，工作人員身後是顯示重要資訊，如天氣、旅遊消息等。

▲ 1 樓部分範圍擺放了浅草、上野一帶的立體地圖，重要的景點會有其模型，對這一帶完全沒概念或認識的人士很有幫助。

▲ 中心內擺放了浅草祭典的裝飾。

▼ 最頂層是咖啡店，坐在窗邊可飽覽浅草寺的景色。

▲咖啡店另一邊是室外觀景台，免費入場，可望到 Skytree，樓梯可望浅草寺及仲見世通。

◀仲見世通近攝。

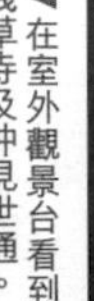

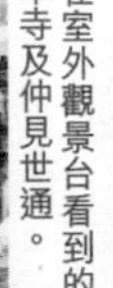

◀在室外觀景台看到的浅草寺及仲見世通。

INFO

- 東京都台東区雷門 2-18-9
- 東京地下鐵銀座線、都營地下鐵大江戶線浅草站 A4 號出口，搭乘東武鐵道可先依指示進入地下鐵範圍
- 09:00-20:00
- bit.ly/3yzuuD0

「嵐」曾光顧的拉麵店

地圖 P.228

浅草名代らーめん与ろゐ屋

這間拉麵店在仲見世通附近，經常被電視台及雜誌採訪，日本人氣組合「嵐」成員松本潤和相葉雅紀都曾光顧！最特別的是店鋪在每年每季都推出不同菜式，而且都是限時和限量供應的，例如筆者到訪期間，店鋪每晚只提供 10 個新茶の塩らーめん「八十八夜」拉麵。在出發前可先看看官網公佈的特別菜式，在店內你可以向店員索取英語餐單點菜。

▲門外。

▶拉麵店內有昔日台東區(即上野、浅草一帶)的相片及圖畫，吃拉麵時不妨看看昔日的東京。

◀新茶の塩らーめん「八十八夜」，¥850(HK$61)。八十八夜新茶指立春後第88天所採的新茶，然後製成調味料，放在新鮮白雞肉之上，迎來淡淡茶香。雞肉是真空低溫烹調，所以能保留其鮮味及柔嫩的口感。拉麵也很爽口彈牙。

INFO
- 東京都台東区浅草 1-36-7
- 東京地下鐵銀座線、都營地下鐵大江戶線浅草站 6 號出口；或東武鐵道浅草站
- 11:00-21:00(L.O.20:30)
- yoroiya.jp

慳荷包中華料理餐廳

地圖 P.228

福しん

由於日本物價指數較高，每一餐都十分昂貴。不過，日本有一些餐廳，能提供好吃又便宜的餐飲，福しん是其中一間，其拉麵和定食價格於 ¥450-1,070(HK$26-63)。不過，它是以中華料理為主，如果要爭取每個品嚐日式料理的機會，那麼福しん未必適合了。

▲福しん。

▲拉麵(手もみラーメン，¥450，HK$26)。

▶餐廳裝潢。

INFO
- 東京都台東区浅草 1-24-9
- 東京地下鐵銀座線、都營地下鐵大江戶線浅草站 1 號出口步行 6 分鐘，搭乘東武鐵道可先依指示進入地下鐵範圍
- 10:00- 淩晨 02:00
- fuku-sin.co.jp

浅草機動遊樂場

地圖 P.228

浅草花やしき

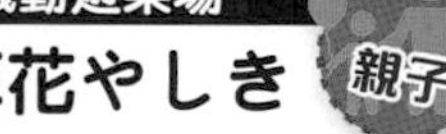

親子

浅草花やしき是一個室外機動遊樂場，於 1853 年開始營業，是日本史上第一個遊樂園。遊樂場營運早期，曾有動物園設施，引入鳥類和動物供人觀賞。此外，第一隻日本獅子也在這裏出生。現在，遊樂場只有過山車、跳樓機等等機動遊戲。為慶祝開園 170 週年，於 2023 年 7 月開放新園區，區內除了增設 3 個新景點外，還有餐廳、拍照場所等多種設施。

▲ Bee Tower，坐上去能望到浅草全景。

◀花やしき現在是機動遊樂場。

INFO
- 東京都台東区浅草 2-28-1
- 東京地下鐵銀座線、都營地下鐵大江戶線浅草站 1 號出口步行 7 分鐘，搭乘東武鐵道可先依指示進入地下鐵範圍
- 10:00-18:00，部分日子或於晚上營業，請參閱官網
- **入園費(不包括遊戲)：** 成人 ¥1,200(HK$71)，2 歲或以上小童及小學生、65 歲或以上長者、傷健人士 ¥600(HK$35)

  遊戲任玩票： 成人 ¥2,800(HK$165)，2 歲或以上小童及中學生 ¥2,400(HK$141)，65 歲或以上長者及 2 歲或以下幼兒 ¥2,200(HK$129)
- www.hanayashiki.net

江戶時期的平民手工藝品 地圖 P.228

江戶下町傳統工藝館

江戶下町傳統工藝館是小型博物館，展出約 400 件工藝作品，包括家具、銀器、裝飾品等等，其製作款式和技巧都是江戶時代留傳下來的。每逢星期六和星期日還可以看到工匠親手製作工藝品的情況，可見他們製作時的用心和心血。工藝館曾於 2018 年進行重建，並在於 2019 年 3 月底重開。

▲刷毛。

▲江戶下町傳統工藝館。

▲由工匠製作的家具。

INFO
- 東京都台東区浅草 2-22-13
- 東京地下鐵銀座線、都營地下鐵大江戶線浅草站 1 號出口步行 8 分鐘，搭乘東武鐵道可先依指示進入地下鐵範圍
- 10:00-18:00　免費
- www.city.taito.lg.jp/index/shisetsu/bunkashisetsu/kuritsu/dentoukougeikan.html

日式文青早餐小店 地圖 P.228

MISOJYU

相信到過日本旅行的遊客，都一定嘗過飯團和味噌湯，把這兩者搭配在一起便成為了簡單又傳統的日式早餐。這間文青風小店專門提供各種口味的飯團和味噌湯，前者是由國產有機野菜及無農藥的米製成，後者則採用了無添加的味噌，確保顧客能吃得健康。大家在趕行程之前，不妨先來享用一頓豐富而又暖笠笠的早餐！

▲飯團都是由師傅早上即製的。

▲ MISOJYU 樓高兩層。

INFO
- 東京都台東区浅草 1-7-5
- 東京地下鐵銀座線浅草站 1 號出口步行約 3 分鐘，或田原町站 3 號出口步行約 5 分鐘
- 08:00-19:00(早餐限於 08:00-10:00 供應)
- 休 星期一　03-5830-3101
- misojyu.jp

(圖文： Pak)

▶三文魚飯團及油豆腐蘑菇味噌湯早餐，附送綠菜、開胃小菜及溏心蛋 (¥770，HK$45)。

▲外形較獨特的韓式辣吞拿魚飯團。

精緻意大利料理 地圖 P.228

LaVASARA

這間意大利餐廳位於一條小巷內，在小巷入口看進去彷如一間隱世小店。餐廳提供正宗的意大利菜，菜式的擺盤精緻，材料方面更標榜使用由鎌倉生產的新鮮蔬菜，色香味俱全。特別推介餐廳製作的甜品，包括鹽味椰子 (Coconut Panna Cotta) 和南瓜等各種口味獨特的布甸，能讓人嘗到不一樣的滋味。

▲餐廳的位置十分隱蔽。

INFO
- 東京都台東区浅草 2-1-3
- 東京地下鐵銀座線浅草站步行約 1 分鐘，或都營地下鐵浅草站步行約 3 分鐘
- 11:30-23:00，星期六、日及公眾假期 11:00-23:00
- 03-6231-7838
- lavasara.owst.jp

(撰文： Pak，攝影：蘇飛)

▲ Arrabiata Pasta (¥1,210，HK$71)。

▲ Coconut Panna Cotta，隨套餐加 ¥324(HK$23)。

廚具餐具多不勝數

合羽橋道具街

地圖 P.228

▲道具街有不少精美廚具及餐具。

◀連蒸籠都有。

這裏的道具並不是拍攝劇集需要使用的「道具」，而是指廚具和餐具。合羽橋道具街共長800米，多達170間商店，每間商品貨物種類和數量都多不勝數，佔用了部分街道範圍，所以即使不進店鋪，你也可以掌握該店主力售賣的餐具及廚具類型。筆者也發現，有些需要清貨的餐具會以便宜的價格放在店外，讓顧客選個夠。

▲也有餐廳用的店鋪休息牌。

INFO
東京地下鐵銀座線、都營地下鐵大江戶線浅草站1號或2號出口步行12分鐘，搭乘東武鐵道可先依指示進入地下鐵範圍；或東京地下鐵銀座線田原町站1號出口步行3分鐘
www.kappabashi.or.jp

Kitchen World TDI

地圖 P.228

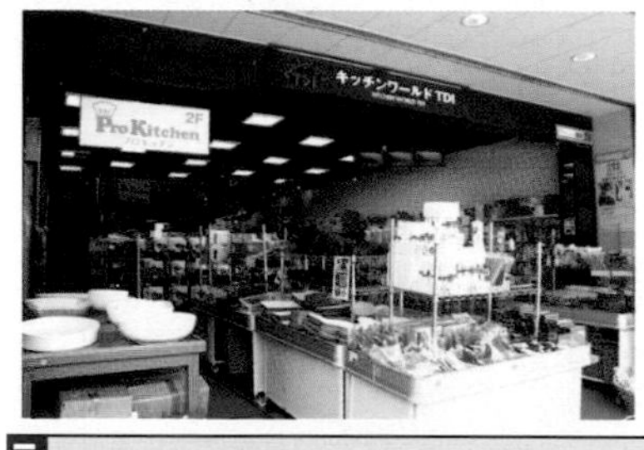

◀有兩層高，廚房、餐具種類和存貨均比較多。

INFO
東京都台東区松が谷1-9-12 SPKビル1F
09:30-18:00(星期日及假期10:30 - 18:00，年尾年初休息)
www.kwtdi.com/kitchenworld.html

小松屋

地圖 P.228

◀碟、鍋多不勝數！

INFO
東京都台東区西浅草2-21-6
08:45-17:45(星期日、假期10:00-17:00)
kappabashi-komatsuya.com

Skytree下的商場

Tokyo Solamachi

地圖 P.242

▲ Tokyo Solamachi 是 Skytree 下的大型商場。

Skytree不但是改善大眾廣播的措施，也是城市及旅遊規劃之一。Tokyo Solamachi是Skytree規劃的一部分，範圍包括地庫3至5樓、地上1至8樓、30及31樓，主要售賣食品、雜貨等，並設有高級餐廳及水族館(P.243)。

INFO
東武鐵道とうきょうスカイツリー站，或東京地下鐵半藏門線、都營地下鐵浅草線押上站B3出口
全館10:00-21:00；地上6樓至7樓、30至31樓的餐廳區11:00-23:00
www.tokyo-solamachi.jp

浅草熱門地標

Skytree(晴空塔) 必到

地圖 P.242

自 2012 年，要俯視東京景色，我們有了多一個選擇，就是比東京鐵塔更高的 Skytree。Skytree 與東京鐵塔一樣都是電波塔，但 Skytree 能解決東京高樓大廈密集所造成的訊號傳輸問題，並作為數碼電視廣播的一部分，是世界最高的電波塔。值得一提的是，安藤忠雄也有參與 Skytree 的設計。

▲到了 Skytree，仰望高高的電波塔，拍下氣勢當然都不錯啊！

◀▲ Skytree 晚上會以藍色及紫色的燈光輪流發光，藍色代表隅田川的河水。紫色代表江戶時期紫色的雅緻。

Skytree 基本資料

高度：634 米
建造期間：2008 年至 2012 年
開放日期：2012 年 5 月 22 日
用途：數碼電視廣播、天氣預報

INFO

- 10:00-22:00
- **天望甲板觀景台**：成人 ¥2,100-2,300 (HK$124-135)，12 至 17 歲 ¥1,550-1,650 (HK$91-97)，6 至 11 歲 ¥950 ~ 1,000 (HK$56-59)。(可抵達晴空塔購買門票，或在網上預訂)
  450 米天望回廊：成人 ¥1,000-1,100 (HK$59-65)，12 至 17 歲 ¥800-900 (HK$47-53)，6 至 11 歲 ¥500-550 (HK$29-32)。
  觀景台及天望回廊套票：成人 ¥3,100-3,400 (HK$182-200)，12 至 17 歲 ¥2,350-2,550 (HK$138-150)，6 至 11 歲 ¥1,450-1,660 (HK$85-91)。
- www.tokyo-skytree.jp/cn_t

TIPS!

SKYTREE ENJOY PACK

東京晴空塔入場券連淺草周邊或東京晴空塔內其他設施的門票可用超值優惠購買！包括「Planetarium 天空」、「墨田水族館」、「SMALL WORLDS TOKYO」、「teamLab Planets TOKYO DMM」。(詳情可參閱：www.tokyo-skytree.jp/cn_t/ticket/individual/)

往 Skytree 的交通工具

最就近 Skytree 的車站應為東武鐵道とうきょうスカイツリー站 (Tokyo Skytree Station)，為浅草站的下一個站；其次為東京地下鐵半蔵門線、都営地下鐵浅草線押上站。半蔵門線能到達渋谷、表參道、青山一丁目及国伝議事堂前站，而浅草線經過東銀座站。

如果到 Skytree 附近才拍攝，只能得到仰望的角度。較佳的方法是乘搭銀座線到浅草站，然後步行 15 分鐘前往 (當然，你可以換乘東武鐵道，坐一個站到 Skytree)。

▲東武鐵道とうきょうスカイツリー站。

350 米天望甲板觀景台

▲傍晚時份最多人前往，因為可觀賞日落及夜景。

位處 350 米的天望甲板為晴空塔必須參觀的範圍，這個高度相對其他東京觀景台為高 (東京鐵塔為 150 米及 250 米，六本木 Roppongi Hills 為 250 米)，加上浅草、押上一帶高樓大廈不及其他地區高，所以視野比較廣闊，大廈更加細小，景色更為壯觀。整體感覺比現在兩座知名觀景台還要好。

▲ Skytree 的日落。

▲向下望，車及大廈都像模型了。

▼隅田川一帶。華燈初上，也是一個不錯的觀賞和拍攝時刻。

▲東京鐵塔一帶是商業區、購物區，是東京比較繁華的部分。

▲這是江戶一目圖屏風，可以看到江戶時期的面貌，試試對比東京現在的景色。

450 米天望回廊

遊客可加購 450 米門票，乘搭客軚到 445 米高的位置後，經過一條叫「天望回廊」的走廊，大概繞一個圈去到 450 米高度。除了可觀賞更壯麗的景色，更可到ソラカラポイント (Sorakara Point) 這小房間，感受透過科技所帶來的光影特效。其實 Sorakara 高 451.2 米，是觀景台的最高點。此外，Sorakara Point 會在窗邊投射出基本資料，如高度、日期等，在拍攝時可連所投射的資料一併拍下來，做個留念啊！

▲ 450 米觀景台。

▲藍色燈光下的天望回廊，十分漂亮。

▼電波塔在 Sorakara Point 小房間內投射文字，如下圖 Tokyo Skytree。

▼ 450 米所望到的景色。

Skytree Cafe

▲ Skytree Cafe 櫃位。

▲雪糕 (スカイソフト，Sky Soft)，¥ 500 (HK$36)。

Skytree 上有小型咖啡店，售賣雪糕及飲品，價錢約 ¥ 400-500(HK$29-36)。最有特色的莫過於雪糕 (スカイソフト，Sky Soft)，威化餅上有 Skytree 圖案，味道分普通雲呢拿 (¥ 500，HK$36) 和附有配料，各 ¥ 550，HK$39)。一邊看風景，一邊品嚐美味雪糕是最好不過了。

手信：The Skytree Shop

▲ Skytree 立體 Memo，¥ 600 (HK$43)。

▲有時也會推出限量發售的手信。

在 Skytree 觀景台、1 樓和 5 樓都有手信店，售賣其周圍產品，款式和種類都有不少。這裏賣的手信，不一定在其他區出現。

離開時別錯過的藝術！

▲畫家筆下隅田川及 Skytree 在櫻花盛開的情形。

當乘客軚離開 Skytree 後，可以看到東京隅田川的手繪及動畫，畫家很仔細地繪畫了 Skytree 下每座大廈及河川。圖畫中間的銀幕，以動畫顯示東京的都市面貌；也有畫家畫下櫻花盛開時 Skytree 及附近一帶的樣貌。

◀畫家筆下 Skytree 俯望隅田川景色。

INFO
- 08:00-21:45 (觀景台分店於 21:30 關閉)

郵政博物館

▶透過參觀郵政博物館，可對日本有更多認識。

在 9 樓的郵政博物館收藏了多款舊版郵票、郵政工具、郵局海報等。這些都是歷史見證，有助我們了解日本郵政，甚至日本的社會發展。館內有時會舉辦特別展覽，到訪者亦可以買明信片寫給親朋戚友，然後透過這裏的郵筒寄出。

◀館內展示了不同年代的郵政服裝和工具。

◀騎着這輛鮮紅色的「綿羊仔」(機車) 送信一定很可愛！

INFO
- 10:00-17:30(最後入場時間 17:00)
- 休 不定期
- $ 成人 ¥300(HK$21)，小學生、中學生、高中生 ¥150(HK$11)
- www.postalmuseum.jp

部分產品不能用閃光燈拍攝。

浅草站至 Skytree 之間

推薦拍攝位置！

地圖 P.242

浅草站至 Skytree 雖然有段距離，但就因此造就更好的拍攝位置，把 Skytree 和下町風景一併攝入鏡頭，畫面更豐富！當 Skytree 開幕時，不少人都在浅草捕捉 Skytree 美的一面。要注意，盡量不要在早上拍攝 Skytree，以避免背光的問題，建議在日間光線較為柔和的時間來拍攝，如下午 4 至 5 時，逗留至晚上 8 至 9 時，這段時間可同時拍攝日間、日落及夜景。

當你由浅草站步行到 Skytree 途中，會發現不少精彩的拍攝地點，以下推介其中數個：

1. 吾妻橋近 Tokyo Cruise 碼頭

位置在東京地下鐵浅草站的 4 號或 5 號出口附近，不少人都在橋邊，甚至在 Tokyo Cruise 碼頭找一個好位置，通常連同附近的大廈一併拍攝，好處便是反映晴空塔所處的位置，缺點是不能突顯晴空塔的高度。

▲不少人都帶備器材來到這裏。

▲從吾妻橋上拍出來的效果。

2. 浅草寺

這個構圖相信不少人試過，把浅草寺與晴空塔併在一起，成為傳統與現代的強烈對比。若考慮反映 Skytree 的位置，在浅草寺拍攝就變得更有趣！

◀浅草寺與晴空塔。

3. 浅草通（隅田川以東）

浅草通很長，過橋向東面走，就會看到 Skytree，再向前走便是行人天橋，走上行人天橋可拍攝 Skytree 下的街道。

4. 沿東武鐵道 Skytree 線

沿着東武鐵道的，是另一條河川，Skytree 下的河川，拍出來又是另一種感覺。

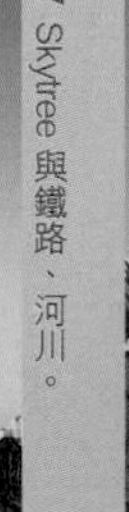

◀Skytree 與鐵路、河川。

◀差不多要到 Skytree 了。

Skytree周邊及拍攝位置地圖

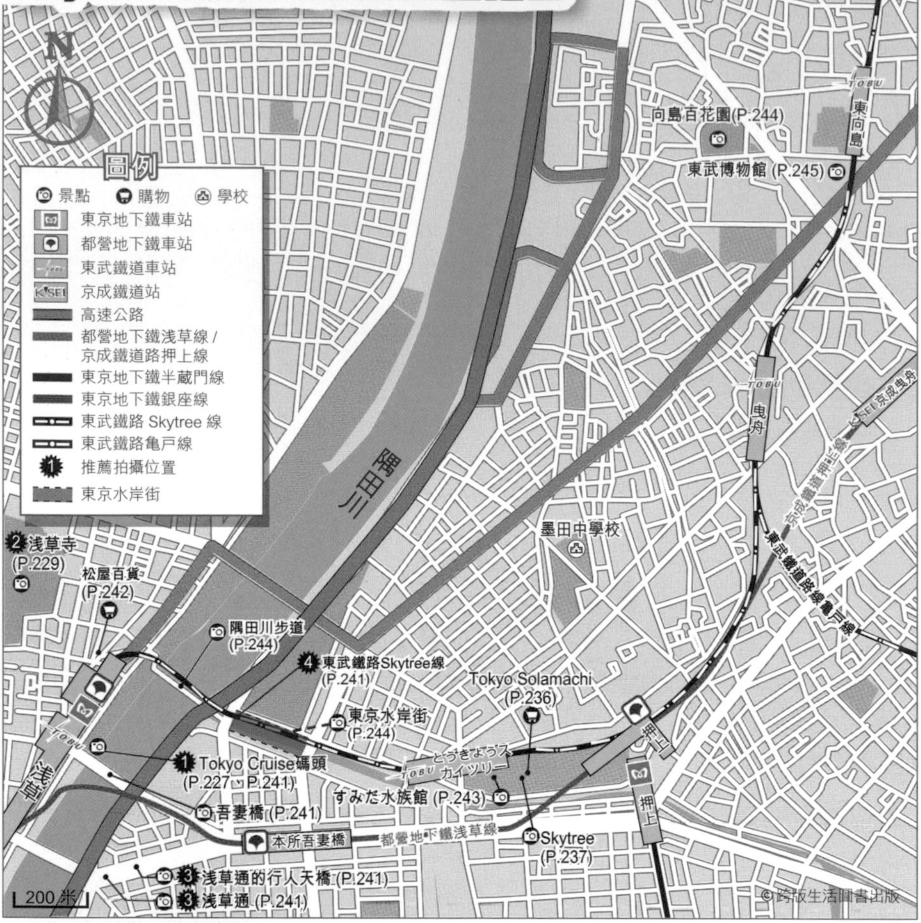

N
圖例
景點 購物 學校
東京地下鐵車站
都營地下鐵車站
東武鐵道車站
京成鐵道站
高速公路
都營地下鐵浅草線 / 京成鐵道路押上線
東京地下鐵半蔵門線
東京地下鐵銀座線
東武鐵路 Skytree 線
東武鐵路亀戸線
推薦拍攝位置
東京水岸街

向島百花園(P.244)
東武博物館 (P.245)
東向島
曳舟
京成曳舟
京成鐵道押上線
東武鐵道路線亀戸線
隅田川
墨田中學校
2 浅草寺 (P.229)
松屋百貨 (P.242)
隅田川步道 (P.244)
4 東武鐵路Skytree線 (P.241)
Tokyo Solamachi (P.236)
東京水岸街 (P.244)
1 Tokyo Cruise碼頭 (P.227、P.241)
とうきょうスカイツリー
すみだ水族館 (P.243)
押上
浅草
吾妻橋 (P.241)
本所吾妻橋
都營地下鐵浅草線
Skytree (P.237)
3 浅草通的行人天橋 (P.241)
3 浅草通 (P.241)
200米
©跨版生活圖書出版

西式建築重現

地圖 P.228、242

松屋百貨

▶松屋百貨的舊建築於 1974 年曾被白色板蓋上，外牆於 2012 年復原，重現 1931 年時的模樣。

松屋浅草店比銀座店 (P.163) 遲 6 年開業，即 1931 年 (昭和 6 年)，當時沿用大正時代流行的西式建築款式，且建築物沿海，在海上看來像航空母艦，規模已算十分龐大。浅草店本身連地庫共 9 層，但由於營業額低的關係，地上 4 樓至頂層已於 2010 年關閉，只餘下地下 1 樓及地上 3 層開放，售賣零食、新鮮食材、女裝、書籍、化粧品等，2 樓是東武鐵道浅草站範圍。

INFO
- 東京都台東区花川戸 1-4-1
- 東武鐵道浅草站、東京地下鐵銀座線、都營地下鐵大江戸線浅草站 7 號出口
- 10:00-19:00
- www.matsuya.com/asakusa/

世界自然遺產的水底美景

地圖 P.242

すみだ水族館

親子

墨田水族館利用 Tokyo Solamachi (P.236)5 和 6 樓的空間，建造人工海水設施，容納多種海洋生物，包括企鵝、海狗、珊瑚、水母等。相對大阪和沖繩水族館，すみだ水族館規模較小，但仍有其特色。其中，大水槽以東京群島為主題，重現水族館 1,000 公里外的世界自然遺產 ：小笠原群島的情景。

▲水族館內的 350 噸水池，據知為全日本最大規模。

▲工作人員向遊客講解海洋生態。

▲魔鬼魚。

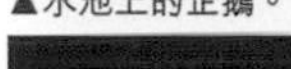

▲水池上的企鵝。

▲水族館內有不少手信出售，但以零食為主。

▲重現小笠島群島海洋的大水槽。

◀以企鵝做包裝的朱古力忌廉，¥800(HK$57)。

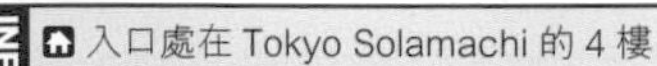

▲水母。

INFO

- 入口處在 Tokyo Solamachi 的 4 樓
- 見 Tokyo Solamachi (P.236)
- 平日 10:00-20:00，六、日、假期 09:00-21:00
- 成人 ¥2,500(HK$147)，高中生 ¥1,800(HK$106)，中學生及小學生 ¥1,200(HK$71)，3 歲或以上幼兒 ¥ 800(HK$47)
- www.sumida-aquarium.com

戀人の聖地

地圖 P.242

隅田川步道 (Sumida River Walk)

東武鐵道集團在橫跨隅田川的東武鐵道高架橋旁邊建造了隅田川跨河步道橋，使遊客可以很方便地由淺草直接走到晴空塔。步道橋在 2020 年 6 月開放，全長約 160 公尺，寬 2.5 公尺，要不是步道上擠滿遊客，幾分鐘就可以走完。

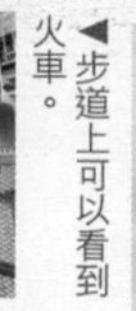

◀步道上可以看到火車。

◀外望隅田川。

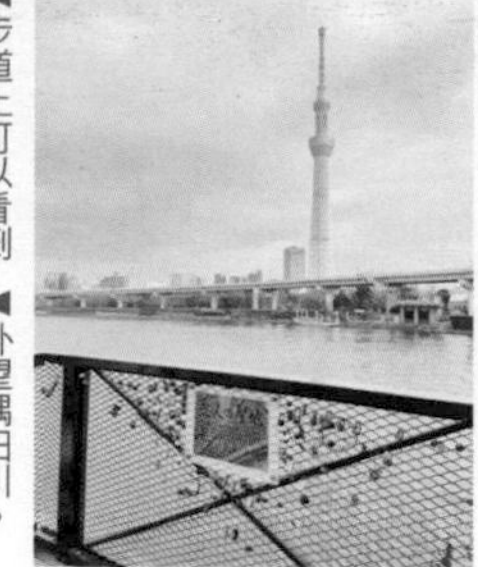

◀步道中的「戀人の聖地」掛滿了鎖。

INFO
- 東京都墨田区向島 1
- 東京地鐵淺草站 5 號出口，步行 7 分鐘；東武鐵道淺草站北口，步行 3 分鐘
- 07:00~22:00
- 03-5962-0102
- www.gotokyo.org/jp/spot/1795/

型格購物點

地圖 P.242

東京水岸街道 Tokyo Mizumachi

隅田川步道向晴空塔方向走到對岸就來到東京水岸街道，這是小規模的購物中心，共有 10 多家店舖，包括咖啡廳、精品店和麵包店。水岸街道以源森橋為界分為東區和西區，西區是遊客區，東區以住宅設施為主。

▲東京水岸街道入口。

▶就這一排店舖也吸引了不少遊客。

◀很想擁有的透明相機套裝（¥27,500，HK$1,618）。

◀來自東京表參道的麵包店 muya，以方形多士為其特色。

▲這家店出售很多型格精品。

▲外型可愛的布甸模具（¥1,980，HK$116）。

INFO
- 東京都墨田区向島 1-2
- 各店不同，(muya) 平日 10:00-18:00，周末及假期 9:00-18:00
- (muya)03-6240-4880
- www.tokyo-mizumachi.jp，(muya)bread-espresso.jp

（圖文：蘇飛）

200 年歷史的花園

地圖 P.242

向島百花園

向島百花園建於江戶時期，由古董商人佐原鞠塢及文人墨客建造，所以共有 29 個紀念眾人的石碑分佈在園內不同角落。1938 年，花園收歸東京市政府擁有，翌年改為收費進場的公園。1978 年成為「國家指定歷史遺跡・古跡・名勝」之一。花園因受到保護，所以仍保留了從前的面貌，2012 年晴空塔落成後，花園配搭高塔景色，令風景更獨特。

▲花園內的花。

▲文人石碑。

▲在花園內可見晴空塔。

INFO
- 東京都墨田区東向島 3
- 東武鐵道 Skytree 線東向島站步行 8 分鐘
- 09:00-17:00(最後入園時間 16:30)
- 休 12 月 29 日至 1 月 3 日
- ¥150(HK$11)、65 歲或以上長者 ¥70(HK$5)
- www.tokyo-park.or.jp/park/format/index032.html

認識鐵路

東武博物館 親子

地圖 P.242

日本有多間私營鐵路公司，不同公司有各自的網絡和用車，其中已有多年歷史的東武鐵道，主要為東京都東北地區及栃木縣等地提供交通服務。位於東向島站的東武博物館，展示了不同年代的車種，更有模擬列車遊戲，讓訪客一嘗操控列車的樂趣，亦能了解鐵道員的工作，另外遊客亦可在此找到有關這一帶的歷史航空圖片及社區模型。

▲博物館外昔日往日光的列車。

◀昔日的浅草列車，內部木造裝潢非常古色古香。

▲駕駛列車模擬體驗。

◀館內保留了已退役的東武巴士及貨物列車。

►在博物館內可了解隅田川一帶，這個鐵道模型就是根據 Skytree 一帶社區創作而成。

INFO

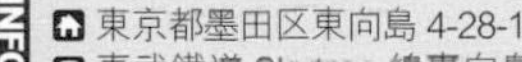

- 東京都墨田区東向島 4-28-16
- 東武鐵道 Skytree 線東向島站旁
- 10:00-16:30(最後入館時間 16:00)
- 星期一 (如遇假日，則延至翌日)、12 月 29 日至 1 月 3 日
- 成人 ￥210(HK$14)、4 歲以上小童及中學生 ￥100(HK$7)
- www.tobu.co.jp/museum/

3 層樓高的滑梯

京島南公園 親子

東京都景點大地圖

這個位於 Skytree 附近的公園，最大特色莫過於一條高約 10 米的大型滑梯，很好奇小朋友會如何看待這條刺激的滑梯，但可以肯定的是，對於有畏高症的人來說，玩這條滑梯一定不容易。現今的公園多數以安全為最高考量，滑梯採用膠材質，地面則放有軟墊，京島南公園這種滑梯已經不復見，因此十分值得到來享受從高空滑下來的樂趣。

INFO

- 墨田区京島 2-20-17
- 京成押上線京成曳舟站步行約 10 分鐘

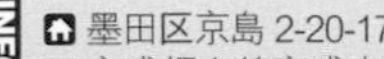

▲公園全景。

4.15 貼近東京市民的生活

上野、谷中

上野、谷中在淺草西面，是比較平民化的地區。

上野本身是著名的旅遊地區，而上野恩賜公園是區內最大的綠化設施，內有博物館及動物園，附近的阿美橫丁是平民購物區，十分熱鬧。

離開上野公園向北行，是另一個下町社區谷中。相對上野，谷中更為平民化，在旅行期間遇到一位來自台灣的遊客，他說自己較喜歡谷中，因為比起銀座、新宿等區較靜，步伐也較慢。此外，作為下町一部分的谷中，有些人也會稱之為「貓町」，在區內散步時，不難見到貓隻睡覺和走動，散步時你也會有更深的體會和發現。

• 最佳遊覽天氣及日子

有些設施如公園、動物園為室外地方，故不建議雨天前往。此外，有些店鋪或博物館設施於晚間或指定日子關閉，故最好於日間前往。

• 建議遊覽需要時間

個別景點面積很大，例如上野恩賜公園，可能需要花上半天至一天，但如果只純粹到阿美橫丁，或在谷中隨意逛逛，半天內可能足夠了。

• 前往上野、谷中的交通

▶▶▶ 上野

1. **JR 上野站**：山手線、京濱東北線(大宮及橫浜)、新幹線等
2. **東京地下鐵上野站**：銀座線、日比谷線
3. **都營地下鐵**：上野御徒町站(大江戶線)、広小路站(東京地下鐵銀座線上野、兩站範圍打通)
4. **京成電鐵京成上野站**

* 上野基本上可以步行到谷中，大概需 15 分鐘左右。

* 上野站步行到御徒町站需 5 分鐘。

▶▶▶ 谷中

1. **東京地下鐵**：根津站(千代田線)、千駄木站(千代田線)
2. **JR 日暮里站**：山手線、京濱東北線、常磐線
3. **京成電鐵日暮里站**

上野、谷中景點地圖

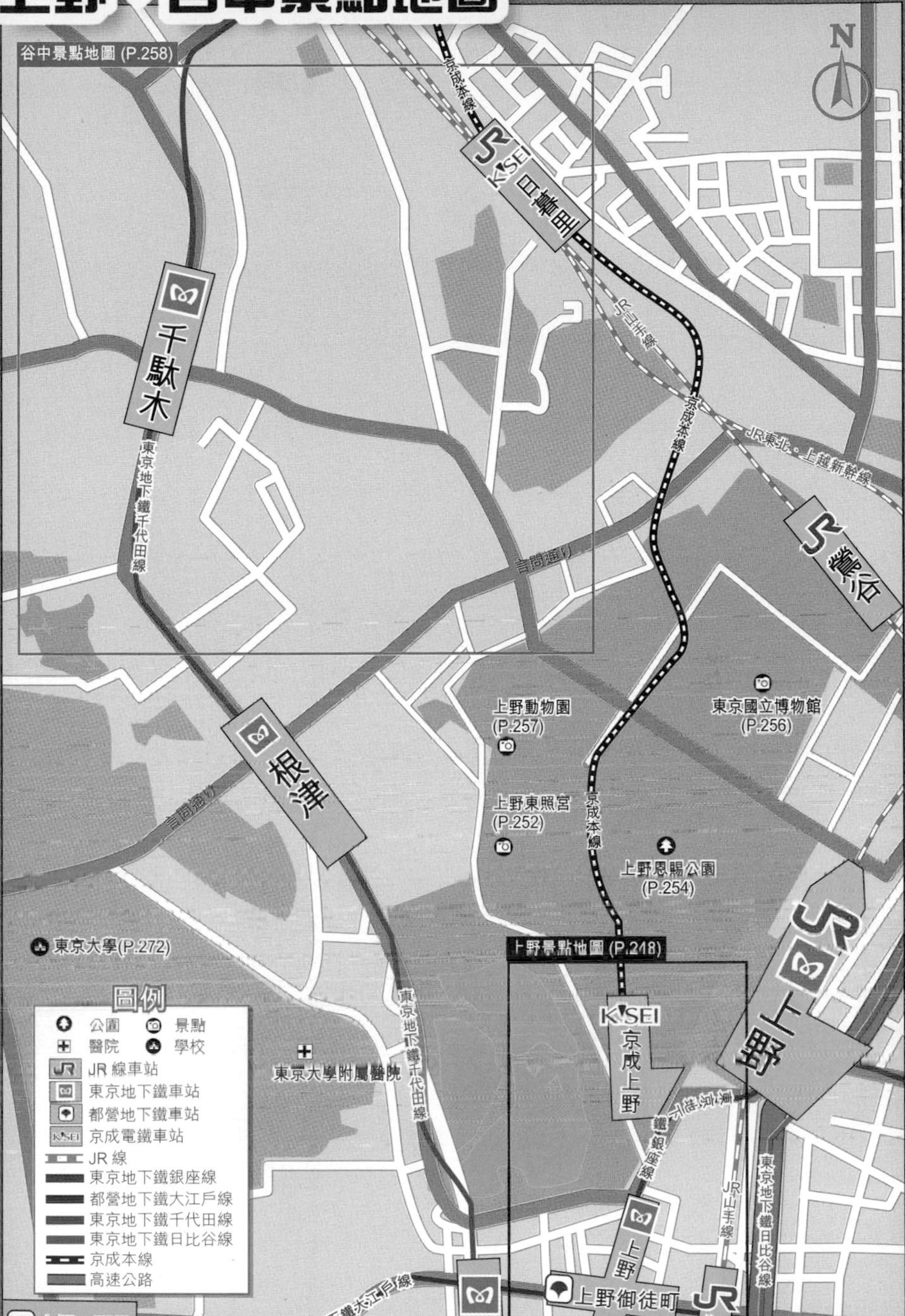

谷中景點地圖 (P.258)
上野景點地圖 (P.248)

上野動物園 (P.257)
東京國立博物館 (P.256)
上野東照宮 (P.252)
上野恩賜公園 (P.254)
東京大學(P.272)
東京大學附屬醫院

日暮里
千駄木
根津
鶯谷
上野
京成上野
上野広小路
上野御徒町
御徒町
湯島
本鄉三丁目

京成本線
JR山手線
JR東北・上越新幹線
東京地下鐵千代田線
東京地下鐵銀座線
東京地下鐵日比谷線
都營地下鐵大江戶線
言問通り

圖例
- 公園
- 景點
- 醫院
- 學校
- JR線車站
- 東京地下鐵車站
- 都營地下鐵車站
- 京成電鐵車站
- JR線
- 東京地下鐵銀座線
- 都營地下鐵大江戶線
- 東京地下鐵千代田線
- 東京地下鐵日比谷線
- 京成本線
- 高速公路

100米

上野景點地圖

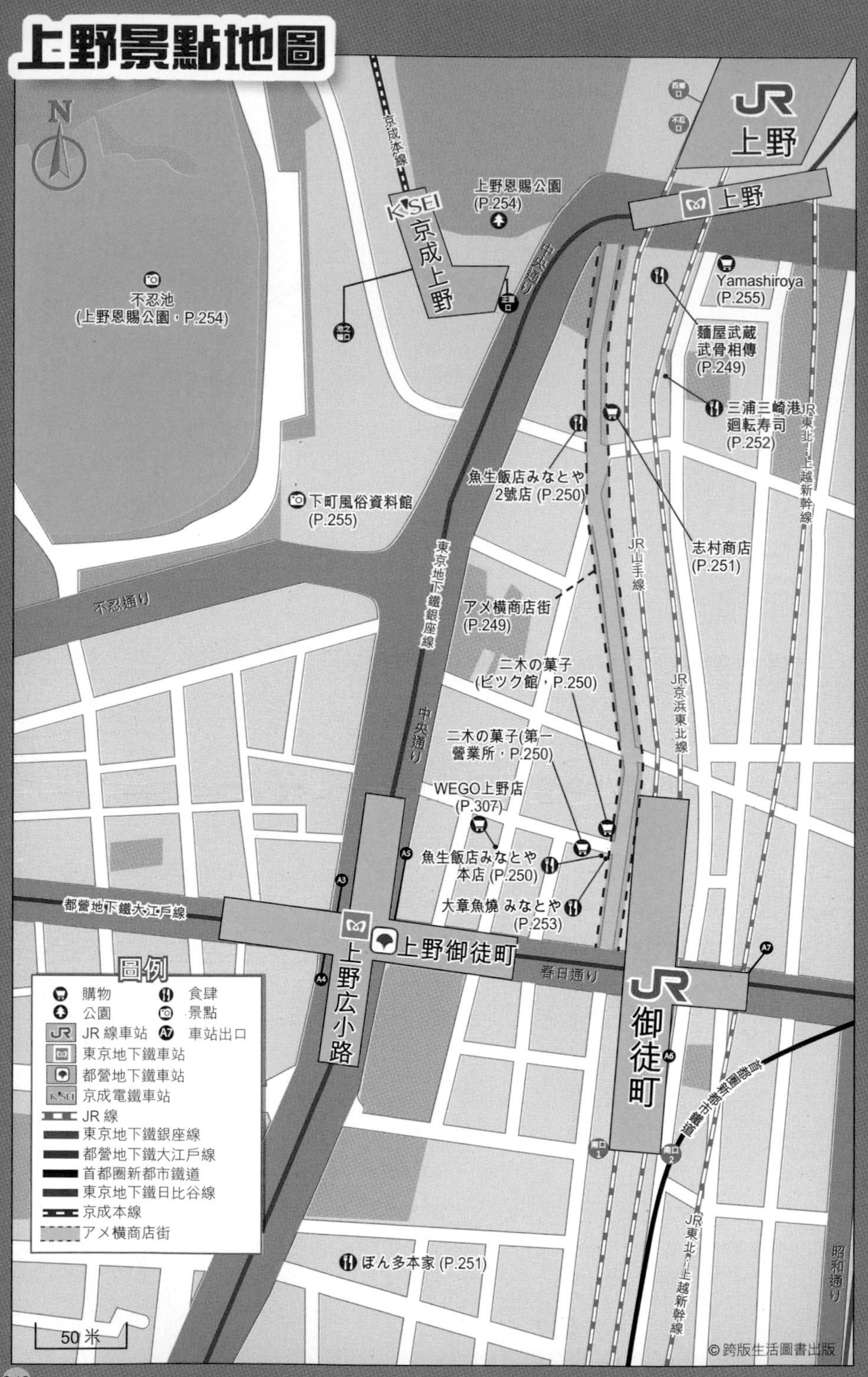

N
京成本線
KSEI 京成上野
上野恩賜公園
(P.254)
JR 上野
上野
不忍池
(上野恩賜公園，P.254)
中央通り
Yamashiroya
(P.255)
麵屋武藏
武骨相傳
(P.249)
三浦三崎港
迴転寿司
(P.252)
JR東北・上越新幹線
魚生飯店みなとや
2號店 (P.250)
下町風俗資料館
(P.255)
志村商店
(P.251)
JR山手線
東京地下鐵銀座線
不忍通り
アメ横商店街
(P.249)
二木の菓子
(ビック館，P.250)
JR京浜東北線
二木の菓子(第一
營業所，P.250)
WEGO上野店
(P.307)
魚生飯店みなとや
本店 (P.250)
都營地下鐵大江戶線
大章魚燒 みなとや
(P.253)
上野御徒町
春日通り
上野広小路
JR 御徒町
首都圈新都市鐵道
圖例
購物
食肆
公園
景點
JR 線車站
車站出口
東京地下鐵車站
都營地下鐵車站
京成電鐵車站
JR 線
東京地下鐵銀座線
都營地下鐵大江戶線
首都圈新都市鐵道
東京地下鐵日比谷線
京成本線
アメ横商店街
ぼん多本家 (P.251)
JR東北・上越新幹線
昭和通り
50 米
© 跨版生活圖書出版

熱鬧狹窄商店街

地圖 P.248

アメ横商店街

上野車站附近人山人海，不少人都在這條窄窄的アメ橫商店街逛逛。アメ橫也可稱為「阿美橫丁」(取日語諧音)，聽說「アメ」的發音來自 America，這其實不無道理，因為這裏曾有美軍駐紮。這平民化的商店街有不少時裝店、手信店和餐廳，部分貨品更比市面便宜。你可以由上野車站一直步行至御徒町車站，慢慢看個夠和買個夠。

以下是アメ橫商店街的推介食店及商店：

INFO
- JR 上野站不忍口或西鄉口過馬路到對面；或東京地下鐵上野站 7 號出口；或京成電鐵京成上野站正面口
- www.ameyoko.net

1. 麵屋武蔵 武骨相傳

地圖 P.248

這間拉麵店以沾醬麵 (つけ麵) 為主打，分為大、中、普通 3 個份量，價錢相同。沾醬麵條較粗，不易消化，不要勉強吃「大」份量。(沾醬麵的詳情見 P.97)。而此店的特色在於沾醬麵 (￥920，HK$54) 有一塊又大又肥的叉燒，而 ￥1,200(HK$71) 的沾醬麵有兩塊。湯底有紅 (辣湯底)、白 (魚湯) 和黑 (墨魚汁) 三種選擇，全部都很香濃，墨魚汁則沒有腥味。

▲所有座位都對着廚房。

▲麵屋武蔵 武骨外伝主打沾醬麵 (つけ麵)。

▲吃完麵就看到湯碗底有個「武」字。

◀其中一種湯底，墨魚汁，味道很濃，喝了後要多喝水。

▲つけ麵，￥920(HK$54，普通份量)。

INFO
- 東京都台東区上野 6-11-15
- JR 上野站不忍口或西鄉口，東京地下鐵上野站 7 號出口，京成電鐵京成上野站正面口
- 11:00-22:15
- menya634.co.jp

2. 魚生飯店みなとや

地圖 P.248

這間平民化的魚生飯店，食材由築地直送，一般評價不錯，最大特點是定食普遍較便宜，約 ¥650-1,200(HK$38-71) 不等，在築地要 ¥1,200(HK$71) 以上吧！

你可以在餐牌上向店員指着圖片點單 (各菜式都附有英語說明)，款式颇多。如果不知道想點甚麼，可以根據店家所公佈的人氣指數，點最受歡迎的菜式。

◄みなとや本店掛着大大的「鉄火丼」三字，令人誤會是店鋪名稱。

INFO

本店
- 東京都台東区上野 4-1-9
- JR 山手線御徒町站南口 1，都營地下鐵大江戶線上野御徒町站或東京地下鐵銀座線上野広小路站 A7 出口
- 11:00-19:00
- www.instagram.com/minatoyasyokuhin/

3. 二木の菓子

地圖 P.248

►二木の菓子有兩間分店，圖為第一營業所(本店)。

由於二木の菓子是不少遊客前往的零食商店，所以店外貼了簡體中文的橫額：「這裏有很多便宜的土特產」。

這裏售賣的手信全是有包裝的零食。而且，不少貨品 3 件以上有折扣，可以買多些回去與更多朋友分享。

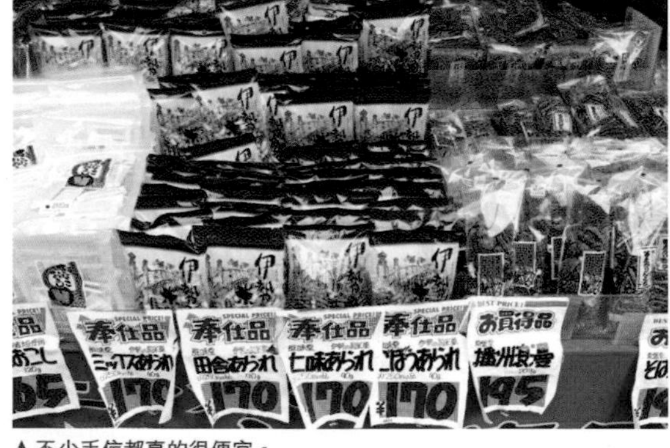

▲不少手信都真的很便宜。

INFO

第一營業所 (本店)
- 東京都台東区上野 4-1-8
- JR山手線御徒町站南口 1，都營地下鐵大江戶線上野御徒町站或東京地下鐵銀座線上野広小路站 A7 出口
- 10:00-19:00

ビック館
- 東京都台東区上野 4-6-1
- JR山手線御徒町站南口 1，都營地下鐵大江戶線上野御徒町站或東京地下鐵銀座線上野広小路站 A7 出口
- 10:00-19:00
- www.nikinokashi.co.jp

4. 志村商店

地圖 P.248

志村商店最有特色的是 ￥1,000(HK$71) 零食福袋，店員會當眾把一盒盒不同品牌的朱古力放進袋裏，價值定必超過￥1,000(HK$71)，問題是店員把甚麼品牌的朱古力放進去呢？會放多少呢？如果所放的朱古力合心水，而且數量蠻多的，不妨付錢購買，但說不定還有其他人都爭相在買。

► 店員放朱古力入福袋時的情況。

▲ 志村商店以黃色作為主調，店面有不少「1000」字眼，因為產品一律賣￥1,000(HK$71)。其中，福袋最受歡迎。

INFO
- 東京都台東区上野 6-11-3
- JR 上野站不忍口或西鄉口，東京地下鐵上野站 7 號出口，京成電鐵京成上野站正面口
- 10:00-18:00
- ameyoko.la.coocan.jp

吉列豬扒鼻祖

地圖 P.248

ぽん多本家

自 1905 年 (明治 38 年) 創業的ぽん多本家，具有多年烹調炸豬扒的經驗，並對豬扒的選料及製作非常講究，以低溫及高溫豬油分別炸兩次里脊肉 (柳梅)，令肉質鬆軟香脆，炸粉恰到好處，鬆化不覺膩。顧客主要是白領人士，因為餐飲的價錢比同區的貴了一大截。無論如何，有水準的吉列豬扒實在值得一試。

► 吉列豬扒 (カツレツ)，￥ 3,850 (HK$226)。餐牌只有日語，但老闆可能會向你推介這個餐。

▲營業時木門仍是關着，要打開才知道裏面是甚麼。

INFO
- 東京都台東区上野 3-23-3
- JR 山手線御徒町站南口 1 步行 2 分鐘；或東京地下鐵銀座線上野広小路或都營地下鐵大江戶線上野御徒町站 A1 出口步行 2 分鐘
- 11:00-14:00 及星期二至六及公眾假期前夕 16:30-20:20 、星期日及公眾假期 16:00-20:20
- 休 星期一
- g608200.gorp.jp

山丘般的軍艦壽司

地圖 P.248

三浦三崎港 迴転寿司

人氣

三浦三崎港是一間極具人氣的迴轉壽司店，用料十分新鮮，而且店內最便宜的壽司只是 ¥180(HK$11) 一碟，因此門外經常大排長龍。店鋪的主打是鮪魚壽司，不但細緻地把鮪魚分為各種部位，還提供不同製法，例如手握、軍艦、火炙壽司等，讓人一次過嘗到不同滋味。此外，這裏的軍艦壽司的配料會堆到像小山一樣高，豐厚的口感絕對能滿足顧客。

◀ 明太子赤貝軍艦 (¥390，HK$24)，赤貝新鮮爽脆。

▲火炙三文魚壽司 (¥350，HK$21)，肥美的三文魚入口即溶。

▲晚飯時段，店外有不少人輪候。

◀甜蝦軍艦 (¥490，HK$29) 不但口感豐富，而且每隻蝦都十分鮮甜。

◀ 迴轉帶上會放有標示着各種壽司名字的紙牌。

INFO
- 東京都台東区上野 6-12-14
- JR 上野站不忍口步行約 1 分鐘
- 平日 10:30-22:00(L.O.21:30)
- 03-5807-6023
- www.neo-emotion.jp/post_kaitensushi/miuramisakikou-ueno

(圖文： Pak)

金碧輝煌的神社

地圖 P.247

上野東照宮

上野公園內有一座金光閃閃的神社，名為上野東照宮。東照宮於 1651 年建造，供奉着德川家康、吉宗和慶喜三位江戶幕府時代的大將軍，極具歷史意義。此外，東照宮於建造時使用了大量金箔，看起來富麗堂皇，從沒有因各種災害而損毀，保留着江戶時代的面貌，是珍貴的建築。

▲金光閃閃的東照宮。

▲▶ 前往東照宮的路上會見到不少鳥居和燈座。

INFO
- 東京都台東区上野公園 9-88
- 東京地下鐵、JR 上野站，或京成電鐵京成上野站步行約 10 分鐘
- 10 月至 2 月 09:00-16:30，3 月至 9 月 09:00-17:30
- 03-3822-3455
- www.uenotoshogu.com

(圖文： Pak)

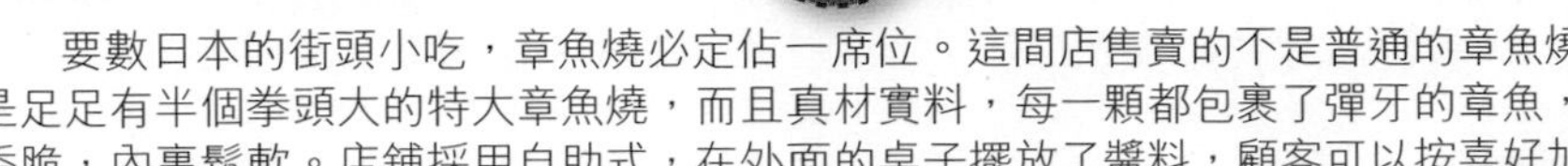

地圖 P.248

份量十足

大章魚燒 みなとや 必吃

要數日本的街頭小吃，章魚燒必定佔一席位。這間店售賣的不是普通的章魚燒，而是足足有半個拳頭大的特大章魚燒，而且真材實料，每一顆都包裹了彈牙的章魚，外皮香脆，內裹鬆軟。店鋪採用自助式，在外面的桌子擺放了醬料，顧客可以按喜好加入不同份量的沙律醬、燒汁、海苔和木魚，不少顧客都加得「盆滿缽滿」！

▲店家都忙得停不下手。

▲店鋪門外總是擠滿了人。

▲配料及醬料都是自助式的。

▲咬開裡面當然有章魚粒。

▲每一顆章魚燒都很大顆。

INFO

- 東京都台東区上野 4-1-9
- JR 上野站広小路口步行約 6 分鐘；或京成電鐵京城上野站正面口步行約 4 分鐘
- 11:00-19:00(售完即止)
- 03-3831-4350
- tabelog.com/tokyo/A1311/A131101/13018461/

(圖文： Pak)

▲ 4 顆特大章魚燒 (¥400，HK$24)。

東京最大公園

上野恩賜公園

賞櫻

地圖 P.247、248

▲綠意盎然的公園環境。

上野恩賜公園在 1876 年落成，佔地 54 萬平方米，範圍是全東京最大，也是全日本第一的公園，原本由皇室管理，但到 1924 年由大正天皇將之賜予東京都政府管轄，故公園名稱有「恩賜」二字。這公園是東京賞櫻地之一。即使不是賞櫻季節，都不妨來到這個公園，感受綠意盎然的環境，並享用園內的咖啡室，參觀不同的博物館，在不忍池內划船，輕鬆一下。

▲公園內的不忍池。

◀公園內的咖啡店。

▲道路兩旁盡是櫻花樹。(攝影：Li)

▲花季時，不少家庭霸佔有利位置觀賞櫻花。(攝影：Li)

◀▼有粉白色，也有顏色偏紅的櫻花。(攝影：Li)

▲垂下的櫻花別具特色。(攝影：Li)

INFO

- 東京都台東区上野公園 6
- JR 上野站公園口；或東京地下鐵上野站 7 號出口；或京成電鐵京成上野站正面口
- 24 小時
- bit.ly/3P4WfZR

大型綜合玩具店

Yamashiroya

親子

地圖 P.248

在 JR 上野站對面，是一座連地庫共 6 層高的 Yamashiroya 玩具百貨店，所售賣的玩具種類繁多，包括卡通人物洋娃娃及周邊商品、電玩、漫畫、拼圖、幼兒玩具、模型等。

▲裏面有售賣 Skytree 相關產品。

▲ Yamashiroya 內有很多玩具。

INFO

- 東京都台東区上野 6-14-6
- JR 上野站不忍口或西鄉口；或東京地下鐵上野站 7 號出口或京成電鐵京成上野站正面口
- 11:00-21:30 (1 月 1 日休息)
- www.e-yamashiroya.com

體驗東京下町文化

下町風俗資料館

地圖 P.248

過去，因為不少商人及工匠等較低階級的人士都聚居在上野、浅草等地，故這一帶被稱為「下町」；即使今日階級、地位的差異減少，下町地區的生活都較平民化。不過，昔日的下町文化隨着日本現代化逐漸式微，便設立這個博物館，重現昔日平民房屋、雜貨店、維生工具等。雖然展覽範圍細小，但參觀時能容易投入下町的傳統生活氛圍。資料館在谷中另設附設展示場 (P.256)，保留該區其中一座老房子及內部裝潢。**目前維修休館中，暫定 2025 年 3 月重開。**

▲昔日的民居。

▲平民的生活用品。

▲昔日小童喜歡逛的雜貨店。

INFO

- 東京都台東区上野公園 2-1
- JR上野站不忍口或西鄉口步行 5 分鐘；或東京地下鐵上野站 7 號出口步行 5 分鐘；或京成電鐵京成上野站池の端口步行 2 分鐘
- 09:30-16:30(最後入館時間為 16:00)
- 成人 ￥300(HK$21)，小學生及中學生 ￥100(HK$7)
- 星期一 (如遇假日，則順延至星期二)、12 月 29 日至 1 月 1 日
- www.taitogeibun.net/shitamachi/

▲昔日的固力果糖果。

明治時期酒屋

地圖 P.253

下町風俗資料館附設展示場（旧吉田屋酒店）

下町風俗資料館附設展示場除了設立室內展覽外，還利用谷中 6 丁目的吉田屋酒屋作為實物展覽。吉田屋酒屋自江戶時代開始經營，而建築物則是已推行現代化的明治 43 年 (1910 年) 興建的，現在房屋仍有傳統氣息，從中可以看到昔日下町商人所經營店鋪的模樣。

◀下町風俗資料館附設展示場，其實是明治時期所興建的傳統酒屋。

▲展示場雖細小，但裏面藏品豐富。

INFO
- 東京都台東区上野桜木 2-10-6
- 東京地下鐵千代田線根津站 1 號出口，或 JR、京成電鐵日暮里站東口步行 8 分鐘，由下町風俗資料館步行需時 17 分鐘
- 09:30-16:30
- 免費
- 星期一、12 月 29 日至 1 月 1 日
- www.taitogeibun.net/shitamachi/

超過 11 萬件珍藏

地圖 P.247

東京國立博物館

1872 年 (明治時期 5 年)，日本史上第一個博物館：東京國立博物館落成並開放予公眾參觀。館內收藏了超過 11 萬件珍藏文物，其中有近 100 件為國寶，600 多件為重要文化財產，文物種類包括雕刻、武品、陶瓷等。透過觀賞文物，可對日本文化和歷史有更進一步的了解。

◀ 國立博物館收藏不少日本珍貴文物。

INFO
- 東京都台東区上野公園 13-9
- JR 上野站公園口，依公園內指示到東京國立博物館；或東京地下鐵上野站 7 號出口；或京成電鐵京成上野站正面口
- 09:30-17:00(最後入場時間為 16:30)
- 星期一 (如遇假期則延至翌日)，年尾年初、8 月 13 日至 15 日
- 成人 ¥1,000(HK$59)，大學生 ¥500(HK$29)，18 歲以下及 70 歲以上免費
- www.tnm.jp

日本第一個動物園

上野動物園

日本自明治維新推行現代化後，於 1882 年開放上野動物園，成為日本史上第一個動物園。動物園分為東園和西園兩個部分，展示超過 340 種動物如獅子、老虎、企鵝、鳥類等。在中日邦交正常化，即 1972 年，更引入中國政府送贈的大熊貓，至今仍能觀賞這種可愛的動物，吸引不少遊人的目光！

▲公園入口。

▲熊貓。

▲大象。

▲顯得很神氣的企鵝。

▲獅子。

▲園內有熊貓手信店。

▲熊貓蛋糕，¥750(HK$54)。

INFO
- 東京都台東区上野公園 9-83
- JR 上野站公園口，依公園內指示到上野動物園；或東京地下鐵上野站 7 號出口；或京成電鐵京成上野站正面口
- 09:30-17:00(最後入場時間為 16:00)
- 星期一(同週假日，則順延至星期二)，12 月 29 日至 1 月 1 日
- 成人 ¥600(HK$43)，65 歲或以上長者 ¥300(HK$21)，中學生 ¥200(HK$14)；3 月 20 日、5 月 4 日及 10 月 1 日免費入園
- www.tokyo-zoo.net/zoo/ueno

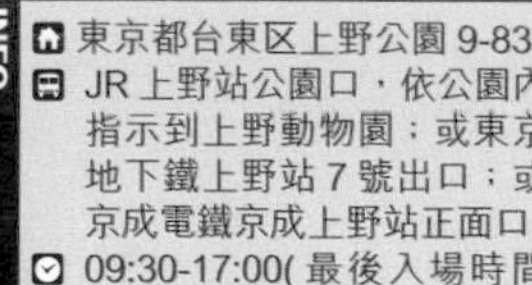

▲北極熊。

▲園內設單軌電車往返東西園，是東京最早懸垂式單軌電車。其實它並非動物園的一部分，屬於都營，因老化構成安全問題，將於 2019 年 11 月起停駛。

谷中景點地圖

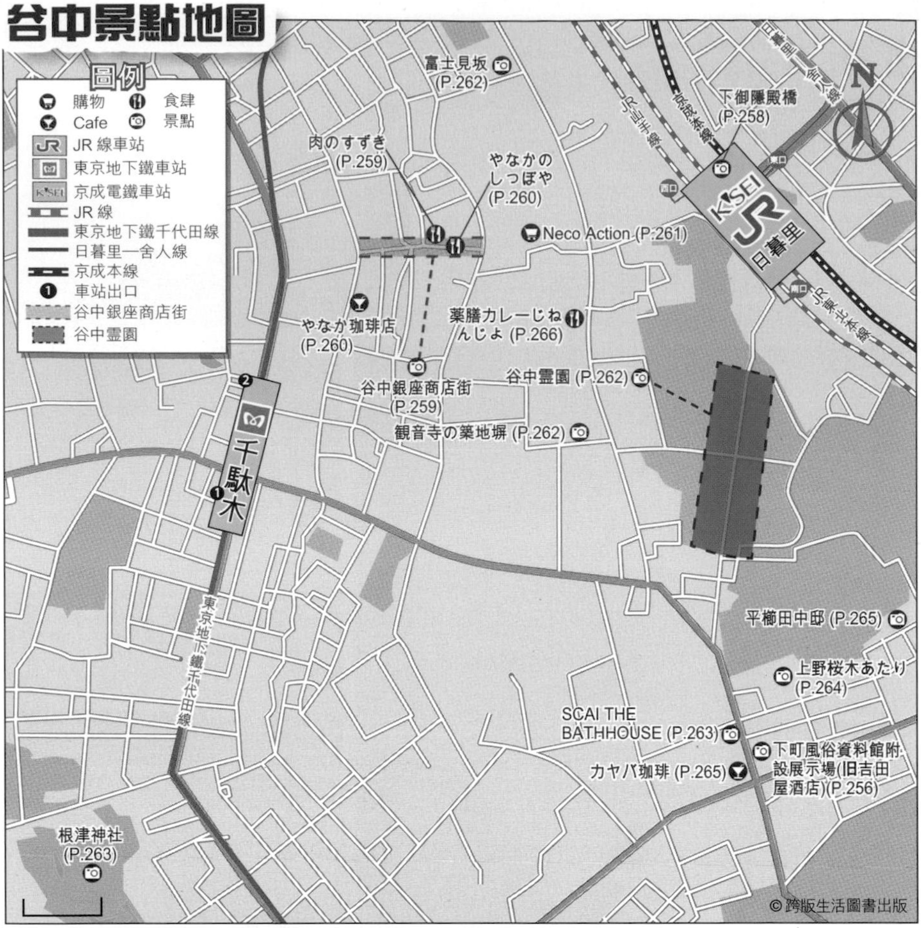

圖例
購物　食肆
Cafe　景點
JR 線車站
東京地下鐵車站
京成電鐵車站
JR 線
東京地下鐵千代田線
日暮里—舍人線
京成本線
車站出口
谷中銀座商店街
谷中靈園

富士見坂 (P.262)
肉のすずき (P.259)
やなかのしっぽや (P.260)
Neco Action (P.261)
下御隱殿橋 (P.258)
日暮里
千駄木
東京地下鐵千代田線
JR 山手線
京成本線
日暮里—舍人線
JR 東北本線
東口
西口
やなか珈琲店 (P.260)
薬膳カレーじねんじょ (P.266)
谷中銀座商店街 (P.259)
谷中靈園 (P.262)
観音寺の築地塀 (P.262)
平櫛田中邸 (P.265)
上野桜木あたり (P.264)
SCAI THE BATHHOUSE (P.263)
下町風俗資料館附設展示場(旧吉田屋酒店)(P.256)
カヤバ珈琲 (P.265)
根津神社 (P.263)

看列車飛馳

下御隱殿橋

地圖 P.258

▲列車駛經時的情況。

▲橋上的列車裝飾。

▲向左望有駛經此地的列車型號介紹。

下御隱殿橋是一條建在鐵路上的天橋，由於該段鐵路有不同種類列車及新幹線高速列車駛經，所以吸引一家大小及鐵路迷前來拍攝和觀賞列車。

橋上還有列車的裝飾，以及駛經這裏列車型號的資料。

INFO
JR、京成電鐵日暮里站東口外

平民購物及貓貓區

谷中銀座商店街

小小的谷中銀座是谷中區較為熱鬧的購物地區，短短 200 米的行人路有小食店、服裝店、美容店等，也是谷中居民補給之地。由於谷中一帶有不少貓，所以街道會有相關裝飾，幸運的話會見到真的貓在睡覺。

▲只有行人和單車才能通過商店街。

▲► 商店街有不少貓的裝飾，因為谷中一帶有時會有貓出沒。

▲谷中銀座出入口。

INFO
- 東京地下鐵千代田線千駄木站 2 號出口步行 3 分鐘，或 JR、京成電鐵日暮里站西口步行 5 分鐘
- www.yanakaginza.com

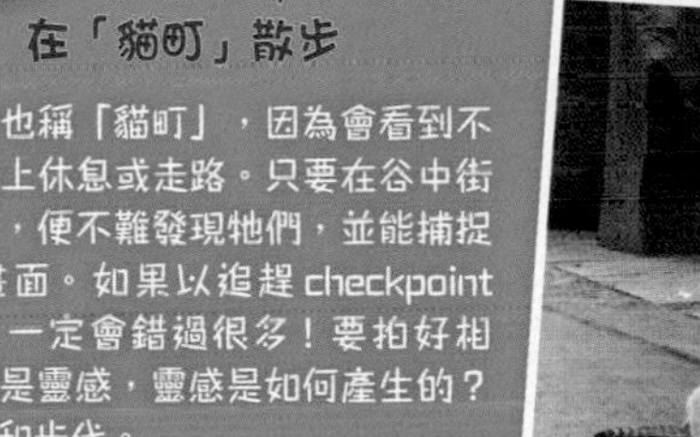

在「貓町」散步

谷中也稱「貓町」，因為會看到不少貓在街上休息或走路。只要在谷中街道上散步，便不難發現牠們，並能捕捉有趣的畫面。如果以追趕 checkpoint 的心態，一定會錯過很多！要拍好相片，前題是靈感，靈感是如何產生的？在於心態和步伐。

人氣牛肉餅

肉のすずき

人氣

肉のすずき於 1933 年創立，主打是採用日本和牛的牛肉餅 (元気メンチカツ)，吸引了不少名人來試吃，以及傳媒的報道。每到周末及假期，便有不少人來排隊，若想省卻排隊時間，可以在平日前來。

INFO
- 東京都台東區谷中 3-9-15
- 東京地下鐵千代田線千駄木站 2 號出口步行 4 分鐘，或 JR、京成電鐵日暮里站西口步行 6 分鐘
- 10:30-18:00
- 星期一及不定期星期二
- bit.ly/3sqJKix

▲味道不錯的牛肉餅 (元気メンチカツ，¥280，HK$16)。

▲筆者來到肉のすずき店時，算是幸運，不用排隊。

吃掉「貓尾巴」！

地圖 P.258

やなかのしっぽや

▲售賣的手信和小吃均與貓有關。

這店家以貓作為主題，推出一系列的小食，例如利用棒狀 donut 製成「貓尾」小吃，提供 14 款味道，例如朱古力 (チョコ，￥130/ HK$9)、芝麻 (タマ，￥ 120/ HK$9)。當你選擇好「貓尾」後，店員會將之放進微波爐裏 30 至 40 秒，便可以吃熱烘烘的美食了。這些 donut 內的餡料份量十足。

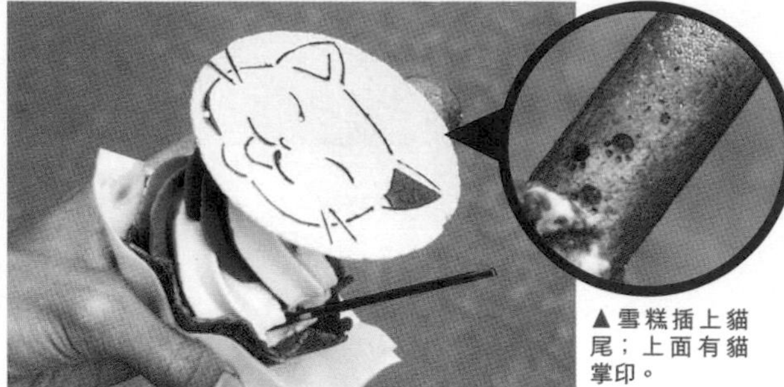

▲雪糕插上貓尾；上面有貓掌印。

▲夏天才推出的にゃんこソフト (￥750，HK$44)，有貓餅、貓尾和雪糕 (味道可選士多啤梨、雲呢拿和兩種味道混合)。另一款貓餅上印有貓的腳印。

▲焦糖 (上圖) 和香蕉味 (ナナ)，￥130(HK$9) (下圖) 的「貓尾」，你喜歡哪種？

▲手信的包裝很有心思，這是小豆零食，每盒 ￥680(HK$49)，可以先試吃才決定買哪一種。

INFO

- 東京都台東区谷中 3-11-12
- 東京地下鐵千代田線千駄木站 2 號出口步行 4 分鐘；或 JR、京成電鐵日暮里站西口步行 6 分鐘
- 星期一至五 10:00-18:00，星期六、日及公眾假期 10:00-19:00
- bit.ly/3WwqBIL

喝咖啡稍歇一下

地圖 P.258

やなか珈琲店

▲「やなか」是谷中的日語拼音「Yanaka」。

在谷中想找個地方小休，或遇下雨想找個地方停留一會，可以到這家在東京有多間分店、以谷中為本店的やなか珈琲店。店內只有數個座位，咖啡有老闆選的本日咖啡和凍熱咖啡，兩種都有大中小 3 種，而甜味系就有阿法其朵和雪糕咖啡。如果覺得香濃而好喝的話，可以挑選咖啡豆買回去烘焙。

▲ Latte(￥290，HK$17)。

▶可在店內選購咖啡豆，價格視種類和重量而不同。

INFO

- 東京都台東区谷中 3-8-6
- 東京地下鐵千代田線千駄木站 2 號出口步行 3 分鐘；或 JR、京成電鐵日暮里站西口步行 8 分鐘
- 10:00-20:00
- 休 每月第 3 個星期四
- www.yanaka-coffeeten.com

地圖 P.258

貓精品店

Neco Action

在谷中銀座商店街附近，有一間專門售賣貓精品的雜貨店，包括鑰匙扣、貼紙、印章、卡套、情景模型、手機吊飾等，有部分是店鋪自家出品，在外面買不到。商店會不時推出新產品，所以種類愈來愈多。喜歡貓的人可不能錯過這間商店啊！

▲作為貓精品店，店外都要有貓的裝飾。

▲貓裝飾和貓卡套（圖右），用來放車票、八達通、悠遊卡等卡最不錯了！

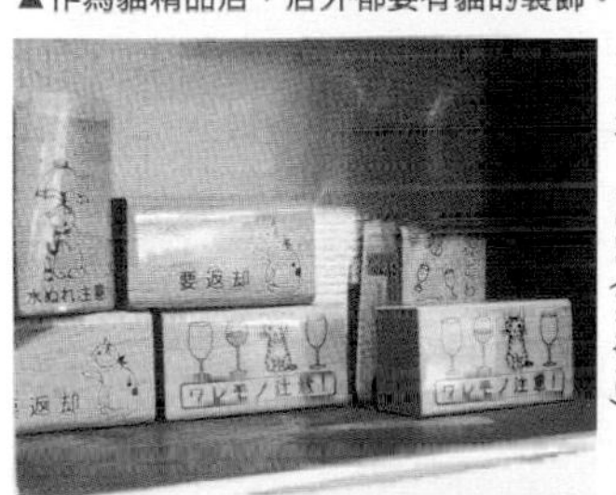

▲印章，¥630 (HK$45)。

▲貓情景模型，參照平民區環境而創作，價錢視情景複雜度而定，由 ¥900 到 ¥2,000(HK$64-143) 不等。

▲成千上萬的貓咪精品必定令一眾貓奴流連忘返！

▲也有自家產品。

INFO

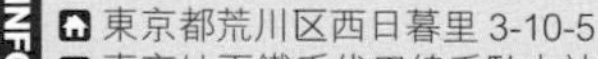

- 東京都荒川区西日暮里 3-10-5
- 東京地下鐵千代田線千駄木站 2 號出口步行 7 分鐘；或 JR、京成電鐵日暮里站西口步行 5 分鐘
- 11:00-18:00　休 星期一
- www.necoaction.com/index.html

關東富士見百景之一

富士見坂

地圖 P.258

谷中地區有不少小巷，其中一條名為富士見坂，是一條稍斜的道路，天朗氣清時有機會看到遠處的富士山。看不到的話，可以看看附近張貼的相關資料。它是關東富士見百景之一，是十分重要的風景遺產。不過，由於高樓大廈愈來愈多，其視野不斷受到破壞。如果你看到富士山的話，筆者認為像中了獎般！

▲從這方向可以看富士山，但要視乎天氣。

◀富士見坂附近張貼有關那個地方的相關資料。

INFO
東京地下鐵千代田線千駄木站 2 號出口步行 8 分鐘；或 JR、京成電鐵日暮里站西口步行 7 分鐘

賞櫻勝地之一

谷中霊園

地圖 P.258

與青山霊園 (P.121) 的情況一樣，谷中霊園外的道路上，兩旁種滿了樹木，春天時櫻花盛放，不失為賞櫻勝地之一。雖然不像公園有很多空地，但日本人在那個季節，會盡量找位置，坐下來野餐和欣賞櫻花。園內有不少貓！

◀谷中霊園是賞櫻勝地之一。即使不是賞櫻季節，你也可以來這裏探望貓隻。

INFO
東京地下鐵千代田線千駄木站 1 號出口步行 11 分鐘；或 JR、京成電鐵日暮里站南口步行 1 分鐘
www.tokyo-park.or.jp/reien/park/map073.html

曾獲「街角賞」的 200 年歷史遺跡

観音寺の築地塀

地圖 P.258

谷中的観音寺外保留着闊 37.6 米、高 2 米江戶時期所建造的牆身，至今已有超過 200 年歷史，從牆身可以看到江戶時期的影子。牆身於 1992 年成為區內「まちかど賞」(街角賞) 之一，成為該區其中一個值得一看的街道小風景。

▶観音寺の築地塀受到「まちかど賞」(街角賞)，是谷中平民街道推介風景之一。

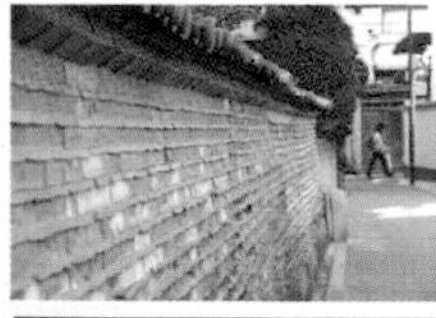

◀近攝有 200 年歷史的牆身，它將會邁向 300 年、400 年……

INFO
東京地下鐵千代田線千駄木站 2 號出口步行 6 分鐘；或 JR、京成電鐵日暮里站南口步行 7 分鐘
yanaka-kannonji.jp/wall/

澡堂改建而成的藝廊

地圖 P.258

SCAI THE BATHHOUSE

具 200 多年歷史的「柏湯」公共澡室，於 1993 年在保留外貌下，改為藝廊，裏面展出近代日本藝術作品，其中有著名設計師如橫尾忠則的作品，也給予青年人機會，從藝廊中可掌握日本藝術與設計的發展動向。

▲現時為藝廊的 SCAI THE BATHHOUSE，其澡堂建築完好無缺保留下來。

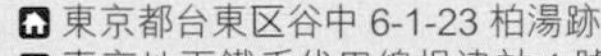

INFO
- 東京都台東区谷中 6-1-23 柏湯跡
- 東京地下鐵千代田線根津站 1 號出口，或 JR、京成電鐵日暮里站南口步行 8 分鐘
- 12:00-18:00　免費
- 星期日、一及公眾假期
- scaithebathhouse.com/en

觀賞杜鵑、穿越鳥居隧道

地圖 P.258

根津神社

在京都的伏見稻荷神社內有鳥居排列而成的隧道，甚為壯觀。類似的情況也能在東京根津神社內見到，不過規模相對地小很多。根津神社創立年份不詳，有說可能是 1,900 年前，但裏面的建築物於 1706 年建造，全都沒因為災害而燒毀或損毀，也成為國家重要文化財產。現時供奉的其中一人為有「日本孔子」之稱的菅原道真。除了看鳥居，根津神社在每年 4 月時盛放杜鵑花，是觀賞杜鵑花的勝地之一。

▲神社樓門。

▲神社內其他角落。

▲乙女稻荷內有很多鳥居，排在一起彷如成了一條隧道。

INFO
- 東京都文京区根津 1-28-9
- 東京地下鐵千代田線根津站 1 號出口
- 唐門 3 至 9 月 18:00、2 月及 10 月 17:30、11 至 1 月 17:00 閉門
- www.nedujinja.or.jp

日式老房子活化成小店和食店

地圖 P.258

上野桜木あたり

上野桜木あたり有 3 座日式傳統老房子，皆於 1938 年由經營房地產的塚越家建造。原本是塚越家的住所，直至近年其家族有意將此處改為停車場，在保育團體爭取下，3 座房屋才得以保留。台東區一個組織「たいとう歴史都市研究会」與塚越家合作進行修復，在 2015 年，老房子終於活化成 4 間小商店，售賣飲品和小食，遊客亦可在庭園休息，感受昔日的平和氣氛。

▼▲上野桜木あたり於 1938 年落成。

◀環境優美寧靜，穿梭其中就像回到昔日時光。

INFO

- 東京都台東区上野桜木 2-15-6
- 東京地下鐵千代田線根津站 1 號出口步行 10 分鐘，或千駄木站 1 號出口步行 10 分鐘；或 JR、京成電鐵日暮里站南口步行 10 分鐘
- 約 11:00-20:00(視乎各店鋪而異)
- uenosakuragiatari.jp

以下為上野桜木あたり的精選店家：

橄欖油專門店　Oshi Olive

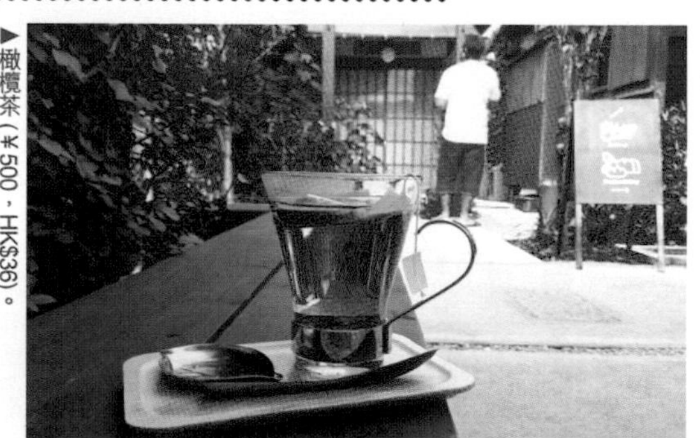

▶橄欖茶 (¥500，HK$36)。

Oshi Olive 專門售賣有關鹽和橄欖油的產品，遊客亦可坐下來品嚐多款小吃和飲品。

INFO

- 11:00-18:00
- 休 星期一 (如遇假日則照常營業)
- oshiolive.jp

名雕刻師故居

地圖 P.258

平櫛田中邸

平櫛田中邸是日本名雕刻師平櫛田中的故居，已有 90 年歷史，在這裏可一窺這位大師的居住環境，包括工作間和畫室。**要注意此處每個月只開放 2 至 3 次予公眾參觀，但日期不定，遊客只能碰碰運氣了！**

►屋內透露出寧靜氣氛，真是一個創作的好地方。

▲平櫛田中的工作桌。

▲大師作畫的地方。

▲雕刻作品。

INFO
- 東京都台東区上野桜木 2-20-3
- JR、京成電鐵日暮里站東口步行 15 分鐘
- taireki.com/hirakushi/

轉角的小小咖啡店

地圖 P.258

カヤバ珈琲

成立於 1917 年的カヤバ珈琲，曾於 2006 年結業，但兩年後 SCAI The Bathhouse 美術館和歷史都市研究會，與經營咖啡店的家族商議後，決定改建原有建築物，於 2009 年重新開業。

現時咖啡店提供早午晚餐，下午至晚上會提供蛋糕套餐，抹茶朱古力奶油蛋糕或是日甜品配飲品可享有 ¥100 折扣。除了最拿手的咖啡，晚上更提供酒類飲品。

▲カヤバ珈琲建於 1917 年。

▲抹茶朱古力奶油蛋糕 (¥500，HK$35)。

▲套餐的熱 Latte。

INFO
- 東京都台東区谷中 6-1-29
- 東京地下鐵千代田線根津站 1 號出口，或 JR、京成電鐵日暮里站南口步行 8 分鐘
- 08:00-18:00 休 星期一

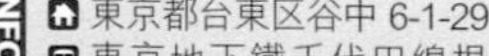

- www.instagram.com/kayabacoffee/

吃咖喱有助養生?

地圖 P.268

薬膳カレーじねんじょ

咖喱有很多種，不同國家及地理環境會有不同風格和風味。在薬膳カレーじねんじょ，可吃到一種強調健康養生的藥膳咖喱。點餐前，可先參考店家的單張説明，選擇一款有助自己健康的咖喱。如筆者所點的「藥膳・野菜カレー」(￥1,530，HK$90)：在辣椒咖喱中加入藥材和野菜，如南瓜、蘿蔔、香菇等，有美肌作用及有助紓緩高血壓和動脈硬化。

▶薬膳カレーじねんじょ。

◀五穀米。

▲柔和陽光照進店內。

◀餐廳強調進食咖喱不只是味覺刺激體驗，進食得宜更可促進身體健康。

▲咖喱上鋪滿南瓜、蘿蔔、香菇等野菜。薬膳・野菜カレー(￥1,530，HK$90)，想不到味道也頗辣！

INFO

- 東京都台東区谷中 5-9-25
- JR、京成電鐵日暮里站西口步行 5 分鐘
- 11:30-16:00、17:30-21:00
  (星期六、日及公眾假期 11:00-16:00、17:00-21:00)
- 休 星期一 (如遇假期，則順延至翌日)
- tabelog.com/tokyo/A1311/A131105/13018414/

4.16 球賽、演唱會熱點

後楽園、本鄉

離開上野恩賜公園，可步行至東京大學感受學術氣氛。從東京大學步行至另一個出口，再花多 15 分鐘左右，便到達後楽園。

今時今日的後楽園，是一個看棒球賽和演唱會的熱點，附近也有商場和遊樂場。不過，後楽園並不是名存實亡。在 Tokyo Dome City 旁保留江戶時代所建造的後楽園。對你來說，究竟甚麼才是你的後楽園？到東大逛逛？Tokyo Dome City 樂園玩機動遊戲？還是在前人留下來的小石川後楽園賞花？

最佳遊覽天氣

除了 Tokyo Dome City 外，後楽園的大部分景點都在室外，例如小石川後楽園和東京大學，建議於日間晴天前往，下雨會十分不便。

建議遊覽需要時間

視乎到後楽園的目的，如果只看看 Tokyo Dome City，一個晚上或半天已經足夠。如果要到小石川後楽園甚至在東京大學散步，因為步行與攝影需時，可能要花上更多時間。

前往後楽園的交通

主要是東京地下鐵及都營地下鐵，車站包括後楽園、水道橋、春日、飯田橋、本鄉三丁目站，但一般來說，東京地下鐵丸ノ内線、南北線後楽園站，或都營地下鐵三田線或大江戶線春日站會比較近和方便，因為此站最近 Tokyo Dome City 和小石川後楽園，到東京大學需要 15 分鐘步程。

後楽園景點地圖

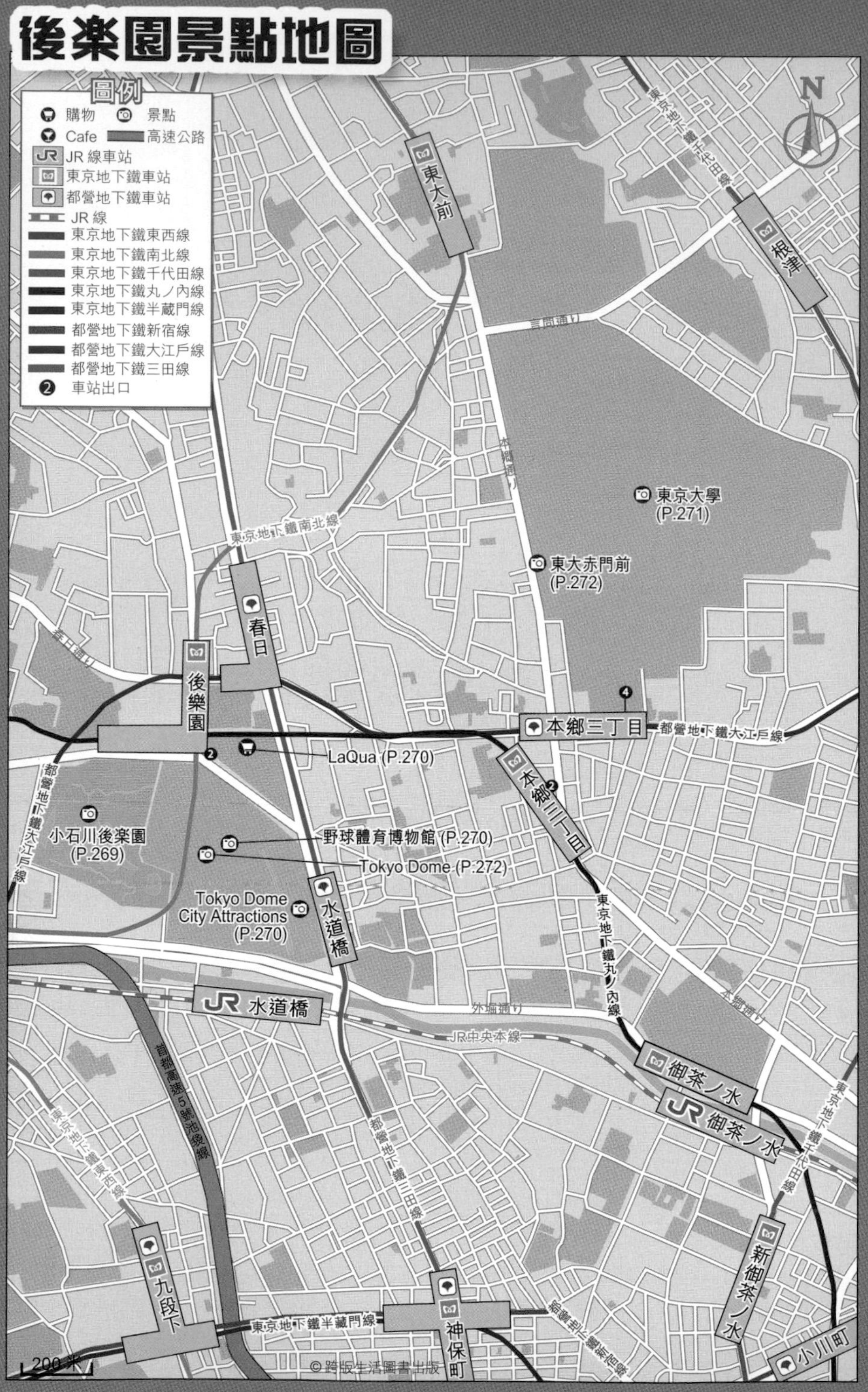

圖例
購物
景點
Cafe
高速公路
JR 線車站
東京地下鐵車站
都營地下鐵車站
JR 線
東京地下鐵東西線
東京地下鐵南北線
東京地下鐵千代田線
東京地下鐵丸ノ內線
東京地下鐵半蔵門線
都營地下鐵新宿線
都營地下鐵大江戶線
都營地下鐵三田線
車站出口
東大前
根津
東京地下鐵千代田線
東京大學
(P.271)
東大赤門前
(P.272)
東京地下鐵南北線
春日
後樂園
本鄉三丁目
都營地下鐵大江戶線
LaQua (P.270)
本鄉三丁目
小石川後楽園
(P.269)
野球體育博物館 (P.270)
Tokyo Dome (P.272)
Tokyo Dome
City Attractions
(P.270)
水道橋
都營地下鐵大江戶線
東京地下鐵丸ノ內線
JR 水道橋
外堀通り
JR中央本線
御茶ノ水
JR 御茶ノ水
首都高速5號池袋線
東京地下鐵東西線
都營地下鐵三田線
東京地下鐵千代田線
新御茶ノ水
九段下
東京地下鐵半蔵門線
神保町
都營地下鐵新宿線
小川町
200 米

城中綠地 特別史跡名勝 賞櫻

小石川後楽園

後楽園並不是浪得虛名，區內的確有一座以此為名的庭園。小石川後楽園自1629 年江戶時期已建成，「後楽園」這名稱出自明代遺臣朱舜水的手筆，其靈感源自范仲淹《岳陽樓記》中「先天下之憂而憂，後天下之樂而樂」。園內不乏有傳統中國元素，自然景色亦十分豐富，除了春天的櫻花和秋天的紅黃葉外，夏天更有紫陽花、菖蒲花和荷葉。後楽園現時被指定為特別史蹟和特別名勝，可見具有歷史價值。

▲小石川後楽園的和式入口。

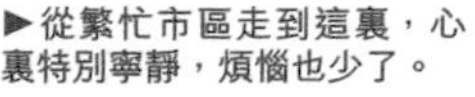
▶從繁忙市區走到這裏，心裏特別寧靜，煩惱也少了。

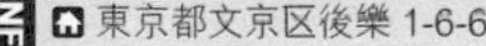
▲夏天時的菖蒲花。

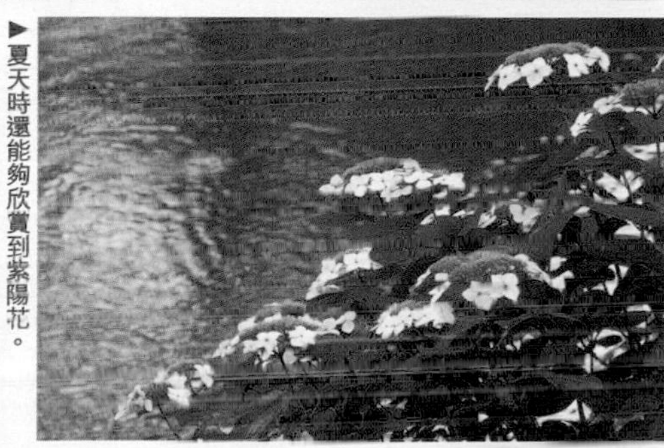
▶夏天時還能夠欣賞到紫陽花。

INFO

- 🏠 東京都文京区後樂 1-6-6
- 🚌 都營地下鐵大江戶線飯田橋站 C3 出口步行 3 分鐘；或東京地下鐵東西線、有樂町線、南北線飯田橋站 A1 出口步行 8 分鐘；或丸ノ内線、南北線後楽園站 2 號出口步行 8 分鐘
- 🕘 09:00-17:00(最後入園時間為 16:30)
- 休 12 月 29 日至 1 月 1 日
- $ 成人及中學生 ￥300(HK$21)，65 歲以上長者 ￥150(HK$11)
- 🖱 www.tokyo-park.or.jp/park/format/index030.html

▲圓月橋，是中國名景，由明代遺臣朱舜水建議引進。

刺激遊樂場

Tokyo Dome City Attractions 親子

地圖 P.268

Tokyo Dome City 被規劃了一部分地區作為遊樂場，裏面有超過 20 款機動遊戲，不同遊戲有不同收費，如摩天輪收費為 ¥850(HK$50)，旋轉木馬 ¥520(HK$37)。你也可以購買全日票，便可玩盡這裏的所有遊戲。

▲ Tokyo Dome City Attractions 內的機動遊戲。

INFO
- Tokyo Dome City 內
- 見 Tokyo Dome 交通 (P.272)
- 10:00-21:00
- 免費入場，玩遊戲才須付費。設全日票：成人 ¥4,500-4,800 (HK$265-282)，12 至 17 歲青年及 60 歲或以上長者 ¥3,900-4,200 (HK$229-247)，6 至 11 歲小童 ¥3,100-3,500 (HK$182-206)，3 至 5 歲 ¥2,200-2,400 (HK$129-141)。設夜間票，成人 ¥3,500-3,800 (HK$206-224)
- at-raku.com

追溯棒球史

野球體育博物館

地圖 P.268

「野球」是棒球的日語。棒球是日本常見的運動，在電視劇、動漫中，你都能看到故事角色們在打棒球或進行棒球比賽。透過展品、片段及圖書館等形式，博物館為大家追溯本源：介紹棒球的歷史，然後才講解在日本興起的過程，並讚揚對日本棒球發展有貢獻的人。

▲博物館外。

INFO
- Tokyo Dome City 內
- 見 Tokyo Dome 交通 (P.269)
- 10:00-17:00
- 星期一(如遇假日，則照常開放)、12 月 29 日至 1 月 1 日
- 成人 ¥600(HK$43)，65 歲或以上長者、高中生、大學生 ¥400(HK$29)，初中生及小學生 ¥200(HK$14)
- www.baseball-museum.or.jp

購物、浸溫泉！

LaQua

地圖 P.268

▲ LaQua 是一座商場。

LaQua 是 Tokyo Dome City 的一個商場，內有約 20 間食肆和 50 間商店，店鋪以時裝為主，也不乏生活雜貨類商店如無印良品、書及 CD 店如 Village Vanguard 等。如覺得累或想放鬆的話，可以到 Spa LaQua 浸溫泉和休息。

INFO
- 東京都文京区春日 1-1-1 Tokyo Dome City 內
- 見 Tokyo Dome 交通 (P.269)
- 商店 11:00-21:00；餐廳 11:00-22:00；Spa LaQua 11:00- 翌日 09:00
- Spa LaQua 入場費：成人 ¥3,230 (HK$190)，6-17 歲人士 ¥2,640 (HK$155)，星期六、日及公眾假期額外多收 ¥990 (HK$58)，凌晨收取 ¥2,420(HK$142) 附加費
- www.laqua.jp

感受濃厚學術氣氛

東京大學

東京大學早在江戶時代已是學術機構，明治維新時才改制成為大學，校園名稱曾一度改為帝國大學和東京帝國大學。如今它已成為頂尖名校，人才輩出，要進入這所大學並不容易。校園有不少具有歷史價值的建築，例如安田講堂。大學也保留 1827 年興建、現為日本重要文化財之一的赤門出入口，此建築並非大學的一部分，而是與當年德川家齊的女兒嫁給加賀藩主前田齊泰有關。

▲校園內的建築具有歷史價值。

▲大正年代期間的建築：安田講堂。

◀濱尾新人像，他曾於 1893 至 1897 年間擔任校長。

▲赤門。

INFO

- 東京都文京区本郷 7-3-1
- 東京地下鐵丸ノ内線本郷三丁目站 2 號出口，或都營地下鐵大江戶線本郷三丁目站 4 號出口，如由後楽園站出發，可步行約 15 分鐘
- www.u-tokyo.ac.jp/en/

▲校園環境清幽，學生多以單車代步。

集棒球場、遊樂場、商場一身

地圖 P.268

Tokyo Dome

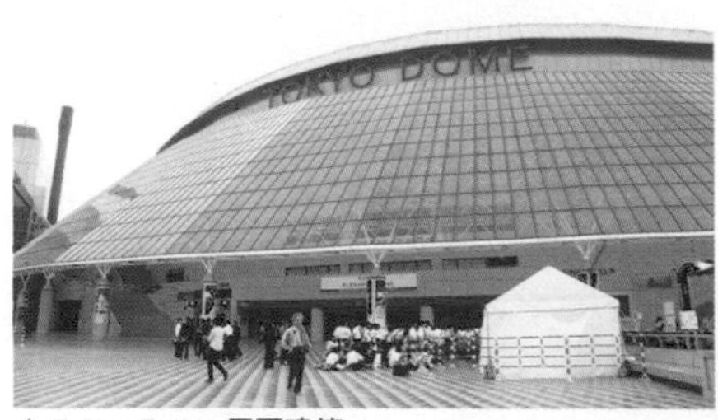

▲ Tokyo Dome 巨蛋建築。

Tokyo Dome 是一座室內體育館，建築呈巨蛋型，於 1988 年落成。棒球比賽、演唱會都在那裏舉行，十分熱鬧。體育館連同遊樂場、商場，都是 Tokyo Dome City 規劃的一部分。

INFO

- 東京都文京区後樂 1-3-61(Tokyo Dome City 內)
- 東京地下鐵丸ノ内線、南北線後楽園站 2 號出口；或都營地下鐵三田線、大江戶線春日站下車再前往東京地下鐵後楽園站範圍
- www.tokyo-dome.co.jp

體驗奧運選手的心境

東京都景點大地圖

國立競技場

2022 奧運主場館新國立競技場是由著名日本建築師隈研吾設計，秉持其一貫風格，新國立競技場散發着自然與現代結合的和諧的色調。建築上使用取自日本各都道府縣的琉球松與杉樹，以及如日本寶塔的分層屋簷設計，能捕捉自然風，身處場內依然感到涼爽。現時開放預約參觀，可一探奧運選手賽時走過的步伐。

▲平實中帶有東方禪意，很有日本的感覺。

▲國立競技場位於新宿區，明治神宮外苑附近。

▲國立競技場駅出口。

INFO

- 東京都新宿区霞ケ丘町 10-1
- 從 JR 總武線千駄谷站或信濃町站約步行 5 分鐘，或都營地下鐵大江戶線的國立競技場駅下車到達
- 成人 ￥1,800(HK$106)，高中生以下 ￥1,000(HK$59)
- 請確認預約體育場之旅的時間
- 0570-050800
- kokuritu-tours.jp

（撰文：HEI，攝影：蘇飛）

4.17 碩果僅存的路面電車

都電荒川線

從東京昔日的照片，你會發現這個城市不少地方都有路面電車的蹤跡。不過，隨着大型鐵路及公路發展、汽車普及化等原因，1960年代的日本政府打算逐步將路面電車淘汰，就連都電荒川線都差點逃不過被廢除的厄運，最後在市民反對聲音下，這條電車線得以保留至今。

如果你對電車有興趣，都電荒川線有不少新款（包括復古版）和舊款列車，最舊的已超過50年，但仍完好無缺，在路上行駛。即使你不是電車迷，不妨也乘搭一下，欣賞沿途風景，尤其這條路線途經下町，可看到和潮流東京不一樣的街道、人和物。乘搭地鐵反而容易錯過了很多事物。

• 最佳遊覽時間

晴天或陰天的日間（下午 5 時或之前），只要不是雨天便可，因為沿途的景點都在室外，且只在日間開放。

• 建議遊覽需要時間

都電荒川線全線共 30 個站，走畢全程需 1 小時。要注意的是，除非你只是遊車河，否則應花超過 1 小時。你可能需要半天到一天的時間來個 hop on and off 都電之旅。

• 接駁都電荒川線的交通

以下的地鐵或 JR 車站均能接駁都電荒川線：

▶▶▶ 1. 三ノ橋總站：東京地下鐵日比谷線三ノ橋站 2 號出口步行 5 分鐘

▶▶▶ 2. 町屋駅前站：東京地下鐵千代田線町屋站 1 號出口，或京成電鐵本線町屋站

▶▶▶ 3. 王子駅前站：東京地下鐵南北線王子站 1 號出口，或 JR 京浜東北線王子站

▶▶▶ 4. 新庚申塚：都營地下鐵三田線西巣鴨站 A4 出口

▶▶▶ 5. 大塚駅前：JR 山手線大塚站

▶▶▶ 6. 東池袋四丁目：東京地下鐵有楽町線東池袋站 3 號出口

▶▶▶ 7. 鬼子母神前：東京地下鐵副都心線雑司が谷站 1 號出口

• 都電荒川線的車費

不論你在何站上車和下車，單程收費均為￥170(HK$12)；設有一天票(都電一日乘車券)，票價為￥700(HK$41)。也可選擇同價的「都営まるごときっぷ」，同時可乘搭都營地下鐵、巴士和日暮里・舍人ライナー。這些車票須在上車時向車長購買。

電車共有兩道門，前門為上車，後門為下車。前門上車時須付車資，車資可以現金、SUICA 或 PASMO 付款。

INFO
- 約 06:00-23:00
- www.kotsu.metro.tokyo.jp/toden/

▲都電荒川線有新車，也有舊車。圖左為 21 世紀才投入服務的新車，圖右為 1950 年代的車型。

◀ 2006 年投入服務的復古電車。

都電荒川線路線及景點地圖

東尾久三丁目站

懷緬童年填顏色
地圖 P.275

ぬりえ美術館

▶ぬりえ美術館門外貼上蔦谷喜一的作品。

這是一個關於填顏色的美術館。你小時候有在黑白印刷的作業簿上，利用木顏色筆塗滿畫中的物件嗎？隨着科技的發展，填顏色的機會愈來愈少，更惶論填色比賽呢！但在日本，這是一項重要的文化。博物館收集了這些填色畫，特別是著名填色畫家蔦谷喜一的作品。來到這美術館，不論是成年人還是小童，都可以重新體驗填顏色的滋味。

INFO
- 東京都荒川區町屋 4-11-8
- 只限星期六、日及公眾假期開放 (3 至 10 月 12:00-18:00，11 至 2 月 11:00-17:00)
- 成人(包括中學生)¥500 (HK$36)，小學生 ¥100(HK$7)
- www.nurie.jp

備註：最後入場時間為閉館前 30 分鐘

宮ノ前站

鳥居就在電車路旁！
地圖 P.275

宮ノ前站的電車及鳥居

▲都電經過鳥居的相片。

旅途中，我們總希望把經歷過的事物記錄下來，例如吃過的食物、住過的酒店、坐過的電車等。在拍攝乘坐過的都電荒川線，我們可以加入其他元素，例如都電沿途經過的風景。筆者在宮ノ前站的月台把寺院鳥居一併攝入鏡頭，因為寺院很多時遠離道路，這樣的情況較少見，而且也讓未乘搭過都電的人在看此相片時，了解東京的電車所途經的地方，也令相片至少看起來不會太過單調。

荒川遊園地前站

日版荔園

地圖 P.275

あらかわ遊園

如果你在香港居住，也許去過荔園，那是一個有動物園和遊樂場的主題公園。在日本東京，有一個類似的仍在營業。公園已有超過 90 年的歷史。園內有牛、馬等動物可供觀賞，亦可以坐摩天輪；還有一輛已沒有在街上行走的荒川線電車，在室外長期展示。室內還有關於都電荒川線的博物館，展示其不同車型的模型、附近的街景等。

▲あらかわ遊園。

▲摩天輪。

▲公園內的羊與牛。

▲昔日的荒川線電車。列車上還一面顯示「27」，一面顯示「32」，是都電荒川線前身的兩條路線編號。1974 年政府決定保留這兩條線，並將之合併成今時今日的路線。

◀博物館內有不少鐵路及電車的模型，以及都電荒川線的相片。

◀都電荒川線列車模型及場景。

INFO
- 東京都荒川區西尾久 6-35-11
- 09:00-17:00(ふれあい広場 10:00-15:30)
- 入場費：成人 ¥800(HK$47)，65 歲以上 / 初中生 ¥400(HK$24)，小學生 ¥200 (HK$12)，0-5 歲幼兒免費；通行證 (入場費 + 無限次乘車) 成人 ¥1,800(HK$106)，65 歲以上 ¥1,400(HK$82)，初中生 ¥1,000(HK$58)，小學生 ¥700(HK$41)，幼兒 (3 歲以上) ¥500(HK$29)，2 歲或以下免費
- 休 星期二 (如遇假日則延至翌日)、12 月 29 日至 1 月 1 日
- www.city.arakawa.tokyo.jp/yuuen/

荒川車庫前站

東京路面電車歷史見證
都電おもいで広場 親子

地圖 P.275

◀左手邊的白色電車主要行走 1 號電車線，往返品川、銀座和上野；右邊是「學園號」。

在荒川車庫前站附近的「都電おもいで広場」，最大特色是保留了兩款曾在東京街頭行走過的列車。白色的是 1 號線電車；另一輛黃色的是早上接載學生的加班車，又稱為「學園號」。白色電車內部展示了昔日東京電車在街上行走的照片、下町社區模型以及相關文物，相信日本老年人看了可能相當懷念。而黃色電車則主要展示其舊式車廂，座位沒有被拆除，還展出近年來與都電有關活動的照片，例如 100 周年紀念活動。

◀白色電車車廂內展示了下町社區模型，利用燈光產生晝夜效果。

▲「學園號」車則完整保留車廂內部，並展示近年與都電有關活動的照片。

◀白色電車車廂內還展示昔日電車的路線牌、路線圖以及以電車為題材的圖畫和作品（如 ALWAYS 三丁目）。

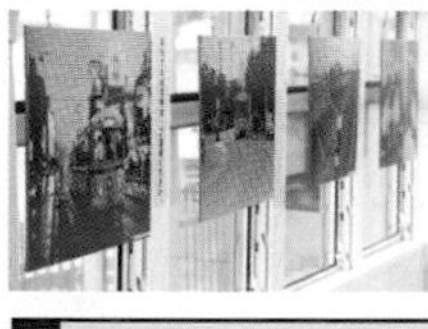

◀車廂另一邊展示昔日電車在街上的照片。

INFO
- 東京都荒川區西尾久 8-33-7
- 星期六、日及公眾假期 10:00-16:00
- 休 12 月 29 日至 1 月 3 日
- www.kotsu.metro.tokyo.jp/toden/kanren/omoide.html

10 月限定開放電車廠
荒川車庫

地圖 P.275

都電おもいで広場旁是電車廠。電車會由這裏開出，中途接載乘客。每年 10 月初，車廠會開放一天予公眾參觀。

INFO
- 都電おもいで広場旁
- 每年 10 月初其中一天

梶原站

可以吃的「電車」

地圖 P.275

菓匠明美

菓匠明美的主打是「都電最中」，「最中」是一件裏面有豐富餡料的餅。都電最中以電車造型，包着紅豆餡料，故帶甜的味道。每輛車的售價是 ￥185(HK$11)，有 5 款的盒包裝，但內裏是一樣的！所以不要像筆者這樣傻，以為裏面不同就買了 5 款啦！

▲菓匠明美的商店與一般的無異。

◀有 5 款包裝，但內裏的餅是一樣的。

▲電車造型的餅，包着紅豆餡料。

◀如果只買一個，筆者建議買最舊的款式。

INFO
- 東京都北區堀船 3-30-12
- 10:00-18:00
- 休 星期一，假日除外
- www.todenmonaka.com

飛鳥山站

賞櫻，也看博物館

賞櫻

地圖 P.275

飛鳥山公園

飛鳥山公園早在 18 世紀開放予公眾，那裏種了不少櫻花樹。你也可以在這個公園見到昔日的電車及日本以前的蒸氣火車。公園在 1988 年開設了 3 個博物館，分別是北區飛鳥山博物館、紙之博物館和渋沢史料館，要同時參觀 3 個博物館，可購買套票 (成人為 ￥800/ HK$47；小學生、中學生 ￥320/ HK$19)。後頁介紹這 3 個博物館。

◀1943 年的國鐵 D51 型蒸氣機關車。

◀1949 年的東京都交通局 6000 型號電車。

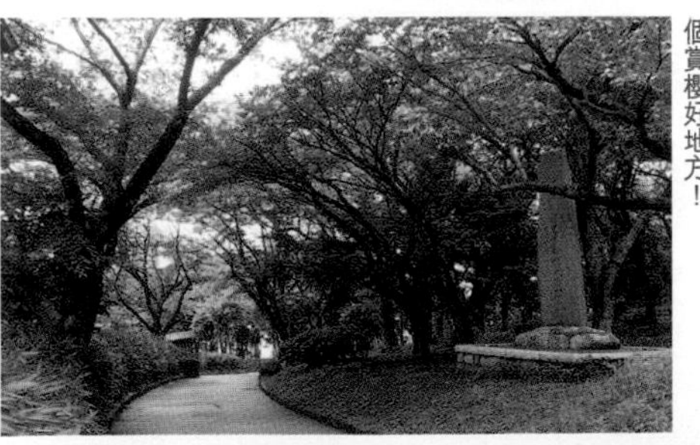

◀飛鳥山公園綠意盎然，也是個賞櫻好地方！

INFO
- 東京都北區王子 1-1-3
- $ 公園免費入場，三館共通券成人 ￥800(HK$47)，高中小 ￥320(HK$19)
- www.asukayama.jp

以下介紹飛鳥山公園的博物館：

北區飛鳥山博物館

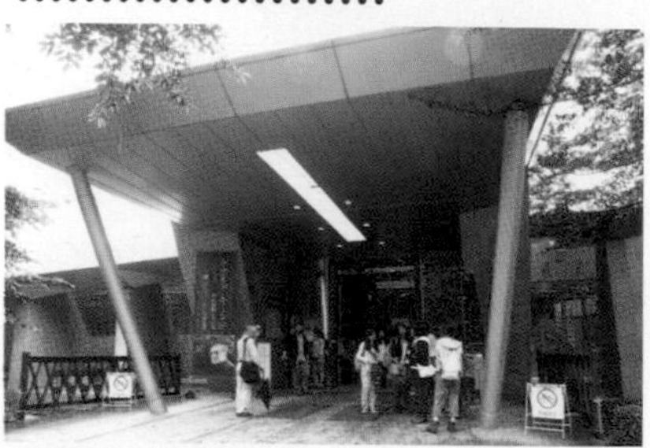

飛鳥山一帶有很豐富的考古及歷史價值，在這個博物館你會看到不少珍貴的出土文物及其相關資料。

INFO
- 10:00-17:00(最後入場時間為 16:30)
- 休 星期一(如遇假日則延至翌日)、12 月 28 日至 1 月 4 日
- $ 成人 ¥300(HK$21)，65 歲或以上長者 ¥150 (HK$11)，中學生及小學生 ¥100(HK$7)

涉沢史料館

館內介紹實業家涉沢栄一的生平。

INFO
- 10:00-17:00(最後入場時間為 16:30)
- 休 星期一(如遇假日則延至翌日)、12 月 28 日至 1 月 4 日
- $ 成人 ¥300(HK$21)，中學生及小學生 ¥100 (HK$7)

紙之博物館

館內介紹紙的歷史、製紙業等，前身為王子製紙的製紙紀念館。

INFO
- 10:00-17:00(最後入場時間為 16:30)
- 休 星期一(如遇假日則延至翌日)、年尾年初
- $ 成人 ¥400(HK$24)，中學生及小學生 ¥200 (HK$12)
- www.papermuseum.jp/en/

從飛鳥山站附近的天橋拍攝電車

飛鳥山公園外的行人天橋上，你可從高處拍攝電車。除了拍攝角度特別外，這路段是電車與汽車共用的道路，並非專用路軌。你可以拍攝電車與汽車穿插的情景，也可拍攝從飛鳥山站轉出來的電車，在燈位等候、車前行人過馬路的景象。這樣，相片所示的情景會比較生動。

▶ 電車在這個路段，需要與汽車協調，情況如香港電車般。

◀ 有些人可能不喜歡主體有其他人，但筆者認為構圖有人才不令畫面太沉悶，只要人們不太阻擋主體便可以。

庚申塚站

地圖 P.275

阿婆原宿

巣鴨地蔵通り商店街

俗稱「阿婆原宿」、「歐巴桑原宿」(「おばあちゃんの原宿」)的巣鴨地蔵通り商店街，顧名思義是老年人經常逛的街道，只有 800 米長，有老年人的日用品、雜貨等，還有不少特色小食，10 分鐘的步程便能走畢整條街。商店街吉祥物是鴨叫「すがもん」(只不過是「巣鴨」的拼音：Sugamon 罷了)。

▲「巣鴨地蔵通り商店街」的牌坊。

◀連郵局都有「すがもん」的蹤跡。

▲商店街的吉祥物「すがもん」。

▲不少老年人都會逛這條商店街。

INFO
- 都電荒川線庚申塚站至都營地下鐵三田線巣鴨站之間
- sugamo.or.jp

地圖 P.275

巣鴨特產

元祖塩大福

元祖塩大福是巣鴨地蔵通り商店街的名店之一，這裏售賣的小吃「鹽大福」是巣鴨特產，外皮是帶有鹹味的麵粉，裏面有紅豆餡料。可以 ¥140(HK$10) 買一個鹽大福試試，喜歡的話更可買一盒 (5 個，¥720，HK$51)。

◀元祖塩大福。

◀▼一盒 5 個鹽大福，¥ 720(HK$51)。

INFO
- 東京都豊島區巣鴨 3-33-3
- 09:00-18:30
- www.shiodaifuku.co.jp

求消除病痛

高岩寺

地圖 P.275

高岩寺原為有數百年歷史的建築物，曾經歷搬遷及重建，現址為 1957 年興建。現供奉「とげぬき地蔵」，不過這地蔵尊不開放參觀。一般人到來是為了水洗觀音，如身體哪裏感到病痛，就在觀音相同身體部位上抹擦，據説就能痊癒。

▲高岩寺外。

◀高岩寺內。

▲如何透過水洗觀音消除病痛，看上圖便知曉。

INFO
- 東京都豊島區巣鴨 3-35-2
- togenuki.jp

走過半世紀的糖果

巣鴨・金太郎飴

地圖 P.275

巣鴨‧金太郎飴在高岩寺對面開業至今已有 76 年，店內提供各式各樣自家製糖果，除了金太郎糖果以外，有多達 50 種糖果，還有不少令日本人懷念的傳統糖果，是巣鴨地藏商店街的最佳紀念品。

▲ 76 年歷史的金太郎飴。

▲這款糖果很精緻漂亮。

◀很受歡迎的姜糖。

▲本店招牌金太郎飴。

INFO
- 東京都豊島区巣鴨 3-18-16
- 從 JR 山手線巣鴨駅步行 5 分鐘
- 09:00-18:00　休 年中無休
- 03-3918-2763
- sugamo.or.jp/shop/kintaroame/

（撰文：HEI，攝影：蘇飛）

鬼子母神前站

保護孩子和懷孕婦女

地圖P.275

鬼子母神堂（法明寺）

法明寺供奉的是鬼子母神。鬼子母神原本很殘忍，經常到附近吃人家的小孩子，後來釋迦牟尼把她的孩子帶走，令她明白失去孩子的痛苦。自此之後，她有所覺悟，決心不再吃孩子，反而保護他們，甚至懷孕婦女。她的做法得到人們景仰。

▲鬼子母神堂。

▲寺內有一棵超過七百年樹齡的銀杏。

▲鬼子母神堂入口，留意「鬼」字少了最上端的一點。

INFO
- 東京都豊島區雑司ケ谷 3-15-20
- www.kishimojin.jp

歷史名人墓地

地圖P.275

雑司ヶ谷霊園

有不少名人在這裏安葬，例如日本軍國主義代表者東條英機、作家夏目漱石、語言學家金田一京助等。

◀有不少名人安葬在雑司ケ谷霊園內。

INFO
- 東京都豊島區南池袋 4-25-1

面影橋站

江戶時代後花園

地圖 P.275

甘泉園

▲甘泉園門口。

甘泉園是日本的一個迴遊式庭園，在江戶時代建成，為私人擁有，至 1969 年才免費開放予公眾。庭園附近大廈不多，內裏有不少花如杜鵑花、紫陽花等，秋天更有紅葉，是一個賞花和賞景的好地方。

INFO
- 東京西早稲田三丁目 5
- 3 月至 10 月 07:00-19:00，11 月至 2 月 07:00-17:00
- www.city.shinjuku.lg.jp/seikatsu/file15_03_00011.html

▲進入園內就有個湖景。

◀紫陽花。

早稲田站

百年歷史名校

地圖 P.275

早稲田大學

▲早稲田校園內。

早稲田大學原名為「東京專門學校」，於 1882 年創校。到了 1902 年，學校改制並改名為早稲田大學。現時，大學提供文學、政治、社會、科學等不同學科。除了在校園散步外，也可參觀坪內博士記念演劇博物館和會津八一記念博物館。你更可以參加逢星期五、六舉辦的導賞團，詳情可瀏覽 www.waseda.jp/top/about/work/campus-tours。

INFO
- 東京都新宿區戶塚町 1-104
- www.waseda.jp

4.18 咖啡香飄盪

清澄白河

清澄白河位於以相撲著名的兩國站以南，有點像谷根千這些較平民化且寧靜的小區，但不像谷根千般傳統，尤其當東京都現代美術館、及來自美國的Blue Bottle Coffee進駐後，這地區更顯得多元化，又不損本來平和的氛圍。你可以逛逛深川江戶資料館了解這一區的過去，亦可參觀現代美術館，掌握近50年日本最新的藝術動態。喜歡咖啡的，待在這裏的一些咖啡館是不錯的選擇。

建議遊覽需要時間

一般為半天到一天，但若覺得部分景點特別吸引（如 Blue Bottle Coffee、東京都現代美術館等），可花更長時間逗留遊覽。

前往清澄白河的交通

▶▶▶清澄白河站：東京地下鐵半蔵門線、都營地下鐵大江戶線

清澄白河景點地圖
圖例
景點
食肆
Cafe
郵局
學校
公園
東京地下鐵車站
都營地下鐵車站
東京地下鐵半蔵門線
都營地下鐵大江戶線
高速公路
清澄庭園
都營地下鐵大江戶線
東京地下鐵半蔵門線
清澄白河
深川江戶資料館
(P.287)
雲光院
隅田川
清澄公園
Arise Coffee
Roasters (P.289)
東京都現代美術館
(P.287)
深川第六
中學校
Allpress
(P.289)
Blue Bottle Coffee
(P.288)
清澄庭園 (P.290)
首都高速8號深川線
木場公園
江東永代
郵便局
200 米
大橫川散步道 (P.290)

走進實物原大的江戶時代街景 地圖 P.286

深川江戶資料館

這個細小的資料館，展覽形式像両國站的江戶東京博物館 (P.216)，設有實物原大的街景，但深川江戶資料館着重於江戶時代末期 (1830-1843 年) 深川佐賀町的環境，而非整個東京。館內透過重建原建築及其內部，包括船屋、售賣蔬菜和米飯的店鋪，向參觀者訴説當年生活境況。遊客可走到建築內部，深刻感受一下。

▶資料館門口。

▲博物館內，傳統街景是重點。

▲館內重現江戶時代末期的狀況。

INFO
- 東京都江東区白河 1-3-28
- 都營地下鐵大江戶線、東京地下鐵半蔵門線清澄白河站 A3 出口步行約 5 分鐘
- 09:30-17:00(最後入館時間 16:30)
- 每月第 2 及第 4 個星期一 (如遇假期，則順延至翌日)、年尾年初
- 成人 ￥400(HK$29)、中學生及小學生 ￥50(HK$4)
- www.kcf.or.jp/fukagawa/

▲室內細節也很講究，容許參觀者進內。

掌握戰後時期的藝術 地圖 P.286

東京都現代美術館

於 1995 年落成的東京都現代美術館，作為展示戰後藝術作品的地方，藏品達 4,800 件，且不定期舉辦專題展覽。展品題材多元，包括時裝、建築、雕刻、畫等，題材不會太抽象，可能是關於 Thomas 火車的，也可能是討論某建築師的一生，有時更會連結到當時的社會問題，讓訪客除了欣賞展品，更可深入認識社會文化背景。

◀▲美術館的外觀。

INFO
- 東京都江東区三好 4-1-1
- 都營地下鐵大江戶線、東京地下鐵半蔵門線清澄白河站 B2 出口步行約 9 分鐘
- 10:00-18:00(最後入場時間 17:30)
- 星期一、年尾年初
- 依不同專題展覽而異，詳情請參考網站
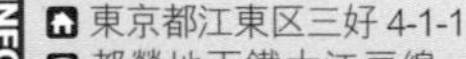
- www.mot-art-museum.jp

咖啡業界的 Apple Store

Blue Bottle Coffee

因創新理念被視為咖啡業界的「蘋果公司」(由喬布斯創辦的 Apple) 的 Blue Bottle Coffee，嚴謹地挑選了清澄白河作為首家日本分店的選址。即使當地人流不多，開幕至今仍吸引不少人慕名而來，連下雨天都有人在外面撐着傘排隊輪候買咖啡。除了時下流行的意式咖啡，亦提供手沖咖啡 (drip coffee，￥550，HK$39)，所採用的咖啡豆每天不同，如筆者到訪當天就是使用埃塞俄比亞咖啡豆 (Ethiopia Limu Gera)，喝下去有種甜酸味道。

▲ Blue Bottle Coffee 挑選了日本作為首個海外分店根據地，且選了清澄白河這個比較寧靜的地區。

◀紙杯的配色很特別，讓人想帶回家。

▲一場來到可買點手信，當中包括讓初學者使用的手沖咖啡套裝 (Starter Kit，￥7,000，HK$500)。

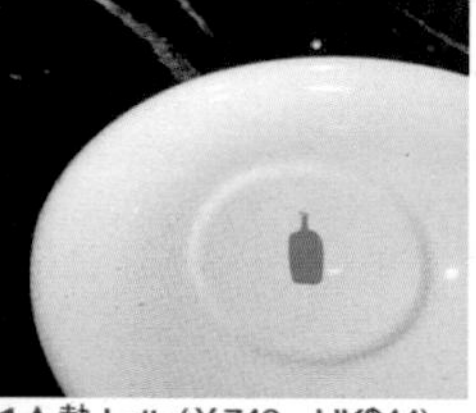

◀▲熱 Latte(￥748，HK$44)，留意碟面有店家 logo。

▲被傳媒廣泛報導後，咖啡店吸引了很多人慕名而來，門外排着長長的人龍。

▲咖啡吧和烘焙工場採開放形式，等候咖啡的同時可留意一下咖啡製作過程，如咖啡師製作意式咖啡時的打奶、拉花動作，或手沖咖啡的注水過程。

▲手沖咖啡使用透明杯盛載。

INFO

- 東京都江東区平野 1-4-8
- 都營地下鐵大江戶線、東京地下鐵半蔵門線清澄白河站 A3 出口步行約 7 分鐘
- 08:00-19:00
- bluebottlecoffee.jp/cafes/kiyosumi

亞洲唯一分店

地圖 P.286

Allpress

　　Allpress 是來自紐西蘭的咖啡品牌，分店遍佈倫敦、悉尼、墨爾本等地，是很講究質素的咖啡店。與一般咖啡店一樣，供應意式咖啡和手沖咖啡，亦有售咖啡豆。因店面細小，用餐時可透過玻璃看到烘焙工場。

▲ Allpress。

▲手沖咖啡 (¥580，HK$34)。點咖啡前可詢問店員當天用豆，筆者造訪當天使用的是巴西 Agua Limpa(Natural)，充滿茶的味道。

▲沖泡咖啡的空間，玻璃後為烘焙咖啡豆的地方。

▲熱 Latte(¥530，HK$31)。

INFO
- 東京都江東区平野 3-7-2
- 都營地下鐵大江戶線或東京地下鐵半蔵門線清澄白河站 A3 出口步行 12 分鐘
- 08:00-17:00(星期六、日及公眾假期 09:00-18:00)
- jp.allpressespresso.com

地道手沖咖啡小店！

地圖 P.286

Arise Coffee Roasters

　　與 Allpress 和 Blue Bottle Coffee 不同，Arise Coffee Roasters 是日本自家品牌，引入不同的咖啡豆自行焙煎，並提供手沖咖啡。品牌規模不大，因此客人可多與店主溝通，請教有關咖啡豆問題。同一時間有數種手沖咖啡可選，價錢因產地不同而異，一般是 ¥350-450(HK$25-32)。有來自中美洲的多米尼加、非洲的盧旺達等的咖啡豆，當中筆者特別推薦 Dominica Alfredo Diaz “PRINCESA”(¥450，HK$32)，充滿濃濃酒香！試過覺得好喝可向店家購買咖啡豆，100g 份量由 ¥750-950(HK$54-68)。

▲ Arise 離 Blue Botte Coffee 不遠。

▲小小的空間內卻有咖啡達人坐陣，還有最好的手沖咖啡工具！

◀店主正在沖泡咖啡。

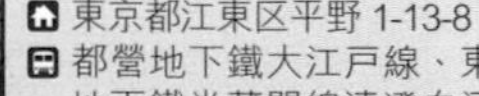

▲烘焙機，背後是店主最愛的滑板。

▲ Dominica Alfredo Diaz “PRINCESA”(¥450，HK$32)。

INFO
- 東京都江東区平野 1-13-8
- 都營地下鐵大江戶線、東京地下鐵半蔵門線清澄白河站 A3 出口步行約 7 分鐘
- 10:00-17:00
- 休 星期一
- arisecoffee.jp

江戶時代的史跡

地圖 P.286

清澄庭園

清澄庭園的歷史可追溯至 18 世紀江戶時代，有説曾是當時富商紀伊國屋文左衛門的府邸，其後在明治時代的 1878 年，成為了岩崎彌太郎的府邸，更花了兩年時間建造「深川親睦園」這個迴遊式林泉庭園。後來因關東大地震，該地交由東京政府修復，成為清澄庭園，列為都指定史跡並開放予公眾使用。園內以「大泉水」大湖為中心，繞着湖走可見名石、小山「富士山」、涼亭等建築物，環境優美。

◀庭園環境優美，彷如置身城市外。

◀走到累了，可坐在湖邊稍作歇息。

INFO

- 東京都江東区清澄 2、3 丁目
- 都營地下鐵大江戶線、東京地下鐵半蔵門線清澄白河站 A3 出口步行約 3 分鐘
- 09:00-17:00(最後入園時間 16:30)
- 休 12 月 29 日至 1 月 3 日
- $ ￥150(HK$11)、65 歲或以上 ￥70(HK$5)(每年 5 月 4 日及 10 月 1 日免費入場)
- www.tokyo-park.or.jp/park/format/index033.html

早賞河津櫻

地圖 P.286

大橫川散步道

木場公園外的大橫川散步道沿岸兩側大約種了 100 棵的河津櫻，在每年 2 月底至 3 月初開花，而 2 月中旬寒緋櫻亦會盛開，是日本當地人欣賞早櫻的熱門景點。如果運氣好還能看到綠繡眼這種綠色小鳥在櫻花枝幹上吃花蜜。

◀櫻花樹不高，可以近距離拍到漂亮的花蕾。

◀ 2 月中旬時散步道上人不算多，可以慢慢拍照。

INFO

- 東京都江東区東陽 5-5-7
- 東京地鐵東西線木場站下車步行 5 分鐘，或東京地鐵半藏門線、都營大江戶線清澄白河站下車步行 15 分鐘
- www.tokyo-park.or.jp/park/format/index020.html

(撰文：HEI，攝影：蘇飛)

4.19 《烏龍派出所》舞台

亀有

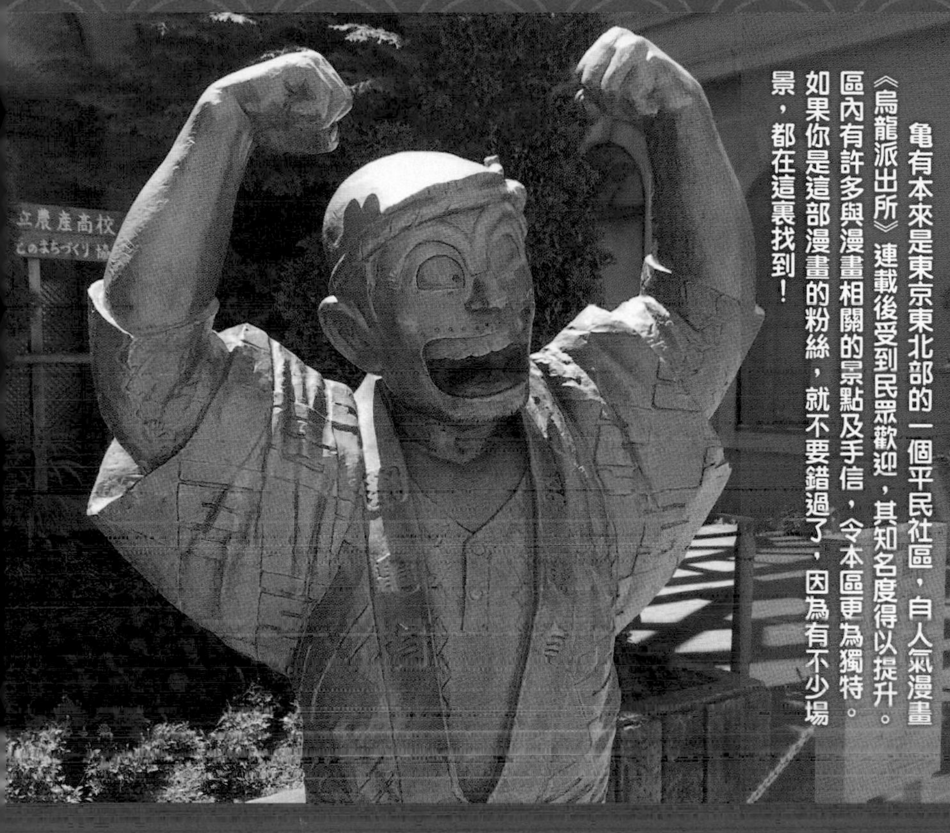

亀有本來是東京東北部的一個平民社區，自人氣漫畫《烏龍派出所》連載後受到民眾歡迎，其知名度得以提升。區內有許多與漫畫相關的景點及手信，令本區更為獨特。如果你是這部漫畫的粉絲，就不要錯過了，因為有不少場景，都在這裏找到！

● 最佳遊覽天氣及時間

因為在區內步行，有不少地方為露天(寺院、公園)，所以晴天或陰天較適合。景點不算太多，預半天內可遊覽完畢。

● 前往亀有的交通

▷▷▷JR 亀有站：JR 常磐線，因東京地下鐵千代田線與 JR 常磐線直通，故在東京市內可直接乘千代田線於亀有站下車

註：以「綾瀨」或「北綾瀨」為終站的千代田線班次不能到達亀有站

亀有景點地圖

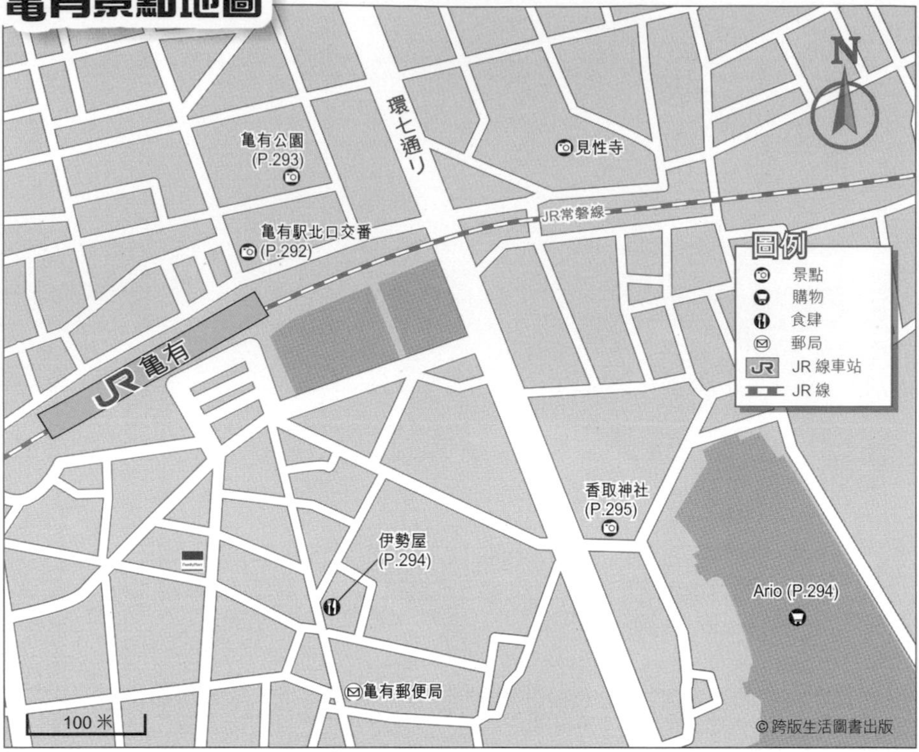

環七通り
見性寺
亀有公園
(P.293)
亀有駅北口交番
(P.292)
JR常磐線
JR 亀有
香取神社
(P.295)
伊勢屋
(P.294)
Ario (P.294)
亀有郵便局
100 米

圖例
景點
購物
食肆
郵局
JR 線車站
JR 線

真正的派出所！

地圖 P.292

亀有駅北口交番

《烏龍派出所》的場景當然少不了派出所。那麼，故事中那個派出所在哪？雖然漫畫中的是「亀有公園前派出所」，但在現實中，公園附近是沒有派出所的！ JR 亀有站的南口和北口都各有一間派出所，與故事中相符的是北口那個，但其規模不及南口那所大。

▲亀有公園附近其實沒有派出所，和漫畫相符的，就是位於 JR 站北口的這一間。

INFO
東京都葛飾区亀有 5-34-1
JR 常磐線亀有站北口

市內逐個捉！

《烏龍派出所》角色銅像

亀有市內共有 16 個《烏龍派出所》漫畫角色的銅像：JR 車站北口有 5 個、南口 11 個，但不是每個都是不同角色，有時一個角色會有數個不同表情動作的銅像。

▲兩津勘吉的祭典造型，相當搞鬼。

▲與兩津勘吉相戀的麻里愛。

▲車站旁的警察兩津勘吉。

INFO
- 東京都葛飾区亀有 JR 亀有站北口及南口
- JR 常磐線亀有站下車即達

TIPS!

《烏龍派出所》簡介

漫畫由 1976 年於漫畫雜誌連載至今，也在富士電視台推出過為期 8 年 (1996 年至 2004 年) 的動畫，此後東京電視台更邀得 SMAP 成員香取慎吾主演真人電視劇。故事講述警察兩津勘吉被派到亀有派出所後，發生不少胡鬧搞笑事情，但由於那些事件足以震驚整個日本，故這細小的亀有派出所在漫畫中備受日本人所熟悉。

與漫畫主角遊玩

地圖 P.292

亀有公園

亀有公園內有兒童休憩玩樂設施，如滑梯、鞦韆。公園中間的大樹很高大，即使夏天烈日當空都不怕曬傷！因這裏是漫畫場景之一，所以園內有兩個銅像，都是主角兩津勘吉：一個舉起雙手 V 字大笑，另一個則逍遙地坐在公園座椅上。

▲細小的亀有公園為附近居民提供一個休息玩耍地方。

▲公園的牌子有《烏龍派出所》的漫畫，可作為拍照留念的地方。

▲另一個兩津勘吉的銅像。

▲兩津勘吉的銅像正坐在樹下乘涼。

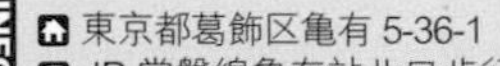

INFO
- 東京都葛飾区亀有 5-36-1
- JR 常磐線亀有站北口步行 3 分鐘

嚐嚐漫畫角色豆沙餅和刨冰

地圖 P.292

伊勢屋

◀伊勢屋售賣不同種類的豆沙餅。

這家伊勢屋售賣不同種類的豆沙餅，當中有以《烏龍派出所》為主題的，如「両さんどら焼 あずき」(¥220，HK$13)。除了豆沙餅，還有拉麵、定食及時令食物，如夏天的刨冰，份量不小，冰疊得很高，生怕它會塌下來，一開始真不知怎樣吃才好！

◀裏面有《烏龍派出所》的海報，及真人版電視劇演員的簽名海報。

◀両さんどら焼あずき (¥220，HK$13)。

▶豆沙餅上印着漫畫角色兩津勘吉。

▼蜜瓜味刨冰 (クリームめろん，¥380，HK$27) 附雲呢拿雪糕。

INFO
- 東京都葛飾区亀有 3-32-1
- JR 常磐線亀有站南口步行 3 分鐘
- 不定，多數 08:30-19:40
- 每月其中一個星期二
- k-iseya.jp

重現漫畫場景的遊樂場

地圖 P.292

Ario

親子

▲ Ario 是亀有站最大的購物商場。

Ario 是 JR 亀有站周邊最大型的購物商場，知名店鋪包括 H&M、無印良品、Loft 等。商場內設有一個以《烏龍派出所》為主題的室內遊樂場：こち亀ゲームぱーく，重現了漫畫裏出現過的派出所和尾崎模型店場景。

▲こち亀ゲームぱーく。

◀漫畫裏的主要場景：派出所。

◀派出所內的警員工作桌。

▶漫畫裏另一場景：尾崎模型店。

INFO
- 東京都葛飾区亀有 3-42-24
- JR 常磐線亀有站南口步行 5 分鐘
- kameari.ario.jp/lang/tw/
- (烏龍派出所遊樂場)www.kochikame-gamepark.jp

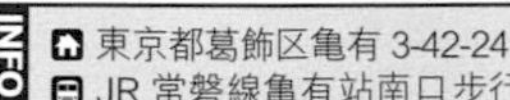

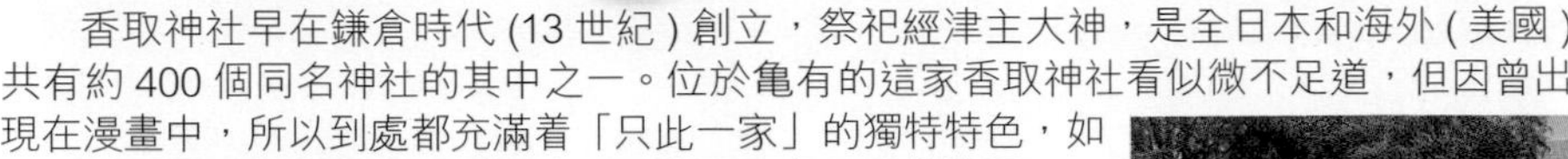

充滿動漫風的神社

香取神社

人氣

地図 P.292

香取神社早在鎌倉時代 (13 世紀) 創立，祭祀經津主大神，是全日本和海外 (美國) 共有約 400 個同名神社的其中之一。位於亀有的這家香取神社看似微不足道，但因曾出現在漫畫中，所以到處都充滿着「只此一家」的獨特特色，如可在此找到角色銅像，在祈福時更可購買漫畫主題的繪馬！

▶連祈願繪馬都有《烏龍派出所》的元素！

▲每個繪馬上的両津都精神奕奕！

▲香取神社有數百年歷史，全球共有 400 所。

◀神社內放置了漫畫角色両津勘吉的銅像。香取神社正在進行局部工程，遊客未必能夠見到此銅像。

▲神社內環境清幽。

INFO
- 東京都葛飾区亀有 3-42-24
- JR 常磐線亀有站南口步行 5 分鐘
- kameari-katorijinja.com

球迷必去

足球小將銅像

東京都景點大地圖

即使不是足球迷或動漫迷，相信都一定聽過《足球小將》這套漫畫。漫畫的作者高橋陽一出身於葛飾區四木，當局為了紀念他，便在區內不同地方設置了 9 個《足球小將》角色的銅像，包括大空翼 (港譯；戴志偉) 和小次郎等，吸引了許多遊客專程前去朝聖，回味這套漫畫帶來的青春和熱血。

▶大空翼所屬的南葛中學其實取名自高橋陽一的母校——南葛飾高等學校。

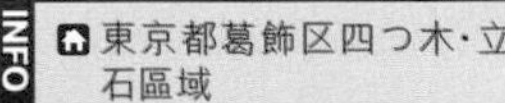

INFO
- 東京都葛飾区四つ木・立石區域
- 京成電鐵四ツ木站或立石站下車，銅像分別位於四ツ木車站前口、四つ木公園、四つ木翼公園、葛飾郵局前、涉江公園、立石一丁目兒童遊園等地方

▲可以化身岬太郎，站在大空翼旁邊完成「雙人射門」的絕技！

▲大空翼的好拍檔岬太郎 (港譯：麥泰來)。

▲大空翼與羅伯特叔叔，變成了銅像之後，場面仍舊溫馨。

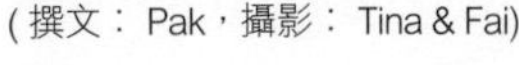

(撰文： Pak，攝影： Tina & Fai)

4.20 乘電車遊覽優美社區

田園都市線

東京都包括23區和其他城市，有多條鐵路覆蓋大部分地區，讓人輕鬆穿梭市內及市郊。東急電鉄為東京眾多鐵路公司之一，旗下的田園都市線，沿線地區環境優美，但不失城市的多元性及便利性，而近年來落成的大型都市項目「rise」，更把田園都市的概念推至最高峰。

• 建議遊覽需要時間

一般為半天到一天，但若覺得部分景點特別吸引(Carrot Tower、博物館、蔦屋家電等)，可花更長時間遊覽。

• 哪裡可乘搭田園都市線？

東急田園都市線與東京地下鐵半蔵門線直通，乘客可直接經此路線連接田園都市線，否則需在渋谷站轉車。

• 田園都市線的車費（由渋谷站出發）

▶▶▶ 三軒茶屋：¥180(HK$11)
▶▶▶ 櫻新町站：¥180(HK$11)
▶▶▶ 二子玉川站：¥230(HK$14)
▶▶▶ 宮崎台站：¥250(HK$15)
▶▶▶ 宮前平站：¥250(HK$15)

田園都市線景點地圖

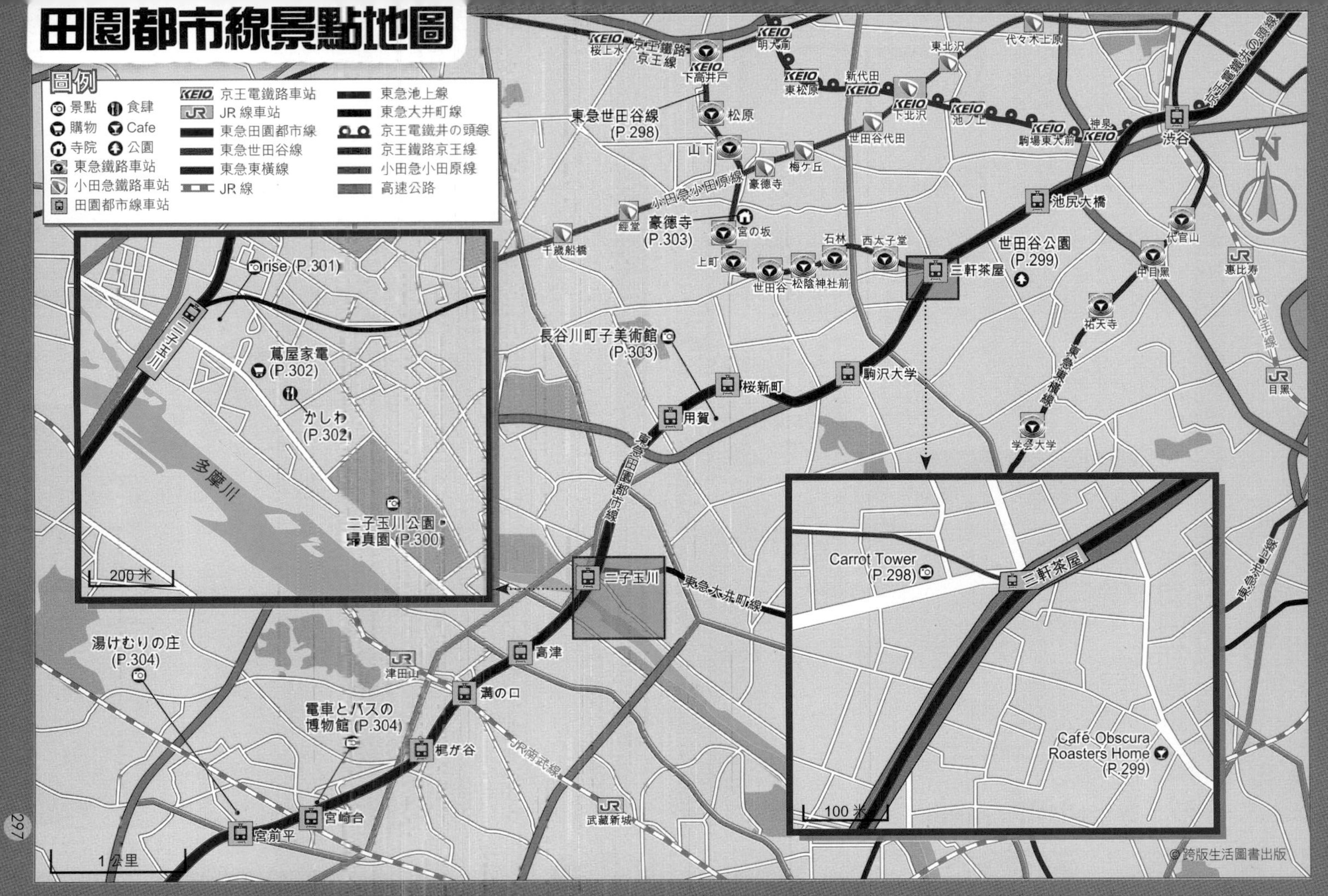
圖例
景點
食肆
購物
Cafe
寺院
公園
東急鐵路車站
小田急鐵路車站
田園都市線車站
京王電鐵路車站
JR 線車站
東急田園都市線
東急世田谷線
東急東橫線
JR 線
東急池上線
東急大井町線
京王電鐵井の頭線
京王鐵路京王線
小田急小田原線
高速公路
桜上水
京王鐵路京王線
下高井戸
明大前
東松原
新代田
東北沢
代々木上原
下北沢
池ノ上
駒場東大前
神泉
京王電鐵井の頭線
渋谷
東急世田谷線
(P.298)
松原
山下
豪徳寺
梅ケ丘
世田谷代田
小田急小田原線
經堂
千歲船橋
豪德寺
(P.303)
宮の坂
上町
世田谷
松陰神社前
石林
西太子堂
三軒茶屋
池尻大橋
世田谷公園
(P.299)
代官山
中目黑
祐天寺
東急東橫線
学芸大学
JR 山手線
惠比寿
目黑
長谷川町子美術館
(P.303)
駒沢大学
桜新町
用賀
東急田園都市線
二子玉川
東急大井町線
高津
溝の口
梶が谷
宮崎台
宮前平
JR 津田山
JR 南武線
武藏新城
湯けむりの庄
(P.304)
電車とバスの
博物館 (P.304)
rise (P.301)
蔦屋家電
(P.302)
かしわ
(P.302)
多摩川
二子玉川公園・
帰真園 (P.300)
200 米
Carrot Tower
(P.298)
Café Obscura
Roasters Home
(P.299)
100 米
1 公里
東急池上線
N
© 跨版生活圖書出版

 三軒茶屋站

碩果僅存路面電車
東急世田谷線

地圖 P.297

除了都電荒川線 (P.273)，東急世田谷線是東京都內碩果僅存的路面電車路線。單論路線長度不比都電長，沿途景色以民居和寺院為主。世田谷線單程收費為 ¥150(HK$11)，此外亦可以 ¥330(HK$24) 購買一天任乘車票。

◀世田谷線路面電車的外形。

▲一天任乘車票 (¥330，HK$24)，背面除了有路線圖，更顯示沿線的寺院景點。

◀宮之坂站的江之電 601 號列車。

INFO
- 從三軒茶屋站依指示換乘路面電車即可
- www.tokyu.co.jp

 免費室內觀景台！
Carrot Tower

地圖 P.297

東京有不少地方供遊客俯瞰城市，如六木本、東京鐵塔等，不過一般都要收費。除了新宿的東京都廳，Carrot Tower 一樣提供免費觀景設施！站在大樓 26 樓的室內觀景台，已比周遭的建築物高，腳下的公路、鐵路、民居一目了然。觀景樓層的窗口面向西方，天氣許可的話，可看到日落和富士山。而當地的 FM83.4 電台在這裏直播，訪客可看到 DJ 主持直播情況。

◀雖然 26 樓不算是高樓層，但在這裏已可把整個城市以西地區飽覽無遺。細心留意此相片的話，可隱約看到富士山山腳。

◀電台節目直播中！

◀觀景台設有座椅，讓遊客坐下來舒服服看美景。

INFO
- 東京都世田谷区太子堂 4-1-1
- 從三軒茶屋站依指示沿地下通道前往，之後乘搭升降機至 26 樓
- 09:30-23:00
- 每月第 2 個星期三

有自家工場的專業單品虹吸咖啡

地圖 P.297

Café Obscura Roasters Home

Caf é Obscura 由烘焙咖啡豆到沖泡咖啡都一手包辦，在這區更擁有自家工場，甚至「實驗室」，務求讓咖啡風味發揮得淋漓盡致！因此來到這裏，品嚐單品咖啡 (Single Origin，只以單一地區的單一咖啡豆調配) 自然是主要目的。店員會給你又大又厚的餐牌，裏面寫滿咖啡豆的產地來源及其味道，每杯價錢￥630(HK$45)。 沖泡方法為虹吸，咖啡師完成後會先試喝，確保味道可以的話才給客人。

▲咖啡師沖泡咖啡的空間。

◀超大的餐牌，有多款咖啡豆可選，包括危地馬拉、坦桑尼亞、埃塞俄比亞等。

► 單品咖啡 (￥630，HK$45)，筆者選了墨西哥豆，喝出了柑橘味。

INFO
- 東京都世田谷区三軒茶屋 1-36-10
- 東急田園都市線三軒茶屋站步行約半分鐘
- 09:00-19:00
- 休 星期三
- www.obscura-coffee.com

適合親子遊

地圖 P.297

世田谷公園

世田谷公園是區內主要的公園，是一個親子遊的好地方：交通廣場可以讓小朋友一邊騎單車，一邊學習交通規則；Play Park 則讓小朋友自由地玩，並利用範圍內的物資創造不同事物；噴水池廣場及草地為一家大小提供了休息、野餐的空間；園內還有退役火車供遊園人士參觀。

▲公園入口。

▶噴水池廣場。

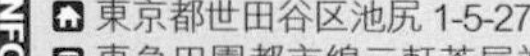

INFO
- 東京都世田谷区池尻 1-5-27
- 東急田園都市線三軒茶屋站步行 15 分鐘；或渋谷巴士總站乘東急巴士渋谷 31、32、34 號線到自衛隊中央病院入口站步行 1 分鐘
- www.city.setagaya.lg.jp/mokuji/kusei/012/015/001/010/d00004239.html

▲退役蒸氣火車。

二子玉川站

日本物質文化遺產

地圖 P.297

二子玉川公園・帰真園

二子玉川公園連接 rise(P.302)，同時鄰近多摩川，可觀賞多摩川風景之餘，天晴時更可望見富士山。園內有不少可供休息和野餐的桌椅，也有 Starbucks 店。要數最重要的景點，莫過於日本庭園「帰真園」裏的「旧清水家住宅書院」，是日本的物質文化遺產。逛完 rise 的商店，不妨順道來公園呼吸新鮮空氣！

◀公園入口。

▼公園內的 Starbucks。

▲公園可望到多摩川。

▲可以坐在梯級間休息。

▲旧清水家住宅書院是日本物質文化遺產。

▲日本庭園帰真園。

INFO

- 東京都世田谷区玉川 1-16-1
- 東急田園都市線二子玉川站步行約 5 分鐘，經 rise 依指示前往
- 帰真園：09:00-17:00(11 月至 2 月 09:00-16:30)，旧清水家住宅書院：星期日及公眾假期、每月第 2 個星期一 09:00-16:30(11 月至 2 月 09:00-16:00)
- 帰真園：星期二、12 月 29 日至 1 月 3 日
- www.ces-net.jp/futako-tamagawa-park/

新概念大型都市發展社區
地圖 P.297

rise

「rise」是二子玉川一個新概念大型都市發展社區，由 2007 年動工，至 2015 年全部落成。這裏有公共空間、食肆、購物中心、社區農場、住宅等。

「rise」取自「sunrise」(日出)，有像太陽般有活力生氣的意思，重視使用者周遭的自然環境，並非只着重都市化。透過「Journey」(旅)的概念，設置長達 1 公里的遊步道，旁邊亦設置座椅，方便人們休息，還與二子玉川公園 (P.300) 連成一體，成為一個既便利且舒適的社區。此外，菜園廣場繼承了昔日的多摩川農耕文化，讓公眾透過耕種體驗種植樂趣，也促進生產者和消費者的關係，但廣場不對外開放。

▲ rise 是二子玉川一個大型市區重建項目，有辦公及居住空間等。

◀▲ 廣場及通道。

▶菜園廣場，但不對外開放。

▶建築內公共空間充足，逛起來十分寬敞。

INFO
- 東京都世田谷区玉川 2-21-1
- 東急田園都市線二子玉川站出口與 rise 連接
- 商店 10:00-20:00，餐廳 11:00-23:00
- www.rise.sc

以下精選位於 rise 的店家：

展示科技與圖書結合的理想生活　蔦屋家電

地圖 P.297

▲店內環境寬敞、佈置整齊。

也許你到過位於代官山和湘南的蔦屋書店，那去 rise 的「蔦屋家電」又為了甚麼？顧名思義，蔦屋家電結合了家電店和書店，承接蔦屋書店的理念，作為理想生活的展示區。不同類型的書籍旁邊會放着相關電子產品，如飲食書旁售賣麵包機，蘋果產品旁展示有關使用蘋果產品的工具書。店內座位比代官山店多，即使不是光顧，店內亦歡迎遊人坐下來閱讀或飲咖啡。若想找個地方休息，這裏十分適合。此外，店內會有小量獨家發售的產品，如以二子玉川為設計主題的手機殼。

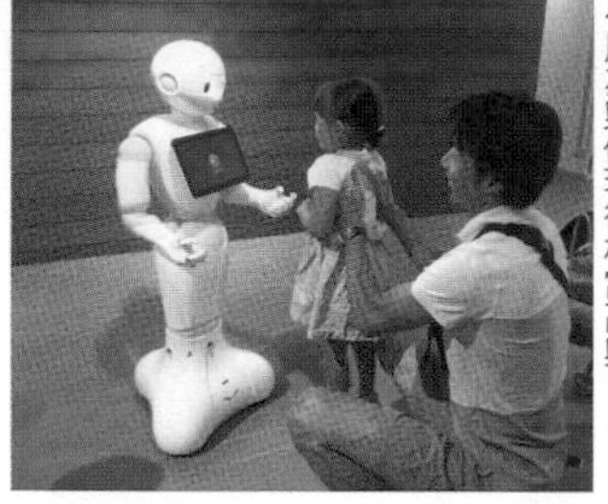
◀書店售賣高科技家電，圖為 Softbank 研發的機械人 Pepper，小朋友與他玩得相當高興。

◀蔦屋家電門口。

INFO
- 書店 07:00-23:30、家電賣場及 2 樓全層 10:00-20:00
- store.tsite.jp/futakotamagawa/

自家木製餐盒、強調健康美味　かしわ

地圖 P.297

かしわ在東京共有 2 家分店，以秋田縣產的高原比內地雞湯作為主打，滋養健康，且具美容功效。餐廳更會用特製木餐盒裝盛食物，一道道菜式排列起來像極了藝術品。

◀雞麥飯、雞湯、野菜，全都新鮮好吃！

▲餐廳位於 rise 的地面層。

▲「高原比內地雞つくね焼ランチボックス」(¥1,680，HK$120) 由 3 個木盒組成，十分特別！

▲牛肉丸燒得軟熟，容易入口，配上酸甜醬更讓人回味。

INFO
- 11:00-16:00，17:00-23:00 (L.O.22:00)
- salt-group.jp/shop/kashiwa-futakotamagawa/

桜新町站

拜見《海螺小姐》一家

地圖 P.297

長谷川町子美術館

親子

長谷川町子美術館於 1985 年開幕，展示了日本女漫畫家長谷川町子的作品，包括草稿和電視動畫片段，尤其珍貴。長谷川町子因其代表作《海螺小姐》廣為國民熟悉，更令她成為唯一獲得國民榮譽賞的漫畫家。由於她曾在福岡及世田谷區居住，所以博物館落腳在世田谷桜新町一帶。車站附近特設「海螺小姐街道」(サザエさん通り)，街上有畫作燈箱、漫畫角色的銅像，部分商店外更有他們的紙板。

▲博物館是一棟紅磚建築。

▶街道上《海螺小姐》漫畫人物銅像。

▶博物館只有少量展品或區域可攝影，裏面展出了《海螺小姐》的場景、模型、草稿等。

INFO

- 東京都世田谷区桜新町 1-30-6
- 東急田園都市線桜新町站南口步行 7 分鐘
- 10:00-17:30(最後入館時間 17:00)
- 星期一 (如遇假日則順延至翌日)、專題展覽更替期間、年尾年初
- 成人 ¥900(HK$53)、大學生及高中生 ¥500(HK$36)、中學生及小學生 ¥400(HK$29)
- www.hasegawamachiko.jp

TIPS!

日本國民動畫《海螺小姐》

《海螺小姐》(サザエさん) 原為四格漫畫，在 1940 至 70 年代於報章上連載。故事主要描述開朗的海螺小姐生活中上的趣事，由於創作靈感來自作者每天散步的海灘，所以登場角色的名字都與海洋生物有關，而故事場景則是作者曾居住過的福岡和東京都世田谷區。漫畫其後被改編成電視劇、動畫、電影和舞台劇。

宮の坂站

喵喵喵喵喵……

地圖 P.297

豪德寺

豪德寺鄰近東急世田谷線的宮の坂站，寺內有多隻招財貓。據説幾百年前有位領主在寺前得到一隻貓引路而避過雷雨，所以成為現今有參拜者供奉招財貓而成的壯觀景致。

◀▲密密麻麻都是招財貓。

▲豪德寺。

▶畫有招財貓的繪馬。

▲不同角落都放滿招財貓。

INFO

- 東京都世田谷区豪徳寺 2-24-7
- 東急世田谷線宮の坂站步行 5 分鐘
- 08:30-17:30
- gotokuji.jp

宮崎台站

展示昭和時期的交通工具

地圖 P.297

電車とバスの博物館

共 3 層高的電車とバスの博物館，展示了昭和時期的東急電鐵巴士、鐵路、路面電車的模型和實物，再輔以遊戲軟件，讓大人小孩都能體驗不同交通工具的運作。其中往返涉谷至二子玉川的電車「玉電」現時已由東急田園都市線取代，而 50 年代投入服務的列車，在當時來説可算是劃時代的設計。

▲電車とバスの博物館。

◀鐵道公司的藏品，包括車掌守則、名牌、臂章等。

▲這些巴士已沒有在路上行走了。

▲玉電為當年通往涉谷的路面電車，現已被田園都市線取代。

◀玉電車廂內部。

INFO

- 神奈川県川崎市宮前区宮崎 2-10-12
- 東急田園都市線宮崎台站南口，依指示前往
- 10:00-16:30(最後入場時間 16:00)
- 休 星期四、年尾年初 (12 月 29 日至 1 月 3 日)
- $ 成人 ￥200(HK$14)、3 歲或以上小童至初中生 ￥100(HK$7)
- denbus.jp

宮前平站

來浸天然溫泉！

地圖 P.297

湯けむりの庄

湯けむりの庄的天然溫泉挖掘自地下 1,500 米，泉水屬弱鹼性，顏色呈茶色，有助舒緩疲勞和關節痛。溫泉區分室外和室內，其中有寢湯 (邊仰臥邊浸溫泉) 和冷水溫泉。溫泉區距離鐵道站只需 5 分鐘步程，十分便利。

▲湯けむりの庄門口。

INFO

- 神奈川県川崎市宮前区宮前平 2-13-3
- 東急田園都市線宮前平站步行 5 分鐘
- 10:00-24:00(星期六、日及公眾假期 09:00-24:00)
- $

	星期一至五	星期六、日及公眾假期
成人	￥1,540(HK$91)	￥1,650(HK$97)
小童	￥1,070(HK$63)	￥1,180(HK$69)

- yukemurinosato.com/miyamaedaira

4.21 舒適的小店商街

下北沢

筆者第一次聽到「下北沢」這個名字，並不是一般人看過的漫畫《下北 Glory Days》，而是較少人看的日劇《下北 Sunday》，由上戶彩主演。故事講述女主角從小就不開心、沒有夢想，結果在開學遇到話劇團的宣傳，便開始話劇的生涯。話劇是下北沢的其中一個特色，也是筆者對這地方的第一個印象。

對於一般人而言，到下北沢來買服飾、古董。然而，這些都不能一概而論下北沢的特色，咖啡店、與貓玩耍、旅行為主題的咖啡店……走過下北沢後，你對下北沢的印象會是甚麼？

適合遊覽的天氣

由於下北沢大多都是室內店鋪，基本上甚麼天氣都很適合，只是下雨比較麻煩而已。

建議遊覽需要時間

這很視乎是否找到「寶物」而定，如果只是逛逛而已，大概預留半天的時間。

前往下北沢的交通

1. 渋谷出發：京王電鐵井の頭線

由渋谷乘搭京王電鐵井の頭線，不論是急行還是普通列車，都可抵達下北沢站，車程約 3 至 5 分鐘，車費為￥140(HK$8)。

網址：www.keio.co.jp/chinese_t/

2. 新宿出發：小田急電鐵小田原線

由新宿乘坐該線 (任何列車皆可) 到下北沢站，車程約 8 至 10 分鐘，車費為￥170(HK$10)。

網址：www.odakyu.jp/tc/

下北沢景點地圖

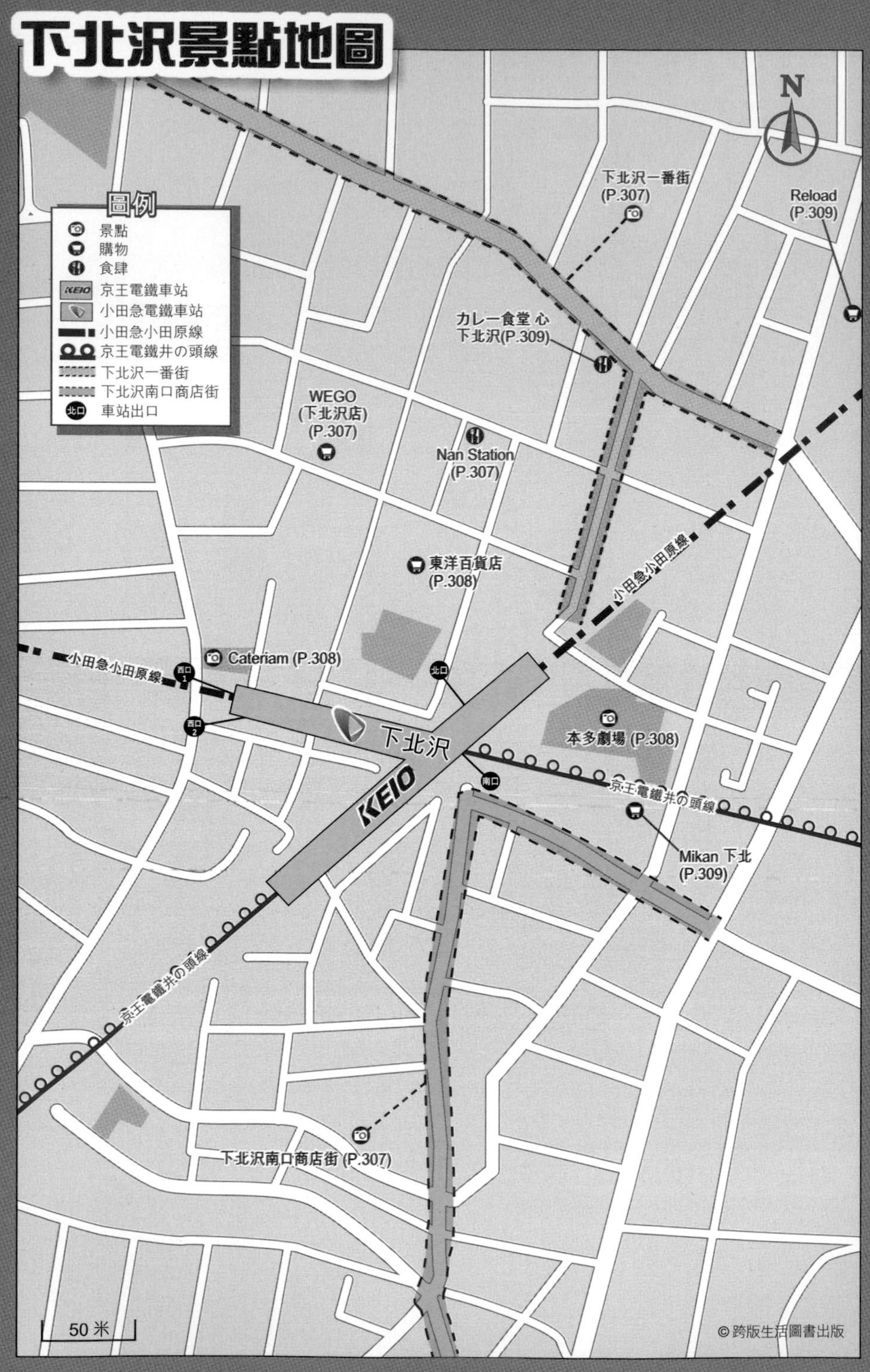

N
圖例
景點
購物
食肆
京王電鐵車站
小田急電鐵車站
小田急小田原線
京王電鐵井の頭線
下北沢一番街
下北沢南口商店街
車站出口
下北沢一番街
(P.307)
Reload
(P.309)
カレー食堂 心
下北沢(P.309)
WEGO
(下北沢店)
(P.307)
Nan Station
(P.307)
東洋百貨店
(P.308)
小田急小田原線
小田急小田原線
Cateriam (P.308)
西口 1
西口 2
北口
南口
下北沢
KEIO
本多劇場 (P.308)
京王電鐵井の頭線
Mikan 下北
(P.309)
京王電鐵井の頭線
下北沢南口商店街 (P.307)
50 米
© 跨版生活圖書出版

下北沢主要街道

一番街、南口商店街

地圖 P.306

下北沢範圍很小，以小田急電鐵車站南和北出口分為南、北兩個部分。讀者可以按需要先行北或南，然後再返回車站往另一方向走。一番街和南口商店街是下北沢的兩條主要街道，但在這兩條街道以外，也有值得一去的景點。

INFO
- 京王電鐵、小田急電鐵下北沢站
- www.shimokita1ban.com

▲一番街。

▲南口商店街。

香濃咖哩小店

Nan Station

地圖 P.306

Nan Station 是咖喱店，裏面有 6 種咖喱配搭，各種咖喱配上羊肉、雞肉、蝦或蔬菜等，價格 (連印度薄餅) 大約 ¥1,300-2,400(HK$76-141) 之間，再加沙律或飲品另計。咖喱汁很香濃，很不錯。

▲以橙色的咖喱汁顏色做餐廳的格調。

▲雞肉咖喱，¥1,000 (HK$59)。

INFO
- 東京世田谷区北沢 2-30-11 北沢ビル 1F
- 小田急電鐵小田原線下北沢站北口出口
- 11:00-22:00　tabelog.com/tokyo/A1318/A131802/13111701/

雜誌介紹商品常客

WEGO(下北沢店)

地圖 P.306

WEGO 是日本連鎖潮流服飾店，每月都會有多間雜誌刊登他們所引入的商品，可見 WEGO 受到一定程度的重視；WEGO 也為藝人提供服飾。他們的員工都會穿上這些服飾，並在網誌上展示如何配襯和打扮。服飾店有時推行優惠折扣活動，例如部分分店全部貨品半價、男士女士夏日福袋等，如果遇到這些好康，就不妨入去看看有沒有心頭好啦！本店位於原宿 (地圖 P.103)，其他分店包括渋谷店 (地圖 P.123)、上野店 (地圖 P.248) 等。

▲ WEGO。

INFO
- 東京都世田谷区北沢 2-29-3
- 小田急電鐵小田原線下北沢站北口出口
- 12:00-19:00，週末假期 11:00-20:00
- 休 年尾年初　www.wego.jp

超抵買日系服飾！
東洋百貨店

地圖 P.306

東洋百貨店十分易認：外有火車和飛機彩繪。百貨店內有多達 22 間潮流服飾及雜貨店，價錢很便宜，一件衣服的價錢有機會不過 HK$100 ！無論如何，衣物一般都比香港便宜，而且都是日系款式，遇到心頭好就真的物超所值了。

▶店內有很多種類服飾選擇。

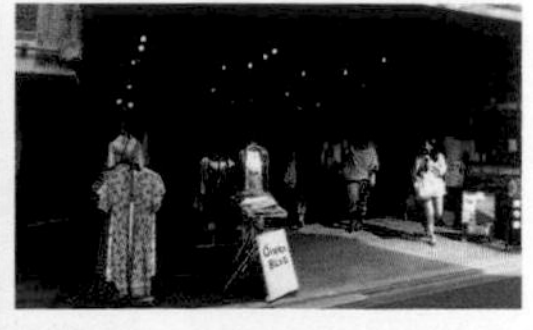

◀百貨店門外。

INFO
- 東京世田谷区北沢 2-25-8
- 京王電鐵井の頭線下北沢站西口 1 出口
- 視乎各店鋪而定，最早 11 時開放，最晚晚上 9 時才關門，店鋪都在 12:00-20:00 營業
- www.k-toyo.jp

與名種貓貓玩
Cateriam

地圖 P.306

Cateriam 是一間供客人與貓貓玩的店鋪，裏面有好幾種貓，而且大部分都是名種。客人可以利用店內提供的玩具，在舒適的大房間裏與不同貓隻建立感情。Cateriam 按客人逗留的時間計算收費，15 分鐘為 ￥300(HK$21)，30 分鐘為 ￥500(HK$36)，然後按小時計算，此外還有 1 天全日計算收費。店內放置了不少沖繩書籍及售賣其雜貨，老闆説因為他們很喜歡琉球文化。

▲可愛的貓貓。

◀室內環境，客人需要脱下鞋子和洗手才可與貓貓玩耍。

INFO
- 東京世田谷区北沢 2-26-6 モンブランビル 2F
- 京王電鐵井の頭線下北沢站西口 1 出口
- 11:00-21:00(最後進店時間為 20:45)；星期六、日及公眾假期 10:00-21:30(最後進店時間為 21:00)
- 休 星期一
- www.cateriam.com

下北沢地標
本多劇場

地圖 P.306

本多劇場是下北沢的話劇劇場，也是下北沢的地標，1982 年建成。想看看話劇的讀者，可以先在官方網頁瀏覽即將演出的節目，然後在劇場外購買門票，收費視乎每個話劇而異，由 ￥5,500-8,500(HK$323-500) 不等。

▲本多劇場門外。

INFO
- 東京都世田谷区北沢 2-10-15
- 小田急電鐵小田原線下北沢站南口出口
- www.honda-geki.com

文青新地標

地圖 P.297

Reload

Reload 是一座十分型格的建築物，白色牆身加上方形設計，盡顯簡約風格，難怪 2021 年 6 月開幕後即成文青的新地標。Reload 佔地不大，只有約 20 多家店鋪，不少是極具特色的，如結合咖哩餐廳與畫廊的 Sanzou Tokyo、站着吃喝的居酒屋「立てば天国」、特色文具店 Desk Labo、女性服裝古着店 CYAN-vintage&used 等等，在這裡不難找到心頭好。

INFO
- 東京世田谷区北沢 2-25-8
- 京王電鐵井の頭線下北沢站西口 1 出口
- 視乎各店鋪而定，最早 11 時開放，最晚晚上 9 時才關門，店鋪都在 12:00-20:00 營業
- reload-shimokita.com

(圖文：蘇飛)

▲►特色文具店 Desk Labo。

▲新型綜合商場 reload。

▲古着店 CYAN-vintage &used。

高架橋下的獨特商業街

地圖 P.297

Mikan 下北

Mikan 下北由日本知名設計公司 DRAFT 山下泰樹設計，融合下北澤始終未完成不斷變化的特質及充滿人文氣息的氛圍，打造出玩樂與工作並存的獨特空間。商業街內有多間名店和餐廳，如下北澤知名的古着「東洋百貨店」、歷史悠久的紅酒店「下北澤 Fairground Bar & Wine shop」等。

INFO
- 東京都世田谷区北沢 2-11-15 ほか
- 京王井之頭線、小田急小田原線下北澤站下車，步行即到
- 11:00-24:00
- mikanshimokita.jp

(撰文：HEI，攝影：蘇飛)

▲美食街有多間異國料理餐廳。

▲「Mikan」代表「未完」，黑線塗鴉同樣意味下北澤不斷變化，不甘於現狀的積極態度。

▲ TSUTAYA 書店裡還有 SHARE LOUNGE 區，可以靜心好好閱讀。

湯咖哩專門店

地圖 P.297

カレー食堂 心 下北沢

推介

「カレー食堂 心」是連鎖湯咖哩專門店，本店在札幌，東京有 4 家，把美味湯咖哩從北海道帶到東京。值得一提的是，在台北也有一家分店。點餐時不但可以選擇辛辣度，也可加材料，如蝦、雞肉和蔬菜等，可選白米或玄米及其份量等。這是性價比很高的餐廳，湯咖哩入口十分舒服，首選應是人氣第一的連骨雞脾湯咖哩。

INFO
- 東京都世田谷区北沢 2-34-8 KM ビル 1F
- 小田急線、京王井の頭線下北沢站步行 4 分鐘
- 11:00-22:00(L.O.21:30)
- 03-5452-3561
- cocoro-soupcurry.com

(圖文：蘇飛)

▲期間限定的牡蠣舞茸湯咖哩，¥1,580(HK$93)。

▶連骨雞脾湯咖哩，¥1,280(HK$75)，十分美味。

▲店面不起眼容易錯過。

4.22 慢活優美環境

自由が丘

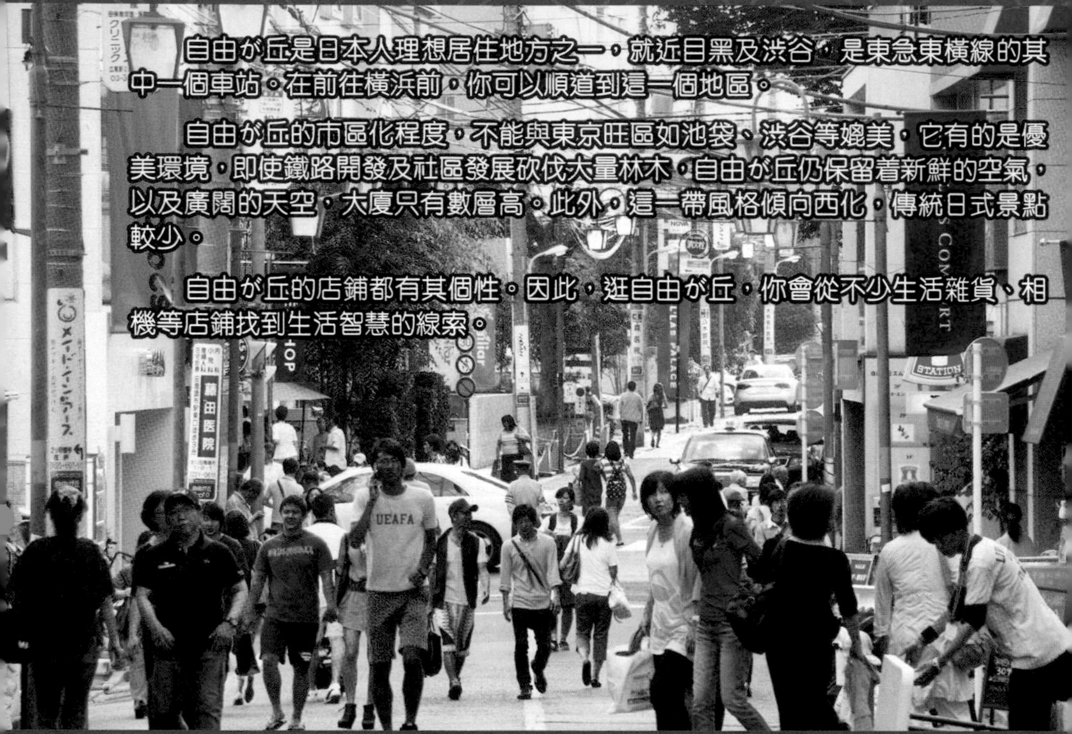

自由が丘是日本人理想居住地方之一，就近目黑及渋谷，是東急東横線的其中一個車站。在前往横浜前，你可以順道到這一個地區。

自由が丘的市區化程度，不能與東京旺區如池袋、渋谷等媲美，它有的是優美環境，即使鐵路開發及社區發展砍伐大量林木，自由が丘仍保留着新鮮的空氣，以及廣闊的天空，大廈只有數層高。此外，這一帶風格傾向西化，傳統日式景點較少。

自由が丘的店鋪都有其個性。因此，逛自由が丘，你會從不少生活雜貨、相機等店鋪找到生活智慧的線索。

建議遊覽需要時間

預一個下午天，大部分店鋪於早上 11 時開，最晚於晚上 8 時關閉。

適合遊覽的天氣

自由が丘的商店固然是室內地方，但商場、街道都主要是露天，故除了下雨天外，其他日子都很合適。

前往自由が丘的交通

由渋谷站乘搭東急電鐵東横線，於自由が丘站下車，普通列車需時 13 分鐘，特急列車需 9 分鐘，票價為 ￥180(HK$11)。

自由が丘景點地圖

N

La Vita (P.313)
古桑庵 (P.313)
熊野神社 (P.314)
Wachfield (P.315)
自由通り
東急東橫線
私の部屋 (P.315)
Today's Special (P.316)
Luz (P.315)
Hotch Potch (P.314)
ポパイカメラ店 (P.312)
無邪気(北口店，P.311)
東急大井町線
蜂の家 (P.314)
Sweets Forest (P.313)
自由が丘
Momi & Toy's (P.312)
Junoesque Bagel Cafe本店 (P.312)
東急大井町線
Trainchi (P.313)
無邪気 (南口店，P.311)
100 米

圖例
食肆　景點　Cafe　購物
東急電鐵車站　東急東橫線　東急大井町線　車站出口

自由拉麵 地圖 P.311

無邪気

自由が丘這一帶傾向西化，但要吃到拉麵還是不難。無邪気這店的最大賣點如這一帶的名稱「自由」，憑個人喜好選擇麵的軟硬程度、湯的濃淡度，以及油的份量。你只要在店內的售票機上，依圖片選擇拉麵，把票交給店員，並在座位背後找「お好み」的黑色牌子，指出你想要的拉麵配搭，就能享用拉麵了！（有些人覺得湯較鹹，可以在湯味方面要淡一點，但筆者覺得濃味都可以。）

▲拉麵店外有主要拉麵的餐單，雖然是日語，但附圖說明，不懂日語的人也能明白。

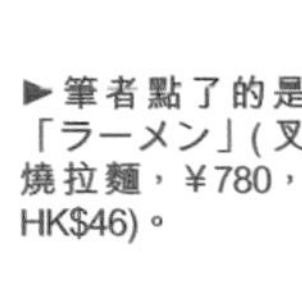

►筆者點了的是「ラーメン」(叉燒拉麵，¥780，HK$46)。

お好み
麵　硬め 柔かめ
味　濃いめ 薄め
油　多め 少なめ

▲店內的自由配搭牌，如麵可選硬或軟，(湯)味道方面「薄」字可理解為淡味。

INFO

南口店
東京都目黒区自由が丘 1-31-2
東急東橫線、東急大井町線自由が丘站南口　11:00-凌晨 03:00
tabelog.com/tokyo/A1317/A131703/13005191/

貝果餐廳

地圖 P.311

Junoesque Bagel Cafe 本店

貝果 (Bagel) 在外國較流行，是一個圓形空心的麵包 (像水泡)。Junoesque Bagel 自 1998 年在自由が丘起家，引入這種西方食物。除了單售各種 Bagel 外，還開設咖啡店，透過午餐及甜點形式，創造多種菜式！

◀ ¥680 (HK$49) 芭菲雪糕 (Parfait，パフエ)，有可可豆的貝果、芒果雪糕和車厘子。這配搭的甜點，吃了令人心情愉快。

INFO
- 東京都世田谷区奥沢 7-2-9
- 東急東横線、東急大井町線自由が丘站南口步行 5 分鐘
- 11:00-17:00(L.O.16:30)
- juno-bagel.jp

應有盡有的相機周邊產品專門店

地圖 P.311

ポパイカメラ店

現今數碼攝影流行，令相片量大增，相片放進電腦很容易被遺忘，甚至有一天因為硬碟損壞而不能再回顧照片。有人説，要保存相片，除了在電腦上做備份，也要沖印出來。ポパイカメラ店不單提供沖印服務，也售賣與相片有關的產品，例如相簿、相架，還有其他文具，方便一些喜歡拼貼相片和繪圖記事的人。商店還售賣菲林相機、菲林 (包括少見的 110 和 120 菲林)、攝影書籍和相機袋等。在店內一定能找到合適保存相片的方法！

◀ 門外。

▲店內提供攝影相關的文具，如相簿、紙相架等。

◀ 自家製相機布袋，¥1,680-2,100 (HK$120-150)。

◀ 有時會舉辦攝影展覽。

INFO
- 東京都目黒区自由が丘 2-10-2
- 東急東横線、東急大井町線自由が丘站正面口步行 2 分鐘
- 11:30-19:00
- 休 星期三
- www.popeye.jp

流動班戟車

地圖 P.311

Momi & Toy's

Momi & Toy's 不是一間商店，而是一輛餐車，遍佈日本不同角落，有的在某個地方短時間經營，有的就永久駐紮，而在自由が丘的這一輛是其中之一，它提供了不少冷凍飲品及手卷班戟。其實日本有不少同類餐車的，但 Momi & Toy's 採用「食券制」，在售票機選擇想要的食物或飲品後，把票交給工作人員便可。

▲ Momi & Toy's 的餐車。

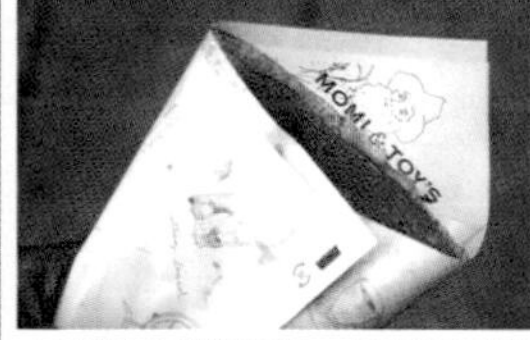

▲面對 15 種班戟，筆者選了簡簡單單的朱古力班戟 (7 號，チヨコホイツプ，¥340，HK$20)，朱古力份量很多，好吃！

INFO
- 東京都目黒区自由が丘 1-8-19 メルサ自由が丘パート 2 内
- 東急東横線、東急大井町線自由が丘站南口步行 1 分鐘
- 11:00-21:00
- www.momiandtoy.com

甜品大本營

Sweets Forest

地圖 P.311

若想嘗試不同種類甜品，可以到共有 8 間甜品店的 Sweets Forest，以美食廣場的形式經營。這裏提供西式甜品為主，還有一間名為「HONG KONG SWEETS 果香」的店舖提供港式甜品。

東京都目黒区緑が丘 2-25-7 「ラ・クール自由が丘」2F
東急東横線、東急大井町線自由が丘站南口步行 5 分鐘
平日 11:00-20:00，星期六、日、假期 10:00-20:00
休 1 月 1 日　sweets-forest.cake.jp

▲ Sweets Forest 入口。

鐵路車廠廣場

Trainchi

地圖 P.311

這個露天商場被稱為 Trainchi，是因為它就近鐵路車站，而且原本是鐵路車廠。裏面共有 3 層，包括 8 間雜貨店 (如 Natural Kitchen) 及 5 間餐廳。

東京都世田谷区奧沢 5-42-3
東急東横線、東急大井町線自由が丘站南口步行 2 分鐘
10:00-20:00(各店舖營業時間不一)
tokyu-iimise.jp/trainchi/

▲ Trainchi 是一個露天商場。

室外歐陸風購物天堂

La Vita

地圖 P.311

小意大利 La Vita 雖然面積不大，商店數目寥寥可數，但這個露天購物商場卻是充滿歐陸氣息。喜歡攝影的可以在這裏拍攝取景。

東京都目黒区自由が丘 2-8-2
東急東横線、東急大井町線自由が丘站正面口步行 8 分鐘
08:00-20:00
www.jiyugaoka-abc.com/shopguide/service/030901.html

自由が丘少有的日式茶房

古桑庵

地圖 P.311

日式茶房古桑庵與對面的西式 La Vita 形成很大的對比，也是少數自由が丘的日式設施，舊房子外有庭園，客人享用餐飲時，與繁華喧鬧的外界隔絕，感受寧靜的環境。茶房於大正時代末期興建，本來住滿家族成員，但隨着成員遷出，店主改為經營茶房，讓更多人享受這個地方。茶屋提供抹茶、咖啡等飲品，價錢由 ￥700-1,100(HK$41-65) 不等，不算便宜。

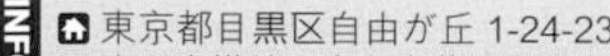
東京都目黒区自由が丘 1-24-23
東急東横線、東急大井町線自由が丘站正面口步行 8 分鐘
12:00-18:30　休 星期三　kosoan.co.jp

▲ 在古桑庵享用餐飲，可欣賞美麗的庭園。

自由が丘唯一寺院

地圖 P.311

熊野神社

熊野神社是自由が丘少數保留的舊建築，為當地居民的信仰中心，在人生重要時刻如出生都會進行儀式，也可為人生事件或難題作出祈求。

▶熊野神社為自由が丘居民最近的寺院。

INFO
- 東京都目黒区自由が丘 1-24-12
- 東急東横線、東急大井町線自由が丘站正面口步行 8 分鐘
- www.tokyo-jinjacho.or.jp/meguro/5208/

送禮佳品

地圖 P.311

蜂の家

以自由が丘為本店的蜂の家，和菓子的種類十分豐富，其中「まゆ最中」，形狀像蠶繭，裏面有小倉、胡麻、柚子等味道。店家也提供夏天甜點，例如曾推出「蝉しぐれ」(蟬時雨)，取自日本長篇小說名稱，與食物關係不大。在渋谷的東急百貨東横店地下 1 樓 (P.130) 也有分店。

▲蜂の家在自由が丘站斜對面。

◀夏天才推出的「蝉しぐれ」，單售 ¥294(HK$21)。

◀「蝉しぐれ」啫喱內有大大的果實。

▲「まゆ最中」不能單買，最少要買 10 個，另有 20、30、40、50 個的包裝，價錢 ¥1,400-5,700(HK$82-335)，或搭配其他和菓子。

INFO
- 東京都目黒区自由が丘 2-10-6
- 東急東横線、東急大井町線自由が丘站正面口步行 1 分鐘
- 星期一至六 10:00-19:00，星期日 10:00-18:00
- hachinoya.co.jp

應有盡有生活百貨

地圖 P.311

Hotch Potch

店面寫着的 HP，就是生活雜貨店 Hotch Potch 的簡稱，從時鐘、雨傘、空氣清新機、手袋到旅行用品，應有盡有。有些產品更可能有特別設計，說不定會找到寶藏啊！

▲ Hotch Potch 店鋪的全名字型較小，但簡稱 HP 卻較大。

▲店內的雜貨。

INFO
- 東京都目黒区自由が丘 1-26-20
- 東急東横線、東急大井町線自由が丘站正面口步行 5 分鐘
- 11:00-19:30　休 1月1日
- hpjiyuugaoka.jp
- www.instagram.com/smileypig.yuri/

自由が丘最大商場

地圖 P.311

Luz

▲ Luz 廣場建築。

Luz 堪稱自由が丘最大的購物廣場，連地庫合共 9 層。這裏有時裝、雜貨及美容名店，包括以色列護膚品牌 SABON、日本時裝 BEARDSLEY GALLARDAGALANTE 等。

INFO
- 東京都目黒区自由が丘 2-9-6
- 東急東横線、東急大井町線自由が丘站正面口步行 2 分鐘
- 視乎各店而異，一般為 11:00-20:00
- www.luz-jiyugaoka.com

簡約風格家居用品店

地圖 P.311

私の部屋 (Watashi no Heya)

店如其名，私の部屋 (自己的家) 集中售賣與「家居」有關的產品，小至廚具、文具、相架、毛巾、床單、盆栽，大至家具都有出售。這些產品傾向簡約甚至日式風格。相信這些家居用品和家具不單可以改善生活，而且還能美化自己所居住的環境，成為一間真正的「私の部屋」。在池袋 LUMINE 7 樓 (P.100)、浅草 Skytree(P.237)、東京站的新丸ビル (P.185) 也有分店。

►私の部屋。

INFO
- 東京都目黒区自由が丘 2-9-4 吉田ビル 1F
- 東急東横線、東急大井町線自由が丘站正面口步行 3 分鐘
- 11:00-19:30　www.watashinoheya.co.jp

日本卡通貓周邊產品店

地圖 P.311

Wachifield

Wachifield 中文是瓦奇菲爾德，為動畫師池田晶子所繪畫的貓，以插畫及小說形式發表的作品超過30部，她在河口湖開設其博物館(詳見 P.481)，亦在日本多個地方及海外 (包括香港和台灣) 都有其專門店。自由が丘是本店，售賣各式各樣的 Wachifield 周邊產品，如餐盒、袋、皮革等。

▲ Wachifield 本店是一間西式木屋。

INFO
- 東京都目黒区自由が丘 2-19-5
- 東急東橫線、東急大井町線自由が丘站正面口步行 5 分鐘
- 11:00-19:00　www.wachi.co.jp

在日本，「平交道」是常見的風景，一般出現在市中心外較低密度的地區。對台灣人來說，「平交道」並不陌生，但對香港人來說，可能較特別。

由於低密度地區不需較大型的車站，而且有足夠空間興建路軌和車站，所以不用挖地底或另興建天橋。不過，列車會穿過馬路，當沒有列車經過時，人們可以自由橫過馬路，當列車駛進前，平交道原本打直的欄杆就會平放，避免人們通過以及讓列車高速前進。在下北沢、自由が丘、鎌倉等地都能見到這種交通設施。

告訴您：今天是特別的一天！
Today's Special

地圖 P.311

此店前身是 Cibone，老闆於 2012 年初更改品牌為 Today's Special。筆者認為 Today's Special 不只是一個品牌，而是一個訊息，提醒自己：雖然今天還未結束，但我相信會是特別的一天 (筆者喜歡把名稱理解為 Today is SPECIAL)。如果筆者是自由が丘的居民，每天上下班經過這裏，即使遇到不愉快的事情，都會因為這店名而忘掉負面事情。這間商店不時舉辦活動，例如在一樓近門口處有職員教導手作，推動積極的生活態度。二樓還有沐浴用品及衣物等，三樓則是餐廳。在渋谷 Hikarie 的 4 樓也有分店 (P.125)。

▲裝潢十分自然，品牌由手寫而成。

▲有文具出售。

▲店內很多環保、健康產品。這些產品都旨在對環境的保護、健康的重視，從而達到快樂生活態度。

▲甫進店，除了有不少廚具和餐具，還看到手作工作坊。

INFO
- 東京都目黒区自由が丘 2-17-8
- 東急東横線、東急大井町線自由が丘站正面口步行 5 分鐘
- 11:00-20:00
- www.todaysspecial.jp

東京 23 區唯一山谷
等々力溪谷公園 推介

地圖 P.316

等々力有「東京 23 區唯一山谷」之稱，位於車站附近，卻可以遠離市區繁囂。溪谷公園沿途有寺院和小瀑布，在美麗的風景和輕鬆的環境下，聽着河水聲，被樹林包圍，可以放空大半天。

▲優美的山谷路和河。

▲小寺院。

◀仔細看會發現園內放了一些石像。

INFO
- 東京都世田谷区等々力 1-22
- 東急電鐵大井町線等々力站步行 3 分鐘

等々力溪谷公園位置地圖

圖例
公園　學校
Cafe　東急電鐵車站
食肆　東急大井町線

N
等々力
東急大井町線
目黒通り
尾山台
小川
玉川野毛町公園
丸山珈琲
尾山台中學校
等々力溪谷公園 (P.316)
環八通り
尾山台小學校

4.23 悠閒生活步調

品川、大田

說到品川，可能很多人都想起「啊！我曾經在那裏轉過車呢」，因為品川車站連接山手線、東海道新幹線和京急線等多條主要鐵路線，所以不論對遊客或是日本人來說，品川都是大家耳熟能詳的轉車站。其實自江戶時代起，品川已經是旅客的集結點，現在則成為了東京主要的交通樞紐，當地政府和一些商戶看準這點，便致力在這裏保育蘊含當地歷史文化的古蹟，並開發各種特色商店、特色景點和餐廳，讓旅客在旅途奔波之餘，亦能感受當地的文化和繁榮的一面。

大田是東京都內最南的沿海地區，鄰近川崎市和橫浜市，本來以種植海苔（紫菜）為生，但戰後為了發展經濟，便從農業轉型為工業區。現在，這裏既是海鮮、蔬果物流的集中地，同時也建有不少工廠。由於大田鄰近東京繁忙地區（如銀座），又是羽田機場的所在地，因此對商人和旅客都有不可或缺的地位！

• 適合遊覽的天氣

只要不下雨便可，因為大田景點分佈較廣，而且以步行、踏單車為主。

• 建議遊覽需要時間

大田區半天至一天左右，宜預留多一點交通時間。

• 前往品川的交通

▶▶▶ 從都營地下鐵淺草線沿線（如淺草、銀座站）出發：

於新橋站轉乘 JR 東海道本線，到品川站。

▶▶▶ 從大田區（即平和島、大森町、京急蒲田站）出發：

乘京急電鐵京急本線，到品川站。

• 前往大田的交通

▶▶▶ 從都營地下鐵淺草線沿線（如淺草、銀座、新橋、品川站）出發：

於泉岳寺站轉乘京急電鐵，到平和島、大森町、京急蒲田、雜色站等或大田區等站。

▶▶▶ 從都營地下鐵淺草線五反田站出發：

乘東急電鐵池上線，到洗足池、池上或久が原等站。

▶▶▶ 從都營地下鐵大江戶線大門站、JR 山手線或京濱東北線浜松町站出發：

乘單軌電車（東京モノレール），到流通センター、昭和島等站（但這些站離景點比較遠，路程約 15 分鐘或以上）。

大田景點地圖

© 跨版生活圖書出版

品川

結合聲光影像效果的水族館

東京都景點大地圖

Maxell Aqua Park

Maxell Aqua Park 是一間與眾不同的水族館，除了飼養熱帶魚、海龜、企鵝和花園鰻等海洋生物外，還以不同的聲光和影像佈置各個設施和活動，如水母館上空掛了七彩的波波燈，營造夢幻感覺，又例如海豚表演會配合漂亮的燈光效果，帶給人非一般的視覺享受。最特別的是，館內還有海盜船和旋轉木馬(海洋生物)這些機動遊戲，讓小朋友有得看之餘又有得玩！

▲小朋友最愛的機動遊戲。

▲海豚表演，晚間的表演會有更精彩的光影效果。

INFO
- 東京都港区高輪 4-10-30(品川プリンスホテル内)
- JR、京急電鐵品川站高輪口步行約 4 分鐘
- 10:00-20:00(因應日子變動)
- 03-5421-1111
- 入場費成人 ¥2,500 (HK$ 147)，小學及初中生 ¥1,300 (HK$76)，兒童 ¥800(HK$47)；機動遊戲每局 ¥500(HK$36)
- www.aqua-park.jp

(圖文：Pak)

▶水族館內的海底隧道。

▶Maxell Aqua Park。

邊吃邊玩的迴轉壽司

東京市中心美食大地圖

無添くら寿司

日本的扭蛋玩具款式又新又多，所以很多人旅行時會被扭蛋機深深吸引。有沒有想過吃飯時也可抽扭蛋？這間迴轉壽司店的一大特色就是每個座位上都設有扭蛋機，顧客吃完一碟壽司後把碟放入桌上的收集口，吃過 5 碟後就能用平板電腦玩一次遊戲，贏了就會有扭蛋掉下來，而且店內每碟壽司都只售 ¥115(HK$7)，寓吃飯於娛樂，何樂而不為！

▲壽司是正常水準。

▶吃過 5 碟後，把碟放入收集口。

▶每個座位上方都設有扭蛋機。

INFO
- 東京都港区港南 2 丁目 17-1 京王品川ビル 2F
- JR、京急電鐵品川站港南口沿天橋步行約 10 分鐘
- 11:00-23:00，星期六、日及公眾假期 10:20-23:00
- 03-6718-5610
- shop.kurasushi.co.jp/detail/220

(圖文：Pak)

攀登迷你富士山

品川神社

品川神社裏有鳥居，也有供奉着神明的木建築，表面上與其他日本神社沒甚麼分別，但其實裏面還有一處特別的祈福之地，那就是富士塚了。富士塚即是仿富士山而鑿成的人工石山，日本人相信只要攀登了這個迷你富士山，就等於征服了神聖的富士山，能得到同樣的保佑。即使不相信這種傳説，登上富士塚的山頂，從高處俯瞰新馬場站附近的景色，也是不錯的體驗。

▲品川神社入口。

◀沿樓梯而上，走至中段的時候，會看到左手邊有鳥居和另一條路，那就是富士塚的入口了。

◀從富士塚的「山腰」拾級而上，沿途會有標誌着一合目至九合目的石柱，像真的富士山一樣。

▲由山頂俯瞰的景色。

▲山頂另一邊會有樓梯下山，下山後往前走就能見到神社主殿。

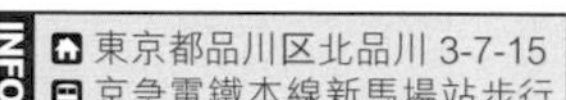

INFO
- 東京都品川区北品川 3-7-15
- 京急電鐵本線新馬場站步行約 2 分鐘
- 03-3474-5575
- shinagawajinja.tokyo

(圖文： Pak)

迎着河風悠閒散步

東品川海上公園

公園位於目黑川和天王州運河的交界，不但包攬了美麗的河川美景，園內大部分地方還覆蓋了草坪，環境十分舒適，吸引了許多人在這裏散步、野餐和進行球類活動。此外，公園還以荷蘭插畫角色 Miffy 為主題，設計了多種玩樂設施，很受小朋友歡迎。

▲除了能在公園裏看到河景，也能看到橫跨公園和天王州的アイル橋。

▲以 Miffy 為主題的滑梯。

INFO
- 東京都品川区東品川 2-6-22
- 京急電鐵本線新馬場站步行約 15 分鐘

(圖文： Pak)

源自古人湖邊洗腳

洗足池公園

地圖 P.318

洗足池公園是一個由湖構成的公園，傳説聖僧日蓮上人在此洗腳休息而得名，是江戶時代以來民眾的休憩場所。湖旁保留了一些日式建築和遺跡，例如江戶末期幕臣的勝海舟之墓。遊客可繞湖一周散步，需時約 20 分鐘，也可踩腳踏船飽覽湖光景色。

▲湖上設有腳踏船供遊客租借。

INFO

- 東京都大田区南千東 2-3-6
- 東急電鐵池上線洗足池站
- 租船費用按船隻大小而定，分 3 位成人用，每半小時 ￥400(HK$28)；以及 2 位成人和 1 小童用，每半小時 ￥600(HK$42)；同時租用兩款船每半小時 ￥800(HK$56)
- senzoku-fuuchi.com

▲洗足池公園的湖景。

觀賞東京景致

池上本門寺

地圖 P.318

沿着 96 級樓梯而上，就會到達傳説於 1282 年興建的池上本門寺。本門寺有大堂和五重塔等建築物，旁邊的池上會館也會開放觀景台，遊客可在此欣賞東京的景致。

▶從會館觀景台俯瞰的東京景致。

INFO

- 東京都大田区池上 1-1-1
- 東急池上線池上站步行 10 分鐘
- 池上會館觀景台 08:30-19:00
- honmonji.jp

▶五重塔。

▶日蓮聖人像。

▲本門寺入口。

▶可從池上會館可眺望五重塔。

戰後日本生活展示

昭和時代生活博物館

地圖 P.318

昭和時代生活博物館展示的是 1951 年興建、本屬小泉家的住宅。那個時期興建的房屋並沒有浴室和瓦斯爐等基本設施，博物館展出昔日的居住環境，對照現代日本的面貌，是希望讓參觀人士了解日本如何在二戰後百廢待興的 1950 年代，開始步入現代化。

▲昭和時代生活博物館。

INFO
- 大田区南久が原 2-26-19
- 東急電鐵池上線久が原站步行 8 分鐘
- 星期五、六、日及公眾假期 10:00-17:00
- 休 星期一至四、年尾及年初
- $ ￥500(HK$35)，小學生及中學生 ￥300(HK$21)
- 03-3750-1808　www.showanokurashi.com

綠茶色泉水

蓮沼溫泉

地圖 P.318

蓮沼溫泉又名はすぬま温泉，位於蓮沼車站附近，是一個公共浴場。對於未嘗過錢湯的人來説，這裏是不錯的選擇。浴場泉水傾向綠茶色，並設有超音波和電氣泉水，浸在水中能感受到震動，在浸泡溫暖的泉水之餘，肌膚亦能享受按摩。

▶現已重新裝修，變成和洋融合的木造建築。

INFO
- 大田区西蒲田 6-16-11
- JR 東海道本線蒲田站步行 10 分鐘；或東急池上線蓮沼站步行 2 分鐘
- 15:00- 凌晨 01:00　休 星期二
- $ ￥520(HK$31)，中學生 ￥420(HK$25)，小學生 ￥200(HK$13)
- www.hasunuma-onsen.com

3,000 廢棄輪胎砌成的公園

西六鄉公園

地圖 P.318

這個公園最大的特色，就是園內的兒童遊樂場由多達 3,000 個廢棄的輪胎砌成，並設計成哥斯拉和機械人的形狀。春季時，這裏的花朵開得十分燦爛，下午前來的話，還可看到不少剛下課的學生聚集。而 JR 列車在公園旁風馳電掣的情況，也吸引了不少鐵路愛好者前來。

▲西六鄉公園又稱輪胎公園，圖中可見由輪胎組成的哥斯拉。

▲由輪胎組成的機械人。

◀開得十分燦爛的花朵。

INFO
- 大田区西六鄉 1-6-1
- 京急電鐵本線雜色站步行 10 分鐘

創意錢湯
照の湯

泡湯 推介

地圖 P.318

照の湯為大田區內其中一個錢湯，細小的浸浴區提供幾種不同的錢湯：電氣、黑湯、冷溫泉，還有每天不同的特色泡湯 (如宇治抹茶湯) 和桑拿，顧客可一邊泡湯，一邊面對着富士山牆壁畫，可謂麻雀雖小但五臟俱全。店內最著名的黑湯來自地下 300 米的水，顏色是深啡色的，但放心浸過後不會全身變黑。

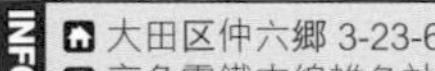

INFO
- 大田区仲六郷 3-23-6
- 京急電鐵本線雑色站步行 10 分鐘
- 15:00-23:30(星期六、日及公眾假期 10:00-23:30)
- 星期四　ota1010.com
- ￥500(HK$34)，另加 ￥200(HK$14) 有小毛巾和洗髮精、皂液

▲照の湯。

◀每天都會有不同主題的錢湯，十分有創意。

採用北海道製麵條
北海道らーめん 楓 かえで

地圖 P.318

這間麵店共有 3 間分店，3 間都在大田區，它的「味噌らーめん」(￥840，HK$49) 是最受歡迎的拉麵。麵店的拉麵採用口感較硬、來自札幌老店的「さがみ屋製麵」，再把點點辣椒平均分佈在湯底，是在北海道都未必能嚐到的拉麵。

▶味噌らーめん，￥840(HK$49)。

INFO
- 大田区蒲田 4-19-2
- 京急電鐵任何路線京急蒲田站步行 2 分鐘
- 11:30-15:00、18:00-23:00
- 03-3737-7620
- www.ramen-kaede.com

▲麵店採用北海道產拉麵。

東京都第一個海濱公園
大森ふるさとの浜辺公園

地圖 P.318

這個公園是東京都第一座區立海濱公園，於 2007 年完成動工。除了有一大塊草地外，園內還有一個人工沙灘。雖然這個沙灘面向的不是大海，而是工業用地和河川，但景觀也不錯。

▲人工沙灘。

INFO
- 平和の森公園 2-2、ふるさとの浜辺公園 1-1
- 京急電鐵本線平和島站步行 15 分鐘
- www.city.ota.tokyo.jp/shisetsu/park/oomorifurusatonohamabe.html

▲公園的一大片草地是小朋友的天堂。

大田區種紫菜的歷史

地圖 P.318

大森海苔博物館

300 年前的大田區是一個沿海農業區，主要種植紫菜，並因而發展出相關的農業科技。要回顧這段農業歷史，就不得不進 3 層高的「大森海苔博物館」參觀。這裏展示了 13 米長的海苔船、昔日的製作工場、一系列的動畫和耕作工具，確保這段歷史不會被工業化、現代化所淹沒。

▶大森海苔博物館。

◀大田海苔劇場設有三個故事，讓人透過片段認識大田海苔的歷史。

▶2 樓展示了昔日所用的工具和衣服。

▲在博物館頂樓可俯瞰大田區景色。

INFO
- 東京都大田区平和の森公園 2-2
- 京急電鐵本線平和島站步行 15 分鐘
- 09:00-17:00(6 至 8 月延至 19:00)
- 每月第 3 個星期一（如遇假日，則順延至翌日）、12 月 29 日至 1 月 3 日
- 免費　☎ 03-5471-0333
- www.norimuseum.com

東京都另一魚市場

地圖 P.318

大田市場

大田市場於 1989 年開始運作，是築地市場以外另一個魚市場，並同時售賣蔬果和花卉，兩者都在全日本銷量第一。魚市場佔地 400,000 平方米，設有展示室及餐廳，前者介紹花卉、蔬果、食物，以及其他位於東京的市場；後者的選擇則很多，當中的「山桜」提供穴子丼(￥1,030，HK$74)，內有海水鰻魚星鰻、青瓜和矮瓜天婦羅，星鰻的口感十分柔軟。

▲大田市場入口。

▲大田市場內貨物甚多，場內也十分繁忙。

▲「山桜」是市場內其中一間餐廳。

▲餐廳內部。

◀穴子丼(￥1,030，HK$74)。

INFO
- 大田区東海 3-2-1
- 東京モノレール流通センター站步行 15 分鐘
- www.shijou.metro.tokyo.lg.jp/info/03/

4.24 動漫迷另一好去處

中野

中野與高円寺相距一個車站，車站附近的 Sunplaza 和 Nakano Broadway 是大部分居民的消閒場所，前者集多功能於一身，後者則以動漫為主，是秋葉原以外的好去處。從中野站向北步行或乘搭巴士，會抵達哲學堂公園和新井藥師公園。那裏人煙稀少，十分寧靜，是讓人放鬆心情的地方。此外，對喜歡小社區歷史的人來說，附近的歷史民俗資料館也十分值得參觀。

適合遊覽的天氣

晴天或陰天，方便遊覽室外景點如公園，若遇上雨天的話，建議在車站附近逛逛 (如室內的 Nakano Broadway)。

建議遊覽需要時間

如果只逛車站附近的商店，半天就足夠了；要逛較遠的公園和博物館的話，則預留一整天的時間。

前往中野的交通

▶▶▶ JR 中野站：中央及總武線、中央線快速

▶▶▶ 東京地下鐵中野站：東西線

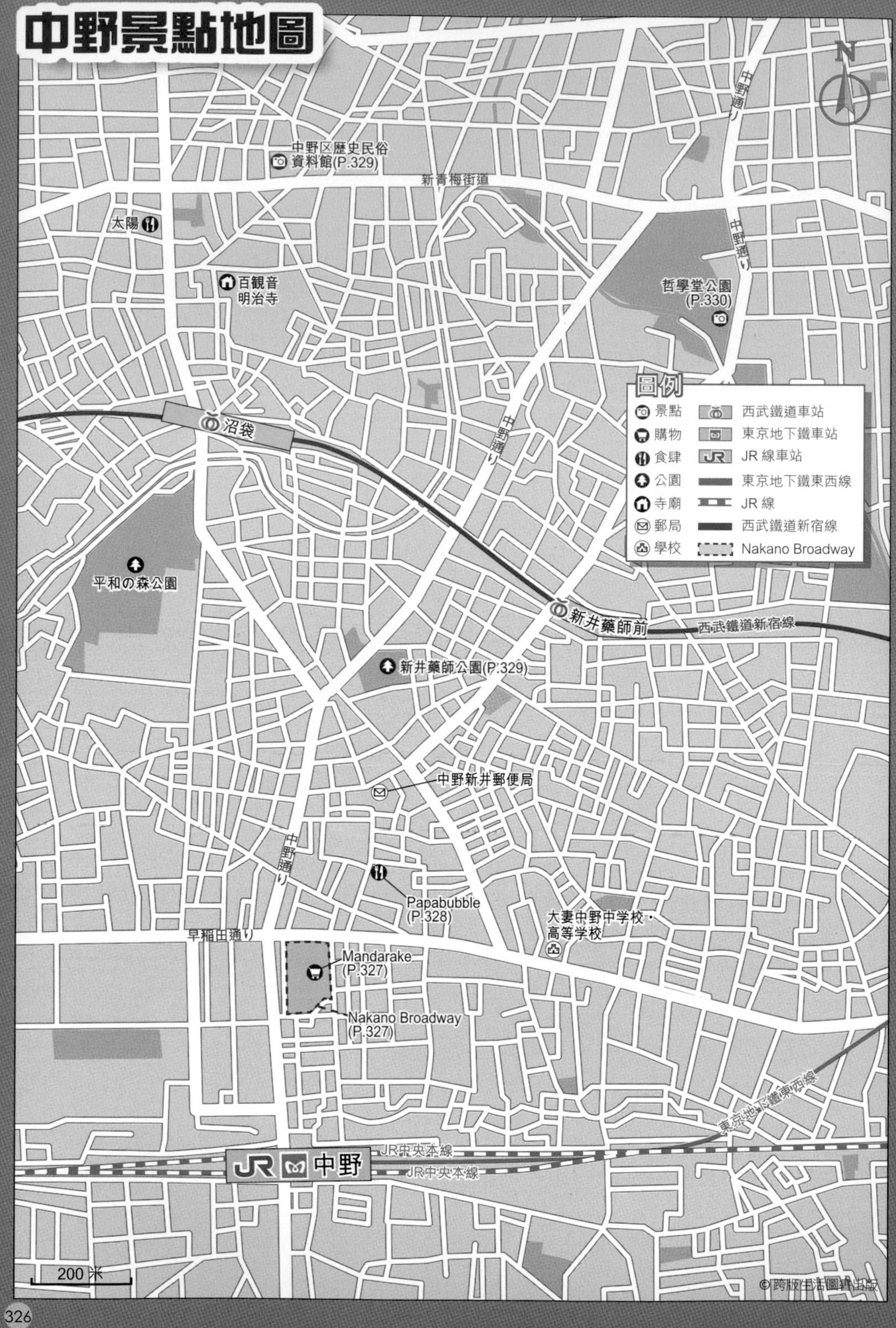
中野景點地圖
中野通り
中野区歴史民俗資料館(P.329)
新青梅街道
太陽
中野通り
百観音明治寺
哲學堂公園(P.330)
圖例
景點
購物
食肆
公園
寺廟
郵局
學校
西武鐵道車站
東京地下鐵車站
JR線車站
東京地下鐵東西線
JR線
西武鐵道新宿線
Nakano Broadway
沼袋
中野通り
平和の森公園
新井藥師前
西武鐵道新宿線
新井藥師公園(P.329)
中野新井郵便局
中野通り
Papabubble (P.328)
大妻中野中学校・高等学校
早稲田通り
Mandarake (P.327)
Nakano Broadway (P.327)
東京地下鐵東西線
JR中央本線
中野
JR中央本線
200米
©跨版生活圖書出版

50 年前已紮根中野的地標

Nakano Broadway 推介

地圖 P.326

Nakano Broadway 是一座多元化的商場，裏面的商鋪包羅萬有，有點像香港的葵涌廣場：鐘錶、玩具、漫畫、音樂、電子遊戲和時裝等都可在這個有「次文化聖地」之稱的商場裏找到，就連專賣動漫的 Mandarake 都座落於此呢 (見下文介紹) ！

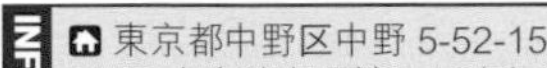

INFO
- 東京都中野区中野 5-52-15
- JR 中央線中野站北口步行 5 分鐘
- nakano-broadway.com

▲ Nakano Broadway 是區內的地標。

▲商場內其中一間玩具店。

漫迷天堂 Mandarake

位於 Nakano Broadway 2 至 4 樓的 Mandarake，售賣各種歷史悠久的漫畫集和玩具，漫畫最便宜￥100(HK$7) 可有一本，整套則需要約￥6,000(HK$428)，漫畫迷不妨來尋寶；玩具的話，這裏有上世紀五、六十年代左右的商品，十分珍貴，價格可以高達 6 位數字 (如鐵人 28 系列)。

▲ Mandarake 是 Nakano Broadway 內最大的玩具店。

◀也有不少模型，售價可以十分昂貴。

▲特別的擺設。

INFO
- Nakano Broadway 2 至 4 樓部分店鋪
- 12:00-20:00
- mandarake.co.jp/shop/nkn/

▲店內有漫畫售賣。

獨家貓圖案糖果 Papabubble

地圖 P.326

Papabubble 是一間來自西班牙的糖果店，在世界各地都有分店。在中野的分店內，顧客可以觀看員工製作糖果的過程，也可以試吃。當中的貓圖案手工糖是這間店限定的，其他店都沒有售賣。

▶店鋪外觀。

▲▶製作糖果的過程及製成品。

▶中野店限定貓圖案糖果，￥530(HK$38)。

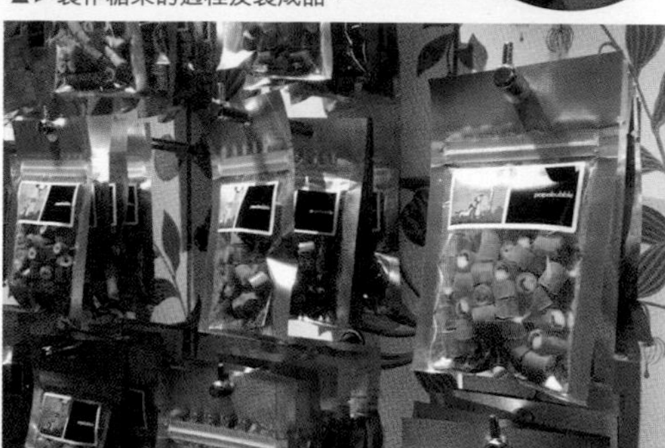

◀糖果以小袋包裝，方便攜帶。

INFO

- 中野区新井 1-15-13
- JR 中央線快速、中央及總武線、東京地下鐵東西線中野站步行 10 分鐘
- 10:00-20:00(星期日及公眾假期 10:00-19:00)
- 03-5343-1286　papabubble.co.jp
- www.instagram.com/papabubblejapan/

拍攝貓有什麼需要注意的地方？

1. 器材

不一定要專業相機，最好使用較大光圈及光學變焦的相機，對貓的影響較少，因為貓不太知道有鏡頭，不會刻意躲開；有時候筆者都會使用手機，不過要配合天時、地利、人和啊(牠睡覺時成功的機率就很高了)。

2. 相機設定

* 光圈愈大愈好；ISO 感光值較高：一般相機設定為 200 至 400，單鏡反光或無反相機可設為 800 甚至 1600；
* 對焦設定在貓的面孔；
* 在拍攝黑色貓時把曝光調低三分二級，拍攝白色貓時視情況可能調高三分一或三分二級；
* 拍攝時，不要立即看相片！最好多拍幾張，甚至開啟連拍功能。因為貓突然造出一些動作或表情，過去了就錯失了；
* 不應該開啟閃光燈，這樣對貓不太好。

3. 貓兒老是不望鏡頭怎麼辦？

要令牠望向鏡頭，可以揮揮繩子(如你相機的繩)，這會吸引貓的注意，因為貓愛會郁動的東西。

4. 按照上述要點，但仍不能捕捉貓的姿態，真的沒辦法嗎？

建議先從睡覺中的貓入手，正在夢境中的牠們不會有太大的郁動，而且牠們在那時的樣子十分可愛喔！

內藏中野區最大寺院及賞櫻地

新井藥師公園

賞櫻

地圖 P.326

▶寺院範圍。

新井藥師公園雖然不大，但它是區內的賞櫻勝地，園內還建有中野區最大的寺院梅照院，是信眾供奉藥師如來與如意輪觀音的場所。

◀新井藥師公園。

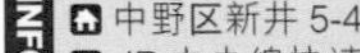

INFO
- 中野区新井 5-4
- JR 中央線快速、中央及總武線、東京地下鐵東西線中野站轉乘関東巴士「中 25」(練馬站方向)，到北野神社站步行 1 分鐘；西武新宿線新井藥師站南口步行 10 分鐘

▲梅照院入口。

認識區內歷史

中野区歴史民俗資料館

地圖 P.326

中野区歴史民俗資料館記錄了繩文時代、江戶時代，以至戰後中野居民的生活、教育制度和居住環境，還展覽了不少相關的文物。此外，區內的古蹟如哲學堂公園的三重塔，展館都一一提及，並展示了約 1,000 種相關藏品。

▶資料館外觀。

▲昔日的教學材料。

▲當年的家居用品。

◀昔日的器皿。

▶藏品多而珍貴。

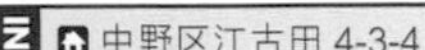

INFO
- 中野区江古田 4-3-4
- JR 中央及總武線、中央線快速中野站南口轉乘京王巴士「中 92」(練馬站方向)，到江古田 2 丁目站步行 2 分鐘；或北口轉乘関東巴士「中 41」(江古田站方向)，到江古田 2 丁目站步行 2 分鐘；或都營地下鐵大江戶線新江古田站步行 15 分鐘
- 09:00-17:00(最後入場時間 16:00)
- 休 星期一、每月第 3 個星期日、12 月 28 日至 1 月 4 日
- $ 免費　☎ 03-3319-9221
- www.facebook.com/nakanorekimin/

源於古老的哲學學堂
哲學堂公園

地圖 P.323

哲學堂公園是中野一個具有學術意義的公園。事緣於 1904 年，東洋大學的創始人井上圓了在這裏建造了一座哲學堂，以紀念東、西方的哲學家，以及讓人在此研讀哲學。後來哲學堂一帶發展成公園，並保留了原有建築，例如供奉東洋賢人的六賢台。遊客可在園內漫步，思考人生和社會哲理。到了秋天，公園內的古老建築配上紅葉，十分優美。

▲六賢台。

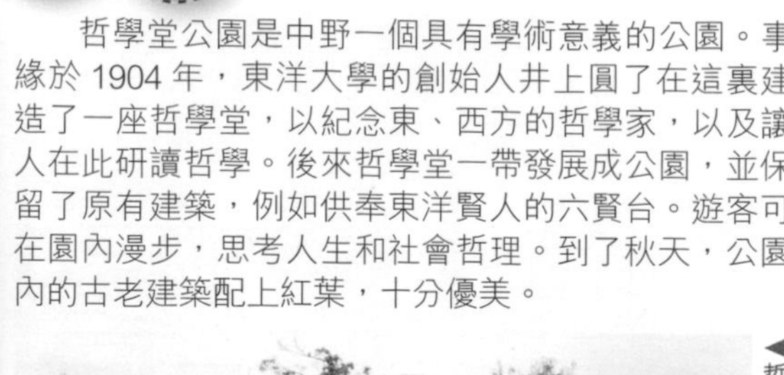
◀哲學之庭。

◀六賢台比內部較窄，裏面放了關於井上圓了的資料。

▲◀▶園內的環境十分寧靜。

▶園內另一建築：絕對城。

INFO
- 中野区松丘 1-34-28
- JR 中央線快速、中央及總武線、東京地下鐵東西線中野站轉乘関東巴士「中 25」(練馬站方向)，到下田橋站步行 3 分鐘
- 3-6 月、9 月 08:00-18:00、7-8 月 07:00-18:00、10-11 月 08:00-17:00、12-2 月 09:00-17:00(部分舊建築會在指定時間開放)
- 休 12 月 29 日至 31 日
- www.tetsugakudo.jp

4.25 做半天慢活文青

高円寺

高円寺是新宿以西的一個小區，但步伐遠比新宿慢。高円寺車站附近小店林立，開有不少二手店、食肆和咖啡店等，是吉祥寺外另一個充滿個性的地方。

• 適合遊覽的天氣

晴天和陰天皆適合，唯商店街在室外，傾盆大雨的話不太建議前往。

• 建議遊覽需要時間

高円寺範圍不大，預留半天遊覽便可。

• 前往高円寺的交通

▶▶▶ JR 高円寺站：JR 中央線快速、中央及總武線

高円寺景點地圖

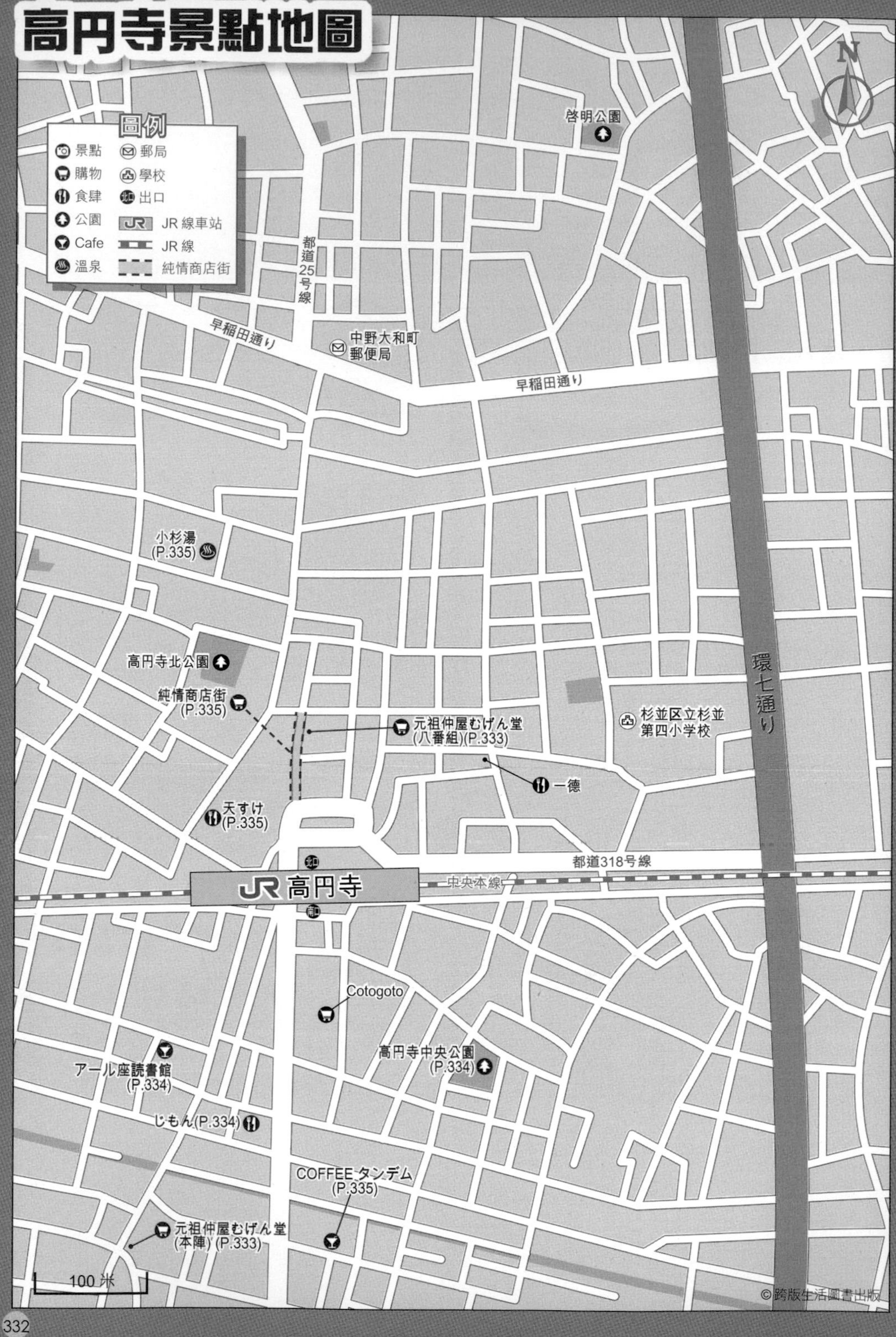

圖例
景點
郵局
購物
學校
食肆
出口
公園
JR 線車站
Cafe
JR 線
溫泉
純情商店街
N
啓明公園
都道25号線
早稲田通り
中野大和町郵便局
早稲田通り
小杉湯 (P.335)
高円寺北公園
純情商店街 (P.335)
元祖仲屋むげん堂 (八番組) (P.333)
杉並区立杉並第四小学校
環七通り
一徳
天すけ (P.335)
都道318号線
JR 高円寺
中央本線
Cotogoto
アール座読書館 (P.334)
高円寺中央公園 (P.334)
じもん (P.334)
COFFEE タンデム (P.335)
元祖仲屋むげん堂 (本陣) (P.333)
100 米

高円寺節日慶典

高円寺びっくり大道芸

每年一度的「高円寺びっくり大道芸」會於 4 月下旬到 5 月上旬的週末舉行，屆時高円寺車站一帶會有雜技表演，以及不同的攤位，部分路段還需要封路，十分熱鬧。遊客可留意有關資料，選擇在當天遊覽，參與盛會。

▶有趣的場內佈置。

◀大道芸舉行期間開設的攤位。

▲雜技表演吸引了不少人坐下觀賞。

▲高円寺びっくり大道芸的場刊。

INFO
- 高円寺車站一帶
- 4 月下旬至 5 月上旬之間的星期六、日
- www.koenji-daidogei.com

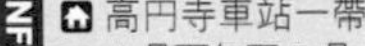

二手衣物集中地
元祖仲屋むげん堂

地圖 P.332

元祖仲屋むげん堂是一間從外國進口二手衣物的雜貨商店，分店遍佈涉谷、吉祥寺和世田谷等地。位於高円寺的本店 (本陣) 和八番組店所賣的衣物，有很多色彩之餘又不會太搶眼，而且質料十分舒服，價格大約￥1,500-2,200(HK$106-155) 左右。

▶八番組店。

◀▼袋、時裝和飾物等堆滿店鋪。

INFO

新本陣
- 杉並区高円寺南 2-48-6
- JR 中央線高円寺站南口步行 6 分鐘
- 10:30-19:45

八番組
- 東京都杉並区高円寺北 2-7-6 1 樓
- JR 中央線高円寺站北口步行 3 分鐘
- 11:00-20:00
- facebook.com/gansonakayamugendo/

《1Q84》的「兩個月亮」公園

地圖 P.332

高円寺中央公園

▶《1Q84》的男主角就是坐在這條滑梯上觀看月亮。

高円寺中央公園本來只是一個供市民休憩的公園，但自從名作家村上春樹在小說《1Q84》中提到主角在園內看到兩個月亮後，這個公園便添上了新的意義。到訪這個公園固然不會看到小說中的景象，但也可想像一下村上春樹有這個念頭的原因。

▲高円寺中央公園。

INFO
- JR 中央線高円寺站南口步行 5 分鐘

森林中的圖書館＋咖啡店

地圖 P.332

アール座読書館

▲アール座読書館位於 2 樓。

アール座読書館位於 2 樓，是一個猶如置身森林的圖書館及咖啡店，書櫃上舊書和新書都有，內容遍及美術、科學、哲學、心理學和旅遊等，供客人借閱，並提供簡單的小吃和飲料。店鋪的經營理念為讓人在寧靜的空間讀書，或做自己想做的事，所以店內貼有告示請客人不要大聲說話，是放鬆心情的好去處。

▲店內藏有不同類型的圖書。

▲店鋪環境十分舒適，部分座位更設有書桌。

▲蓮の花茶，￥630(HK$45)，香味濃郁。

INFO
- 東京都杉並区高円寺南 3-57-6 2F
- JR 中央線高円寺站南口步行 3 分鐘
- 13:30-22:30(星期六、日及公眾假期 12:00-22:30)，最後點餐時間 22:00
- 休：星期一(如遇假日，則順延至翌日)
- 03-3312-7941
- r-books.jugem.jp

勝浦式擔擔麵

地圖 P.332

じもん

勝浦式擔擔麵(勝浦式タンタンメン)即來自千葉縣的擔擔麵，加入了辣油和洋蔥，味道十分濃郁，麵條有口感，還可以選擇辣度(0 辛為不辣，特辛為最辣)，若想加大份量則須另付 ￥60(HK$4)。

►驟眼看じもん是一間小店。

▲勝浦式タンタンメン(0.5 辛)，￥800(HK$57)，不嗜辣的人可能會覺得辣。

INFO
- 東京都杉並区高円寺南 4-7-13 仲野ビル
- JR 中央線高円寺站南口步行 4 分鐘
- 11:00-22:00
- bit.ly/3EgHlta

牛奶風呂

小杉湯

泡湯

地圖 P.332

小杉湯於 1933 年開業，至今已有超過 80 年歷史，最著名的是它的牛奶浴 (ミルク風呂)，是來自 90 米深的地下水，溫度為攝氏 40 度左右，有紓緩神經和美肌的功效。享受完沐浴後，還可以欣賞這裏的錢湯藝廊呢！

TIPS!

為何澡堂內有富士山壁畫?

澡堂內的富士山壁畫起源於 1912 年，當時位於東京的「機械湯」錢湯老闆為了搏得小朋友歡心，委託了來自靜岡的畫家畫了富士山圖，結果大獲好評，其後這種做法廣傳至東京其他地區，成為了最具特色的錢湯象徵。現時在許多老式錢湯都能找到這種富士山壁畫。

▼▶小杉湯是一幢傳統的日式建築。

INFO
- 東京都杉並区高円寺北 3-32-2
- JR 中央線高円寺站北口步行 5 分鐘
- 03:30-凌晨 01:30，週末假期 08:00-01:30
- 03-3337-6198
- 星期四
- www13.plala.or.jp/Kosugiyu/
- 成人 ￥520(HK$29)，小學生 ￥200 (HK$12)，小童 ￥100(HK$6)

與純情無關的

純情商店街

地圖 P.332

純情商店街為高円寺的購物街道之一，在車站的北面。商店街的本名為「高円寺銀座商店街」，後因一本名為《高円寺純情商店街》的得獎小說而更名，所以其實沒有甚麼純情的成份，但若真的要說到純情，相信是這裏沒太重商業味的純樸氣息。

▶純情商店街的入口。

INFO
- JR 中央線高円寺站北口
- www.kouenji.or.jp

炸半熟蛋飯

天すけ

人氣

地圖 P.332

天すけ自 1987 年開業，至今已成為高円寺內其中一間有名氣的小店。店內的招牌菜是炸半熟蛋飯 (玉子ランチ)，套餐還附送天婦羅、味噌湯和漬物，十分豐富。

▶早上已有不少人在店外排隊。

▶炸半熟蛋。

▲玉子ランチ，￥1,600(HK$94)

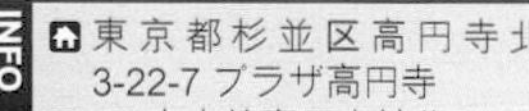

INFO
- 東京都杉並区高円寺北 3-22-7 プラザ高円寺
- JR 中央線高円寺站北口
- 12:00-14:00、18:00-22:00
- 星期一
- 03-3223-8505

4.26 動漫卡通世界

調布、三鷹、練馬

大家看過《鬼太郎》嗎？調布市就是《鬼太郎》作者水木茂生前所居住的地方。《鬼太郎》是一套貫穿人類及妖怪世界的動漫，自1959年連載漫畫，1968年起有動畫。而調布市有以鬼太郎作為主題的地方，例如商店街、觀光中心、茶屋。

調布市的城市化程度不及東京，在日劇《鬼太郎之妻》取景地深大寺一帶散步，吃個蕎麥麵、喝個茶，感受綠意盎然的環境，心情也會放鬆下來。

調布離多摩市 Sanrio Puroland (P.23) 或練馬區的東映動畫博物館 (P.344) 不遠，所以可以早上前來調布，下午看 Hello Kitty 或到動畫博物館，來一個日本動漫一天遊！

適合遊覽的天氣

下雨天就不要前往了。

建議遊覽需要時間

在調布和 Sanrio Puroland 或東映動畫博物館各花半天，其實都足夠喔！不過要留意，樂園有時較早關門，建議選在晚上 8 時關門的日子，如星期六或日參觀，出發前可到官方網頁查詢：cn.puroland.jp/#calendar。

• 前往調布的交通

在新宿乘搭**京王電鐵**任何列車到調布，車程約 15 至 22 分鐘，「準特急」或「特急」的列車最快。

• 調布區內交通

▶▶ 1. 調布車站北口的巴士 → 深大寺一帶

到深大寺一帶景點，離調布車站約 2 公里，步行時間需 20 至 25 分鐘，所以也可以在車站北口，選擇以巴士代步：

A.京王(KEIO)巴士「調34」	B. 小田急巴士、「吉06」、「鷹56」、「調34」
收費：單程￥230 (HK$15)(上車付現金、SUICA或PASMO) **車程**：19分鐘 **班次**：平日每小時平均3班，星期六、日及假期每小時增至平均4至5班 **下車處**：上車後於第13個站「深大寺」下車。	**乘車處**：北口13號候車處 **收費**：單程￥220 (HK$16)(可使用現金、SUICA、PASMO) **車程**：約11分鐘 **下車處**：「深大寺入口」站下車(大約第5至6個站下車，因為不同路線站數不同)，再步行約6分鐘。
 ◀京王巴士站牌。  ◀京王巴士。	 ◀小田急巴士站牌。  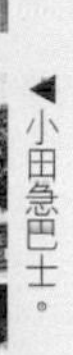 ◀小田急巴士。

▶▶ 2. 深大寺返回調布車站

在「深大寺」站乘搭京王巴士調 34 到總站，需時 12 分鐘。

▶▶ 3. 調布 → Sanrio Puroland

京王電鐵相模原線任何往橋本方向的列車，於京王多摩センター站下車，車程需時 12 至 16 分鐘。

▶▶ 4. 新宿 → Sanrio Puroland

京王電鐵往橋本的「急行」列車，於京王多摩センター站下車，車程約 36 分。

鬼太郎主題咖啡店及博物館

鬼太郎茶屋

地圖 P.339

◀鬼太郎茶屋。

要對鬼太郎這一套動漫有更深入的認識，並不是去觀光中心或逛商店街，而是逛這裏。

鬼太郎茶屋2樓是一個小型博物館，內有鬼太郎作者介紹、動漫的一些相關造型、漫畫等等。這個博物館是要收費的，每人￥100(HK$7)，不過必須自覺投幣入錢箱啊！

▲有很多種鬼，你最喜歡(害怕)哪一個？

▲其他展覽品如漫畫、圖片等。

1 樓的咖啡店

返回鬼太郎茶屋的1樓，是室內外的日式喫茶空間，牆上有很多關於鬼太郎的產品，你可以脱下鞋子，點鬼太郎餅與抹茶，坐下來休息一下。這裏很照顧外國遊客，有英語餐牌提供。

◀鬼太郎餅十分可愛喔！

▲喫茶空間有不少鬼太郎的佈置。

▲妖怪抹茶せつと，￥500(HK$36)。

INFO

- 東京都調布市深大寺元町 5-12-8
- 京王巴士「深大寺」站(詳見 P.338)
- 10:00-17:00
- 休 星期一(如遇假日則順延至翌日)
- kitaro-chaya.jp

調布景點地圖

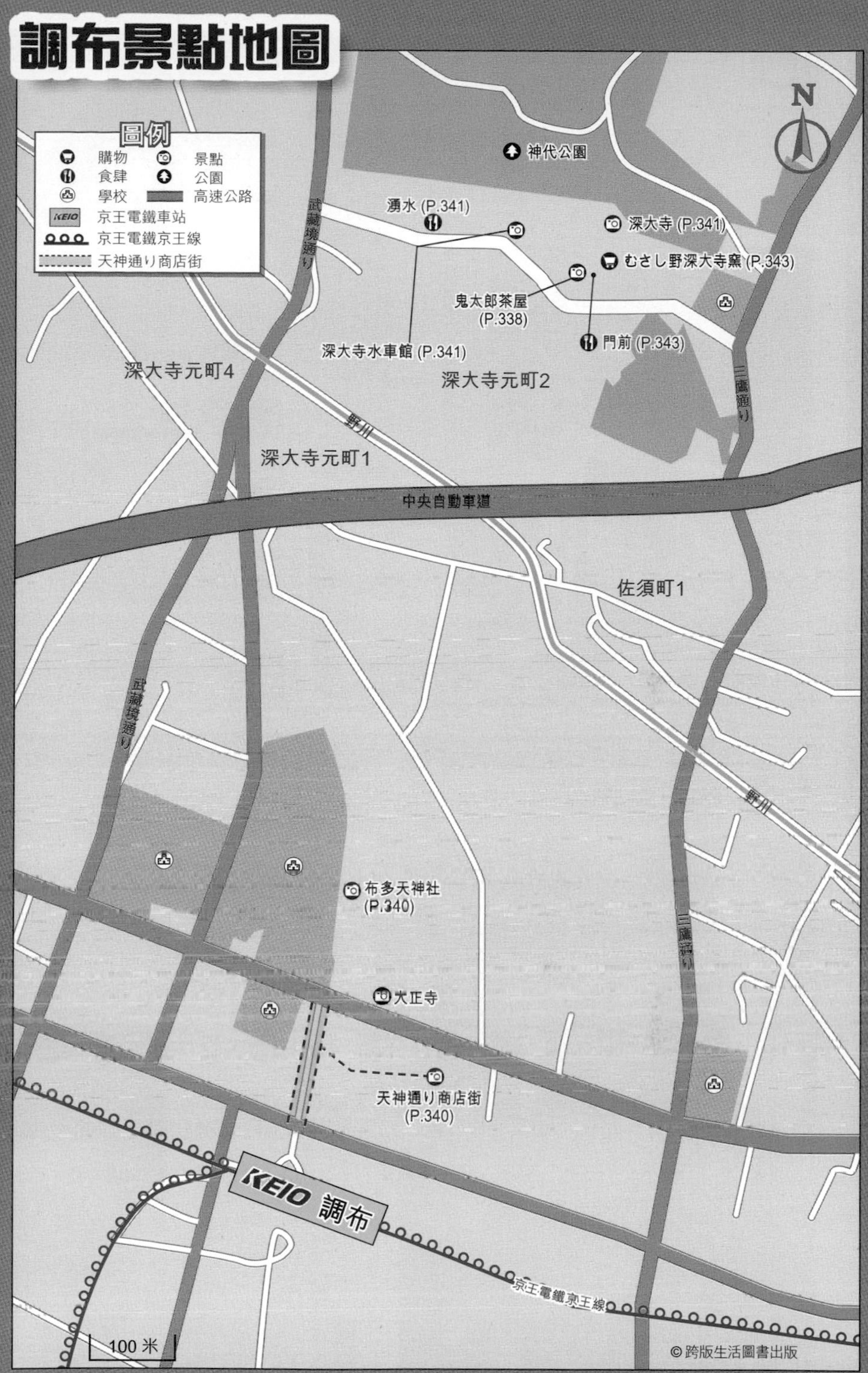

圖例
購物
食肆
學校
京王電鐵車站
京王電鐵京王線
天神通り商店街
景點
公園
高速公路
N
神代公園
湧水 (P.341)
深大寺 (P.341)
むさし野深大寺窯 (P.343)
鬼太郎茶屋 (P.338)
門前 (P.343)
深大寺水車館 (P.341)
深大寺元町4
深大寺元町2
深大寺元町1
武蔵境通り
三鷹通り
野川
中央自動車道
佐須町1
布多天神社 (P.340)
大正寺
天神通り商店街 (P.340)
KEIO 調布
京王電鐵京王線
100 米
© 跨版生活圖書出版

鬼太郎街

地圖 P.339

天神通り商店街

日本不少區域都有商店街，調布也不例外。「天神通り商店街」最大的特色是，短短 200 米的街道，都不難發現《鬼太郎》不同角色的蹤跡，你找到多少個？

◀驟眼看來，天神通り商店街和一般商店街無異。

▲看看牌坊就見到鬼太郎了。

▼還有妖怪耶。

▲然後是ねずみ男。

▲商店街有小鳥居，適逢紫陽花盛放着。

INFO 京王電鐵調布站北口步行 3 分鐘

求學業進步、身體健康

地圖 P.339

布多天神社

▲布多天神社的入口。

◀本殿。

離開車站、穿過天神通り商店街後，便看見布多天神社。布多天神社的由來，是因為過去曾長期受到多摩川洪災患之苦，所以唯有祈求天神保護以獲得平安。不過，神社現在主要供奉有智慧之神及日本醫藥神祖的少彥名神，以及學問之神（相等於孔子地位）菅原道真。因此，你可以到那裏祈求身體健康及學業順利。

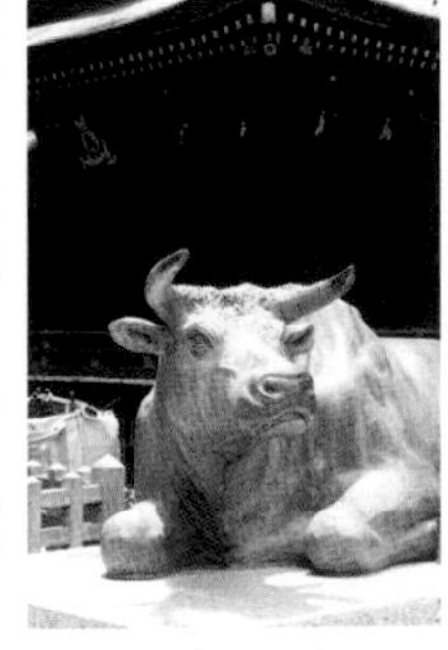

▶神牛與學問之神菅原道真有關。菅原死後，運載其遺體的牛突然趴下，人們怎樣拉，牛也不肯前行。

東京都調布市調布ケ丘 1-8-1
京王電鐵調布站北口步行 6 分鐘
www.fudatenjin.or.jp

情人寺

地圖 P.339

深大寺

深大寺是調布市最著名的寺院，背後也有一個愛情故事（見下）。日劇《鬼太郎之妻》曾在這裏取景，而且鬼太郎的作者水木茂夫婦也在此約會啊！寺院自 733 年建成，不過後來遇上火災，看不到原本的建築，只能看見重建後的模樣了。

▲本殿。

◀深沙堂，裏面有深沙大王像，但室內並不是經常開放。

▲深大寺外還有大黑天和惠比壽兩像，保佑財運和生意興隆。

INFO
- 東京都調布市深大寺元町 5-15-1
- 京王巴士「深大寺」站 (詳見 P.338)
- www.jindaiji.or.jp

TIPS!

深大寺背後的愛情故事

深大寺的起源，與窮光蛋、富家女的愛情故事有關，女方家長反對兩人相戀，所以帶女兒到湖中的一個島上，使她不能再與情人接觸。男生於是找了深沙大王求助，大王答應並讓他們相見，最後也改變女方家長對他的印象，於是答應婚事。後來他們兩人有一個兒子。兒子長大後出家，名為滿功上人，興建這座深大寺供奉深沙大王。

調布昔日農耕生活

地圖 P.339

深大寺水車館

從深大寺入口巴士站步行至深大寺的途中，左手邊有一個調布市碩果僅存的大水車，還在正常運行。這裏就是 1992 年開放的深大寺水車館，展示當地居民的農業生活，包括器具和昔日相片。

INFO
- 調布市深大寺元町 5-10-6
- 京王巴士「深大寺」站 (詳見 P.338)
- 09:30-17:00 (11 月至 3 月提早至 16:00 關門)
- 休 星期一 、12 月 29 日至 31 日
- 免費
- www.city.chofu.tokyo.jp/www/contents/1176118977628/

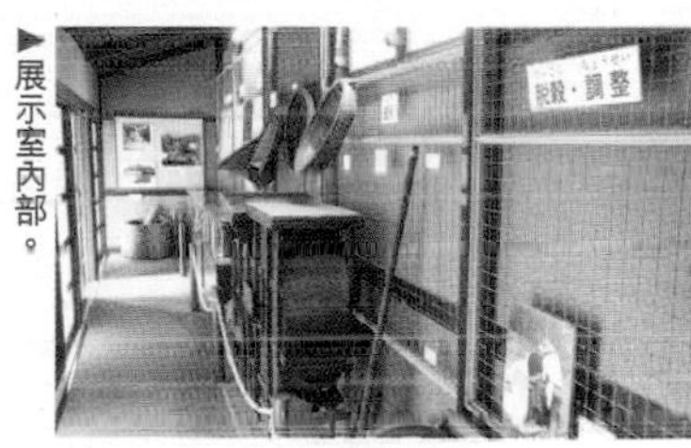

▶展示室內部。

▲深大寺水車館門外有大水車，而且還在運行。

著名深大寺蕎麥麵之一

地圖 P.339

湧水

深水寺的蕎麥麵也是很有名，而且值得一嚐。湧水是其中一間吃蕎麥麵的餐廳，他們使用石臼磨成粉，再利用附近清澈的泉水，手打成幼身細麵，所以麵很香，口感也不錯，對於消化功能不太好的人，很適合吃這些細麵。餐廳有兩層，如果下層滿座的話，會開放榻榻米式的第二層，要脱鞋子才能上去。

▶湧水そば，￥800(HK$54)。

INFO
- 東京都調布市深大寺元町 5-9-1
- 京王巴士「深大寺」站 (詳見 P.338)
- 10:30-18:00
- 休 星期四
- www.yusui.co.jp

▲湧水門外。

媒體推薦的蕎麥麵店

地圖 P.339

門前

門前設有室外內部分，故坐在室外的話，可一邊吃來自深大寺泉水的蕎麥麵，一邊細心欣賞深大寺一帶的自然環境。這家蕎麥麵店憑其新鮮島根縣食材及手打工夫，獲得不少媒體的推薦，當中更不乏香港旅遊雜誌，日本文學家松本清張也品嚐過，一樣對門前麵十分欣賞。只要吃過它的粗碾そば，就能深深感受店家的用心。不過，這家不像湧水 (P.341) 提供筆者喜歡的芥辣。但又細心想想，好味的重點不是在調味料吧！

▲門前的門口左邊，有很大的「粗碾そば」四字，是他們主打的蕎麥麵！

▲粗碾そば，¥890(HK$64)。

◀環境十分舒適。

INFO
- 東京都調布市深大寺元町 5-13-5
- 京王巴士「深大寺」站 (詳見 P.338)
- 10:00-16:00
- 星期一
- www.jindaiji.co.jp

陶藝 DIY

地圖 P.339

むさし野深大寺窯

むさし野深大寺窯有很多土鈴和陶器售賣，除了選擇成品外，還可參與體驗陶藝圖案製作，首先選擇已製成的碗碟或其他器皿，在上面畫上自己喜愛的圖案，再由工作人員幫你在爐中以 1,000℃燒，需時 20 分鐘。這個體驗的收費視乎器皿而定，¥200-2,500(HK$14-179) 不等。

▲喜歡貓的可以選這些。

▲深大寺窯有很多土鈴可以賣，還可以畫圖案在器皿上。

INFO
- 東京都調布市深大寺元町 5-13-6
- 京王巴士「深大寺」站 (詳見 P.338)
- 10:00-17:00
- jindaijigama.com

用石窯烤的披薩

東京都景點大地圖

PIZZA とお酒 窯蔵 (練馬區)

東京是大都會，各國美食都有，而且水準高。在東京吃披薩也有不少選擇，這是值得推薦的一家。窯蔵的店面很小，只能坐幾個人，而且只收現金，但食物頗有驚喜。店家每天推薦兩款披薩，這次選了白菜豬肉丸披薩，披薩一般是偏乾的食物，加上大量新鮮的白菜完美地解決了這問題，吃起來口感一流，價格也很實惠。每個披薩都是用意大利傳統石窯烤焗而成。

◀窯蔵店內有一個很顯眼的紅黃色烤爐。

◀白菜豬肉丸披薩，¥1,180(HK$69)。

INFO
- 東京都練馬区豊玉北 5-5-4
- 練馬駅步行 6 分鐘
- 午餐 11:30~14:00，晚餐 18:00~22:30
- 星期二及三　03-5656-4025
- www.facebook.com/pizza.kamazo

(圖文：蘇飛)

一探魔幻電影的幕後

東京華納兄弟哈利波特影城 (Warner Bros. Studio Tour Tokyo — The Making of Harry Potter)

東京哈利波特影城於 2023 年 6 月 16 日正式開幕，園內完美重現哈利波特電影中的魔法世界，包括 9 ¾ 月台、斜角巷、霍格華茲大廳、倫敦魔法省等，還有各種如同置身電影的互動體驗。影城中亦同時展出《怪獸與牠們的產地》的拍攝佈景、服裝和道具，讓遊客可一邊了解電影的製作過程一邊體驗哈利和紐特的奇妙世界。

▲歡迎來到霍格華茲魔法世界！

▶不用沖進廁所也能來到魔法省。

▶宿舍裡會動的樓梯，還可以成為牆上畫中的一員。

▲▶在斜角巷買齊霍格華茲必備用品單上的東西了嗎？

▶穿過牆壁才能到 9¾ 月台搭火車喔。

INFO
- 東京都練馬区春日町 1-1-7
- 從西武豐島線豐島園站步行 2 分鐘，從西武池袋站直達 17 分鐘，或從都營大江戶線豐島園站步行 2 分鐘
- 營業時間因日子而變動，請在預訂門票時確認
- 成人 (18 歲以上) ¥6,500(HK$382)，初中及高中生 (12-17 歲) ¥5,400(HK$318)，兒童 (4 -11 歲) ¥3,900 (HK$229)
- 050-6862-3676　www.wbstudiotour.jp

影城美食和手信精選

◀手信店內有各式各樣的精品，當然也出售魔杖！

▶還有這些精品，最注目的當然是多比和海德薇。

▲魔法世界著名飲品牛油啤酒。

▲影城咖啡廳提供英式餐點和下午茶，有 9¾ ™全日早餐和人見人愛的海德薇™蛋糕。

HEI，相片提供：© Warner Bros. Entertainment Inc.)

遠離繁囂好去處

東京都景點大地圖

石神井公園

賞櫻 賞楓

石神井公園內有兩個湖，分別是石神井湖和聲寶寺湖，遊人可以在湖上踏船。湖的四周種了密密麻麻的樹木，春天可以賞櫻，秋冬則可以賞紅葉，看着樹木在湖中的倒影，會令人倍感寧靜，吸引了很多人在公園慢跑、散步，甚至釣魚，是放鬆心情，享受片刻寧靜的好去處。

▲公園提供不同形狀和大小的船，讓遊人泛舟湖上。

▲還可以見到有人在湖邊垂釣。

INFO
- 東京都練馬区石神井台 1-26-1
- 西武鐵道池袋線石神井公園站步行約 7 分鐘
- 03-3996-3950

(圖文： Pak)

日本動畫迷必到

東京都景點大地圖

東映動畫博物館

親子

喜歡日本動畫的話，一定對東映動畫不會陌生。東映動畫自半世紀以前成立至今，製作了多部家喻戶曉的動畫，例如《海賊王》和《龍珠》等，這間博物館的展覽區就展出了動畫的手稿，還有兩個大屏幕分別介紹各部動畫的資料和播放動畫。此外，館內還有互動區，參觀者可以在拍照區與 1:1 的動畫角色合照，也可以試玩相關的玩具，同步滿足一眾動畫迷和小朋友！

▲東映動畫博物館。

▲東映動畫的吉祥物「佩羅」(ペロ)。

◀展覽區展出了各項珍貴資料，因此嚴禁參觀者對相關資料拍照。

▲▶館內還有紀念品館，遊客可以買到很多動畫的周邊產品。

▲▶互動區適合大人和小朋友。

INFO
- 東京都練馬区東大泉 2-10-5
- 西武鐵道池袋線大泉学園站北口步行約 7 分鐘
- 11:00-16:00
- 休 星期三、12 月 28 日至 1 月 4 日
- 免費入場　03-5905-5115
- museum.toei-anim.co.jp

(圖文： Pak)

森林公園

野川公園

野川公園由野川河貫穿，園內有一大片樹林和草地，實踐了「武蔵野森林的構想」，讓市民可以親近大自然。除了在公園內野餐、放空、看書外，這裏也是賞櫻賞紅葉的好地方！

►公園的空間十分大，適合休息、野餐。

▲公園內的野川河。

INFO
- 東京都三鷹市大沢 2、3、6 丁目
- 從 JR 中央線三鷹站轉乘鷹 51 線巴士 (武蔵小金井駅行) 到野川公園一之橋站

東京都景點大地圖

反宿命的體現

三鷹天命反転住宅 推介

吉祥寺、三鷹一帶的住宅設計很特別，吸引了不少人想前來居住。三鷹天命反転住宅由藝術家荒川修作，以及其妻子詩人 Madeline Gins 共同設計，是其中一幢別具一格的住宅。「天命反転」即透過圓筒形的組件、空間設計和 14 種顏色，堆砌出對未來的想像，讓人感到能實踐本來不可能的事情。不能隨意入內，如想體驗住宅的無限可能性，可上網查詢導覽的日子或預訂房間。

◄不同色彩配搭令住宅的外形變得觸目。

►三鷹天命反転住宅的設計反映了藝術家對人生的想法。

INFO
- 東京都三鷹市大沢 2-2-8
- 從 JR 中央線三鷹站轉乘鷹 51 線巴士 (武蔵小金井駅行) 到大沢十字路站
- www.rdloftsmitaka.com

東京都景點大地圖

飽覽多摩市景色

桜ヶ丘公園のゆうひ丘

桜ケ丘公園是一個很大的公園，當中的ゆうひ丘能飽覽多摩市全景，是觀看夕陽和夜景的勝地，也是動畫《恋がさくころ桜どき》的場景之一。

►在ゆうひ丘上俯瞰多摩市全景。

INFO
- 京王電鐵京王線聖蹟桜ケ丘站，轉乘桜 06(永山站方向)、稲 22(稲城站方向) 到連光寺坂站步行 6 分鐘

4.27 宮崎駿與個性小店

吉祥寺

來到吉祥寺，一般是為了參觀以宮崎駿作品為主題的三鷹の森ジブリ美術館。除此之外，這一帶的環境優美，尤其附近有一個面積很大的井之頭公園，交通便利，購物、社區設施完善，也有個性小店及咖啡店，難怪日本人在調查中選擇此地為最想住的地區，當地居民對其滿意程度也是最高的。

吉祥寺真的有「吉祥寺」嗎？

吉祥寺驟眼看來是寺院名稱，可是吉祥寺這區內並沒有吉祥寺。根據歷史記載，江戶時代的確存在吉祥寺，位於後楽園附近的本鄉一帶，但一場大火，把寺院燒毀，當時的政府（即幕府）將那一帶的居民遷往現今吉祥寺的位置，但吉祥寺至今沒有重建，居民卻把新的居住所發展起來。

建議遊覽需要時間

如果你需要參觀三鷹の森ジブリ美術館，連同吉祥寺的小商店及咖啡店，一般都要花整天。否則，一個下午都應該足夠。

前往吉祥寺的交通

1. 由東京、新宿出發

在東京或新宿站乘搭中央線快速，於吉祥寺站下車。東京往返吉祥寺需時 29 分鐘，車費為 ￥410(HK$24)；新宿出發需 15 分鐘，車費為 ￥230(HK$14)。

2. 由渋谷出發

於渋谷站乘搭京王井の頭線，於吉祥寺站下車，急行列車車程為 23 分鐘，普通列車為 33 分鐘，車費為 ￥230(HK$14)。

3. 由調布出發

- 京王電鐵調布站北口乘搭京王巴士「吉 14」，「明星学園入口」站是三鷹の森ジブリ美術館，終點站是吉祥寺站。車程約半小時，車費為 ￥220(HK$13)；
- 由深大寺可乘搭小田急巴士「吉 04」，「明星学園入口」站是三鷹の森ジブリ美術館，終點站是吉祥寺站，車費為 ￥220(HK$13)。

▲京王井の頭線。

攝影技巧：吉祥寺的 Magic Hour

Magic Hour 中文是魔幻時刻，因為日落和日出時，藍藍的天空染成橙色甚至紫色，就像變魔術一般。由於吉祥寺的房屋不高，所以日落時在吉祥寺中道通末段有塊空地，可以拍攝 Magic Hour。

拍攝日落時，相機只能從天空和建築物二擇其一作為準確曝光：不是建築物黑色，就是天空過光，甚至細節都看不到，可以有以下不同的處理方法：

1. 使用黑咭令相中所有物件都能正確曝光；
2. 或使用有 HDR 功能的手機或相機；
3. 或利用相機弱點，拍出「剪影」，如日落下人和狗玩耍的情況，看日落的人們，勾畫人或物的形狀，但前題是眼前的景象愈簡單愈好，令看相片的人明白剪影內容。

▲上圖由吉祥寺空地所拍攝的 Magic Hour 景象，曝光對象是天空。

吉祥寺景點地圖

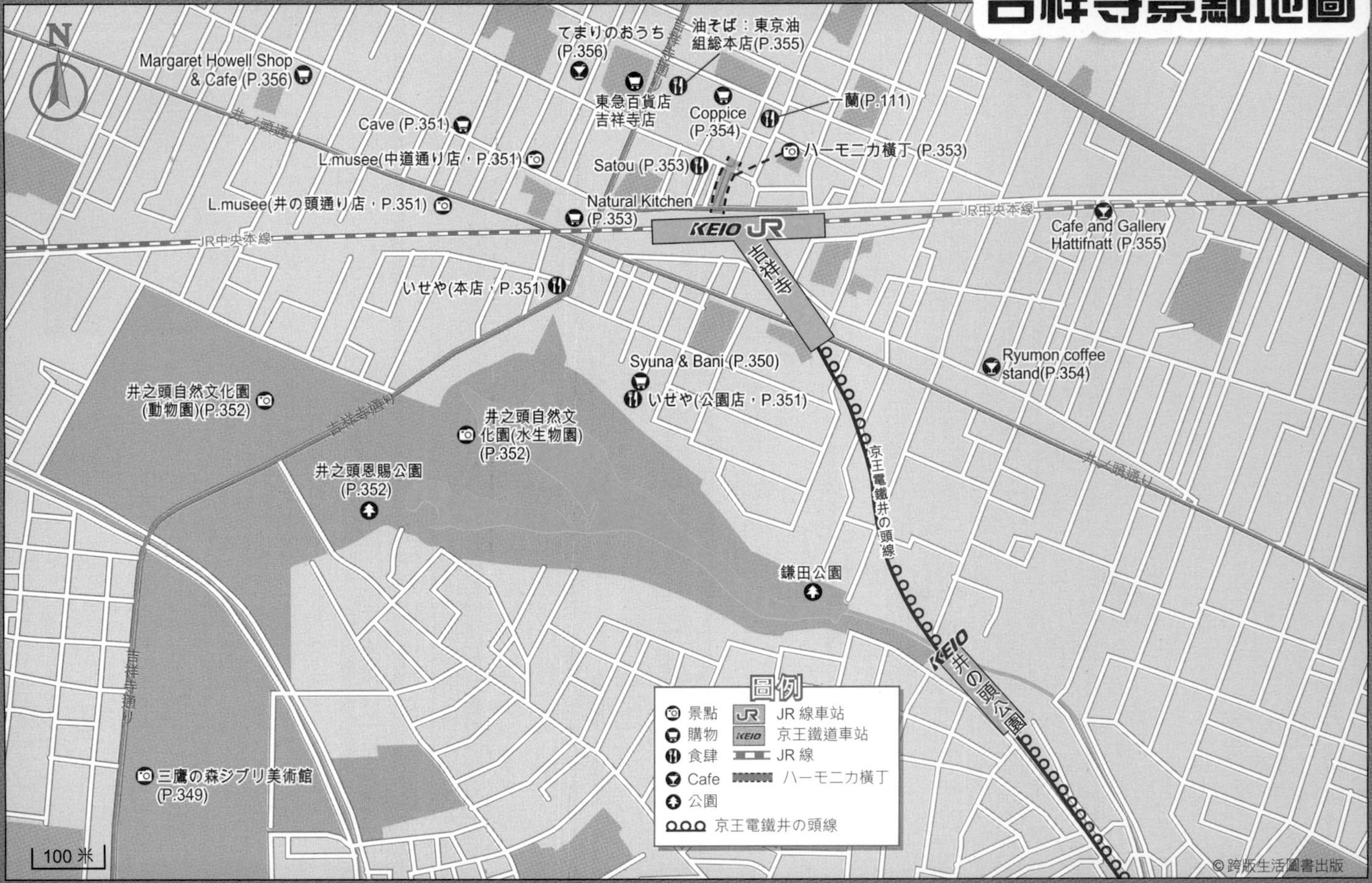

N

Margaret Howell Shop & Cafe (P.356)
てまりのおうち (P.356)
油そば：東京油組総本店(P.355)
東急百貨店 吉祥寺店
Coppice (P.354)
一蘭(P.111)
Cave (P.351)
L.musee(中道通り店，P.351)
ハーモニカ横丁 (P.353)
Satou (P.353)
L.musee(井の頭通り店，P.351)
Natural Kitchen (P.353)
JR中央本線
吉祥寺
Cafe and Gallery Hattifnatt (P.355)
いせや(本店，P.351)
Syuna & Bani (P.350)
Ryumon coffee stand(P.354)
いせや(公園店，P.351)
井之頭自然文化園(動物園)(P.352)
井之頭自然文化園(水生物園)(P.352)
吉祥寺通り
井ノ頭通り
井之頭恩賜公園 (P.352)
京王電鐵井の頭線
鎌田公園
井の頭公園
三鷹の森ジブリ美術館 (P.349)

圖例

景點	JR線車站	購物	京王鐵道車站
食肆	JR線	Cafe	ハーモニカ横丁
公園		京王電鐵井の頭線	

100 米

宮崎駿動漫博物館
三鷹の森ジブリ美術館

地圖 P.348

人氣 親子

一如宮崎駿的風格，在吉祥寺井之頭公園 (P.352) 的「三鷹の森ジブリ美術館」內外的設計都與現實世界形成很大對比，彷彿走進另一個世界。很可惜，室內所有範圍均不得攝影，不過這樣的安排反令人們盡情投入。常設展覽室透過不同形式，讓人們明白動畫的製作原理和過程。此外，小朋友更可以在龍貓巴士上玩呢！而電影放映室提供獨家短片，短片更會每月更新。唯一容許攝影的室外範圍，空間不大。

▲幾乎整棟建築都被樹葉包着。

▲入口。

◀休憩空間。

◀這些窗的配搭組合起來像不像一張臉？

TIPS!

須預先購票

美術館沿用預約制度，訪客須入場前購票，兩種購票方法如下：

1. 在 Lawson 便利店購票：需透過便利店內機器操作，介面語言為日語，方法可參考：www.lawson.co.jp/ghibli_museum/；此外，需要平假及片假名字，需在網上把漢字翻譯，請到 nihongo.j-talk.com(平假名)及 dokochina.com/katakana.php(片假名)。雖然手續麻煩，但票價比在日本以外地區購買便宜。此外，需預約日期及時間(每日 4 個入場時間：早上 10 時、中午 12 時、下午 2 及 4 時)。
2. 國外指定旅行社：只需預約日期，可以在參觀當日才決定上午還是下午參觀。

註：館方為了杜絕炒賣門票，由 2010 年 7 月起實施門票記名制，遊客在入場時須出示身份證明文件，經職員核對後才可兌換門票進場。

▲在空中花園，你可以與《天空之城》裏的機械人合照，不過人特別多，要排隊等待啊！

具收藏價值的門票及底片

不論在便利店還是出發前購買門票，你都需要在博物館換取真正的門票。門票設計也有宮崎駿的份兒，是一張底片，富有紀念價值。

▲在 Lawson 便利店換取的門票兌換券。

►門票內的底片。

▲具珍藏價值的門票。

TIPS!

往返三鷹站及博物館接駁巴士

除了從吉祥寺站穿過井之頭公園依指示步行前往博物館外，也可選擇在 JR 三鷹站 (吉祥寺站的下一個站) 南口乘搭接駁巴士，單程 ￥210 (HK$15)，來回 ￥320 (HK$23)，小童半價，班次為 10 分鐘一班。

▲接駁巴士很容易辨認，車身以博物館為主題。

INFO

三鷹の森ジブリ美術館
- 東京都三鷹市下連雀 1-1-83(井之頭公園內)
- JR 中央線快速吉祥寺站或京王電鐵吉祥寺站步行 16 分鐘，或 JR 中央線快速三鷹站轉乘博物館接駁巴士
- 10:00-18:00(需預約)
- 休 星期二、12 月 27 日至 1 月 3 日
- 成人 ￥1,000(HK$71)，中學生 ￥700(HK$50)，小學生 ￥400(HK$29)，4 歲或以上小童 ￥100(HK$7)
- www.ghibli-museum.jp/en

買狗狗用品，也喝杯茶

地圖 P.348

Syuna & Bani

▲店鋪面積不算大，只有 3 張桌子 (不包括筆者那張)，旁邊是寵物用品。

吉祥寺有一間與狗有關的寵物用品店。店鋪不大，但劃了小部分位置擺放桌椅，讓客人逛商店時，可以坐下休息、點甜品和看狗相關書籍。不喜歡甚至討厭和害怕狗的人，不用擔心，店內沒有狗。筆者點了雪芳蛋糕，蛋糕十分鬆軟，不錯！在享用餐點的同時，身後是一堆書籍，要取閱真的很方便。

▲身後的小書櫃，有關狗的書籍不少，而且還有日語以外的語言，如英語。

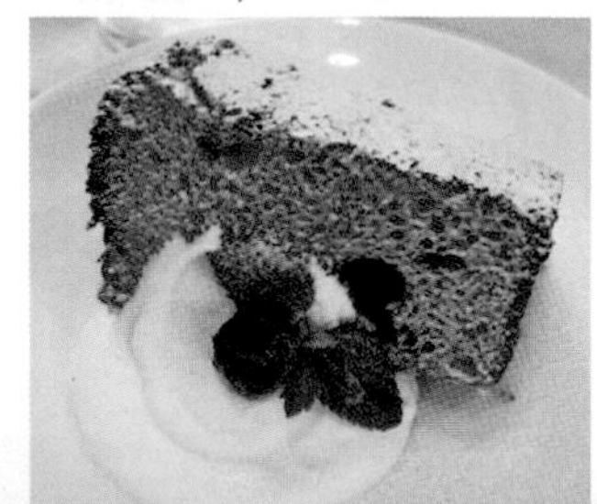
◄「シフォン」(chiffon cake，雪芳蛋糕，￥472，HK$34)。

INFO
- 東京都武蔵野市吉祥寺南町 1-15-7-201
- JR 中央線快速吉祥寺站或京王電鐵吉祥寺站步行 4 分鐘
- 11:00-19:00(最後點單時間為 18:30)
- 休 星期二　www.syuna-bani.net
- www.instagram.com/syuna_and_bani/

鈕扣美術館

L.musee

地圖 P.348

在 L.musee 內，你可以買到各式各樣的鈕扣，作為紀念也好、裝飾也好、修補衣服都好。款式超過 5,000 款，每款都很精美，當作是鈕扣美術館來逛的話，筆者想應可以花半天。

► L.musee 店很容易記認，門前有個大鈕扣標誌。圖為中道通り店。

INFO
中道通り店
東京都武蔵野市吉祥寺本町 2-12-2
JR 中央線快速吉祥寺站或京王電鐵吉祥寺站步行 5 分鐘
13:00-18:00 休 星期日 lmusee.stores.jp

好味串燒

いせや 推介

地圖 P.348

有超過 80 年歷史的いせや，每天提供香噴噴的串燒 (一串 ¥100，HK$6)，有 11 種可選擇，例如豬心、豬肝、豬腸、豬肉、豬軟骨、雞肉、烤肉等，不妨要侍應給自己一個中文手寫菜單看看和點菜，字體十分秀麗。いせや在吉祥寺有兩間店，公園店外面排隊的人很多，店內噴出大量油煙味，也有香噴噴的食物味道，加上老店多年經驗，難怪吸引不少人前來了！

▲公園店排隊的人不少，店內的油煙也很多。

▲本店在現代化大廈的第 1 和第 2 層，沿用傳統日式裝潢。如不想排隊和坐下慢慢品嚐美食，可到這裏。

◄筆者點了 3 串，包括雞肉串、豬舌串和烤蔥。

INFO
(本店) 東京都武蔵野市御殿山 1-2-1
(公園店) 東京都武蔵野市吉祥寺南町 1-15-8
JR中央線快速吉祥寺站或京王電鐵吉祥寺站步行 4 分鐘
12:00-22:00 休 (本店) 星期二、(公園店) 星期一
www.kichijoji-iseya.jp

青蛙主題雜貨

Cave

地圖 P.348

1999 年在吉祥寺起家的 Cave，是一家以青蛙為主題的時裝及雜貨店，與之相關的產品十分廣泛，包括衣服、風扇、垃圾筒、袋、書籍……你想到的都可能有。

INFO
東京都武蔵野市吉祥寺本町 2-26-1
JR 中央線快速吉祥寺站或京王電鐵吉祥寺站步行 6 分鐘
11:30-19:00 休 星期四
www.cave-frog.com

▲青蛙擺設，¥1,260 (HK$90) 一個。

◄ Cave 只售賣青蛙相關的產品，店內外都有很多款式和種類。

►青蛙垃圾筒，¥399(HK$29)。

◄毛巾，¥735(HK$53) 一條。

賞櫻、紅葉勝地

井之頭恩賜公園

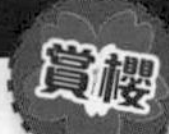

地圖 P.348

日本的公園一般都很大，井之頭公園是其中一個例子。裏面有跑步徑、森林步道，更有名為井之頭池的大湖，可以划艇，十分寫意。不論在哪個角落，公園種滿很多高大的樹木，春天櫻花盛放，秋天到了有紅葉。不論是情侶還是家人，井之頭公園可說是休憩的好地方！

▶跑步徑。

▲井之頭池與弁財天。

◀公園內種了不少樹木。

INFO
- 東京都武蔵野市御殿山 1-18-31
- JR 中央線快速吉祥寺站或京王電鐵吉祥寺站步行 5 分鐘
- www.kensetsu.metro.tokyo.jp/seibuk/inokashira

淡水水族館 + 動物園

井之頭自然文化園

地圖 P.348

▲動物園入口。

井之頭自然文化園包括**動物園**和**水生物園**，兩者並不是在同一個位置，其入口分別在吉祥寺通り公路的兩邊，但可共用一張門票進入。從動物園走到水生物園約需 5 分鐘，要過馬路 (見地圖 P.348)。

動物園可近距離撫摸天竺鼠等可愛的小動物，還有遊樂場，很適合幼童遊玩。水生物園是小型淡水水族館，裡面最有趣的動物是在水族箱內游泳的小鸊鷉鳥。

◀動物園內還有小火車可以坐。

◀兔豚鼠。

INFO
- 三鷹市井の頭 4-1
- 三鷹之森吉卜力美術館、動物園和水生物園都在井之頭恩賜公園範圍，均可以步行到達，從美術館往水生物園或動物園只需沿吉祥寺通り公路邊的行人路走約 12 分鐘
- 09:30-17:00/18:00
- 休 週一，年末年初
- 成人 ￥400(HK$23)，13-15 歲 ￥150 (HK$9)，長者 ￥200 (HK$12)，12 歲或以下免費，門票可同時進入動物園和水生物園
- 0422-46-1100
- www.tokyo-zoo.net/zoo/ino/

▶水生物園內小鸊鷉游泳的樣子很有趣。

▲忍不住拍個照。

(圖文：蘇飛)

價廉物美廚具

地圖 P.348

Natural Kitchen

日本有不少 ￥100(HK$7) 的便利店與商店，不過合適的款式較少，Natural Kitchen 是例外。Natural Kitchen 主攻自然簡樸風格的廚具、浴室及家居用品 (部分更是日系風)，自 2001 年於大阪開業，至今已擴張 10 多間至關東及關西各地。東京的其他分店包括渋谷 Shibuya Markcity 2 樓 (地圖 P.124)、浅草 Skytree(P.237) 等。

▲ Natural Kitchen 內有很多便宜而精緻的廚具和生活用品。如果發現沒有標價的貨品，它們售 ￥100(HK$7)。

INFO
- 東京都武蔵野市吉祥寺本町 2-1-5 啓ビル 1F
- JR中央線快速吉祥寺站或京王電鐵吉祥寺站步行 4 分鐘
- 10:00-20:00 (星期六、日及公眾假期 11:00-20:00)
- natural-kitchen.jp

人氣松阪牛專門店

地圖 P.348

Satou

除了いせや公園店 (P.351) 大排長龍外，Satou 是吉祥寺另一受歡迎食店。食店分為小賣部和餐廳。小賣部的免治牛肉丸「元祖丸メンチカツ」(￥270，HK$16) 非常受歡迎，店外經常有人龍排隊購買。

2 樓的餐廳則提供松阪牛定食午餐及晚餐，提供英文餐單，其中 Satou Steak 定食一個只要 ￥4,000(HK$235)。晚餐一般較昂貴，一個套餐 ￥3,000-7,000(HK$176-411)。

▲ Satou。

INFO
- 東京都武蔵野市吉祥寺本町 1-1-8
- JR中央線快速吉祥寺站或京王電鐵吉祥寺站步行 1 分鐘
- 小賣 10:00-19:00(免治牛肉球 10:30 才開賣)
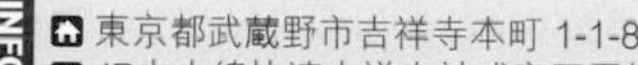
  餐廳：星期一至四 11:00-14:30(午餐)、17:00-20:00(晚餐)；星期五至日及公眾假期 11:00-14:30(午餐)、16:30-20:30(晚餐)
- 休 年初　www.shop-satou.com

▲免治牛肉丸「元祖丸メンチカツ」(￥270，HK$16)。

▲牛肉丸新鮮滾熱辣，餡料有馬蹄、洋葱，有點辣辣的味道。

巷弄飲食街

地圖 P.348

ハーモニカ横丁

每個晚上，吉祥寺這裏都很熱鬧。筆者想說的其實是「ハーモニカ横丁」，它只是一條小巷，裏面有不少食肆，其中以居酒屋和酒吧為主。不少人下班便會去這兒，聚會談天吃個飽！

INFO
- 東京都武蔵野市吉祥寺本町 1
- JR中央線快速吉祥寺站或京王電鐵吉祥寺站步行 1 分鐘
- hamoyoko.com

►很多日本人在晚上都會來到這條巷，與同事或朋友相聚，喝酒吃飯。

購物也同時看美術館

地圖 P.348

Coppice

▲ Coppice。

Coppice 是吉祥寺才有的百貨公司，分 A 館和 B 館，連地庫共有 8 至 9 層，售賣時裝、生活雜貨和書籍。

INFO
- 東京都武蔵野市吉祥寺本町 1-11-5
- JR 中央線快速吉祥寺站或京王電鐵吉祥寺站步行 3 分鐘
- 10:00-21:00
- www.coppice.jp

TIPS!

7 樓的美術館

在商場 A 館 7 樓的武蔵野市立吉祥寺美術館，於 2002 年開設，收藏了超過 2,000 件有關吉祥寺的展品，且不時舉辦專題展覽，題材有趣，值得到訪！

INFO
- 10:00-19:30
- 常設展 ¥100(HK$7)，特別展 ¥300 (HK$21)，中學生 ¥100(HK$7)，小學生或以下小童、65 歲或以上長者免費
- 每月最後的星期三、年尾年初
- www.musashino.or.jp/museum/

▼美術館設在商場 A 館 7 樓。

▲館內不定期舉辦專題展，如圖中的「永沢まこと都市畫展」，就展示了這位畫家在吉祥寺及其他東京地區、美國紐約創作的寫生作品。

熱鬧中的寧靜咖啡店

地圖 P.348

Ryumon coffee stand

吉祥寺為人多熱鬧的地區，但是如果向東走，你會找到一間兩層高的寧靜小屋。在 Ryumon coffee stand 可點選意式咖啡或甜點，然後在 2 樓空間慢慢用餐、看書，甚至俯瞰小街小巷，放空一下。順帶一提，這裏咖啡師的拉花功夫相當不錯！

▲ Rumon coffee stand 是一座 2 層高的小屋。

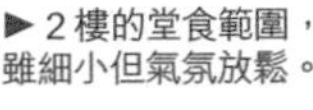

► 2 樓的堂食範圍，雖細小但氣氛放鬆。

▲熱 Latte(¥660，HK$39)，香濃不澀。

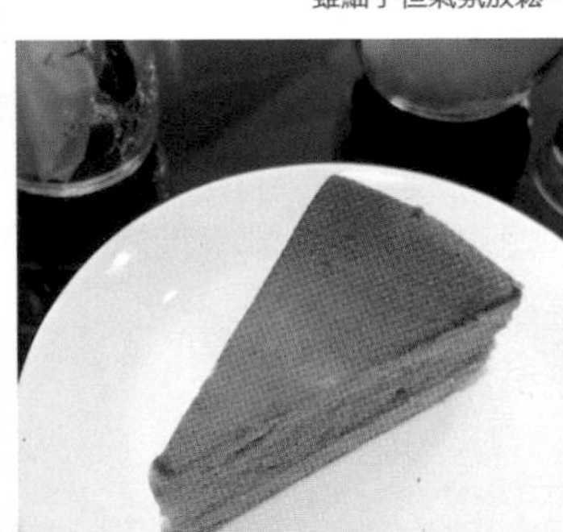

▲芝士蛋糕 (¥450，HK$26)。

- 東京都武蔵野市吉祥寺南町 2-14-9
- JR 中央線快速吉祥寺站或京王電鐵吉祥寺站步行 7 分鐘
- 09:00-18:30
- 星期三、每月第 1 及第 3 個星期二
- ryumoncoffeestand.jp

屬於小孩子的咖啡店

地圖 P.348

Cafe and Gallery Hattifnatt 親子

Cafe and Gallery Hattifnatt 似乎是一間專為小朋友度身訂造的咖啡店，成人要蹲低走進入口和通道。餐飲都是以小孩作為主題，好像筆者所點的「ぜいたく生チヨコ焼き」蛋糕，賣相是一副小學生模樣，裏面其實是高級朱古力。在品嚐美食的同時，不妨留意餐廳 1 樓牆身的手繪插畫，像置身在森林裏。你也有同感嗎？

▲ Cafe and Gallery Hattifnatt 離 JR 吉祥寺站略遠，晚上沿着燈光較暗的街道來到這裏，感覺像穿過森林發現小屋一樣。

▶ 1 樓的牆身全都是繪畫，包括森林、天空和卡通人物。

▲ぜいたく生チヨコ焼き，￥500(HK$36)。

INFO
- 東京都武蔵野市吉祥寺南町 2-22-1
- JR中央線快速吉祥寺站或京王電鐵吉祥寺站步行 10 分鐘
- 11:30-21:00
- www.hattifnatt.jp

秘製醬油拌油拉麵

地圖 P.348

油そば：東京油組総本店

在這裏，遊客會嚐到一種比較少見的拉麵：油そば(油拉麵)，這款麵麵條滑順，麵身較粗，但不及沾醬麵(つけ麵)的粗，碗底加入秘製醬油，吃之前需要先攪拌，讓醬汁滲透麵條。另外，胃口大的朋友可選擇大份量的，價錢一樣是 ￥880(HK$52)，但吃不完是對店家不尊重，切勿貪心！在自動售賣機購票後，可向店員索取中文或英文的吃麵指示。

▲油そば：東京油組総本店。

◀油拉麵(￥880，HK$52)，麵條很粗，醬油在底部，吃之前要自己攪拌。

▶攪拌之後，醬汁沾在滑順的麵條上，真的很好吃！

INFO
- 東京都武蔵野市吉祥寺本町 1-8-14
- JR 中央線快速吉祥寺站或京王電鐵吉祥寺站步行 3 分鐘
- 11:00-22:00 (週日 11:00-21:00)
- www.tokyo-aburasoba.com

英國時裝品牌與咖啡店

地圖 P.348

Margaret Howell Shop & Cafe

▼Margaret Howell 在吉祥寺的分店設咖啡店和時裝店。

▲下午陽光照進店內，用餐時特別精神。

Margaret Howell 是來自英國的女裝品牌。創辦人 Margaret Howell 在官方網站稱道，因發現男裝的特別，所以會先設計男裝，才有女裝作品。1976 年開設首家個人品牌時裝店，於 1983 年進駐日本青山開設首家海外分店，現時在全日本已有數十家分店。吉祥寺分店的 1 樓作為咖啡店，2 樓是店鋪。在充滿市郊氣息的吉祥寺，無論是獨自一人或跟朋友一起，都建議找時間來這裏，是放鬆休息的好地方。

▲當日的時令甜品套餐 (Seasonal Dessert，￥1,050，HK$75) 是李子杏仁撻，配搭一杯紅茶。

INFO
- 東京都武蔵野市吉祥寺本町 3-7-14
- JR 中央線快速吉祥寺站或京王電鐵吉祥寺站步行 8 分鐘
- 商店 11:00-19:00，咖啡店 11:00-20:00(星期六、日及公眾假期 10:00-20:00)
- www.margarethowell.jp

裝潢佈置特別的貓 Cafe

地圖 P.348

てまりのおうち

親子

てまりのおうち是一家規模較大的貓 Café，店內裝潢經用心設計，客人身在其中像置身另一個世界。客人可在其中自由走動和貓咪玩耍，有時店員也會落場餵餵貓咪。咖啡店入場費為平日 ￥1,400(HK$82)，假日 ￥1,800(HK$106)，晚上 7 時後分別 ￥1,000(HK$59) 和 ￥1,200(HK$71)，每位客人須最少點一杯飲品或一款甜品。

▶玩到累了，「攤」在地上休息一下。

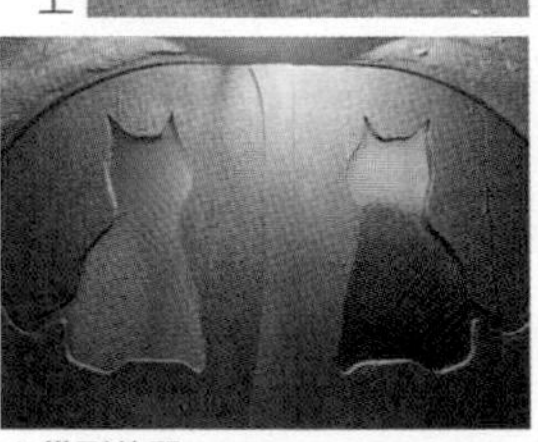

▲貓形的門。

▲咖啡店店內環境寬敞，還有一座小屋！

◀貓咪迷惑的眼神像在訴說：「你在看甚麼？」

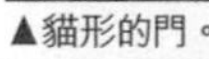

▲睡得酣甜的小黃貓。

▼花茶 (￥580，HK$41)。

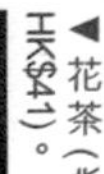

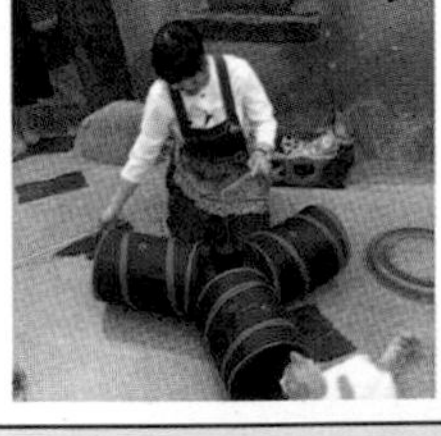

◀店員拿起玩具，貓貓就搶着抓！

INFO
- 東京都武蔵野市吉祥寺本町 2-13-14 武蔵フォーラム III 3F
- JR 中央線快速吉祥寺站或京王電鐵吉祥寺站步行 4 分鐘
- twitter.com/temarinoouchi
- 10:00-20:00
- www.temarinoouchi.com

4.28 東京的「後花園」

高尾山

可能你會問，東京似乎是一個較為現代化的都市，而且高速城市化，沒有停止過，東京就沒有自然景點了嗎？

其實，每逢假日都有不少遊人前往東京的高尾山，遠離市區的繁囂，做做運動來促進健康。高尾山是日本其中一個國家公園，有豐富的自然資源，山上可以眺望東京市區以及富士山，可說是東京的「後花園」。

可能你會擔心：登上高尾山，路段是否特別崎嶇，只適合有經驗的行山人士？事實上，高尾山比香港郊野公園的行山徑更易行，且假日人山人海，分岔路不多，指示十分清晰，適合一家大小前往，只是部分路段較斜，所耗的體力較多，但也有些路段可以纜車或吊椅代步。此外，山上有很多茶屋，要找有補給的地方並不會太困難。

建議遊覽需要時間

請預最少一天的時間，早上 9 至 10 時由市區出發，預計中午時登上山頂，屆時吃個午餐，沿途拍照和看風景已花了不少時間。

可選擇下午 4 至 5 時離開並返回市區，預留晚間的時間休息、在市區購物，或選擇到新宿東京都庁展望室看日落甚至夜景（見 P.83）。當然，也可選擇在山上看日落和夜景才離開。

適合遊覽的日子

不論任何季節，都宜選擇在星期日。因為星期日有不少日本人前來登山，較安全。由於東京天氣乾燥，高尾山上大部分地區都有樹蔭，所以即使夏天前來也不覺十分熱。至於春天櫻花盛放，秋天則有金黃色和紅色的葉子，令高尾山顯得更加美麗！

前往高尾山的交通

▶▶▶ 京王電鐵：高尾山口站

由新宿乘坐京王電鐵準特急之列車。該列車在抵達北野站前，會以特快的形式，只停明大前、調布、府中、聖蹟桜ケ丘和高幡不動站。在抵達北野後，會停各個車站至高尾山口終點站。

INFO
車程時間：全程約 1 小時
¥430(HK$25)　每 10 分鐘一班
www.keio.co.jp/chinese_t/index.html

▲京王電鐵列車。

上野樹里→樹之里→高尾山?

在東京遊覽時，不難見到鐵路公司推銷沿線景點，高尾山便是其中一例。京王電鐵為吸引更多人前往高尾山，2011 年邀請演員上野樹里拍攝廣告。邀請她的原因，是高尾山有很多樹林的特色與她的名字甚為匹配。不知何時她會幫忙推介上野區呢？

▲京王電鐵的高尾山廣告。

高尾山景點地圖

圖例
食肆　景點　溫泉
KEIO 京王鐵道車站
京王電鐵高尾線
高尾山登山吊椅
高尾登山纜車
行山徑 1 號路 (P.359)

N
京王高尾山溫泉 極樂湯 (P.363)
KEIO 高尾山口
山麓站
清滝站
高尾山登山吊椅
高尾登山纜車
山上站
觀景台 (P.360)
高尾山站
三福糰子 (P.361)
もみじや (P.362)
さる園・野草園 (P.361)
Takao 599 Museum (P.363)
權現茶屋 (P.364)
高尾山訪客中心
高尾山頂 (P.364)
一福 (P.361)
藥王院 (P.362)
200 米

高尾山的登山方式

纜車、吊椅還是步行？

要登上高尾山頂，不論沿用纜車還是吊椅方法，到山上後仍要再步行 40 至 60 分鐘左右。如果不利用交通工具，由京王高尾山口站開始步行的話，到山頂須多花 40 分鐘。

纜車為一般登山鐵路，而吊椅如其名是一張椅，沒有安全帶，最多供兩人乘坐。除了可大大縮短步行時間，纜車和吊椅也帶來非一般的上下山體驗，但這兩種交通工具**均不在晚間服務**，如欲在山上看日落甚至賞夜景，則須步行下山。你可以按照自己的體力狀況和財政因素，決定來回均採用交通工具、其中一程 (如上山纜車，下山步行) 還是不依賴交通工具代步。

▲纜車。

▲吊椅。

行山徑

若覺得乘坐**纜車、吊椅**昂貴的話，又或者喜歡行山，可選擇全程步行這個方法。

根據官方資料，由京王電鐵高尾山口站到高尾山頂共有 7 條行山徑，分別為 1 至 6 號路，以及稻荷山路。眾多路線中，1 號路較多人步行，主要景點、手信、提供補給和飲食的茶屋都在那裏，路線不難行，但部分路段較斜，基本上適合所有人士，所以本篇章集中介紹 1 號路。

1 號路起點：高尾山藥王院

這段路需時 40 分鐘。在經過高尾山口纜車站後，見到「高尾山藥王院」的牌，就是 1 號路的起點。由於沿途的樹木不少，所以一般都能遮擋陽光，不太受到日曬之苦。這路段是人工石屎路，但會比較斜，上山時可能耗比較多的體力。

▲有告示指山上可能有野猴出沒，但行山過程中未見到。

▲ 1 號路的入口。

◀秋天紅葉期時，可在沿途看到不少紅葉。(攝影：Tim Ngai)

◀沿途所見到的雕像。

▲大部分路段是石屎路。

山上的纜車 / 吊椅站 (高尾山站)

▲高尾山山門，寫着「靈氣滿山」。

如果你步行到這裏，意味着你走了一半路，餘下的路長 2 公里，沿途有不少景點和茶屋，不像剛才的路段沒有任何的補給，所以邊走邊停邊看邊拍邊吃邊休息是可行的。首先你可以在車站旁的觀景台 (詳見下文介紹) 觀賞俯覽東京一帶的景色，沿途參觀野草園、藥王寺，再到山頂，肚子餓的話可以買些小吃和飲品，下山時才吃午飯和買手信。

這段路一般是石屎路，還有部分是樓梯。到山頂前，會有一段沙路，比較凹凸不平，小心一點便行。

▲上山頂前會有一段路比較凹凸不平。

◀山上的花。

▲山上有超過 400 年的樹木。

▲有趣的石像。

高尾山站附近

地圖 P.358

觀景台

MAPCODE® 23 166 274*44

▲觀景台望出去的景色。

◀近吊椅車站的觀景台。

在纜車、吊椅車站一帶都設有座椅和望遠鏡，是人們第一個遠眺東京一帶高樓大廈的地方，不論是辛辛苦苦爬上那裏，還是乘坐吊椅或纜車上來，都會被這一帶的景色吸引，然後坐下來休息和拍照。最近高尾山的是八王子市、多摩市等。能見度高的話，有機會望到新宿、渋谷等地區，甚至是 Skytree。

▲纜車站外觀景台。

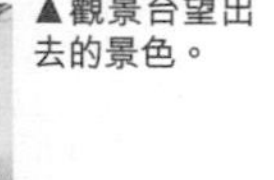

INFO
在纜車、吊椅車站附近
takaozanyuho.com

吃了就有福？

地圖 P.358

三福糰子

在高尾山站旁有一些小賣店，可以吃到白色的糰子。這些糰子有重要意義，一串 3 粒糰子分別代表「大福」、「幸福」、「裕福」3 種福份，人們吃過了，就代表擁有這些福份。

INFO
高尾山站附近的露天攤位

▲每粒糰子代表每一種福份。其實能進食，就是一種福份！

300 種稀有植物

地圖 P.358

さる園・野草園 MAPCODE® 23 166 180*58

「さる」指猴子，也就是說，園內動植物都可以觀賞到。野草方面，園內包含 300 種稀有品種，這些品種在四季都能欣賞到。

INFO
東京都八王子市高尾町 2179
1、2、12 月 09:30-16:00；3、4 月 10:00-16:30；5 至 11 月 09:30-16:30
成人 (包括中學生)￥ 500(HK$30)
小童 (3 歲或以上)￥ 250(HK$15)
takao-monkey-park.jp

▲內有猴子和植物的「さる園・野草園」。

高尾十穀糰子

地圖 P.358

一福 MAPCODE® 23 135 614*36

一福是位於藥王寺的小賣店，其中最有名的是「天狗（十具）十穀力团子」，一串售 ￥400(HK$24)。「十穀」包括了玄米、大麥、黑米、黍、粟、黑豆、綠豆、小豆、黑芝麻、草本植物莧屬，具有營養價值。

►留意有「天狗注意」的「路牌」。

INFO
東京都八王子市高尾町 2177（藥王寺）
10:30-15:00

◄一福很易認，外面大大個十穀糰子模型便是！

◄十穀糰子正在製作中。

山上唯一寺院

地圖 P.358

藥王院 MAPCODE® 23 135 642*63

藥王院起源於 744 年，聖武天皇為了祈求佛法庇蔭關東一帶而興建，之後有修行者前來高尾山進行苦修，令此山和藥王院為人所認識。現在的藥王院都有「過火」和「瀑布修行」這些修行活動，並供公眾參與。那裏有不少天狗像，天狗在日本不少地方都有傳說，例如京都鞍馬寺，源義經向天狗習武。可見天狗在一定程度上受到人們的尊崇。在高尾山，天狗是修行的象徵，有小天狗和大天狗之分：小天狗通常正在經歷修行的階段。

▲四大天王門。

◀天狗像。

▲正殿。

▲很多人排隊過這個「厄除開運　願叶輪潜」呢！經過圓形的口，意味着自己能夠「厄除開運」，祈求獲得好運！如果是開心的走過去，那麼不愉快的心情不知不覺就離開自己了，好運就會自然來。

INFO
- 東京都八王子市高尾町 2177
- www.takaosan.or.jp/china/index.html

高野山特產山藥蕎麥麵

地圖 P.358

もみじや  MAPCODE® 23 135 674*47

もみじや在高尾山纜車附近，外面是手信店，但裏面是很舒適的餐廳，招牌菜是高野山特產的山藥蕎麥麵，麵上加了生蛋黃，使麵吃起來很滑、很順口。製作蕎麥麵的麵粉由山藥製成，而山藥即是薯蕷的塊根。相傳在大正年代 (大概於 1920 年代) 開始利用這些塊根製成山藥蕎麥麵。在那裏也可以選擇坐窗口，一邊賞美景，一邊吃蕎麥麵。

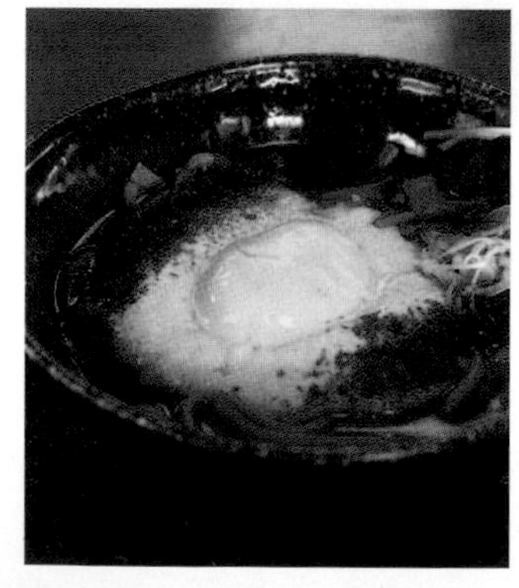

◀山藥蕎麥麵(とろろそば,「とろろ」指「山藥」)，￥960(HK$56)。

INFO
- 東京都八王子市高尾町 2208
- 10:00-16:00　休 下雨天
- www.momijiya-honten.com

行山後泡湯

地圖 P.358

京王高尾山溫泉極樂湯

泡湯

MAPCODE® 23 167 410*14

京王高尾山溫泉極樂湯是行山後放鬆心情、好好休息的地方。客人可以透過浸泡室內的「檜風呂」和室外的「露天岩風呂」、「座り湯」(座椅形式)，好好享受來自山上的天然泉水，消除筋肉痛、關節痛、疲勞等問題。

INFO
- 東京都八王子市高尾町 2229-7
- 京王電鐵京王線高尾山口站
- 08:00-22:45(最後入館時間 22:00)
- 成人 ¥1,100(HK$71)，小童 ¥550(HK$36)；黃金週、11 月紅葉期、1 月 1 日至 3 日成人 ¥1,300(HK$86)，小童 ¥650(HK$43)，毛巾須另費租借
- 042-663-4126　www.takaosan-onsen.jp

▲行完山來這裏泡湯，必定能消除疲勞！

高尾山資料庫及生態博物館

地圖 P.358

Takao 599 Museum

MAPCODE® 23 167 228*30

Takao 599 Museum 位於高尾山登山口附近，是高尾山的旅遊資訊站兼生態博物館。展館除了透過動畫介紹高尾山的歷史、登山路線及注意事項外，還展示了山上的生態環境，例如把高尾山不同季節的景象製成 7 分鐘的動畫，以及展覽山上多達 1,600 種動植物的標本，遊客登山前可先來了解一下。此外，館內設有 599 Cafe，其「高尾珈琲ブレンド」(¥400，HK$29) 頗受歡迎。

▲ Takao 599 Museum 由室外廣場及一座日式建築物組成。

▲ 599 Cafe 的「高尾珈琲ブレンド」，¥400(HK$29)。

▲館內的展覽以不同物種為主題。

►介紹高尾山生態環境的展板。

INFO
- 東京都八王子市高尾町 2435-3
- 京王電鐵京王線高尾山口站步行 5 分鐘
- 4 月至 11 月 08:00-17:00(最後入館時間 16:30)；12 月至 3 月 08:00-16:00(最後入館時間 15:30)；咖啡店 11:00- 博物館關閉(最後點餐時間：關閉前半小時)
- 免費　042-665-6688
- www.takao599museum.jp

成功登頂！

高尾山頂

MAPCODE® 23 134 557*85

賞楓

地圖 P.358

恭喜你成功爬到高尾山頂！在高尾山頂上，可以看到西邊的山脈，能見度高、加上無雲的話還可以遠眺富士山，不過要看看大家的運氣了。

▶如有運氣的話，在觀景台是可以望到富士山(筆者今次不算幸運，富士山位置在紅箭咀所示)。

◀每逢紅葉期，高尾山頂都會擠滿賞楓的遊客。(攝影：Tim Ngai)

◀秋季的高尾山滿佈漫天紅葉，景色相當美麗。(攝影：Tim Ngai)

INFO
- 高尾山站附近的露天攤位

牛奶雪糕

權現茶屋

MAPCODE® 23 135 822*60

地圖 P.358

權現茶屋除了有蕎麥麵和糰子外，別忘了留意還有牛奶雪糕(ミルクジエラート，milk gelato，￥500，HK$29)，行山行得太熱可以來這裏消消暑啊！

INFO
- 東京都八王子市高尾町 2177-2
- 平日 10:00-15:00(假日延至 15:30 關門)

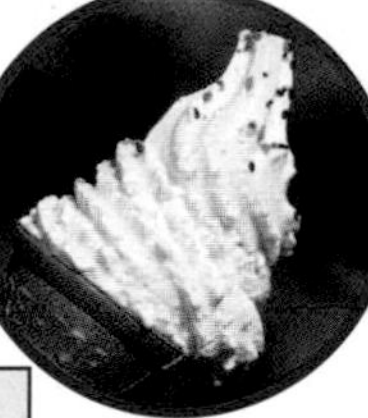

▲牛奶雪糕。

▲權現茶屋外部。

高尾山手信推介

1. 天狗力茶

◀天狗力茶，￥150(HK$11)。

全部有機栽培，1 號路的自動售賣機可以買到，行山買來解渴也好，買多樽回去喝也好。

2. カステラ饅頭

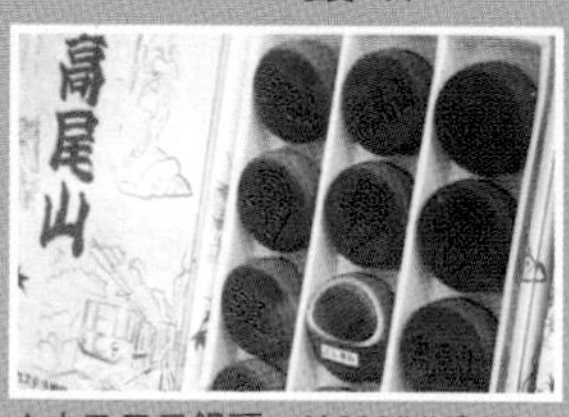

▲カステラ饅頭，￥630(HK$45)。

有餡料的饅頭兩面分別有「高尾山」字樣及天狗模樣，帶給親友和朋友一起吃很不錯，也可順道解釋這座山與天狗的關係。饅頭在もみじや(詳見 P.362)發售。

3. 鹽羊羹

▲鹽羊羹，￥750(HK$54)。

帶鹹味的羊羹味道會是怎樣的呢？在權現茶屋買來試試吧！

4.29 東京隱世秘境

奧多摩

奧多摩位於東京最西端，距離市中心才不過 2 小時車程，但就有着截然不同的大自然景色：清澈溪流、潺潺流水、壯觀山嶺、迷人湖光，難怪被譽為東京隱世秘境。這個秘境吸引了不少日本人來登山、露營、釣魚和燒烤，成為了戶外活動的勝地。其實旅行不一定要瘋狂購物和大吃大喝，偶爾遠離大城市的煩囂，來一轉這個東京的綠洲，也是不錯的選擇。

（本章圖文：Gigi）

適合遊覽的天氣

奧多摩是東京綠洲，適合戶外活動，大部分是室外景點，故最佳遊覽的季節是夏天和秋天，夏天可登山和釣魚；秋天雖秋高氣爽，可以觀賞紅葉和漫步溪谷，但同時是日本颱風季節，前往之前須先留意天氣。

建議遊覽需要時間

奧多摩的景點比較分散，而且大多要乘坐巴士前往，加上巴士時間疏落，如想前往全部景點，建議留宿 1 晚，分開 2 日遊覽。如只能即日來回，則必須取捨部分景點。

前往奧多摩的交通

▶▶▶ 從東京站出發：

乘搭 JR 中央線到立川站，轉乘青梅線到奧多摩站，全程約 2 小時 20 分鐘，車費 ￥1,280(HK$89)；

▶▶▶ 從新宿站出發：

乘搭 JR 中央線青梅特快到青梅，轉乘青梅線到奧多摩站，全程約 1 小時 43 分鐘，車費 ￥1,110(HK$65)。

• 奧多摩區內交通

西東京巴士：

旅客可乘搭西東京巴士前往奧多摩的景點：上車時先拿整理券，下車時繳付相應的車資，或使用 SUICA 或 ICOCA 等交通卡。以下為經常使用的巴士路線資料：

前往鐘乳洞、森林館及故鄉博物館 (於 JR 奧多摩站上車)：

	奧20 (終點站為鐘乳洞)	奧21 (終點站為東日原)
平日班次	08:10、10:15、12:30、14:05、15:30	06:04、07:06、17:18、18:24
假日班次	—	06:31、07:31、08:35、09:40、11:25、12:45、14:11、15:51、16:53、18:10
車程	約31分鐘	約24分鐘
車費	￥500(HK$36)	￥460(HK$33)

前往奧多摩湖 (於 JR 奧多摩站上車)：

	奧09、奧10、奧11、奧12、奧14、奧15
平日班次	05:34、05:45、06:15*、06:35、07:00、07:40、08:07、08:55、09:30、10:12、11:45、13:10、13:54、14:40、15:35、16:15*、17:20、18:24、19:33
假日班次	06:05、07:00、07:25、07:56*、08:35、09:00、09:30、10:05、10:38、11:10、11:30、12:10*、12:34、13:20、13:39、14:16、14:45、15:15、15:40、16:00*、16:25、17:17、18:40
車程	約15分鐘
車費	￥350(HK$25)

* 不經小河內神社。

▲ JR 奧多摩站是東京都內海拔最高的車站。

▲ JR 站外面便是觀光案內所，旅客可在這裏獲得奧多摩的資訊。

◀奧多摩區內的巴士是橙紅色的。

INFO bit.ly/3qBRKgc

奧多摩景點地圖

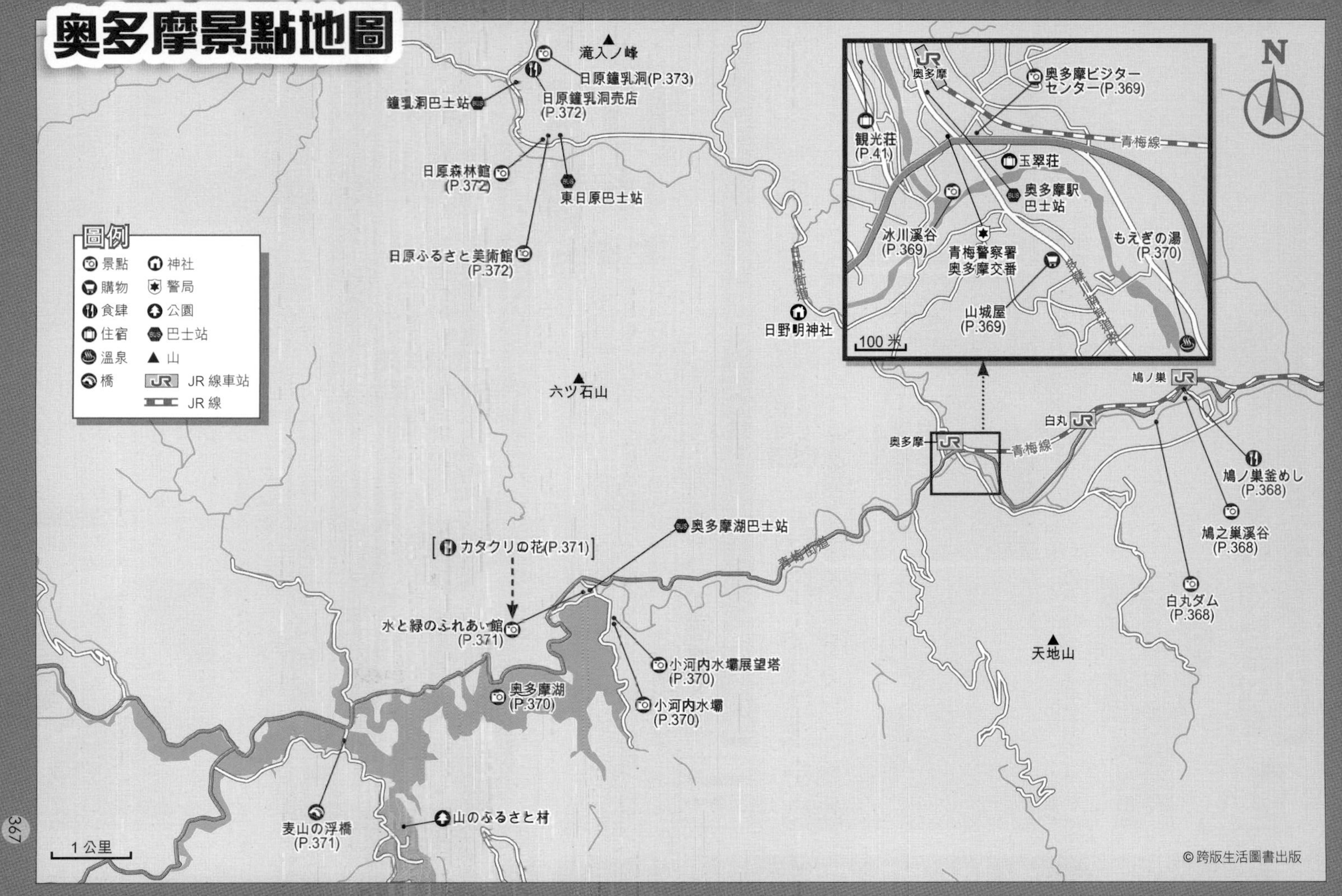

N
滝入ノ峰
日原鐘乳洞(P.373)
日原鐘乳洞売店
(P.372)
鐘乳洞巴士站
日原森林館
(P.372)
東日原巴士站
日原ふるさと美術館
(P.372)
圖例
景點
購物
食肆
住宿
溫泉
橋
神社
警局
公園
巴士站
山
JR 線車站
JR 線
六ツ石山
日野明神社
奥多摩ビジター
センター(P.369)
奥多摩
観光荘
(P.41)
青梅線
玉翠荘
奥多摩駅
巴士站
冰川溪谷
(P.369)
青梅警察署
奥多摩交番
もえぎの湯
(P.370)
山城屋
(P.369)
100 米
鳩ノ巣
白丸
奥多摩
青梅線
鳩ノ巣釜めし
(P.368)
鳩之巣溪谷
(P.368)
白丸ダム
(P.368)
奥多摩湖巴士站
カタクリの花(P.371)
水と緑のふれあい館
(P.371)
青梅街道
天地山
小河内水壩展望塔
(P.370)
小河内水壩
(P.370)
奥多摩湖
(P.370)
麦山の浮橋
(P.371)
山のふるさと村
1 公里

靈鳥之巢穴

鳩之巢溪谷

MAPCODE® 23 810 204*44

賞楓

地圖 P.367

▲ JR 鳩之巢站於 1944 年通車，站內無職員。

鳩之巢溪谷位於 40 米斷崖下方，夾着奇岩異石，是賞紅葉的勝地。鳩之巢的命名源自江戶時代，松平信綱為了修復江戶城，下令採伐冰川和日原一帶的木材。當時鳩之巢溪谷的上方正是伐木工人休息的地方，為保平安，工人興建了一座水神社，祭奉兩頭白鴿(即日文「鳩」)，每天都與牠們一起尋找食糧，相處和睦，白鴿因而被人們視為靈鳥，並把溪谷命名為鳩之巢。

▲鳩之巢小橋是步行道的起點。

▲鳩之巢溪谷。

▲溪谷的景點之一，雙龍瀑布。

INFO
- 東京都西多摩郡奥多摩町棚沢(鳩ノ巣渓谷遊歩道)
- JR 青梅線鳩ノ巣站步行 10 分鐘

鳩之巢釜飯

鳩ノ巣釜めし

MAPCODE® 23 810 355*60

地圖 P.367

鳩ノ巣釜めし提供的釜飯在鳩之巢十分有名，更登錄東京的「東京特產食材使用店」，是極具特色的鄉村料理。釜飯採用新潟縣魚沼產的農家玄米，並加入了奥多摩產的山菜及松茸菇，成為充滿醬油味的釜飯。由於餐廳近河，因此也提供魚料理，如山鱒魚、鮎魚、虹鱒魚等。

◀店鋪位於車站下層。

▲鹽燒山鱒魚(やまめ塩焼)，￥800(HK$47)。

◀松茸菇釜飯定食(きのこ釜めし)，￥1,700(HK$100)，有天婦羅、蒟蒻和羊羹。

INFO
- 東京都西多摩郡奥多摩町棚沢 375
- JR 青梅線鳩ノ巣站步行 5 分鐘
- 10:00-18:30(12 月至 3 月 10:00-18:00)
- 休 星期三
- ☎ 0428-85-1970
- www.hatonosukamameshi.com

白丸水壩

白丸ダム

MAPCODE® 23 780 847*63

地圖 P.367

白丸水壩建於鳩之巢溪谷的盡頭，用以攔截多摩川水流，並提供水力發電。由於水壩阻擋了魚逆流而上，因此當局在旁邊鑿了隧道，建造魚樓梯，讓魚可以沿着山壁逆游，遊客更可到魚道生態館，觀察魚逆游的情況。

▲水流映照出一道彩虹。

◀從上方俯瞰水壩。

INFO
- 東京都西多摩郡奥多摩町白丸
- JR 青梅線鳩ノ巣站或白丸站步行 10 分鐘
- 魚道生態館 10:00-16:00(4 月至 11 月星期六、日及公眾假期、7 月 15 日至 8 月 31 日每天開放)
- 休 魚道生態館 12 月至 3 月
- ☎ 魚道生態館 0428-78-8567

奥多摩遊客中心

地圖 P.367

奥多摩ビジターセンター

MAPCODE® 348 807 542*03

遊客中心是奥多摩的資料庫，除了介紹這裏的情報，如動植物生態、地理環境和登山路線等，還會定期舉辦各種體驗教室(攀石和陶藝)、登山團和學術調查，遊客可報名參加。

▶2樓展示了奥多摩的自然生態。

◀觀光中心門口。

▶1樓有可愛的攀石設施。

INFO
- 東京都西多摩郡奥多摩町氷川 171-1
- JR 青梅線奥多摩站步行 2 分鐘
- 09:00-16:30
- 星期一(如遇假日，則順延至翌日)、12 月 29 日至 1 月 3 日
- 0428-83-2037
- www.ces-net.jp/okutamavc/

醉人溪谷景色

地圖 P.367

冰川溪谷

MAPCODE® 348 807 420*47

奥多摩有眾多溪谷，當中的冰川溪谷是最近 JR 站的。溪谷位於多摩川和日原川的交界，小小的溪谷之間架起兩條吊橋：冰川小橋和登計橋，並設有安全的行人道。在溪谷中一邊散步，一邊拍照，可漫遊 1 小時左右。

▲冰川小橋。

▶溪谷景色優美。

▶眺望登計橋。

INFO
- 東京都西多摩郡奥多摩町氷川(氷川渓谷遊歩道)
- JR 青梅線奥多摩站步行 5 分鐘

芥末漬物老字號

地圖 P.367

山城屋

MAPCODE® 348 807 309*74

◀店家門口。

山城屋由金子一族創辦，他們於江戶時代起培種芥末，經歷世代相傳，於 1946 年正式開設商店，並設有自家工廠，成為奥多摩唯一售賣芥末漬物的專門店。

▲店內還售賣生芥末和芥末昆布。

▲芥末漬物，¥500(HK$35)。

INFO
- 東京都西多摩郡奥多摩町氷川 717-3
- JR 青梅線奥多摩站步行 10 分鐘
- 09:00-17:00
- 休 1 月 1 日至 1 月 4 日
- www.yamasiroya.co.jp

古老溫泉水
もえぎの湯

MAPCODE® 348 807 170*77

泡湯

地圖 P.367

◀溫泉門口。

もえぎの湯的泉源是奧多摩溫泉，來自奧多摩地下深層，是日本最古老、由古生層湧出來的 100% 純溫泉水，能舒緩各種痛症、恢復疲累。溫泉分露天、室內風呂和足湯 3 種，可眺望窗外多摩川的溪流和山谷樹林。館內還有餐廳、按摩室和手信店。

▶另一邊的足湯。

INFO
- 東京都西多摩郡奧多摩町氷川 119-1
- JR 青梅線奧多摩站步行 10 分鐘

溫泉	足湯
4月-11月 10:00-20:00 12月-3月 10:00-19:00	4月-11月 10:00-17:00 12月-3月 10:00-16:00

- 星期一 (如遇假日，則順延至翌日)
- 成人 3 小時平日 ¥950(HK$56)，假期及繁忙時間 ¥1,050(HK$62)；兒童 3 小時平日 ¥550(HK$32)，假期及繁忙時間 ¥600(HK$35)
- 0428-82-7770　www.okutamas.co.jp/moegi/

充滿自然美的人造湖
奧多摩湖

賞楓　賞櫻

地圖 P.367

奧多摩湖位於琦玉和山梨縣交界，是一個人造湖，主要用作貯水，總貯水量有 1 億 8,000 噸，能提供食水給 20% 東京市民使用。奧多摩湖建於 1957 年，至今仍是日本最大型的地下水貯水池，亦逐漸成為了奧多摩主要的觀光勝地，是賞櫻花和紅葉的好去處。

▲自然美景令人難以想像它是人造湖。

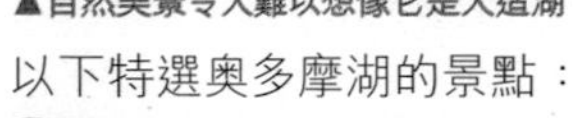

◀湖中間有小河內水壩和展望塔。

INFO
- 東京都西多摩郡奧多摩町原
- JR 青梅線奧多摩站轉乘西東京巴士奧 09、奧 10、奧 11、奧 12、奧 14 或奧 15，到奧多摩湖站下車

以下特選奧多摩湖的景點：

宏偉建設 小河內水壩與展望塔

地圖 P.367

MAPCODE® 348 741 637*60

小河內水壩是奧多摩湖的貯水設施，為東京居民提供安全的飲用水。水壩旁邊設有展望塔，塔的 2 樓介紹水壩的歷史，3 樓則是展望台，可俯視宏偉的水壩，以及奧多摩湖的自然景色。

▲ 3 樓展望台能俯視水壩側面。

▲水壩另一側能觀賞到澎湃的水流。

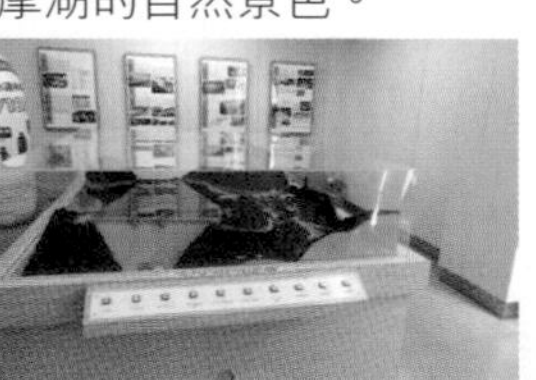

▲ 2 樓展覽室介紹了水塔歷史。

INFO
- 東京都西多摩郡奧多摩町原 5 番地
- 見「奧多摩湖」
- 10:00-16:00，7 月 20 日至 8 月 31 日 17:00 關門
- 12 月 28 日至 1 月 4 日
- 0428-86-2211
- www.waterworks.metro.tokyo.lg.jp/suigen/antei/ogochi/

識水源的博物館 水と緑のふれあぃ館

地圖 P.367 MAPCODE® 348 741 665*52

水と緑のふれあぃ館是一座由東京水道局管理的體驗館，館內的 2 樓是手信店和餐廳，1 樓則介紹了奧多摩的歷史、民俗、傳統工藝和水壩的構造，並設有 3D 劇場，播放水壩運作和奧多摩森林的四季景色，讓參觀人士認識大自然和水源的重要性。

▲一下巴士，就到達體驗館。

▲ 2 樓的手信店。

▲透過遊玩設施認識水壩運作。

▲大堂呈圓形開放式設計。

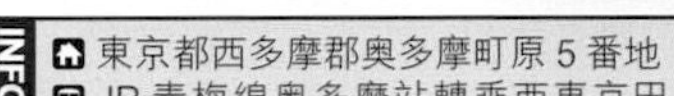

INFO
- 東京都西多摩郡奧多摩町原 5 番地
- JR 青梅線奧多摩站轉乘西東京巴士奥 09、奥 10、奥 11、奥 12、奥 14 或奥 15，到奧多摩湖站下車
- 09:30-17:00
- 休 星期三 (如遇假日，則順延至翌日)、12 月 28 日至 1 月 4 日
- 0428-86-2731
- www.waterworks.metro.tokyo.jp/kouhou/pr/okutama/

▲訪客可認識水源的秘密。

▲ 1 樓介紹奧多摩的風俗。

栗花全景餐廳 カタクリの花

地圖 P.367 必吃

位於體驗館 2 樓的餐廳，窗外是奧多摩湖的景致，環境優美。餐廳提供一般日式料理，例如定食、烏冬、蕎麥麵和拉麵等，當中的特製料理小河內水壩咖喱一日限定 20 份，以小河內水壩為原型，把咖喱汁製成奧多摩湖模樣，上面放有浮橋和管理船，而白飯、薯餅分別裝成水壩和展望塔，極具創意。餐廳還提供鹿肉定食和漢堡，食材來自奧多摩，供應量少，隨時售罄。

INFO
- 水と緑のふれあい館內 2 樓
- 10:00-16:00(最後點餐時間 15:30)
- 休 星期三 (如遇假日，則順延至翌日)、12 月 28 日至 1 月 4 日
- 0428-86-2733
- okutamako.com

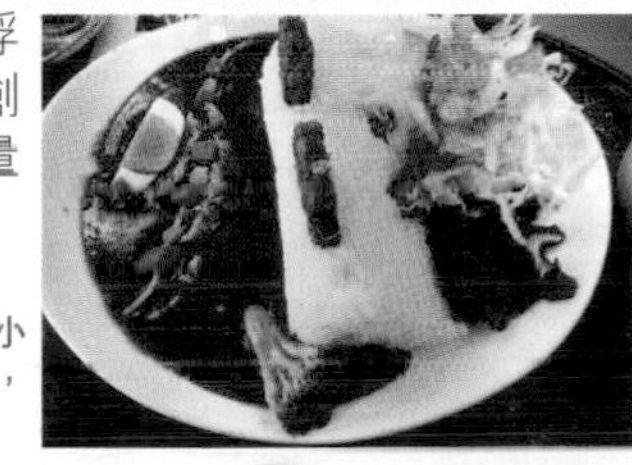
►小河內水壩咖喱 (小河内ダムカレー)，¥1,300(HK$76)。

湖上浮橋 麦山の浮橋

地圖 P.367 MAPCODE® 348 677 726*77 推介

奧多摩湖有兩座浮橋，分別位於麥山和留浦。麥山之浮橋全長 220 米，橫跨整個湖面，徒步過橋能感受湖面吹來的陣陣涼風。浮橋最初建造時使用了大型鐵罐，故又稱為「鐵罐橋」。現在，鐵罐已由形狀類似的合成樹脂取代，如遇湖水乾涸或貯水量減少時會被撤走。

INFO
- 東京都西多摩郡奧多摩町川野
- JR 青梅線奧多摩站轉乘西東京巴士奥 09、奥 10、奥 11、奥 12、奥 14 或奥 15，到小河內神社站下車

▲橋上風景。

►浮橋對岸是登山口。

巨樹資訊中心

日原森林館

MAPCODE® 979 005 525*44

親子

地圖 P.367

森林館主要介紹奧多摩的巨樹，是日本唯一的巨樹資訊中心。根據日本環境部的標準，巨樹的定義為樹高 1.3 米、樹幹周長 3 米以上，而奧多摩境內有約 891 棵巨樹，有些已有千年以上的樹齡。森林館以巨樹觀測、故事和攝影等方式，並展示巨樹畫家平岡忠夫 2,000 幅以上的繪畫，教導參觀者如何與森林共處，讓大家感受巨樹的魅力。**館內嚴禁拍照。**

▲森林館是一幢木建築，配合樹木的主題。

INFO
- 東京都西多摩郡奧多摩町日原 819
- JR 青梅線奧多摩站，轉乘西東京巴士奧 20 或奧 21，到東日原站下車步行 3 分鐘
- 4 月至 11 月 10:00-17:00、12 月至 3 月 10:00-16:00
- 休 星期一 (如遇假日，則順延至翌日)、年末年始
- 大人 ¥200(HK$14)、中小學生 ¥100(HK$7)
- 0428-83-3300
- www.kyoju.jp

展示奧多摩風景畫

日原ふるさと美術館

MAPCODE® 979 005 617*74

地圖 P.367

日原ふるさと美術館主要展示已故畫家倉田三郎的畫作，此外，還展出奧多摩的風景畫，並定期舉辦不同畫家或攝影師的作品展。

▶美術館門口。

◀畫作展示區。

INFO
- 東京都西多摩郡奧多摩町日原 775-4
- JR 青梅線奧多摩站，轉乘西東京巴士奧 20 或奧 21，到東日原站下車步行 3 分鐘
- 10:00-17:00
- 0428-85-1618
- 休 星期一 (如遇假日，則順延至翌日)、年末年始
- www.ohtama.or.jp/sightseeing/345.html

鐘乳洞附近小賣店

日原鐘乳洞売店

MAPCODE® 979 035 665*11

地圖 P.367

日原鐘乳洞売店是鐘乳洞 (P.373) 附近唯一的餐廳，提供拉麵、烏冬和蕎麥麵等簡單料理。由於巴士的班次比較疏，遊客可在這裏休憩，並順道選購手信。

▲小賣店門外。

◀店內售賣不少手信。

◀味噌蒟蒻（みそ田楽），¥300(HK$21)。

▶山菜蕎麥麵（山菜そば），¥600(HK$42)。

INFO
- JR 青梅線奧多摩站，轉乘西東京巴士奧 20，到鐘乳洞站下車步行 5 分鐘；或乘奧 21 到東日原站下車步行 25 分鐘
- 10:00-15:30
- 休 不定休
- 0428-83-8493
- www.nippara.com/nippara/koutuu/kyuukrijyo/kyuukeijyo.htm

地下大宮殿

地圖 P.367

日原鐘乳洞

MAPCODE® 979 035 818*52

日原鐘乳洞全長 1,270 米，高約 134 米，洞內溫度長年維持在攝氏 11 度，是東京都指定天然記念物。鐘乳洞由雨水和地下水融化石灰岩而成，短短 3 厘米的鐘乳石的形成時間也需 200 年，充滿大自然的奧秘。鐘乳洞曾作佛教用途，擺設了各種觀音像和以佛教命名的鐘乳石。洞內濕滑且多樓梯，宜穿着輕便服裝前往，參觀約需 40 分鐘至 1 小時。

▲觀光案內所和官方網站有￥100 優惠券回饋遊客。

◀竹筍形狀的鐘乳石「石筍」長 2.5 米，命名為金剛杖。

▲弘法大師學問所，弘法大師是平安時代的僧侶，據説曾在此修行。

◀鐘乳洞最內部：死出之山。

▲由此展開探索鐘乳洞之旅。

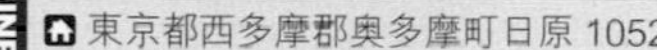

INFO

- 東京都西多摩郡奥多摩町日原 1052
- JR 青梅線奥多摩站，轉乘西東京巴士奥 20，到鐘乳洞站下車步行 5 分鐘；或乘奥 21 到東日原站下車步行 25 分鐘
- 4 至 11 月 09:00-17:00、12 至 3 月 09:00-16:30
- 休 12 月 30 日至 1 月 3 日　☎ 428-83-8491
- 大人￥900(HK$53)、中學生￥700(HK$41)、小學生￥600(HK$32)
- www.nippara.com/nippara/syounyuudou/syounyuudou.html

▲山頂上的結緣觀音像。

奧多摩零食手信推介

奧多摩是芥末三大產地之一，潔淨的水源十分適合芥末生長。這裏隨處可見與芥末有關的紀念品和食品，更設計了以芥末為主題的吉祥物，可見當地人對芥末的喜愛和重視。遊客在觀光之餘，不要忘記在觀光案內所、便利店，超市、水と緑のふれあい館 2 樓手信店、日原鐘乳洞売店等地選購手信啊！

►奧多摩的芥末吉祥物。

1. 芥末煎餅

◀芥末煎餅（わさびせんべい），￥324(HK$23)，芥末味道不會太濃烈。

2. 芥末雪糕

▲芥末雪糕（わさびアイス），￥250(HK$18)，味道帶辣，口感刺激。

3. 吉祥物吊飾

▲約￥500(HK$35) 一個，適合大家買來當手信。

4.30 尋找火山軌跡
伊豆大島

伊豆大島離東京有120公里，雖然位置比較偏遠，又是伊豆諸島的主島，但在行政上仍屬東京都的一部分。因此，伊豆大島跟我們熟悉的伊豆半島，並非同屬一個縣。在這裏可以看活火山和泡溫泉。

適合遊覽的天氣

晴天較為適合，以便行火山，以及前往室外的自然景點。

建議遊覽需要時間

由於從東京等地乘船去伊豆大島需時，加上那裏比較多自然風景，所以建議預留2至3天的時間。

• 前往伊豆大島的交通

伊豆大島有兩個碼頭：岡田港及元町港。船會視乎當日天氣情況而決定停泊哪個港口。兩個碼頭中，以元町港的設施比較完善，有不少店鋪和餐廳，出發前可在此用餐。

▶▶▶ 從東京出發：

於東京竹芝碼頭 (竹芝客船ターミナル) 乘搭東海汽船前往，每天設有 2 班快船 (早上及下午)，船程約 1 小時 45 分鐘。此外，在部分週末及假期設有大型客船，分 4 種等級，東京出發為過夜航班，翌日早上抵達，需時約 6 小時，但價格比快船便宜不少。遊客可於網上訂購來回船票，完成手續後翌日會有電郵確認，登船前到售價處以現金或信用卡付款便可。

▲東京竹芝碼頭。

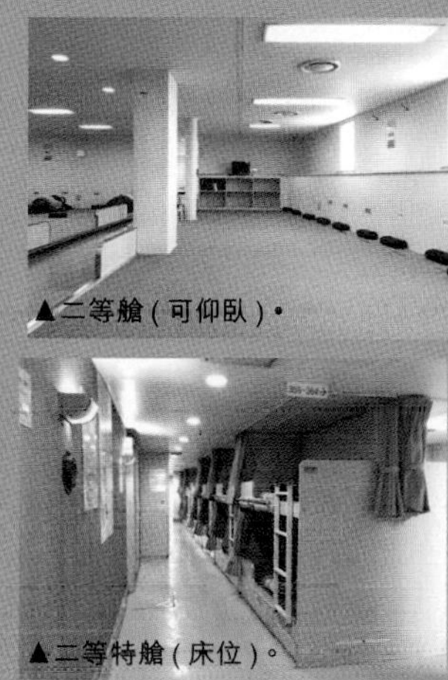

▲二等艙 (可仰臥)。

▲二等特艙 (床位)。

▲船上的餐廳提供咖喱飯等簡單料理。

▲大型客船。

▶▶▶ 從熱海出發：

遊客亦可選擇在東京站乘搭 JR 東海道本線到熱海站 (車程約 1 小時)，再轉乘由熱海港開出的噴射快船，船程約 45 分鐘。

▲快船。

INFO
- $ 單程快船船費：￥6,120(HK$360)
- 東海汽船：www.tokaikisen.co.jp，訂票網站：tokyoislands.jp

• 島上交通

島上的主要交通工具為巴士，但班次不多，宜事先查詢時間表。設有 1 天及 2 天任乘車票，前者 ￥2,050(HK$121)，後者 ￥3,100(HK$182)，上車時向司機直接購買。

▲ 2 天乘車票。

▲島上巴士。

INFO
- www.oshima-bus.com

伊豆大島景點地圖

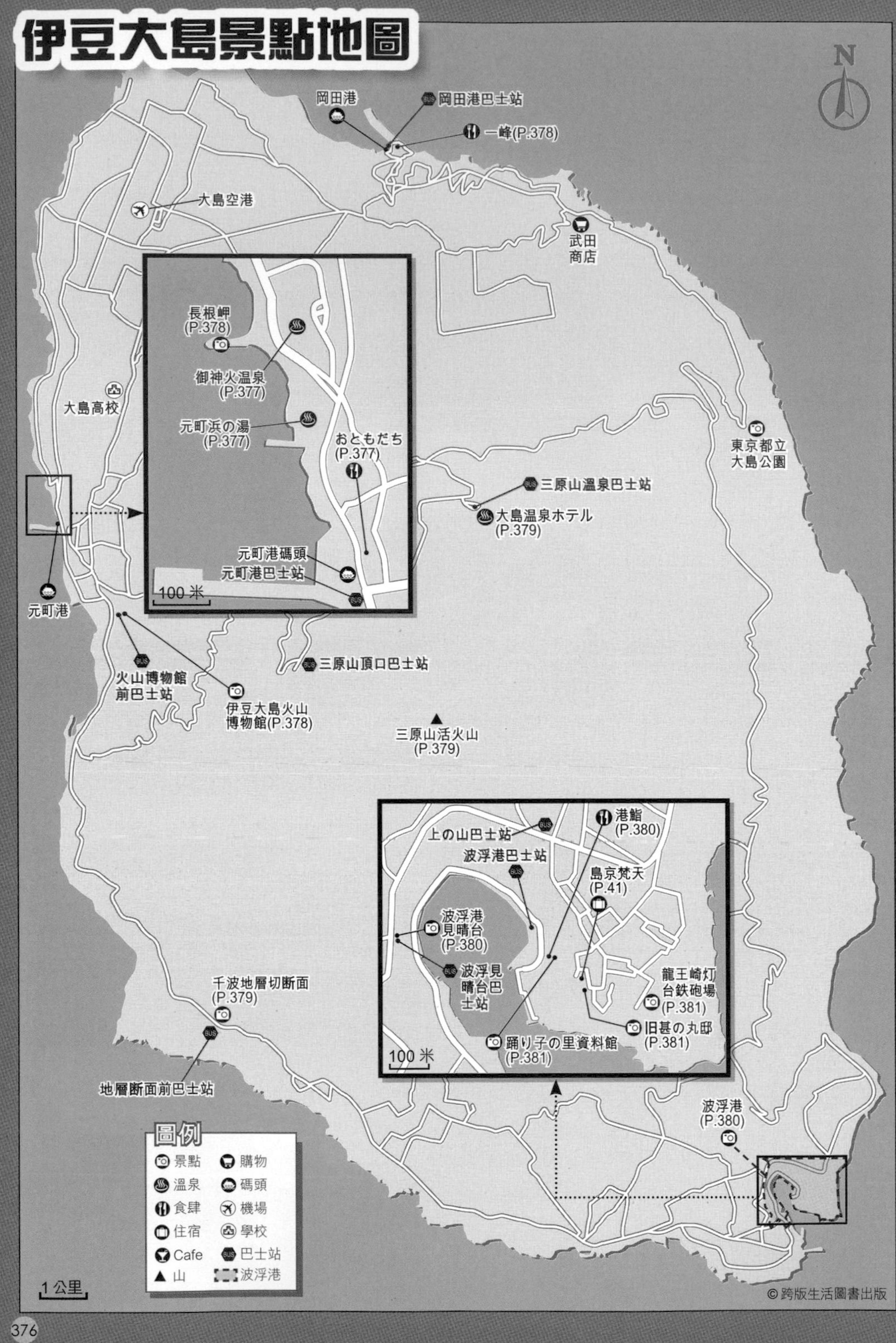

N
岡田港
岡田港巴士站
一峰(P.378)
大島空港
武田
商店
長根岬
(P.378)
御神火温泉
(P.377)
元町浜の湯
(P.377)
おともだち
(P.377)
元町港碼頭
元町港巴士站
100 米
大島高校
東京都立
大島公園
三原山溫泉巴士站
大島温泉ホテル
(P.379)
元町港
火山博物館
前巴士站
伊豆大島火山
博物館(P.378)
三原山頂口巴士站
三原山活火山
(P.379)
上の山巴士站
港鮨
(P.380)
波浮港巴士站
島京梵天
(P.41)
波浮港
見晴台
(P.380)
波浮見
晴台巴
士站
龍王崎灯
台鉄砲場
(P.381)
旧甚の丸邸
(P.381)
踊り子の里資料館
(P.381)
100 米
千波地層切断面
(P.379)
地層断面前巴士站
波浮港
(P.380)
圖例
景點
購物
溫泉
碼頭
食肆
機場
住宿
學校
Cafe
巴士站
山
波浮港
1公里

元町港的伊豆大島料理

地圖 P.376

おともだち

MAPCODE® 786 282 802*52

▲餐廳內。

若想品嚐伊豆大島的料理，可以選擇店家「おともだち」。這家餐廳店裏店外都有平民住家的感覺，提供的新鮮魚生丼「べつこう丼」用了辣椒醬汁，而飯的口感較軟和可口，十分值得一試。

▲おともだち。

▲べっこう丼，￥1,200(HK$85)。

INFO
- 東京都大島町元町 1-17-3
- 大島巴士元町港站 (波浮港線、三原山線、大島公園線均可直達) 步行 4 分鐘
- 06:30-14:00
- 04992-2-0026　bit.ly/3KXllYm

便宜的望海小温泉

地圖 P.376

元町浜の湯

MAPCODE® 786 312 138*60　泡湯

元町浜の湯是一個男女共浴的溫泉，入場費便宜，最大的賣點是可以一邊泡湯，一邊欣賞無任何玻璃阻擋、面向西邊的大海景，天氣好的話能看到富士山。唯這裏沒有提供泡湯後休息的設施，入場人士因而不能盡情歇息。來這兒泡湯必須穿着泳衣，若沒有毛巾和泳裝，可請職員提供，不需另外付費。

INFO
- 東京都大島町元町字トンチ畑
- 大島巴士元町港站 (波浮港線、三原山線、大島公園線均可直達) 步行 4 分鐘
- 13:00-19:00
- 成人 ￥300(HK$21)，小學生及中學生 ￥150(HK$11)
- www.town.oshima.tokyo.jp/soshiki/kankou/hamanoyu.html

▲元町浜の湯。

▲溫泉區能望海。

慢慢泡湯的好地方

地圖 P.376

御神火温泉

MAPCODE® 786 312 287*14　泡湯

御神火温泉位於元町浜の湯旁，分別設有男、女浴 (故不用穿泳衣)，入場人士可以透過大玻璃觀賞海景，泡湯後可在休憩範圍享用店鋪提供的餐飲和設施。此外，此店會因應大型渡輪的船期，提早開放時間，讓旅客可以在入住酒店前放鬆一下。

INFO
- 東京都大島町元町字仲の原 1-8
- 見元町浜の湯交通
- 09:00-21:00，如郵輪於早上抵達大島，則提早營業
- 成人 ￥710(HK$50)，小學生及中學生 ￥300(HK$21)
- 每月第 2 個星期五
- 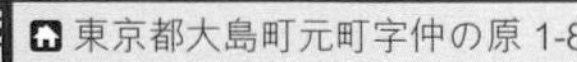www.town.oshima.tokyo.jp/soshiki/kankou/gojinka.html

►御神火温泉。

700 多年前形成的黑色岩石

地圖 P.378

長根岬

MAPCODE® 786 312 252*22

位於元町港附近的長根岬長約 100 米，因 1338 年火山爆發而形成。當時的溶岩流向海邊，冷卻後便成了現在的模樣。遊覽時，可放心踏上去，因為比較軟的部分早已被海浪沖走，現在留下的只有硬身的岩石。

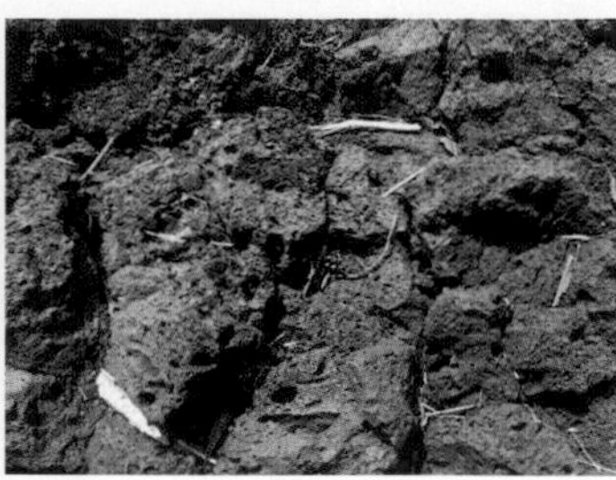

◀長約 100 米的黑色岩石。

INFO
- 東京都大島町元町字仲の原 1-4
- 大島巴士元町港站 (波浮港線、三原山線、大島公園線均可直達) 步行 4 分鐘

了解島上活火山

地圖 P.378

伊豆大島火山博物館

MAPCODE® 786 253 797*06

由於伊豆大島上的自然景觀很多都來自火山爆發，所以擁有不少珍貴的相關資料。伊豆大島火山博物館透過圖片、影片、報章文獻和標本，向訪客介紹火山形成的過程、1986 年的嚴重火山爆發事件，以及日本其他火山的資料。此外，博物館每天有 3 次大約半小時的電影放映，主要講解大島的社區狀況和 1986 年火山爆發事件。**關閉維修中，2025 年春季重開。**

◀博物館的外觀。

INFO
- 東京都大島町元町神田屋敷 617
- 04992-2-4103
- 大島巴士波浮港線「火山博物館前」站
- 09:00-17:00(最後入館時間為16:30)
- www.facebook.com/izuoshimakazanhakubutukan/

岡田港吃天婦羅蕎麥麵

地圖 P.378

一峰

MAPCODE® 786 437 282*41

一峰位於岡田港附近，這裏比較有名的是「明日葉そば天ぷらセット」，即明日葉天婦羅蕎麥麵。明日葉是伊豆大島的名產，可幫助腸道消化。若抵達 / 離開伊豆大島的碼頭為岡田港，可考慮順道在此用餐。

◀一峰位於 2 樓。

▶餐廳面向岡田港。

◀明日葉天婦羅蕎麥麵，¥850 (HK$60)。

INFO
- 東京都大島町岡田 5
- 大島巴士大島公園線岡田港站
- 10:00-15:00(若渡輪當日不停泊岡田港，餐廳不會營業)
- 04992-2-8524

伊豆大島最高

三原山活火山

MAPCODE® 786 255 179*44

必到

地圖 P.376

三原山是一座活火山，也是島上最高的山，上一次爆發是 1986 年，現在仍有爆發的跡象，所以沿途會看到一些煙。在三原山頂口站下車後，可先到附近的觀景台俯瞰伊豆大島海岸和富士山，然後依指示步行 35 至 45 分鐘到三原山，繞火山口一圈，途中不但可以看到很大的火山口，還有火山爆發造成的黑色岩石，全程需時約 2.5-3 小時。

▲巴士站附近可以俯望元町港的全景，甚至富士山。

▲沿途會看到很多因火山爆發而形成的岩石。

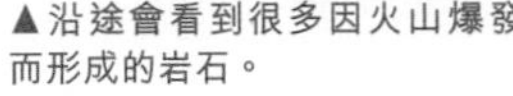

◀火山口。

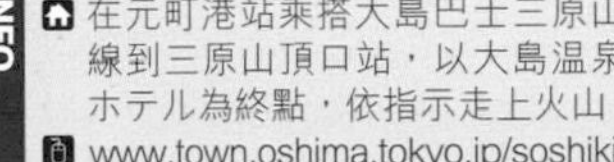

INFO
- 在元町港站乘搭大島巴士三原山線到三原山頂口站，以大島温泉ホテル為終點，依指示走上火山
- www.town.oshima.tokyo.jp/soshiki/kankou/mt-mihara.html

火山爆發而成的風景

千波地層切断面

MAPCODE® 786 105 790*25

地圖 P.376

從元町港乘巴士往波浮港途中，可以見到一座長達 1 公里、帶有橫紋的山，那是過去一萬多年間多次火山爆發而成的結果，十分壯觀。雖然巴士的班次較疏，但還是建議在該站下車，近距離觀察山的紋理，橫過馬路後還能看到海洋呢！

◀▼火山爆發令這裏成為獨特的風景。

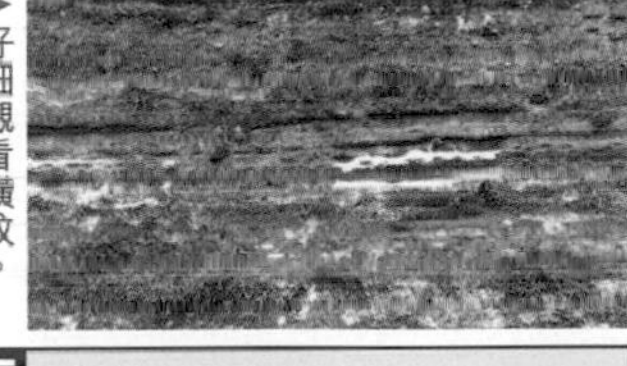

▶仔細觀看橫紋。

INFO
- 大島巴士波浮港線地層切断面站

眺望三原山的露天溫泉

大島温泉ホテル

MAPCODE® 786 318 017*71

泡湯

地圖 P.376

大島温泉ホテル提供溫泉設施，非住客都可使用，花費 ￥800(HK$56) 便可享用室內和室外兩個溫泉池。室外溫泉池能眺望三原山，很適合早上行山過後來放鬆一下。可是，這裏的餐廳不會提供午餐，肚餓的話只能使用自動販賣機買杯麵。

▲大島温泉ホテル。

INFO
- 東京都大島町泉津字木積場 3-5
- 大島巴士三原山線三原山温泉站
- 06:00-09:00、13:00-21:00
- www.oshima-onsen.co.jp/furo.html

昔日大島繁華地

地圖 P.376

波浮港

MAPCODE® 786 083 012*52

波浮港是一個避風港，山上、海岸都有人聚居，並以梯級（踊り子坂）連接各地。這裏曾是戰爭重地，也是昔日比較繁盛的區域，現在仍保留了一座舊住屋和旅館，以及不少戰爭遺跡。沿着波浮港散步，彷彿感受到昔日的繁榮至今尚未沒落。

▶波浮港。

INFO 大島巴士波浮港線波浮港站

俯望波浮港

地圖 P.376

波浮港見晴台

MAPCODE® 786 082 079*77

▶波浮港一覽無遺。

波浮港見晴台是一個十分細小的觀景台，位於巴士站旁，從這裏可以飽覽山下波浮港的全景，甚至看到日出。

◀巴士站指示了波浮港見晴台的方向。

INFO 大島巴士波浮港線波浮見晴台站

港口直送海鮮

地圖 P.376

港鮨

MAPCODE® 786 083 034*60

▲港鮨在人煙稀少的夜晚仍供應晚餐。

▲餐廳內部。

港鮨是波浮港內一間日式料理餐廳，除了提供港口新鮮直送的海鮮外，還有伊豆大島特產的料理「べっこうにぎり」和「伊勢海老の味噌汁」，前者看似壽司，其特色在於它的魚生用辣椒醬油醃製過，辣味融入了魚肉，吃的時候不用沾其他醬；而後者則是以大蝦煮成的味噌湯，蝦膏滲進了湯，加上美味的蝦肉，絕對是最高的享受。

▲伊勢海老の味噌汁，¥450(HK$32)。

◀べっこうにぎり，¥1,950(HK$115)。

INFO
- 東京都大島町波浮港 1
- 大島巴士波浮港線波浮港站
- 12:00-14:00、17:00-21:00
- 休 星期二
- 04992-4-0002

重現伊豆舞孃電影場景 地圖 P.376

踊り子の里資料館

MAPCODE® 786 083 005*33

踊り子の里資料館的前身為旧港屋旅館，是一幢 3 層建築，於 1912 年完工，當時有不少旅客和漁夫入住，成為了日本著名作家川端康成小説《伊豆の踊子 (伊豆舞孃)》敘述的場景。資料館重現了旅館昔日繁華的場景，也介紹了《伊豆の踊子》相關的資料，包括電影版本的劇照。

▲資料館的前身為旧港屋旅館。

▲資料館重現了昔日旅館繁盛的情景。

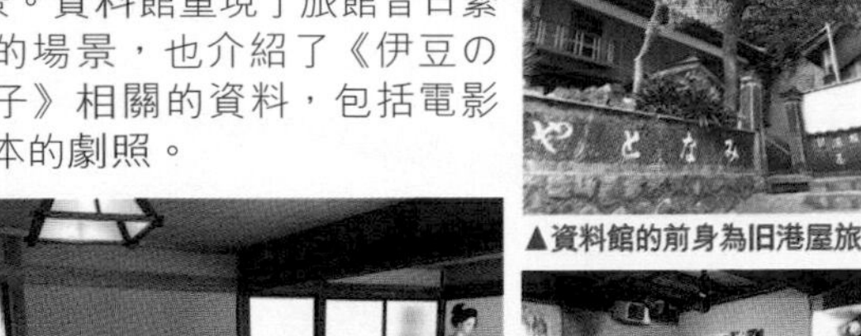

▲館內有《伊豆の踊子》劇照。

INFO
- 大島巴士波浮港線上の山站步行 10 分鐘
- 09:00-16:00
- 免費

豪華歷史建築 地圖 P.376

旧甚の丸邸

MAPCODE® 786 053 848*74

旧甚の丸邸是明治時期，漁業經營者居住的兩層房屋和倉庫。房屋的牆身是用石頭來搭建的，2 樓的柱和屋頂則用木材來建造。以當時來説，這樣的裝潢已算是豪華。

► 1 樓。

▲ 2 樓。

▲◄旧甚の丸邸外部。

INFO
- 大島巴士波浮港線上の山站步行 10 分鐘
- 09:00-16:00
- 免費

二戰戰場 地圖 P.376

龍王崎灯台鉄砲場

MAPCODE® 786 053 764*44

在江戶時代和第二次世界大戰期間，波浮港的龍王崎是其中一個戰場。因此，這裏有防空洞、彈藥庫、糧食庫和貯水槽等相關的戰爭遺跡。現在，鉄炮場已經成為了島上的公眾休憩場所，能看到太平洋，以及日落的景致。

◄鉄炮場入口。

►看太平洋和日落的位置。

◄戰場遺跡。

INFO
- 大島巴士波浮港線上の山站步行 15 分鐘

PART 5
東京都外

5.1 埼玉縣的「小江戶」川越

川越位於東京的東北部，埼玉縣中部，有「小江戶」之稱。川越在江戶時代到二戰前與東京關係十分密切，整個城市也發展起來，成為商業重要地區。川越得以保留過去的街道和建築，是因為這個城鎮最後沒有大規模開發。在車站附近的現代化大廈本身不算高和密。再多走5至10分鐘，猶如走進時光隧道，進入過去的大正時期，甚至是江戶時代。

在日本，有「小京都」之稱的地方有不少，但「小江戶」只有川越一個。如果你對東京的現代化不感興趣的話，不妨到遠一點的地區，例如川越，感受一下古日本吧！此外，離川越約2小時車程的鉄道博物館十分具規模，鐵道迷不容錯過！

適合遊覽的天氣及時間

選擇有陽光的日子去漫步吧！不過，大部分景點都在晚上前關閉，所以日落前就要離開啦！

建議遊覽需要時間

半天至一天的時間，因為你可能喜歡川越而放慢腳步。

• 前往川越的交通

有兩種交通方法：

▶▶▶ **1. 池袋出發**：於池袋站乘搭東武鐵道東上線急行列車，到川越市站下車，車程 30 分鐘，車費為 ¥490(HK$34)。

▶▶▶ **2. 新宿出發**：於西武新宿站乘搭西武鐵道新宿線急行，到終點本川越站，車程 57 分鐘，車費 ¥ 520(HK$36)。

• 川越區內交通

川越景點內範圍較小，一般來説走路都可以。但是，你也可以選擇「小江戶巡迴巴士」或「小江戶景點周遊巴士」。

▶▶▶ 1. 小江戶巡迴巴士 (小江戸巡回バス)

▲小江戶巡迴巴士復古車身。

循環線，駛經東武鐵道川越站、川越市站、西武鐵道本川越站、川越市蔵造老街、本丸御殿、喜多院等主要區域，再返回上述三個鐵路車站。

INFO
- 約 10:35-17:00，每小時 2 至 3 班
- 單程視乎距離而定，由 ¥100-200(HK$7-14) 不等（小童半價）；全日套票 ¥500(HK$36，小童半價）
- eaglebus.group/co-edo/

▶▶▶ 2. 小江戶景點周遊巴士 (小江戸名所めぐりバス)

由東武鐵道經營。巴士從川越站 3 號候車處開出，所途經的地點和小江戶巡迴巴士大同小異，星期六、日及公眾假期 9:40 至 11:45 從川越站乘搭此巴士線，於下站「喜多院前」下車，該程車資全免。

決定搭乘東武鐵道前往川越的，可考慮在池袋站購買 ¥1,110(HK$65)「小江戸川越クーポン」，包括池袋與川越東武東上線來回，以及「小江戶景點周遊巴士」一天票，比分開購買便宜 ¥230(HK$16)。(詳情：www.tobu.co.jp/odekake/ticket/kawagoe/koedo.html)

INFO
- 星期一至五1小時平均1班；星期六、日及公眾假期與巡迴巴士相若
- 只有一天套票選擇(沒有單程收費)，¥400(HK$21)
- www.tobu-bus.com/pc/area/koedo.html

▶▶▶ 3. 單車自助租借系統

▲自助單車站。

川越區內單車自助租借設施分佈在不同地方，可在網站查閱租借或歸還的車站位置，而操作也十分簡單，下載手機 app 註冊會員後，在有 HELLO CYCLING 標誌的單車車站，登錄 IC 卡，輸入 PIN 碼解鎖單車，就可使用。

INFO
- 每15分鐘¥200(HK$12)，12小時¥4,000(HK$235)
- www.hellocycling.jp

川越景點地圖

N

川越氷川神社 (P.390)
喜多町
小江戸茶屋 (P.388)
川越市立博物館 (P.389)
菓子屋横丁 (P.388)
高澤通り
田中屋 (P.386)
松陸製菓 (P.388)
Starbucks 川越鐘つき通り店 (P.386)
川越城本丸御殿 (P.389)
川越市蔵造り資料館 (P.387)
よしおかＹＡ (P.388)
鐘楼 (P.386)
菓匠右門 (P.386)
郭町
末広町
大手町
三久保町
川越市蔵造老街 (P.387)

圖例
食肆　景點
購物　學校
Cafe
西武鐵道車站
東武鐵道車站
川越市蔵造老街

大正浪漫夢通り (P.385)
久保町
連雀町
三光町
小仙波町
六軒町
喜多院 (P.390)
仙波東照宮 (P.391)
小江戸蔵里 (P.387)
西小仙波町
中院 (P.391)
本川越
川越市
新富町
中原町
100 米

保留大正年間的建築

地図 P.385

大正浪漫夢通り

MAPCODE® 14 013 012*66

離開車站不遠處，就是大正浪漫夢街道。「大正」即大正年代，是大正天皇在位期間使用的年號：1912 年至 1926 年之間。在這條商店街，你能看到一些大正年代流行的歐洲式風格建築，也可見到由江戸時代經營至今的老店。

INFO

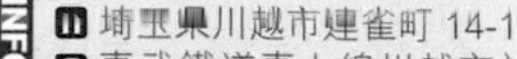

埼玉県川越市連雀町 14-1

東武鐵道東上線川越市站，步行約 20 分鐘；或西武鐵道新宿線本川越站，步行 15 分鐘

www.koedo.com

▲商店街有部分建築是大正年間流行的風格。

川越的地標

鐘樓(時の鐘)

MAPCODE® 14 013 371*33

地圖 P.385

鐘樓可謂是「小江戶」川越的標誌，於江戶時代已經建成，有傳是當時的藩主興建。鐘樓曾被數次燒毀和重建，現在保留的是 1894 年的模樣，但被換上機械零件的鐘，每天 4 次(早上 6 時、中午 12 時、下午 3 時和 6 時)發出聲響，被日本政府部門環境省選為 100 個可以聽到美妙聲音的地方之一。鐘樓下面有個出入口進出小神社。

▲鐘樓為川越的重要象徵。

▲鐘樓後面的小神社。

INFO
- 埼玉県川越市幸町 15-7
- bit.ly/3PcC5xh

鐘樓旁的美食

田中屋

MAPCODE® 14 013 401*77

地圖 P.385

看過鐘樓後不要立即離開！你嗅到香味嗎？對了，是來自旁邊的田中屋。由老店主親手製作的燒糰子(焼きだんご)，一串 4 粒只要 ¥80(HK$4)。對！看到店主燒得熱烘烘、香噴噴、用心製作的糰子，味道當然有保證。下次有機會再到川越，應該會繼續支持他！

▲田中屋外沒有特別的佈置和宣傳，如果你有留心的話，只看到右邊有「一本六十円」的字眼。

◀筆者買了兩串きだんご，十分不錯，好吃！

INFO
- 埼玉県川越市幸町 15-9
- 10:30-14:00
- 休 星期一(如遇假期則順延至翌日)

熱烘烘的川越土產

菓匠右門

MAPCODE® 14 013 402*60

地圖 P.385

◀新鮮即製的いも恋。

▲右門標誌。

菓匠右門在田中屋的右邊，最有名的是點心「いも恋」(Imokoi)，外面的麵粉是山芋，而餡料有兩層：上層為有機甜紅豆餡，下層為甜薯仔餡。只要 ¥180(HK$13)，你便可嚐到一個即製熱烘烘的「いも恋」了，甜度也恰到好處。

▶拿在手上的いも恋，在冬天時應該很暖，初夏時有點燙了，要待一會才可吃。

INFO
- 埼玉県川越市幸町 15-13
- 10:00-18:00
- 休 年尾年初
- imokoi.com

16 間「蔵造」文化遺產
川越市蔵造老街

必到

地圖 P.385

川越市的老建築稱為「蔵造」，最早的蔵造可追溯至 1792 年，而川越一度有超過 200 座同類型的建築物，從高空便可望到蔵造屋林立的景象。由於 1893 年的大火，加上 1923 年的關東大地震，這類建築物所餘無幾，現今只餘下不多於 30 間。為了保留並傳揚這種建築風格，政府在 1982 年決定把其中 16 間列為文化遺產。這些建築物都集中在大街上，也稱為蔵造老街。

▲這條街有很多蔵造房屋。

INFO
www.kawagoe-yell.com/category/sightseeing/kuradukuri-matinami

川越市蔵造り資料館

地圖 P.385

MAPCODE® 14 013 399*33

川越市蔵造り資料館是 1893 年川越大火後首批重建成的蔵造屋之一，由煙草批發商小山文造所擁有。除了可以參觀蔵造的內部裝潢外，你也可以看到一些當時的消防設備及用具。**目前休館中。**

▲一樓展示昔日消防裝備。

▲二樓榻榻米房間。

▲川越市蔵造り資料館於 1893 年建造。

INFO
埼玉県川越市幸町 7-9
www.kawagoe.com/kzs/

舊建築活化的食肆和市場
小江戸蔵里

地圖 P.385

MAPCODE® 5 883 491*44

這裏有一個由舊建築鏡山酒造工廠活化而成的物產館，裏面有市場和餐廳。筆者在おみやげ処明治蔵的 Kura Cafe 點了「角煮うどん」(¥800，HK$57)，內有豬肉、菜，湯底略甜。

▲小江戸蔵里由鏡山酒造工廠改建而成。裏面有市集和餐廳。

▲角煮うどん，¥ 800(HK$57)。

INFO
埼玉県川越市新富町 1-10-1
おみやげ処明治蔵 10:00-18:00(7 月 -10 月 11:00-19:00)，まかない処大正蔵 11:00-15:00、17:00-22:00(星期六、日及公眾假期 11:00-19:00)，ききざけ処昭和蔵 11:00-19:00
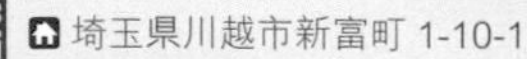
www.machikawa.co.jp

零食手信點心集中地

菓子屋橫丁

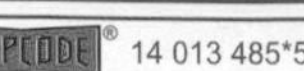

推介

地圖 P.385

◀菓子屋橫丁是售賣零食的街道。

這條街道早在江戶時代已經開始售賣零食，銷售對象為當時的江戶居民，但因為關東大地震，於昭和時期開始取代東京成為生產零食的重地，全盛時期有超過70家。今時今日，這個傳統仍然維持。現在橫丁約有20間商店，為其中一個旅遊點，買手信和小吃還是可以吃個飽！

よしおかYA

這家店鋪賣的零食種類不少，例如「黒ごまスイートポテトケーキ」(黑芝麻蛋糕，￥500，HK$36)、「紫芋まんじゅう」(紫芋頭點心，￥600，HK$43)。

INFO
- 埼玉県川越市元町 2-11-4
- 10:00-16:30
- 休 星期一

松陸製菓

受歡迎手信：「紫いも饅頭」，一盒10個￥600(HK$43)。

INFO
- 埼玉県川越市元町 2-11-6
- 09:00-19:00
- 休 星期一

沉浸咖啡香氣和悠遠鐘聲

地圖 P.385

Starbucks 川越鐘つき通り店

在川越鐘つき通り上的星巴克咖啡，店內外裝潢亦遵循該街道的傳統風貌，設計為純日式風格，外在以雪松木配以鋼架搭建成京町家的模樣，內裡是寬敞明亮的日式木系風格，木製座位織布則以川越唐栈製作。店後方還有一個和風花園和露台座位，讓來客充分感受到和洋融合的風情。

◀Starbucks 限定咖啡杯。

◀室內是日式木系風格。

INFO
- 埼玉縣川越市幸町 15-18
- 西武新宿線 本川越站下車，步行約 19 分鐘，東武東上線 川越市站下車，步行約 23 分鐘
- 08:00-20:00　休 不定期
- 049-228-5600　bit.ly/46B0BP0

▲ Starbucks 彷彿穿越時空融入日本歷史中。

(撰文：HEI，攝影：蘇飛)

川越的民族特色 地圖 P.385

川越市立博物館

MAPCODE® 14 014 641*88

博物館令遊客更全面了解更多川越的文化和歷史，其永久展覽涵蓋這個城市的遠古、武士、江戶，以及近代發展，還有其民俗特色。

INFO
- 埼玉県川越市郭町 2-30-1
- 09:00-17:00(最後入場時間 16:30)
- 星期一(如遇假日則順延翌日)、12 月 29 日至 1 月 3 日、每月第 4 個星期五，個別休館日請參考官網
- 成人 ￥200(HK$14)、大學生和高中生 ￥100(HK$7)
- bit.ly/3sy4Xa7

▶川越市立博物館以傳統建築為造型。

埼玉縣指定文化遺產 地圖 P.385

川越城本丸御殿

MAPCODE® 14 014 490*17

川越也有自己防禦外敵的城堡，叫川越城，是太田道真和道灌父子於 1457 年下令建成的。城堡曾於 1639 年大幅擴張和維修，全盛時期總面積達 326,000 平方米。到了明治維新時期，政府下令拆除川越城，只保留城主居住地本丸御殿很少部分，御殿之後曾作煙草工場、武道場以及校舍。1967 年以後，御殿才成為埼玉縣指定的文化遺產，並開放給公眾參觀。

▲本丸御殿外貌。

▲作為城主居所，環境會比較清幽一點。訪客可以坐下來慢慢欣賞風景。

◀小庭園。

◀房間內放了人物模型以重現當時面貌。

INFO
- 埼玉県川越市郭町 2-13-1
- 09:00-17:00(最後入場時間為 16:30)
- 星期一、12 月 28 日至 1 月 4 日、每月第 4 個星期五
- 成人 ￥100(HK$7)，大學生和高中生 ￥50(HK$4)
- bit.ly/3Evpmjb

構圖技巧之一：失焦

一般來說，拍照時需要小心對焦，並在拍攝後放大相片以確保主體清楚。不過，如果每次都這樣做，那麼攝影就變得沒趣了。以上圖來說，其實筆者可以把焦點放在最遠的燈，作為主體。不過，筆者決定找最近的牆身位置來對焦。筆者希望讀者先不要走那麼遠，和筆者站在差不多的位置，想像如果向前走的話，大概的模樣會是如何。

求姻緣

川越氷川神社

MAPCODE® 14 014 812*36

地圖 P.385

在埼玉縣有過百間氷川神社，在川越這一間以祈求緣份和家庭為主，相傳有超過一千年的歷史。每天早上 7 時正都開售「姻緣石」，一天只有 20 個，通常一大清早便售罄了。有些新人都會在那裏舉行結婚儀式。

▲神社的鳥居入口。

◀結婚儀式。

INFO
- 埼玉県川越市宮下町 2-11-3
- www.kawagoehikawa.jp

藏五百多尊羅漢的日本歷史及文化財佛寺

喜多院

MAPCODE® 5 884 631*14

地圖 P.385

▲喜多院內的本堂：慈惠堂。

喜多院是一間佛寺，建於 830 年，並得到德川家康的支持，成為川越重要的寺院。寺院供奉能為大眾解決厄運、帶來好運的「川越大師」，受到不少善信歡迎。如今喜多院已成為日本歷史及文化財產之一。你可以購票進入寺院內參觀，內有 500 多尊「五百羅漢」，甚為壯觀，可惜不能拍照。

◀多寶塔。

INFO
- 埼玉県川越市小仙波町 1-20-1
- (室內)3 月 1 日至 11 月 23 日 09:00-16:30(星期日及公眾假期 09:0016:50)；11 月 24 日至 2 月 28 或 29 日 09:00-16:00 (星期日及公眾假期 09:00-16:20)
- 休 (室內)12月 19 日至1月 15 日、2 月 2 日至 3 日、4 月 2 日至 5 日、4 月下旬、5 月下旬、8 月 16 日
- 成人 ¥400(HK$29)，小學生和中學生 ¥200(HK$14)
- www.kawagoe.com/kita in/

日本第 3 大供奉德川家康的東照宮

地圖 P.385

仙波東照宮

MAPCODE® 5 884 513*47

日本有很多間東照宮，川越的這一個是全日本第 3 大。所有東照宮都是為了供奉德川家康而興建，而德川家康逝世後，先在喜多院南面進行為期 4 天的法事，然後在該地興建仙波東照宮。德川家康的遺體其後運送到日光，興建最大的陵寢。

現時，仙波東照宮只能在外面觀看，內部沒有對外開放。

◀仙波東照宮外部。

INFO
埼玉県川越市小仙波町 1-21

放鬆心情地漫步賞花

地圖 P.385

中院

MAPCODE® 5 884 366*17

賞楓 賞櫻

1,200 年前，慈覺大師圓仁創立了中院，裏面有小花園，花開盛放、綠意盎然，尤其是春天的櫻花與秋天的紅葉，其餘時間也很適合漫步和攝影。不論你有否信仰，身在這個寧靜環境，望到花草都感到精神為之一振。

▲中院內盛放的花。

◀佛像。

◀在幽靜的環境中，總是感到放鬆！

INFO
埼玉県川越市小仙波町 5-15-1
www.nakain.com

構圖技巧之一：門口

拍攝風景的方法有很多種，其中可以在入口處拍攝時，連門口一併攝入鏡頭。有時筆者選擇這樣的構圖方式，是因為門的意義在於區分了內外兩個截然不同的世界。相中那趟門很重要，幫助讀者定位在「門外」空間，想像甚至期待門內的環境。

地圖 P.392

聯繫全國的頂尖鐵路

鉄道博物館

MAPCODE® 14 029 166*82

親子

日本有很多鐵路博物館，但規模最大也最具代表性的，非這一家莫屬！鉄道博物館原本位於秋葉原，其後遷往埼玉縣大宮。雖然遠離東京 23 區，但館面積更大，展品內容更豐富，因此非常受遊客歡迎。

這家鉄道博物館介紹的正是全日本最大的鐵路系統：JR。它遍及全日本大部分地區 (沖繩除外)，80 年代前曾是國家擁有的鐵路 (舊稱「國鐵」或 JNR，Japan National Railway)。即使不是百分百鐵道迷，在這裏也能找到引起你對鐵路興趣的珍貴內容！

入口前的漫遊區

◀門外展示着實物原大的火車頭！

◀鉄道博物館入口。

▶地面以列車時間表作點綴。

◀連接鉄道博物館和 JR 大宮站的 New Shuttle 列車。

鉄道博物館位置地圖

INFO

- 埼玉県ちいたま市大宮区大成町 3-47
- 從上野或東京站乘坐 JR 高崎線任何列車到大宮站，轉乘 New Shuttle 於鉄道博物館站下車，依指示前往即可。從東京站出發車程約 30 分鐘，從上野站出發約 45 分鐘。JR 車費￥470(HK$34)，New Shuttle 為￥190(HK$14)。
- 成人￥1,600(HK$94)，小學生、中學生及高中生￥600 (HK$35)，3 歲或以上小童￥300(HK$18)
- 10:00-17:00(最後入館時間 16:30)
- 星期二、年尾年初
- www.railway-museum.jp

造訪鉄道博物館的 5 大理由！

一、從鐵路了解日本！

館內 2 樓有一幅全長 75 米的歷史年表，顯示由 19 世紀明治時期開始至今的鐵路發展，更特設新幹線列車展示室。透過展示 1964 年啟用的第一代新幹線列車（香港俗稱的「子彈火車」）實物，可深入了解鐵路系統的研發及興建過程，更可從珍貴照片中認識當時日本的社會發展和建設，帶出 1950 至 60 年代經濟高速發展時期、民眾生活質素逐步得到改善（如建設公共房屋及開放國民自由出入境旅遊）的重要印記。

►車廂內部。

►第一代新幹線！香港人喜歡稱它為「子彈火車」。

二、登上 36 卡已退役列車！

在 1 樓歷史區收藏了 36 卡已退役列車，當中包括一般列車、往其他縣市的快速列車等。除了可在外面觀賞拍照，更可進入車廂試坐，體驗昔日的乘車環境！此外，室外範圍有公園遊樂設施，設小型列車和路軌，讓小朋友可一嘗當鐵道員的滋味。

▲已退役的列車群。

▲中央線舊列車車廂。

◄蒸汽火車。

◄重現昔日鐵路人員維修列車的情況。

▲已退役的列車群。

▲用不同類型的列車設計成遊樂設施，很有心思。

三、看轉車台實物示範，了解鐵路運作原理！

除了透過歷史角度讓訪客了解鐵路發展，館內亦有介紹相關的科學原理，讓訪客明白科學的進步如何讓鐵路運輸成為可能。在 1 樓中央位置設置了可以運作的轉車台(転車台)，列車在此轉盤上可被轉到適當的停泊位置。每天的 12:00、15:00 都會示範運作轉盤，每次約 10 分鐘。

▲展示室介紹列車運作原理。

▲每天 12:00 及 15:00 會示範運作轉車台。

四、品嚐自動加熱的火車便當！

▲便當店鋪。

如果你未曾乘搭跨縣市的長途高速列車，除了可在館內的展示列車感受一下，也建議你到鐵道廣場買一個鐵路便當，然後帶上午餐列車吃。在便當店，你可找到多款火車便當，如牛肉便當、國產牛漢堡便當，當中有些更是以新幹線造型的飯盒盛載。買完後，依指示拔出黃繩，便當便會自動加熱，不需依賴微波爐，5 至 10 分鐘後便可以吃熱烘烘的美食！

▲買完後，可登上室外的這午餐列車上品嚐。

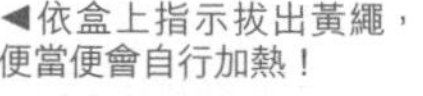
◀依盒上指示拔出黃繩，便當便會自行加熱！

▶加熱原理是盒內有個發熱包，熱空氣會上升令食物增加溫度。

▲有多種鐵路便當選擇。

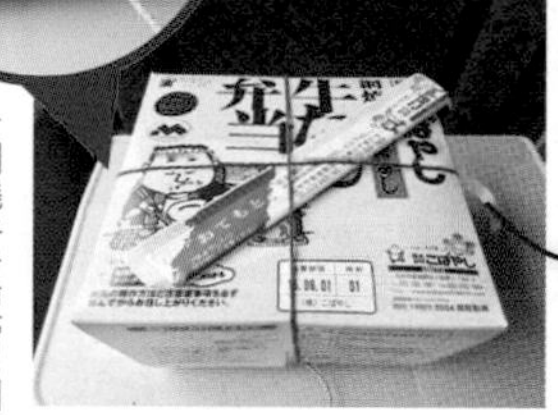
▶網燒牛舌便當(網焼き牛たん弁当，¥1,300 - HK$76)。

▲可以吃了！

五、近距離看列車高速行駛！

博物館頂樓的室外觀望台靠近列車路軌，所以可近距離觀看 New Shuttle 或其他列車，如新幹線及 JR 在路軌上奔馳。樓層會展示列車時間表，讓訪客掌握當天何時有甚麼樣的列車駛過，以便近距離拍到特別列車！

▲看到新幹線列車了！

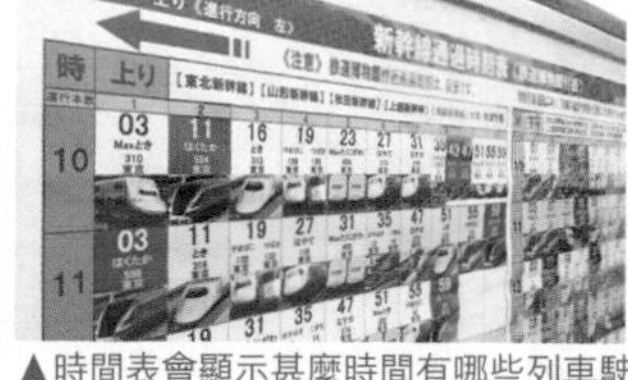
▲時間表會顯示甚麼時間有哪些列車駛經路軌。

▲頂樓的室外範圍。

5.2 長野縣的避暑勝地

軽井沢

軽井沢離東京約 150 公里，位於東京西北面，屬於長野縣的一部分。由於它處於海拔 1,000 米高，溫度比市面低約 6 度左右，所以夏天不太熱。而它之所以能成為避暑勝地，是 19 世紀末加拿大傳教士 Alexander Croft Shaw 的發現，並推而廣之，再加上大集團如西武、星野投資渡假及旅遊項目所致。不少名人如天皇、約翰連儂都曾到訪。

到軽井沢，請細心享受這裏的大自然環境，留意這裏翠綠的樹木、清新的空氣。可以的話，不妨租一輛單車四處遊。

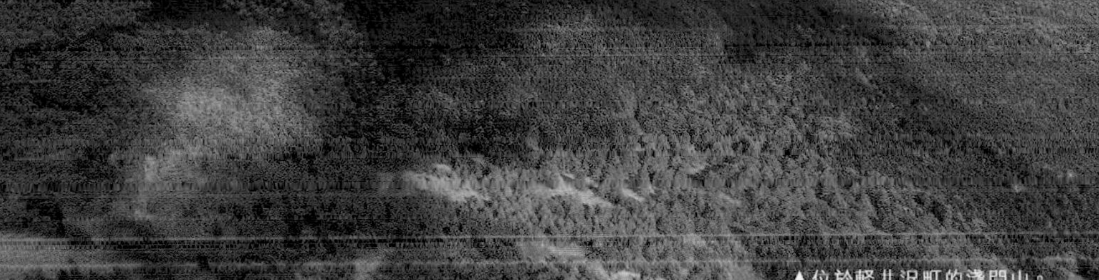

▲位於軽井沢町的淺間山。
(相片由軽井沢観光協会提供)

• 適合遊覽的季節

以最熱的 7、8 月為例，軽井沢日間氣溫大約攝氏 25 度，晚間則為攝氏 15 度至 16 度(東京為攝氏 25 度至 35 度)，穿春季或秋季服裝最適合不過。到了其他季節，其溫度可以跌到零度以下，部分博物館會在 1 至 2 月關閉，但可以滑雪，參與聖誕節活動。所以，不同季節有不同的面貌。雖然夏天氣候比較宜人，但其他季節也有它們的精彩！

• 建議遊覽需要時間

軽井沢有一些美術館和自然風景，想慢慢看的話，又考慮購買 JR 東京廣域周遊券 (P.66) 的話，逗留 2 至 3 天會比較適合。

前往軽井沢的交通

1. 車程最快！北陸新幹線

由東京乘搭北陸新幹線到軽井沢站，每天 11 班，車程約 1 小時 10 分鐘，中間途經上野和大宮。單程車費連附加費為 ￥5,820(HK$342)。

JR 推出了東京廣域周遊券，只要 ￥15,000(HK$882)，可連續 3 天無限次乘搭新幹線及普通列車。

2. 最便宜！巴士

若覺得新幹線票價太高，可搭乘巴士。

班次最多！西武高速巴士

於 JR 池袋站東口乘搭高速巴士到軽井沢站，每天開 7 班，車程約 3 小時。

INFO
池袋站東口出發：
07:15、08:10、09:10、11:10、14:50、19:10
軽井沢站出發：
08:00、10:00、12:45、15:00、16:02、18:00
(尾班車終點站延至新宿站西口)
單程 ￥2,900(HK$171)，來回 ￥5,800(HK$341)
www.seibubus.co.jp/kousoku/line/line_chikuma.html#

軽井沢區內交通

1. 巴士

軽井沢町內有數條巴士路線，不過班次比較疏，每天不過 10 班，且不一定全年運作。

町内循環バス (東・南廻り線)：

由軽井沢站出發，所到景點包括旧軽井沢銀座通り、聖パウロ教会、旧三笠ホテル、雲場池、塩沢湖、絵本の森美術館、エルツおもちゃ博物館。

INFO
班次：每天 6 至 7 班。(全年運作)
成人 ￥100(HK$6)，兒童 ￥50(HK$3)
www.town.karuizawa.lg.jp/www/contents/1001000000599/index.html

2. 單車

軽井沢的平路較多，十分適合踏單車。軽井沢站附近有些單車店，各間收費不同，離站愈遠，價錢愈便宜，貴的可以超過 ￥1,000(HK$71)，便宜的聽說 ￥400-500(HK$29-36) 都可以，所以要先格價。此外，不同單車店有不同的還車時間，有些需要下午 5 時退還，有些晚上 11 時都可以。有些民宿會與單車店合作，向住客提供租借折扣及住宿還車服務，詳情可向有關民宿查詢。

軽井沢景點地圖

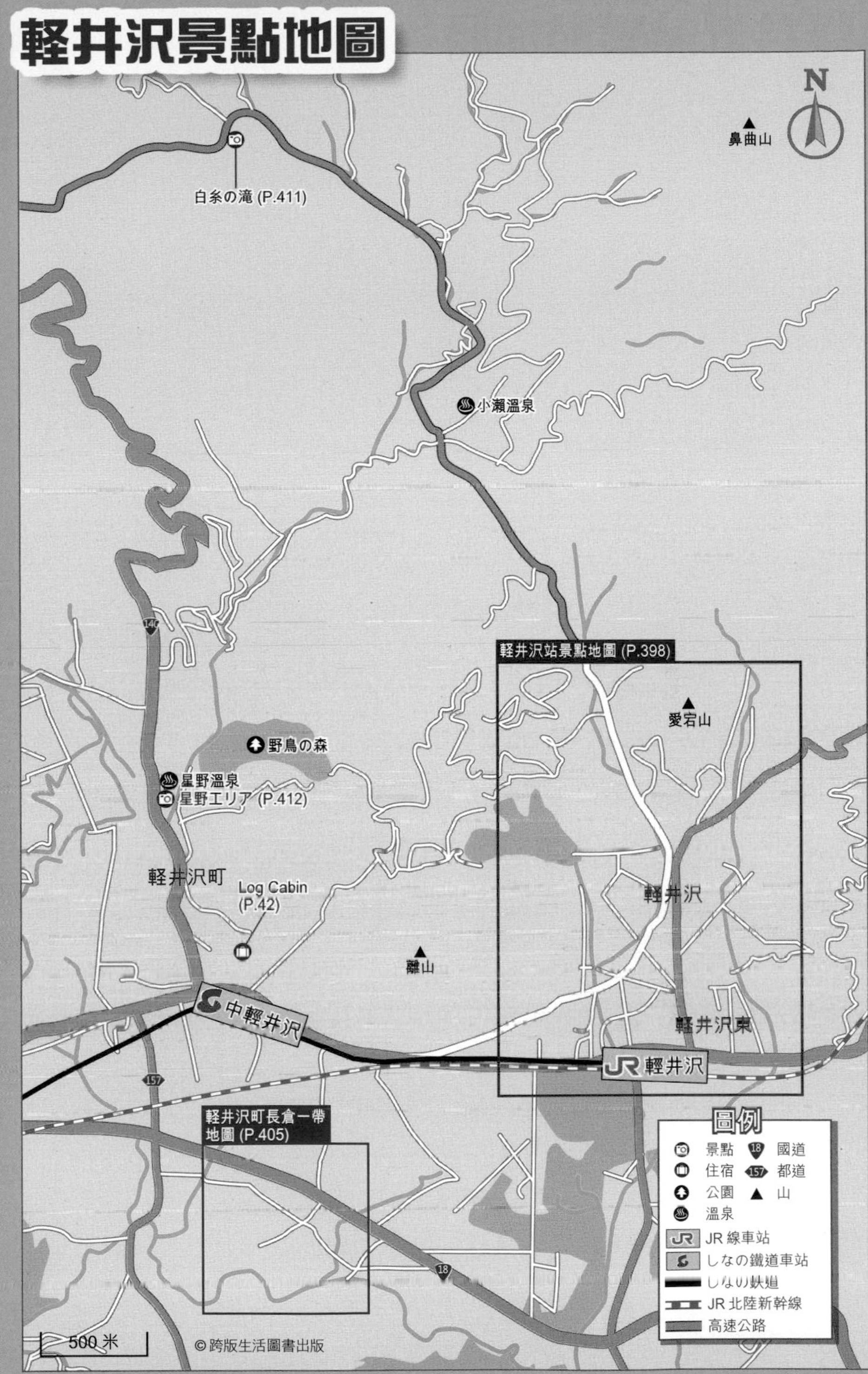
N
鼻曲山
白糸の滝 (P.411)
小瀬溫泉
140
野鳥の森
星野溫泉
星野エリア (P.412)
軽井沢町
Log Cabin
(P.42)
離山
軽井沢站景點地圖 (P.398)
愛宕山
軽井沢
軽井沢東
中軽井沢
JR 軽井沢
157
軽井沢町長倉一帶
地圖 (P.405)
18
500 米
© 跨版生活圖書出版
圖例
景點
國道
住宿
都道
公園
山
溫泉
JR 線車站
しなの鐵道車站
しなの鉄道
JR 北陸新幹線
高速公路

軽井沢站景點地圖

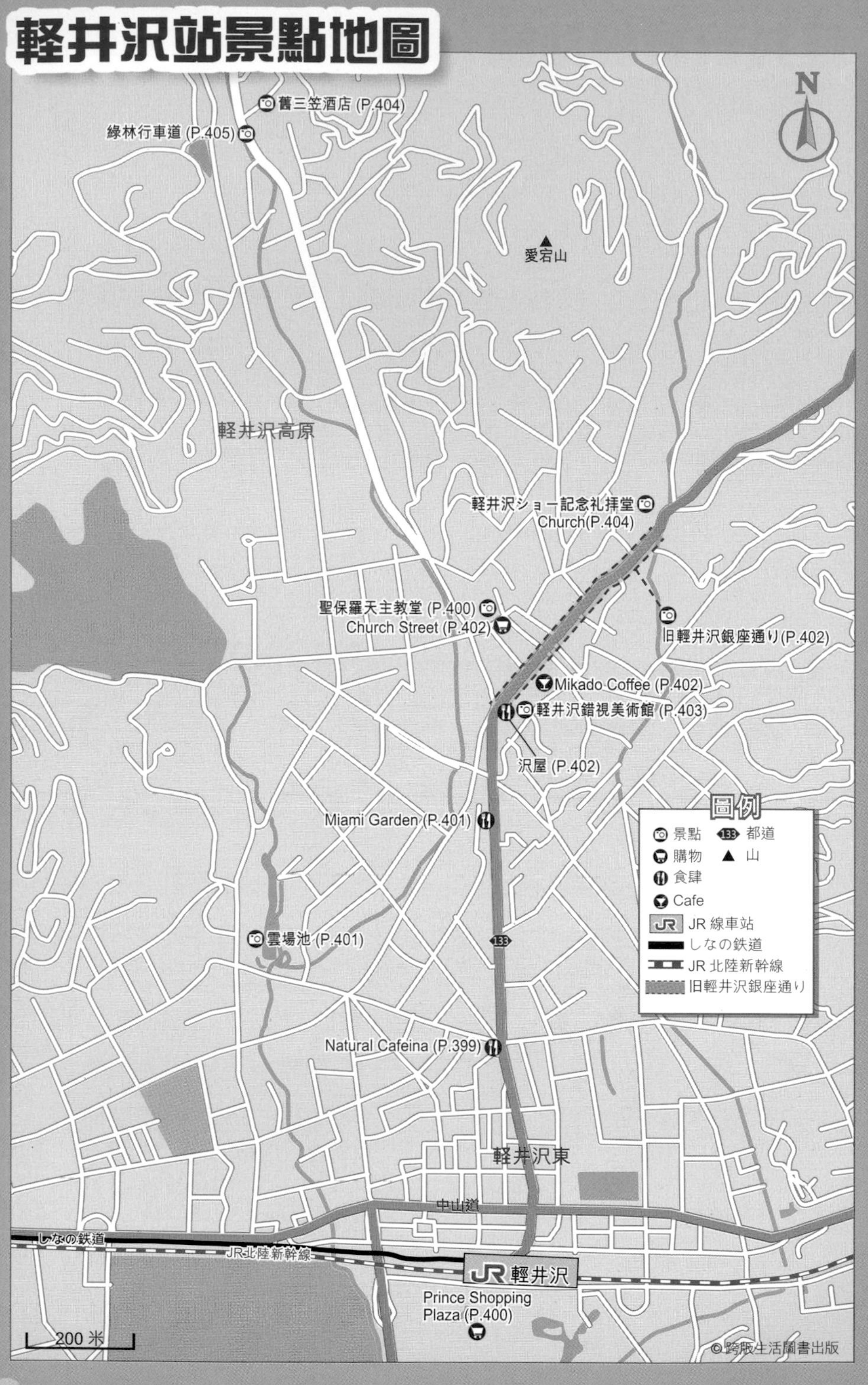

N
舊三笠酒店 (P.404)
綠林行車道 (P.405)
愛宕山
軽井沢高原
軽井沢ショー記念礼拝堂
Church(P.404)
聖保羅天主教堂 (P.400)
Church Street (P.402)
旧軽井沢銀座通り(P.402)
Mikado Coffee (P.402)
軽井沢錯視美術館 (P.403)
沢屋 (P.402)
Miami Garden (P.401)
雲場池 (P.401)
133
Natural Cafeina (P.399)
軽井沢東
中山道
しなの鉄道
JR北陸新幹線
JR 軽井沢
Prince Shopping
Plaza (P.400)
200 米
圖例
景點
都道
購物
山
食肆
Cafe
JR 線車站
しなの鉄道
JR 北陸新幹線
旧軽井沢銀座通り

品嚐地道新鮮食材、巴西美食

地圖 P.398

Natural Cafeina

MAPCODE® 292 646 374*30

以提供巴西菜為主的餐廳 Natural Cafeina，其食材均來自軽井沢所屬的長野縣(信州)，所以十分新鮮。不妨來試試這裏的午餐套餐，例如巴西菜豆子燉肉(Feijoada)和巴西海鮮，並品嚐地道新鮮蔬菜。吃飽後，不要那麼快離開，取一兩本書閱讀一下，給時間消化這麼美味的食物。值得一提的是，餐廳外有間香煙店，經營者正是店主的爸爸！他們兩個雖從事不同行業，卻可以隨時相見啊！

▲店主向筆者展示新鮮食材。

▲留意 Natural Cafeina 的標誌，與巴西國旗的形狀是有點相似。

▲圖為巴西國菜：豆子燉肉 (Feijoada，フェイジョアーダ，¥2,960，HK$174)，將黑豆和豬肉一起燉煮，煮出了美味的黑豆汁。

▶吃豆子燉肉時，需搭配 Farofa 調味粉來吃，才能帶出肉味。

▲另一道是巴西海鮮 (Moqueca，ムケカ，¥2,960，HK$174)：鮮魚、番茄和椰奶醬熬煮而成。

INFO

- 長野県北佐久郡軽井沢町軽井沢東 25
- JR 軽井沢站北口步行 8 分鐘
- 07:00-17:00(依季節有所不同)
- 休 星期三
- www.natural-cafeina.com

浪漫婚禮教堂 地圖 P.398

聖保羅天主教堂(聖パウロカトリック教会)

MAPCODE® 292 676 704*25

這間教堂於 1935 年興建，由一位英國神父設立，建築師為捷克出生美籍 Antonin Raymond，作品更榮獲建築獎項。在教堂外有時會見到新人結婚。如教堂內不是在進行結婚儀式和彌撒，任何人都可以入內參觀。

▲就在銀座通附近。

◀教堂旁美麗的紅葉景色。(相片由軽井沢観光協会提供)

INFO
- 長野県北佐久郡軽井沢町軽井沢 179
- 町内循環バス(東・南廻り線)旧軽井沢站步行 6 分鐘
- 07:00-18:00(冬天會視日落時間提早關門)

軽井沢最大的購物區 地圖 P.398

Prince Shopping Plaza

MAPCODE® 292 616 567*88

JR 軽井沢站附近的 Prince Shopping Plaza，是軽井沢最大型的購物區，也是一個特賣場，內有逾 240 間商店及食店。你可以在離開軽井沢前，把行李放在車站或購物區內的投幣式儲物櫃，然後盡情購物。

▲商場空間。

▲部分商店在室外。

◀ 在 Prince Shopping Plaza 裏的湖泊附近本來種了不少樹木，大霧下卻只看到一兩棵，而且只看到輪廓，像是電影的場景。

INFO
- 長野県北佐久郡軽井沢町軽井沢
- JR 軽井沢站南口
- 購物 10:00-19:00，請留意網頁公佈
- www.karuizawa-psp.jp

軽井沢霧之美

軽井沢處於海拔 1,000 米上，較接近雲層，有時突然遇到大霧，看不到附近的景象。但是，筆者看到這種大霧所帶來的美。

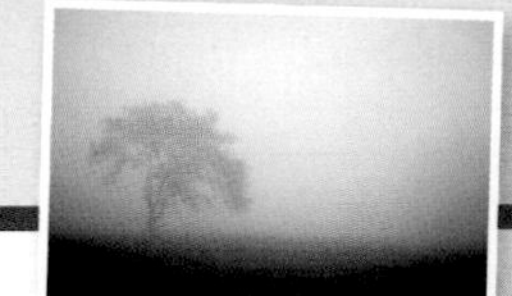

賞楓極美

地圖 P.398

雲場池

MAPCODE® 292 645 677*77

賞楓

雲場池又名天鵝池，一個被樹林所包圍的湖。天皇來軽井沢時，都會來這裏。湖面比較平靜，反映了樹林在不同季節裏的顏色，相信在秋天紅葉盛放時，紅黃色的倒影有另一番的美。傳説雲場池的出現，是一位巨人的腳踏在地上而成。你可以沿着湖而步行，繞一個圈來慢慢欣賞這個湖的景致。

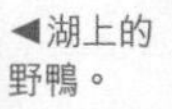

◄湖上的野鴨。

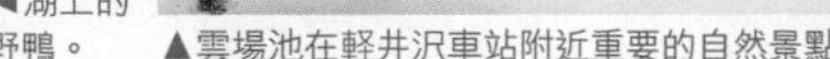

▲雲場池在軽井沢車站附近重要的自然景點。

►在秋天時，若站在池邊以長曝光拍攝的話，會拍到美麗的星空和楓葉。(相片由軽井沢観光協会提供)

INFO

- 町内循環バス(東・南廻り線)六本辻 • 雲場池站，下車後步行4分鐘

吃意大利菜

地圖 P.398

Miami Garden

MAPCODE® 292 676 103*11

在充滿外國風情的軽井沢裏，吃西餐是不錯的選擇。位於軽井沢本通り的意大利餐廳 Miami Garden 提供味道和賣相都有水準的薄餅 (薄批)、意粉、甜品和酒。餐廳2樓劃分一部分為觀景位置，吃飽後拿飲品看看風景也不錯。每張餐廳枱上的菜單都是日英對照的。

► 香噴噴的香腸煙肉薄餅(ソーセージとミートのピザ，¥1,180，HK$84)。

◄內有蝦和蜆的意粉，食材新鮮，意粉鮮味沒有被醬汁掩蓋(ボンゴレビアンゴ，¥1,100，HK$64)。

▼Miami Garden 是意大利菜餐廳，菜式富有水準。

雖然這間餐廳規定晚上10時為最後點單時間，但如果要10時後前來，老闆説可以事先通知他。另外，他也向客人提供返回住宿的接載服務。所以，不用擔心在軽井沢太晚回家不方便的問題啊！

INFO

- 長野県北佐久郡軽井沢町大字軽井沢 484-8
- JR 軽井沢站北口步行 16 分鐘，町内循環バス(東・南廻り線)中部電力前站
- 11:00-23:00(最後點單時間 22:00)
- 0267-42-1681
- miami-garden.jp

軽井沢購物區

旧軽井沢銀座通り

地圖 P.398

MAPCODE® 292 676 464*74

銀座商店街為軽井沢的主要購物區，短短的街道上有商店售賣雜貨、小吃、零食、特產等，還有一間錯覺美術館。街道附近有兩座富歐陸風情的教堂，在購物時不妨參觀一下。

◀旧軽井沢銀座通是一條購物街道。

INFO
- 長野県北佐久郡軽井沢町軽井沢 878

以下特選商店街的店鋪：

沢屋 (SAWAYA JAM)

地圖 P.398

◀軽井沢地道果醬，有關果醬工場的介紹，詳見 P.408。

INFO
- 軽井沢町軽井沢 811-2
- 09:15-18:00（夏季延長營業時間）
- www.sawaya-jam.com

Church Street

地圖 P.398

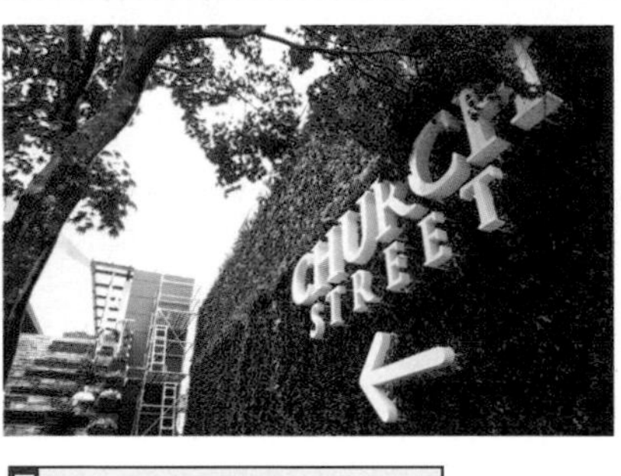

◀內有 26 間商店的大型購物街。

INFO
- 軽井沢町軽井沢 601-1
- 10:00-18:00(餐廳至 20:30)
- www.churchst.jp

Mikado Coffee

地圖 P.398

Mikado Coffee 創於 1948 年的東京日本橋，而輕井澤分店則是在 1952 年開業，至今已有 70 多年歷史，是日本頗有人氣的咖啡店。Mikado Coffee 的咖啡固然是不錯，但來到當然要嚐嚐菜單人氣 No.1 的「モカソフト」摩卡軟雪糕！另外也可以購買店內的咖啡豆當手信。

◀店家招牌是摩卡口味雪糕。
（攝影：沙發衝浪客）

INFO
- 軽井沢町大字軽井沢旧軽井沢 786-2
- 11:00- 16:30
- mikado-coffee.com

（撰文：HEI）

錯覺藝術館

軽井沢錯視美術館

MAPCODE® 292 676 435*47

地圖 P.398

親子

軽井沢錯視美術館是一間以錯覺為主題的藝術館，這類藝術館在東京台場都有 (P.203)。美術館內可攝影，而且需要參與才感受到觀賞的樂趣。3 樓是畫展，有些畫看起來十分立體，有些在不同角度看會變成其他東西。2 樓展示了一些世界名畫，除了畫外還有一間「密室」。1 樓展示的畫需要運用想像力和觀察力，才能想出箇中玄機，此外還開設了魔術房間，參觀者在裏面拍照就會獲得意想不到的效果喔！

▲參觀者須依照地面上的指示拍照，以達到最佳觀賞和攝影效果。

▲位於銀座的旧軽井沢森ノ美術館，是一間錯覺美術館。

▲你覺得是畫還是立體物件？

▲你看到相中有人嗎？

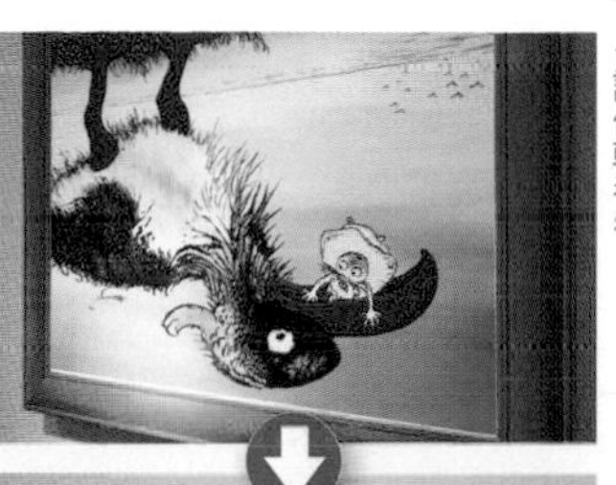

◀請倒轉看看。

▲▶真的很不可思議。

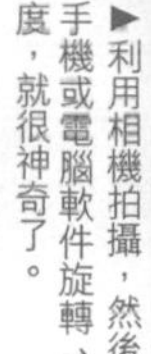

TIPS!

購票入場時，可向工作人員借閱英文版本的小冊子，小冊子內附上指引如何拍攝展品、參與其中以及觀賞作品的方法。

▶利用相機拍攝，然後在手機或電腦軟件旋轉 180 度，就很神奇了。

INFO

- 長野県北佐久郡軽井沢町旧軽井沢 809
- 町内循環バス（東・南廻り線）旧軽井沢站，然後沿銀座商店街前往
- 10:00-18:00　art-karuizawa.com
- 成人 ￥1,500(HK$107)，高中生 ￥1,000(HK$71)，小學生及中學生 ￥800 (HK$57)，3 歲至未入學幼兒 ￥500(HK$35)

國家重要文化遺產之一

地圖 P.398

舊三笠酒店

MAPCODE® 292 735 375*74

舊三笠酒店為明治時期的建築，酒店內外都採用西式風格，裝潢十分華麗。酒店的經營者為明治製菓的山本直良，一些實業家、文學家、名人和政要都曾入住。酒店除了展示昔日的建築和家具，更設有展覽室展示酒店運作時的照片。現在，酒店成為國家重要文化遺產之一，並開放予公眾參觀。**目前休館至 2025 年夏季。**

▲舊三笠酒店是木造的酒店。

◀ 酒店環境優美，以前到現在的窗外，都是綠油油的世界。

▲到了秋天，酒店附近會有許多銀杏和火紅楓葉，是拍照的絕佳時機！(相片由軽井沢観光協会提供)

▲酒店內的客廳。

INFO

- 長野県北佐久郡軽井沢町大字軽井沢 1339-342
- 草輕巴士三笠站步行 5 分鐘

軽井沢最老教堂

地圖 P.398

軽井沢ショー記念礼拜堂 Church

MAPCODE® 292 707 090*74

◀教堂在綠油油的森林內。

由聖公會傳教士 Alexander Croft Shaw 於 1895 年創立的ショー記念礼拜堂 Church，是軽井沢歷史最悠久的教堂。門口有這個傳教士的銅像，其實他是第一個發現軽井沢是避暑的理想地方，並向友人介紹此地，令軽井沢成為避暑勝地。

INFO

- 長野県北佐久郡軽井沢町大字軽井沢 57-1
- 町内循環バス(東・南廻り線)旧軽井沢站下車，步行 15 分鐘
- nskk-chubu.org

◀教堂前有傳教士 Alexander Croft Shaw 的銅像。

舊三笠酒店附近的綠林行車道

推介

地圖 P.398

現在的舊三笠酒店外，是一條主幹道，連接草津、白糸の滝和軽井沢，沿道都種滿了樹木，路比較直，騎單車自然感覺很爽！不過，在騎單車時要小心車輛。

這條行車道不論在陽光下、雨下還是大霧下都一樣美，可能很少看到這樣綠意盎然的行車道吧！在附近騎單車，或參觀舊三笠酒店時，不妨停下來拍一拍。

軽井沢町長倉一帶地圖

N
18
軽井沢ホテル パイプのけむり
軽井沢千住博美術館 (P.410)
軽井沢バイパス
沢屋 SAWAYA (P.408)
塩沢山荘
軽井沢ガラス工房 (P.409)
塩沢湖
軽井沢Taliesin (P.407)
エルツおもちゃ博物館 (P.406)
軽井沢絵本の森美術館 (P.406)
100米

圖例
食肆
景點
住宿
18 國道

你還記得這些玩具嗎？

地圖 P.405

エルツおもちゃ博物館

MAPCODE® 292 551 716*44

親子

▲展館內。

▲木偶造型十分可愛。

博物館內展示了不少西方國家昔日較為流行的玩具，包括木偶及益智類玩具，現在很大程度上被電玩取代了。館內有分A、B、C共3個展館，每約3年便會更換展品。

INFO
- 長野県北佐久郡軽井沢町長倉 182(風越公園)
- 町内循環バス (東・南廻り線) 塩沢湖站
- 5-10 月 9:30-17:00，3-4 月 10:00-16:00(最後入場時間為閉館前 30 分鐘)
- 休 一般為星期二，但 12 月、1 月大部分日子及整個 2 月都關閉
- $ 成人 ¥800(HK$47)，中學生 ¥500(HK$29)，小學生 ¥400(HK$24)
- museen.org/erz/

備註：與軽井沢絵本の森美術館套票：成人 ¥1,500(HK$88)，中學生 ¥ 1,000(HK$59)，小學生 ¥ 700(HK$41)

在森林中走進童話世界

地圖 P.405

軽井沢絵本の森美術館

MAPCODE® 292 552 722*25

推介

絵本の森美術館建在綠意盎然的環境中，庭園由英國園林設計師 Paul Smither 策劃，展館講述西洋童話書的歷史，以及提供童話書給人們參閱，相信在寧靜的環境，容易投入童話世界吧。除了永久展覽外，更會有特別展，帶來有趣的話題，例如現在流行的手繪旅遊書。

▲第 2 展館為特別展覽。

▲第 1 展館是一間木屋。

▲庭園。

▲你也可以在手信店購買童話書，但內容是日語。

◀另外還有圖書館，可借閱童話書，但不能借出。

INFO
- 在「エルツおもちゃ博物館」旁邊
- 與「エルツおもちゃ博物館」相同
- 休 與「エルツおもちゃ博物館」相同
- $ 成人 ¥1,000(HK$59)，中學生 ¥700 (HK$41)，小學生 ¥500(HK$29)
- museen.org/ehon/

備註：與エルツおもちゃ博物館的套票：成人 ¥1,500(HK$88)，中學生 ¥ 1,000(HK$59)，小學生 ¥700(HK$41)

軽井沢 Taliesin

MAPCODE® 292 582 000*14

親子

▲塩沢湖是一個人工湖，圖中的建築物，是原址舊軽井沢的睡鳩荘。

Taliesin 是一個遊樂區，在人工湖塩沢湖旁興建博物館、美術館及遊樂設施，適合一家大小前來。園內有些舊建築物從軽井沢地區搬過來，例如淨月庵、野上彌生子書齋、睡鳩荘等。你可以付 ¥100(HK$7) 餵飼鴨和魚，這些動物一見到你手中的乾糧，就會大量湧上你前面，等候你把乾糧撒在湖中，他們便會爭吃，從中可以見到這些動物有點兇啊。

▼園內有一些康樂設施，例如高爾夫球場。

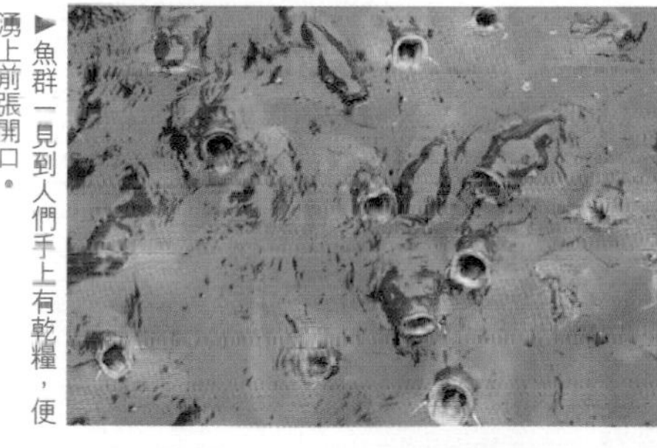
▶魚群一見到人們手上有乾糧，便湧上前張開口。

▶把乾糧撒落在湖中，魚兒便爭着吃，連鴨子也敵不過。

INFO

- 長野県北佐久郡軽井沢町塩沢湖 217
- 町内循環バス (東・南廻り線) 塩沢湖站
- 09:00-17:00 (12 月至 1 月 10:00-16:00)
- 休 12 月、1 月部分日子，整個 2 月，詳情請參閱官網
- **入園：** 成人 ¥900(HK$53)，小學及初中生 ¥1,100(HK$65)；
  入園及園內的ペイネ美術館： 成人 ¥1,000(HK$59)，小學及初中生 ¥500(HK$36)
  園外兩個博物館： 軽井沢高原文庫收成人 ¥800(HK$50)，小學及初中生 ¥400(HK$21)；深沢紅子野の花美術館收成人 ¥600(HK$50)，小學及初中生 ¥300(HK$29)
  套票 (入園及 3 個園內外博物館)： 成人 ¥1,600(HK$107)， 小學及初中生 ¥800(HK$57)
- www.karuizawataliesin.com

▲付 ¥100(HK$7) 購買乾糧來餵鴨和魚。

早餐最推介的果醬

沢屋 SAWAYA

MAPCODE® 292 583 481*11

地圖 P.405

沢屋於 1952 年創立，原本是一間售賣水果的小商店，到後來在自家工場以時令新鮮水果製作果醬，不加人造化學物料。2006 年被日本經濟新聞選為早餐最值得推薦的果醬。要購買他們的產品，只能到百貨公司，或前往位於軽井沢的沢屋本店。在本店除了可試吃不同的果醬外，更可前往商店旁的森の中のこどう吃一頓西式午餐。值得一提的是，餐廳每一季都會轉換菜式，以提供時令食材。

▲沢屋的本店位於軽井沢與中軽井沢之間的軽井沢バイパス道路上。除了商店外，還有兩間餐廳。有機會的話，不妨騎單車過去，或看看民宿經營者是否願意親自接載。

果醬店

▲商店內提供的味道選擇不少，如不知道買甚麼果醬好，可參考他們的推介。

▲沢屋的果醬是用瓶裝的。

▲可先試吃才決定購買哪一種口味。

親手製作玻璃精品

軽井沢ガラス工房

292 583 310*14

親子

地圖 P.405

▲入口。

▲玻璃工房除售賣玻璃精品，更提供一系列製作體驗。

▲工房提供不同種類的體驗，￥1,650到￥3,850(HK$97-226)不等。

想造一個玻璃精品給自己嗎？在沢屋附近有一間玻璃製作體驗館，可以在工作人員的指導下，30 分鐘內親手製作玻璃。此外，你也可選擇學習在玻璃上繪畫圖案或加上裝飾，造出屬於自己的玻璃杯。若沒時間體驗，可購買現成品。

玻璃製作過程

▲要製作玻璃，首先要有一部熔爐，熔化玻璃原料。

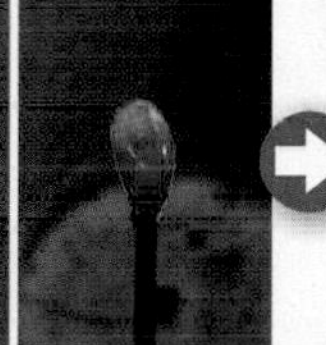

▲利用鐵管從爐中取出原料。

▲轉轉鐵管。

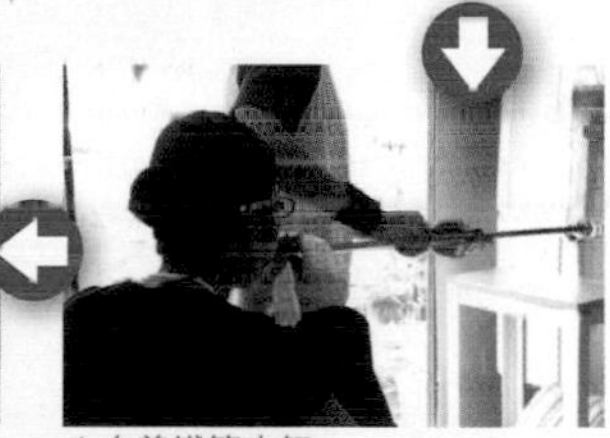

▲向着鐵管吹氣。

▲玻璃底部要平。

▲用鉗開口。

▲再用鉗塑造形狀。

完成了

INFO

- 長野県北佐久郡軽井沢町長倉塩沢 664-9
- 町内循環バス(東・南廻り線)塩沢湖站步行 19 分鐘
- 約 10:00-17:00
- 休 星期三、四
- www.karuizawaglassstudio.com

千住博的人間藝術

地圖 P.405

軽井沢千住博美術館

MAPCODE® 292 582 781*60

博物館於 2011 年開幕，展示名畫家千住博由 1978 年到現在的作品。其建築則由著名建築師西沢立衛負責。建築物根據自然地形而建，所以館內地面稍為傾斜的。為引入自然元素，西沢先生在展覽廳內設了數個以玻璃建造的「透明樹天井」，令陽光能夠進入室內，增加了採光度。此外，建築物講求空間感，只利用薄牆和幼柱鞏固建築物，而薄牆更展示畫作。在展館內，人們不用按指定路線欣賞作品。

▲在千住博美術館，人們可以同時感受大自然和千住博筆下之美。

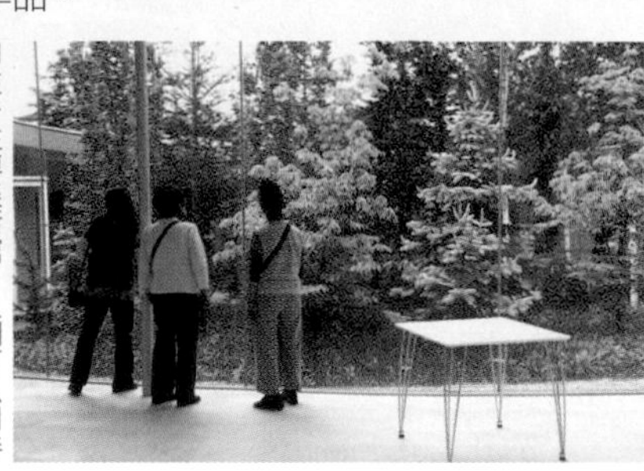

▲即使是平常都能看到的樹木，人們都會駐足觀賞。

筆者印象最深刻的千住博作品

1. 瀑布	2. 《星のふる夜に》
千住博喜歡在黑紙上，利用不同顏色的物料，表達瀑布在四季以及日夜之美態。其中，博物館劃了一個黑房，在這個房內，唯一有光的部分，就是只有利用藍色螢光物料而畫成的瀑布，是眾多瀑布作品之中最大幅的，甚為壯觀。	這系列共有 16 幅畫，千住博認為現今的日本人缺乏想像力，所以透過一隻鹿獨自由森林走到城市，又再返回森林一事，希望刺激人們在按次序看他這系列作品時，可以建構出心目中的故事，發揮一下想像力。

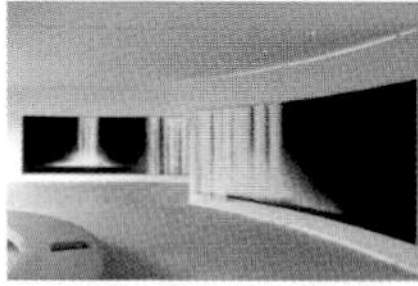

▲夏天和秋天的瀑布。

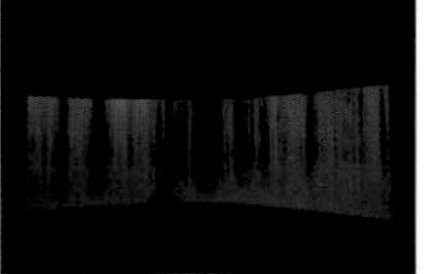

▲夜景的瀑布。

▲《星のふる夜に》系列的畫是有次序的，不過展覽沒寫上編號，看來想引發參觀者更多想像力吧！

▲在千住博眼中，瀑布是色彩繽紛的。

▲如想按次序欣賞，就要借閱這本書了。這本書在手信店也能購買，定價 ¥ 2,415 (HK$173)。

▲如果喜歡他的作品，就買明信片回家吧！一套需 ¥ 1,440(HK$103)。

INFO

- 長野県軽井沢町長倉塩沢 815
- 町内循環バス (東・南廻り線) 塩沢湖站步行 15 分鐘
- 09:30-17:00(最後入場時間為 16:30)
- 休 星期二 (假日、7 月至 9 月除外)，12 月 26 日至 2 月尾
- 成人 ¥ 1,500(HK$88)
  高中生及大學生 ¥ 1,000(HK$59)
- www.senju-museum.jp

軽井沢秘境

地圖 P.397

白糸の滝

MAPCODE® 72 820 146*63

▲白糸の滝是一個秘境，環境寧靜，吸引不少人前來，由於筆者比較早來，所以可以拍到沒有人的情景喔！(ISO 800、f/10、1/15)。

白糸の滝寬70米，高只有3米，但它的水由地下水而來，所以在任何天氣，都能看見一條一條的像白絲的瀑布，故以此為名。台灣歌手林宥嘉在軽井沢拍攝《勉強幸福》MV時，都在這裏取景啊！

INFO
- 静岡県富士宮市上井出
- 草軽巴士白糸の滝站

◀秋天時抬頭可見滿天紅葉。(相片由軽井沢観光協会提供)

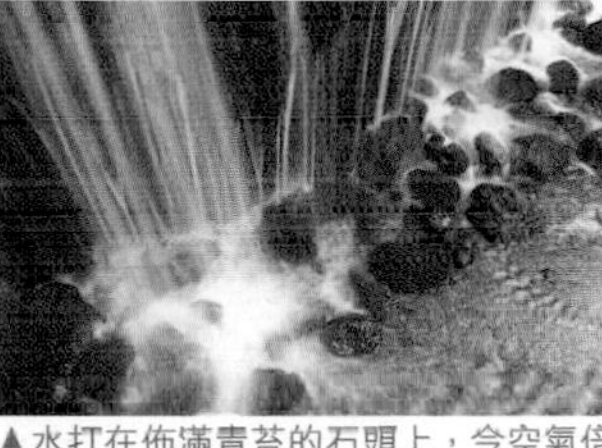

▲水打在佈滿青苔的石頭上，令空氣倍感清新 (ISO 800、f/10、1/3)。

TIPS!

到白糸の滝的草軽巴士

草輕巴士來往草津和軽井沢，是往白糸の滝的重要交通工具，每天開出約15班，單程車費為 ¥720(HK$42)。詳情：www.kkkg.co.jp/bus/rosen-bus.html。

草輕巴士。

拍攝瀑布技巧

為了能拍攝瀑布的動感，我們通常使用慢快門拍攝。在日間，盡量將ISO調到最低，光圈愈少愈好，如果有帶腳架，快門可調至1秒或以上試試。若沒有的話，可嘗試1/2至1/10秒之間的效果。

ISO 100、f/10、1/3

舒緩身心的 星野エリア 親子

地圖 P.397

星野エリア是一個集生態自然、酒店、溫泉、教堂及餐廳於一身的發展項目。「星野」指的是星野家族所經營的星野集團，而星野エリア前身為星野溫泉旅館，至 2005 年大規模重建，並保留珍貴溫泉及自然資源，發展成今天的模樣。如果你沒有選擇這裏的住宿，可參觀ハルニレ テラス商店街、石之教會和星野溫泉。

ハルニレ テラス商店街

MAPCODE® 292 671 666*30

這條街種了過百棵樹，街內共有 16 間商店及食肆。

▲商店街的購物環境總算不錯。

星野溫泉 泡湯

MAPCODE® 292 701 091*41

溫泉來自湯川沿岸，分別設有室內及露天溫泉，可觀賞附近山林景致。

▲溫泉就近自然山水，在這裏享受露天溫泉是賞心樂事。

石之教會

MAPCODE® 292 670 385*82

石之教會又稱內村鑑三記念堂。日本傳教士及無教會主義創始人內村鑑三認為祈禱必須在大自然中進行，而美國建築師 Kendrick Kellogg 正好把他的想法實踐在這座教堂中。利用石頭搭建的教堂內不得拍攝，堂外劃分部分室內地區作為介紹內村鑑三的生平事蹟和思想。

►教堂由石頭所砌成，讓陽光進入室內，內有不少綠色植物，營造大自然氛圍。

TIPS!

西武觀光巴士：往返軽井沢站至星野エリア

如需往中軽井沢的星野エリア，可乘搭從中軽井沢站北口開出的西武觀光巴士，每天開 6 班，時間表可參閱：bit.ly/3KfLqkJ。

INFO

星野エリア

- 長野県軽井沢町星野
- 從軽井沢站南口乘搭西武觀光巴士
- **「ハルニレ テラス」商店街：**視乎各店而異
  星野溫泉：10:00-22:00(最後入場時間 21:15)
- 星野溫泉：成人 ¥1,350(HK$93)，3 歲或以上小童及大學生 ¥800 (HK$54) ，(8 月) 成人 ¥1,550 (HK$107)，3 歲或以上小童及大學生 ¥1,050(HK$71)
- www.hoshino-area.jp

5.3 沿海多元城市

橫浜

關西有神戶海港，關東也不例外，有開放港口超過 150 年的橫浜，鄰近東京，面向東京灣，是一個沿海城市，具完善的國際港口設施，工商業及貿易經濟亦具規模。1983 年，橫浜市沿海重建，陸續發展成一個新的商業及旅遊區「橫浜港未來 21」(みなとみらい 21)，你可以沿着海邊散步，看看橫浜的地標和美麗的夜景。

其實神戶和橫浜都有一些相似的地方，有華人聚居的中華街，有西方人聚居的山區。如果你到過神戶，不妨在遊覽橫浜時，比較兩者的相異之處。

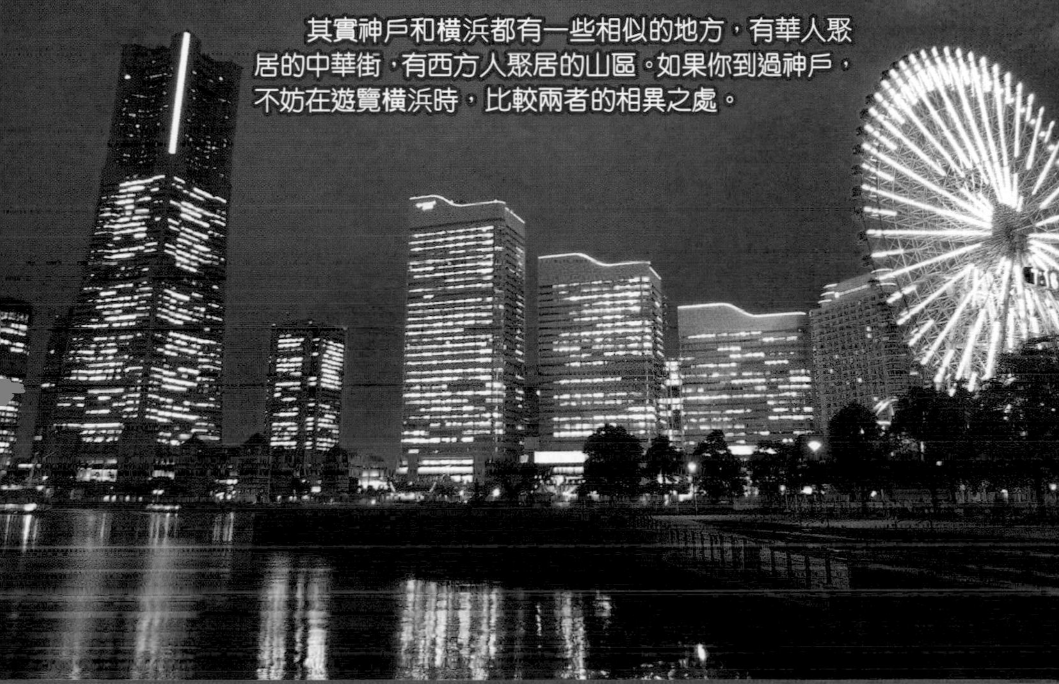

建議遊覽需要時間

橫浜和東京相距不遠，你可以先來一天遊，如果還有景點想去的話，才再安排多半天至一天的行程。你也可以乘搭東急東橫線，搭配沿線的自由が丘或代官山作為同一天行程。

適合遊覽的季節

基本上全年都可以前往。

前往横浜的交通

▶▶▶ **從羽田機場出發**：在羽田空港国際線ターミナル站乘搭京急空港線快特、エアポート急行到横浜站，需時 19 至 29 分鐘，車費為 ￥370(HK$22)。（詳見 P.72）

▶▶▶ **從成田機場出發**：乘搭 Narita Express 直達横浜站，需時 1 小時 15 分鐘。

▶▶▶ **從東京站出發**：乘搭 JR 東海道本線或横須賀線，於横浜站下車，車程需約 30 分鐘，車費為 ￥490(HK$29)。

▶▶▶ **從新宿出發**：從新宿站乘搭 JR 湘南新宿線於横浜站下車，車程需約 30 分鐘，車費為 ￥580(HK$34)。

▶▶▶ **從渋谷出發**：從渋谷站乘搭 JR 湘南新宿線於横浜站下車，車程需約 30 分鐘，車費為 ￥410(HK$24)；或乘搭東急東横線急行列車到横浜站，車程與 JR 相若，車費為 ￥310(HK$18)。

▲東急東横線。

横浜區內交通

▶▶▶ 1. みなとみらい線

www.mm21railway.co.jp

横浜區內的交通以みなとみらい線為主，由横浜站開始，以元町・中華街為終點站。這條線與東横東急線相通，可由渋谷直達元町・中華街而不用轉車。みなとみらい線單程 ￥230 (HK$14)，可在車站售賣機購買。留意みなとみらい線設有 S-train(星期六及日營運)、特急、通勤特急・急行及各駅停車 4 種列車，只有「各駅停車」停各站，其他列車會不停部分車站，各列車停站如下：

▲みなとみらい線列車。

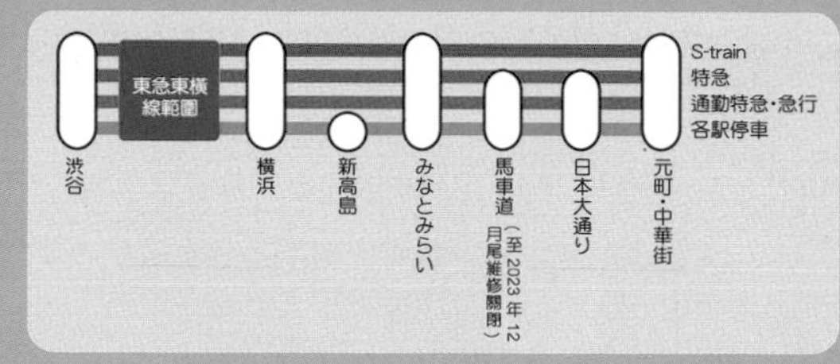

▲みなとみらい線與東急東横線相通。

▶▶▶ 2. JR 線

JR 線能到達新横浜站的新横浜ラーメン博物館 (P.427)、石川町站一帶的便宜住宿；以及在 JR 新杉田站換乘横浜新都市交通，到 Mitsui Outlet Park(P.432) 和八景島海島樂園 (P.432)。所以，若需要抵達上述地點，可以考慮較大範圍的乘車套票，但就不能覆蓋上述所有範圍。

横浜港未來通票 (JR 及みなとみらい線適用)

JR 推出的横浜港未來通票 (ヨコハマ・みなとみらいパス) 除了適用於みなとみらい線，還適用於京浜東北線或根岸線 **(以簡單起見，以下統一稱為京浜東北線)** 的横浜至新杉田車站，方便住在石川町的人士。如果要到八景島，可透過此車票省下到新杉田的車資。這個車票成人 ￥530(HK$31)，兒童 ￥ 260(HK$15)。

如果需要到八景島海島樂園，建議購買横浜港未來通票。

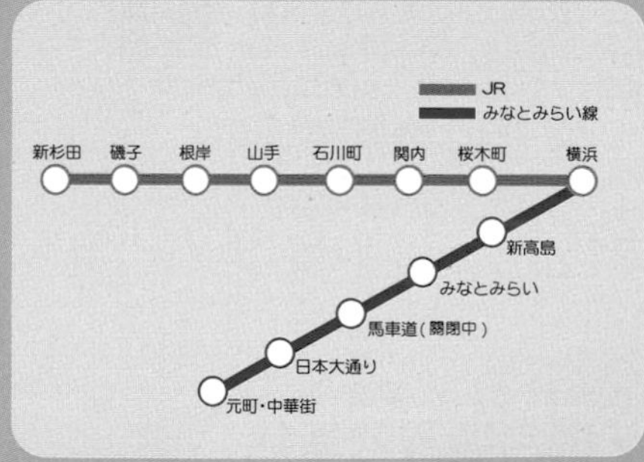

▲横浜港未來通票適用範圍。

橫浜唐人街

地圖 P.417

中華街

MAPCODE® 8 678 690*63

橫浜與神戶一樣，有不少華人，所以有中華街。嚴格來說，中華街是一個社區，其華人社區的規模，為日本甚至亞洲最大。裏面有以中國地區為名的道路，如香港路、中山路、上海路等。如果在橫浜剛好遇上中秋節，可以在那裏買月餅吃。

◀走進中華街，已不覺自己身處日本了。

▲中華街的牌匾。

INFO
- JR 京浜東北線石川町站北口步行 5 分鐘；或みなとみらい線元町・中華街站 1 號出口
- www.chinatown.or.jp

外國人的購物區

地圖 P.417

元町商店街

必到

與神戶一樣，橫浜也有元町街。這條元町商店街是為了滿足外國人的需求而出現，其位置就在外國人居住的山手地區附近。現今的元町商店街，還是充滿歐陸風情。

▲元町商店街入口。

▲街道人山人海。

INFO
- JR 京浜東北線石川町站北口或みなとみらい線元町・中華街 3 號出口
- www.motomachi.or.jp

元町 Plaza

MAPCODE® 8 678 494*44

◀內設時裝店及餐廳。

INFO
- 橫浜市中区元町 1-13

Union

MAPCODE® 8 678 331*14

◀售賣新鮮食材及雜貨。

INFO
- 橫浜市中区元町 4-166
- 10:00-22:00

橫浜港、山手地區景點地圖

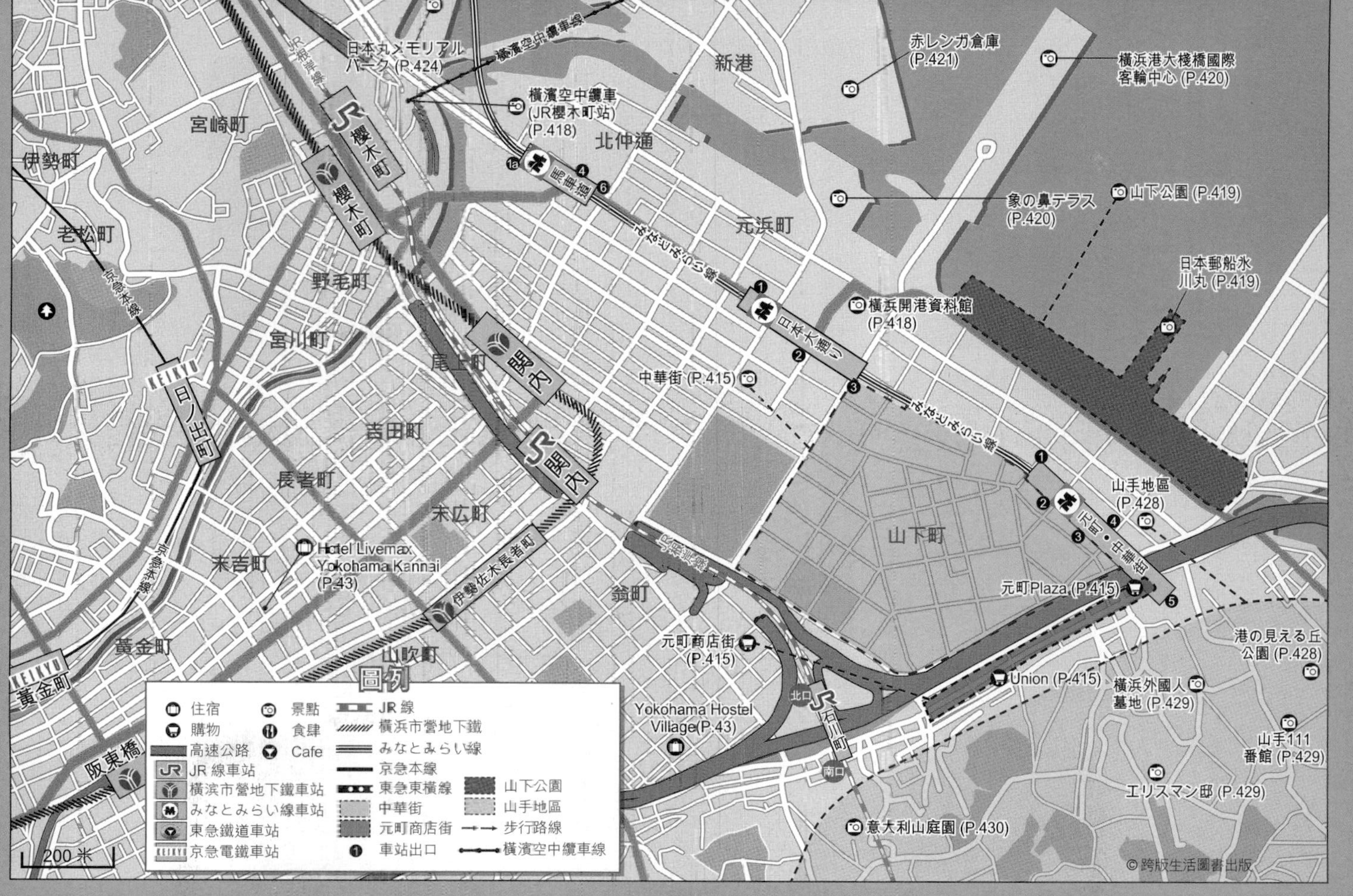
日本丸メモリアルパーク (P.424)
横濱空中纜車
新港
赤レンガ倉庫 (P.421)
横浜港大棧橋國際客輪中心 (P.420)
橫濱空中纜車 (JR櫻木町站) (P.418)
宮崎町
北仲通
伊勢町
櫻木町
馬車道
象の鼻テラス (P.420)
山下公園 (P.419)
老松町
元浜町
日本郵船氷川丸 (P.419)
野毛町
横浜開港資料館 (P.418)
日本大通り
宮川町
尾上町
関内
中華街 (P.415)
日ノ出町
吉田町
長者町
山手地區 (P.428)
末広町
山下町
元町・中華街
末吉町
Hotel Livemax Yokohama Kannai (P.43)
伊勢佐木長者町
翁町
元町Plaza (P.415)
黄金町
元町商店街 (P.415)
港の見える丘公園 (P.428)
山吹町
Union (P.415)
横浜外國人墓地 (P.429)
Yokohama Hostel Village (P.43)
石川町
北口
南口
山手111番館 (P.429)
阪東橋
エリスマン邸 (P.429)
意大利山庭園 (P.430)
圖例
住宿
購物
高速公路
JR線車站
横浜市營地下鐵車站
みなとみらい線車站
東急鐵道車站
京急電鐵車站
景點
食肆
Cafe
JR線
横浜市營地下鐵
みなとみらい線
京急本線
東急東橫線
中華街
元町商店街
車站出口
山下公園
山手地區
步行路線
橫濱空中纜車線
200米
© 跨版生活圖書出版

了解橫浜歷史

地圖 P.417

橫浜開港資料館

MAPCODE® 8 707 289*30

橫浜自 1859 年開放港口，日本不再是鎖國狀態，自此對外貿易增加，社會和經濟環境有所改變。這個資料館搜集開港前後，即由 19 世紀中的江戶末期，到 20 世紀初的大正和昭和時期的歷史資料，包括 19 世紀橫浜地圖、相片等。

▲橫浜開港資料館。

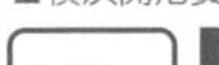

INFO
- 神奈川県横浜市中区日本大通 3
- みなとみらい線日本大通り站 3 號出口步行 2 分鐘
- 09:30-17:00(最後入場時間 16:30)
- 星期一(如遇假期則順延至翌日)、年尾年初
- 成人 ¥200(HK$14)，小學生及中學生 ¥100(HK$7)
- www.kaikou.city.yokohama.jp

空中散步

地圖 P.417

橫濱空中纜車 (Yokohama Air Cabin)

推介

橫濱空中纜車連接 JR 櫻木町站和新港地區的運河公園，作為橫濱港全新的觀光設施展示出橫濱未來的魅力。纜車全程約 630 公尺，需時約 5 分鐘，讓乘客既能體驗空中漫步的樂趣，亦能更便捷地移動到橫濱港的觀光景點。另外，車廂和車站大樓邀請了世界著名照明設計師石井元子女士監督，展現出與白天不同的面貌。

▲車站外型。

▲可近距離看到纜車出發。

◀車廂最多乘 8 人。

TIPS!

購買纜車連橫濱大摩天輪 Cosmo Clock 21 套票更划算！成人(初中或以上)單程 ¥1,700(HK$100)，來回 ¥2,500(HK$147)，兒童(3 歲至小學生)單程 ¥1,300(HK$76)，來回 ¥1,600(HK$94)。

INFO
- 橫濱市中區新港 2 丁目 1-2
- JR 櫻木町站東口，步行約 1 分鐘
- 10:00-21:00　045-319-4931
- 成人(初中或以上)單程 ¥1,000 (HK$59) 來回 ¥1,800(HK$106)，兒童(3 歲至小學生)單程 ¥500 (HK$29) 來回 ¥900 (HK$53)
- yokohama-air-cabin.jp

(撰文：HEI，攝影：蘇飛)

沿海散步休憩地

山下公園 MAPCODE® 8 708 099*03

位於沿海的山下公園在關東大地震後落成，成為人們看海景和休憩的地方，在「港未來 21」大廈和設施相繼落成後，也成為接駁該都市的重要途徑。除此之外，公園內還種了不少玫瑰。海邊更擺放了一艘大型郵輪氷川丸，現在為博物館 (見下文詳細介紹)。

▶山下公園為橫浜沿海的一部分。

▶公園內有一些石像，如右圖的水之守護神。

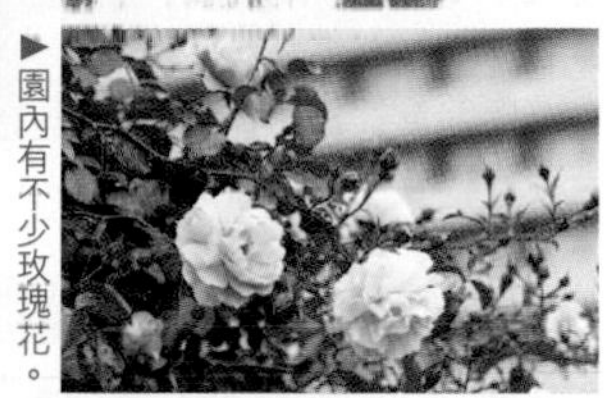

▶園內有不少玫瑰花。

INFO
- JR 京浜東北線石川町站北口步行 14 分鐘；或みなとみらい線元町・中華街站 1 號出口步行 4 分鐘
- www.yamashitapark.net

巨大郵輪博物館

日本郵船氷川丸 MAPCODE® 8 708 196*52

郵輪氷川丸號自 1930 年開始航行，往返日本及美國一些主要城市，如西雅圖、紐約，二戰時更擔當接載士兵回國及船上醫院的重要角色。30 年後退役一直受到保留，並成為博物館及橫浜重要文化資產之一，讓人們了解日本的海上歷史，以及當年的航行技術和設施。

▲船身。

INFO
- JR 京浜東北線石川町站北口步行 14 分鐘；或みなとみらい線元町・中華街站 4 號出口步行 4 分鐘
- 10:00-17:00(最後入館時間 16:30)
- 休 星期一 (假期除外)，個別休館日子請參考官網
- 成人 ￥300 (HK$18)，65 歲以上人士 ￥200 (HK$12)，初高中生、小學生 ￥100 (HK$6)
- hikawamaru.nyk.com

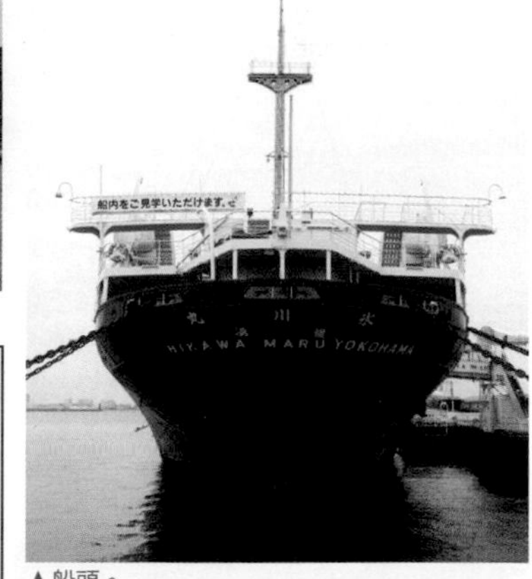

▲船頭。

在「鯨魚背」看夜景

地圖 P.417

橫浜港大棧橋國際客輪中心

MAPCODE® 8 708 724*82

橫浜港是大型郵輪停泊的地方，擁有齊全的出入境及碼頭設施，但最矚目的是，當地人稱之為「鯨魚背」的大棧橋，可謂一針見血地形容建築物的特別之處。大棧橋由廣闊木甲板建成，站在橋上能把橫浜港未來 21 的全景一覽無遺，夜景更是美到不得了！

推介

◀▼不論是入口，還是「鯨魚背」上，國際客輪中心都提供廣闊的空間。

▲橫浜港未來 21 的夜景。

INFO
- みなとみらい線日本大通り站 1 號出口步行 10 分鐘
- 室內 09:00-21:30，室外 24 小時
- osanbashi.jp

大象鼻雪糕

地圖 P.417

象の鼻テラス

MAPCODE® 8 707 496*47

象の鼻テラス的英語為 Zou-no-hana Terrace，是一個提供文化藝術交流的地方，也提供一系列的表演、展覽等活動，任何人都可以參加，甚至坐下來休息，使用這裏提供的免費上網服務。象の鼻テラス有賣小吃，例如大象雪糕，是海邊散步時休息的最佳小吃。

◀象の鼻テラス是一個藝術和文化的公共空間。

◀大象雪糕（ゾウノハナソフトクリーム，¥480，HK$28）的造型不錯，臉和鼻是香濃幼滑的北海道牛乳雪糕，耳朵為鬆脆威化。

◀連礦泉水都以大象做包裝。

◀大象是這裏的標誌。

INFO
- 神奈川県横浜市中区海岸通 1
- みなとみらい線日本大通り站 1 號出口步行約 3 分鐘，或 2 號出口步行約 5 分鐘
- 10:00-18:00
- www.zounohana.com

舊建築活化 地圖 P.417

赤レンガ倉庫

MAPCODE® 8 707 826*25

紅磚倉庫有兩座，分別以 1 號和 2 號為名，於 1911 至 1913 年興建，現在已活化為不定期特別展覽室、商場及食肆。部分商店更只在指定期間經營。

▲赤レンガ倉庫現在已經活化。

◀1 號館是展館，不定期更換展覽主題。

◀2 號館是商場，面積比 1 號大。

▲晚上倉庫發亮的情況。

INFO
- 神奈川県横浜市中区新港 1-1
- みなとみらい線日本大通り站 1 號出口步行約 6 分鐘
- 1 館 10:00-19:00，2 館 11:00-20:00
- www.yokohama-akarenga.jp

横浜たちばな亭

售賣蛋包飯 (洋食屋さんのオムレツライス，¥1,100，HK$65)，醬汁份量多而香濃。

INFO
- 2 號館 1F
- 11:00-21:00(最後點餐時間 20:30)

製作獨一無二的杯麵！

Cupnoodles Museum

MAPCODE® 8 737 211*22

地圖 P.416

必到 親子

發明杯麵者安藤百福，在大阪池田市本身開設了即食麵博物館，在 2011 年於橫浜開設第二間，與大阪的同樣有講解即食麵的歷史、有安藤百福研發即食麵的小木屋、有製作杯麵的體驗區；不同的是，橫浜的博物館需要收取入場費、展覽室大一些、並設有兒童遊樂區及集合 8 個國家的拉麵美食廣場。因此，即使到過池田那座博物館，還是值得來橫浜這間參觀。

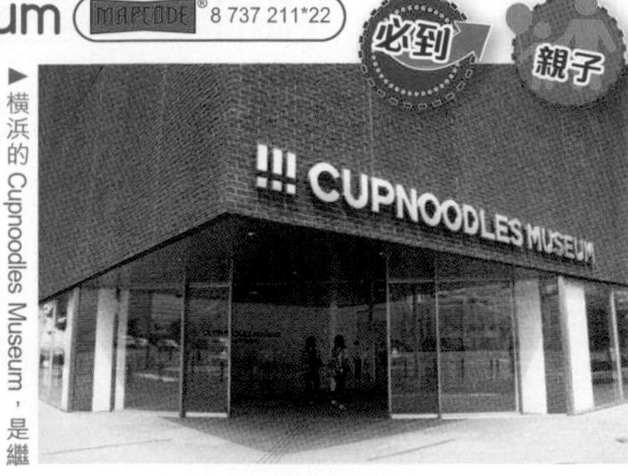

▶橫浜的 Cupnoodles Museum，是繼池田後第二個即食麵博物館。

展覽室

展覽室以日清及安藤百福為焦點，展示其品牌歷年來不同包裝，以及安藤先生發明即食麵的過程與其生平。除此之外，展覽室還展示杯麵的錯覺藝術，蠻有趣的！

▲裏面有不同年代杯麵包裝。

▶在博物館內，你可以見到安藤百福的名言：「美健賢食、食足世平、食創為世、食為聖職」。由於他是台灣人，懂中文，所以名言是中文喔！你覺得即食麵能體現格言所指出的精神嗎？

▲這是安藤百福當年發明即食麵的小木屋。

◀這裏還展示了杯麵的錯覺藝術。

▲木屋內重現了安藤的廚房環境，留意月曆是發明即食麵的年份：1958 年。

製作杯麵體驗區

當購買入場票時，工作人員會問到需不需要製作杯麵，如果要的話，就附上一張「整理券」，依票上時間前往，體驗製造杯麵。

◀製作杯麵體驗區。

DIY 杯麵的過程

▲先來買杯麵：￥500(HK$29)，並洗手消毒。

▲在杯麵上畫畫。

▲轉圈把麵放入杯裏。

▲選擇調味料。

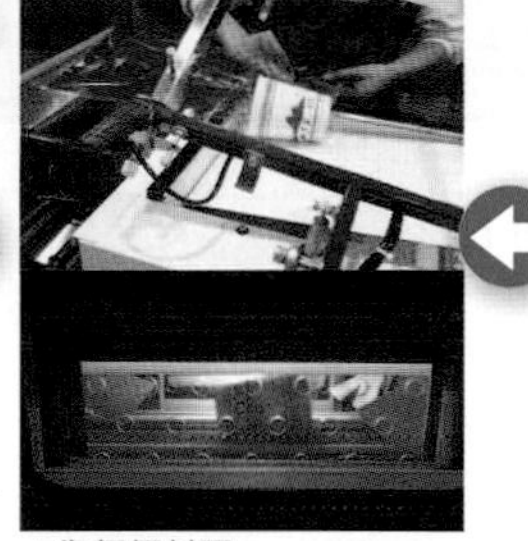

▲為杯麵封膠。

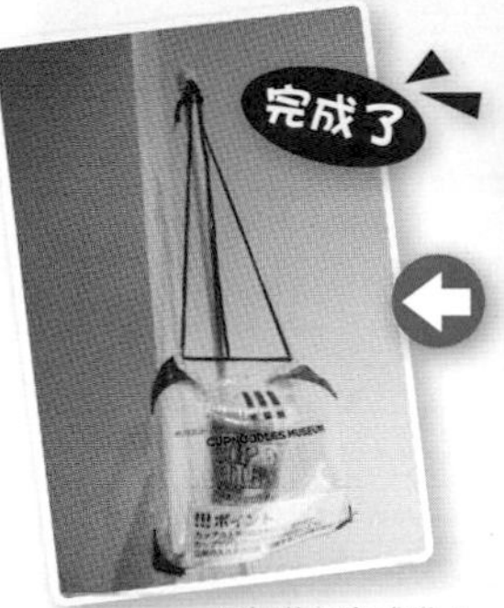

▲再包裝便完成啦！

其他設施

▲雞肉拉麵製作班(チキンラーメンファクトリー)：在 10:15-17:45 進行，需時 1 小時 30 分鐘。需於 3 樓櫃位預約，成人￥1,000(HK$59)，小學生￥600(HK$35)。

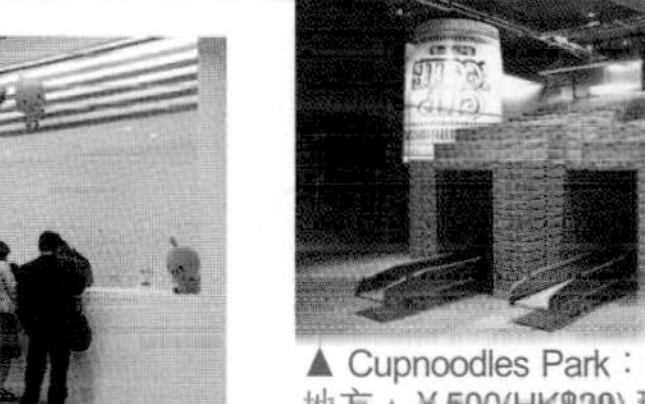

▲ Cupnoodles Park：小孩子的遊玩地方，￥500(HK$29) 玩 30 分鐘。

▲ Noodles Bazaar 拉麵街：享盡亞洲 8 個國家的麵食。

▲可望橫浜海港的觀景台。

手信推介

▲不要以為這是杯麵，留心一點，是蠟燭，是否很逼真呢？￥700(HK$50) 一個。

► 筆記本，￥300-￥550 (HK$19-35) 不等。

▲用這個碗吃麵其實不錯，價格￥1,050至￥3,400(HK$75-243) 不等。

INFO

Cupnoodles Museum

- 神奈川県横浜市中区新港 2-3-4
- みなとみらい線馬車道站 4 號或 6 號出口步行約 11 分鐘
- 10:00-18:00(最後入場時間 17:00)
- 星期二(如遇假日則延至翌日)、年尾年初
- ￥500(HK$29) 起
- www.cupnoodles-museum.jp

遊樂場

Cosmoworld

MAPCODE® 8 736 204*33

親子

地圖 P.416

▲摩天輪是橫浜地標之一。

▲ Cosmoworld 是一個室外遊樂場。

Cosmoworld 是橫浜新未來 21 內的遊樂場，有摩天輪、急流等多種不同的機動遊戲，當中的摩天輪是橫浜地標之一，晚上會發出 LED 燈光。

INFO

- 神奈川県横浜市中区新港 2-8-1
- 從 JR 根岸線 / 市營地下鐵櫻木町站步行約 10 分鐘；從港未來線港未來站步行約 2 分鐘
- 每天不同，一般為 11:00-21:00，詳情留意網頁公佈
- 多為星期四，詳情留意網頁公佈
- 免費入場，玩遊戲才收費　cosmoworld.jp

橫浜最高大樓

横浜ランドマークタワー

MAPCODE® 8 736 184*66

地圖 P.416

►橫浜最高大樓横浜ランドマークタワー。

横浜ランドマークタワー高 296 米，共 69 層，是日本第 5 高建築物，僅次於 Skytree、東京鐵塔、明石海峽大橋及大阪阿部野橋ターミナルビル。這座複合式大樓為橫浜最高的建築物，包括了商場、餐廳、酒店，還有最頂層的觀景台 Sky Garden，可飽覽橫浜海景致。

INFO

- 神奈川県横浜市西区みなとみらい 2-2-11
- みなとみらい線みなとみらい站 5 號出口
- **商場** 11:00-20:00；餐廳 11:00- 22:00；**Sky Garden** 星期一至五 10:00-21:00(最後入場時間 20:30)、星期六及日 10:00-22:00(最後入場時間 21:30)
- 成人 ￥1,000(HK$71)，高中生及 65 歲以上長者 ￥800(HK$57)，中小學生 ￥500(HK$36)，4 歲或以上小童 ￥200(HK$14)
- 横浜ランドマークタワー：www.yokohama-landmark.jp
  Sky Garden：yokohama-landmark.jp/skygarden/

城中帆船

日本丸メモリアルパーク

MAPCODE® 8 736 010*28

地圖 P.417

公園內擺放了一艘帆船「日本丸」開放予公眾參觀，這艘船於 1930 年建造，航行了 54 年，走過的距離相等於環繞地球 45 次。除了參觀帆船，也可參觀横浜みなと博物館，了解開港的歷史及經濟發展。

▲帆船日本丸服役超過 50 年，現在於公園內開放公眾參觀。

INFO

- 神奈川県横浜市西区みなとみらい 2-1-1
- みなとみらい線馬車道站 1a 出口步行 6 分鐘；或 JR 京浜東北線、横浜市営地下鉄ブルーライン線桜木町站
- 10:00-17:00 (最後入場時間 16:30)
- 星期一 (如遇假日則順延翌日)、年尾年初
- 成人 ￥800(HK$47)，小學生及中學生 ￥300(HK$21)，65 歲或以上長者 ￥600(HK$35)，未就讀小學的小童免費
- www.nippon-maru.or.jp

麵包超人主題館
Yokohama Anpanman Children's Museum

MAPCODE® 8 735 554*03

親子

這個主要給小孩參觀的麵包超人主題館，可以見到麵包超人及其他角色聚首一堂的情景，也可以見到卡通藝術繪畫、小朋友的遊樂設施等等。此外，每天有4場麵包超人表演，尤為適合一家大小一起觀賞，必定帶來不少歡樂。

◀麵包超人場景。

◀一天4場的麵包超人表演。

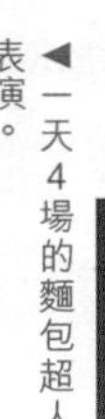

◀藝廊。

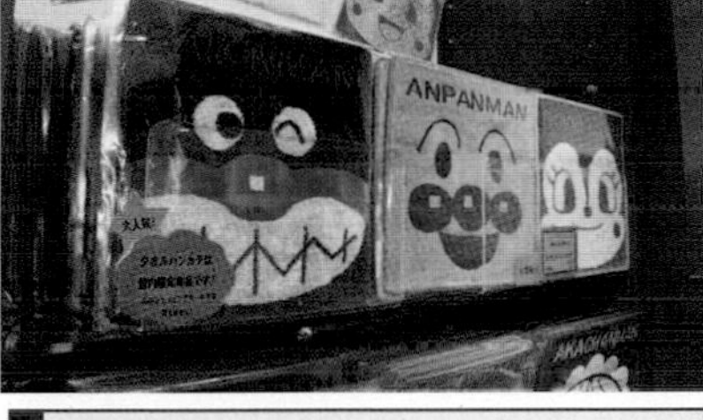

◀手信店賣的手信十分豐富。

INFO
- 神奈川県横浜市西区みなとみらい 6-2-9
- みなとみらい線新高島站大通り高島口步行6分鐘；或横浜市営地下鉄ブルーライン線高島町站1號出口步行3分鐘
- 博物館 9:30-17:00(最後入場時間 16:00)；商店 10:00-18:00(最後入店時間 17:00)
- 休 1月1日
- ￥2,200-2,600(HK$129-153)，大小同價
- www.yokohama-anpanman.jp

▲眾角色聚首一堂。

展館外更有一些主題商店，售賣麵包超人相關飲食，賣相甚為不錯，不要錯過啊！

Uncle Jam's Bakery (ジャムおじさんのパン工場)

售賣多種麵包超人角色造型麵包，每個約￥390(HK$23)。

▲ Uncle Jam's Bakery。

◀造型可愛。

本場のさぬきうどんやさん

▲這個海老天うどん賣相蠻有心思的，￥1,200 (HK$71)。

繁華夜景商場

Yokohama Bay Quarter

MAPCODE® 8 765 527*36

位於橫浜站的 Yokohama Bay Quarter，有着接近橫浜港和河水的地理優勢，人們在餐廳用膳時，可觀賞橫浜港的景色，即使不光顧餐廳，還可以看到橫浜港未來 21 的繁華景色。開放式商場內有不少生活雜誌、家具、服飾等產品，為人們提升生活質素。此外，小童玩具店及雜貨店為數不少。

◀ Yokohama Bay Quarter 就近河水，也近橫浜港。

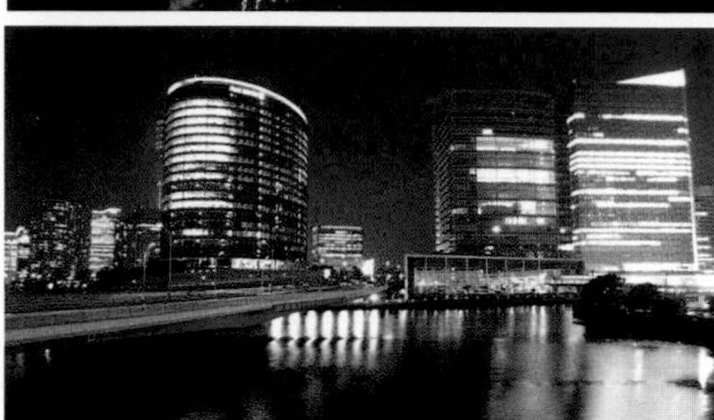

◀ 從商場所拍攝的橫浜夜景。

INFO

- 神奈川県橫浜市神奈川区金港町 1-10
- みなとみらい線 / 東急東橫線、JR 橫浜站東口，沿東口地下街、そごう橫浜店及天橋抵達商場
- 商場 11:00-20:00；餐廳 11:00-23:00
- 休 1 月 1 日
- www.yokohama-bayquarter.com

新橫浜拉麵博物館(新橫浜站)地圖

R&B ホテル新橫浜駅前
新橫浜国際ホテル
新橫浜ラーメン博物館 (P.427)
新橫浜プリンスぺぺ
新橫浜
JR東海道新幹線
スーパーホテル新橫浜
橫浜市營地下鉄ブルーライン線
JR 新橫浜
JR橫浜線
N
50 米

圖例

景點　住宿　購物
JR 線車站　JR 線鐵道
橫濱高速鐵道車站
橫浜市營地下鉄ブルーライン線
❶ 車站出口

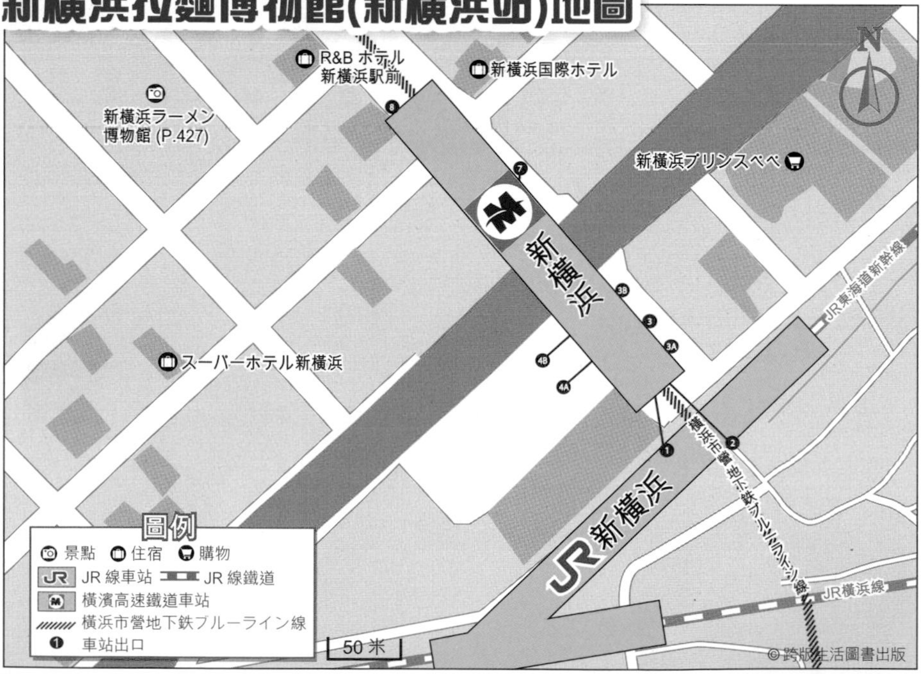

返回昭和時代吃拉麵

新横浜ラーメン博物館 (拉麵博物館)

MAPCODE® 2 329 693*47

與其叫博物館，倒不如叫主題美食廣場好了！這裏集合了日本著名拉麵店，以昭和時期的 1958 年場景重現，讓人們返回發明即食麵的那一年。廣場內共有 9 間拉麵店，來自埼玉、東京、福岡、熊本、札幌等地，也有數間小食店及 1 間占卜店。拉麵採用食券制度，並設有 Mini size(ミニラーメン) 選擇，對食量不多，但又想試各種拉麵的人，這個份量會較適合。

▲新横浜ラーメン博物館重現 1958 年東京場景。

▲若不知買甚麼好，可買這個糖果盒。

▲有一間叫夕焼け商店的，打扮成昔日的零食小店，有不同種類的糖果。

▲連樓梯都一絲不苟，汽水機都要弄得很殘舊。

◄▲來自埼玉的頑者拉麵，也有提供小拉麵 (ミニつけめん，¥550，HK$39)，雖然是小版本，但也有一般拉麵份量的 8 成左右。

手信

▲一盒 8 個大砲拉麵，¥ 630(HK$45)。

▲吃拉麵怎少得雞蛋？一盒 6 件 ¥580(HK$41)。

▲著名拉麵店也出產杯麵，一個 ¥ 199(HK$14)。

INFO

- 神奈川県横浜市港北区新横浜 2-14-21
- 從横浜站乘搭 JR 横浜線或東海道新幹線新横浜站步行 6 分鐘，或乘搭横浜市営地下鉄ブルーライン線新横浜站 10 號出口步行 2 分鐘
- 11:00-21:00，部分日子可能延至 22:30 甚至 23:30，詳情可留意網頁公佈
- 成人 ¥450(HK$26)，小學生及 60 歲或以上長者 ¥100(HK$7)
- www.raumen.co.jp

横浜山手地區簡介

與神戶一樣，横浜也有外國人聚居的地區：山手地區，位於小山丘上，只須花點腳力，走 10 至 15 分鐘便可。山手地區仍保留了一些昔日外國人住所，而且大都是免費開放的。

在山丘欣賞横浜美景

港の見える丘公園

MAPCODE® 8 678 418*36

親子

在元町街近みなとみらい線元町・中華街車站下車，可以沿樓梯走上以前英軍曾駐守的港の見える丘公園，觀賞到横浜跨海大橋及山下横浜景致。裏面有一個玫瑰園，也可順道參觀山手 111 番館 (見右) 參觀以前美國商人的居所。

▲公園內的觀景台。

▲公園內的廣場。

◀▲山下横浜港景色，包括横浜跨景大橋。

►公園內的玫瑰園。

INFO

- 神奈川県横浜市中区山手町 114
- みなとみらい線元町・中華街站 5 號出口步行 10 分鐘
- www.welcome.city.yokohama.jp/spot/details.php?bbid=182

美國商人居所展館

地圖 P.417

山手 111 番館

MAPCODE® 8 678 238*47

橫浜山手地區保留了一些外國人曾住過的居所，其中一座是山手 111 番館，於 1926 年由美國建築師 J.H. Morgan 設計，住客也是美國人。居所現改為展館，並以「山手 111 番館」為名，因為地址在 111 番地。而咖啡室更面向玫瑰花園。

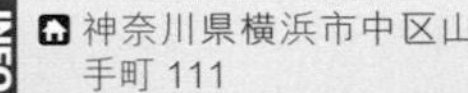

►山手 111 番館。

INFO
- 神奈川県橫浜市中区山手町 111
- みなとみらい線元町・中華街站 5 號出口步行 10 分鐘
- 09:30-17:00(7、8 月延長開放時間至 18:00)；咖啡室 10:00-17:00
- 休 每月第 2 個星期三 (如遇假日則順延至翌日)、12 月 29 日至 1 月 3 日
- 免費
- www.hama-midorinokyokai.or.jp/yamate-seiyoukan/yamate111/

百無禁忌

地圖 P.417

橫浜外國人墓地

MAPCODE® 8 678 320*82

◄墓地為外國人專用。

橫浜不只有外國人的聚居地，還有他們專用的墳墓。在這個橫浜外國人墓地中，長眠者多達 4,500 人。裏面的第一次世界大戰紀念碑是紀念戰爭的犧牲者。墓地對着橫浜市區，有些人在參觀墓地的同時，也會拍攝取景。從墓地的資料展示室更可了解外國人與橫浜的關係。

► 從墓地可望到橫浜景色。

INFO
- 神奈川県橫浜市中区山手町 96
- みなとみらい線元町・中華街站 6 號出口步行 3 分鐘
- 12:00-16:00　¥500(HK$29)
- 休 非公眾假期的星期一至五及整個 8 月
- www.yfgc-japan.com

名建築師手筆

地圖 P.417

エリスマン邸

MAPCODE® 8 678 106*88

◄エリスマン邸是瑞士人的居所。

這間採用白色格調、粉藍色作為窗門的房子，為當年從事絲綢貿易公司經理 (瑞士人) 的居所，出自捷克現代建築之父 Antonln Raymond 的手筆。現時房屋向公眾開放，在指定時間內免費參觀住所，可了解昔日外國人在橫浜的居住環境及生活習慣。

INFO
- 神奈川県橫浜市中区元町 1-77-4
- みなとみらい線元町・中華街站 5 號出口步行 8 分鐘
- 09:30-17:00(7、8 月延長開放時間至 18:00)；咖啡室 10:00-16:00
- 休 每月第 2 個星期三 (如遇假日則順延至翌日)、12 月 29 日至 1 月 3 日
- 免費
- www.hama-midorinokyokai.or.jp/yamate-seiyoukan/ehrismann/

前意大利領事館
意大利山庭園

8 677 017*71

地圖 P.417

意大利山庭園曾為意大利領事館所在地。現時的庭園有兩座建築，包括曾從事外交工作內田定槌的外交官之家，以及曾為天主教山手教會所使用過的布拉夫 18 號館，兩座建築現時免費入場。庭園佔地 13,000 平方米，園內種滿花朵，還可眺望橫浜市區風景。

◀布拉夫 18 號館。

▲飯廳。

◀窗邊的椅子。

▲布拉夫 18 號館的景致。

▲布拉夫 18 號館內部。

▲▶庭園內種了不少花。

▲外交官之家內部。

▲外交官之家。

INFO

- 神奈川県横浜市中区山手町 16
- JR 京浜東北線石川町站元町口 (南口) 步行 5 分鐘
- 09:30-17:00　休 年尾及元旦
- www.hama-midorinokyokai.or.jp/park/italia/

橫浜南部簡介

INFO
- $ 單程成人 ￥240-320 (HK$14-19)，小童半價；一日乘車券成人 ￥680 (HK$48)、小童 ￥340(HK$24)
- www.seasideline.co.jp

在橫浜南部也有一些旅遊景點，可乘坐 JR 京浜東北線到新杉田站，換乘橫浜新都市交通 (Seaside Line) 到達目的地。

橫浜南部景點地圖

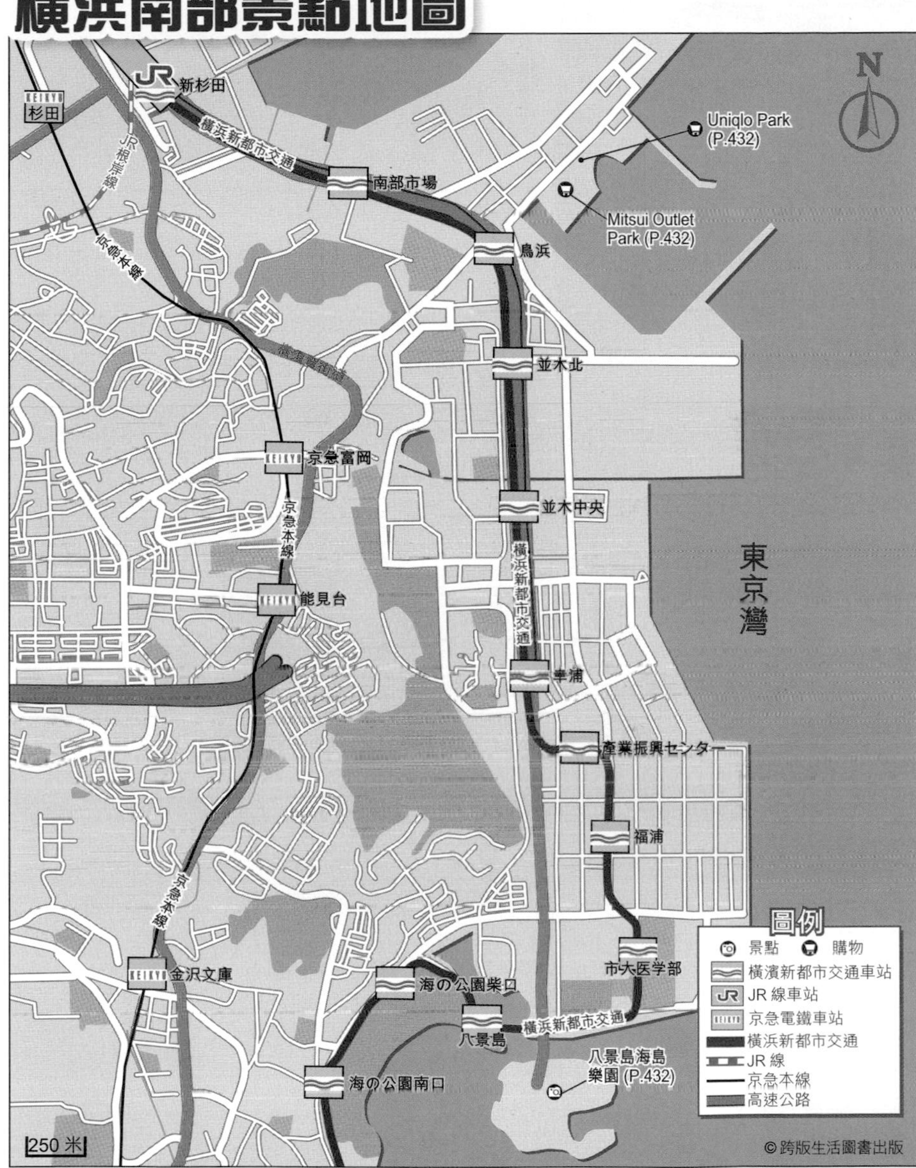

被大海包圍的主題樂園

地圖 P.431

八景島海島樂園

MAPCODE® 8 317 086*47 親子

▲園內的火車。

八景島海島樂園是橫浜海灣人工島上的一個主題樂園，佔地 4 公頃，裏面有機動遊戲和水族館設施。參觀園內不需入場費，使用遊戲設施或參觀水族館才需付費，除單項收費外，更設有任玩套票。

▲八景島是海上人工島，環境優美。

▲八景島海島樂園入場免費，使用設施才需付費。

▲過山車規模十分大。

INFO
- 神奈川県横浜市金沢区八景島
- 横浜新都市交通 (Seaside Line) 八景島站
- 每天開放時間不同，一般約為 08:00-21:00，請於出發前到網頁查詢
- Pleasure Land Pass：成人 ¥3,200(HK$118)，中、小學生 ¥2,750(HK$162)，4 歲或以上小童 ¥1,650 (HK$97) (只適用遊戲設施)
- www.seaparadise.co.jp/zh-CHT/index.html

「美加海岸」購物區

地圖 P.431

Mitsui Outlet Park

MAPCODE® 8 467 178*28

位於鳥浜站的 Mitsui Outlet Park 是一個室外特賣場，時裝品牌如 Coach、adidas、Michael Kors 等一應俱全 。

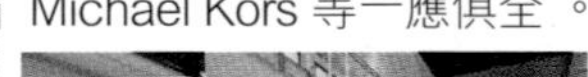

◀ Mitsui Outlet Park 有不少時裝品牌的特賣場。

◀翻新後換上簡約時尚設計風格。

INFO
- 神奈川県横浜市金沢区白帆 5-2
- 横浜新都市交通 (Seaside Line) 鳥浜站步行 10 分鐘
- 10:00-20:00
- mitsui-shopping-park.com/mop/yokohama/tw

Uniqlo Park

位於 Mitsui Outlet Park 內的 Uniqlo Park 是全球首座融合商舖和主題公園的購物中心，場內包括 1 樓 UNIQLO、2 樓 GU、3 樓 GU 童裝區，提供最新、最齊全的服飾配件，還有為小朋友設計的叢林體育場、遊戲區等遊樂設施。

◀純白簡單的外型配上鮮明奪目的「UNIQLO PARK」。

5.4 沿海小京都

鎌倉、江ノ島

鎌倉及江ノ島在橫浜以西，靠近海岸，在 1192 年至 1333 年是鎌倉時代的政治中心，而那個時期是武士統治時期（或幕府時期）的開始。因為仍保留一些寺院和古蹟，所以今天的鎌倉是一個沿海的小京都。最佳遊覽鎌倉的方式，就是乘搭江ノ電，途中也可看到一望無際的大海。

適合遊覽的季節

每年的6月，鎌倉一些寺院內的紫陽花盛放。雖然6月是梅雨季，有時會下雨，但仍推介這個月份前來看看紫色和藍色的花。當然，在其他月份來也不錯，例如櫻花盛放的春天，以及紅葉的秋天。

建議遊覽需要時間

鎌倉離東京市區約一小時車程，你可以選擇一天來回，或像日本人住一至兩晚，感受一下這個小古都。

前往鎌倉的交通

1. JR 東日本

可到鎌倉或藤沢站，然後換乘江ノ電，方法如下：

	東京站出發	新宿站出發
鎌倉站	可乘搭横須賀線直達，車程約 50 至 60 分鐘，車費為 ¥950(HK$56)	可乘搭湘南新宿線 (逗子為終點站)，換乘横須賀線，車程約 60 分鐘，車費為 ¥950(HK$56)
藤沢站	可乘搭東海道本線，車程約 40 至 50 分鐘，車費為 ¥990(HK$58)	可乘搭湘南新宿線 (小田原為終點站)，換乘東海道本線，車程約 50 分鐘，車費為 ¥990(HK$58)

2. 小田急電鐵

從新宿乘搭小田急電鐵快速急行，到江ノ島終點站，可購買「江之島鎌倉周遊票 (江ノ島・鎌倉フリーパス)」(¥1,640，HK$96)，包括新宿至江ノ島至藤沢段來回一次、無限次乘搭藤沢至片瀬江ノ島段、無限次乘搭江ノ電以及景點入場折扣。車票可在小田急旅遊服務中心 (Odakyu Sightseeing Service Center) 購買。套票詳情可參閱 www.odakyu.jp/tc/passes/enoshima_kamakura/。

TIPS!

東急電鐵推出鎌倉・江之島通票 (東急線江の島・鎌倉フリーパス，¥1,730，HK$102)，根據出發站價格會有不同。

小田急電鐵：
www.odakyu-freepass.jp/enokama/buy.html

東急電鐵：
www.tokyu.co.jp/railway/ticket/types/value_ticket/freepass.html

鎌倉區內交通

1. 江ノ電

江ノ電是鎌倉最主要的交通工具，已覆蓋所有景點。它是小型鐵路，共有 4 卡，只有一條路軌供兩個方向的列車使用，所以班次一般維持 12 分鐘。全程由鎌倉到藤沢需時 34 分鐘。

江ノ電有提供 1 日乘車票 (江ノ電 1 日乘車券 ¥800，HK$47)，更可獲部分景點入場折扣優惠，隨時上下車拍照都很方便。車票在沿線各站發售，詳情可參閱：www.enoden.co.jp/tourism/ticket/noriorikun/#Fare。

▲江ノ電有多年歷史，現存列車型號也不少，例如圖中這個型號，自 1960 年開始服役至今。

利用鐵道前往海灘！

鎌倉有 3 個海灘：由比ガ浜海水浴場 (P.436)、材木座海水浴場 (P.436) 和東浜海水浴場 (P.449)，前兩個之間很接近，由 JR 鎌倉站步行前往需約 20 分鐘，或直接乘江ノ電於由比ケ浜站下車。而東浜海水浴場則近江ノ島，乘江ノ電於江ノ島站下車即可。

►由比ガ浜海水浴場。

拍攝司機駕駛列車的情況

拍攝鐵路並非是鐵路迷才能做的事情，拍攝的內容也不一定是車，也可以是列車與其經過的地方，更可以是車長 (日本稱「鐵道員」) 執勤時的寫照。日本列車的車頭一般都可望到車長工作，拍下這個情景也是取材方向之一。不過不要使用閃光燈，以免令車長分心而發生意外。

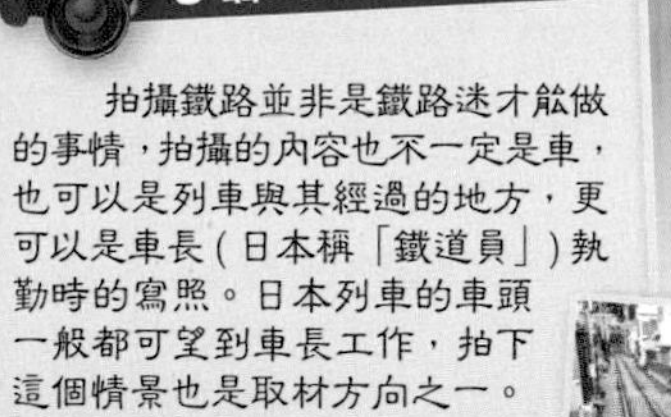

▶▶▶ 2. 單車租借

在 JR 鎌倉站東口，有租借單車的店鋪 Rent-a-Cycle。普通車全天 (4 小時以上) 收費 ¥1,600(HK$114)，而電動單車則為 ¥2,150(HK$154)。

▲在 JR 鎌倉站旁的 Rent-a-Cycle 單車店。

INFO
www.jrbustech.co.jp/kamakura/

TIPS!

有了單車，去哪裏都十分便利，更可隨時停下來歇息。不過鎌倉是一個依山近海的城市，海邊交通繁忙，行人路較窄，並不像東京都心般有完善單車線或平坦道路，不少路段甚至沒有單車線或行人路，無可避免需要在馬路上騎車，所以必須留意路面汽車。部分路段較斜，體力消耗不少。

日本漫畫家故居改建

Starbucks 御成町分店

MAPCODE® 8 216 873*52

Starbucks 作為國際連鎖咖啡品牌，在日本開設分店時不一定依其統一標準，在某些情況會考慮在地化，加入特色甚至依現有傳統改造。御成町這家分店的建築，原本是日本漫畫家橫山隆一的故居，Starbucks 保留了庭園部分，讓客人可坐在室外座位或甲板墊上品嚐咖啡。這裏都有提供精品咖啡的 Starbucks Reserve，而且是由法式壓壺沖泡的。

▶室外庭園。

▲這家 Starbucks 本來是一個日本漫畫家的故居。

▶精品咖啡製作需時，服務員先給筆者一杯普通咖啡。

▲精品咖啡，視乎品種價錢不同，由 ¥500(HK$36) 至 ¥1,000(HK$71) 不等。

▲咖啡店室內環境。

INFO
- 神奈川県鎌倉市御成町 15-11
- JR 鎌倉站西口步行 5 分鐘
- 07:00-21:00(不定休)
- www.starbucks.co.jp/store/search/detail.php?id=624%mode=concept

鎌倉、江ノ島景點地圖

圖例
購物
景點
食肆
Cafe
住宿
JR 線
小田急江ノ島線
江ノ島電鐵線
湘南單軌電車
JR 線車站
江之島電鐵線車站
小田急電鐵載站
湘南單軌電車車站
藤澤本町
小田急江ノ島線
JR東海道本線
藤沢
湘南T-SITE (P.444)
石上
本鵠沼
柳小路
江ノ島電鐵線
鵠沼海岸
鵠沼
江ノ島站景點地圖(P.449)
湘南江の島
江ノ島
片瀬江ノ島
腰越
江ノ島(P.447)
500 米
目白山下
片瀬山
西鎌倉
湘南單軌電車 (P.446)
鎌倉高校前站 (P.443)
鎌倉高校前
七里ケ浜
モアナマカイ珊瑚礁 (P.443)
bills (P.444)
Weekend House Alley (P.443)
相模灣
湘南深沢
湘南町屋
富士見町
北鎌倉
JR橫須賀線
建長寺 (P.440)
鶴岡八幡宮 (P.440)
銭洗弁財天宇賀福神社 (P.441)
Starbucks 御成町分店 (P.435)
moln (P.438)
鎌倉点心 (P.439)
豐島屋 (P.439)
鎌倉
鎌倉大佛 (P.442)
House Yuigahama (P.438)
Aki Gallery Cafe (P.437)
和田塚
長谷寺 (P.441)
由比ケ浜
Umi Cafe (P.437)
長谷
極樂寺
稲村ケ崎
由比ガ浜海水浴場 (P.434)
亀時間 (P.42)
稲村ケ崎 (P.442)
材木座海水浴場 (P.434)
© 跨版生活圖書出版

材木座海灘旁的咖啡店

地圖 P.436

Umi Cafe

MAPCODE® 8 216 063*36

這間就近材木座海灘的咖啡店有一系列熟食、甜點和飲品。例如這個熱辣辣的「ジヤガイモとアンチヨビのドリア」，即焗薯仔雜穀米，另附沙律，加 ¥250(HK$18) 可點咖啡。

▲ Umi Cafe。

▶隨餐附送的沙律。

▲室內環境舒適，可使用這裏的免費 Wi-Fi。

◀熱 Latte。

▲焗薯仔雜穀米 (¥1,100，HK$79)。

INFO
- 神奈川県鎌倉市由比ケ浜 2-16-1 若宮大路ビル 105
- 江ノ電和田塚站步行 6 分鐘
- 11:30-18:00　www.umicafe.jp
- 休 星期三、每月第 1,3,5 個星期四 (10 月 -4 月星期三、四)

傳統木屋小店

地圖 P.436

Aki Gallery Cafe

MAPCODE® 8 216 254*17

遠離鎌倉車站的人流，有一間傳統日式木屋，Aki Gallery Cafe 位於寧靜的平民住宅地帶，舒適的氛圍令它成為這一帶品嚐美食和欣賞古都環境的最好選擇。這裏亦有場地租予藝術家或攝影師開設展覽。

◀ Cafe 由日式傳統民居改建。

▶可試試他們的 Keema Curry(キーマ，¥820，HK$57)，內有肉碎、洋葱、蒜等，甜而不辣，店主還提供鹽和辣椒粉讓你調味。

▲優美的環境。

INFO
- 神奈川県鎌倉市材木座 1-4-5
- JR 鎌倉站西口步行 10 分鐘
- 10:00-17:00
- 休 星期一

是咖啡店，還是圖書館？

House Yuigahama

地圖 P.436

MAPCODE® 8 215 292*30

▲一整面牆都是分門別類好的圖書。

House Yuigahama 咖啡店有近乎圖書館的功能，店內其中一面牆放了 400 多本書，店家把書籍分類，包括旅行、家居設計、生活風格等，並用英文 A-Z 排列次序，如某些書籍談論市鎮，就分類到「T」(Town)。書籍不設外借服務，食客在這裏除了真正的食物，也可找到你的精神食糧。

▲正門。

▲用餐環境。

◀ Mango Cheese Cake(￥600，HK$43)，充滿淡淡芒果香味，附送一球雪糕。另加￥350(HK$25) 可轉飲 Latte。

INFO
- 神奈川県鎌倉市由比ガ浜 1-12-8
- 江ノ電和田塚站步行 2 分鐘
- 11:00- 當天日落時間
- 休 星期二、三
- www.instagram.com/houseyuigahama/

日系可愛選物店

moln

地圖 P.436

這間小店位於鎌倉站的鐵路旁，老闆嚴選了多款日本手作人設計和製作的商品，例如毛巾、陶瓷和吊飾等，放在店內出售，因此，每一件商品都反映了老闆的個性。老闆還特意從法國及英國進口不同的二手古董，希望把每一件商品背後的故事傳遞開去，使店內的商品彷彿在訴說自己的身世似的，有一種讓人平靜下來的魔力。

◀ moln 位於2樓，看到牌後上樓梯，便可到達。

◀店內環境。

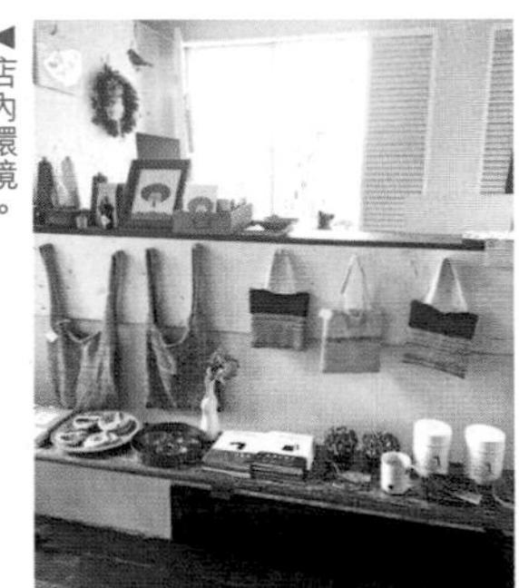
◀店家嚴選的小物質素都極高。

TIPS!
日語中的 1 階即香港人所說的地下 G/F，2 階即香港人所說的 1 樓。

INFO
- 神奈川県鎌倉市御成町 13-32 2F
- JR「鎌倉」站下車，從西口步行約 4 分鐘
- 12:00-18:00　休 週一、二
- 0467-38-6336　moln.jp

(圖文：沙發衝浪客)

以鴿子餅乾著名

地圖 P.436

豊島屋

MAPCODE® 8 246 050*41

售賣受歡迎的鴿子餅乾(鳩サブレー)的豊島屋，於 1894 年明治時期開業，現在有百多年的歷史。鴿子餅乾的成份有小麥粉、砂糖及奶油。鴿子餅很大塊的，吃起來口感鬆脆。它是鎌倉重要手信，不少日本人都會購一袋、一盒甚至一罐。如果要買這款手信，記得要小心保護裏面的餅乾啊！

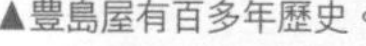

▲豊島屋有百多年歷史。

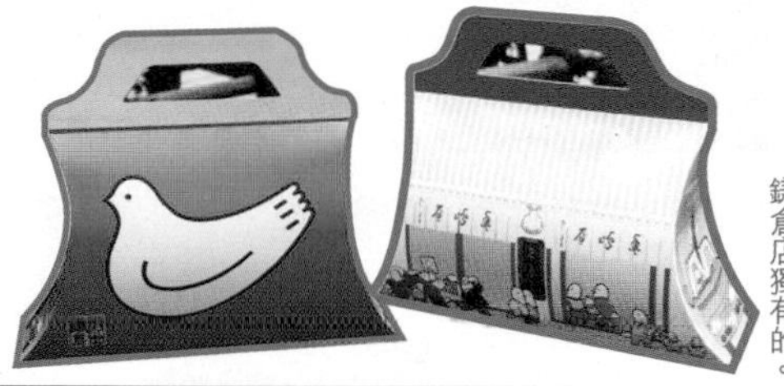

▲這是 4 件餅乾的包袋(¥540，HK$32)，印上了大鴿仔，另一面的圖案是鎌倉店獨有的。

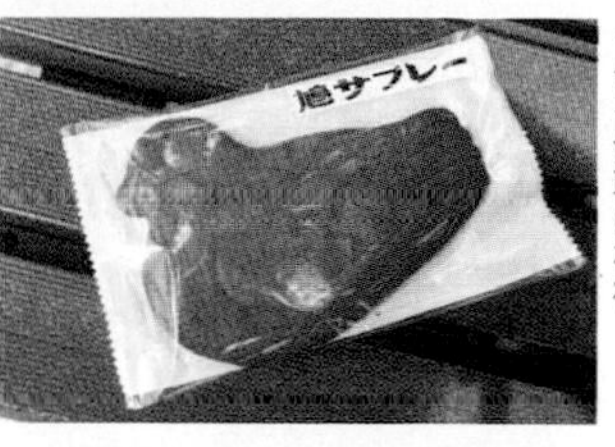

▲鴿子餅乾的模樣。

INFO
- 神奈川県鎌倉市小町 2-11-19
- JR、江ノ電鎌倉站東口步行 5 分鐘
- 09:00-19:00　休 星期三不定期
- www.instagram.com/hato.0810.36/

熱烘烘的新鮮豬肉包

地圖 P.436

鎌倉点心

MAPCODE® 8 246 414*88

在經過鎌倉小街道小町通時，從外面看到店內有大豬和小豬，可見鎌倉点心既想維持傳統招牌，也想告訴行人他們的主打：以豬肉為餡料的包子。另有牛、海鮮餡料可供選擇，只佔很小比例。他們所售的是剛剛蒸好的包，所以非常熱，要等一會才好吃，裏面餡料不少，豬肉也很新鮮。除了賣食物外，店鋪還賣豬的精品呢！

▲鎌倉点心以豬肉包為主打。

▲門外的大豬和小豬。

▲包的款式不少，除了受歡迎的豬肉，還有牛、海鮮選擇。

▲豬肉包(豚まん，¥450，HK$26)。

▲店內的豬精品。

INFO
- 神奈川県鎌倉市雪ノ下 1-8-14
- JR、江ノ電鎌倉站東口步行 7 分鐘
- 10:00-18:00(年中無休)
- www.kamakura-tenshin.com

鎌倉心臟地帶

地圖 P.436

鶴岡八幡宮

MAPCODE® 8 247 664*60

▲鶴岡八幡宮為源氏所建立，現時為鎌倉重要的信仰中心。

在鎌倉幕府成立前，鎌倉是源氏領土，源賴義在 1063 年成立平定叛亂後，在鎌倉建立了神社以供奉八幡神。到了 1180 年，源氏後代、鎌倉幕府成立者源賴朝討伐平氏，把祖先所建立的神社搬到現址，成為現今的鶴岡八幡宮，在幕府成立後至今仍是鎌倉的心臟地帶，發揮重要的政治功能。德川家康開始江戶時期，也有為這地方進行維修，如今裏面建築成為重要的文化遺產。

▲不少人包括外國遊客，都把願望寫在繪馬上。

▲裏面的環境十分優美。

◀結婚儀式正在舉行中。

INFO
- 神奈川県鎌倉市雪ノ下 2-1-31
- JR、江ノ電鎌倉站東口步行 8 分鐘
- www.hachimangu.or.jp

鎌倉五山第一位

地圖 P.436

建長寺

MAPCODE® 8 277 390*00

鎌倉幕府時期曾建立「鎌倉五山」的制度，選擇 5 座寺院，並確立其社會及宗教地位，「五山」有排名之分，而建長寺屬於第一位，在當時地位最高。建長寺位於山上，可看到龍王殿襖繪、菩薩像，不過不是每處都對外開放。沿路上斜，就是觀景台，可飽覽鎌倉和相模灣，至於富士山，就要靠運氣了。

▲建長寺在鎌倉幕府時期，地位最高。

◀訪客在摸寶頭盧尊者。

▲法堂內的龍王殿襖繪。

◀富士見台。

▲觀景台可望到鎌倉及相模灣。

◀沿此路可上觀景台。

INFO
- 神奈川県鎌倉市山ノ内 8
- JR、江ノ電鎌倉站東口步行 20 分鐘
- 08:30-16:30
- 成人 ¥500(HK$36)，小童 ¥200(HK$14)
- www.kenchoji.com

真的在洗錢！

地圖P.436

錢洗弁財天 宇賀福神社

MAPCODE® 8 245 613*33

在這個神社，人們需要經過隧道，然後再進入奧宮，拿出自己的硬幣和紙幣放進籃內，再用勺子舀水到自己的錢。廣東話有句話叫「洗錢」，意即花錢，現在用水洗呀洗，真的名副其實在清洗金錢了。這樣做的原因，據說可以聚財，甚至財運亨通，信不信由你了。

▲宇賀福神社的洗錢信仰本身有趣，而它的入口要經過隧道，與其他神社真的很不同！

▲隧道。

◀奧宮：洗錢的地方。

▲把錢放在這些籃子裏。

▲用勺子舀水到金錢上。

◀在奧宮內，人們都在洗自己的金錢。

INFO
- 神奈川県鎌倉市佐助 2-25-16
- JR、江ノ電鎌倉站西口步行 15 分鐘
- 08:00-17:00

觀賞紫陽花最佳地點

地圖P.436

長谷寺

MAPCODE® 8 214 100*66

來到長谷寺，除了可以見到可愛的小地藏外，還可以看到不少地藏菩薩像排在一起，甚為壯觀。但是長谷寺最精彩的，是6月盛放的紫陽花，沿着路上看相模灣的觀景台時便看到。當寺院關門時，很多人都捨不得離開，要靠工作人員不斷提醒才行啊！

▲寺內可愛地藏。

◀從長谷寺望出去的海灘和海岸。

▲菩薩像十分多。

◀紫陽花開得十分燦爛。

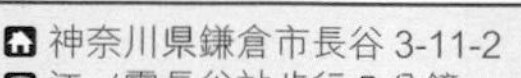

INFO
- 神奈川県鎌倉市長谷 3-11-2
- 江ノ電長谷站步行 5 分鐘
- 6 月至 4 月 08:00-17:00；7 月至 3 月 08:00-16:30
- 成人 ¥400(HK$29)，小童 ¥200(HK$14)
- www.hasedera.jp

全日本最大的室外佛像

地圖 P.436

鎌倉大佛

MAPCODE® 8 214 561*74

大佛是鎌倉的重要標誌之一。雖然這個大佛不及香港大嶼山的那個，也不比奈良東大寺的那個大，但對鎌倉來説，已經是最大，也是全日本室外最大。大佛於 1252 年建造，高 11.3 米和重 121 噸，原本放置在寺院內，不過後來寺院被海嘯沖走，只留下了佛像。這個大佛的內部是開放的，只須加 ￥50(HK$3)，不過裏面很小，三兩分鐘便看畢。

▲銅造的大佛是全日本最大的露天大佛，經過多年的洗禮，大佛已經變成綠色。

◀大佛的臉孔。

INFO
- 神奈川県鎌倉市長谷 4-2-28
- 江ノ電長谷站步行 7 分鐘
- 4 月至 9 月 08:00-17:30；10 月至 3 月 08:00-17:00；大佛內部 08:00-16:30
- 成人 ￥300(HK$18)，小學生 ￥150(HK$11)
- www.kotoku-in.jp

攝影角度：(蹲低)向上拍

有些人會蹲低拍攝，除了可以把更多事物攝入鏡頭內，還可以展現出主體的氣勢。例如大佛，筆者覺得不一定從遠處拍下整體，其實也可以近一點向上拍，甚至以蹲低的姿勢，比香港更小的大佛，都會有它的氣勢。

▲大佛內部。

望海勝地

地圖 P.436

稻村ケ崎

MAPCODE® 8 183 061*60

這裏是民宿工作人員推薦給筆者前往的地方。在鎌倉海岸的一座小山丘裏，可以望到江ノ島(還有富士山，但真的需要運氣！)和日落，也能望到一望無際的大海。如果你是騎單車來的話，可以在這裏休息和吹海風喔！

▲稻村ケ崎是海邊的一個小山丘。

▲從稻村ケ崎望到的江ノ島。

INFO
- 江ノ電稻村ケ崎站步行 7 分鐘

海邊購物中心

地圖 P.436

Weekend House Alley

MAPCODE® 8 181 228*44

由 7 座白色建築物組成的 Weekend House Alley，是小型購物商場。建築設計其實沒有什麼特別，甚至覺得白色不耐看、易髒，但有時沿着小巷就看見地平線，有時在樓梯一角找到朋友可以談天，沒有人騷擾。商場現時有 5 間商店，包括理髮店、時裝店、餐廳和寵物用品店。

INFO
- 神奈川県鎌倉市七里ガ浜 1-1-1
- 江ノ電七里ケ浜站步行 2 分鐘
- 視乎各商店而異
- www.weekend-house-alley.jp

◀ Weekend House Alley 由 7 座建築組成的商場。

◀商場內部是室外空間。

人氣海邊咖喱餐廳

地圖 P.436

モアナマカイ珊瑚礁

MAPCODE® 8 181 253*41

人氣

珊瑚礁是一間以咖喱為主的餐廳，它兩間分店同樣位於七里ケ浜，其中モアナマカイ珊瑚礁正好就近海邊，室外位置對着一望無際的大海。這裏所提供的咖喱是吃起來帶點辣，但不會是印度咖喱那種辣。咖喱上加上少許芝士，對於不喜歡芝士的人，不必擔心芝士味濃，筆者反而覺得芝士彷彿不存在，加芝士的原因在於令菜式更香而已。菜式價格介乎 ¥ 1,700- 2,500(HK$100-147)，比其他提供咖喱的餐廳高，但是面對香濃咖喱飯，又能對着美景用餐，還是值得的。

▲モアナマカイ珊瑚礁位於海邊，設有露天座位，從圖中可見，很多人都在排隊。

◀味道香濃的咖喱茄子碎牛肉飯（ナスとひき肉のカレー，Curry of an eggplan and ground meat，¥1,400，HK$100），咖喱汁上加了一些芝士。

▲面對一望無際的海景，心境也平靜下來。

INFO
- 神奈川県鎌倉市七里ガ浜 1-3-22
- 江ノ電七里ケ浜站步行 4 分鐘
- 10:30-14:30、16:30-20:00
- www.sangosho.net

關東百選車站之一

地圖 P.436

鎌倉高校前站

MAPCODE® 8 180 373*06

◀車站附近的平交道，《灌籃高手》的場景之一。

鎌倉高校前站是江ノ電唯一對着大海的車站，也是關東車站百選之一。從車站附近通往學校的小斜坡，可以見到列車駛經平交道的情形，也是動畫《灌籃高手》/《男兒當入樽》出現過的地方喔！

◀在這個站，可以一邊等車，一邊觀賞相模灣的海景。

世界第一早餐 bills

地圖 P.436

◀ bills 位於 2 樓，能飽覽美麗海景。

號稱世界第一早餐的 bills 來自澳洲，其招牌菜為加了 Ricotta cheese 的香蕉班戟，口感軟綿美味，令人一試難忘。相對於東京其他分店來説，位於七里ケ浜的 bills 不用排隊，而且坐擁無敵海景，予人輕鬆悠閒的感覺。

▲餐廳面向湘南海岸，景致迷人。

◀ Ricotta 芝士班戟配香蕉及蜂巢奶油，￥1,500(HK$110)。

INFO

- 神奈川県鎌倉市七里ガ浜 1-1-1 Weekend House Alley 2F
- 江之島電鐵「七里ケ浜」站下車，往海邊方向步行約 2 分鐘
- 週一 07:00-17:00，週二至日 07:00-21:00
- 0467-39-2244
- billsjapan.com/jp

（圖文：沙發衝浪客）

幽靜的蔦屋書店 湘南 T-SITE

MAPCODE® 15 296 662*17

地圖 P.436

▲湘南 T-SITE。

如果你去過代官山的蔦屋書店 (P.139)，相信你會對這個「日本誠品」感到印象深刻，除了代官山，蔦屋書店在世田谷的二子玉川 (P.302)，及湘南 T-SITE 都有分店。要數 3 間的特色，最早開設的代官山分店較熱鬧，二子玉川的加入較多家電元素，而有蔦屋家電之稱，至於湘南 T-SITE 則較像代官山店，但因位處新型住宅區內，遠離繁華鬧市，人流較少，所以可花一整個下午慢慢閒逛。

書店講求的是尋求或塑造理想的生活形態。何謂理想沒有一定答案，不妨透過翻翻書店內書籍、細看產品、在室外座椅坐坐，找出屬於你的答案。

▲休憩空間。

▲雖離市區較遠，但人流較少，逛店時十分舒適。

INFO

- 神奈川県藤沢市辻堂元町 6-20-1
- 1. 小田急電鐵江ノ島線本鵠沼站步行 15 分鐘
  2. JR、江ノ電藤沢站北口 2 號乘車處乘搭「藤 04」或「藤 06」巴士，於「藤沢 SST 前」站下車
- 1 號館及 2 號館 08:00-21:00，3 號館 09:00-21:00
- real.tsite.jp/shonan/

江ノ電餡餅

扇屋

MAPCODE® 15 209 782*06

地圖 P.449

往藤沢方向的列車駛入江ノ島站前，留意左手邊有一間零食店，外面有一來自昔日江ノ電車型的電車車頭，售賣以電車作為盒包裝，內有餡料的「最中」餅，稱為「江電もたか」(江電最中)，6 種包裝代表 6 種味道，包括抹茶、梅豆、芝麻等，每個 ¥130(HK$9)。不過與都電荒川線(P.279)不同的是，這個餅不是列車模型，有一點可惜啊！不過，味道還是不錯，吃起來甜甜的。

▲扇屋為日式零食屋。店鋪外有一舊江ノ電電車頭。

◀門口也貼了關於江ノ電的照片，和昔日使用的路線牌。

▶可惜這個餅不是電車造型。

▲江電もたか盒包裝上的車窗，有富士山、鎌倉大佛、江ノ島，都是電車可看到或經過的地方。底部展示了江ノ電路線全圖。

◀可以買 10 個一盒裝(¥1,300，HK$93)作為手信。

INFO
- 神奈川県藤沢市片瀬海岸 1-6-7
- 江ノ電江ノ島站步行 2 分鐘；或小田急電鐵片瀬江ノ島站步行 12 分鐘
- 09:00-17:00
- www.shonanportsite.jp/oogiya/oogiya.htm

來頭不小的店主 + 廚師

The Market SE1

MAPCODE® 15 209 782*55

地圖 P.449

小店 The Market SE1 主要售賣雪糕，單個 ¥450(HK$26)，兩個 ¥540(HK$32)，味道包括士多啤梨、雲呢拿、朱古力等，來自新鮮食材，你可以聽過店主英語介紹才決定味道喔！筆者吃過雲呢拿味，覺得甜度適中，難怪吸引不少人來試。除了雪糕，也售賣小食如薯條。

▲不少人來到 The Market SE1，是為了感受店主的廚藝水準，也來試試他的雪糕。

TIPS!

店主新安夫從外國回來，開設了這間店鋪。出道時，他在日本曾為一間米芝蓮一星餐廳工作，之後在英國當廚師 10 年，也任賽車隊(如 F1)廚師，為車手提供膳食，可見廚藝累積一定經驗，英語也十分不錯。所以不妨多與他交談，了解他多一點，他是十分樂意的！

▶雲呢拿雪糕，¥450(HK$26)。

◀雪糕味道有數種，可以先聽聽店主介紹才決定味道。

INFO
- 神奈川県藤沢市片瀬海岸 1-6-6
- 江ノ電江ノ島站步行 2 分鐘；或小田急電鐵片瀬江ノ島站步行 12 分鐘
- 11:00-17:00
- themarketse1.com

日劇《流れ星》場景之一

地圖 P.449

新江ノ島水族館

MAPCODE® 15 208 630*63

你有看過 2010 年的秋季日劇《流れ星》嗎？這是一套由竹野內豐與上戶彩主演的劇集，在鎌倉取景，其中一個場景就在新江ノ島水族館，竹野內豐在那裏工作，而上戶彩在不開心時便購票進場參觀。裏面可了解不同種類的海洋生物外，還可以在室內看到海豚演出，表演場地的背景還是富士山喔！

▲新江ノ島水族館是日劇《流れ星》場景之一。

INFO
- 神奈川県藤沢市片瀬海岸 2-19-1
- 江ノ電江ノ島站步行 13 分鐘，小田急電鐵片瀬江ノ島站步行 7 分鐘
- 約 09:00-17:00(每月不同)
- 成人 ￥2,800(HK$165)，高中生 ￥1,800(HK$106)，中學生及小學生 ￥1,300(HK$76)，3 歲或以上小童 ￥900(HK$53)
- www.enosui.com

龍宮車站

地圖 P.449

小田急電鐵片瀨江ノ島站

MAPCODE® 15 208 582*25

◀以龍宮為主題的片瀨江ノ島站。

小田急電鐵片瀨江ノ島站的入口以龍宮為主題，由於車站造型十分特別，所以被選為「關東車站百選」之一。

INFO
- 乘搭小田急電鐵，在片瀨江ノ島站下車

難得一見的空中電車！

地圖 P.436

湘南單軌電車

江ノ島站除了是江ノ島電鐵及小田急電鐵車站外，也是湘南單軌電車的車站。這種電車一般不為遊客所使用，是因為沿途以平民區為主。不過，為什麼要介紹這款單軌電車呢？因為很少機會見到這種路軌掛在車頂上的列車，除了鎌倉，也只在上野動物園 (P.257) 和千葉才有。

當筆者向民宿工作人員提及會拍攝這款鐵路時，他笑說 Dangerous ！因為列車剛好在行車路及行人路上面，完全沒有設施把兩者隔開，不排除脫軌而掉下來的可能性，不過這種意外從未發生過，在車上不會感到不穩。

◀湘南單軌單車是一款少見的鐵路，路軌在車頂而不是在底部。

INFO
- 乘搭江ノ島電鐵或小田急電鐵，在江ノ島站轉乘湘南單軌電車

連島沙洲 地圖 P.436、449

江ノ島

江ノ島 (或江の島) 原本是一個島嶼，不過在關東大地震後，與陸地連接，成為連島沙洲。車輛只能進入江ノ島入口，裏面只能步行，或付費乘搭電梯上落山，不過筆者還是建議不要使用電梯，因為慢慢走、慢慢看也可，不會太辛苦。

▲從鎌倉高校前看的江ノ島。

江ノ島是一個貓島！

在江ノ島不難見到貓，睡覺的、沒事出來走的都有。據說這個島嶼的貓多達 1,000 隻，大多數都是流浪的，但有些遊客會餵飼他們，令牠們肥肥白白，甚至繁衍下一代，使數目有所增加。

江ノ島人氣小食 地圖 P.449

あさひ本店

MAPCODE® 15 178 631*36

由於雜誌、電視節目都介紹過這間商店，所以幾乎每次光顧都要大排長龍。店內最受歡迎的是大片到不得了的丸焼きたこせんべい，透過鐵板機器把八爪魚大力壓下去，成為一塊￥600(HK$35) 的香脆美食 (你也可說是一張紙)！

▶あさひ本店客人絡繹不絕。

▲丸焼きたこせんべい，￥600(HK$35)。

INFO
- 神奈川県藤沢市江の島 1-4-8
- 09:00-18:00
- 休 星期四 (如遇假期則順延翌日，雨天休息)
- www.murasaki-imo.com

攝影展館 地圖 P.449

江の島ふぉとみゅうじあむ

MAPCODE® 15 178 421*63

於大正 9 年 (1920 年) 創立的攝影展館，又名片野寫真館。在小小的空間內，展出江ノ島昔日珍貴人文風俗和傳統習慣照片，也展出立體風景照片。店外還有一些貓的精品和明信片發售。

▲江の島ふおとみゆうじあむ是攝影展館。

▶館外擺賣貓精品。

INFO
- 神奈川県藤沢市江の島 1-9-3
- 09:00-17:00 (星期四休息) $ ￥300(HK$21)
- www.facebook.com/enoshimaphotomuseum

島上信仰中心

江島神社

MAPCODE® 15 177 597*11

▲江島神社的入口：瑞心門。

江島神社分別祭祀 3 位姊妹神，包括多紀理比賣命、市寸島比賣命及田寸津比賣命，所以神社內主要由奧津宮、中津宮及邊津宮構成。3 座宮創立的時間不同，也分佈在島上不同角落。邊津宮於 1206 年建成，及後於是 1675 年及 1976 年重建，保留直到現在，裏面有弁財天像，是日本三大弁財天之一；中津宮建於 853 年，現在所看到的是 1996 年重建版本；奧津宮於 1979 年修復，曾於 1841 年燒毀，1854 年重建，其歷史可追溯至 1182 年，源賴朝奉獻石鳥居一事。除了這個 3 個主要部分，還有八坂神社、秋葉社和龍宮。

▲邊津宮。

▲中津宮。

▲奧津宮。

▼龍宮。

INFO
- 神奈川県藤沢市江の島 2-3-8
- 08:30-17:00
- www.enoshimajinja.or.jp

TIPS!

龍恋の鐘與江ノ島出現的傳説

在龍宮附近的龍恋の鐘，不少情侶專程前來求幸福美滿，其實它的出現與江ノ島的緣起很有關係。傳説鎌倉有條五頭龍，牠使居民經常受苦，直至有一天，仙女出現使天崩地裂，形成了江ノ島。五頭龍愛上仙女，希望與她結婚，卻因為其惡行而遭拒絕。於是，五頭龍改過自新，仙女因此決定和牠結婚了！來到這裏的情侶，都會帶備一把寫上兩人名字的鎖或心形膠片，並扣在鐵網上祈求幸福。

江ノ島站景點地圖

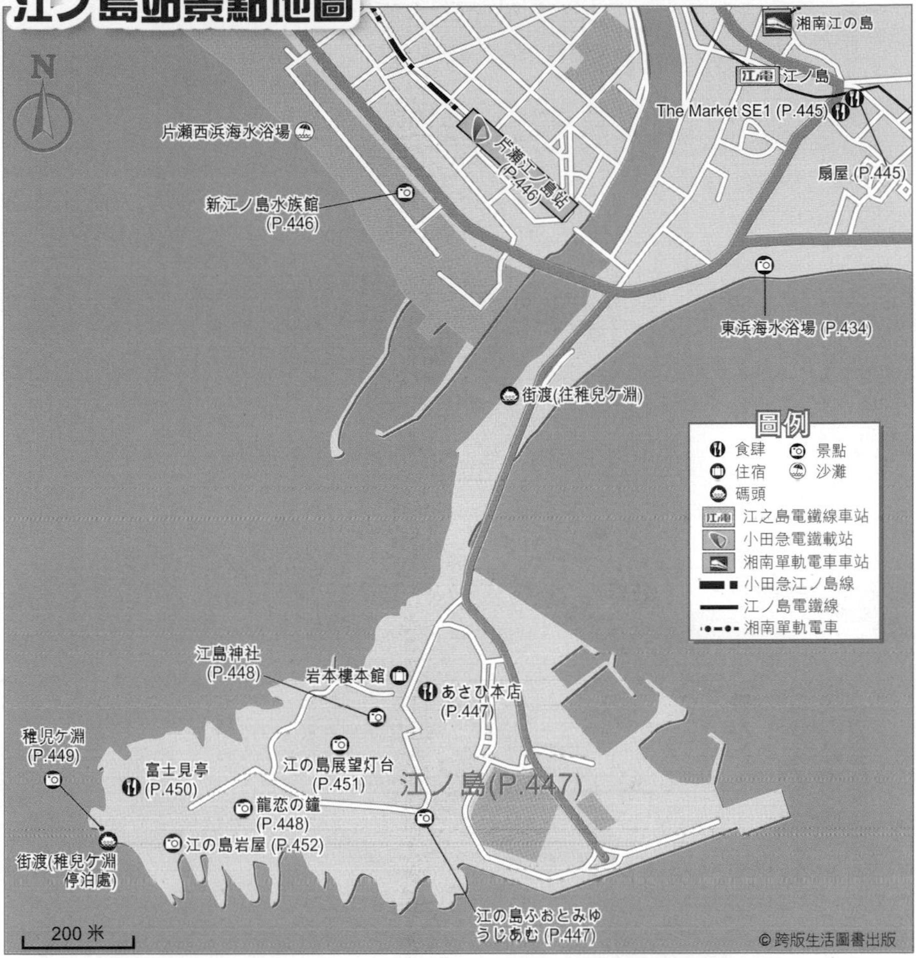

N
湘南江の島
江ノ島
The Market SE1 (P.445)
片瀬西浜海水浴場
片瀬江ノ島站 (P.446)
扇屋 (P.445)
新江ノ島水族館 (P.446)
東浜海水浴場 (P.434)
街渡(往稚兒ケ淵)
圖例
食肆　景點
住宿　沙灘
碼頭
江之島電鐵線車站
小田急電鐵載站
湘南單軌電車車站
小田急江ノ島線
江ノ島電鐵線
湘南單軌電車
江島神社 (P.448)
岩本樓本館
あさひ本店 (P.447)
稚児ケ淵 (P.449)
富士見亭 (P.450)
江の島展望灯台 (P.451)
江ノ島(P.447)
龍恋の鐘 (P.448)
江の島岩屋 (P.452)
街渡(稚兒ケ淵停泊處)
江の島ふおとみゆうじあむ (P.447)
200 米
© 跨版生活圖書出版

神奈川景勝 50 選之一

地圖 P.449

稚児ヶ淵

MAPCODE® 15 177 399*74

稚児ケ淵位於江ノ島最西端。名字來自一個少年和藏主在懸崖跳海自殺的傳説。時至今日，我們可以從江島神社的奧津宮沿樓梯走到懸崖下。由於在江ノ島需要經常走路，所以來到這裏時，有些人決定休息一下，正面看到伊豆半島，幸運的話，右邊可望富士山，位置也有利看日出和日落。1979年，這裏被選為神奈川景勝50選之一。看美風景的同時，不要忘了沿橋到江の島岩屋看洞窟 (詳見 P.452)。

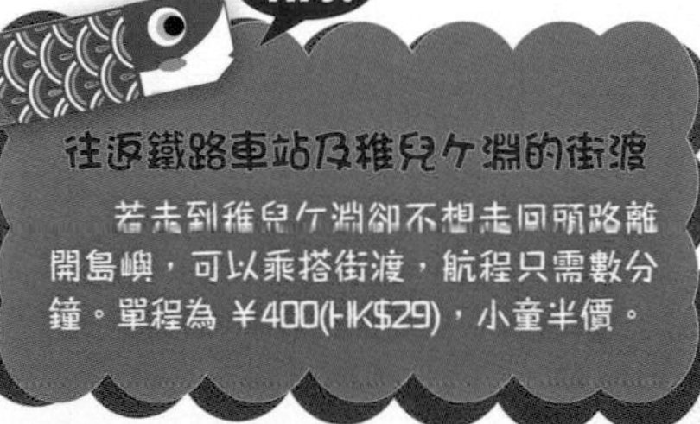

◀稚児ケ淵的懸崖下，可觀賞伊豆及富士山景致。

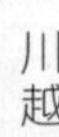

飽覽太平洋的餐廳

地圖 P.449

富士見亭

MAPCODE® 15 177 461*66

富士見亭面向太平洋、西面的伊豆半島和富士山，如果能見度高的話可看到富士山！這裏有一些鎌倉特色美食，如釜揚蓋飯しらす丼 (¥1,250，HK$74)：利用在相模灣捕獲的「シラウオ」(即香港俗稱的白飯魚)，大量蓋在飯上，再灑上芝麻、葱、紫菜，成為美味的菜式。

◀室外用餐環境。

◀▼しらす丼(¥1,250，HK$74)，飯面有不少白飯魚。

▲望着海邊用餐，心情特別輕鬆。

▲能見度高的時候，從富士見亭可見富士山。

INFO
- 神奈川県藤沢市江の島 2-5-5
- 09:00-日落

飽覽相模灣

地圖 P.449

江の島展望灯台

MAPCODE® 15 177 534*71 推介

江の島展望灯台為島上地處最高的建築，身在頂層等於在島上最高點。這座塔有 101.5 米高，曾經以為這一點點高度跟身處塔的地面層沒分別，原來這樣想並不正確。小小的高度差別，看到的風景已有很大分別：更遠、更多。它讓你飽覽相模灣，由東面的三浦半島，到西面的伊豆半島、箱根、富士山等，當然亦可看到夕陽美景。展望台分了室內和室外兩層，拍攝照片時不用擔心玻璃反光。

▲雖然塔只有 101.5 米高，但這小小的高度已可讓人們望到更廣更遠的風景。

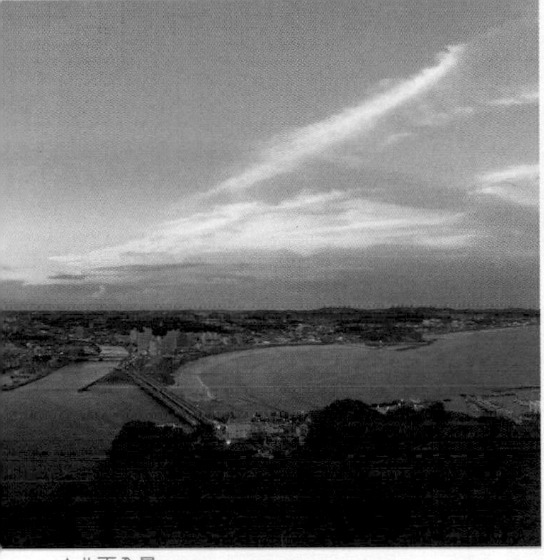

▲北面全景。

INFO
- 神奈川県藤沢市江の島 2 丁目 3 番地
- 09:00-20:00(最後入場時間 19:30)
- 成人 ￥500(HK$29)，小童 ￥250(HK$15)
- enoshima-seacandle.com

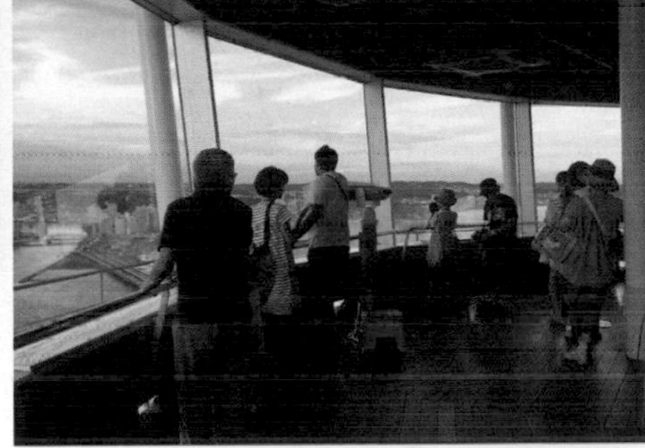

▲室內觀景台。

湘南の宝石

每年 11 月至翌年 2 月，江之島就會舉行名為「湘南の宝石」的燈飾活動，展望灯台這裏都會亮起漂亮又浪漫的燈飾。

▲連欄杆也滿佈閃令令的燈飾。(攝影：Tim Ngai)

▲漂亮又浪漫的燈飾。(攝影：Tim Ngai)

海水侵蝕的自然洞窟

江の島岩屋 MAPCODE® 15 177 373*74

由於長期受到海水侵蝕，一個個的洞窟在江ノ島形成，其中兩個開放予公眾。裏面的燈光十分陰暗，沒有加上大量燈光破壞內部的氣氛，而每名參觀者都會有一支蠟燭。岩屋內放置了一些石像，以及龍的雕塑。據説歷史不少名人，例如弘法大師、源賴朝都曾到訪這裏。

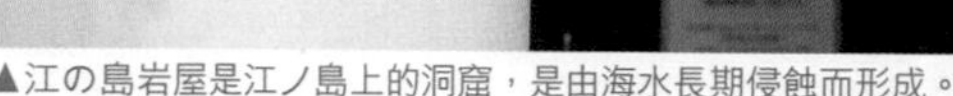
▲江の島岩屋是江ノ島上的洞窟，是由海水長期侵蝕而形成。

►參觀者獲蠟燭一支。

▲裏面的燈光非常暗。

◄洞窟內的石像。

▲還看到龍呢！

INFO
- 藤沢市江の島 2
- 在稚児ヶ淵 (詳見 P.449) 沿橋步行前往
- 09:00-17:00
- 成人及高校生 ￥500(HK$36)，小學生及中學生 ￥200(HK$14)
- www.fujisawa-kanko.jp/spot/enoshima/17.html

5.5 細味海景

三浦半島

三浦半島位於神奈川縣的東南部，包括鎌倉北部、橫須賀南部，還有本章重點介紹的三崎港，佔地頗廣。由東京、橫浜前往三崎港需時比前往鎌倉稍多，但三崎港的人流較少，若你喜歡海，這裏是不錯的選擇，建議逗留一、兩晚，順道遊覽橫須賀附近的猿島和美術館。

適合遊覽的天氣及時間

晴天或陰天：下雨的話就不能去猿島等室外景點。

建議遊覽需要時間

若由橫浜出發的話，可選擇一天來回，遊覽一至兩個景點，如橫須賀美術館。若有兩至三天的時間，建議住在三崎港，並在附近遊覽。

前往三浦半島的交通

▷▷▷ 從東京、橫浜出發：

乘搭京急電鐵前往三崎口站。

三浦半島 1 Day/2 Days きっぷ

鐵路公司推出了三浦半島的1天和2天車票，方便一天遊或住宿一晚的旅客。車票可在京急沿線車站售票機購買，購買後會有3張車票：

▲三浦半島 2Days きっぷ車票。

1. A券：於第一程前往三浦半島使用，出閘時出閘機會收回；
2. B券：在有效期內於三浦半島內乘搭京急電鐵和巴士使用，車票不會被收回，返回出發地時也適用；
3. 優惠券：一些景點的入場折扣優惠和資訊。

INFO

按出發站而定，東京品川出發：1天￥2,140(HK$126)，2天￥2,340(HK$138)；橫浜出發：1天￥1,620(HK$95)，2天￥1,930(HK$114)

www.keikyu.co.jp/visit/otoku/otoku_miura.html

三浦半島景點地圖

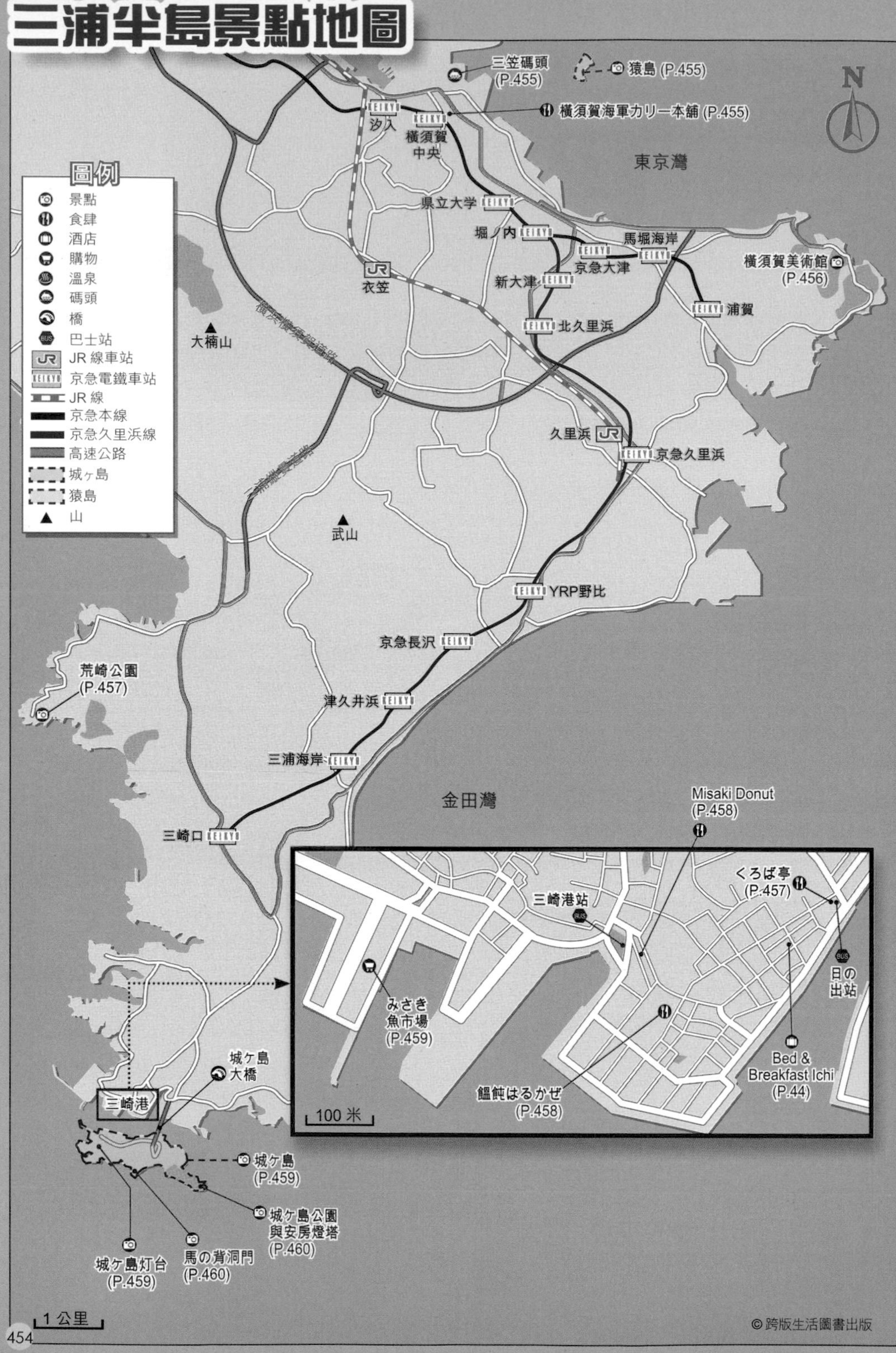

三笠碼頭 (P.455)
猿島 (P.455)
橫須賀海軍カリー本舗 (P.455)
N
汐入
橫須賀中央
東京灣
圖例
景點
食肆
酒店
購物
溫泉
碼頭
橋
巴士站
JR 線車站
京急電鐵車站
JR 線
京急本線
京急久里浜線
高速公路
城ヶ島
猿島
山
県立大学
堀ノ内
馬堀海岸
京急大津
橫須賀美術館 (P.456)
衣笠
新大津
浦賀
北久里浜
大楠山
久里浜
京急久里浜
武山
YRP野比
京急長沢
荒崎公園 (P.457)
津久井浜
三浦海岸
金田灣
Misaki Donut (P.458)
三崎口
くろば亭 (P.457)
三崎港站
日の出站
みさき魚市場 (P.459)
Bed & Breakfast Ichi (P.44)
饂飩はるかぜ (P.458)
100 米
城ヶ島大橋
三崎港
城ヶ島 (P.459)
城ヶ島公園與安房燈塔 (P.460)
城ヶ島灯台 (P.459)
馬の背洞門 (P.460)
1 公里

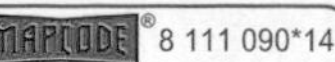

海軍咖喱膳食

橫須賀海軍カリー本舖

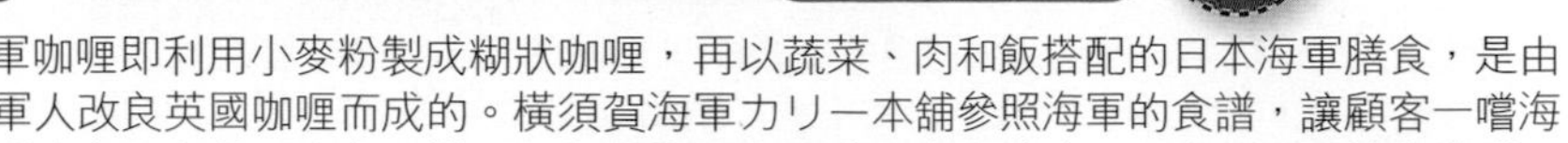

MAPCODE® 8 111 090*14

必吃

地圖 P.454

海軍咖喱即利用小麥粉製成糊狀咖喱，再以蔬菜、肉和飯搭配的日本海軍膳食，是由昔日的軍人改良英國咖喱而成的。橫須賀海軍カリー本舖參照海軍的食譜，讓顧客一嚐海上自衛隊的咖喱餐飲。當中的橫須賀海軍咖喱牛或雞，咖喱汁十分豐富，而且辣中帶甜，可撈滿飯。顧客還可選配牛奶，以及海軍咖啡或紅茶，中和咖喱的辣味。

▶餐廳1樓有手信賣。

◀海軍珈琲。

▲前菜。

◀橫須賀海軍カリー本舖。

◀主菜橫須賀海軍咖喱牛或雞，份量豐富，¥1,650(HK$97)。

INFO

- 神奈川県横須賀市若松町 1-11-8 ＹＹポート横須賀
- 京急電鐵橫須賀中央站步行 2 分鐘
- 2 樓餐廳 11:00-16:00(最後點餐時間 15:30)；星期六、日及公眾假期 11:00-20:00(最後點餐時間 19:30)；1 樓手信店 09:00-18:00
- 046-829-1221(預約 2 樓餐廳 046-829-1229)
- yokosuka-curry.com

東京灣唯一無人島

地圖 P.454

猿島

MAPCODE® 8 113 860*55

推介

猿島是橫須賀市東邊的一個無人島，由幕府末期至第二次世界大戰後都一直作軍事用途，因此島上有不少相關設施的遺跡，如彈藥房、觀景台、隧道等。二戰後，猿島被美軍接收一段時期，直至 90 年代起才成為旅遊景點。現在，猿島已經成為橫須賀熱門觀光景點之一，假日有很多人排隊乘船，準備到島上的海灘曬太陽和玩水。

▲橫須賀三笠往猿島的碼頭。

▲熱鬧的沙灘。

▶島上有不少看海的好地方。

▲戰時挖掘的地下隧道。

◀沿着步道遊覽。

▶炮台遺跡。

INFO

- 京急電鐵橫須賀中央站步行 15 分鐘到三笠碼頭乘搭渡輪
- 船票成人 ¥1,500 (HK$88)，小學生 ¥750 (HK$44)；入島費成人 ¥500 (HK$29)，中學生及小學生 ¥250(HK$15)
- www.tryangle-web.com/sarushima.html

TIPS!

猿島船期(約每小時一班)

全部渡輪約每小時 1 班，但夏季和冬季的服務時間不同，如下：

	夏季(3月-11月)	冬季(12月-2月)
三笠碼頭開船	每天09:30-16:30	星期六、日及公眾假期09:30-15:30
猿島開船	每天09:45-17:00(尾班船為17:00)	星期六、日及公眾假期9:45-16:00(尾班船為16:00)

海邊美術館

橫須賀美術館

MAPCODE® 8 028 688*33

推介

地圖 P.454

　　橫須賀美術館是一所坐落於海邊的藝術館，藏品除了出自日本藝術家之手外，還有世界各地的設計和繪本作品。此外，藝術館的設計本身就是美術的體現：頂層設有一個向海的廣場，讓參觀者看到仿如藝術品的大自然，並從變幻無常的景致中獲得創作靈感。美術館還設有餐廳 Acquamare，遊客可以預留整天時間來這裏看海、看藝術作品，以及享用午餐，必定能令內心充實不少。

▲橫須賀美術館。

▶館內餐廳享有海景。

◀▼頂層的廣場。

▶館內的標誌簡約易明。

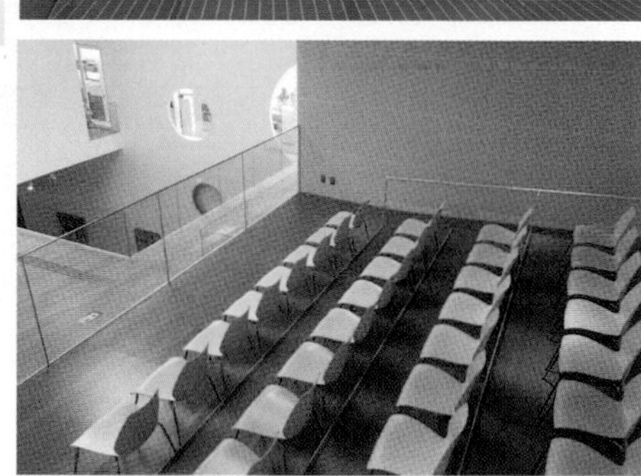

▲可坐下休息。

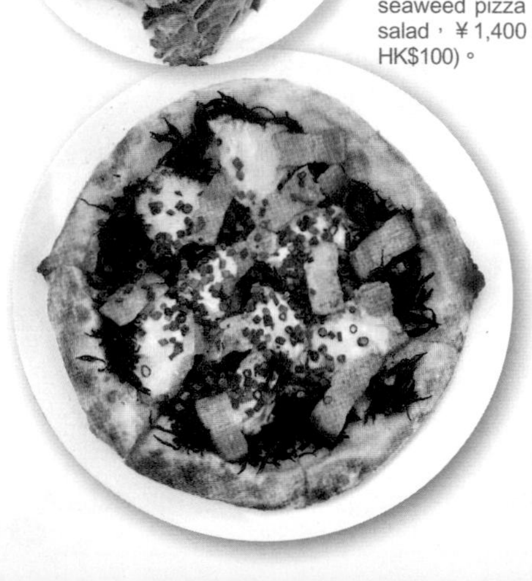

◀▼餐廳提供的食物質素頗高 (Bacon and hijiki seaweed pizza & salad，￥1,400，HK$100)。

INFO

- 🏠 神奈川県橫須賀市鴨居 4-1
- 🚌 京急電鐵馬堀海岸站，轉乘須 24 京急巴士到観音崎京急ホテル・橫須賀美術館前站步行 2 分鐘
- ⏲ 10:00-18:00
- 休 每月第 1 個星期一、12 月 29 日至 1 月 3 日
- $ 常設展成人 ￥380(HK$22)，高中生、大學生及 65 歲或以上長者 ￥280(HK$15)；專題展覽則按主題另行收費，詳情瀏覽官方網頁
- 🌐 www.yokosuka-moa.jp

夕陽與天然岩場

地圖 P.454

荒崎公園

MAPCODE® 394 402 017*71

荒崎公園位於三浦半島西邊的海岸，是一個由天然岩場造就而成的公園。旅客可以在這裏觀賞夕陽景致，有時還可以看到富士山。

▲天然洞穴。

▲夕陽景致。

►荒崎公園內的天然岩場。

►岩石形成一些小島嶼。

INFO
- 横須賀市長井 6-5320-3
- 京急電鐵三崎口站 2 號巴士月台，轉乘任何京急巴士路線到荒崎站

品嚐三浦半島海產

地圖 P.454

くろば亭

MAPCODE® 394 194 568*47

三崎港跟其他海港一樣，有新鮮的海產供應。くろば亭利用三崎港直送的食材，炮製出不同的美食，當中的まぐろ漬けトロ天丼由吞拿魚生和天婦羅製成，後者炸得十分甘香，可說是鎮店之寶。此外，這間餐廳的老闆很可愛，而且懂得畫畫，曾接受電視台的訪問。

▲►店內有吧枱，也有榻榻米。

▲黑夜中亮着燈的餐廳。

▲老闆的畫作！

INFO
- 神奈川県三浦市三崎 1-9-11
- 京急電鐵三崎口站 2 號巴士月台，轉乘任何京急巴士路線到日の出站
- 11:00-20:00 休星期三
- 046-882-5637
- www.kurobatei.com

▲まぐろ漬けトロ天丼，¥1,650(HK$97)。

特色烏冬小店

地圖 P.454

饂飩はるかぜ

MAPCODE® 394 194 409*63

饂飩はるかぜ是一家專賣烏冬的小店，提供不同種類的烏冬，包括季節限定供應的烏冬、冷烏冬和湯烏冬。筆者這次點了芫茜和金槍魚溫烏冬，麵條彈牙可口。店內還有熱飲選擇，例如熱薑茶。

▲饂飩はるかぜ是一家烏冬小店。

▲芫茜和金槍魚溫烏冬，¥1,000(HK$59)。

▲自家製熱薑茶，¥500(HK$35)。

INFO
- 神奈川県三浦市三崎 3-5-1
- 京急電鐵三崎口站 2 號巴士月台，轉乘任何京急巴士路線到三崎港站
- 11:00-17:00 休 星期二至四
- www.facebook.com/udonharukaze/

甜甜圈咖啡店

地圖 P.454

Misaki Donut

MAPCODE® 394 194 467*44

Misaki Donut 在三崎港起家，現時分店遍及鎌倉、逗子和橫浜。這家甜甜圈咖啡店提供 Drink set，即選擇一款甜甜圈配飲品，例如筆者選擇了抹茶紅豆甜甜圈配朱古力，甜甜圈上的抹茶粉很多，雖然容易弄髒，但抹茶味十分香濃，紅豆配搭不錯，如份量多一點會更好。

▲ Misaki Donut 三崎港店。

▲不同款式的甜甜圈。

▲抹茶紅豆甜甜圈配朱古力的 Drink set，¥620(HK$44)。

- 神奈川県三浦市三崎 3-3-4
- 京急電鐵三崎口站 2 號巴士月台，轉乘任何京急巴士路線到三崎港站
- 平日 11:00-17:00，星期六、日 10:00-18:00
- 休 星期三
- misakidonuts.com

三崎港魚市場

地圖 P.454

みさき魚市場

MAPCODE® 394 194 451*06

みさき魚市場的正名為「三浦市三崎水産物地方卸売市場」，專門售賣和批發從三崎港捕獲的海產。魚市場的 2 樓開放予公眾參觀，建議大家上午 8 時至 9 時 30 分到訪，屆時見到的魚獲應該最為新鮮。

INFO
- 三浦市三崎 5-245-7
- 京急電鐵三崎口站 2 號巴士月台，轉乘任何京急巴士路線到三崎港站步行 5 分鐘
- (2 樓食堂)06:00-14:30
- www.city.miura.kanagawa.jp/soshiki/umigyosuisanka/umigyosuisanka_shijo/192.html

▶魚市場設於海邊。

觀賞獨特燈塔

地圖 P.454

城ヶ島

城ヶ島是位於三崎港南部島嶼，面積有 0.99 平方公里，雖是神奈川縣內最大的自然島，但仍可以步行環島一周。建議旅客按照沿路的指示，沿着海邊的小山走，飽覽擁有天然岩場的海景，觀賞島上的獨特景點如燈塔、天然洞門以及公園等。

INFO
- 京急電鐵三崎口站 2 號巴士月台，轉乘三 9 京急巴士到城ヶ島站

▲城ヶ島大橋。住在三崎港的話，可以沿步橋步行 15 至 20 分鐘前往。

城ヶ島灯台

地圖 P.454

MAPCODE® 394 163 741*17

城ヶ島灯台於明治年間建造，原高 5.76 米，後於 1923 年關東大地震中損壞，3 年後改建成現在的模樣。灯台現為 11.5 米高，能照到方圓 29 公里的範圍。

▲燈塔旁的廣場。

INFO
- toudai.uminohi.jp

◀城ヶ島灯台。

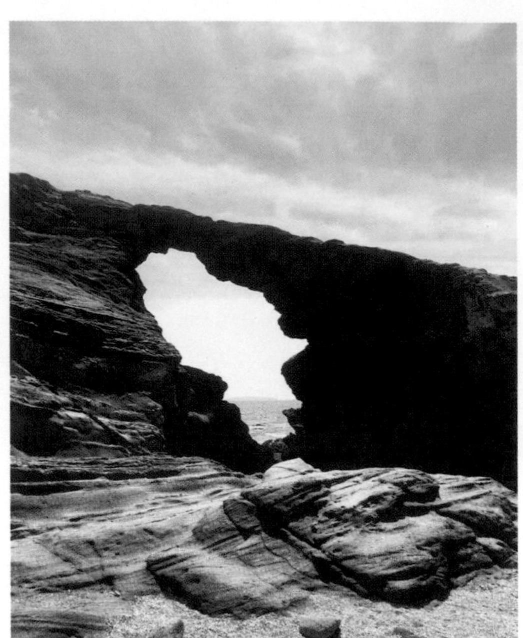

馬の背洞門

地圖 P.454

MAPCODE® 394 164 317*03

由於長期被海水和風雨侵蝕，海邊的崖便形成了一個洞，像一道貫穿海洋和島嶼的門，此景便謂之洞門。

城ヶ島公園與安房燈塔

地圖 P.454

MAPCODE® 306 150 119*77

▶觀景台。

城ヶ島公園有一大片草地，是休憩和野餐的好地方，園內的觀景台可眺望房総半島。此外，公園靠海的方向有一座燈塔(安房燈塔)，那邊的景致比城ヶ島灯台 (P.459) 更佳。

◀安房燈塔。

◀▲公園有很多草地予遊人休憩和野餐。

5.6 豐富歷史及自然資源

箱根、御殿場

箱根在鎌倉西面，河口湖南面。在江戶時代，箱根是東京往返京都必經地方，也曾因為避免諸侯謀反而成為往東京的一個重要關卡。因此，箱根在歷史上扮演很重要的角色，而且部分地方如舊街道、茶屋，保留了富歷史價值的建築及遺跡。

箱根有今時今日的地形（如蘆之湖）和自然特性（如溫泉），是因為 3,000 年前火山的爆發，使之成為重要旅遊勝地之一。箱根自然資源豐富，不少美術館都配合周圍優美環境而建，令人們在觀賞展品時，同時也能感受箱根的大自然魅力。

箱 根 神 社

適合遊覽的天氣及時間

不同季節的箱根各有特色，如冬天賞雪景，春天有櫻花，夏天有紫陽花和薰衣草，秋天有紅葉，所以無論是甚麼季節來也沒有所謂。此外，箱根不是大城市，大部分活動都在日間進行。

建議遊覽需要時間

由於箱根離市區有段距離，加上區內還要乘搭交通工具，所以一天來回較趕急。再者，優惠車票如下文介紹的箱根周遊票至少都要兩天，故此根據優惠車票，用兩至三天會較為適合，一天的話，交通費比較貴，而且只能選最多兩個景點。

前往箱根的交通

不論從哪裏來，只要遊覽箱根，都強烈建議購買箱根周遊票，因為單程票昂貴，而且每次付錢比較麻煩。（見後頁詳細介紹）

▶▶▶ **從東京新宿出發：**

小田急電鐵推出的箱根周遊票，包括新宿站至小田原站來回(浪漫特快列車「ロマンスカー」需支付附加費)，2日或3日無限次乘搭箱根及御殿場內交通工具(包括巴士、纜車和觀光船等)，足以覆蓋所有景點，以及不同景點之入場優惠(購票時向收銀員提出，以工作人員答覆為準)。如果只逗留箱根1晚，2天票成人只需 ¥6,100/HK$359(小童 ¥1,100，HK$65)，3天成人需 ¥6,500/HK$382(小童 ¥1,320，HK$78)。

▲小田急電鐵。

▲浪漫特快列車，車程快了30分鐘。

▶▶▶ **從其他地區出發：**

箱根周遊票不限新宿出發，如你從其他地區，如伊豆、鎌倉進入箱根，可乘其他交通工具如JR到小田原站，再於小田原站的小田急旅遊服務中心購買箱根周遊票。車票也分2日及3日，2天票成人為 ¥5,000/HK$294(小童 ¥ 1,000，HK$71)，3天成人需 ¥5,400/HK$317(小童 ¥ 1,250，HK$89)。

箱根周遊券：www.odakyu.jp/tc/passes/hakone/

TIPS!

富士箱根周遊票

如果計劃去箱根及河口湖，可考慮富士箱根周遊票，3天內可乘搭來往河口湖及新宿高速巴士及小田原電鐵新宿站至小田原站段各一程(可以選先到箱根或河口湖)，無限次乘搭箱根交通工具、富士急巴士(御殿場至河口湖段)、富士急行河口湖至富士吉田段，以及景點入場優惠。

可是這套票有一些缺點：3天遊覽箱根及河口湖時間較短，也不包括Retro Bus河口湖及西湖交通。如果這兩個地方逗留時間超過3天，建議買一套箱根周遊票，另再購買Retro Bus兩天套票(P.475)、御殿場至河口湖及河口湖返回東京市區的巴士車資。

票價：成人 ¥10,100(HK$594)，小童 ¥3,100(HK$182)
網址：www.odakyu.jp/tc/passes/fujihakone/

箱根交通FAQ

▶▶▶ 1. 伊豆箱根巴士包括在箱根周遊票中嗎？

不包括。只有箱根登山巴士(箱根登山バス)和小田急高速巴士(僅限箱根至御殿場段)才包括在內，箱根登山バス車身為藍色、米/橙色或古典車身。最重要記認巴士是否適用，就要留意巴士站牌或巴士車頭是否有張貼「Bus that can use "Hakone Freepass"」的啄木鳥標誌。

▲箱根周遊票不適用於伊豆箱根巴士。

◀箱根登山巴士。

◀印有這個標誌的，代表能使用箱根周遊票。

▶▶▶ 2. 究竟哪種交通工具比較方便？

一般來説是巴士，因為巴士覆蓋範圍廣，尤其方便攜帶行李的乘客。不過一場來到箱根，總要至少乘坐一次電車、纜車、海盜船等有特色的交通工具。

▶▶▶ 3. 能建議經常使用的巴士路線嗎？

H線： 小田原站-箱根町港，途徑宮ノ下溫泉街、小涌谷、小涌園、元箱根、恩賜公園、箱根関所跡；

S線： ユネッサン前-濕生花園前，途經強羅公園、箱根美術館、雕刻之森美術館、Pola美術館、箱根玻璃之森美術館。

箱根登山巴士：www.hakonenavi.jp/hakone-tozanbus/

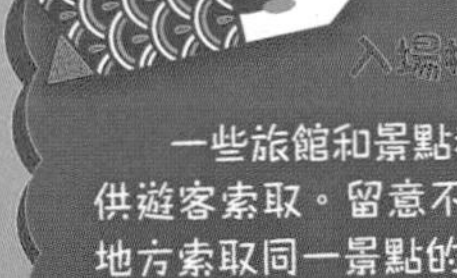

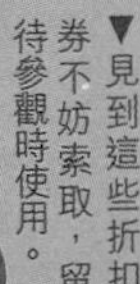

TIPS!

入場折扣

一些旅館和景點都有入場折扣券供遊客索取。留意不同地方索取同一景點的優惠可能有不同，比較過才出示優惠較多的券。

▼見到這些折扣券不妨索取，留待參觀時使用。

箱根、御殿場地圖

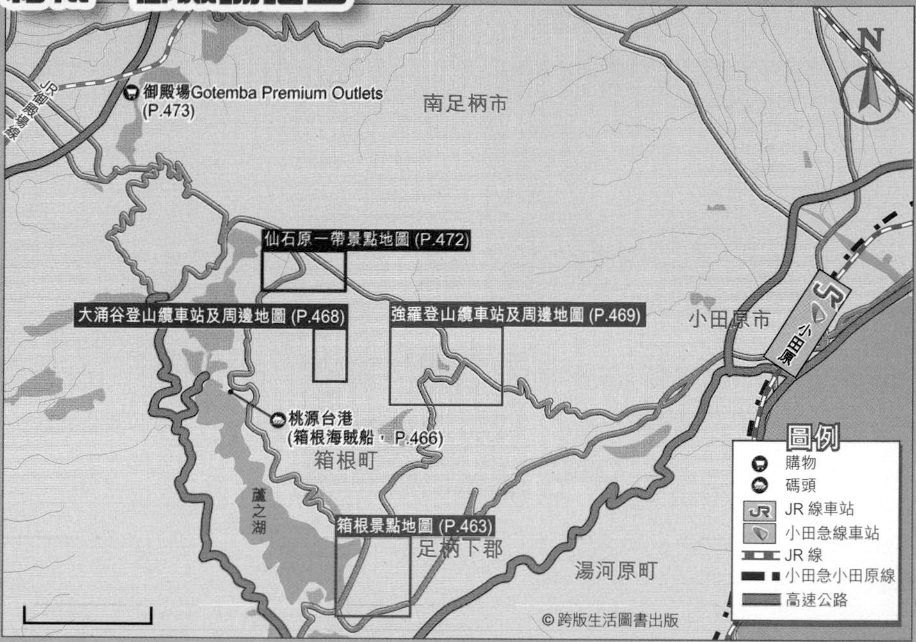

JR御殿場線
御殿場Gotemba Premium Outlets (P.473)
南足柄市
仙石原一帶景點地圖 (P.472)
大涌谷登山纜車站及周邊地圖 (P.468)
強羅登山纜車站及周邊地圖 (P.469)
小田原市
小田原
桃源台港 (箱根海賊船，P.466)
箱根町
蘆之湖
箱根景點地圖 (P.463)
足柄下郡
湯河原町

圖例
購物
碼頭
JR線車站
小田急線車站
JR線
小田急小田原線
高速公路

箱根景點地圖

東海道
旧東海道
箱根神社 (P.467)
旧街道石畳巴士站
甘酒茶屋 (P.464)
甘酒茶屋巴士站
元箱根巴士站
箱根海賊船 (P.466)
繩引の里 (P.466)
箱根町港 (P.466)
元箱根港巴士站
成川美術館 (P.465)
箱根舊街道 (石疊段)(P.464)
蘆之湖
箱根支所前巴士站
屏風山
恩賜箱根公園
箱根舊街道 (杉並木段)(P.464)
恩賜公園前巴士站
箱根関所 (P.465)
元箱根港 (箱根海賊船 P.466)
箱根関所跡巴士站

圖例
景點
巴士站
食肆
公園
碼頭
山
Cafe
箱根舊街道 (石疊段)
箱根舊街道 (杉並木段)

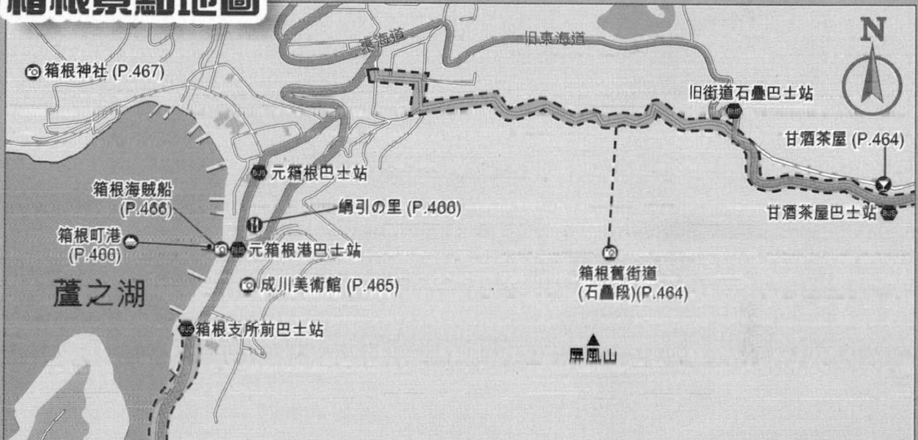

江戶時代歷史要道

箱根舊街道

MAPCODE® 57 093 448*66

推介

地圖 P.463(下)

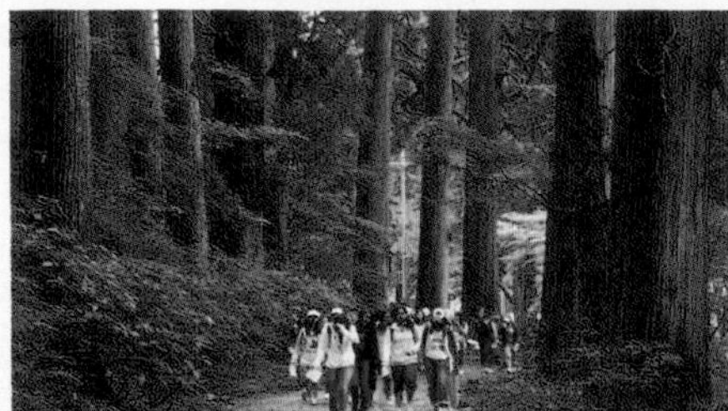
▲杉並木段的杉並木十分高大，應該有 400 多年歷史，看人們在舊街道下顯得特別渺小。

東海道是江戶時代往返江戶 (即現在東京) 和京都的陸上交通要道，而箱根舊街道就是東海道的其中一部分，分為「杉並木」和「石疊」兩個部分。杉並木段的杉並木在 1619 年種植，數目超過 400 棵，作為樹蔭令人們走得更舒適。杉並木段向西走可往三島和京都，以平路為主。而石疊段可通往小田原和東京，原本為泥路，但人們發現在下雨和下雪期間寸步難行，於是德川幕府於 1680 年鋪設石疊，造價￥100,000,000 (HK$7,142,857)。如今，不是所有石疊都得以保存，部分因為關東大地震而損毀。

▲箱根舊街道不僅保留自然，還有江戶時代的風貌。

▲石疊在 400 多年前鋪上，具歷史價值。

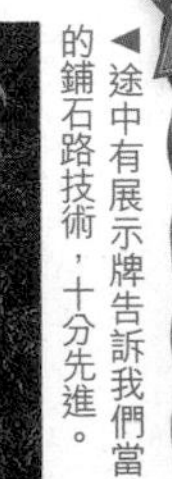
◀途中有展示牌告訴我們當時的鋪石路技術，十分先進。

INFO

杉並木段：
箱根登山巴士 H 線恩賜公園前站
石疊段：
箱根登山巴士 K 線旧街道石疊站

TIPS!

要感受這段歷史步道，可乘巴士到「恩賜公園前」下車，先經過杉並木段，然後依指示進入石疊段。相對於杉並木段，石疊較長和難行，需要上斜，也要留意石疊上的青苔，不要因而滑倒。當見到行車馬路時，不要以為走畢了而到附近巴士站乘車離開啊！請繼續過對面，走餘下的 400 米，到自江戶時代已開始經營的甘酒茶屋，然後才等巴士。杉木段加上石疊段全程所需時間約 1 小時。

江戶時期營業至今

甘酒茶屋

MAPCODE® 57 096 787*58

地圖 P.463(下)

◀甘酒茶屋超過 300 年歷史。

◀好喝的甘酒 (￥400、HK$29)。

走完石疊路，值得前往甘酒茶屋。店內最有名的甘酒是無酒精、無糖，裏面有米但甜的，有多種營養如維他命 B1、B2、葉酸等，最適合行山或運動過後喝，也是江戶時期常見的飲料。一杯甘酒￥400(HK$29)，出示箱根周遊票便可獲￥50(HK$4) 的折扣。

▲茶屋仍保留傳統風格，但人事已變了不少。

INFO

- 箱根町畑宿二子山 395-28
- 箱根登山巴士 K 線甘酒茶屋站
- 07:00-17:30
- www.amasake-chaya.jp

從前管制人們出入的關口

箱根関所、箱根関所資料館

MAPCODE® 57 063 616*82

關所在蘆之湖邊，山上的遠見番所和平地上的建築物，反映當時對於人們出入境控制十分全面，包括了陸路和海路交通。從參觀過程中，可以看看関所職員住宿的環境，人像讓筆者了解江戶時代關所的運作。在附近的箱根関所資料館，則展示関所的文獻，如記事、古文、武器類書籍等。

▲足輕番所是步兵的等候室和休息室。

▲從遠見番所望見的関所全景。

◀在遠見番所，武士視察人們是否違反禁渡船過蘆之湖的規定。

▲箱根関所資料館。

INFO
- 神奈川県足柄下郡箱根町箱根 1
- 箱根登山巴士 H 線箱根関所跡站
- 09:00-17:00 (最後入場時間 16:30)；12 月至 2 月 09:00-16:30(最後入場時間 16:00)
- 成人 ¥500(HK$36)，小學生 ¥250(HK$18)，星期六、日及公眾假期，初中生及小學生免費
- www.hakonesekisyo.jp

TIPS!

箱根関所的歷史

在江戶時代，德川家康為防止外來武器流入東京，令諸侯有機可乘造反；也避免在東京遭受軟禁的諸侯妻子逃回自己的領土，所以在全國設置 53 個關卡。箱根作為進入東京要塞，關所的規模十分大。在明治年代 (1869 年)，箱根関所結束任務並遭到拆除，至 1965 年起修復原貌，並在附近增設箱根関所資料館。

▲関所有兩道御門，一道是江戶口御門，另一道是京都口御門，分別前往東京和京都。

飽覽蘆之湖及富士山

成川美術館

MAPCODE® 57 094 543*06

成川美術館的永久展覽，展示來自中國的象牙、翡翠等工藝品，在特別展則展出不同藝術家的畫作。美術館在山上，設有觀景台，可飽覽整個蘆之湖、箱根神社和富士山的美麗景致。

◀成川美術館收藏了一些中國工藝品。

◀觀景台上蘆之湖、箱根神社及富士山景色。

INFO
- 神奈川県足柄下郡箱根町元箱根 570
- 箱根登山巴士 H 線元箱根港站
- 09:00-17:00
- 成人 ¥1,500(HK$93)，大學生及高中生 ¥1,000(HK$64)，中學生及小學生 ¥500(HK$43)
- www.narukawamuseum.co.jp

箱根特產最幼身的烏冬

地圖 P.463(下)

絹引の里

MAPCODE® 57 094 663*28

◀絹引の里的招牌菜是冷烏冬，麵條像蕎麥麵一樣幼。

在元箱根的絹引の里，賣點是使用箱根山水、三島黑牛蒡汁、芝麻和特級小麥粉製成的烏冬，麵條為眾多烏冬中最幼的，很像蕎麥麵，內有一點點黑色。最基本的叫法是 ¥1,100(HK$71) 的「絹引せいろ」，為冷烏冬，或者點「絹引雪割」，包括了冬菇、蘿蔔泥、貝割菜和山菜，使菜式不至於單調。麵條有嚼勁及點點芝麻味，不能錯過。

◀麵條、野菜和冬菇都很吸引。

▲絹引雪割，¥1,296(HK$93)。

INFO
- 神奈川県足柄下郡箱根町元箱根 6-10
- 箱根登山巴士 H 線元箱根港站
- 11:00-18:00(L.O.17:30)
- kinubikinosato.com

遊覽蘆之湖最佳方法

地圖 P.463

箱根海賊船

MAPCODE® 57 094 631*00 親子

蘆之湖是箱根的一個大湖，在 3,000 年前火山爆發時，因為火山口積水而形成。遊覽蘆之湖的最佳方法，莫過於乘坐箱根海賊船，只要有一張箱根周遊票，便能免費無限次搭乘。船往返箱根町港、元箱根港及桃源台港，不少人乘搭元箱根港及桃源台港段，航程為 30 分鐘，船上有露天觀景位置，方便人們拍照。

◀從元箱根港望出去的蘆之湖。

▲近看每個部分的造工都十分精細。

▲天朗氣清時可在船上露天位置觀賞湖泊景色。

▲每艘箱根海賊船的設計都有所不同。

TIPS!

除了觀光用途，海賊船算是蠻方便的交通工具，其終點站桃源台站可接駁吊車（空中纜車）前往以溫泉著名的大涌谷。

INFO

航線：箱根町港 - 元箱根港 - 桃源台港

箱根町港：箱根登山巴士 H 線箱根町站
元箱根港：箱根登山巴士 H 線元箱根港站
桃源台港：箱根登山巴士 T 路線桃源台站

箱根町港 09:30-16:20、元箱根港 09:40-16:30、桃源台港 09:30-17:00，每隔 30-50 分鐘一班

$	單程（普通船室）	來回（普通船室）
箱根町港往元箱根港	成人 ¥420(HK$25) 小學生 ¥210(HK$12)	成人 ¥2,220(HK$131) 小學生 ¥1,110(HK$65)
箱根町港 / 元箱根港往桃源台港	成人 ¥1,200(HK$71) 小學生 ¥600(HK$37)	

註：特等艙另付單程成人 ¥240 (HK$14)/ ¥800(HK$47)，兒童 ¥120 (HK$7)/ ¥400(HK$24)，來回成人 ¥1,480(HK$87)，兒童 ¥740(HK$44)

www.hakone-kankosen.co.jp

備註：天氣欠佳，如下雨或大風均可能停駛

蘆之湖中鳥居

箱根神社

MAPCODE® 57 093 853*17

地圖 P.468(下)

▲箱根神社內的水鳥居。

即使沒到過箱根神社，也會聽過它那座水中鳥居。據説神社創立於 757 年，德川家康、途徑東海道的官員、明治天皇等重要人物都曾來過這裏參拜。即使沒有信仰，都可以來到這裏，感受一下林中大自然的景色。

INFO
神奈川県足柄下郡箱根町元箱根 80-1
箱根登山巴士 H 線元箱根站 09:00-16:00
hakonejinja.or.jp

箱根溫泉源地

大涌谷

MAPCODE® 57 242 833*25

必到

地圖 P.468

▼大涌谷位於海拔 1,050 米，雖然山上溫度較低，但在溫泉源附近會感點點暖意。

從桃源台乘坐空中纜車，到達有 1,050 米高的大涌谷。這裏是溫泉的來源地，人們可以在自然研究路中，近距離見到有煙噴出、發出陣陣硫磺氣味的大涌谷溫泉，這種溫泉為酸性，溫度達 63℃，可治療皮膚病、關節問題、消化系統毛病和促進健康。你也可以見到玉子茶屋 (P.468) 的工作人員在溫泉浸黑蛋。

◀大涌谷溫泉對健康有一定作用。

受火山活動影響，自然研究路現時禁止進入，遊客出發前請留意相關消息。

▲玉子茶屋的工作人員在這裏浸黑蛋。

◀除了看溫泉，也可以看到綿延的山脈。

INFO
箱根空中纜車大涌谷站
www.kanagawa-park.or.jp/owakudani/

延壽溫泉蛋

玉子茶屋

MAPCODE® 57 242 378*06

地圖 P.468

大涌谷的特產是黑色溫泉蛋，工作人員將這些普通雞蛋放入溫泉池浸約一小時左右，蛋殼變黑，之後雞蛋還要在 100℃蒸 15 分鐘才賣給人們。這種雞蛋在大涌谷站也有發售，但是最新鮮滾熱辣的，莫過於溫泉旁的玉子茶屋。5 隻一包的黑雞蛋售 ¥500(HK$36)，買了就在這裏吃，不要留待晚上宵夜或空閒時才吃，因為熱烘烘才最好吃。據説，每吃一隻能延壽 7 年，如真的可以，¥500(HK$36) 真的很划算！

▲玉子茶屋有名的黑溫泉雞蛋。

▲黑雞蛋。

▲一包黑色溫泉蛋售 ¥500(HK$36)，內裏有 4 隻。

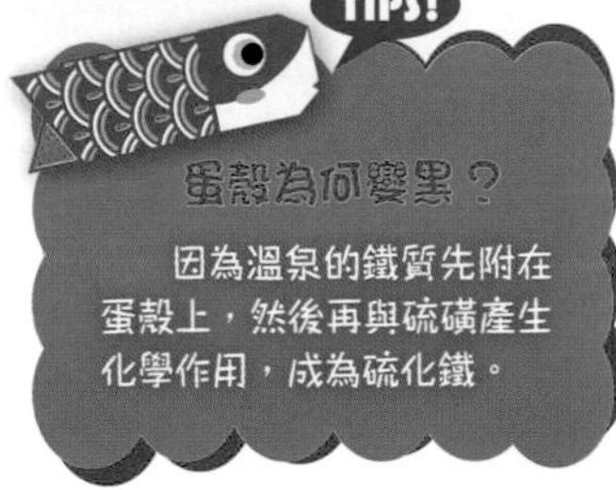

蛋殼為何變黑？

因為溫泉的鐵質先附在蛋殼上，然後再與硫磺產生化學作用，成為硫化鐵。

INFO

箱根空中纜車大涌谷站

09:00-16:15

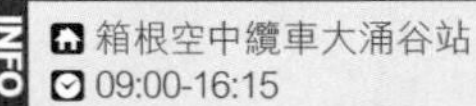

大涌谷登山纜車站及周邊地圖

強羅登山纜車站及周邊地圖

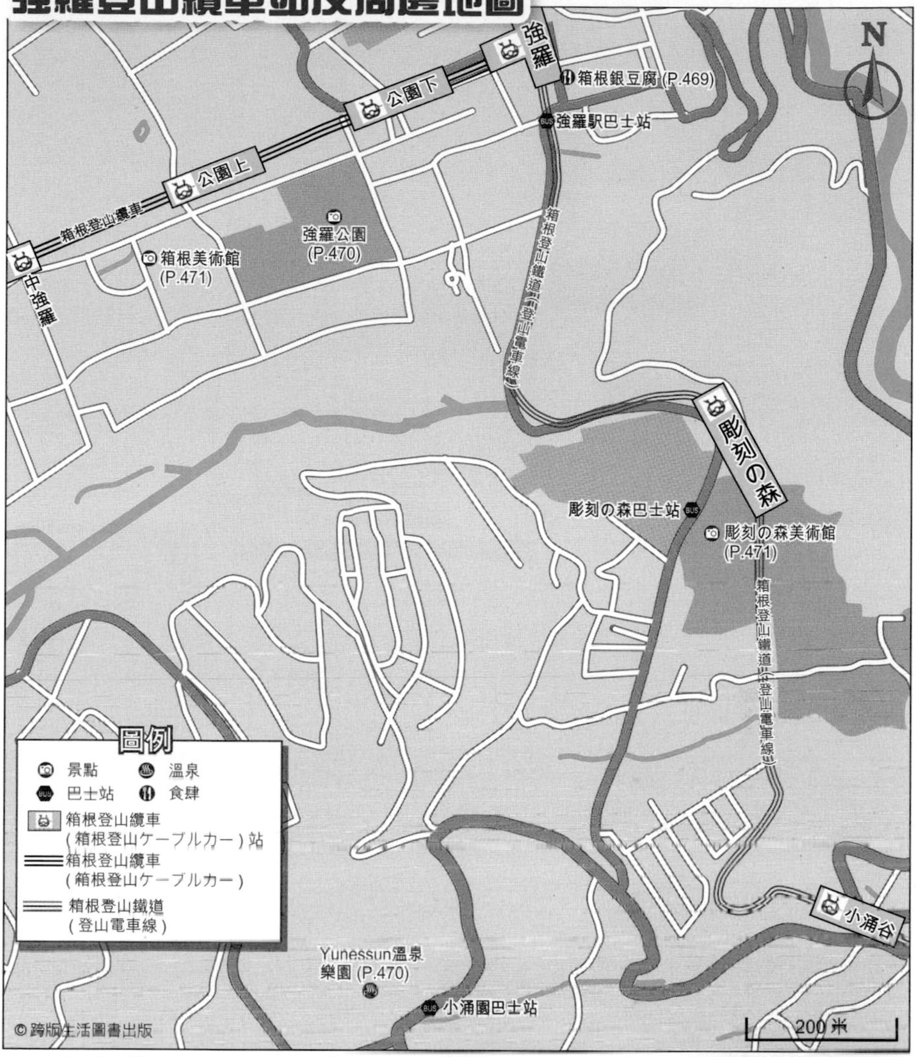

強羅
箱根銀豆腐 (P.469)
強羅駅巴士站
公園下
公園上
箱根登山纜車
中強羅
強羅公園 (P.470)
箱根美術館 (P.471)
箱根登山鐵道(登山電車線)
彫刻の森
彫刻の森巴士站
彫刻の森美術館 (P.471)
小涌谷
Yunessun溫泉樂園 (P.470)
小涌園巴士站
200米

圖例
景點　溫泉
巴士站　食肆
箱根登山纜車（箱根登山ケーブルカー）站
箱根登山纜車（箱根登山ケーブルカー）
箱根登山鐵道（登山電車線）

平民美食

地圖 P.469

箱根銀豆腐

57 276 606*77

強羅車站附近的箱根銀豆腐只是一間小店屋，也沒有特別裝潢和形象設計，人流也不算多。不過他們的豆腐花(しゃくり豆腐，¥ 220，HK$13)，真的很香滑。不過，美味食物還是會吸引人慕名而來。在這裏吃豆腐花，沒有黃糖可以加，即使可以加，就等於浪費店主的心血啊！

▼ ¥230(HK$13) 的豆腐花。

▲銀豆腐是一間平凡小店，賣平凡小吃，但味道十分不錯。

INFO
- 神奈川県足柄下郡箱根町強羅 1300-261
- 箱根登山巴士 S 線、登山電車、登山纜車強羅站；或登山纜車公園下站
- 07:00-16:00　休 星期四

放鬆與充電

地圖 P.469

Yunessun 溫泉樂園（箱根小涌園 ユネッサン）

泡湯 親子

MAPCODE® 57 245 294*33

▲ Yunessun 溫泉樂園內分為可穿泳衣，以及不能穿泳衣兩個部分。

在 Yunessun 溫泉樂園內的ユネッサン範圍可以穿泳衣享受不同溫泉，如葡萄色溫泉、綠茶溫泉、足湯等。如果沒有帶泳衣，可在裏面買。如果你接受全裸，可選擇園內的森の湯，實行男女分隔；這裏也有露天溫泉，更可以租私人溫泉獨自享受一番。樂園的餐廳也是浸溫泉後值得一到的地方，如雞翼和牛奶，很美味！

◀餐廳，不光顧也可躺在地上休息。

◀森の湯裏的雞翼（から揚げ，¥580，HK$41）及箱根特產牛奶（おおき，¥210，HK$15），雞翼肉質鮮嫩，牛奶很滑，很香。

▲這條帶在買食物時有用，離開樂園時工作人員會讀取帶上資料，然後才付費。

INFO
- 神奈川県足柄下郡箱根町二ノ平 1297
- 箱根登山巴士 H 線小涌園站
- ユネツサン：09:00-19:00(11 月至 2 月提早至 18:00 關門)；森の湯：11:00-20:00
- ユネッサン成人 ¥2,500(HK$147)，18 歲以下 ¥1,400(HK$82)；森の湯成人 ¥1,500(HK$88)，18 歲以下 ¥1,000(HK$59)； 套票成人 ¥3,500(HK$206)，18 歲以下 ¥1,800(HK$104)
- www.yunessun.com

賞花勝地

地圖 P.469

強羅公園

MAPCODE® 57 275 383*88

▲強羅公園中間有棵杉木，杉木四周都長滿了各種花朵。

強羅公園於 1914 年開放，裏面有庭園和溫室。園內種了很多不同種類的花朵，在 2 月至 9 月時容易看到花開盛放的情景。對於喜歡花或攝影的人士，強羅公園是一個十分值得推薦的地方。持箱根周遊票者免費入場。

◀公園設計融於箱根自然山景。

▲園內的花開得不錯，其中有玫瑰花。

INFO
- 神奈川県足柄下郡箱根町強羅 1300
- 箱根登山巴士 S 線、登山電車、登山纜車強羅站；或登山纜車公園下站
- 09:00-17:00(最後入場時間 16:30)
- 成人 ¥650(HK$38)，小學生或以下、持箱根周遊票者免費
- www.hakone-tozan.co.jp/gorapark

日本傳統藝術及日式庭園

地圖 P.469

箱根美術館

MAPCODE® 57 275 346*28

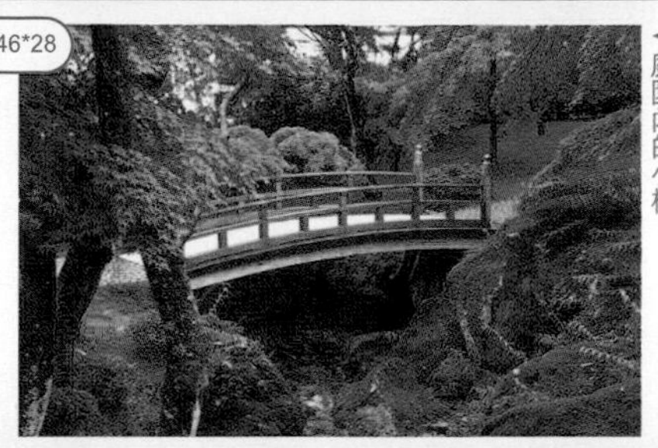

◀庭園內的小橋。

美術館內主要展示日本古時的傳統藝術，由 6 至 7 世紀的古墳時代、14 世紀的鎌倉時代，到 16 至 17 世紀的桃山時代都有。除了室內展品，博物館還設有庭園，種了竹和長滿青苔，空氣十分清新，環境十分優美。

INFO

- 神奈川県足柄下郡箱根町強羅 1300
- 箱根登山巴士 S 線、登山電車、登山纜車強羅站；或登山纜車公園下站
- 12 月至 3 月 09:30-16:00(最後入館時間 15:30)；4 月至 11 月 09:30-16:30(最後入館時間 16:00)
- 休 星期四 (假日除外)、12 月 25 至 31 日、1 月 4 至 8 日 (不同年份可能不同)
- 成人 ¥1,430(HK$84)，高中生及大學生 ¥660(HK$39)，小學生及中學生免費
- www.moaart.or.jp/hakone

▲竹林。

▲在青苔庭，地上除了石路就是青苔，居然一根草也沒有，證明空氣真的很不錯！

富士山下的薰衣草

地圖 P.469

彫刻の森美術館

MAPCODE® 57 275 346*28

親子

在 70,000 平方米的草地上，美術館放置了近代著名雕塑家作品，讓人們一邊感受箱根大自然氣息，一邊欣賞藝術作品。也有一些可參與的雕塑，例如ネットの森是一個供小孩子的遊樂設施；「幸せをよぶシンフォニー彫刻」是一座塔，要人們走上去細看裏面的作品，光是外面看是沒用的。而室內的展廳包括畢加索館，藏品超過 300 件。

► 圖右的作品為 Miss Black Power，1968 年的作品；左邊是日本人猪熊源一郎的作品「音的世界」。

▲幸せをよぶシンフォニー彫刻，或 Symphonic Sculpture，是法國人於 1975 年的作品，外面是塔，裏面是色彩繽紛的圖案。

►美術館善用了箱根優美的自然環境，擺放雕塑作品。

INFO

- 神奈川県足柄下郡箱根町二ノ平 1121
- 箱根登山電車或箱根登山巴士 B 線彫刻の森站
- 09:00-17:00(最後入場時間為 16:30)
- 成人 ¥2,000(HK$118)，高中生及大學生 ¥1,600(HK$94)，小學生及中學生 ¥800(HK$57)
- www.hakone-oam.or.jp

▲ネットの森是給小孩的遊樂設施。

坐蒸汽小火車賞櫻 賞櫻 親子

西平畑公園チェリーナの丘

西平畑公園位於松田山的半山腰，可將富士山和相模灣盡收眼底，亦能俯瞰足柄平原上的松田、大井、南足柄等城鎮，夜景更是神奈川夜景排行榜中名列第一。

除了景致美麗，園中河津櫻花樹和油菜花田也是令人賞心悅目的美景之一，每年二月初至三月初會舉行櫻花祭，遊客還可乘坐迷你蒸汽火車「ふるさと鉄道」穿梭花樹之中，優哉游哉地觀春天之色。距離市中心只需約 1 小時車程，是一處在都會中感受大自然風光的好去處。另外，公園內有香草園、自然館、兒童館等設施，讓大人小朋友都能親近、體驗大自然。

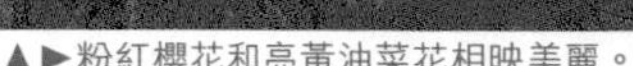

▲►粉紅櫻花和亮黃油菜花相映美麗。

▲小小列車穿梭花樹之間。

▲公園食店出售的天婦羅蕎麥麵￥700 (HK$41)。

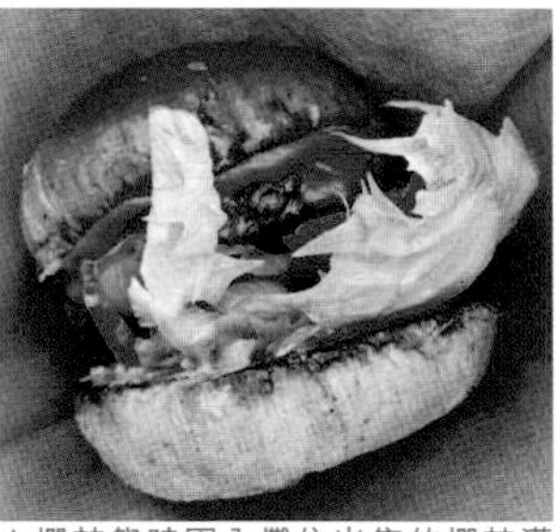

▲櫻花祭時園內攤位出售的櫻花漢堡￥1,400(HK$82)。

◀櫻花祭時園內攤位出售的石烤牛油紅薯￥500(HK$29)，香甜美味。

INFO

- 神奈川縣足柄上郡松田町松田惣領 2951
- 新松田站下車，步行約 25 分鐘，或松田站下車，步行約 20 分鐘
- 西平畑公園 09:00-16:00
- 公園免費入場；小火車成人 (初中或以上) ￥300 (HK$18)，3 歲至小學 ￥200(HK$12)，3 歲以下免費
- 週一、週二 (假日開館，無補休)、年末年初
- nisihira-park.org
- 0465-83-1228(松田町觀光経済課)

(撰文：HEI，攝影：蘇飛)

仙石原一帶地圖

到處都是玻璃作品

地圖 P.472

箱根ガラスの森

MAPCODE® 57 332 495*88

人氣

裏面以玻璃作品作主題，室外的庭園佈置成歐陸小鎮，除了有一定程度的綠化外，還加入玻璃花朵和樹木作為點綴。至於室內展館，則分別展示 15 至 18 世紀時期流行的歐洲威尼斯玻璃作品，還有近代藝術家的館藏。

◀玻璃花。

▲箱根ガラスの森佈置成歐陸小鎮。

▶近代藝術家的作品。

INFO
- 神奈川県足柄下郡箱根町仙石原 940-48
- 箱根登山巴士 S 線箱根ガラスの森站
- 10:00-17:30(最後入場時間為 17:00)
- 成人 ￥1,800(HK$107)，大學生及高中生 ￥1,300(HK$76)，小學生及中學生 ￥600(HK$43)
- www.hakone-garasunomori.jp

各大品牌集中地

地圖 P.483(上)

御殿場 Gotemba Premium Outlets

MAPCODE® 50 805 416*33

這個 Outlets 為開放式商場，面積十分大，內有多達 210 個品牌，例如 Anna Sui、Adidas、New Yorker、Nikon、Swatch 等。除了購物空間，還有美食廣場、摩天輪和適合小孩的小型遊樂場。Outlets 可以望富士山，不過即使晴天，都可能遇到雲遮蓋富士山的情況。

▲御殿場 Gotemba Premium Outlets 很大，品牌數目超過 200 個。

▲ Outlets 內的摩天輪。

▲ Outlets 的購物環境實在不錯。

INFO
- 静岡県御殿場市深沢 1312
- 箱根登山巴士 G 線御殿場站下車；或乘坐免費接駁巴士前往御殿場巴士總站及 JR 車站，每 20 分鐘一班，方便人們前往河口湖、新宿 (小田原高速巴士) 及日本其他地區
- 3 月至 11 月 10:00-20:00；12 月至 2 月 10:00-19:00
- 休 2 月第 3 個星期四
- www.premiumoutlets.co.jp/cht/gotemba

▲小孩子的遊樂設施。

▲乘 Outlets 免費接駁巴士，前往 JR 御殿場站。

5.7 登上睡火山

河口湖、西湖富士山

富士山是日本最高的山，每年 7 至 8 月，富士山都會開放，讓日本和海外遊客登上這座山。富士山是一座睡火山，最近一次爆發是 300 多年前。過去富士山的爆發，令山下有 5 個湖，統稱「富士五湖」，包括河口湖、西湖、山中湖、本栖湖、精進湖；也造成西湖附近攝氏 0 度的風穴。在 5 個湖中，河口湖和西湖有較多的景點，是筆者在這個篇章將會介紹的部分。

適合遊覽的季節及時間

如果你想同時到河口湖和富士山，又想看到盛放的薰衣草，7 月最適合不過。至於其他月份，如秋天可看到紅葉，春天可看到櫻花和其他花種。河口湖的遊覽時間一般處於日間，到了晚上，大部分設施都會關閉。

建議遊覽需要時間

有些人以登上富士山為主，然後在河口湖短暫停留，大概需要兩至三天的時間。若決定不登山，有些人會認為兩至三天太多，筆者則認為河口湖和西湖有不少自然風景和博物館可以看，兩至三天而言是剛剛好。

前往河口湖的交通

從東京出發：

最直接是從新宿的「新宿高速バスターミナル」(京王新宿站附近)乘坐富士急高速巴士或京王高速巴士，由07:10到23:20共20班(約30至60分鐘一班)，單程車費為 ￥2,200(HK$129)，車程約1小時45分鐘，中停富士急樂園。

高速巴士：www.highwaybus.com

TIPS!

乘巴士的話，不建議由東京站出發，雖然車費與新宿出發的一樣，但班次比較疏落，而且東京至新宿一段可能遇上塞車情況(尤其在公眾假期或上下班時段)，原本的2小時45分車程可能因而延長至4小時左右。

鐵路方面，JR東日本特急電車「富士回遊」將於2019年3月16日開始運行，每日兩班定時由新宿出發，直達河口湖，來回車費約 ￥6,000(HK$353)，車程僅需1小時52分鐘，比起以往需轉乘要快上不少。訂票可到：bit.ly/4blgll2。

從箱根出發：

在箱根小涌園或強羅站乘坐箱根巴士M線到御殿場 Gotemba Premium Outlets，換乘免費巴士到JR御殿場站旁的巴士總站，再換乘到河口湖的巴士。M線屬於箱根巴士周遊票的範圍內，2日周遊券成人 ￥ 5,000(HK$294)，兒童 ￥ 1,000(HK$59)。

箱根登山巴士：www.hakonenavi.jp/hakone-tozanbus/

箱根周遊券：www.hakonenavi.jp/international/cn/discount_passes/free_pass

前往富士山的交通

從東京出發：在新宿乘搭高速巴士，班次每天2至6班不等，達富士山五合目，即2,000多米高、大多數人的登山起點。車費為 ￥3,980(HK$234)，車程為2小時25分鐘。

從河口湖出發：河口湖車站有巴士直達富士山五合目，只在夏季服務，可先在車站購買來回票，因為單程要 ￥1,780(HK$105)。

◀富士急行巴士，攝於JR御殿場附近的巴士總站。

河口湖及西湖的交通：復古周遊巴士

復古周遊巴士路線	起點	主要途經車站	班次(每天)
河口湖周遊巴士(紅色線)(レッドライン)	河口湖站	河口湖遊覽船、河口湖美術館、河口湖音樂盒之森美術館、河口湖自然生活館	09:00~17:45，每20或30分鐘一班
西湖周遊巴士(綠色線)(グリーンライン)		富岳風穴、龍宮洞穴、西湖いやしの里根場	09:10~16:10，每1小時一班
鳴沢・精進湖・本栖湖周遊巴士(藍色線)(ブルーライン)		鳴澤冰穴、富岳風穴、精進湖、本栖湖	09:35、13:35、15:35

富士五湖的巴士基本票價起跳為 ￥160(HK$11)，並依里程計算。由於富士五湖相距甚遠，車資動輒要上千日圓，故遊客可購買不同的優惠套票 (bus.fujikyu.co.jp/otoku/fuji-passport)。

路線圖
bus.fujikyu.co.jp/rosen/shuyuo muni

河口湖景點地圖

N
紅葉迴廊 (P.480)
久保田一竹美術館 (P.483)
猿まわし劇場 (P.482)
久保田一竹美術館巴士站
河口湖自然生活館巴士站
河口湖猿まわし劇場・木の花美術館巴士站
河口湖木ノ花美術館 (P.481)
ほうとう不動 河口湖北本店 (P.478)
大石公園 (P.483)
河口湖オルゴールの森美術館巴士站
河口湖オルゴールの森美術館 (P.482)
河口湖美術巴士站
河口湖美術館 (P.481)
河口湖
八木崎公園 (P.481)
与勇輝館(P.481)
河口湖北原ミュージアム (P.480)
河口湖ハーブ館巴士站
河口湖ハーブ館 (P.479)
K's house(P.45)
山梨宝石博物館・河口湖巴士站
天上山公園 (P.484)
天上山吊車乘車處 (P.484)
大木巴士站
遊覧船・ロープウエイ入口巴士站
乳埼巴士站
山梨宝石博物館 (P.479)
ほうとう不動 河口湖駅前店 (P.478)
河口湖ステーションイン (P.44)
役場入口巴士站
河口湖
ほうとう不動 河口湖南店 (P.478)
富士急河口湖線
河口湖站 (P.478)
ほうとう不動 東恋路店 (P.478)
圖例
景點
購物
食肆
巴士站
住宿
紅葉迴廊
富士急行車站
富士急河口湖線
高速公路
富士急樂園 (P.484)
(富士山方向)
200米

西湖景點地圖

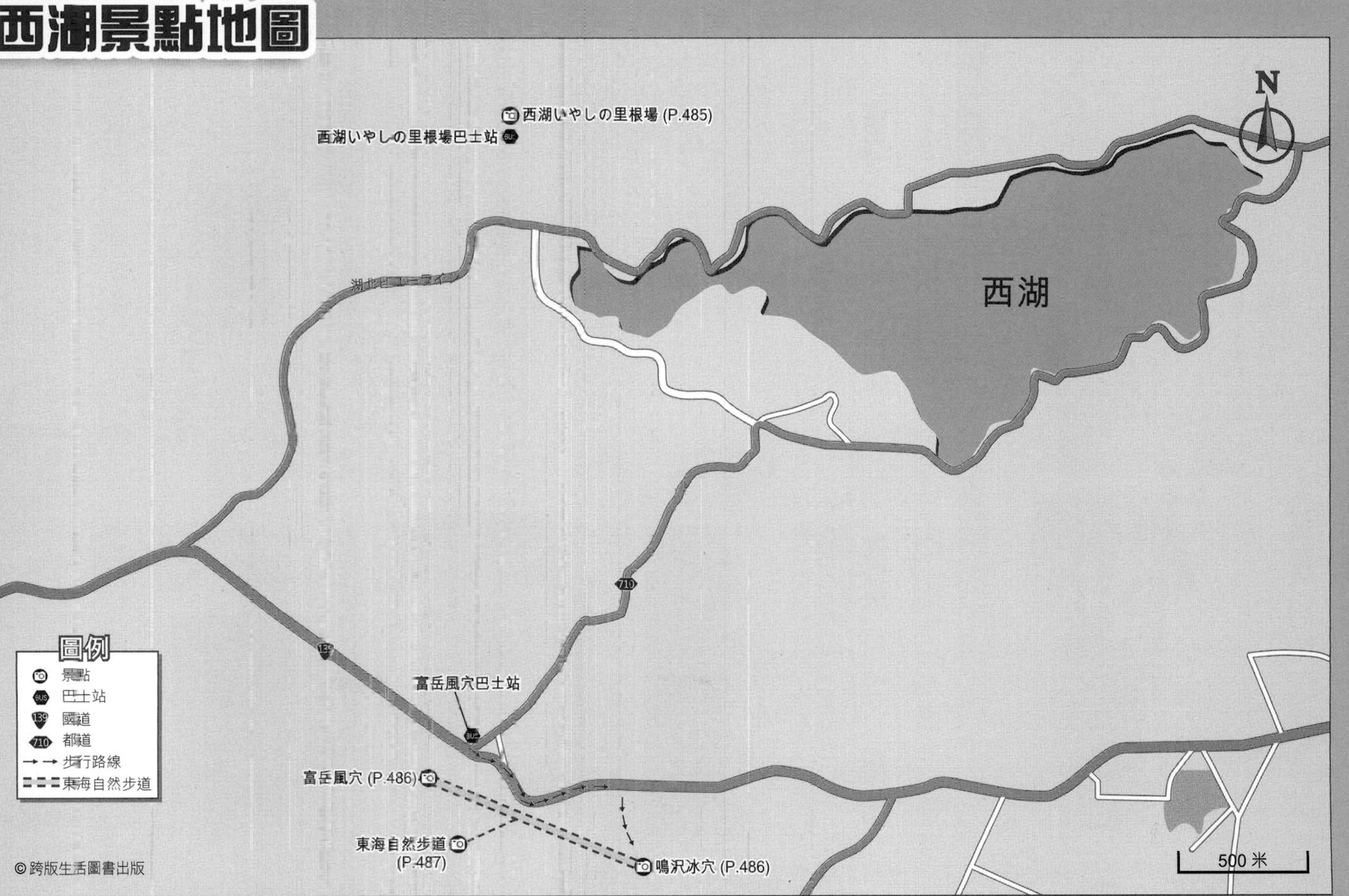
N
西湖いやしの里根場 (P.485)
西湖いやしの里根場巴士站
西湖
710
139
富岳風穴巴士站
富岳風穴 (P.486)
東海自然步道 (P.487)
鳴沢冰穴 (P.486)
500 米
圖例
景點
巴士站
國道
都道
步行路線
東海自然步道
© 跨版生活圖書出版

木造車站

地圖 P.476

河口湖站

MAPCODE® 161 272 379*85

▲河口湖站是木造建築車站。

▲昔日的富士山麓電気鉄道。

河口湖站一般是到達河口湖首個接觸的地方，也是巴士和鐵路的交通交匯處。車站由木搭建成西式風格，外面的小廣場放置了一卡昔日富士山麓電気鉄道列車，於 1920 年開始運行。車站建築後面是富士山。天氣好的時候，可以拍下車站連同富士山的情景。

INFO 🚃 富士急河口湖線

河口湖特產美食

地圖 P.476

ほうとう不動

MAPCODE® （河口湖北本店）161 363 306*00
MAPCODE® （河口湖駅前店）161 272 438*60
MAPCODE® （河口湖南店）161 271 151*41
MAPCODE® （東恋路店）161 241 486*71

▲在東恋路分店，店內空間廣闊，覺得自己身處在洞穴內。

河口湖的特色美食是ほうとう，中文名稱叫「餺飥」，有富士山特製的豆醬、青菜、菇和南瓜，麵比烏冬還要粗，但較烏冬扁平，是中國唐朝的食品，傳入日本以後，一度成為貴族和軍隊的糧食。這店的招牌菜是「不動ほうとう」，用鐵鍋盛載，甚有鄉土風味，食材很新鮮，南瓜味更滲在味噌湯底，帶點香甜的味道，感覺少一點鹹味，是一道既健康，又好吃的食品。

▲美味的不動ほうとう (¥1,210，HK$71)。

◀鐵鍋會放在這個ほうとう不動標誌上，那標誌簡單且有意思，倒V符號代表富士山，圓形為盛麵圓形的湯鍋。

TIPS!

4 間分店各有特色

ほうとう不動在河口湖共有 4 間分店，有兩間採用傳統日式建築及裝潢，1 間在河口湖車站附近的鋪位，但沿用一貫格調，餘下的那間在東恋路，邀來建築師保坂猛設計成白色流線型建築物，靈感來自山和白雲，特別的建築於 2010 年落成，並得多個獎項。餐廳裏面像身在巨大的洞穴裏，天氣好的話可從窗口望到富士山。

▲東恋路店與其他分店不同，是一座白色流線型建築。

►河口湖北本店。

INFO

河口湖北本店
🏠 山梨県南都留郡富士河口湖町河口 707
🚌 復古周遊巴士紅色線河口湖美術館站
🕘 11:00-20:00

河口湖駅前店
🏠 山梨県南都留郡富士河口湖町船津 3631-2
🚌 復古周遊巴士紅色線河口湖駅站
🕘 11:00-19:00
🌐 www.houtou-fudou.jp

河口湖南店
🏠 山梨県南都留郡富士河口湖町船津 1672-2
🚌 復古周遊巴士紅色線役場入口站
🕘 11:00-19:00

東恋路店
🏠 山梨県南都留郡富士河口湖町船津東恋路 2458
🚌 復古周遊巴士紅色線役場入口站步行 5 至 10 分鐘
🕘 11:00-20:00

香草相關產品

地圖 P.476

河口湖ハーブ館

MAPCODE® 161 301 474*58

這裏售賣香草相關產品和手信如香皂、果醬、茶、零食等，若不知選甚麼產品才好，部分飲品設有試飲區，覺得好喝的才買下來。此外，香草館更不時舉辦體驗製作手作的工作坊，如花籃、書籤、明信片等。

▲河口湖ハーブ館是一間歐陸小屋。

▲富士山形狀的蒸餾水，¥350(HK$25)。

▲藍莓餡菓子，一盒¥525(HK$38)。

▲把薰衣草帶回家，只需¥609(HK$44)。

▲薰衣草味香皂，¥735 -840 (HK$53-60)。

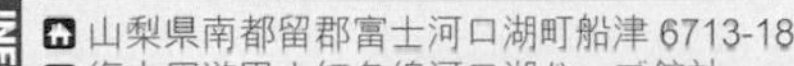

INFO
- 山梨県南都留郡富士河口湖町船津 6713-18
- 復古周遊巴士紅色線河口湖ハーブ館站
- 09:00-18:00(11 月至 3 月提早至 17:30)
- www.fkchannel.jp/herbkan/

看大自然及人們的創造力

地圖 P.476

山梨宝石博物館

MAPCODE® 161 301 298*55

在河口湖外的寶石博物館，你可欣賞到500 種共 3,000 項展品，包括寶石原本樣貌、被切割的樣貌甚至珠寶完成品。那些完成品展示人們的手藝和創造力。在眾多展品中，1,270 公斤重的大原石是博物館內最大的展品，足以證明大自然的偉大。

▲博物館是一座西式建築。

INFO
- 山梨県南都留郡富士河口湖町船津 6713
- 復古周遊巴士綠色線山梨宝石博物館，河口湖站
- 3 月至 10 月 09:00-17:30，11 月至 2 月 09:30-17:00，最後入場時間為關閉前半小時
- 休 星期三 (假日照常開放，7-8 月及年初無休)、年尾
- 成人 ¥600(HK$43)，小學生及中學生 ¥300(HK$21)
- www.gemmuseum.jp/en/

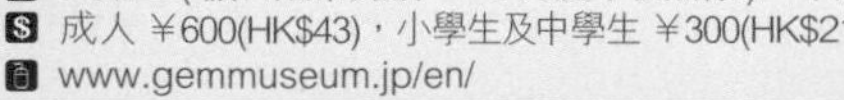

懷緬童年的玩樂
河口湖北原ミュージアム

地圖 P.476

親子

MAPCODE® 161 301 595*63

▲河口湖北原ミュージアム是一座白色小屋。

這個博物館展示了不少 40 年前的玩具、廣告海報、雜誌等，全屬著名玩具收藏家北原照久所有。透過觀賞展品，可了解當時日本的社會狀況，以及小孩在那個年代的一些流行玩具。

◀昔日的日本唱片，相信有部分曾在香港流行吧！

▲牛奶仔和牛奶妹。

▲昔日小孩所用的木顏色筆。

INFO

- 山梨県南都留郡富士河口湖町小立 1204-2
- 復古周遊巴士紅色線河口湖ハーブ館站
- 11:00-16:00，週末假期 10:00-17:00
- 成人 ￥800(HK$57)，小學生及中學生 ￥400(HK$29)
- www.kitahara-museum.jp

賞楓人氣好去處
紅葉迴廊

地圖 P.476

紅葉迴廊長約 1.5 公里，兩旁盡是連綿不絕的紅葉巨木，每年秋季都吸引大量遊客前來賞楓。陽光照射下放眼向楓葉望去，會看到具層次的艷麗色彩，景色相當壯觀。每年 11 月還會有紅葉祭，迴廊於入黑後會有點燈活動，是人氣攝影觀光地，道路兩旁還設有小型市集、小吃攤、土產店和工藝品市集。

◀光與影、紅與黃融合在一起，美不勝收。

◀楓樹旁還有一個花圃襯托。

TIPS!

紅葉祭

紅葉祭於每年 11 月上旬至下旬舉行，屆時紅葉迴廊兩旁的市集會於上午 9 時起開業，而點燈活動則會在黃昏至 10 時進行，建議出發前先查閱紅葉祭的舉行日期。

▲紅葉迴廊。

INFO

- 山梨県富士河口湖町河口
- 富士急行線「河口湖」站下車，轉乘復古周遊巴士紅色線於「久保田一竹美術館」站下車，步行約 5 分鐘

（圖文：沙發衝浪客）

關東最大薰衣海

八木崎公園

MAPCODE® 161 330 028*03

八木崎公園面積約 50,000 平方米，種了 80,000 棵薰衣草，數目和規模為關東最大。薰衣草於 6 月開始開花，7 月時最為盛放。公園內還有其他花，以及「与勇輝館」。

▲6 月初到八木崎公園時，薰衣草還未盛放。

INFO
- 八木崎公園：富士河口湖町小立 897 番地の 1 先
  与勇輝館：山梨県南都留郡富士河口湖町小立 923
- 復古周遊巴士綠色線八木崎公園站
- 与勇輝館 09:00-17:00
- 与勇輝館 (12 月至 3 月) 星期四、年尾
- 与勇輝館成人 ￥600(HK$43)，中學生 ￥400(HK$29)，小學生、幼稚園、未入學小童免費
- www.musekan.net

与勇輝館

MAPCODE® 161 300 861*66

与勇輝是日本玩偶創作者，他創造了不少栩栩如生的人形玩偶。博物館展出了約 90 件作品，生動描繪了傳統日本人的生活不同場景、行為和表情。

▲与勇輝館展示了他親自創作的日本玩偶。

藝術家演繹富士山之美

河口湖美術館

MAPCODE® 161 332 835*41

河口湖美術館坐落於富士山山腳，館內主要展示與富士山有關的藝術作品，包括畫、相片等等，從作品中可以看出不同藝術家對富士山的情懷。此外，特別展會展出富士山以外的作品，如澳洲樹熊相片。博物館內有玻璃幕牆，從裏面可觀賞富士山美景。

▲美術館建築。

INFO
- 山梨県南都留郡富士河口湖町河口 3170
- 復古周遊巴士紅色線河口湖美術館站
- 09:30-17:00(最後入館時間 16:30)
- 星期二(公眾假期除外)，年尾
- 成人 ￥800(HK$57)，中學生 ￥500(HK$36)，小學生、幼稚園、未入學小童免費
- www.fkchannel.jp/kgmuse/

WachiField 卡通貓主題美術館

河口湖木ノ花美術館

MAPCODE® 161 362 455*22

WachiField 除了在日本、台灣及香港等地開設專門店售賣精品外，還在河口湖開設美術館，在童話建築裏展出畫家池田晶子的作品。本身喜歡這個品牌的，除了去商店購買其產品，也不要錯過這個精彩的展覽啊！

▲河口湖木ノ花美術館很像童話世界裏的建築。

INFO
- 山梨県南都留郡富士河口湖町河口 3026-1
- Retro Bus 河口湖線河口湖猿まわし劇場・木の花美術館站
- 3 月至 11 月 10:00-17:00；12 月至 2 月 10:00-16:00 (1 月 1 日至 3 日 09:00-17:00)
- 成人 ￥500(HK$36)，中學生 ￥400(HK$29)
- www.konohana-muse.com

悦如來到歐洲

地圖 P.476

河口湖オルゴールの森美術館

MAPCODE® 161 362 260*25

美術館佈置成歐陸郊外的小鎮，庭園內可看到富士山，還種了 3,500 棵玫瑰，每年 5 月中旬到 11 月開花。在室內的美術館，更可看到中世紀皇室貴族 Dance Organ 大樂器，並每天演奏 9 次，讓人們感受西方音樂；還展示昔日西式宮廷的玩偶和情景，玩偶造得栩栩如生。

▲重現昔日宮廷的場景及玩偶。

◀美術館是一個歐陸小鎮。

◀▲每到整點，這座建築會演奏音樂，而且也會依音樂節奏而噴水。

▲中世紀的 Dance Organ 樂器。

INFO
- 山梨県南都留郡富士河口湖町小立河口 3077-20
- 復古周遊巴士紅色線河口湖オルゴールの森美術館
- 10:00-17:30(最後入館時間 17:00)　休 個別休館日子請參考官網
- 平日成人 ￥1,800(HK$106)，大學生及高中生 ￥1,300(HK$76)，小學生及中學生 ￥1,000(HK$59)，星期六日假期成人 ￥2,100(HK$124)，大學生及高中生 ￥1,600(HK$94)，小學生及中學生 ￥1,000(HK$59)，另外旅遊旺季門票價格會浮動，詳情參閱網站
- www.kawaguchikomusicforest.jp

看猴子表演

地圖 P.470

猿まわし劇場

MAPCODE® 161 362 698*17

親子

◀猿まわし劇場有猴子雜技表演。

猴子耍雜技表演本是中國多年的文化，但一千多年前傳至日本。為了讓更多人看到精彩的表演，關注這個文化的人士在這裏開設劇場，看猴子前空翻、倒立、後空翻等表演。在表演結束後，觀眾更可與猴子零距離，與牠們拍照留念。劇場內可以拍攝，但不可拍錄像。

◀劇場外的猴子布偶。

INFO
- 山梨県南都留郡富士河口湖町河口 2719-8
- 復古周遊巴士紅色線河口湖猿まわし劇場・木の花美術館站
- 場次：每日 2-5 場，詳情請查詢網站
- 成人 ￥1,700(HK$107)，中學生 ￥1,200 (HK$71)，其他小童 ￥850(HK$54)
- www.fuji-osaru.com

自然美與人造美

久保田一竹美術館

MAPCODE® 161 361 796*25

▲美術館內的自然環境。

你可以在館內見到染色大師久保田一竹的和服作品，其染色技術是他花了不少時間所鑽研的「一竹辻が花」，主題與自然有關，其中包括富士山系列。展館中間設置的舞台，放置了他數件作品，感覺十分神聖。展館內還有茶房「一竹庵」，可以一邊喝茶，一邊望着窗外的瀑布。除了室內展館，還有室外的自然空間，讓心靈平靜下來，容易投入藝術作品裏。

▲在茶房「一竹庵」內，可觀賞瀑布景致。

▲庭園「慈母像窟」內的菩薩像。

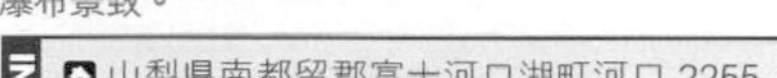

INFO
- 山梨県南都留郡富士河口湖町河口 2255
- 復古周遊巴士紅色線久保田一竹美術館站
- 10:00-17:00(最後入館時間 16:30)
- 星期二 (6-9 月星期二、四)
- 成人 ￥1,500(HK$88)，中學生 ￥900(HK$64)，其他小童 ￥400(HK$29)
- itchiku-museum.com

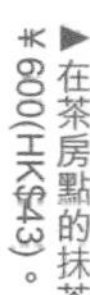

▲在茶房點的抹茶，￥600(HK$43)。

富士山下的薰衣草

大石公園

MAPCODE® 59 089 325*25

除了八木崎公園，大石公園是另一個能看到薰衣草的地方，還能把富士山一併拍下來。由於在河邊，所以有機會目睹「逆富士」，即富士山的倒影。如果是 4 月下旬至 5 月上旬來，就會看到芝櫻。公園內設有河口湖自然生活館，可以體驗製作甚至購買店內的果醬。

▲河口湖自然生活館。

INFO
- 山梨県南都留郡富士河口湖町大石 2585
- 復古周遊巴士紅色線河口湖自然生活館站
- 河口湖自然生活館 09:00-17:45(11 月至 3 月提早至 17:15 關門)
- 河口湖自然生活館 www.fkchannel.jp/naturelivingcenter/

▲要看富士山很講運氣，有時候只隱約見到山頂。

眺望河口湖及富士山

地圖 P.476

天上山公園

MAPCODE® 161 361 796*25

◀吊車，車頂還有隻狸貓呢！

天上山公園在天上山高度 1,075 米的位置，是俯望河口湖及觀賞富士山的好地方。除了行山外，還可以乘搭只需 3 分鐘的吊車。公園面積不大，包括一個觀景台和茶屋。茶屋有賣小吃醬油麻糬，把醬油塗在白色麻糬上，然後在火炭上燒，筆者最喜歡它的醬汁多，鹹鹹的又帶點甜，十分好吃。

▲天上山可望到富士山，運氣不好只看到山頂被雲遮蓋的景象。

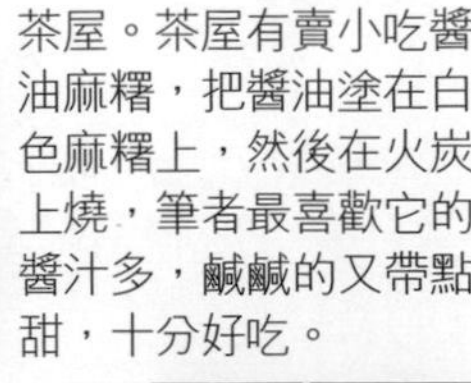

◀山上的茶屋。

▲山上的神社。

►好吃的醬油麻糬(たぬき団子，3 粒共 ¥400，HK$24)。

▲茶屋內有富士山洋娃娃賣，小的售 ¥630(HK$45)，中的 ¥1,050(HK$75)，大的 ¥2,940(HK$210)。

INFO

- 復古周遊巴士紅色線遊覽船・ロープウエイ入口站，換乘吊車上山
- **吊車服務時間**：約 09:30-17:00，視乎月份和季節，詳情請瀏覽官方網頁
- www.mtfujiropeway.jp

驚險刺激

地圖 P.476

富士急樂園

MAPCODE® 161 244 031*85

富士急樂園內共有二、三十款刺激的機動遊戲，例如賽車、大輪盤、跳樓機、數款過山車等等。園內更有火車頭 Thomas Land，適合小童參觀和遊玩。

▲富士急樂園有規模很大的過山車。

INFO

- 山梨県富士吉田市新西原 5-6-1
- 富士急行線ハイランド站
- 每月不同，一般為 09:00-17:00，夏天會開放至晚上，詳情可參閱官方網頁
- 免費入場，個別遊戲由 ¥500-2,000 (HK$29-143) 不等
- www.fujiq.jp/zh-CHT

昔日茅屋重現

地圖 P.477

西湖いやしの里根場

MAPCODE® 59 019 202*74

這裏在過去原為村落，卻因為1966年颱風所引致的山泥傾瀉，令村居遷出。到了2006年，昔日的茅屋重建，回復舊日的面貌，成為「西湖いやしの里根場」，內有20多座房屋，其中一座提及當年的山泥傾瀉，另外有戰國時期的展覽、食肆、手信店等。

▲西湖いやしの里根場重現昔日茅屋村落，在村內更可見到富士山。

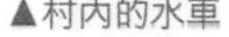

▲村內的水車。

▲おもいで屋 (19 號屋) 售賣手信，例如這個 ￥1,050(HK$75) 像富士山的紅豆餡餅。

▲在砂防資料館 (7 號屋) 可以了解當年山泥傾瀉的情況，並了解防止災害的重要性。

▲▼在火の見屋 (12 號屋) 可試穿戰國時期的軍服 (需付 ￥2,000、HK$118) 及拍照，2 樓是展覽。

INFO

- 山梨県南都留郡富士河口湖西湖根場 2710
- 復古周遊巴士綠色線西湖いやしの里根場站
- 3 月至 11 月 09:00-17:00；12 月至 2 月 09:30-16:30
- 休 全年無休，但會臨時休館，詳情請參閱官網
- $ 成人 ￥500(HK$29)
小學生及中學生 ￥250(HK$15)
- saikoiyashinosatonenba.jp

富士山爆發後的 0℃洞穴

地圖 P.477

富岳風穴、鳴沢冰穴

因為富士山 864 年的爆發，所以在山下造成了洞窟，其中以富岳風穴和鳴沢冰穴最為有名及十分神奇，全年能保持 0℃至 3℃室內溫度，被指定為天然記念物。你可以先參觀富岳風穴，然後步行再參觀鳴沢冰穴。風穴和冰穴所需遊覽時間各大約 15 至 30 分鐘。兩者裏面都能看到冰和種子儲藏庫，但分別在於：富岳風穴是橫穴式洞穴，裏面的路算是平坦的；而鳴沢冰穴是豎穴式洞穴，深 21 米，路比富岳風穴更窄，需要步行斜路和樓梯。兩個洞穴內的濕度比較高，建議穿波鞋之類防滑的鞋子才好進入。

富岳風穴

MAPCODE® 689 484 816*11

◀入口。

◀裏面比較暗。

◀天然冷藏庫。

◀儲存了一些種子。

鳴沢冰穴

MAPCODE® 689 485 552*55

◀入口。

◀道路較斜和窄。

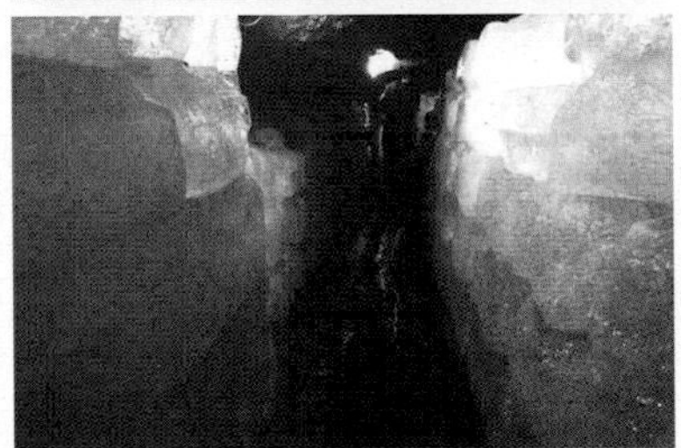
◀裏面的冰比富岳風穴多。

◀十分壯觀。

INFO

- (富岳風穴)山梨県南都留郡富士河口湖町西湖青木ケ原 2068-1，(鳴沢冰穴)山梨県南都留郡鳴沢村 8533
- 復古周遊巴士綠色 / 藍色線富岳風穴站
- 約 09:00-17:00，視乎月份及假期，詳情請瀏覽官方網頁的最新消息
- 成人 ¥ 350(HK$25)，小學生 ¥ 200(HK$14)(在網上購票成人 ¥ 300/HK$21，小學生 ¥ 150/HK$10)
- www.mtfuji-cave.com

洞穴附近的景點

1 東海自然步道

地圖 P.477

▲感覺置身在森林當中。

富岳風穴與鳴沢冰穴之間的東海自然步道，屬於富士箱根伊豆國立公園的一部分，可步行到箱根和伊豆一帶，需時約 30 分鐘，裏面的路有點不平坦，但指示十分清楚，不容易迷路。如果你沒時間、但又想感受其自然魅力，你可以從富岳風穴步行到鳴沢冰穴時順道看看，像香港的一些行山徑，但感覺上道路寬闊很多，樹木十分高大，足以遮陰。

▲指示十分清晰，不用擔心迷路。

2 手信店

兩個洞穴外都有手信店，這些手信在河口湖一帶是見不到的，因此若想買的就盡情吧！

▲富士山溫度計，¥400(HK$29)。

▲曲奇，¥450(HK$32)。

▲恤衫，3776 代表富士山的高度，價錢比這個數字高少許：¥3,780(HK$270)。除了象徵意義外，揭開衣服就會看到富士山，是這件恤衫的賣點。

▲吊飾，要選當天日期才有意義，¥500(HK$36)。

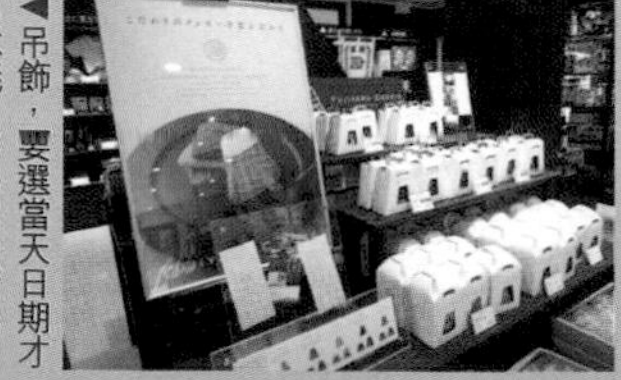
▲富士山曲奇，賣相不錯，有雲呢拿、格雷伯爵茶、士多啤梨、綠茶和朱古力味，3個一盒¥420(HK$30)，5個一盒¥640(HK$46)。

每年7、8月開山

富士山

富士山高 3,776 米，一般人都乘坐巴士到五合目，即 2,305 米的高度，然後花大約 5 個小時登到頂峰。由於城市人遠足機會和經驗不多，加上富士山溫度較低、空氣稀薄，所以登高時必須有所準備，避免發生意外。富士山五合目的溫度大約 16 至 17℃，山頂大約 0℃左右，濕度隨高度上升可能愈來愈高。

▲ 7 月中旬在河口湖所拍的富士山。

富士山的登山徑早已將上山人士和下山人士分流，所以在上山時不會看到下山的人 (除非有需要突然折返)。因此，下山的時候需要依指示，由吉田口上來，最好透過吉田口下山。

▲富士山五合目。

▼ 6 月上旬所拍的富士山，不是被雲蓋着，就是能見度低。

TIPS!

1. 富士山在其他月份一般不開放，若要上山的話，就必須先報警備案。
2. 由於很少機會登上這麼高的山，所以很難知道會否有高山症的問題。此外，即使曾上過高山沒發生任何健康問題，也不代表下次會沒事。因此，必須時刻留意自己的身體狀況，若覺不妥就不要勉強。

出發前的準備

在富士山的登山難度，不比在其他地區郊遊高。而且，7 月和 8 月登山時，山上的人很多，近日出時間更看到點點燈光，因此迷路或發生意外無人拯救的情況幾乎不可能。但是也不可以完全輕視登山的難度，如果不舒服仍要勉強，累了不休息的話，那麼即使途人願意伸出援手也是徒然。若天氣突然轉壞，如太大風或下雨，就必須放棄和下山。

▲河口湖一帶便利店的登山專櫃。

1. **留意天氣預報**：如果遇到下雨或多雲的話，必會大大增加登山的難度。出發當日也要留意實際天氣狀況。
2. **預備適當衣物**：例如防滑的登山鞋、冬天衣物、帽子等，在河口湖一帶的便利店售賣的登山工具非常齊備，例如手套、木枴杖、氧氣罐、零食、水等。**其中，氧氣罐、手套、木枴杖必買！**氧氣罐在高山時可能有用，因為你不會知道會否感到呼吸困難，不要以為自己身體健康、多運動就不需要，有些身材健碩的人，反倒十分需要。
3. **防曬**：山上紫外線指數更高，曝曬時間更長。有電筒比較好，雖然晚上人山人海，可以靠人們的燈光，但卻看不到地面，不小心絆倒就不好了。
4. **登山預約**：2023 年夏天富士山開山後出現擁擠致意外頻生，山梨縣政府決定限制登山人數為 4,000 人，並收取 ￥2000(HK$117) 通行費，遊客想登山需事先預約「吉田口登山步道通行證」。2024 年 5 月 20 日開放網上預約 7 月至 9 月開山期的通行證，7 月起亦會在步道處設置閘門收取通行費。

一般登山路線與行山時間

登山路線有 4 條，分別是吉田口、須走口、御殿場口和富士宮口。吉田口是眾多路線中較易行及較多人前往，而且沿途的山小屋和商業設施較多，方便補給和休息。

有些人在河口湖乘搭最後一班巴士，利用凌晨時份上山，以省掉山小屋的金錢。除非你本身有登山經驗，否則也不建議。因為起初需要適應，更可能需要中途休息。筆者建議下午出發登山，剛開始步行時，不要行太快，而且中途必須休息。因為時間是充裕的。晚上在就近的山小屋休息，然後凌晨時份繼續登山，在頂峰看日出。

►人們在努力登山中。

TIPS!

甚麼是山小屋？

山小屋是富士山上的住宿，一晚約 ￥5,500- 6,000(HK$393-429) 不等，這個價錢並不是房價，而是床位，也不會像背包旅館着重私隱和保安，只是提供小小的空間，純粹給客人稍歇一下。這些小屋有一個服務，就是 morning call，令客人不會錯過繼續登山的時間。

▲山小屋的床位。

▲在吉田口入口處，有人會派傳單及地圖。

▲山頂上的茶屋。

有關洗手間和飲食補給

山上設有洗手間，每次需要付費，大約 ￥100-300 不等 (HK$7-21)，需自備零錢，這是因為富士山上需要特別處理排泄物技術以避免山上生態受到破壞。

山小屋、商店均提供飲食，平常在市區以 ￥160(HK$11) 能買到的飲料，在山上大約 ￥400(HK$29)，不過這些飲料會浸在沸水桶加熱，在寒冷天氣下保暖。餐飲約 ￥1,000(HK$71) 左右，但份量不少，主要作簡單能量補給，味道方面不要有太大期望。

▲山頂的自動販賣機。

有關日出和山頂

很多人都希望在山上看到日出，然而日出往往比日落更難看到，所以要有心理準備會看不到。山頂上有茶屋，可以買飲品和食物補給；也有郵局可以寄信。在山頂也可以繞火山口走。

►山頂上的日出（相片由鄭啟俊提供）。

▲火山口（相片由鄭啟俊提供）。

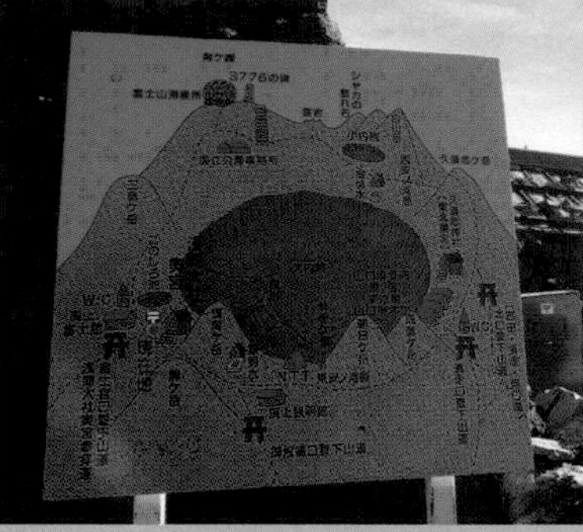

►從奧宮外的地圖可見，在山頂上可繞着火山口一圈（相片由鄭啟俊提供）。

▲奧宮（相片由鄭啟俊提供）。

◄山頂上富士館有小吃和麵賣（相片由鄭啟俊提供）。

TIPS!

坐飛機欣賞富士山

想看到富士山不一定要在地平線上，從高空俯瞰一樣美麗！坐飛機同樣是欣賞富士山的好時機，從香港或台灣出發，挑選左邊位置，最好選擇早機，會有較好的視野；回程的話，則要選擇右邊的座位，就能看到富士山了！如果想要拍攝的話，謹記挑選機頭或機尾位置，就不會讓機翼阻擋到拍攝範圍了。（攝影：Kacy）

◄從飛機上俯瞰富士山，如要拍攝就要記得選擇機頭或機尾位置！

◄在夏末初秋的時節，富士山上的冰全部融化了。

Appendix

附錄

附錄1

寄明信片、製作平板明信片

◀自動沖印明信片。

在日本印製明信片十分方便。在便利店的自動沖印機 (實際是列印相紙而已) 沖印，一張 3R 價錢約 ¥30(HK$2) 左右。只要把相機的 SD、CF 咭甚至 CD-R 放進去，再選擇相片，明信片不一會便會印出來。

建議在郵局投寄，郵寄一張明信片約 ¥70 (HK$5)。在郵局內指着明信片對職員説「Hong Kong」，他們便明白要寄往香港，亦會顯示總郵費。付錢後，一般來説職員便會替你貼上郵票，但也試過職員給郵票自行貼上，然後放進郵筒。由日本寄香港時間約一星期，所以待行程最後一天於機場寄和行程途中寄沒大分別。

如果覺得明信片太貴，可選擇在日本印相，不過相片質素未必有所保證，色彩會有點偏差。現在有容易攜帶的平板或手機，可以在列印相片前先在平板電腦或手機修正色彩甚至後期製作了。相片背面加上郵票和文字，便可以寄出了。

▲自製明信片。

◀日本郵局。

日本平假名、片假名及羅馬拼音對照表

50 音對照表方便大家上網查詢時，如遇到日語，就可以輸入拼音。

50 音對照表

	あ / ア	a	い / イ	i	う / ウ	u	え / エ	e	お / オ	o
k	か / カ	ka	き / キ	ki	く / ク	ku	け / ケ	ke	こ / コ	ko
g	が / ガ	ga	ぎ / ギ	gi	ぐ / グ	gu	げ / ゲ	ge	ご / ゴ	go
s	さ / サ	sa	し / シ	si	す / ス	su	せ / セ	se	そ / ソ	so
z	ざ / ザ	za	じ / ジ	ji	ず / ズ	zu	ぜ / ゼ	ze	ぞ / ゾ	zo
t	た / タ	ta	ち / チ	chi	つ / ツ	tsu	て / テ	te	と / ト	to
d	だ / ダ	da	ぢ / ヂ	zi	づ / ヅ	du	で / デ	de	ど / ド	do
n	な / ナ	na	に / ニ	ni	ぬ / ヌ	nu	ね / ネ	ne	の / ノ	no
h	は / ハ	ha	ひ / ヒ	hi	ふ / フ	fu	へ / へ	he	ぼ / ホ	ho
b	ば / バ	ba	び / ビ	bi	ぶ / ブ	bu	べ / べ	be	ぼ / ボ	bo
p	ば / バ	pa	び / ビ	pi	ぶ / ブ	pu	べ / べ	pe	ぼ / ポ	po
m	ま / マ	ma	み / ミ	mi	む / ム	mu	め / メ	me	も / モ	mo
r	ら / ラ	ra	り / リ	ri	る / ル	ru	れ / レ	re	ろ / ロ	ro
y	や / ヤ	ya			ゆ / ユ	yu			よ / ヨ	yo
w	わ / ワ	wa							を / ヲ	wo

「わ」、「ま」、「み」、「ぬ」這些較圓滑的字叫平假名；
「ヤ」、「ニ」、「テ」、「ホ」這些較方的字叫片假名。
要說明平假名及片假名，是因為 Windows 內置的日語拼音輸入法 (Microsoft IME Standard) 需要再細分是哪一種輸入。如果要輸入平假名字就要再選擇輸入「Hiragana」，片假名則選「Full-width Katakana」。

日語妙用錦囊

交通

日語	日語讀音	中文意思
電車	den-sha	路面行走的電車和鐵路都叫「電車」
地下鉄	chi-ka-te-tsu	地鐵
小児	ko-do-mo	小童
バス	ba-su	巴士
お得	o-to-ku	優惠
きっぷ / 切符 / 車券	ki-ppu	車票
パス / 周遊券	pa-su	周遊票、任搭 / 任乘車票 (Pass)
女性専用車両	jo-sei sen-yoo-sha-r-yoo	指列車卡只容許女性進入
施設	shi-se-tsu	設施
発売	ha-tsu-bai	發售
観光	kan-kou	觀光
方面	hoo-men	列車行駛方向

日語妙用錦囊

交通

日語	日語讀音	中文意思
特急料金	to-k-kyu ryo-u-kin	特快列車的附加費用
優先座席	yuu-sen-za-se-ki	指有需要人士優先坐的位子，等於香港的「優先座」
精算機	sei-san-ki	補車費差額的機器
往復	o-fu-ku	來回

飲食篇

日文	日語讀音	中文
ラーメン	ra-a-men-n	拉麵
蕎麦	so-ba	蕎麥麵
寿司 / 鮨	su-shi	壽司
刺身	sa-shi-mi	刺身
天婦羅	ten-pu-ra	天婦羅
豚カツ	ton-ka-tsu	炸豬扒
カレーライス	ka-re-e-ra-i-su	咖喱飯
うどん	u-don	烏冬
丼	don	蓋飯
水	mi-zu	水
コーヒー	ko-o-hi-i	咖啡
お茶	o-cha	茶

簡單會話

中文	日語讀音
早晨	o-ha-you
午安	Kon-ni-chi-wa
晚安	Kon-ba-wa
再見	Sa-yo-na-ra
多謝	a-ri-ga-tou
多少錢？	i-ku-ra-de-su-ka
救命	Ta-su-ke-te
不好意思	Su-mi-ma-sen

其他

日文	日語讀音	中文
日曜日	ni-chi-you-bi	星期日
月曜日	ge-tsu-you-bi	星期一
火曜日	ka-you-bi	星期二
水曜日	sui-you-bi	星期三
木曜日	mo-ku-you-bi	星期四
金曜日	kin-you-bi	星期五
土曜日	do-you-bi	星期六

《頂尖流行掃貨嘗鮮 Easy GO! ——東京》

編著：Him、跨版生活圖書編輯部
責任編輯：伍家碧、嚴潔盈、李柏怡、李卓蔚、劉希穎
版面設計：楊藹琪、麥碧心
協力：梁婉和、李慧雯、鍾寶璇、梁詠欣、鍾漪琪、蔡嘉昕、Gigi、方曉彤
相片授權提供：軽井沢観光協会、Misha Ng、鄭啓俊、Design Festa Gallery、Yuukokusya、Kacy、Li、魔法の文学館、©DBOX for Mori Building Co., Ltd. - Azabudai Hills
特別鳴謝：荻原　代志智(Highland Inn Ease)、軽井沢観光協会

出版：跨版生活圖書出版
地址：新界荃灣沙咀道11-19號達貿中心910室
電話：3153 5574　傳真： 3162 7223
專頁：http://crossborder.com.hk/（Facebook專頁）
網站：http://www.crossborderbook.net
電郵：crossborderbook@yahoo.com.hk

發行：泛華發行代理有限公司
地址：香港將軍澳工業邨駿昌街七號星島新聞集團大廈
電話：2798 2220　傳真：2796 5471
網址：http://www.gccd.com.hk
電郵：gccd@singtaonewscorp.com

海外總經銷：大風文創股份有限公司
電話：866-2-2218 0701　　傳真：866-2-2218 0704

出版日期：2024年7月總第11次印刷
定價：HK$118　NT$480
ISBN：978-988-75024-7-0

出版社法律顧問：勞潔儀律師行

免責聲明

跨版生活圖書出版社和本書作者已盡力確保圖文資料準確，但資料只供一般參考用途，對於有關資料在任何特定情況下使用時的準確性或可靠性，本社並沒有作出任何明示或隱含的陳述、申述、保證或擔保。本社一概不會就因本書資料之任何不確、遺漏或過時而引致之任何損失或損害承擔任何責任或法律責任。

（我們力求每本圖書的資訊都是正確無誤，且每次更新都會努力檢查資料是否最新，但如讀者發現任何紕漏或錯誤之處，歡迎以電郵或電話告訴我們！）